企業分析入門【第2版】

K・G・パレプ
P・M・ヒーリー ─［著］
V・L・バーナード

斎藤静樹 ─［監訳］
筒井知彦　川本 淳　八重倉 孝　亀坂安紀子 ─［訳］

東京大学出版会

Business
Analysis
&
Valuation

Business Analysis & Valuation: Using Financial Statements Second Edition
by Krishna G. Palepu, Paul M. Healy, and Victor L. Bernard

COPYRIGHT © 2000 by South-Western College Publishing, A Division of
International Thomson Publishing Inc.
ALL RIGHTS RESERVED. No part of this book
may be reproduced or transmitted in any form or
by any means, electronic or mechanical, including
photocopying, recording, or any information storage
and retrieval system, without permission, in writing,
from the Publisher.

I(T)P
International Thomson Publishing

Translation by S. Saito, T. Tsutsui, J. Kawamoto, T. Yaekura, and A. Kamesaka
University of Tokyo Press, 2001
ISBN978-4-13-042112-6

はしがき

　財務諸表は，広い範囲にわたる企業分析の基礎である．経営者は，それを使って会社の業績を競争企業と比較しながら監視・評価し，外部の投資家とコミュニケーションを図り，どのような財務政策をとるべきかの判断に役立て，あるいは投資戦略の一環として取得するかもしれない新規事業を評価する．証券アナリストは，顧客に薦める会社の格付や評価にそれを利用する．銀行は，顧客への貸付を増やすかどうかを判断したり，貸付の条件を決めたりするのにそれを使い，投資銀行は計画している買収や企業合併を評価し分析する基礎としてそれを利用する．そしてコンサルタントは，顧客のための競争分析の基礎としてそれを利用する．したがって，当然ながら企業経営を学ぶ学生の間には，財務諸表のデータを多様な企業の分析・評価に使うフレームワークを教えるような授業への，強い要望があるわけである．本書の目的は，そういうフレームワークを，企業経営に関心をもつ学生や実務家に提供することにある．

　本書の初版は，われわれの当初の予想以上に多くの読者を得た．米国はじめ世界各国のビジネス・スクールが，本書を会計やファイナンスの部門で使ってきた．

1　初版から変わった点

　本書の初版を使った多くの同僚が有益なフィードバックをしてくれたが，それに基づいて，この版では以下のような変更を試みている．

- 会計の問題をより広くカバーするようにした．ここでは新しく5つの章を加え，資産，負債，エンティティー，収益，および費用について，企業における会計方針の選択や見積りを評価する分析的なアプローチを示している．
- 評価を扱った各章を全面的に拡張・改訂し，資料を入手しやすいものに

するとともに，発展の著しいこの分野の研究成果を反映するようにした．
- 戦略分析の章に企業戦略をめぐる考察を含めた．旧版では産業の分析と，単一産業における企業の競争的なポジションの取り方のみに焦点を合わせていた．新しい資料は，複数の事業を営む組織の分析でも学生の助けになるであろう．
- いろいろな会社の状況を用いて概念を例証している．旧版では，全体を通じてひとつの会社の例を使っていた．
- 新版には新たに 15 のケースを含めた（訳出したのは 2 件のみ）．その一方，旧版のケースのうち，教育効果のきわめて高かったいくつかは再録している．
- ケースの選択を容易にするため，各章ごとに，そこでの概念を例証するのにもっとも適したケースを割り当てた（ただし，訳書では大半を割愛したうえで，ケースだけを第IV部にまとめている）．
- ケースを補完するため，概念の理解を確かめる練習問題を各章の終わりに加えている．これらは，教室での討論にも宿題にも利用できる．

2　基本的な特徴

本書は，いくつかの重要な点で企業分析や財務分析の他のテキストと異なっている．すなわち，まず財務諸表のデータを使った企業の分析や評価のフレームワークが導入され，発展させられる．その上で，このフレームワークが，さまざまな意思決定の局面にどう適用されるかが示されている．

分析のフレームワーク

本書では，経済における会計情報と仲介業者の役割から考察を始め，市場が正しく機能しているときに財務分析がいかにして価値を創出できるかを検討する．そこでは，有効な財務諸表分析の鍵となる以下の 4 つの要素が明らかにされる．
- 経営戦略分析
- 会計分析
- 財務分析

・将来性分析

　最初の要素である経営戦略分析は，分析の対象となる企業の経営戦略や競争戦略の理解を深めることにかかわっている．経営戦略を財務諸表分析に組み入れている点は，本書の最大の特徴のひとつである．他の財務諸表分析の書物では，従来このステップは無視されてきた．しかし，われわれは，財務諸表分析を会社の戦略から始めることが決定的な意味をもつと確信する．その後の分析にとって，重要な基礎となるからである．戦略分析のセクションでは，会社の所属する産業，産業内での競争上のポジションとその持続可能性，それに会社の企業戦略を分析する現代のツールを取り上げる．

　会計分析では，会計のルールやコンベンションが企業の経済実態や戦略を財務諸表にどう反映させているかを検討し，必要に応じて会計上の業績指標を修正する．このセクションで強調したいのは会計のルールではない．むしろそこでは，資産，負債，エンティティー，収益，および費用を分析するための一般的なアプローチを提示する．そうしたアプローチによって，会計のルールや基準について初歩の知識しかない学生でも，会社による会計上の選択や発生項目の見積りを，有効に評価することが可能になるとわれわれは確信する．

　財務分析では，会社の営業，財務および投資活動の業績を測る財務比率やキャッシュフローの数値を利用しながら，主な競争企業のデータや自社の過去のデータと比較して業績を評価する．ここでのアプローチは，財務分析を使って会社の戦略の有効性を評価し，確かな財務予測をすることに焦点を合わせている．

　最後に将来性分析では，予想財務諸表をどう作成し，それを使って企業価値をどう推測するかを提示する．企業評価をめぐるここでの議論には，伝統的な割引キャッシュフロー・モデルとともに，企業価値を会計数値に直接結びつける手法も含まれる．会計評価モデルを検討するにあたっては，最新の研究成果を実務で広く用いられている利益倍率や簿価倍率のような伝統的なアプローチと統合する．

　本書は企業の分析と評価の4つの要素をすべて扱うが，それぞれがどこまで使われるのかは，利用者がどのような意思決定をするのかに依存する．た

とえば銀行は，経営戦略分析，会計分析，財務分析と，将来性分析の予測にかかわる部分を利用する一方，現在の顧客でない企業を公式に評価することには，あまり関心をもたないであろう．

意思決定へのフレームワークの適用

本書の次のセクションでは，企業の分析と評価のフレームワークが，以下のようなさまざまな意思決定の局面にどのように適用されうるかが示される．

- ・証券の分析
- ・債権の分析
- ・会社財務政策の分析
- ・企業買収の分析
- ・経営者による情報公開の分析

これらのトピックスについて，ここではそれぞれ1つの章を割いて教室での討論に基礎知識を提供する．可能な場合には，はじめの部分で述べた分析概念の応用に役立つ制度の詳細や研究の成果を検討する．たとえば債権分析の章では，銀行や格付機関が，財務諸表のデータをどのように分析して貸出や格付を決めるかが示される．この章では，また，会社の財務的な危機をどう分析するかについての学術的な研究も論じられる．

3 ケース・アプローチ

われわれは，企業の分析と評価の授業が，ケースを教育の道具に使うことで，教師と学生の双方のために大いに強化されると考えている．学生は，企業に入って遭遇するような意思決定の局面に，企業の分析や評価の概念を適用する「直伝の」体験を学びたいと望んでいる．ケースは，伝統的な教室の勉強では無視されがちな実務上の問題を提示することによって，自然な方法でこの目的を達成するのである．本書のケースは，いずれも特定の意思決定の局面における企業の分析と評価の問題を示したものであり，そのことが，もとになる事実をより興味深く刺激的なものにしていると思われる．

4 本書の使い方

本書は，経営学修士コース，会計学修士コース，経営者プログラム，それに学部のクラスなど，さまざまな学生のための財務諸表分析に使えるよう工夫されている．参加者に応じて，教える側は各章の概念的な内容や章末の練習問題，それにケースの使い方を変えればよいであろう．

学習の前提条件

本書から最大の成果を得るには，財務会計，ファイナンス，それに企業戦略か企業経済の基礎のコースを履修している必要がある．もちろん，それらの話題のなかには，おもにケースを予習する背景として簡潔に概観されているものもあるが，予備知識をもたない学生が本書の各章だけでそれらの分野をカバーするのは，おそらく困難であろう．個々のケースに組み込まれている企業戦略の材料は，ごくわずかなものでしかない．

ケースの理解に必要な会計知識の程度は，ケースによってかなり違っている．会計問題のごく基礎的な理解しかいらないものもあれば，財務会計の典型的な中級コースのレベルにみあう詳しい知識が必要なものもある．しかし，それらのより複雑なケースも，追加的な参考資料を読ませれば，強固な会計のバックグラウンドをもたない学生に教えることは可能なはずである．いくつかのケースについては，関係する会計問題の手引きがティーチング・マニュアルに含められており（邦訳されていない——訳者），教師はそれを学生に配布してケースの予習を助けることもできる．

テキストとケースをどう使うか

ケースの利用にはいろいろな方法がある．実務についた経験のある学生や経営者のために本書を使うのであれば，必要に応じて適当な講義のセクションを加えながら，ほぼ純粋なケース・アプローチで教えればよい．しかし，ほとんど実務経験のない学生に教えるときは，はじめに講義をしたあと，適当なケースでそれを補ってもよい．また，おもに講義形式の授業にテキストの教材を使い，そこで述べられる概念を授業のなかで例示するためにケースを使うこともできる．

その一方，ケースの討論で提起される概念上の問題をより明確にするため，ケースのフォロー・アップに講義を使うというやり方もある．本書を学部の上級の授業で使うときは，この方法がよいかもしれない．そうした場合には，学生のチームに割り当てる授業の課題のなかで，ケースを使うこともできるだろう．

ケースは，さまざまなレベルで教えられるようにできている．ケースを解くにあたって体系的な指針が必要な学生のためには，ティーチング・マニュアルの詳しい設問をクラスの前に配布するとよい．

5 謝辞

本書に収録したケースを共同で執筆した同僚（本訳書に含められた分では America Online を担当した Amy Hutton）の貢献を特記して感謝したい．また，いくつかのケースのリサーチ・アシスタントを務めた Sarayu Srinivisan，米国企業の財務比率データを手伝った Chris Allen，それに本書のために資料面の支援をしてくれたハーバード・ビジネス・スクールの研究部門に感謝する．

また，本書の改訂作業のために旧版を使った経験をフィードバックしてくれた Steven Balsam (Temple University)，Jan Barton (Emory University)，Ilia Dichev (University of Michigan)，David Guenther (University of Colorado)，Eric Hirst (University of Texas at Austin)，Ronald King (Washington University)，Robert Lin (California State University at Hayward)，Philip Little (Western Carolina University)，Phil Regier (Arizona State University)，および Gary Taylor (University of Alabama) の諸氏に特に感謝の意を表したい．

さらに，このプロジェクトを通じて助力してくれた Laurie McKinzey および Deborah Marlino，編集と製作を忍耐強く手助けしてくれた Ken Martin, Marci Dechter，および Julia Chitwood にも感謝する．

最後に，このプロジェクトを一貫して強く支え励ましてくれたわれわれの両親と家族に感謝したい．

目 次

はしがき
原著者紹介

第Ⅰ部　序　論

1　財務諸表を利用した企業分析および評価のフレームワーク … 3
1　資本市場における財務報告の役割 … 4
2　事業活動と財務諸表の関係 … 6
　　会計システムの特徴その1：発生主義会計 8／会計システムの特徴その2：会計基準と監査 8／会計システムの特徴その3：経営者の報告戦略 10
3　財務諸表分析から企業分析へ … 11
　　分析ステップその1：経営戦略分析 12／分析ステップその2：会計分析 13／分析ステップその3：財務分析 13／分析ステップその4：将来性分析 13
4　要　約 … 14
　　練習問題 … 15

第Ⅱ部　企業分析の道具

2　経営戦略分析 … 19
1　産業分析 … 19
2　実際および潜在的な競争の程度 … 21
　　競争要因1：既存企業間の競争 21／競争要因2：新規参入の脅威 22／競争要因3：代替製品の脅威 24
3　インプット市場・アウトプット市場における相対的な交渉力 … 24
　　競争要因4：買い手の交渉力 25／競争要因5：売り手の交渉力 26
4　産業分析の応用：パソコン産業 … 26
　　産業分析の限界 29
5　競争戦略分析 … 29

viii 目次

6	競争優位の源泉	30
	競争戦略1：コスト・リーダーシップ 30／競争戦略2：差別化 31	
7	競争優位の獲得と維持	32
8	競争戦略分析の適用	32
9	企業戦略分析	35
	企業レベルにおける価値創出の源泉 35／企業戦略分析の適用 38	
10	要 約	40
	練習問題	42

3 会計分析の概観 …… 47

1 財務報告制度のフレームワーク …… 47
   発生主義会計の基本的要素 47／経営者に対する財務報告の委任 49／一般に認められた会計原則 50／外部監査 51／法的責任 51／会計分析の限界 51／会計の質に影響する要因 52

2 会計分析の実施 …… 55
   第1段階：重要な会計方針を明らかにする 55／第2段階：会計上のフレクシビリティーの評価 56／第3段階：会計戦略の評価 57／第4段階：情報開示の質を評価する 58／第5段階：潜在的な危険信号を明らかにする 60／第6段階：会計の歪みを元に戻す 63

3 会計分析の落とし穴 …… 64
4 会計データと会計分析の価値 …… 65
5 要 約 …… 66
   練習問題 …… 67

4 資産の分析 …… 73

1 原価主義と保守主義 …… 73
2 資産を計上するうえでの課題 …… 74
   課題1：資源の所有者が不確かである 75／課題2：経済便益が不確かであるか，もしくは，測定が困難である 80／課題3：将来の経済便益は変動する 88

3 資産会計によく見られる誤解 …… 93
4 要 約 …… 96
   練習問題 …… 97

5 負債および持分の分析 …… 101

1 負債の定義と財務報告上の問題点 …… 102

課題1：発生している債務なのか？ *103*/課題2：測定できる債務なのか？
　　　109/課題3：負債の額の変動 *116*
　2　負債会計によく見られる誤解 ……………………………………………… *119*
　3　株主持分の定義と財務報告に関わる課題 ……………………………… *120*
　　　課題1：複合証券 *121*/課題2：未実現利得および損失の区分 *122*
　4　要　約 ……………………………………………………………………… *123*
　練習問題 ………………………………………………………………………… *124*

6　収益の分析 …………………………………………………… *131*

　1　収益認識基準 ……………………………………………………………… *131*
　2　収益報告上の問題 ………………………………………………………… *133*
　　　問題1：顧客が前払いした場合 *133*/問題2：製品・サービスが複数期間にわたって提供される場合 *136*/問題3：製品・サービスの販売後に売り手が残余権益を保持している場合 *139*/問題4：顧客の与信価値 *143*/問題5：満足しない顧客への返金 *146*
　3　要　約 ……………………………………………………………………… *148*
　練習問題 ………………………………………………………………………… *149*

7　費用の分析 …………………………………………………… *153*

　1　対応原則と保守主義 ……………………………………………………… *153*
　　　費用を報告する際の問題 *155*/問題1：資源が複数期間にわたって便益をもたらす場合 *155*/問題2：資源への支払のタイミングと金額が不明確な場合 *163*/問題3：費消された資源の価値を決めるのが困難な場合 *165*/問題4：未利用の資源の価値が下落した場合 *170*
　2　要　約 ……………………………………………………………………… *173*
　練習問題 ………………………………………………………………………… *174*

8　会計エンティティー分析 …………………………………… *183*

　1　報告エンティティーの問題 ……………………………………………… *184*
　　　課題1：部分的支配 *185*/課題2：支配の程度を測るのが困難 *190*/課題3：中核となる事業単位を定義し，業績を測定する *196*
　2　要　約 ……………………………………………………………………… *201*
　練習問題 ………………………………………………………………………… *203*

x 目次

9 財務分析 ……… 211
1 比率分析 ……… 211
   総合的な収益性の測定 213/収益性比率の分解：伝統的アプローチ 215/収益性比率の分解：代替的なアプローチ 216/営業管理の評価：売上純利益率の分解 219/投資管理の評価：資産回転率の分解 224/財務管理の評価：財務レバレッジ 228/比率分析を統合する：サステイナブル成長率の評価 235
2 キャッシュフロー分析 ……… 238
   キャッシュフロー計算書と資金フロー計算書 238/キャッシュフロー情報の分析 240/Nordstrom のキャッシュフローの分析 245
3 要 約 ……… 247
練習問題 ……… 248

10 将来性分析：予測 ……… 253
1 予測と他の分析との関係 ……… 253
2 予測の全体構成 ……… 254
   予測の開始：出発点 255
3 詳細な予測の要素 ……… 261
   感応度分析 268
4 季節性と中間予測 ……… 269
5 要 約 ……… 273
付録：ROE の構成要素の動き ……… 274
練習問題 ……… 276

11 将来性分析：評価理論と概念 ……… 281
1 株主にとっての価値を定義する ……… 283
2 割引超過利益評価法 ……… 284
   会計方法と割引超過利益 287
3 株価倍率に基づく評価手法 ……… 288
   比較可能な企業の選択 289/業績の悪い企業の倍率 290/レバレッジによる株価倍率の修正 291
4 株価・簿価倍率と株価・利益倍率を決定するもの ……… 291
5 利益に基づく評価の簡略化 ……… 296
   現在と将来の超過利益の関係 296/ROE と成長の簡略化 298
6 割引キャッシュフロー・モデル ……… 300
7 評価方法を比較する ……… 302

8	要約	306

付録：割引配当モデルと割引超過利益モデルの調和 307
練習問題 308

12 将来性分析：企業評価の実際 313

1 詳細な業績の予想 313
2 ターミナル・バリュー 319
   競争均衡の仮定の下でのターミナル・バリュー 319／競争均衡の仮定が売上高の増分にのみ適用される場合のターミナル・バリュー 322／業績と成長が持続的に超過的である場合のターミナル・バリュー 324／株価倍率に基づくターミナル・バリュー 326／最終年度の選択 327
3 割引率の計算 328
   負債と株主資本のコストに対するウェイト付け 329
4 見積り価値の計算 333
   超過リターン方式 334／超過利益方式 334／フリー・キャッシュフロー方式 335／評価についてのその他の実務上の問題 336／マイナス簿価の取り扱い 338／余剰現金と余剰キャッシュフローの取り扱い 339
5 要　約 340
練習問題 341

第III部　企業分析の応用

13 株式分析 347

1 投資家の目標 348
2 株式分析と市場効率性 350
   市場の効率性と財務諸表分析の役割 351／市場の効率性と経営者の財務報告戦略 352／市場の効率性に関する実証結果 352
3 ファンド・マネジメントの方法と証券分析 354
   積極的運用と消極的運用 354／定量的分析と伝統的なファンダメンタル分析 354／公式の評価と非公式の評価 355
4 総合的な証券分析のプロセス 356
   分析対象の選択 356／市場が予測している内容 357／アナリストによる予測の提示 361／証券分析の最終的な生産物 361
5 財務諸表データと証券価格 362
   利益や簿価は株価の重要指標である 362／市場参加者は利益に含まれる情報の大部分を予想できる 363／財務諸表の詳細な内容も重要である 366
6 要　約 367

練習問題 …………………………………………………………………… *368*

14　債権分析と財務危機の予測 …………………… *373*

1　債権市場 ………………………………………………………………… *375*
　債権市場の資金提供者　375
2　債権分析の過程 ………………………………………………………… *377*
　第1段階：貸付の性格や目的の考察　378／第2段階：貸付形態や証券発行形態の決定　379／第3段階：潜在的な借手の財務状況の分析　381／第4段階：支払能力を評価する際の予測結果の活用　384／第5段階：契約条項も含む詳細な貸付条件の要約　385
3　財務諸表分析と公募債 ………………………………………………… *388*
　負債格付がもつ意味　388／負債格付の決定要因　390
4　財務危機や企業再建の予測 …………………………………………… *393*
5　要　約 …………………………………………………………………… *395*
練習問題 …………………………………………………………………… *396*

15　企業買収 ………………………………………… *399*

1　企業買収の動機 ………………………………………………………… *400*
　AT&Tの買収の動機　404
2　買収価格 ………………………………………………………………… *405*
　ターゲット企業の株主に提示されるプレミアムの分析　405／買収者からみたターゲット企業の価値の分析　407／AT&TによるNCRの買収価格　413
3　買収資金の調達 ………………………………………………………… *414*
　資金調達形態がターゲット企業の株主に与える影響　415／資金調達形態が買収企業の株主に与える影響　416／AT&TによるNCRの買収と資金調達　420
4　買収の成果 ……………………………………………………………… *421*
　他の買収者の存在　421／経営者の買収防止態勢　422／AT&TによるNCRの買収結果　424
5　要　約 …………………………………………………………………… *424*
練習問題 …………………………………………………………………… *425*

16　企業の財務政策 ………………………………… *431*

1　企業の負債政策の決定要因 …………………………………………… *432*
2　長期的に最適な負債と資本の組合せ ………………………………… *433*
　レバレッジの効果　433／レバレッジのコスト：財務危機　436／長期的に最適な

負債と資本の組合せの決定 440
3　新規プロジェクトの資金調達 442
　　　負債政策のまとめ 445
4　配当政策の決定要因 445
　　　フリー・キャッシュフローの非効率性を減少させる配当 447/配当の税金コスト 447/配当と財務スラック 448/借入制約と配当政策 449/最適な配当支出の決定 450/配当政策のまとめ 451
5　要　約 452
練習問題 453

17　経営者による情報公開 457

1　投資家への情報公開 458
　　　留意すべき点 458/事例：FPIC Insurance Group の情報公開問題 460
2　財務報告書による情報公開 461
　　　情報公開手段としての会計 461/会計情報の信頼性に対する投資家の関心 462/会計情報の信頼性を高める要素 462/投資家への情報公開手段として財務報告が抱える限界 463/事例：FPIC Insurance Group の会計情報の開示 465
3　他の形態による投資家への情報開示 466
　　　アナリストとのミーティング 467/自発的開示 467/財務政策の選択 468/事例：他の情報公開手段の利用——FPIC Insurance Group のケース 470
4　要　約 472
練習問題 473

第Ⅳ部　企業分析の事例

America Online, Inc. 481
The Home Depot, Inc. 515
Maxwell Shoe Company, Inc. 541
Schneider and Square D 551
The Gap, Inc. 587

　　訳者あとがき/訳出分担一覧 611
　　図表一覧 615
　　索　引 619

原著者紹介

クリシュナ・G・パレプ（Krishna G. Palepu）

　インドのアンドーラ大学で物理学の学士と修士，インド経営大学院で経営学修士（MBA）を終えた後，米国マサチューセッツ工科大学（MIT）において博士の学位を取得．1983年からハーバード大学ビジネス・スクールで教え，現在は同校教授（Ross Graham Walker Professor of Business Administration）．会計およびコントロール部門のチェアマンを兼ねている．

ポール・M・ヒーリー（Paul M. Healy）

　ニュージーランドのビクトリア大学で会計およびファイナンスの学士，その後，米国ロチェスター大学に学び，経済学で修士（MS），経営学で博士の学位を取得．1983年からマサチューセッツ工科大学（MIT）スローン・スクールで教え，同校教授を経て97年からハーバード大学ビジネス・スクール教授（MBA Class of 1949 Professor of Business Administration）．

ビクター・L・バーナード（Victor L. Bernard）

　1995年11月14日死去．米国イリノイ大学において博士の学位を取得．本書執筆時はミシガン大学教授（Price Waterhouse Professor of Accounting）．同大学ペイトン会計センター所長やアメリカ会計学会研究部長を歴任．

第Ⅰ部
序 論

1
財務諸表を利用した企業分析および評価のフレームワーク

　この章では財務諸表分析の包括的なフレームワークを概説する．財務諸表は公開会社の経済活動に関するデータのなかで最も手に入れやすいので，投資家やその他の利害関係者は，企業および経営者の計画や業績を評価するうえで財務諸表をたよりにすることが多い．

　財務諸表を利用して企業分析を行う場合，次のような，さまざまな疑問が生じうる．

- 証券アナリスト：私が調査している会社の業績はどうか？　業績予測に合致していたか？　そうでないなら，なぜか？　会社の現在および将来の業績に関する評価からみると，株式の価値はどれくらいか？
- 融資担当者：この会社に融資するにあたって，どのくらい信用リスクを見込めばよいか？　会社の流動性および支払能力はどの程度か？　会社の事業リスクはどうか？　資金調達や配当政策によって生ずる追加的なリスクは何か？
- 経営コンサルタント：会社が営業を行っている産業の構造はどうなっているか？　その業界のライバルはどのような戦略を策定しているか？　その業界のライバルの業績は相対的にみてどうか？
- 企業経営者：当社は投資家の正当な評価をうけているか？　当社の投資家向けの情報伝達制度は彼らの評価に十分に役立っているか？
- 企業経営者：この会社は乗っとりのターゲットになっているか？　当社がこの会社を取得するとどれくらい価値を付け加えられるか？　取得するための資金をどのように調達すればよいか？
- 会計監査人：この会社の財務諸表における会計方針と発生項目の見積りは，会社の事業と最近の業績に関する私の理解と整合しているか？　これらの財務諸表は現在の状態と重要な事業リスクを伝えているか？

経営者が企業の戦略に関して完全な情報をもっていながら，さまざまな制度上の要因によりこの情報の十分な開示が見込めない場合，財務諸表分析は重要な作業となる．この状況のもとで，外部のアナリストは財務諸表データの分析を通じて「内部情報」の作成を試み，それによって企業の現在の業績および将来の見通しについての重要な情報を得ようとする．

財務諸表分析の貢献を理解するためには，資本市場が機能していくうえでの財務報告の役割と財務諸表を作成する際の制度的要因を理解することが重要である．そこで，最初にこうした要因について簡単に記述し，次に，アナリストが財務諸表から情報を抽出し，役に立つ予測を行う方法について議論する．

1 資本市場における財務報告の役割

いかなる経済にとっても，投資機会に貯蓄を配分することは決定的に重要な問題である．これを適切に行う経済は，新たな事業のアイディアを活用して急速にイノベーションを刺激し，雇用と富を創出することができる．対照的に，このプロセスの管理が拙い経済は，富を浪費し，事業機会の支援に失敗する．

20世紀には，事業投資に貯蓄を振り向けるための異なる2つのモデルがあった．共産主義および社会主義経済では，国内の貯蓄をプールし，企業への投資を指示するために中央での計画と政府機関が利用された．このモデルが失敗したことは，これらの経済の大部分がこれを放棄し，2つめのモデルである市場モデルを支持しているという事実から明らかである．今日，世界のほとんどすべての国では，資本を必要とする企業に貯蓄者からの金融資源を振り向けるという重要な役割を資本市場が果たしている．

図1-1は一般に資本市場がどのように機能するかを図式化したものである．どの経済でも，貯蓄は広く家計に分布している．通常，事業アイディアに資金を供給するために，これらの貯蓄を引き寄せようとする新参の起業家や既存の会社は数多く存在する．貯蓄者と起業家は互いに取引をしようとするが，貯蓄を事業投資機会に対応させるのは，少なくとも2つの理由でやっかいで

図 1-1 資本市場

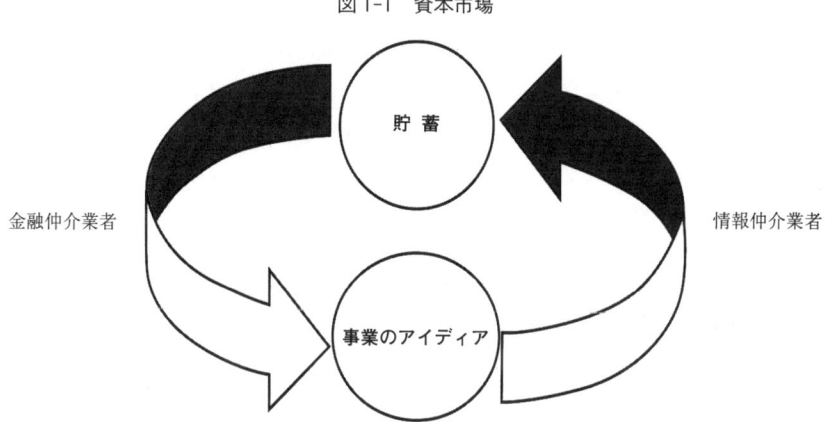

ある．第1に，起業家は一般に事業投資機会の価値について貯蓄者よりもすぐれた情報を持っている．第2に，起業家には自分のアイディアの価値を不当につり上げるインセンティブがあることを投資家は知っているので，起業家から投資家へ伝達されることを完全に信用することはできない．

これらの情報およびインセンティブ問題は，経済学者のいう「レモン」の問題につながっていて，資本市場の機能を失わせる可能性をもっている[1]．これは次のように作用する．事業のアイディアのうち半分は「良い」もので，もう半分は「悪い」ものであるという状況を考えよう．投資家がこの2種類の事業アイディアを識別できなければ，「悪い」アイディアを持った起業家は自分たちのアイディアが「良い」アイディアと同じくらい価値があると主張しようとするだろう．この可能性が実現すると，投資家は良いアイディアと悪いアイディアを平均的なレベルで評価する．不幸にも，これによって良いアイディアは不利になり，良いアイディアを持った起業家は融資の条件に魅力がないことを知る．このような起業家が資本市場を離れるにつれて，市場における悪いアイディアの比率が高まる．時の経過とともに，悪いアイディアが良いアイディアを「押しのける」ので，投資家はこの市場に対する信用をなくしてしまう．

仲介業者が出現すればこうした市場の衰退は防ぐことができる．仲介業者は，中古車の品質を独自に証明することで，買い手と売り手の価格の合意に

役立てる車のメカニックのようなものである．資本市場には2種類の仲介業者が存在する．ベンチャーキャピタル企業，銀行，投資信託会社，保険会社などの金融仲介業者は，個人投資家から資金を集めること，および，投資を決定するためにさまざまな投資代替案を分析することに焦点を合わせている．監査人，証券アナリスト，債券格付機関，金融新聞などの情報仲介業者は，さまざまな事業投資機会の質に関する情報を投資家（および投資家を代行する金融仲介業者）に提供することに焦点を合わせている．これらの仲介業者はいずれも，投資家が「良い」投資機会と「悪い」投資機会を識別する助けとなることで彼らの役に立っている．

　財務報告は情報仲介業者と金融仲介業者が機能していくうえで決定的に重要な役割を果たしている．情報仲介業者は，（監査人がするように）財務報告の信頼性を高めたり，あるいは，（アナリストや格付機関がするように）財務諸表の情報を分析している．金融仲介業者は，財務諸表の情報を信頼し，さらに他の情報源を用いてこの情報を補足することにより，投資機会を分析している．以下のセクションでは，財務報告制度の仕組みのうち鍵となる局面について議論するが，それは，資本市場が機能していくうえできわめて重要な役割を効果的に果たしているからである．

2　事業活動と財務諸表の関係

　企業経営者は企業の外部から物的資源および財務的資源を取得し，それらを利用することにより，投資家にとって価値のあるものを創り出す責任がある．価値はその投資から資本コストを超える利益を獲得したときに生まれる．経営者はこの目標を達成するために経営戦略を策定し，事業活動を通じてそれらを実行する．企業の事業活動は経済環境と自らの経営戦略に影響を受ける．経済環境としては，企業の属している産業，インプット市場およびアウトプット市場，そして事業に対する規制があげられる．そして，経営戦略により，競争優位を獲得するために，その環境に対して企業をどのように位置づけられるかが決定されるのである．

　図1-2に示したように，企業の財務諸表は企業の事業活動の経済的結果を

図 I-2 事業活動と財務諸表の関係

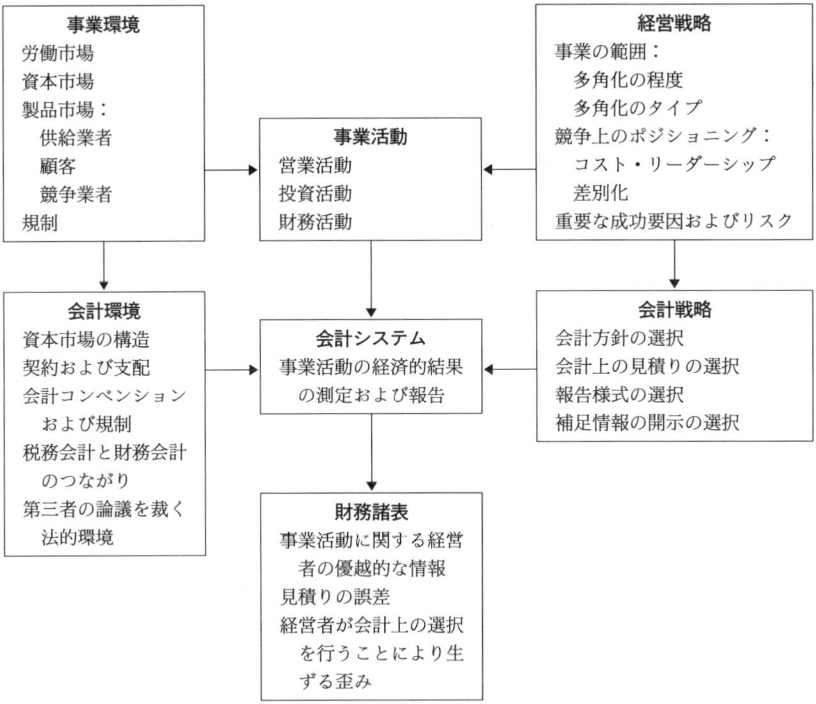

事業環境
- 労働市場
- 資本市場
- 製品市場：
  - 供給業者
  - 顧客
  - 競争業者
- 規制

経営戦略
- 事業の範囲：
  - 多角化の程度
  - 多角化のタイプ
- 競争上のポジショニング：
  - コスト・リーダーシップ
  - 差別化
- 重要な成功要因およびリスク

事業活動
- 営業活動
- 投資活動
- 財務活動

会計環境
- 資本市場の構造
- 契約および支配
- 会計コンベンションおよび規制
- 税務会計と財務会計のつながり
- 第三者の論議を裁く法的環境

会計システム
- 事業活動の経済的結果の測定および報告

会計戦略
- 会計方針の選択
- 会計上の見積りの選択
- 報告様式の選択
- 補足情報の開示の選択

財務諸表
- 事業活動に関する経営者の優越的な情報
- 見積りの誤差
- 経営者が会計上の選択を行うことにより生ずる歪み

要約したものである．どの期間をとっても企業は無数の事業活動を行っているので，それらすべてを企業外部の情報利用者に報告することはできない．さらに，企業が着手している活動のなかにはほんらい企業固有なものもあり，これらの活動を詳細に開示すると企業の競争上の地位をそこなうことになりかねない．企業の会計システムは事業活動を選択し，測定し，それらを財務諸表データに統合する仕組みになっている．

　財務諸表データを利用して企業分析を行う仲介業者は，財務諸表が企業の事業活動と会計システムの双方の影響を受けることを知っておかなければならない．したがって，財務諸表分析においては，会計システムが分析に利用される財務諸表データの質に与える影響を理解しておくことが重要である．以下で議論される会計システムの制度的特徴により影響度が決まる．

会計システムの特徴その1：発生主義会計

　財務報告の基本的な特徴は，現金主義会計ではなく発生主義会計を利用して作成されていることである．現金主義会計とは異なり，発生主義会計では経済活動に伴う費用および収益の記録と実際の現金支出および現金収入とが区別される．発生主義会計の基本的な期間業績指標は純利益である．純利益を計算するために，経済的取引の結果が，必ずしも実際の現金収支ではなく，予想される現金収支をもとに記録される．製品の引渡しやサービスの提供と引きかえに予想される現金収入は収益として認識され，これらの収益に対応して予想される現金支出は費用として認識される．

　発生主義会計が必要になるのは，投資家が期間ベースの財務報告を求めるからである．企業は継続的に経済取引を行っているので，報告を行う年度末時点で勝手に会計帳簿を閉めてしまうと基本的な測定問題が生じる．現金主義会計では一定期間に行われた取引の経済的結果のすべてがその年度に報告されないので，発生主義会計は企業の期間業績に関するより完全な情報を提供するよう工夫されている．

会計システムの特徴その2：会計基準と監査

　企業財務報告は発生主義会計を利用しているため複雑になっている．発生主義会計は現在の取引から生じる将来の現金収支についての期待を扱うので，それは主観的になり，また，多くの仮定に依存する．このような仮定をおく責任は主に誰が負うべきか？　企業経営者は，財務諸表の作成にあたって，適切な見積りや仮定をすることを任されているが，それは彼らが事業に関する詳細な知識をもっているからである．

　経営者に認められている会計方針選択の自由は，報告される財務諸表に内部情報を反映させることになるので価値があるかもしれない．しかしながら，投資家は利益を経営者の業績尺度とみているので，経営者は偏った仮定を設け，会計方針選択の自由を利用して報告利益を歪める誘因をもっている．さらに，企業と外部の情報利用者との契約に会計数値を利用すると，経営者が会計数値を操作する別の動機が生まれる．報告利益のごまかしは財務諸表データを歪め，財務諸表利用者にとってのその価値は小さくなる．それゆえ，

財務報告の決定を企業経営者に任せるとコストとベネフィットの双方が生じる．

会計のコンベンションがたくさん作られてきたのは，経営者が会計上のフレクシビリティーを活用して会社の事業活動に関する彼らの知識を要約するためであって，自己の利益を求めて真実を隠すためではない．たとえば，測定可能性や保守主義のコンベンションは，経営者が楽観的なバイアスをもつ可能性から生じる歪みへの懸念に会計が反応して生まれたのである．これら2つのコンベンションは，それ自体の悲観的なバイアスによって，経営者の楽観的なバイアスを制限しようとしている．

会計基準（一般に認められた会計基準）は，財務会計基準審議会（FASB）や各国の類似の基準設定機関によって公表されており，経営者が報告数値を歪めることを制限している．統一会計基準は，期間や企業を問わず，類似の経済取引を異なる方法で記録する経営者の能力を限定しようとしている．

しかしながら，会計基準の統一性が高まるということは，経営者が会社の財務諸表に事業の本当の違いを反映させるフレクシビリティーが犠牲にされるということでもある．厳格な会計基準が最もよく機能するのは，経営者がもつ情報では経済的取引の会計処理が決まらない場合である．とはいえ，取引の経済的結果を評価するにあたって重要な事業判断が必要とされる場合，経営者が事業に関する優越的な知識を利用できなくなるような厳格な会計基準は，本来の役割を果たさないであろう．さらに，もし会計基準が厳格にすぎる場合は，経営者は望ましい会計的結果を得るために，経済的な資源を費やして事業取引を構築しなおそうとするかもしれない．

監査は，広義には報告された財務諸表の完全性を作成者以外の第三者が検証することと定義され，経営者が会計の規則やコンベンションを継続的に首尾一貫して用い，彼らの会計上の見積りも合理的であることを保証する．したがって，監査は，会計データの質を改善するものである．

その一方で，第三者による監査は，時代とともに変わるような会計の規則やコンベンションを制限する点で，財務報告の質を低下させるかもしれない．たとえば，FASBは基準設定プロセスにおいて監査人の見解を考慮してい

る．監査人は，たとえ提案されたルールが投資家にとって目的適合的な情報を生み出すとしても，監査が困難な会計数値を生み出す会計基準には反対の論を唱えそうである．

経営者，監査人，投資家のあいだの会計上の論議が裁かれる法的環境もまた，報告数値の質に対して重大な影響をもたらす．訴訟の脅威とそれに伴う刑罰は情報開示の正確性を改善するうえで有効である．しかしながら，重大な法的責任が生じる可能性があると，経営者や監査人は将来情報の開示といったリスクの大きい予測を要する会計上の提案には反対するかもしれない．

会計システムの特徴その3：経営者の報告戦略

会計データを歪めうる経営者の能力を制限するようなメカニズムは一面でノイズを拡大させるので，会計規制を利用することにより経営者のもつフレクシビリティーを完全に排除するのは最適ではない．そのため，実際の会計システムには，経営者が財務諸表データに影響を与えるかなりの余地が残されている．企業の報告戦略，すなわち，経営者が会計方針を自由に決めるやり方は，会社の財務諸表に重大な影響を与える．

企業経営者は，会計および情報開示の方針を選択することで，財務報告を利用する外部の利用者が事業の真実の姿を理解するのを多少とも困難にすることができる．会計ルールはしばしば経営者が選べる幅広い選択肢になっている．さらに，経営者はこれらの会計方針を適用する際，一定範囲の見積りを行うことを任されている．会計規制は，通常，最低限度の開示要請を規定しているが，それは経営者が自主的に追加的な情報開示を行うことを制限していない．

情報開示の戦略がよければ，経営者は外部の投資家に事業の真実の姿を伝えることができるであろう．しかし，企業の情報開示戦略には，製品市場における競争力学という一つの大きな制約がある．経営戦略やそこから期待される経済的結果について自分がもっている情報を開示すると，企業の競争上の地位が傷つけられるかもしれない．このような制約条件のもとで，経営者は財務諸表を利用して，投資家が企業の真実の経済的業績を評価するのに役立つ情報を提供する．

また，経営者は財務報告戦略を利用して投資家の認識を操作することができる．経営者は，自分に与えられた裁量を行使して，投資家が悪化した業績をタイムリーに知るのを困難にすることもできる．たとえば，経営者は会計方針や見積りを選択して，企業の真実の業績に関して楽観的な評価を提供することができる．また，経営者は，自主的に開示する情報の範囲をコントロールすることで，投資家がコストをかけなければ本当の業績を理解できないようにすることもできる．

　事業の真実の姿に関して与えられる財務諸表の情報量は企業によって異なり，さらに，同一企業でも年度によって異なる．このように，会計の質には差異があるので，企業分析を行うチャンスともなるが，問題も生じる．以下では，アナリストが財務諸表の情報からノイズを分離するプロセスと，財務諸表分析から事業を見抜くプロセスを議論する．

3　財務諸表分析から企業分析へ

　経営者の所有する内部情報は，会計データに価値をもたらす源にもなれば，歪みの原因ともなるので，財務諸表の外部利用者が真実の情報から歪みやノイズを分離することは難しい．会計上の歪みを完全に元に戻すことはできないので，投資家は報告された会計上の業績を「割り引いて」考える．すなわち，投資家は，報告数値が経済的実質をどれだけ反映しているかについて確率的評価を行う．結果的に，投資家は個々の企業の業績に関して不正確な評価しかできない．金融および情報仲介業者によって，投資家のもっている企業の現在の業績および将来の見込みに関する理解が改善される．

　財務諸表分析は公表された財務諸表データから経営者の内部情報を得ようとするので価値がある．仲介業者は直接にあるいは完全にこの内部情報を入手することはできないので，彼らは企業の属する産業や競争戦略に関する知識をもとに，財務諸表を解釈する．著名な仲介業者は，業界の経済状態について少なくとも経営者と同等に理解し，企業の競争戦略も適度に理解している．企業外部のアナリストは経営者に比べて情報面では不利な立場にあるが，経営者よりも客観的に投資意思決定や事業意思決定の経済的結果を評価する．

図1-3 財務諸表を利用した企業分析

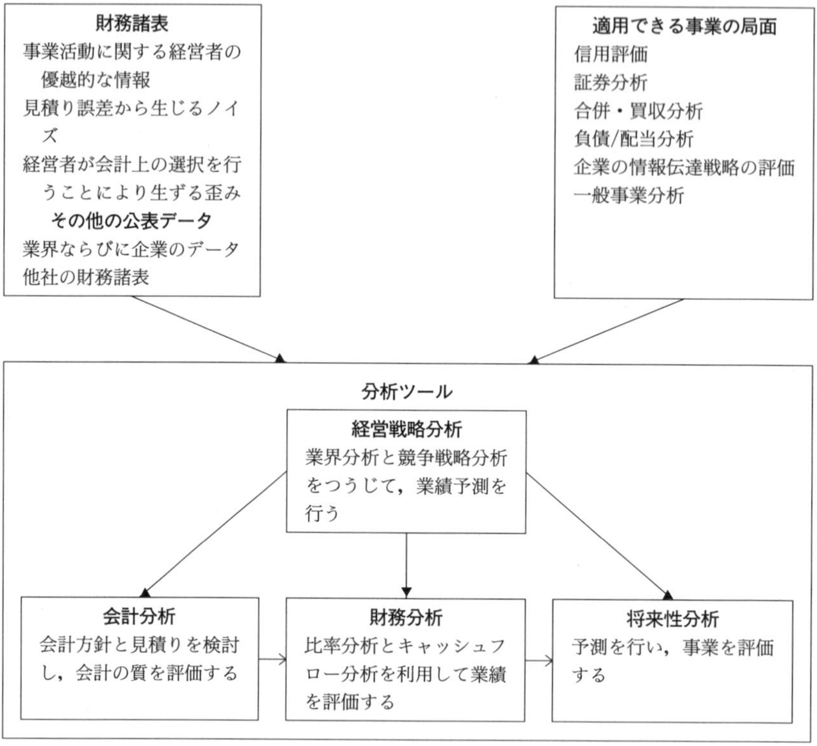

財務諸表
- 事業活動に関する経営者の優越的な情報
- 見積り誤差から生じるノイズ
- 経営者が会計上の選択を行うことにより生ずる歪み

その他の公表データ
- 業界ならびに企業のデータ
- 他社の財務諸表

適用できる事業の局面
- 信用評価
- 証券分析
- 合併・買収分析
- 負債/配当分析
- 企業の情報伝達戦略の評価
- 一般事業分析

分析ツール

経営戦略分析
業界分析と競争戦略分析をつうじて,業績予測を行う

会計分析
会計方針と見積りを検討し,会計の質を評価する

財務分析
比率分析とキャッシュフロー分析を利用して業績を評価する

将来性分析
予測を行い,事業を評価する

図1-3は,財務諸表を利用して仲介業者が行う企業分析の4つの重要なステップ,すなわち,(1)経営戦略分析,(2)会計分析,(3)財務分析,(4)将来性分析を図式的に概観したものである.

分析ステップその1:経営戦略分析

経営戦略分析の目的は利益決定要因と事業リスクを明らかにするとともに,定性レベルで潜在的な企業利益を評価することにある.経営戦略分析ではその企業の属する産業と,そこで持続的に競争優位を獲得する戦略とが分析される.定性分析によりアナリストは次のステップである会計分析や財務分析を工夫しやすくなるので,定性分析は最も重要な第一段階である.たとえば,

成功要因や事業リスクのうち重要なものを明らかにすることにより，会計政策のうち重要なものが明らかになる．競争戦略を評価することによって，現在の収益性が持続するかどうかの評価が容易になる．また，企業分析によりアナリストは将来の業績を予測する際に，堅実な仮定をおくことが可能になる．

分析ステップその2：会計分析

会計分析の目的は，会計が事業の根底にある真実をどの程度捉えているかを評価することにある．会計上のフレクシビリティーの余地を明らかにし，会計政策や見積りの適正性を評価することにより，アナリストは会計数値の歪みの程度を評価することができる．会計分析で重要なもう一つの点は，バイアスのない会計データをつくるために，会計数値を計算し直して歪みを「元に戻す」ことである．会計分析により，財務諸表分析の次の段階である財務分析から得られた結論の信頼性が高まる．

分析ステップその3：財務分析

財務分析のゴールは，財務データを利用して企業の現在および過去の業績を評価し，その持続可能性を評価することにある．財務分析では2つのスキルが重要である．第一に，分析はシステマティックかつ効率的になされるべきである．第二に，アナリストは，財務データを利用して分析を行い，事業上の問題を検討すべきである．比率分析とキャッシュフロー分析は最もよく利用される分析ツールである．比率分析では製品市場における業績と財務政策に焦点が当てられ，キャッシュフロー分析では流動性と財務上のフレクシビリティーに焦点が当てられる．

分析ステップその4：将来性分析

将来性分析は企業分析の最後のステップであり，企業の将来の見通しに焦点が当てられる．将来性分析でよく利用される手法は，財務諸表の予測と評価の2つである．これらの分析ツールにより，企業の将来を予測するために行われる，経営戦略分析，会計分析，財務分析の結果が統合される．

企業の価値は将来キャッシュフローの実績の関数であるが，当期の株主資本簿価，将来の株主資本利益率（ROE），成長性をもとにして企業価値を評価することも可能である．ここで議論したフレームワークにおける最初の3つのステップである，経営戦略分析，会計分析，財務分析は，企業の本質価値を推定する際の卓越した基礎となる．経営戦略分析は，会計分析や財務分析を適切に行うことを可能にするし，企業の競争優位が変化する可能性とそれが企業の将来のROEや成長性に対してもつインプリケーションを評価する場合にも役に立つ．会計分析は会社の現在の簿価やROEに関するバイアスのない見積りを提供する．そして財務分析により，何が会社の現在のROEを動かしているかについて深い理解が得られるのである．

正確な企業分析に基づく予測は，さまざまな利害関係者にとって有用であり，さまざまな局面で利用される．分析の性質はその局面に依存する．ここでいう局面には，証券分析，信用評価，M&A（買収・合併），借入政策・配当政策の決定，企業の情報伝達戦略の評価がある．これまでに説明した4つのステップはこれらの局面に利用できる．とはいえ，これらのツールを適切に利用するためには，問題状況に関連した経済理論と制度的要因に精通していることが必要である．

4　要約

財務諸表は公開会社の経済活動に関するデータのうち，最も容易に入手できるものであるため，投資家やその他の利害関係者は企業および企業経営者の計画と実績を評価する際，財務諸表に依存している．発生主義会計に基づく財務諸表データにはノイズがあり，専門家でない投資家は企業業績を正確に評価できない．経営者の情報開示戦略を理解している財務アナリストには公表データから内部情報を作成する機会があり，外部の関係者が企業の現在および将来の業績を評価するうえで重要な役割を果たしている．

この章では，財務諸表を利用した企業分析のフレームワークを概説した．分析には，経営戦略分析，会計分析，財務分析，将来性分析の4つのステップがある．以下の各章ではこれらのステップを詳細に説明し，さまざまな事

業の局面でそれらがどのように利用されるかを議論する．

練習問題

1. John はファイナンスの最初の科目を終えたばかりであり，「財務諸表を利用した企業分析と評価」という科目をとるべきかどうか確信がない．というのも，彼は資本市場の効率性を前提とした場合，財務分析にはあまり価値がないと信じているからである．資本市場が効率的であっても，財務分析に価値があるケースを John に説明しなさい．
2. 財務諸表で報告される企業業績に誤りのないことはめったにない．財務報告において生じる誤りを3つあげなさい．
3. Joe Smith は「財務アナリストになりたいと考えているのでなければ，財務諸表を利用して企業分析や評価を行う方法を学んでもあまり役に立たない．」と主張している．これにコメントしなさい．
4. この章では企業分析の4つのステップ（経営戦略分析，会計分析，財務分析，将来性分析）が議論された．あなたが財務アナリストである場合，なぜこれらのステップがあなたの仕事の重要な一部になるのか，また，それらは相互にどのような関連をもっているのかを説明しなさい．

注

1) G. Akerolf, "The Market for 'Lemons': Quality Uncertainty and the Market Mechanism," *Quarterly Journal of Economics* (August 1970): 488-500.

第II部
企業分析の道具

2
経営戦略分析

　経営戦略分析は財務諸表分析の出発点として重要である．戦略分析を行うことにより，アナリストは定性的なレベルで企業の経済的実態を厳密に調査することが可能になり，その後の会計分析および財務分析は事業の実態に基づくものとなる．また，経営戦略分析により，企業の利益決定要因や重要なリスクが明らかになる．さらに，アナリストは当期の企業業績の持続性を評価したり，現実的に将来の業績を予測することが可能になる．

　企業価値は資本コスト以上の資本利益率をあげる能力で決まる．企業がこの目標を達成できるかどうかは何によって決まるのか？　企業の資本コストは資本市場で決まるが，利益を獲得する能力は企業の選択する戦略，すなわち，(1)企業が事業活動を行う一つ以上の産業の選択（産業選択），(2)選択された一つ以上の産業において他の企業と競争する方法（競争上のポジショニング），(3)経営している事業間のシナジーを生み出し利用するために会社が考えている方法（企業戦略）で決まる．したがって，経営戦略分析は産業分析と競争戦略分析および企業戦略分析から構成される[1]．本章ではこの3点について簡潔に議論し，パソコン産業とAmazon.comのそれぞれについて，この3点を適用して説明する．

1　産業分析

　企業の利益獲得力を分析する際，収益性には産業ごとに規則性があり，予測可能であるから，アナリストはまず最初に企業が競争を繰り広げている産業ごとに利益の獲得能力を評価しなければならない．たとえば，全アメリカ企業の資産簿価に対する利払い前・税引前利益の比率は，1981年から1997年にかけて8.8％であった．しかしながら，平均利益率は個々の産業によってかなり異なる．すなわち，パン製造業の利益率は母集団平均より43％ポ

図 2-1 産業構造と収益性

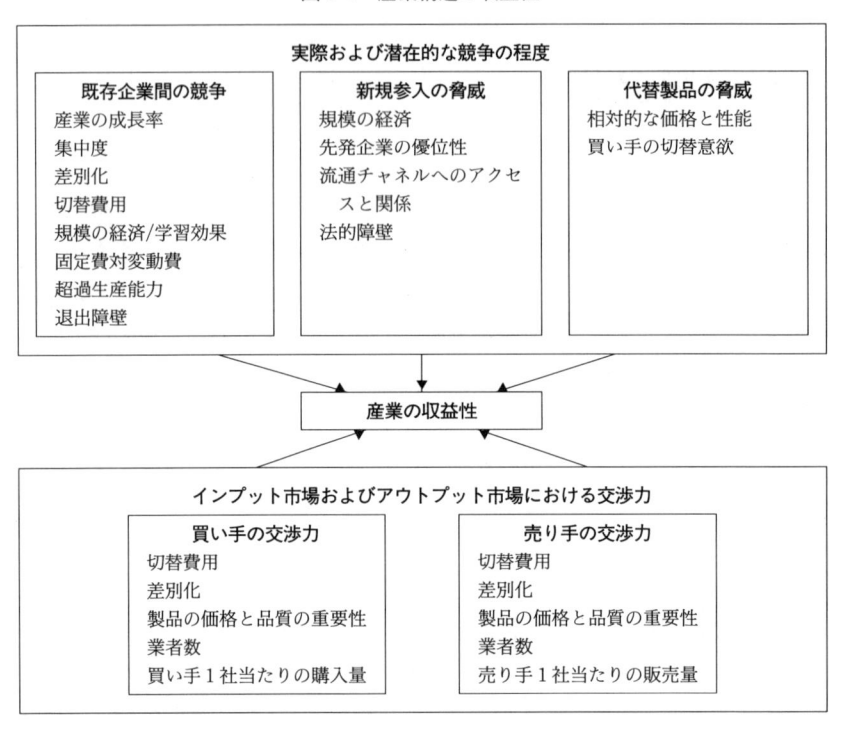

```
実際および潜在的な競争の程度
┌─────────────────┬─────────────────┬─────────────────┐
│ 既存企業間の競争 │ 新規参入の脅威   │ 代替製品の脅威   │
│ 産業の成長率     │ 規模の経済       │ 相対的な価格と性能│
│ 集中度           │ 先発企業の優位性 │ 買い手の切替意欲 │
│ 差別化           │ 流通チャネルへの │                 │
│ 切替費用         │   アクセスと関係 │                 │
│ 規模の経済/学習効果│ 法的障壁       │                 │
│ 固定費対変動費   │                 │                 │
│ 超過生産能力     │                 │                 │
│ 退出障壁         │                 │                 │
└─────────────────┴─────────────────┴─────────────────┘
              ↓
         産業の収益性
              ↑
インプット市場およびアウトプット市場における交渉力
┌─────────────────────┬─────────────────────┐
│ 買い手の交渉力       │ 売り手の交渉力       │
│ 切替費用             │ 切替費用             │
│ 差別化               │ 差別化               │
│ 製品の価格と品質の重要性│ 製品の価格と品質の重要性│
│ 業者数               │ 業者数               │
│ 買い手1社当たりの購入量│ 売り手1社当たりの販売量│
└─────────────────────┴─────────────────────┘
```

イント高く，銀鉱採掘業では母集団平均より23％ポイント低かった[2]．このような収益性の違いは何に起因しているのか？

　産業構造が収益性に与える影響に関する産業組織論の研究は数多い[3]．経営戦略の文献では，産業の収益率は図2-1に提示した「5つの要因」の影響を受けることが示されている[4]．このフレームワークによれば，競争の厳しさによって，業界内の企業が超過利益を獲得する力が決まる．業界が利益の獲得力を保持しているかどうかは，業界内の企業の相対的な交渉力，買い手の交渉力，売り手の交渉力によって決まる．以下ではこれらの業界における利益決定要因のそれぞれについて詳細に議論しよう．

2 実際および潜在的な競争の程度

　最も基本的なレベルでいうと，産業の利益はその業界の製品・サービスに対して顧客がすすんで支払う最大価格の関数である．重要な価格決定要因の一つは，同一ないし同等の製品を供給している業者間での競争の程度である．極端な場合，その業界が完全競争の状態ならば，ミクロ経済理論によると価格は限界費用と等しくなり，正常利潤以上を得る機会はほとんどない．もう一つの極端な場合，業界が単一の企業に独占されているときには，独占利潤を得る可能性がある．実際のところ，多くの産業における競争の程度は完全競争と独占の中間にある．

　ある業界における競争の潜在的な要因には次の3つがある．すなわち，(1)既存企業間の競争，(2)新規参入の脅威，(3)代替製品・サービスの脅威である．以下，これらの競争要因について個々に議論しよう．

競争要因1：既存企業間の競争

　多くの産業では，収益率の平均的な水準は主として業界における既存企業の競争状態によって影響される．産業によっては，競争が激しく，価格は限界費用に近いところまで（場合によってはそれ以下にまで）引き下げられる．別の産業では価格競争は激しくない．そのかわりに，企業は価格を調整する方法を発見したり，あるいはイノベーションやブランド・イメージといった価格以外の局面で競争している．業界内の既存企業間における競争の強さを決定する要因には次のようなものがある．

産業の成長率　産業が急速に成長しているのであれば，既存企業は成長するために競争相手のマーケット・シェアを奪う必要はない．対照的に，成長が停滞している産業では，既存企業が成長する唯一の方法は競争相手からシェアを奪うことである．この状態では，既存企業間で価格競争が生じることが予想できよう．

集中度と競争業者のバランス　産業における企業数と相対的な規模により集中

度は決まる[5]．集中度は企業間での価格調整やそれ以外の競争手段がどれだけ可能であるかにも影響する．たとえば，業界が1社に独占されているとき（例：1970年代のメインフレーム・コンピューターにおけるIBM），その企業は競争ルールを設定し遵守させることができる．同様に，同規模の企業2,3社によって支配されているとき（例：アメリカのソフトドリンク産業におけるCokeとPepsi），暗黙のうちに協調して破滅的な価格競争を避けることができる．業界が細分化されているとき，厳しい価格競争が起こりやすい．

差別化と切替費用 企業がまともに競争することを避けられるかどうかは，どれだけ製品・サービスを差別化できるかにかかっている．ある業界の製品がどれも似たようなものであれば，顧客は単に価格を基準にしてある業者から別の業者に切り替えようとする．切替費用もまた顧客がある製品から別の製品へ切り替える傾向を決定する．切替費用が低ければ，企業が価格競争に乗り出す誘因は大きくなる．

規模の経済・学習効果と固定費対変動費比率 学習曲線の傾きが急であったり，あるいは，それ以外の規模の経済が働く場合，その業界内の企業にとって規模は重要な要因となる．このような状況では，マーケット・シェアを獲得するために激しい競争に加わる誘因が存在する．同様に，固定費対変動費比率が高ければ，企業は生産能力を上げて価格を下げる誘因をもつ．航空産業では価格戦争は当たり前であるが，これは上に述べた状況の事例である．

超過生産能力と退出障壁 生産能力が需要を超えている場合，価格を下げて生産能力分の生産を行う強い誘因が存在する．超過生産能力の問題は，その産業からの退出に障壁があるといっそう悪化する．資産が特殊であったり，規制によって退出にコストがかかる場合，退出障壁は高くなる．

競争要因2：新規参入の脅威
　超過利益を獲得する可能性があると産業への新規参入が増えるであろう．産業への新規参入の脅威があると，既存企業は価格競争を強いられる可能性

がある．それゆえ，新規参入の容易さは収益性の重要な決定要因である．参入障壁の高さを決定する要因には次のものがある．

規模の経済　規模の経済が働くとき，新規参入企業は，すぐには利用されないほど大きな生産能力に投資するか，あるいは，最適生産能力以下で参入するかの選択に直面する．いずれにしても，新規参入企業は少なくとも当初は既存企業との競争上コスト面で不利になる．規模の経済は巨額の研究開発投資（製薬産業や航空機エンジン産業），巨額のブランド広告投資（ソフトドリンク産業），巨額のプラント・設備投資（通信産業）から生じる．

先発企業の優位性　業界への参入が早い企業ほど先発企業の優位性があるならば，将来の参入は抑止されるかもしれない．たとえば，最初に参入した企業は業界標準を確立できるかもしれないし，あるいは，安価な原材料を供給する業者と独占的な協定を結ぶことができるかもしれない．また，規制産業で営業する際に，稀少な政府の免許を獲得するかもしれない．さらに，学習効果が働くならば，先発企業は新規参入企業に対して絶対的なコスト優位をもつことになるであろう．いったん既存製品を使用し始めた顧客に多額の切替費用がかかる場合にも，先発企業の優位性は大きくなるであろう．たとえば，Microsoft のオペレーティング・システムである DOS を使用しているユーザーは切替費用に直面しているため，ソフトウェア会社が新しいオペレーティング・システムを市場に出すことは難しい．

流通チャネルへのアクセスと関係　既存の流通チャネルには能力上の限界があること，また，新しく流通チャネルを開拓するにはかなりのコストがかかること，これらは強力な参入障壁となりうる．たとえば，アメリカ国内の自動車産業に新規参入しようとすると，ディーラー網の開拓が難しいという厳しい障壁に直面するであろう．同様に，新規参入した消費財メーカーはスーパーマーケットに自社製品を並べるための棚のスペースを確保するのが難しいことを知るであろう．企業と顧客の既存の関係も新規参入を困難にしている．そうした業界の例として監査業，証券業，広告業などがあげられる．

法的障壁 研究集約的な産業では特許権や著作権といった法的障壁により参入が制限されることが多い．同様に，タクシー業，医療業，放送業，通信業などの免許規制がある業界では参入が制限される．

競争要因３：代替製品の脅威

　産業における第３の競争要因は代替製品・サービスの脅威である．代替製品は必ずしも既存製品と同一というわけではなく，同一の機能を果たすものである．たとえば，短距離を旅行する場合，飛行機とレンタカーは互いに代替製品になるかもしれない．同様に，プラスチックの瓶と金属製の缶は飲料産業の容器としては互いに代替製品になる．場合によっては，代替製品の脅威は顧客が別の製品に切り替えることから生じるのではなく，既存製品を使わなくても，あるいはそれほど使わなくても済むような技術を利用することから生じる．たとえば，エネルギーを節約する技術により，顧客は電気や化石燃料の消費を減少させることが可能になる．

　代替製品の脅威は，競合する製品・サービスとの相対的な価格・性能，顧客の代替意欲に依存する．顧客が２つの製品を代替製品と認知するかどうかは，同等の価格で同一機能を発揮するかどうかにある程度依存している．２つの製品がまったく同じ機能を発揮するならば，２つの製品にちがう値段をつけるのは難しいであろう．しかしながら，顧客の切替意欲は，競争力学のはたらく事業においてしばしば決定的な要因となる．たとえば，水道水と瓶詰めの水が同じ機能を果たすとしても，顧客の多くは後者から前者に代替しようとしないために瓶詰め業者は価格プレミアムをつけることができるかもしれない．同様に，デザイナー・ブランドの洋服は，顧客がデザイナー・ブランドのイメージに価値を認めているため，基本的な機能が優れていなくても価格プレミアムがつけられる．

3　インプット市場・アウトプット市場における相対的な交渉力

　超過利益を獲得する**可能性**があるかどうかは業界内の競争の程度で決まるが，**実際の利益**は供給業者や顧客との交渉力に影響される．インプット市場

において，企業は労働力，原材料，部品，資金に関して供給業者と取引を行う．アウトプット市場において，企業は最終消費者に直接販売するか，流通チェーンの仲介業者と契約を結ぶ．このような取引では，両者の相対的な経済力が企業の総合的な収益性にとって重要である．

競争要因4：買い手の交渉力

　買い手の交渉力は，価格感応度と相対的な交渉力という2つの要因で決定される．価格感応度は買い手がどの程度価格交渉を求めるかを決定し，相対的な交渉力は買い手がどの程度価格引き下げに成功するかを決定する[6]．

価格感応度　製品が差別化されておらず，切替費用がほとんどかからない場合，買い手は価格に対してより敏感である．買い手の価格感応度は買い手の費用構造に占めるその製品の重要性にも依存する．その製品が買い手の費用の大部分を占める場合（例：ソフトドリンク生産業者にとっての容器の原材料），買い手はより安価な代替製品を購入するために資源を費やそうとする．対照的に，その製品が買い手の費用のほんの一部しか占めていない場合（例：自動車製造業者にとってのフロントガラスのワイパー），より安価な代替製品を探すために資源を費やそうとはしないかもしれない．さらに，買い手の製品の品質にとって，その製品がどの程度重要であるかということによっても，価格が買い手の購買決定において最も重要な決定要因であるかどうかが決定される．

相対的な交渉力　買い手が価格に敏感であっても，交渉力が強くなければ価格を低くすることはできない．取引における相対的な交渉力は，それぞれが相手と取引を行わないことから生じるコストに依存する．買い手の交渉力は，売り手と買い手の業者数，買い手1社当たりの購入量，買い手にとって購入可能な代替製品の数，買い手がある製品から別の製品へ切り替えるための費用，買い手による後方統合の脅威などで決まる．たとえば，自動車産業において，自動車メーカーは部品メーカーに対して交渉力が強いが，これは自動車メーカーが大口の買い手であること，複数の代替的な供給業者から選択で

きること，切替費用が比較的低いことなどが理由である．対照的に，パソコン産業において，パソコン・メーカーはオペレーティング・システムを生産しているソフトウェア企業に対して交渉力が弱いが，これは切替費用が高いからである．

競争要因5：売り手の交渉力

　売り手の相対的な交渉力の分析は買い手の交渉力の分析のミラー・イメージである．企業がほんの数社しか存在しない場合や，顧客にとって代替製品がほとんどない場合には，売り手の交渉力は強い．たとえば，ソフトドリンク産業において，CokeやPepsiは瓶詰め業者に対して相対的に強い．対照的に，ソフトドリンク産業に金属製の容器を販売している業者は，容器製造業者間での競争が激しく，缶がプラスチック容器に代替されるという脅威もあるため，交渉力はそれほど強くない．売り手の製品・サービスが買い手の事業にとって決定的な場合にも，売り手は買い手に対して交渉力が強い．たとえば，航空産業においてパイロットは強力な交渉力をもっている．前方統合の脅威が確実であると装う場合にも売り手の交渉力は強くなる傾向がある．たとえば，IBMはメインフレーム・コンピューターの売り手として独特の地位を築いており，また，コンピューター・リース事業にも参画しているので，メインフレーム・コンピューターのリース企業に対して交渉力が強い．

4　産業分析の応用：パソコン産業

　産業分析に関する上述の概念をパソコン（PC）産業の状況のなかで考えてみよう[7]．この産業は1981年にIBMがIntel社のマイクロプロセッサーとMicrosoftのオペレーティング・システムであるDOSを組み込んだPCを発表したことに始まった．アメリカにおける1997年のパソコン設置台数は100百万台になった．1997年だけでも出荷台数は30百万台にのぼり，1996年に比べて21%増加した．こうしためざましい成長にもかかわらず，この産業の1998年を特徴づけたのは低い収益性であった．IBM, Compaq, Dell, Appleといった業界最大手の企業ですら，1990年代はじめに報告さ

れた業績は悪く，内部のリストラを強いられた．この収益率の低さをどう説明すればよいのだろうか？　この業界の将来の利益獲得力はどうなるのであろうか？

パソコン産業における競争　競争が非常に激しい理由は次の通りである．
- この産業は細分化されており，ほぼ同一の製品を生産している企業がたくさん存在している．1990年代に入ってコンピューター市場は集中度を高めていたが，それでも上位5社は市場の約60％を支配するにとどまり，競争は激しく，月ベースでの値下げがごく普通になっていた．
- 部品コストがパソコンのハードウェア原価総額の60％以上を占めており，部品の大量購入によりコストが削減された．それゆえ，競合企業間でマーケット・シェアをめぐって熾烈な競争が繰り広げられた．
- 競合企業によって生産される製品はほとんど同じであり，製品を差別化する機会はほとんどなかった．この産業の草創期には，顧客はブランド・ネームやサービスといった側面を評価したが，PCの買い手が技術上の知識を得るにつれて，それらの特徴はさほど重要ではなくなった．
- 他のブランドのパソコンへの切替費用は比較的低かったが，これは大多数のパソコンがIntel社のマイクロプロセッサーとMicrosoft社のWindowsオペレーティング・システムを使用していたからである．
- 1980年代にはダイレクトメールを通じて，そして，1990年代半ばにはインターネットによる販売を導入してパソコンを販売していたDell Computerによって証明されたように，流通へのアクセスはたいした障壁にはならなかった．CompUSAのようなコンピューターのスーパーストアの出現により障壁は弱められたが，それはこうした店舗が進んで複数のブランドを扱ったからである．
- パソコンを製造するのに必要な部品はすべて購入可能なので，この産業への参入障壁はほとんどなかった．事実，Michael Dellは1980年代の初頭，Dell Computer Companyを創立し，テキサス大学の寮の一室でPCを組み立てていた．
- Apple社のMacintosh Computerは代替製品として競合していた．Sun

社などが生産していたワークステーションもパソコン市場のハイエンド製品として潜在的な代替製品であった．

売り手と買い手の交渉力　パソコン産業において売り手と買い手はかなりの交渉力を有していたが，それは以下の理由による．

- パソコンのハードウェアとソフトウェアの部品のうち重要なものは，事実上独占的な企業によって支配されていた．Intel はパソコン産業で使用されるマイクロプロセッサーの生産を支配し，Microsoft は DOS と Windows によりオペレーティング・システム市場を支配していた．
- 1983 年から 1993 年にかけての 10 年間で買い手はさらに交渉力をつけた．買い手のなかでも企業は顧客ベースの相当部分を占めていたが，PC に対する支出が事業の重要なコストになっていたので，価格に対してかなり敏感であった．さらに，企業がパソコンの技術に精通するにつれて，購入決定の際，あまりブランド・ネームに影響されなくなった．買い手はますますパソコンを日用品とみるようになり，購入の決定において価格を最も重視するようになった．

　パソコン産業は競争が熾烈で参入障壁も低かったので，製造業者間での価格競争が激しくなった．さらに，企業には，巨額の資金を投じて新製品を素早く導入し，高品質を維持し，一流の顧客サポートを提供するよう求める強い圧力がかかるようになった．これらの要因によってこの産業の利益獲得力は低くなった．売り手と買い手の交渉力によって利益獲得力はさらに低くなった．このように，パソコン産業は，技術的にはダイナミックな産業でありながら，利益獲得力は低くなった．

　パソコン産業の基本構造が変化する兆しはみられず，また，インプット市場における Intel や Microsoft の支配に挑戦する競争が育まれる見込みはほとんどなかった．業界リーダーの IBM が代替的な独占技術を創造しようとしたが成功しなかった．その結果，PC 産業の収益性は近い将来までそれほど改善されないかもしれない．

産業分析の限界

　この章で議論された産業分析のフレームワークの限界は，業界の境界が明確であるという仮定をおいたところにある．実際には，産業の境界を明確に区別することは容易でないことが多い．たとえば，Dell の属する産業を分析する際，IBM 互換機のパソコン産業とパソコン産業全体のいずれに焦点を当てるべきか？　産業の定義にワークステーションを含めるべきか？　国内のパソコン製造業者だけを考慮すべきか，それとも海外の製造業者も含めるべきか？　産業の定義が適切でなければ，分析は不完全になり，予測も不正確になるであろう．

5　競争戦略分析

　企業の収益性は，産業構造だけでなく，業界内に自社を位置づけるうえで

図 2-2　競争優位を獲得するための戦略

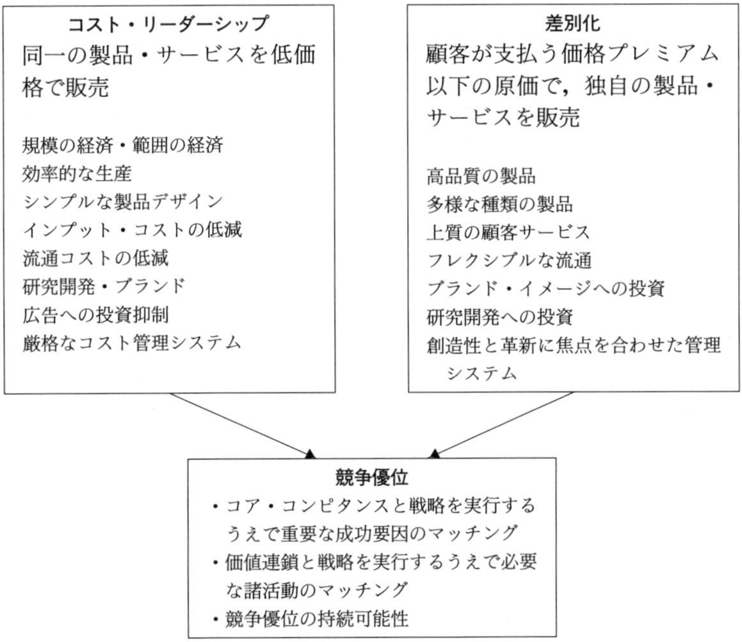

| コスト・リーダーシップ
同一の製品・サービスを低価格で販売

規模の経済・範囲の経済
効率的な生産
シンプルな製品デザイン
インプット・コストの低減
流通コストの低減
研究開発・ブランド
広告への投資抑制
厳格なコスト管理システム | 差別化
顧客が支払う価格プレミアム以下の原価で，独自の製品・サービスを販売

高品質の製品
多様な種類の製品
上質の顧客サービス
フレクシブルな流通
ブランド・イメージへの投資
研究開発への投資
創造性と革新に焦点を合わせた管理システム |

競争優位
・コア・コンピタンスと戦略を実行するうえで重要な成功要因のマッチング
・価値連鎖と戦略を実行するうえで必要な諸活動のマッチング
・競争優位の持続可能性

どのような戦略を選択するかによっても影響される．企業の事業戦略の特性を記述する方法はたくさんあるが，図 2-2 に示したように，競争戦略には基本的に(1)コスト・リーダーシップと(2)差別化の 2 つがある[8]．これらの戦略によって企業は持続可能な競争優位を確立することが可能になる．

　企業戦略の研究者たちは，伝統的にコスト・リーダーシップと差別化を相互に排他的な戦略とみなしてきた．2 つの戦略を両天秤にかける企業は「窮地に立つ」と考えられており，低い収益性しか期待できない[9]．こうした企業は，コストが高すぎるために価格を重視する顧客を惹きつけられないという危険を冒し，また，価格プレミアムを支払う顧客を惹きつけるのに充分な差別化も実行できない[10]．

6　競争優位の源泉

　コスト・リーダーシップにより，企業は同一の製品・サービスを競争相手より低い価格で供給することが可能になる．差別化戦略は，顧客によって評価されるいくつかの重要な点で，明確に識別される製品・サービスを提供することを含んでいる．たとえば，小売業では，Nordstrom は非常に高級な顧客サービスを強調するという差別化をもとに成功した．対照的に，Filene's Basement Stores は，純粋に低価格をもとに競争しているディスカウント小売業である．

競争戦略 1：コスト・リーダーシップ

　コスト・リーダーシップはしばしば競争優位を得るうえで最も明確な方法である．基本的な製品・サービスが日用品である産業では，コスト・リーダーシップは優れた業績をあげる唯一の方法かもしれない．コスト・リーダーシップを達成する方法は，規模の経済，範囲の経済，学習効果，効率的生産，シンプルな製品デザイン，インプットコストの低減，効率的な組織プロセス，を含め数多い．コスト・リーダーシップを達成できれば，単に競争相手と同じ価格をつけるだけで，平均以上の収益性をあげられるであろう．逆に，コスト・リーダーは競争相手に価格を下げさせてより低い利益を受け入れさせ

るか，業界から退出させることができる．

　コスト・リーダーシップを達成する企業は厳格なコスト管理に集中する．また，効率的な生産規模のプラントに投資し，製造コストを減少させる製品デザインに焦点を合わせ，製造間接費を最小化し，危険な研究開発にはほとんど投資せず，重要でない顧客は避ける．さらに，コスト管理に焦点を合わせた組織構造と管理システムをもっている．

競争戦略２：差別化

　差別化戦略を採用する企業は，業界において，顧客に高く評価される点をいくつかもったユニークな存在であろうとする．差別化が成功するには，次の三つの点を達成しなければならない．第一に，顧客に評価される製品・サービスの特徴が何であるかを一つ以上，明らかにする必要がある．第二に，独自の方法で顧客のニーズにあわせて自社を位置づけなければならない．最後に，差別化された製品・サービスに顧客が支払おうとする価格より低いコストで差別化を達成しなければならない．

　差別化の推進要因には，製品の品質，製品バラエティ，充実したサービス，配送のタイミングを通じて，他より優れた内在価値を提供することが含まれている．差別化は，ブランド・ネーム，製品のデザイン，評判といった価値をあらわすシグナルに投資することによっても達成できる．差別化戦略では研究開発，エンジニアリング技術，マーケティング能力への投資が必要である．差別化戦略をとっている企業には創造性や革新を促進する組織構造や管理システムが必要である．

　成功している企業は，コスト・リーダーシップと差別化戦略のいずれかを選択しているが，採用していない他方の戦略をまったく無視するというわけにはいかない．差別化戦略をターゲットとしている企業であっても，それが許容可能なコストで達成できるように，コストに焦点を合わせておく必要がある．同様に，コスト・リーダーは，品質やサービスといった競争相手が差別化を行う重要な点について，少なくとも最低レベルを達成しなければ競争できない．

7 競争優位の獲得と維持

　競争戦略の選択により自動的に競争優位が獲得されるわけではない．競争優位を獲得するためには，選択した戦略を実行し持続する能力を有していなければならない．コスト・リーダーシップと差別化戦略のいずれであっても，企業はコア・コンピタンスを獲得すると確約する必要があり，適切な方法で価値連鎖を構築する必要がある．コア・コンピタンスは企業が所有する経済的資産であるのに対して，価値連鎖はインプットをアウトプットに転換する諸活動である．コア・コンピタンスおよび価値連鎖の独自性，そして競争相手がそれらを模倣するのがどれだけ難しいかによって競争優位の持続可能性が決まる[11]．

　企業が意図したとおり競争優位が獲得できるかどうかを評価するために，アナリストは以下の疑問について確かめておくべきである．

- 企業が選択した競争戦略に関連する成功要因とリスクのうち重要なものはなにか？
- 重要な成功要因とリスクに対処する資源や能力を企業は現在もっているか？
- 競争優位を獲得するのに必要な能力と現在の能力のギャップを埋めると約束したか？
- 企業は競争戦略と首尾一貫した方法で諸活動（研究開発，デザイン，製造，マーケティング，流通，サポート活動など）を構築したか？
- 企業の競争優位は持続可能か？　企業の戦略を模倣するのが困難になるような障壁があるか？
- 企業の競争優位が消散するような産業構造の変化（新技術，海外との競争，規制の変化，顧客の要求の変化など）が生じる可能性があるか？企業はこうした変化に充分対処できるだけの柔軟性をそなえているか？

8 競争戦略分析の適用

　Dell Computer Corporation の状況に競争戦略分析の概念を適用してみよ

う．Dell Computer はテキサス州ラウンドロックをベースとしており，1998年には IBM, Hewlett-Packard, Compaq につづく業界第4位のコンピューターメーカーとなった．この会社は，テキサス大学の寮の一室で Michael Dell によって創立され，1984 年に「IBM 互換機」パソコンの販売を開始した．当初から Dell は，競争相手よりかなり低い価格で，小売業者を通さず最終消費者に直接パソコンを販売した．

急速な成長と何度かの小さな停滞を経て，Dell は低価格戦略を採用することによりパソコン産業において名声を確立した．1998 年には，Dell は 180 億ドルの収益，15 億ドルの純利益をあげた．過去 3 年間の Dell の成長率は並外れていた．すなわち，収益は 51％増加し，純利益は 78％増加したのである．Dell はすぐれた業績により，競争の激しい業界の中で最も収益性が高いパソコンメーカーの 1 社になった．Dell はどのようにしてこのような業績を達成したのか？

Dell のすぐれた業績は低価格競争戦略を基礎としており，それには以下の鍵となる要素が含まれる．

直接販売　Dell はコンピューターの大部分を顧客に直接販売し，それにより小売の利ざやを節約した．コンピューターのユーザーが洗練されてくるにつれて，また，コンピューターが Windows-Intel のプラットフォームで標準化されるにつれて，小売業者を経由した流通の価値は下がっている．Dell はこの傾向を利用した最初の会社である．1996 年に Dell はインターネットのウェブサイトを通じたコンピューターの販売を開始した．1999 年にはインターネット経由の売上は 1 日当たり数百万ドルになっていた．

注文生産　Dell はフレクシブルに生産するシステムを開発したので，コンピューターの組立や出荷は非常に敏速になり，通常，受注から 5 日以内に出荷された．これにより会社はコンピューターの部品や製品の在庫を大量に抱えないで済むようになった．在庫が少ないので，Dell は運転資本のコストを節約できたし，急速に変化するコンピューター産業における重大なリスクとなる陳腐化製品の手痛い評価減を削減することもできた．

第三者によるサービス　Dell はアフターサービスに関して 2 つの低価格アプローチを利用した．それは電話サービスと第三者による保守サービスである．Dell には電話による技術サポート要員が数百人存在し，顧客が利用しやすいよう 1 日 24 時間体制であった．広範囲にわたる電子保守システムを利用して，サービス要員はたいていの問題について，顧客に解決のための診断と助言を行った．まれに現場におけるメインテナンスが必要になった場合，Dell は Xerox のようなオフィス機器会社との外部保守契約を利用した．このサービス戦略により，Dell はサービスの質に妥協することなく，費用のかかる現場サービス網への投資を回避することができた．

少額の売掛金　Dell は，顧客に購入時点でクレジットカード払いを勧めたり，購入直後に電子決済をすることにより，売掛金回転期日を業界最低水準にまで引き下げることができた．

焦点を絞った R＆D への投資　パソコン産業における基本的なイノベーションの大部分は，部品供給業者やソフトウェア製造業者がリードしていることを Dell は知っていた．たとえば，中心的な供給会社である Intel と Microsoft の 2 社は，新世代のプロセッサーやソフトウェアを開発するために，それぞれ数十億ドルを投資していた．Dell のイノベーションは主として，これらの変化に素早く対応できる，低価格で高速度の組織を創ることにあった．R＆D のイノベーションに焦点を合わせることで，Dell はこれらのコストを最小化し，その投資から高収益をあげることができた．

　以上の戦略を適用した結果，Dell はパソコン産業における競争相手に対してかなりのコスト優位を達成した．この優位により，急速な技術変化や売り手と買い手の交渉力の強さ，それに激しい競争が特徴であるこの産業において，一貫した急成長パターン，マーケットシェアの上昇，そして非常に高い収益性がもたらされた．さらに，戦略には相互に深い関連を持つ活動が含まれ，また，絶え間ない組織のイノベーションを伴ったので，Dell の事業モデルを模倣することは困難であり，それが Dell の競争優位を持続可能な

ものとした．実際，Dell が成功したので，Compaq や IBM を含む競争相手数社はその戦略の一部を模倣しようとした．しかしながら，今日まで Dell の事業モデルの模倣に成功した競争相手はいない．近年になって，Dell の株式が非常に高い利益倍率および簿価倍率で取り引きされているのは，Dell の競争優位とすばらしい業績が予見可能な将来まで持続すると投資家が考えている証拠である．

9 企業戦略分析

本章ではこれまで，個別事業レベルにおける戦略に焦点を合わせてきた．単一事業だけに焦点を絞り込んでいる会社もあるが，複数の事業を経営している会社は数多い．たとえば，アメリカのトップ 500 社が経営する事業セグメント数は，1992 年で平均 11 業種となっている[12]．近年になって，アメリカ企業は経営の多角化の程度を減らして，比較的少数の「コア」事業に集中しようとしている．しかしながら，複数事業組織は世界中の大多数の国で経済活動を支配し続けている．

複数事業組織を分析する場合，アナリストは個別事業単位ごとに業界や戦略を評価するだけでなく，1 つの企業傘下で異なる事業のすべてを管理することによる経済的影響を——それがプラスであろうとマイナスであろうと——評価しなければならない．たとえば，General Electric 社は航空機エンジンから電球に至るまで高度に多角化した事業を経営することで高い価値を生み出すことに成功しているが，Sears 社は小売業とともに金融サービスを経営しているものの大して成功していない．

企業レベルにおける価値創出の源泉

経済学者や経営戦略の研究者は，企業が広範囲にわたって価値を創出するための組織能力に影響するいくつかの要因を明らかにした．経済理論の示唆するところによると，企業の最適活動範囲は，一連の活動を企業内部で実行する場合と市場メカニズムを利用する場合の相対的な取引コストに依存する[13]．少品種に特化した独立企業間の調整が市場の取引コストのために高く

つく場合，多品種を扱う企業というのが効率的な組織形態の選択であることを，取引コストの経済学は示唆している．

　取引コストの発生源はいくつかある．取引コストは，人的資本のスキル，独占的な技術，その他組織上のノウハウなど，市場では容易に入手できない特殊な資産が生産プロセスに含まれている場合に生じることがある．また，取引コストは情報およびインセンティブの問題など市場の不完全性から生じることもある．買い手と売り手が強制力のある契約（enforceable contracts）などの一般的なメカニズムを通じてこれらの問題を解決できなければ，市場メカニズムによって取引を処理するとコストがかかるだろう．

　たとえば，第1章で議論したように，情報およびインセンティブの重大な問題があると公開資本市場はうまく機能しないことがあり，起業家が投資家から資本を集めるのがむずかしくなる．また，情報不足のために買い手が販売されている製品の品質を確かめられないと，あるいは，法的基盤が不十分なために保証を強制できないと，起業家は新市場への参入が困難であることを知るだろう．さらに，かりに雇用者が新たなポジションへの応募者の質を評価できなければ，組織内の上級のポジションを補充する際に，外部からではなく，内部からの昇進にますます頼らねばならなくなるだろう．新興経済国では仲介基盤が十分に発達していないので，しばしばこの種の取引コストがかかる[14]．多くの先進国でさえ，高い取引コストの事例が発見されている．たとえば，アメリカ以外の多くの国では，ベンチャーキャピタル産業はそれほど発展していないので，ハイテク産業の新規事業が資金を調達するのは高くつく．たとえば，最近まで電子商取引は，インターネットを通じて送られるクレジットカード情報の安全性に関する消費者の懸念によって阻害されていた．

　組織内部での取引が市場をベースにした取引ほどコストがかからない理由はいくつかある．第1に，内部のメカニズムを通じて，機密性は保護され，信頼性も保証されているので，組織内部での情報伝達コストは削減される．第2に，組織の下部単位間における合意を実行するコストの削減に関して，本社は決定的に重要な役割を果たすことができる．第3に，組織の下部単位は価値のある売買不可能な資産（組織のスキル，システム，プロセスなど）

あるいは分割不可能な資産（ブランド・ネーム，流通チャネル，評判など）を共有できる．

　組織内部の取引コストを上昇させる要因もある．組織の最高経営層には，異なるいくつかの産業にまたがって事業を行うのに必要な専門的知識やスキルが欠如しているかもしれない．専門的知識が欠如していると，たとえ範囲の経済が働く潜在性があったとしても，それを実現する可能性が低くなる．この問題は，分権的組織を採用して，各事業単位を経営する経営のスペシャリストを雇用し，彼らにふさわしいインセンティブを与えれば解決できる．ところが，分権化は下部単位の経営者間における目標の合致を減少させる可能性もあるため，範囲の経済を実現することが困難になる．

　そのため，複数の事業をもつ組織がそれぞれの事業に特化した企業の集合体とくらべて高い価値を生み出しているかどうかは状況次第である[15]．アナリストは組織の企業戦略が価値を生み出す可能性を持っているかどうかを評価するために，以下の質問をすべきである．

- 会社が経営している業界（あるいは国）の製品，労働者，金融市場には重大な欠陥があるか？　これらの市場の取引コストは，適切に経営されている組織内部における類似の活動のコストより高いと見込まれるか？
- 組織には範囲の経済を生み出す可能性のある特殊な資源，たとえば，ブランド・ネーム，独占的なノウハウ，希少な流通チャネルへのアクセス，特別な組織プロセスがあるか？
- 会社の特殊な資源と会社が経営している事業のポートフォリオは良く適合しているか？
- 会社は本社と事業単位の間で，潜在的な範囲の経済をすべて実現するために，決定権限を最も望ましい形で割り当てているか？
- 会社はエージェンシーコストを減らし，事業単位間の協調を増すために，内部に測定，情報，そしてインセンティブのシステムを備えているか？

　経験的証拠は，複数事業による企業戦略を通じて価値を生み出すのは実際のところ困難であることを示唆している．アメリカの多角化企業は，焦点を絞り込んだ企業の比較可能なポートフォリオに比べて，株式市場では低い価

格で取引されていることを例証した研究者もいる[16]。また，実証研究では，企業による他企業の買収は，とくに2社の事業に関連がない場合，買収した企業はしばしば価値を生み出すことに失敗することが示されている[17]。さらに，複数事業会社が事業部のスピンオフや資産の売却により会社の焦点を絞り込んだ場合，価値が生み出されるという証拠はかなりある[18]。

上述した多角化による価値の低下を説明するには，いくつかの理由が考えられる。第1に，多角化や拡大に関する経営者の意思決定は，株主価値を最大化するのではなく，会社の組織規模を最大化するという欲求にしばしば動かされる。第2に，多角化企業におけるエイジェンシー問題が，最適とはいえない投資決定と業績の悪化をもたらすかもしれない。第3に，個々の事業セグメントの業績に関する情報開示が不十分なため，資本市場における複数事業組織のモニターや評価がむずかしいという事情がある。

要するに，理論上は会社が革新的な企業戦略を通じて価値を生み出せるが，実際にはこの可能性が実現できない場合が多いのである。それゆえ，会社の企業戦略を評価する際には疑い深くなるほうがよい。

企業戦略分析の適用

企業戦略分析の概念を電子商取引の草分けである Amazon.com に適用してみよう。Amazon は1995年にオンラインの書籍販売業者として営業を開始，1997年には株式を公開したが，このとき時価総額は561百万ドルであった。会社は急速に成長して，Barnes & Noble などの伝統的な一流の書籍販売業者による支配をかなり脅かし始めた。投資家は1999年4月には驚くことに時価総額を360億ドルにまで増大させて Amazon に報償した。

オンラインでの書籍販売の成功に意気揚々として，Amazon の創立者兼最高経営責任者の Jeff Bezos は，会社を電子商取引の他の多くの分野に参入させた。ブランド，忠実な顧客層，そして電子商取引を実行する能力は，他の多くのオンラインによる事業分野にも利用できると Amazon は主張した。1998年初頭，Amazon は一連の買収を通じて，CD，ビデオ，ギフト，医薬品，ペット用品，食料雑貨類のオンライン販売に手を拡げた。1999年の春に Amazon は LiveBid.com を買収してオンラインのオークション事業

に多角化する計画を発表した．Bezos は，「当社は書籍販売会社ではない．当社は音楽会社ではない．当社はビデオ会社ではない．当社はオークション会社ではない．当社は顧客のための会社である」と説明した[19]．

　Amazon の急速な拡大は投資界に論争を招いた．以下のような理由により，Amazon は事業の多角化から価値を生み出せると主張するアナリストもいる．

- Amazon はインターネット上で価値の高いブランド・ネームを確立した．電子商取引が比較的最近の現象であることから，顧客は粗悪な買物を経験するリスクを減らすため，有名なブランドを信頼すると思われる．Amazon の拡大戦略は，この貴重な資源を利用する点で賢明である．
- Amazon はインターネットを通じた小売を完全に実行するうえで決定的に重要な専門的技術を得ることができた．これはインターネットを通じた多くの小売分野で利用できる一般的な能力である．
- Amazon はすぐれたマーケティングとその実行を通じて，顧客の間に驚くほどのロイヤリティーを作り出すことができた．結果として，Amazon の販売では，顧客が繰り返して購入する割合が非常に高くなっている．Amazon の戦略はこの貴重な顧客層を利用している．

　Amazon はあまりにも急速に拡大したので，書籍販売以外の多角化は失敗しそうだと確信する懐疑論者もいる．そうした懐疑論者は，Amazon のブランド価値を問題にした．Barnes & Noble, Wal-Mart, CVS などの伝統的な小売業者もオンライン販売で頑張っており，同じように価値のあるブランド・ネーム，実行能力，忠実な顧客層を持っていると彼らは主張した．それゆえ，これらの企業は Amazon の個別の事業ラインに手強い競争をしかけてくるだろう．また，Amazon の批判者は，あまりにも多くの異なる分野への急速な拡大は，顧客を困惑させ，Amazon のブランド価値を弱め，うまくいかなくなる可能性が高くなりそうだと指摘している．急速に拡大している間に Amazon はすべての事業で損をしているという事実を論評して，ビジネス週刊誌 *Barron's* は「いよいよ Amazon の戦略は，あたかも売るたびに損をしてはさらに売ることでそれを埋め合わせようとする，うすのろビジネスマンのようになっている」と述べた[20]．

Amazon の企業戦略に対する投資家の懸念は株価に影響し始めており，1999年4月の高値221ドルから1999年5月末には118ドルまで下落した．今もなお，時価総額は約190億ドルあり，投資家の多くはAmazonの企業戦略が将来高額の配当をもたらすと予想している．

10 要　約

　経営戦略分析によりアナリストは定性レベルで企業の経済性を調査することが可能になるので，これは財務諸表分析の出発点として重要である．戦略分析によって企業の利益決定要因や重要なリスクも明らかになり，アナリストは企業業績の持続性の評価や現実的な将来の業績予測が可能になる．

　資本コスト以上の資本利益率をあげられるかどうかは，戦略の選択，すなわち，(1)企業が事業活動を行う一つ以上の産業の選択（産業選択），(2)選択された一つ以上の産業において他の企業と競争する方法（競争上のポジショニング），(3)経営している事業間のシナジーを生み出し利用するために会社が考えている方法（企業戦略）によって決まる．経営戦略分析にはこれら3つの選択のすべてが含まれる．

　産業分析により産業の収益性を決定する経済的要因が明らかにされる．一般に，産業の平均的な利益獲得力は既存の競争業者間での競争の程度と産業への新規参入の容易さ，代替製品の入手可能性，買い手の交渉力，売り手の交渉力に影響される．産業分析を行うために，アナリストは業界におけるこれらの競争要因のそれぞれについて現在の強みを評価し，起こりうる将来の変化を予測する．

　競争戦略分析により業界内の企業間競争の基礎が明らかにされる．一般に，競争優位をもたらす戦略には，コスト・リーダーシップと差別化がある．コスト・リーダーシップは同じ製品・サービスを他社より低いコストで提供することを意味する．差別化は顧客がすすんで支払う価格プレミアム以下の増分原価で，価格競争より巧妙に顧客のニーズのある側面を満足させることを意味する．戦略分析を行うために，アナリストは企業の意図する戦略を明らかにして，戦略を実行する能力をもっているかどうかを評価し，警戒しなけ

ればならない重要なリスクを認識する．アナリストは経営戦略の持続可能性も評価しなければならない．

　企業戦略分析には，会社が複数の事業を同時に経営することから価値を生み出せるかどうかの調査が含まれる．企業戦略を巧みに構築すれば，いくつかの事業をそれぞれ別の会社が経営して市場で互いに取引するのではなく，1つの会社が複数の事業を経営することにより，費用が削減されるか，あるいは，収益が増加する．こうした費用の節約ないし収益の増加は，複数事業にわたるシナジーを利用するために会社が持っている特殊な資源から生じる．これらの資源が役に立つためには，それらが売買不可能で，競争相手によって容易に模倣されず，分割不可能でなければならない．会社がそうした資源を有していても，複数事業組織を通じて価値を生み出せるのは，組織内部で発生する情報およびエージェンシーコストが市場における取引コストより小さくなるという理由で経営されている場合だけである．

　戦略分析から得られる洞察は財務諸表分析を実行するうえで有用である．会計分析により，アナリストは企業の会計政策と見積りが公表された財務諸表と整合しているかどうかを調査することができる．たとえば，国際的な事業の会計における機能通貨の選択は，経営戦略に沿った内外事業の統合レベルと整合させるべきである．同様に，主として低所得の顧客に住宅を販売する企業は貸倒損失が大きくなる．

　戦略分析は財務分析を進める際にも有用である．たとえば，クロスセクションの分析において，アナリストはコスト・リーダーシップ戦略を採用している企業が差別化戦略を採用している企業より，粗利益率は低く，資産回転率は高いと予測すべきである．時系列分析において，アナリストは低コスト企業については経費率と資産回転率の上昇を，差別化戦略を採用している企業については差別化するうえで重要な投資の減少を，厳重に監視すべきである．

　経営戦略分析は将来性の分析と評価にも役立つ．第一に，アナリストは企業の業績とその業界（あるいは，複数の業界）の業績の差異が持続するかどうか，いつまで持続するのか評価できる．第二に，戦略分析により，競争優位を持続するために実行しなければならない資本支出額の予測が容易になる．

練習問題

1. 会計学専攻の Judith は次のように述べている．「戦略分析は財務諸表分析を行ううえで不必要な回り道のように思われる．なぜ直接に会計上の問題を整理することができないのか．」Judith になぜ間違っているか説明しなさい．
2. 産業の収益性の決定要因のうち決め手となるものは何か．
3. パソコンやその他の電子機器に半導体メモリーを供給している半導体メモリー産業は，この 20 年間で最も急速な成長を遂げた産業の一つである．しかし，この産業の平均収益率は非常に低い．産業分析のフレームワークを利用し，考えられるすべての要因をあげて，この明らかに矛盾する状況を説明しなさい．
4. 産業構造に関する以下の点について，製薬産業と製材産業のそれぞれを，高，中，低，で評価しなさい．

	製薬産業	製材産業
競争		
新規参入の脅威		
代替製品の脅威		
買い手の交渉力		
売り手の交渉力		

上記の評価をもとにすると，どちらの産業の収益率が高いと予測されるか．

5. Joe Smith は次のように議論している．「産業の収益性に影響する 5 つの競争要因に関する君の議論は不完全である．たとえば，銀行業では，少なくとも 3 つの重要な競争要因を考えることができる．すなわち，政府規制，人口統計学的なトレンド，文化的要因である．」クラスメイトの Jane Brown はこれに反対し，次のように述べている．「これら 3 つの要因は，5 つの競争要因の 1 つに影響するかぎりにおいて重要である．」銀行業の場合，Joe の議論した 3 つの要因が 5 つの競争要因にどのような影響を与えるか説明しなさい．
6. Coca-Cola と Pepsi はいずれも収益性の高いソフトドリンク企業であ

る．これらの製品へのインプットは，砂糖，瓶ないし缶，ソフトドリンクのシロップである．Coca-Cola と Pepsi はシロップを自社生産し，それ以外のインプットは購入している．両者は製品を生産するために独立の瓶詰め業者と排他的な契約を結んでいる．5つの競争要因とソフトドリンク産業に関する諸君の知識を活用して，なぜ Coca-Cola と Pepsi がこの産業の利益の大部分を確保できるのか説明しなさい．

7. 1980年代のはじめに，United，Delta，American の各航空会社はこの業界の超過輸送能力に対処すべく，自社を差別化する方法としてマイレージ制度をスタートさせた．しかしながら，多くの業界アナリストは，こうした動きは成功と失敗が混在する結果になると信じている．競争優位の概念を利用して理由を説明しなさい．

8. 業界での競争を抑止すべく，参入障壁を築くために企業が利用できる方法は何か．これらの障壁が永続するかどうかは，どのような要因で決まるか．

9. 次の意見のそれぞれについて，なぜ賛成あるいは反対なのか説明しなさい．
    a. 価格プレミアムをつけられるので，コスト・リーダーより差別化のほうがよい．
    b. ローテク産業よりハイテク産業のほうが収益性が高い．
    c. 多額の投資を要する産業の参入障壁が高い理由は，資本調達が高くつくからである．

10. コスト・リーダーであって，かつ，差別化をはかることのできる企業はほとんどない．なぜか．両立させて成功している企業を思いつけるか．

11. 多くのコンサルタントは，インド，韓国，メキシコ，トルコなどの新興市場の多角化企業に対して，アメリカやイギリスなどの先進国で役に立つことが証明されている企業戦略を適用するようアドバイスしている．このアドバイスの賛否両論はどのようなものか？

* 本章については，第 IV 部 America Online, Inc. のケースを参照のこと．

注

1) 経営戦略分析の基礎知識を提供することが，本章の議論の目的である．戦略の概念に関するより詳細な議論については，たとえば，Robert M. Grant, *Contemporary Strategy Aanalysis* (Cambridge, MA: Blackwell Publishers, 1991); David Besanko, David Dranove, and Mark Shanley, *Economics of Strategy* (New York: John Wiley & Sons, 1996); Pankaj Ghemawat, *Strategy and the Business Landscape* (Reading, MA: Addison Wesley Longman, 1999); David J. Collis and Cynthia Montgomery, *Corporate Strategy: Resources and the Scope of the Firm* (Burr Ridge, IL: Irwin/McGraw-Hill, 1997) をみよ．
2) これらのデータは，Anita M. McGahan, "Do Competitors Perform Better When They Pursue Different Strateies?" (Boston: Harvard Business School, working paper, May 12, 1999) から引用したものである．
3) この研究の概要については，F. M. Scherer, *Industrial Market Structure and Economic Performance* (Chicago: Rand McNally College Publishing Co., 1980) をみよ．
4) Michael E. Porter, *Competitive Strategy* (New York: The Free Press, 1980) をみよ．
5) 4社集中度がしばしば産業集中度の尺度として使われる．このとき，業界大手4社のマーケット・シェアが適用される．
6) ここでの議論では，買い手というとき，生産財の買い手を意味しているが，消費財の買い手にも同様の概念があてはまる．本章では，買い手と顧客という用語を互換的に用いている．
7) この部分および本章で議論された Dell およびパソコン (PC) 産業のデータは，Das Narayandas and V. Kasturi Rangan, "Dell Computer Corporation" (Boston: Harvard Business School Publishing Division, 9-596-158); V. Kasturi Rangan and Marie Bell, "Dell Online" (Boston: Harvard Business School Publishing Division, 9-598-116) から引用したものである．
8) 競争優位の2つの源泉に関する詳細な議論については，Michael E. Porter, *Competitive Advantage: Creating and Sustaining Superior Performance* (New York: The Free Press, 1985) をみよ．
9) *Ibid.*
10) 近年，企業が直面している戦略上の問題の一つは，低価格で差別化を達成し

ている競争業者に対処しなければならないことである.たとえば,日本の自動車メーカーは,品質とコストがトレード・オフの関係にあるとは限らないことを,その成功により証明した.同様に,Wal-Mart や Home Depot のように,近年,成功をおさめた小売業の数社は,高品質,高いサービス,低価格を兼ね備えている.これらの事例は,企業が技術革新あるいは事業革新を行った場合,低価格戦略と差別化戦略の両立が可能であることを示唆している.しかし,こうしたコスト優位と差別化は,競争業者による模倣に対して障壁が存在する場合にのみ持続可能となる.

11) Gary Hammel and C. K. Prahalad, *Competing for the Future* (Boston: Harvard Business School Press, 1994) をみよ.

12) Cynthia Montogomery, "Corporate Diversification," *Journal of Economic Perspectives*, Summer 1994.

13) 取引コストの経済学に関する独創性に富んだ研究には次のものがある. Ronald Coase, "The Nature of the Firm," *Economica* 4, 1937: 386-405; Oliver Williamson, *Market and Hierarchies: Analysis and Antitrust Implications*, (New York: The Free Press, 1975); David Teece, "Toward an Economic Theory of the Multi-Product Firm," *Journal of Economic Behavior and Organization* 3, 1982: 39-63.

14) これらの問題の徹底的な議論については,Krishna Palepu and Tarun Khanna, "Building Institutional Infrastructure in Emerging Markets," *Brown Journal of World Affairs*, Winter/Spring 1998; Tarun Khanna and Krishna Palepu, "Why Focused Strategies May Be Wrong for Emerging Markets," *Harvard Business Review,* July/August, 1997 をみよ.

15) この点を説明した実証研究については,Tarun Khanna and Krishna Palepu, "Is Group Affiliation Profitable in Emerging Markets? An Analysis of Diversified Indian Business Groups," *Journal of Finance*, forthcoming をみよ.

16) Larry Lang and Rene Stulz, "Tobin's q, diversification, and firm performance," *Journal of Political Economy* 102: 1248-1280; Phillip Berger and Eli Ofek, "Diversification's Effect on Firm Value," *Journal of Financial Economics* 37: 39-65 をみよ.

17) Paul Healy, Krishna Palepu, and Richard Ruback, "Which Takeovers are Profitable: Strategic or Financial," *Sloan Management Review*, 1996 をみ

よ.
18) Katherine Schipper and Abbie Smith, "Effects of Recontracting on Shareholder Wealth: The Case of Voluntary Spinoffs," *Journal of Financial Economics* 12: 437-467; L. Lang, A. Poulsen, and R. Stulz, "Asset Sales, Firm Performance, and the Agency Costs of Managerial Discretion," *Journal of Financial Economics* 37: 3-37 をみよ.
19) "eBay vs. Amazon. com," *Business Week*, May 31, 1999.
20) Jacqueline Doherty, "Amazon. Bomb," *Barron's*, May 31, 1999.

3
会計分析の概観

　会計分析の目的は，会計が企業実態をどの程度把握しているかを評価することにある[1]．会計上のフレクシビリティーが存在する部分を明らかにすることにより，また，会計方針や見積りの適切さを評価することにより，アナリストは会計数値がどの程度歪んでいるかを評価することができる．もう一つの重要な技術は，キャッシュフローや脚注の情報を利用して会計数値を計算し直すことにより，会計の歪みを「元に戻す」ことである．的確な会計分析により，財務諸表分析の次のステップである財務分析から得られる結論の信頼性が高まる．

1　財務報告制度のフレームワーク

　公開会社では一般に所有と経営が分離している．財務諸表は所有者が企業の財政状態を跡づける手段として役立つ．1期間を基準として，企業は一般に3つの財務諸表を作成しており，それらは，(1) 1期間の経営成績を記述した損益計算書，(2)企業の諸資産とそれらがどのように資金調達されたかを記述した貸借対照表，(3)企業のキャッシュフローを要約したキャッシュフロー計算書（国によっては資金フロー計算書）である．これらの財務諸表には脚注と経営者の書いたメッセージおよび説明のためのディスカッションが付随している．

　企業の財務諸表データの質を効果的に評価するために，アナリストは，まず，以下のセクションで議論されるように，財務報告の基本的な特徴とそれらを規制している制度上のフレームワークを理解する必要がある．

発生主義会計の基本的要素

　企業財務報告の基本的な特徴の一つは，現金主義会計ではなく発生主義会

計によって作成されていることである．現金主義会計とは異なり，発生主義会計では経済活動に伴う費用および収益の記録と実際の現金支出および現金収入が区別される．純利益は発生主義会計における主要な期間業績の指標である．純利益を計算する際，経済取引の結果は，必ずしも実際の現金収支だけでなく，予想される現金収支をもとに記録される．製品・サービスの引渡しにより予想される現金収入は収益として認識され，こうした収益に伴い予想される現金支出は費用として認識される．

財務諸表の作成を規制しているルールやコンベンションは数多いが，発生主義会計の基礎を構成する概念的な基本要素はほんのわずかである．資産，負債，資本，収益，費用を定義づける原理は次の通りである[2]．

- **資産**は，(a)将来，経済的便益を生む可能性があり，(b)かなりの確実性をもって測定可能な，企業の所有する経済的資源である．
- **負債**は，過去に受けた便益から生じる経済的債務であり，(a)かなりの確実性をもって履行されることを要し，(b)それが，かなり明確に決められた将来の時点で生じるものである．
- **資本**は資産と負債の差額である．

資産，負債，資本の定義から，貸借対照表の基本的な関係が導かれる．すなわち，

$$資産＝負債＋資本$$

貸借対照表はある一時点における要約であるが，損益計算書は収益および費用，さらに資産・負債の変化から生じる利得および損失を要約したものであり，定義は以下のとおりである．

- **収益**はある期間中に稼得された経済的資源である．収益は実現基準により認識されるが，これによると，収益は，(a)企業が顧客に引き渡されるべき製品・サービスのすべて，あるいは，実質的にすべてを提供し，かつ，(b)顧客が現金を支払ったか，あるいはかなりの確実性をもって現金を支払うと予想された時点で認識されなければならない．
- **費用**はある期間に費消された経済的資源である．費用は費用収益対応の原則と保守主義の原則により認識される．これらの原則に従うと，(a)同じ期間に認識された収益に直接対応する費用，(b)便益に対応する，当期

に費消された費用，(c)将来の便益がそれほど確実でない資源，が費用となる．

・利益はある期間における収益と費用の差額である[3]．

　第4章から第7章までは，財務諸表に反映される会計方針と見積りの分析にあたって検討すべき鍵となる問題を議論する．これらの各章では，アナリストが財務諸表にアプローチする一般的な方法を反映するよう，財務諸表の各勘定（資産，負債，資本，収益，費用）をそれぞれ個別に説明する．もちろん，そうは言っても各勘定は密接に関連しているが，それについては適切なところで補足する．

経営者に対する財務報告の委任

　財務諸表の要素に関する基本的な定義は単純であるが，実務に適用する際にはしばしば複雑な判断が必要となる．たとえば，企業が顧客に土地を販売し，その顧客に融資を行っている場合，どのようにして収益を認識すべきか？　かりに現金を回収する前の時点で収益を認識する場合，貸倒れをどのように見積もるべきか？　見返りが不確実である研究開発活動に関連する支出は，支出時点では資産と費用のいずれになるのか？　航空会社にとってマイレージ制度（frequent flyer reward programs）は会計上の負債になるのか？　負債になるとすると，どの時点でどのように評価するのか？

　企業経営者は事業について熟知しているので，無数の企業取引を記述する際に，基礎となる発生主義会計のフレームワークを利用して適切な判断を下すという重要な作業を任されている．経営者に認められている会計上の自由裁量は，報告される財務諸表に内部情報を反映させることになるため有用である．しかしながら，投資者は利益を経営者の業績の尺度とみなしているので，経営者は会計上の自由裁量を利用して，偏向した仮定をたてて報告利益を歪める誘因をもつことになる．さらに，企業と外部者との契約の際に会計数値を利用する場合，経営者には会計数値を操作する動機が生じる．

　報告利益の管理により財務諸表データは歪められ，財務諸表の外部利用者にとって有用性は低くなる．それゆえ，財務報告の決定を経営者に委任する

とコストとベネフィットが生じる．会計ルールと監査は，経営者に財務報告を委任することによって生じるコストを削減し，ベネフィットを保持するように設計されたメカニズムである．

一般に認められた会計原則

経営者が専有している情報を伝えるために会計上のフレクシビリティーを利用しているのか，それともたんに真実を隠蔽するために利用しているのか，それらを外部の投資者が判断するのは難しいことから，多くの会計コンベンションがこの問題を緩和するように作り出されてきた．基準設定主体によって公表される会計コンベンションや基準は，経営者が報告される会計数値にもち込む歪みを制限している．アメリカでは，証券取引委員会（SEC）に会計基準を設定する法的権限がある．SECは一般にこの仕事を引き受けるプライベート・セクターの会計団体を信頼している．1973年以降，アメリカでは財務会計基準審議会（FASB）が会計基準を設定してきた．類似のプライベート・セクターあるいはパブリック・セクターの会計基準設定主体が多くの国に存在している．さらに，国際会計基準委員会（IASC）は世界的な会計基準の設定を試みているが，現在，IASCの意見に法的拘束力はない．

統一会計基準は，時点が異なるにしろ，あるいは，企業が異なるにしろ，類似の経済取引を異なる方法で記録する経営者の能力を制限しようとしている．このように，統一会計基準は統一的な会計言語を創り，財務諸表を歪める経営者の能力を制限することにより財務諸表の信頼性を高める．しかしながら，会計基準の統一化は，会計上の決定において，経営者が事業の本質的な違いを反映させるために行使するフレクシビリティーを制限するという犠牲を払うことにより進展する．厳格な会計基準が最も良く機能するのは，会計上の取扱いが経営者の専有する情報に基づかない経済取引である．しかし，取引の経済的結果を評価する際に経営判断が重視される場合，厳格な基準は，経営者が優れた経営知識を利用できないのでうまく機能しない．さらに，会計基準があまりにも厳格であると，経営者が望ましい会計上の結果を達成すべく，事業取引を再構築して経済的資源を消費する事態を誘発するかもしれない．

外部監査

　外部監査のおよその定義は，報告された財務諸表の完全性を，作成者以外の第三者が検証することであるが，これにより経営者が継続的に会計ルールとコンベンションを適用していること，また，会計上の見積りが合理的であることが保証される．アメリカでは，上場会社には公認会計士による財務諸表の監査が要求される．独立した監査人が従うべき基準や手続きはアメリカ公認会計士協会（AICPA）により定められている．これらの基準は一般に認められた監査基準（GAAS）として知られている．監査人は公表された財務諸表について意見を表明するが，財務諸表に対する第一義的な責任は企業経営者にあることを忘れないことが重要である．

　監査は，自分たちの目的にあわせて財務諸表を歪めようとする企業の能力を制限することにより，会計データの質と信頼性を高める．しかしながら，第三者による監査はまた，会計ルールやコンベンションが時代とともに進化するのを制限することによって，財務報告の質を低めるかもしれない．たとえば，FASB は基準設定プロセスにおいて監査人の意見を考慮しているが，監査人は，たとえ提案されたルールにより，投資者にとって目的適合的な情報が生み出されるとしても，監査が困難な数値を生み出す会計基準には反対するであろう．

法的責任

　経営者，監査人，投資者間での会計上の論争が裁かれる法的環境も報告数値の質に重大な影響をもちうる．訴訟の脅威と訴訟の結果として科せられる罰金は情報開示の正確性を改善するうえで有効である．しかしながら，重大な法的責任を受ける可能性があるため，経営者や監査人は将来情報の開示といったリスクを伴う予測を要求する会計上の提案を支持しないかもしれない．アメリカの監査界ではしばしばこの種の懸念が表明される．

会計分析の限界

　会計データを歪める経営者の能力を制限するメカニズム自体がノイズを発生するので，経営者のフレクシビリティーを完全に排除するために会計規制

を利用することは最適とはいえない．それゆえ，現実世界の会計システムは経営者が財務諸表データに影響を与える余地をかなり残している．結局，会計規制や外部監査が存在するとしても，企業財務報告による情報にはノイズがありバイアスがあるということになる[4]．会計分析の目的は，会計が企業の実態をどの程度把握しているか評価し，会計上の歪みを「元に戻す」ことにある．歪んでいる可能性が高ければ会計分析にはかなりの価値がある[5]．

会計の質に影響する要因

会計データにノイズとバイアスが生じる要因として3点が考えられる．すなわち，(1)会計ルールの厳密さによってもたらされたノイズとバイアス，(2)ランダムな予測誤差，(3)特定目的を達成するために企業経営者が行うシステマティックな報告上の選択である．以下では，これらの要因について個々に議論する．

会計ルール　会計ルールによりノイズとバイアスがもたらされるのは，会計データの情報内容を減らさずに経営者の自由裁量を制限するのは難しいことが多いからである．たとえば，FASBにより公表された財務会計基準書第2号においては，研究開発支出は支出した年度の費用とすることが要求されている．明らかに，研究開発支出には将来価値をもつものもあれば，もたないものもある．しかしながら，財務会計基準書第2号では2種類の支出を区別することが認められていないため，報告される会計数値はシステマティックな歪みをもつことになる．概して，会計基準によりどの程度歪みがもたらされるかは，統一会計基準が企業取引の本質をどれだけ十分に把握しているかに依存する．

予測誤差　会計データにノイズが生じるもう一つの要因は純粋な予測誤差によるものであるが，これは現在の取引から生じる将来の結果を経営者が完全に予測できないからである．たとえば，企業が製品を掛け売りする場合，発生主義会計では，顧客から代金を回収する見込みに関する経営者の判断が要求される．支払いが「かなり確実である」と思われるならば，企業はその取

引を売上として処理し，貸借対照表に売掛金勘定をたてる．それから，経営者は売掛金のうち回収できないと考えられる割合を見積もる．経営者は将来を完全に見通せないので，実際に生じる貸倒れは見積もられた顧客の貸倒れと相違し，予測誤差が生じる．経営者による会計上の予測からどの程度の誤差が生じるかは，企業取引の複雑性，企業環境に関する予測可能性，予測できない経済全体の変化といったさまざまな要因に依存する．

経営者による会計上の選択　経営者による会計上の決定を通じて会計データにノイズやバイアスがもたらされることもある．経営者には一定の目的を達成するために会計上の自由裁量を行使するさまざまな誘因があるので，それらは企業の財務報告にシステマティックな影響を与える[6]．

- **会計ベースの負債契約条項**　経営者は負債契約条項で定められた契約上の義務を果たすために会計上の決定を行うかもしれない．たとえば，銀行やその他の債権者との融資契約では，インタレスト・カバレッジ・レシオ，流動比率，純資産など，すべて会計数値で定義された契約を果たすことが要求される．これらの契約条項に違反すると，融資した企業が貸付金の即時返済を要求できることになるので，借り手には高くつくかもしれない．負債契約条項に違反しそうな企業の経営者には，契約違反の可能性が低くなるような会計方針や見積りを選択する誘因がある．経営者が負債契約条項について会計上の選択を行う動機は，多くの会計研究者によって分析されている[7]．
- **経営者報酬**　経営者による会計方針の選択の動機は，経営者報酬と職務の保証がしばしば報告利益と結びつけられているという事実から生じることもある．たとえば，あらかじめ明記された一定の利益目標を超えた場合にボーナス報酬を受けとっている経営者が多い．これは，経営者が期待される報酬を最大化するような会計方針や見積りを選択する動機になる[8]．
- **企業支配競争**　敵対的な買収や委任状の争奪戦といった企業支配をめぐる争いでは，対立している経営者グループは株主を説得して味方に引き入れようとする．このような状況で経営者の業績を議論する際に会計数

値は広範に使用される．それゆえ，経営者は企業支配競争において投資者に影響を与える目的で会計上の決定を行うかもしれない[9]．

- **税務上の考慮** 経営者は財務報告と税務上の考慮とを比較して報告上の選択を行うこともある．たとえば，アメリカの企業は，税務申告で棚卸資産にLIFOを適用するためには，財務報告でもLIFOを適用する必要がある．LIFOを適用した場合，物価が上昇しているときには報告利益は減少し，税金の支払額も減少する．しかし，なかには，財務諸表において高い利益を報告するため，税金の削減を見合わせる企業があるかもしれない[10]．

- **規制の考慮** 会計数値はさまざまな状況で規制当局者に利用されるので，規制の結果に影響を与える目的で会計上の決定を行う企業経営者が存在するかもしれない．会計数値が規制に利用される状況として，反トラスト訴訟，国内産業を保護するための輸入関税，租税政策などがあげられる[11]．

- **資本市場の考慮** 経営者は資本市場の認識に影響を与える目的で会計上の決定を行うかもしれない．経営者と外部者のあいだに情報の非対称性が存在するとき，少なくとも一時的には，この戦略は投資者の認識に影響を与えることに成功するかもしれない[12]．

- **ステイクホルダーの考慮** 経営者は企業の重要なステイクホルダーの認識に影響を与える目的で会計上の決定を行うかもしれない．たとえば，労働組合は賃上げ要求の根拠として利益が順調に出ている点をあげるので，経営者は組合との契約交渉の際に，利益を減少させる会計上の決定を行うかもしれない．ドイツでは労働組合が強いので，こうした配慮は会計政策において重要な役割を果たしている．企業が財務諸表を通じて影響を与えようとするその他の重要なステイクホルダーには，売り手や顧客が含まれる．

- **競争への配慮** 産業における競争力学も企業の報告上の選択に影響するかもしれない．たとえば，セグメント情報を開示するという決定は，部門別の情報開示が競争相手の事業上の決定に役立つという懸念によって影響されるかもしれない．同様に，専有している情報を漏らすことを恐

れて，製品ラインごとの売上利益に関するデータを開示しないかもしれない．さらに，利益が減少する会計方針を選択することにより，新規参入を思いとどまらせるかもしれない．

会計方針の選択や見積りに加えて，情報開示のレベルも会計の質を決定する重要な要因である．経営者は，財務報告の外部利用者が事業の経済的実態を理解するには多少とも費用のかかる情報開示政策を選択できる．会計規制は，通常，最低限の情報開示要求しか規定しないが，経営者が自主的に追加的な情報開示を行うことを制限しているわけではない．経営者は，株主への手紙，経営者による説明と分析，脚注といったさまざまな財務報告を利用して，企業の戦略，会計方針，企業の現在の業績を説明できる．経営者が情報開示のフレクシビリティーをどのように利用するかについては，企業によってかなりのバリエーションがある[13]．

2 会計分析の実施

この節では，アナリストが会計の質を評価する際に用いる，会計分析の諸段階を議論する．次章以降の5つの章では，これらの概念を用いて，資産，負債，資本，収益，費用，それに会計エンティティーの分析を説明する．

第1段階：重要な会計方針を明らかにする

第2章の経営戦略分析で議論したように，企業の属する産業の特徴と企業自身の競争戦略が重要な成功要因やリスクを決定する．財務諸表分析の目標の一つは，これらの成功要因やリスクが企業によってどの程度適切に管理されているかを評価することにある．それゆえ，会計分析において，アナリストは決定的な要因やリスクを測定するために企業が利用している会計方針や見積りを確認，評価すべきである．

たとえば，リース事業において重要な成功要因の一つは，リース期間の終了時点におけるリース設備の残存価額を正確に予測することである．そのため，リース産業に属する企業にとって，最も重要な会計方針の一つは残存価

額の記録方法である．残存価額は企業の報告利益と資産額に影響する．残存価額が過大評価されれば，将来，償却額が大きくなるという危険を冒すことになる．

重要な成功要因は，銀行業では利息および信用リスクの管理であり，小売業では在庫管理である．また，製品の品質やイノベーションで競争している製造業では，研究開発や販売後に発生する製品の欠陥が重要な分野である．それぞれのケースについて，アナリストは，企業が事業構成を把握するために利用している会計データ，どのように会計データを得るかを決定する会計方針，そして，それらの会計方針の根底にある見積りを明らかにしなければならない．たとえば，銀行が信用リスクを把握するために利用している会計データは貸倒引当金であり，製造業者が製品の品質を把握するために利用する会計データは製品保証費用および製品保証引当金である．

第2段階：会計上のフレクシビリティーの評価

重要な会計方針や見積りの選択に関して，必ずしもすべての企業が同じフレクシビリティーをもつわけではない．会計上の選択が会計基準やコンベンションによって厳しく制限されている企業もある．たとえば，バイオテクノロジー企業にとって重要な成功要因は研究開発であるが，経営者にはこの活動の報告に際して会計上の自由裁量はない．同様に，消費財企業にとってはマーケティングやブランドの構築が成功するうえで重要であるが，マーケティング支出はすべて費用とすることが要求されている．対照的に，銀行にとって信用リスクの管理は決定的な成功要因の一つであるが，銀行の経営者には融資から予想される貸倒れを見積もる自由がある．同様に，ソフトウェア開発企業は開発サイクルのどの時点で支出額を資本化するかを決定するフレクシビリティーを有している．

重要な成功要因に関連する会計方針や見積りの選択にあたって経営者がほとんどフレクシビリティーをもっていなければ（例：バイオテクノロジー企業のケース），会計データには企業の経済的な実態を理解するうえであまり情報があるとは思えない．対照的に，経営者が会計方針や見積りの選択にあたってかなりのフレクシビリティーをもっているのであれば（例：ソフトウ

ェア開発企業のケース），経営者がどのくらいこのフレクシビリティーを用いるかに依存するが，会計数値は有用である可能性がある．

　重要な成功要因やリスクの測定にあたって，企業の経営者がどの程度会計上のフレクシビリティーをもっているかはともかく，それ以外のいくつかの会計方針について経営者はある程度のフレクシビリティーをもっている．たとえば，すべての企業は，減価償却（直線法あるいは加速償却法），棚卸資産会計（LIFO，FIFO，あるいは平均法），のれんの償却（40年で償却するか，あるいはそれ以下の年数で償却するか），年金およびその他の退職後給付（年金資産の期待収益率，債務の割引率，賃金およびヘルスケア費用の上昇率）に関して会計方針を選択しなければならない．これらの会計方針の選択はすべて企業の報告業績に重大な影響をもたらしうるので，企業には報告数値を管理する機会が与えられていることになる．

第3段階：会計戦略の評価

　経営者が会計上のフレクシビリティーをもっている場合，経営者は企業の経済状態を伝えるため，あるいは，真実の業績を隠すためにそれを利用することができる．経営者が会計上のフレクシビリティーをどのように行使しているかを調査する際，戦略に関して以下のような疑問を提示することができるだろう．

- 企業の会計方針は産業の標準と比べてどうか？　異なっているとすると，それはその企業が独自の競争戦略を採用しているためか？　たとえば，産業平均より少ない製品保証引当金を報告している企業を考えてみよう．一つの説明は，企業が高い品質を基礎として競争しており，製品の欠陥率を下げるために多額の資源を投資しているというものである．別の説明としては，企業はたんに保証債務を過小表示しているというものである．
- 経営者には利益管理のために会計上の自由裁量を行使する差し迫った強い誘因があるか？　たとえば，その企業は社債の契約条項に違反しそうか？　あるいは，経営者は会計ベースのボーナス目標を達成するのが難しそうか？　経営者は自社株をかなり保有しているか？　その企業は委任

状争奪戦あるいは組合との交渉の最中か？ また，経営者は税金の支払いを減らすため，あるいは，競争相手の認識に影響を与えるために会計上の自由裁量を行使するかもしれない．

・その企業は会計方針や見積りを変更したのか？ それをどのように正当化しているか？ 変更の影響はどうか？ たとえば，製品保証費用を減らしたとすると，それは品質を向上するために多額の投資を行ったためか？

・その企業の会計方針や見積りは過去において現実的であったか？ たとえば，本格的な外部監査を必要としない四半期報告書を操作して，年度中の利益を過大に報告したり，費用を過小に報告したりするかもしれない．しかしながら，会計年度末の監査プロセスで，企業は第4四半期に大幅な修正を余儀なくされるので，アナリストは中間財務報告の質を評価する機会が与えられることになる．同様に，買い入れのれんの償却があまりにも遅い企業は，後の年度に多額の償却を余儀なくされる．それゆえ，過去の償却の経緯は，過去における報告利益の管理を表しているかもしれない．

・その企業は一定の会計目的が達成されるよう重要な事業取引を構築しているか？ たとえば，リース企業は，リースの貸手にとって販売型リース（キャピタル・リース）取引と認められるように，リース期間（リース期間の長さあるいはリース期間の終了時の割安購入選択権）を変更することができる．企業はパーチェス法ではなく，持分プーリング法を適用できるように，買収取引（他人資本調達ではなく株式発行を伴う資金調達）を行うかもしれない．最後に，企業は1株当たり利益が希薄化しないように資金調達方法（クーポン・レートや転換社債発行にあたっての転換期間）を変更することができる．このような行動は企業の経営者がたんに会計目的を達成するために進んで経済的資源を消費することを示唆しているかもしれない．

第4段階：情報開示の質を評価する

会社の会計の質を評価したり財務諸表を利用して事業の実態を理解するア

ナリストの仕事を，経営者は多少とも容易にすることができる．会計ルールは最低限の情報開示を要求しているにすぎないので，経営者にはこの点に関してかなりの選択の余地がある．それゆえ，情報開示の質は，会計の質の重要な一面である．

企業の情報開示の質を評価する際，アナリストは次のような疑問を提示してみるとよい．

- 会社は企業戦略やその経済的結果を評価するうえで充分な情報開示を行っているか？　たとえば，アニュアル・レポートの株主への手紙を利用して，業界の状況，競争上の地位，経営者の将来計画を明確に示している企業もある．株主への手紙を利用して，経営成績を自賛したり，企業が直面するかもしれない競争上の難点をうまく言いつくろう企業もある．
- 脚注では，重要な会計方針や仮定およびその論理が充分に説明されているか？　たとえば，収益および費用の認識基準がかりに業界標準と異なっている場合，企業はその選択について脚注で説明することができる．同様に，企業の会計方針に重要な変化が生じた場合，その理由を開示するために脚注を使うことができる．
- 会社は当期の業績について充分に説明しているか？　アニュアル・レポートの経営者による説明と分析の部分では，企業業績の変化の背後にある理由をアナリストが理解する機会が提供される．経営成績と景気をリンクさせるためにこの部分を利用する企業もある．たとえば，ある年度に売上利益が減少した場合，それは価格競争のためか，それとも，製造原価の上昇のためか？　販売費および一般管理費が上昇した場合，それは差別化戦略に投資しているからか，それとも，非生産的な製造間接費が上昇しているためか？
- 会計ルールやコンベンションに制約があって，会社が重要な成功要因を適切に測定できない場合，会社は外部者がこうした要因の管理方法をよりよく理解できるような追加的な情報開示を充分に行っているか？　たとえば，企業が製品の品質や顧客サービスに投資しており，将来の便益が確実である場合であっても，会計ルールでは経営者がその支出を資本化することが認められていない．経営者による説明と分析の部分は，こ

うした支出の管理方法と業績への影響を強調するために利用される．たとえば，欠陥率や顧客満足度といった物的な指標を開示することにより，外部者は，これらの分野の進歩や，これらの活動の将来キャッシュフローへの影響を評価することができる．
- 企業が多数の事業セグメントを有している場合，セグメント情報開示の質はどうか？ 製品別セグメントや地域別セグメントの業績に関してすぐれたディスカッションを提供している企業もある．多数の異なる事業を一つのセグメントとして一括している企業もある．業界における競争レベルや業績データを分けへだてなく伝達する経営者の自発性がセグメント情報開示の質に影響を与える．
- 悪いニュースがもたらされたとき，経営者はどのように対処するか？ 情報開示の質は，経営者の悪いニュースに対処する方法に最も明確に現れる．業績悪化の理由を充分に説明するか？ 業績問題を処理する戦略を，もしあれば会社は明確に説明するか？
- その企業の IR 制度は適切か？ 事業と業績に関する詳細なデータを掲載したファクト・ブックを提供しているか？ 経営者はアナリストと会見をもっているか？

第5段階：潜在的な危険信号を明らかにする

　以上の分析に加えて，会計の質を分析する一般的なアプローチは，会計の質に問題があることを示す「危険信号」（red flags）を探すことである．これらの指標はアナリストがそうした項目をさらに詳細に検討すべきであること，あるいは，さらに情報を収集すべきであることを示唆している．危険信号には次のようなものがある．
- とくに業績が悪い場合，会計方針の変更のうち説明されていないもの．経営者が会計上の自由裁量を利用して，財務諸表を「よく見せている」ことを示唆している[14]．
- 利益を増加させる取引のうち説明されていないもの．たとえば，企業は，営業成績が悪い年度に利得を実現するために，資産の売却や負債と株式のスワップといったバランスシート取引を企てるかもしれない[15]．

- **売上の増加に対して売掛金が異常に増加している場合**．これは企業が当期の収益とするために，与信政策をゆるめていること，あるいは，うわべだけ流通チャネルを広げていることを示唆しているかもしれない．必要以上に与信政策をゆるめると，顧客の債務不履行の結果として，後の年度に売掛金の償却を迫られるかもしれない．企業が流通チャネルへの出荷を加速すると，製品の返品あるいはその後の年度の出荷の減少に直面するかもしれない．
- **売上の増加に対して在庫が異常に増加している場合**．在庫の積み増しが最終製品の在庫の増加による場合，その企業の製品に対する需要の減少の徴候とみなしうるので，企業は価格の切り下げ（したがってマージンの減少）あるいは在庫の評価減を強いられるかもしれない．仕掛品在庫の積み増しは概して良いニュースであり，たぶん経営者が売上増加を予測しているという合図になる．原材料の積み増しの場合には，製造・調達の非効率性が考えられ，売上原価が増加（したがって売上利益が減少）するかもしれない[16]．
- **企業の報告利益と営業活動からのキャッシュフローのずれの拡大**．発生主義会計に基づく会計数値とキャッシュフローが異なるのは理屈にかなっているが，会計方針が変わらなければ両者の間には，通常，安定した関係がある．したがって，報告利益と営業キャッシュフローの関係に変化が生じた場合，発生主義に基づく見積りに変化が生じたことを示しているかもしれない．たとえば，大規模な建設契約を請け負った企業は，収益の認識にあたって工事進行基準を適用するかもしれない．そうした企業では，報告利益と営業キャッシュフローは異なるが，両者は互いに安定した関係をもつはずである．しかし，工事進行基準を強気に適用して，ある年度の収益を増加させた企業では，収益が増加する反面，キャッシュフローは影響されない．会計の質のこの変化は，企業の利益とキャッシュフローの関係の変化によって明らかにされるであろう．
- **報告利益と課税所得のずれの拡大**．税法で認められているかぎり，財務報告と税務会計とで異なる会計方針を採用することはまったく問題がない[17]．しかしながら，税務規定あるいは会計基準に重要な変化がなけれ

ば，財務会計と税務会計の関係は一定のままである．それゆえ，報告利益と課税所得の間のずれが拡大するということは，株主に対する財務報告が強気になっていることを示しているのかもしれない．例として，製品保証費用が，財務報告では発生主義ベースで見積もられ，税務申告では現金主義ベースで記録されている場合を考えてみよう．製品の品質に大きな変化がなければ，これら2つの数値は互いに一貫性のある関係を生む．したがって，この関係に変化が生じるということは，製品の品質に大きな変化が生じているか，あるいは，財務報告における見積りが変化していることを示している．

- **研究開発のパートナーシップやリコース付きの債権売却といった資金調達メカニズムを利用する傾向**．このような契約には健全な事業論理があるかもしれないが，経営者に負債を過小評価したり，資産を過大評価する機会を与えることにもなりうる[18]．
- **大規模な資産の償却のうち予期されなかったもの**．これは経営者が変化する事業環境を会計上の見積りに組み入れるのが遅いことを示唆しているかもしれない．資産の償却は予期しない事業環境の変化の結果であるかもしれない[19]．
- **大幅な第4四半期修正**．アニュアル・レポートは外部監査人によって監査されているが，中間財務諸表は通常レビューされるだけである．経営者が中間財務諸表で適切に会計上の見積りを行うこと（回収不能債権に対する引当金など）をいやがるとしても，外部監査人からの圧力の結果，年度末に修正を強いられる．したがって，第4四半期に修正を行うという一貫したパターンは，中間財務報告に対する経営者の強気な態度を示しているのかもしれない[20]．
- **監査人の限定意見あるいは充分に正当化されない独立監査人の交代**．これらは企業の強気な態度あるいは「オピニオン・ショップ」（訳者注：甘い監査人を利用して監査意見を有利にすること）への傾向を示しているかもしれない．
- **利害関係者との取引あるいは関係会社間取引**．これらの取引は客観性のある市場取引ではなく，また，これらの取引に関する経営者の会計上の見

積りは主観的で,自己の利益のためになされている可能性がある.

　上記のリストは,会計の質が低くなりうるさまざまな危険信号の例であるが,最終的な結論に至るまえに,さらに分析を行うことが重要である.危険信号のそれぞれには多くの解釈が可能で,事業上の明確な理由に基づく解釈もあれば,疑わしい会計もある.したがって,危険信号分析の最高の利用法は,今後の調査の出発点とすることであり,それ自体を終着点とすることではない[21].

第6段階:会計の歪みを元に戻す

　会計分析によって企業の報告数値が誤った印象を与えるということが示唆されたとすれば,アナリストは可能なかぎり歪みを減少させ,報告数値を再表示すべきである.もちろん,外部情報だけを利用して,すべての歪みを元に戻すことは事実上不可能である.しかしながら,キャッシュフロー計算書や財務諸表の脚注を用いることにより,多少ともこの方向に進むことはできる.

　キャッシュフロー計算書は発生主義会計に基づく業績と現金主義会計に基づく業績の調和をはかっている.発生主義会計の質にアナリストが自信をもてない場合,キャッシュフロー計算書が業績に関する代替的な基準値を提供してくれる.キャッシュフロー計算書は,損益計算書の各項目がその基礎にあるキャッシュフローからどれだけ乖離しているかに関する情報を提供する.たとえば,企業が費用化すべきものを強引に資本化していることをアナリストが心配しているとすれば,キャッシュフロー計算書の情報が必要な修正を行う基礎を提供してくれる.

　財務諸表の脚注にも報告された会計数値を再表示するのに役立つ豊富な情報がある.たとえば,企業が会計方針を変更すると,それが重要であれば変更の影響を示す脚注がつけられる.貸倒引当金といった発生主義に基づく見積りの詳細を情報開示している企業もある.税務関係の脚注では,通常,株主報告と税務申告の会計方針の違いに関する情報が提供される.税務申告はしばしば株主報告より保守的なので,税務関係の脚注情報は株主に報告され

た利益が，より保守的な会計方針のもとでどれくらいになるかを推定するために利用される．

3 会計分析の落とし穴

　会計分析にはアナリストが避けるべき落とし穴がいくつかある．第一に，アナリストの観点からすれば，保守的な会計と「良い」会計は同じではないということを覚えておくことが重要である．財務アナリストは，会計がどの程度適切に事業の実態を把握しているかを，バイアスのない方法で評価することに関心があり，この点で保守的な会計は強気の会計と同様に誤解を生む．さらに，保守的な会計はしばしば経営者に「利益平準化」の機会を与える．利益平準化のためアナリストは業績悪化をタイムリーに認識できないかもしれない．

　第二の落とし穴は標準的でない会計と問題のある会計を混同することである．会計方針の選択が標準と異なると，その企業の業績と他の企業の業績の比較は難しくなるが，その企業の事業が普通と異なる場合には，そうした会計方針の選択は正当化されるかもしれない．たとえば，差別化戦略を採用している企業，あるいは，特殊な市場状況を利用するために革新的な方法で事業を構築している企業は，事業を適切に反映させるために普通とは違った会計方針の選択を行うかもしれない．したがって，経営戦略と関連させて会計方針の選択を評価することが重要である．

　会計分析のもう一つの落とし穴は，アナリストが会計方針や発生認識の変更をすべて報告利益の管理という動機に帰することから生じる[22]．会計方針の変更は事業環境の変化を反映したにすぎないかもしれない．たとえば，すでに議論したように，在庫が異常に増加した企業は新製品導入の準備をしているのかもしれない．同様に，売掛金の異常な増加は，たんに販売戦略を変更した結果かもしれない．貸倒引当金の異常な減少は，企業の顧客フォーカスの変化を反映しているかもしれない．したがって，アナリストは会計方針の変更を説明するうえで可能なものはすべて考慮に入れ，財務諸表から入手できる定性情報を利用してそれらを調査することが重要である．

4 会計データと会計分析の価値

　会計情報と会計分析の価値は何か？　経営者には会社が報告する会計数値に影響を及ぼす誘因と機会がある以上，会計データや会計分析は投資家にとって役に立ちそうにないと主張する人もいる．

　研究者は，利益が公表される1年前に正確な将来利益の見通しを行った場合に投資家が稼得できる利益を推定することにより，会計の価値を検討した[23]．この研究結果によると，毎年，増益企業の株式を購入するとともに減益企業の株式を売却することにより，1954年から1996年までの期間，ここで仮定されている投資家が稼得できたポートフォリオの平均利益率は37.5％であった．これは，かりに投資家がある1年の株価を正確に見通して，価格が上昇した株式を購入するとともに株価の下落した株式を売却した場合に稼得できた利益の44％に相当する．ROEを正確に見通せれば，投資家は利益を正確に見通した場合よりもさらに高い43％もの利益率を獲得できる．これは株価を正確に見通した場合に稼得できる利益の50％に相当する．

　これとは対照的に，キャッシュフロー・データは利益やROEの情報に比べてかなり価値が劣るようにみえる．営業からのキャッシュフローを正確に見通した場合，仮定上の投資家はたった9％の平均利益率しか得られず，これは株価を正確に見通したときに稼得できる利益の11％に相当する．

　全体的にみてこの研究が示唆するのは，経営者が会計を濫用する可能性を軽減するために制度上の取り決めやコンベンションが創られており，投資家に保証を与えるうえで役に立っているということである．この研究は，投資家が報告利益の管理は利益データの信頼性を失わせるほど悪くないとみていることを示している．

　すぐれた会計分析が価値のある行動かどうかを検討した研究は数多い．概して，この実証結果は，優秀なアナリストにプラスの株式リターンを得る機会があることを示している．また，ある研究結果によれば，ミスリーディングな財務報告のために金融新聞に批判された会社は，その後，株価が平均8％も下落している[24]．経営者が株式発行前に報告利益をつり上げたようにみえる会社が，その後低い利益を出すと，外見上は利益操作をしていない会

社より，株式のパフォーマンスのマイナス幅は大きくなる[25]．最後に，利益操作がSECの調査対象になった会社は，利益操作が最初に公表された時点で平均株価が9％下落し，その後も2年間にわたって低い株価が続いている[26]．

これらの実証結果は，ミスリーディングな会計を行う会社を識別できるアナリストは，投資家に価値をもたらすことができることを暗示している．また，そこでは，株式市場が結局のところ利益操作を見抜いていることも示されている．これらのケースのすべてにおいて，利益操作が結局は暴露され，株価はミスリーディングな会計によりこれまで会社が利益をつり上げてきたことを立証してマイナスに反応する．

5 要 約

会計分析は財務報告の分析プロセスにおいて重要なステップである．会計分析の目的は会計により企業実態がどの程度把握されているかを評価することにある．的確な会計分析により，財務諸表分析の次のステップである財務分析から得られる結論の信頼性が高まる．

会計分析には6つの重要な段階がある．アナリストは，まず，企業の属する産業と企業戦略を所与として，重要な会計方針や見積りを明らかにすることから始める．次の段階は，会計ルールやコンベンションを所与として，経営者がどれだけフレクシビリティーをもっているかを評価することである．次に，アナリストは，経営者がどれだけ会計上のフレクシビリティーを行使するかについて，また，経営者の会計戦略の背後にある動機について評価しなければならない．第4段階は，情報開示の深さと質を評価することを含む．アナリストはさらに調査を要するどんな危険信号も見落としてはならない．会計分析の最終段階は，会計ルールや経営者の決定によってもち込まれたノイズやバイアスをとり除いて会計数値を再表示することである．

次の5つの章では，これらの概念を資産，負債，資本，収益，費用および会計エンティティーの分析に適用する．

練習問題

1. ファイナンス専攻の学生が「営業から生じた現金のような'明快な'数値が容易に入手できるのに,どうして会計利益数値に注意をはらうのかわからない.」と述べている.この意見に賛成するか.なぜ賛成するのか,あるいは,なぜ賛成しないのか.
2. Fred は次のように議論している.「最も好ましい基準は,財務報告において経営者の自由裁量をいっさい排除している基準である.これにより全企業について同一基準による会計数値が得られるし,会計分析を行う際に心配することはない.」この意見に賛成するか.なぜ賛成するのか,あるいは,なぜ賛成しないのか.
3. Bill Simon は次のように述べている.「自由市場にまかせれば企業は信頼性の高い情報を開示するので,FASB や SEC は廃止すべきである.」この意見に賛成するか.なぜ賛成するのか,あるいは,なぜ賛成しないのか.
4. 出荷時点で収益を認識する企業が多い.これは四半期末に製品を出荷して収益を増加させる誘因になる.次の2つの企業を考えてみなさい.四半期をつうじて平均的に製品を出荷する企業と四半期末の2週間ですべての製品を出荷する企業である.各社の顧客は製品受取の30日後に代金を支払うものとする.財務比率を利用するとして,どのように2社を区別できるか.
5. ⓐ経営者が正直に報告する場合,どんな経済事象が以下に示した会計方針の変更をもたらすと思われるか.
    - 減価償却資産の見積り耐用年数の延長
    - 売上債権総額の一定率である貸倒引当金の減少
    - 現金回収時点ではなく,出荷時点での収益認識
    - ソフトウェアの研究開発費のうち,より多くの資本化

    ⓑ経済的な変化もないのに会計方針の変更を行う不正直な経営者にとって,会計のどのような特質が高くつくのか.
6. 保守主義の原則は,経営者に企業業績を誇張する誘因があることへの

懸念から生じている．Joe Banks は次のように議論している．「企業経営者ではなく，独立監査人に財務報告を委任すれば，保守主義は廃止できるし，会計数値の有用性も高まる.」この意見に賛成するか．なぜ賛成するのか，あるいは，なぜ賛成しないのか．

7. あるファンド・マネージャーは次のように述べている．「自発的に会計方針の変更を行う企業の株式を購入することは断る．なぜなら，経営者が悪いニュースを隠そうとしているケースに違いないからだ．」代替的な解釈を考え出せるか．

注

1) 会計分析は利益の質の分析と呼ばれることもある．われわれは，利益の質だけでなく，より広い概念について議論しているので，会計分析という用語を使用する．
2) これらの定義は，Financial Accounting Standards Board, Statement of Financial Accounting Concepts No. 6, "Elements of Financial Statements" (1985) の定義をわかりやすく言い換えたものである．われわれの目的は技術的ではなく概念的なレベルで定義を示すことにある．この部分および関連のある概念に関するより詳細な議論については，FASB, *Statements of Financial Accounting Concepts.* をみよ．
3) 厳密にいうと，企業の包括的な純利益には，臨時項目あるいは営業外活動から生じる持分の増加・減少に伴う利得および損失も含まれる．
4) したがって，企業の期間業績を測定するうえで，理論的には現金主義会計よりも発生主義会計の方が優れているが，それによって歪みがもたらされるため，利用者にとって会計データの価値は落ちることになる．歪みが過大になると，会計上の利益よりも当期のキャッシュフローの方がより良く企業の期間業績を測定することになるかもしれない．それゆえ，キャッシュフローと会計上の利益のいずれが業績尺度として相対的に有用であるかは，企業によって異なる．この問題の実証結果については，Patricia M. Dechow, "Accounting earnings and cash flows as measures of firm performance: The Role of accounting accruals," *Journal of Accounting and Economics* 18, 1994. をみよ．
5) たとえば，Abraham Brilloff は公開会社の会計分析シリーズを，何年にもわたって雑誌 *Barron's* に寄稿した．平均すると，分析された会社の株価は論文が

公刊された日に約8%変動しており，こうした分析の潜在的な価値を示唆している．この証拠に関するより詳細な議論については，George Foster, "Brilloff and the Capital Market: Further Evidence," Stanford University, working paper, 1985. をみよ．

6) これらの動機づけに関する詳細な議論については，Ross L. Watts and Jerold L. Zimmerman, *Positive Accounting Theory* (Englewood Cliffs, NJ : Prentice-Hall, 1986) をみよ．

7) 契約条項仮説を支持するなかで最も説得力がある証拠は，財政逼迫企業における会計上の決定を扱った次の研究で報告されている．Amy Patricia Sweeney, "Debt-covenant violations and managers' accounting responses," *Journal of Accounting and Economics* 17, 1994.

8) ボーナス仮説を検討した研究は数多くあり，経営者の会計上の決定が報酬への考慮により影響されるという仮説に整合した証拠が報告されている．Paul M. Healy, "The effect of bonus schemes on accounting decisions," *Journal of Accounting and Economics* 12, 1985 ; R. Holthausen, D. Larcker, and R. Sloan, 1995, "Annual Bonus Schemes and the Manipulation of Earnings," *Journal of Accounting and Economics* 19: 29-74 ; Flora Guidry, Andrew Leone, and Steve Rock, 1998, "Earnings-Based Bonus Plans and Earnings Management by Business Unit Managers," *Journal of Accounting and Economics,* forthcoming をみよ．

9) Linda DeAngelo, "Managerial competition, information costs, and corporate governance: The use of accounting performance measures in proxy contests," *Journal of Accounting and Economics* 10, 1988.

10) 経営者の会計上の決定という局面における，税務申告と財務報告のトレード・オフに関する議論の詳細については，Myron Scholes and Mark Wolfson, *Taxes and Business Strategy* (Englewood Cliffs, NJ : Prentice-Hall, 1992) をみよ．実証研究の多くは LIFO と FIFO の選択を検討している．

11) こうした局面で影響をうける企業は，会計上の決定をつうじて規制者の認知に影響を与える動機があることが，研究者によって実証されている．たとえば，Jones は，輸入保護を求める企業は，利益を圧縮する会計上の決定を行うことを "Earnings Management during import relief investigations," *Journal of Accounting Research* 29, 1991 で実証している．最低資本要件ぎりぎりの銀行は，貸倒引当金を過大表示し，貸付金の評価減を過小表示し，株式ポートフォリ

オの超過実現利得を認識することが, 多くの研究者に発見されている (S. Moyer, 1990, "Capital Adequacy Ratio Regulations and Accounting Choices in Commercial Banks," *Journal of Accounting and Economics* 12: 123-154 ; M. Scholes, G. P. Wilson, and M. Wolfson, 1990, "Tax Planning, Regulatory Capital Planning, and Financial Reporting Strategy for Commercial Banks," *Review of Financial Studies* 3: 625-650 ; A. Beatty, S. Chamberlain, and J. Magliolo, 1995, "Managing Financial Reports of Commercial Banks: The Influence of Taxes, Regulatory Capital and Earnings," *Journal of Accounting Research* 33, No. 2: 231-261 ; J. Collins, D. Shackelford, and J. Wahlen, 1995, "Bank Differences in the Coordination of Regulatory Capital, Earnings and Taxes," *Journal of Accounting Research* 33, No. 2: 263-291). さらに, Petroni は規制上の注意を引くリスクのある, 財務体質の弱い損害保険会社は, 貸倒引当金を過小表示することを発見した. K. R. Petroni, 1992, "Optimistic Reporting in the Property Casualty Insurance Industry," *Journal of Accounting and Economics* 15: 485-508.

12) Paul Healy and Krishna Palepu, "The effect of firms' financial disclosure strategies on stock prices," *Accounting Horizons* 7, 1993. 実証研究の要約については, P. Healy and J. Wahlen, "Earnings Management," (Harvard Business School, working paper, 1999) をみよ.

13) 財務アナリストは経営者の情報開示戦略に細心の注意を払っており, 財務アナリスト連盟では, アメリカ企業の情報開示戦略を評価したレポートを毎年発行している. そこでの評価に関する議論については, Mark Lang and Russ Lundholm, "Cross-sectional Determinants of Analysts' Ratings of Corporate Disclosures," *Journal of Accounting Research* 31, Autumn 1993: 246-271. をみよ.

14) このような変更を行う企業の詳細な分析については, Krishna Palepu, "Anatomy of an Accounting Change," edited by William J. Bruns, Jr., and Robert S. Kaplan, *Accounting & Management : Field Study Perspectives* (Boston: Harvard Business School Press, 1987) をみよ.

15) このタイプの行動に関する事例は, 次の研究で実証されている. John Hand, "Did Firms Undertake Debt-Equity Swaps for an Accounting Paper Profit or True Financial Gain ?," *The Accounting Review* 64, October 1989.

16) 在庫の積み増しに関する実証研究については, Victor Bernard and James

Noel, "Do Inventory Disclosures Predict Sales and Earnings?," *Journal of Accounting, Auditing, and Finance,* Fall 1991. をみよ.
17) これは，アメリカおよびその他数カ国には，概してあてはまる．しかしながら，ドイツや日本のような国では，税務会計と財務報告には密接な関係があるので，この危険信号はあまり意味がない．
18) R＆Dのパートナーシップを組む際の会計的および経済的誘因に関する研究については, Anne Beatty, Philip G. Berger, and Joseph Magliolo, "Motives for Forming Research and Development Financing Organizations," *Journal of Accounting & Economics* 19, 1995. をみよ.
19) 資産の償却に関する実証研究については, John A. Elliott and Wayne H. Shaw, "Write-offs as Accounting Procedures to Manage Perceptions," *Journal of Accounting Research,* Supplement, 1988. をみよ.
20) 経営者は自分に与えられた裁量を利用して，悪いニュースの報告を第4四半期まで延期するという仮説と整合する実証結果が報告されている．これについては, Richard R. Mendenhall and William D. Nichols, "Bad News and Differential Market Reactions to Announcements of Earlier-Quarter versus Fourth-Quarter Earnings," *Journal of Accounting Research,* Supplement, 1988. をみよ.
21) このタイプの分析は，貸倒引当金に関連して行われている．これについては, Maureen McNichols and G. Peter Wilson, "Evidence of Earnings Management from the Provisions for Bad Debts," *Journal of Accounting Research,* Supplement, 1988. をみよ.
22) この点については何人かの研究者により実証されている．報告利益の管理に関する研究の概要については, Katherine Schipper, "Earnings Management," *Accounting Horizons,* December 1989 : 91-102. をみよ.
23) James Chang, 1998, "The Decline in Value Relevance of Earnings and Book Values," Unpublished dissertation, Harvard University. 同様の実証結果を報告したものに, J. Francis and K. Schipper, 1998, "Have Financial Statements Lost Their Relevance?," working paper, University of Chicago ; W. E. Collins, E. Maydew, and I. Weiss, 1997, "Changes in the Value-Relevance of Earnings and Book Value over the Past Forty Years," *Journal of Accounting & Economics* 24 : 39-67. がある.
24) G. Foster, 1979, "Briloff and the Capital Market," *Journal of Accounting*

Research 17 (Spring) : 262-274. をみよ.
25) S. H. Teoh, I. Welch, and T. J. Wong, 1998a, "Earnings Management and the Long-Run Market Performance of Initial Public Offerings," *Journal of Finance* 53, No. 6, December 1998 : 1935-1974 ; S. H. Teoh, I. Welch, and T. J. Wong, 1998b, "Earnings Management and the Post-Issue Underperformance of Seasoned Equity Offerings," *Journal of Financial Economics* 50, No. 1, October 1998 : 63-99 ; S. H. Teoh, T. J. Wong, and G. Rao, 1998, "Incentives and Opportunities for Earnings Management in Initial Public Offerings," *Review of Accounting Studies*, forthcoming をみよ.
26) Patricia Dechow, Richard G. Sloan, and Amy P. Sweeney, 1996, "Causes and Consequences of Earnings Manipulation : An Analysis of Firms Subject to Enforcement Actions by the SEC," *Contemporary Accounting Research* 13, No. 1 : 1-36 ; M. D. Beneish, 1997, "Detecting GAAP Violation : Implications for Assessing Earnings Management among Firms with Extreme Financial Performance," *Journal of Accounting and Public Policy* 16 : 271-309. をみよ.

4
資産の分析

　資産とは，企業によって所有されている資源ないし財産で，将来の経済的便益を生み出すと期待され，しかも合理的な確実性をもって測定が可能なものである．現金，市場性ある有価証券，顧客に対する売掛金，在庫品，固定資産，他企業への長期投資そして無形資産など，資産は様々な形を取りうる．
　資産を識別し，評価するための基本原則は，原価主義と保守主義である．原価主義のもとでは，資産は取得原価で評価される．保守主義は，公正価値が原価を下回ったときに資産評価額の切り下げを要求するものである．
　資産の分析には，ある支出について，企業の財務諸表に資産として記録すべきか，それとも当期の費用として報告すべきなのかという問題が含まれる．これに答えるためには，資源の所有権は誰にあるのか，それは将来の便益をもたらすのか，そして，その便益は合理的な確実性をもって測定が可能なのかについて理解しなくてはならない．最終的に，資産の分析では，財務諸表で報告された資産の評価額を吟味し，償却の仕方や引当金の設定，あるいは簿価切り下げについて検討することが必要になる．
　この章では，資産を記録する際の基本原則について議論する．さらに，資産評価をめぐる課題や，どういうときに分析が必要になるかについても触れる．

1　原価主義と保守主義

　資産は所有者に将来利益をもたらすために利用される．投資家は自分たちが企業に投資した財産が賢明に使われているかに関心がある．バランスシートは，この種の分析に有用な出発点を提供する．なぜなら，経営者が獲得あるいは作り出した資源の価値について，情報を提供するからである．ほとんどの国において，資産は過去の取引価格でバランスシートに計上される．公

正価値や取替価値，あるいは使用価値ではなく，過去の取引価格で資産が計上されるのは，基本的にその方がより容易に検証できるからである．経営者には企業財産の委託状況をよく見せようとする動機があるため，投資家の観点から，このことは重要である．実際の取引価格で記録させることによって，経営者が獲得あるいは作り出した資産の価値を過大評価することが，会計上，制約されるわけである．もちろん，取引価格は公正価値や使用価値とは異なるのが普通なので，歴史的原価では企業の資産がもつ潜在的価値についての情報が投資家にうまく伝わらないことにもなる．

　保守主義の原則は歴史的原価の使用に対する1つの例外となっている．この原則により，経営者には減損が生じている資産を公正価値まで切り下げることが求められる．在庫品を低価法で評価したり，回収不能な債権から予想される貸倒損失を見積もったり，原価の回収が見込めない営業資産の簿価を切り下げたりするのは，すべて保守主義の考え方が適用されたものである．つまり，保守主義があるために，企業にある資源の価値に対する経営者の見積もりが過大でないことを，投資家は一層，確信することができるのである．結局，現在の事業戦略からもたらされる将来便益は，少なくてもバランスシートに計上されている資産の価値よりは高いと考えられるわけである．

　最近，取得原価や保守主義の原則を維持すべきなのかが試されている．米国では，一部の金融商品は，歴史的原価ではなく，公正価値で評価されることが求められている．さらに，英国やオーストラリア，その他の数ヵ国では，他の有形資産および無形資産も公正価値で評価することが認められている．

2　資産を計上するうえでの課題

　財務報告における重要な課題は，どのような支出が資産として認められるかを決めることである．図4-1には資産を認識するための主要な要件が示されている．驚くことではないが，これらは第7章で議論されている費用を認識するための要件と関連している．資産を認識するときにキーとなる問題点は，当該資源の所有権が誰にあるか，その資源から将来の経済的便益がもたらされるか，そして，その便益が合理的な確実性をもって測定できるかであ

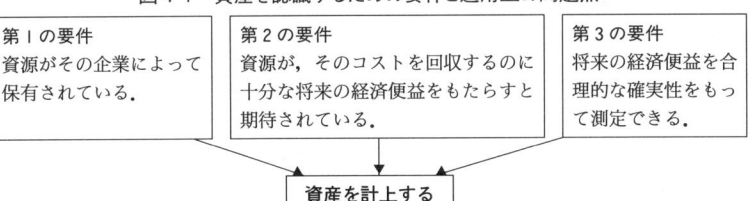

図 4-1 資産を認識するための要件と適用上の問題点

| 第 1 の要件
資源がその企業によって保有されている. | 第 2 の要件
資源が，そのコストを回収するのに十分な将来の経済便益をもたらすと期待されている. | 第 3 の要件
将来の経済便益を合理的な確実性をもって測定できる. |

→ 資産を計上する

問題となる取引
1. 資源の所有者が明確ではない．
2. 支出から将来便益がもたらされるか不確かである，もしくはそれを測定するのが困難である．
3. 資源の価値に変化が生じている．

る．

　本章を通じて議論されることだが，資産の認識については，財務報告上の判断を下す機会が経営者に多く与えられる．そうした機会は，とりわけ資源の所有権が不明確な取引について多く生じる．さらに，支出から得られる経済便益が不確実か，測定するのが困難な場合，あるいは企業資源の価値が変化したときにも生じうる．以下では，この種の財務報告上の難問について議論する．

課題 1：資源の所有者が不確かである

　企業が使用している資源の大部分については，所有関係が比較的明確である．資源を使用している企業がその所有者だからである．しかし，取引によっては，資源の所有者が誰かという問題が微妙になることもありうる．ここでは，誰が所有しているのかについて興味深い難問を提供する，2 つの取引例について議論しよう．最初の例はリースである．リース資産の実質的な所有者は，貸し手なのであろうか，それとも借り手なのであろうか？ 2 つめの取引は従業員の研修である．研修プログラムからもたらされる便益の実質的な所有者は，研修を実施した企業なのであろうか，それとも従業員なのであろうか？

例：リース 1998年12月31日，American Airlines は所属航空機（273機）の42%を，10年から25年でリースしていると報告している．このリース契約によって，American Airlines はその先5年間，毎期10億ドルを超える年間支払義務を負い，その後も合計134億ドルの債務を負うことになっている．そのアニュアル・レポートでは，「航空機のリースは通常，契約終了時の公正な市場価格にもとづく料金で1年から5年の更新が可能である．航空機リースの大部分には，契約終了時点ないしはその近くの公正な市場価格——ただし，貸し手の航空機原価に対する一定率，もしくは予め定められた固定金額を一般には超えない——で買い取るオプションが付されている」と注記されている．これらの航空機の実質的な所有者は誰なのだろうか？American Airlines はリースの貸し手から調達した資金を使って，それらを実質的に購入したのか，それとも，このリースは本当に賃借契約なのだろうか？

あるリース契約を購入に等しいとみるか，それとも賃借に等しいと判定するかは主観的な問題である．それはリースの借り手が，陳腐化や物理的滅失といった所有に伴うリスクを実質的に受け入れているのかどうかによって決まる．リース取引の記録方法を標準化しようという試みにおいて，会計基準は2つのタイプを区別するための明確な基準を設けてきた．SFAS 13号では，以下の条件に1つでも該当するとき，そのリース取引は資産の購入に等しいと定めている．すなわち，(1)リース期間終了時にリース資産の所有権がリースの借り手に移転する場合，(2)リース期間終了時にリース資産を格安で購入できる権利がリースの借り手に与えられている場合，(3)リース期間がリース資産の見込み耐用年数の75%以上ある場合，(4)支払リース料の現在価値がリース資産の公正価値の90%以上ある場合，である．上述のとおり，American Airlines は，その航空機の多くについて，見積り市場価格で購入する権利を有していた．さらに，所有している航空機の見積り耐用年数が25年であると，この会社は報告している．

実質的な購入とみなされるための基準を満たすリース契約は，キャピタル・リースとして支払リース料の現在価値で記録される．そのうえで，資産を購入するための資金が借り入れられたとみて，同額が負債として示される．

その後の年度は，リースされた機材がリース期間にわたり減価償却されるとともに，リース料の支払いが利払いと元本の返済として扱われる．1998年には，American Airlines は 187 機のリースを資産計上し，これらの航空機に関するリース負債 1,671 百万ドルを記録した．

　会計上，実質的な購入とは認められないリース契約はオペレーティング・リースと呼ばれる．この場合，リースの借り手はリース期間にわたり，賃借費用を計上する．1998年，American Airlines では，86機のリース契約だけがオペレーティング・リースとして記録されている．

　もちろん，リースの会計方法を定める基準が客観的であることが，かえってキャピタル・リースとオペレーティング・リースとを区別する精神に反した会計処理をする機会を経営者に与えている．例えば，American Airlines の経営者は，オペレーティング・リースかキャピタル・リースのいずれか好きな方の定義を満たすように，リース条項の書き方を工夫することができる．さらに，リース会計の基準に従えば，経営者はリースした航空機の耐用年数と公正価値を予測することが要求される．キャピタル・リースの負債額（1,671百万ドル）と1999年から2003年までの要支払リース料全額とを比較すれば，アナリストは，オペレーティング・リースよりもキャピタル・リースの方が多いのにもかかわらず，American Airlines は，もっとも高額な機材はオペレーティング・リースで記録していることをみてとることができる．これは本来的な営業戦略なのか，それとも，高額な航空機を調達するための実質的な借り入れをバランスシートに反映させないでおこうとしているのであろうか？

例：人的資本　企業は従業員の専門能力の開発やトレーニングのためにかなりの金額を費やしている．米企業が社員の公式トレーニングにかけている費用は，毎年300億ドルから1,480億ドルの間にあると推測されている．もし，非公式なオン・ザ・ジョブ・トレーニングをも計算に入れれば，これらのコストは2倍から3倍に増えるだろう[1]．

　トレーニング・プログラムには，他の仕事には役立ちそうもない，その企業固有のスキルを高めることを目的とするものもあれば，従業員が会社を変

わっても評価されるような一般的なスキルを向上させるものもある．企業が一般的なトレーニングを提供しようとするのは，そのトレーニングが終了した後，従業員がある程度の期間，自社に留まる約束がある場合に限られるかもしれない．この種の約束は，従業員がMBAのプログラムに参加する費用を企業が負担するケースによくみられる．

　企業がトレーニング制度に資源を投入するのは，基本的に，生産性や製品・サービスの質が向上することを通じて，長期的な便益がもたらされることを期待するからである．では，これらの支出はどのように記録されるべきであろうか？　資産とみて，従業員の見積もり就業年数で償却していくのがよいのか？　それとも，即時に費用計上するのがよいのであろうか？

　会計専門家は，トレーニングによって生み出されたスキルは，企業ではなく，従業員に帰属するものであると主張する．だから，従業員は今働いている企業の許可がなくても，退社して他の企業に職を得ることができる．また，将来の業績に対するトレーニングの効果を測定するのも困難である．そのため，米国やそれ以外でも，会計基準ではトレーニングのコストを即時費用計上することが求められている．

　トレーニング・コストが会計上このように扱われていることを考えれば，従業員教育を通じて価値の創造に成功している企業と，そうでない企業とを識別することで，財務分析の有用性を高めることができる．これは，人的資本がキーとなる資源である企業をみるうえで，決定的に重要となりうる．専門職企業は，そのような例である．また，製品の詳しい技術について専門的な知識をもつ販売スタッフに支えられている企業においても，従業員教育は企業に価値ある資産をもたらすであろう．こうした企業では，顧客にとっての価値を創造するため，そして製品市場において高い評価を得るためには，トレーニングが不可欠なのかもしれない．

Key Analysis Questions

　上の議論は，所有の定義が困難なときに，経営者が資源の取得を資産として記録するかどうかを自分の判断で決めている状況があることを示している．その一方で，取得した資源を資産として記録することを会計基準が一切認め

ていないために，経営者には判断する余地がまったくないケースもあるだろう．いずれの状況においても，財務分析の出番となる．最初の方では，経営者が採用した報告方法の前提となっている仮定を検討する必要が生じる．後の方では，所有しているのかどうかが曖昧だとしても，資源への支出からもたらされる便益が残っているとみられる企業と，そうではない企業とを区別する必要が生じる．結局，以下の課題を検討することがアナリストにとって役立つことになるであろう：

・もたらされる便益の帰属が不確かであるという理由で，バランスシートから除かれる企業の資源として何があるか？ もし，これらの資源が企業の戦略や価値創造に不可欠だとしたら，どれくらいうまく利用されているかを判断するために，どのような代替的測定方法を用いることができるであろうか？ 例えば，かりに人的資本がキーとなる資産だとしたら，企業はトレーニングにいくら費やしているか？ 従業員の離職率はどれくらいか？ トレーニング・プログラムの効果を測定するのに，企業はどのような方法を使っているのか？

・重要な資源を完全に所有することになるような契約をかわすことに，経営者が慎重であるように見受けられることはないか？ もしそうだとしたら，このような行動を説明する要因はなんであろうか？ 例えば，どのタイプのリース契約を企業は結んでいるか？ リースが利用されているのは，経営者が管理できない技術的なリスクに対処するためなのか，それとも重要な資産（ならびに負債）をバランスシートから外すためなのか？

・もし，重要な資産や負債をオフ・バランス化するためにリースが利用されているとすれば，これらを決算書に載せると，どのような影響が生じるか？

・所有しているかどうかが問題となる資源への支出について，企業はその記録方法を変更してこなかったか？ 例えば，キャピタル・リースの資産を償却する方法は変更されていないか？ そのような意思決定を説明する要因はなにか？ 企業はビジネスないし経営モデルを変更したのか？

課題2：経済便益が不確かであるか，もしくは，測定が困難である

　ある支出を資産と認めるかどうかについての，2つめの難問は，その支出からもたらされる将来の経済便益を測定するのが困難，あるいは，それに高い不確実性があるときに生じる．不確実性の世界では，投資支出からもたらされる将来の便益を正確に予測することは，ほとんどつねに困難である．ライバルが自社製品やサービスを陳腐化させるような新しい製品・サービスをいつ供給するのか，企業には分からない．また，新しい工場で生産される製品がどれくらい顧客に気に入られ，買いたがってもらえるのかも分からない．あるいは，石油価格の変動によって，石油掘削機の価値がどれくらい下がるのかも分からない．これらの不確実性や測定上の困難がどれくらいだと，便益が複数期間にわたって生ずる支出であっても，会計専門家はその費用計上を要求するのであろうか？　あるいは，そのような支出を資産計上できるのはどういうケースであろうか？

　たいていの資源の経済価値は，不確実な将来の経済便益の推測にもとづいている．例えば，売掛金の価値は回収不能額を控除して求められる．リース資産や自分が所有する資産については将来の残存価値を，マーケティング活動や研究開発への支出については創造されるブランド価値を考えなくてはならない．以下では，のれん，ブランド，繰延税金資産という，3種類の支出をどう記録するかを議論して，会計専門家が資産の計上に関わる不確実性をどのように捉えているのかを示すことにしよう．

例：のれん　1996年2月9日，Walt Disney 社は Capital Cities/ABC 社を，101億ドルの現金および Disney の株式1億5500万株（取引公表日の株価で評価すると88億ドル）で買収した．Cap Cities は ABC Television Network ならびに8つのテレビ局，ABC Radio Networks ならびに21のラジオ局，そして ESPN 社の80%を所有して経営しており，そのほかケーブル・テレビのプログラムを提供していた．さらに，日刊新聞や週刊新聞，ショッピング・ガイド，さまざまな専門誌やビジネス誌，そして書籍も発行していた．これらの資産の大部分は無形資産であった．買収される直前の1994年は，放送事業からの収益53億ドルのうち約85%，そして出版事業か

らの収益11億ドルのうち約70％が，有形の製品やサービスではない広告収入からもたらされたとCap Citiesは推定している．

　DisneyはABCの有形資産の公正価値を40億ドル（うち15億ドルが現金），負債を43億ドルと推定していた．この買収は，Disneyの帳簿にどのように記録されるべきであっただろうか？ 189億ドルの買収価格と3億ドルの正味負債との差額は，Disneyの帳簿に無形資産として記録されるべきだったのか？ もしそうなら，Disneyはこの買収からどのような便益がもたらされると期待していたのだろうか？ あるいは，192億ドルの差額は即時に償却されるべきだったのか？

　Disneyが買収を申し入れる前は，ABCの株主持分は約90億ドルと市場では評価されていた．このことは，DisneyがABCの無形資産のために100％以上のプレミアムを支払ったことを意味する．これが会計問題をややこしくしている．もし，買収価格の全額を資産として示すのであれば，Disneyの経営者と監査人は，この支出が回収可能であることを確信している必要がある．しかし，元の株主と比べて2倍もの価値を，DisneyがABCの無形資産に認めたのは何故なのであろうか？ あるいは，Disneyは単にCap Cities/ABCのために金を使い過ぎただけであって，のれんの190億ドルは回収できそうもないということであろうか？

　今日，多くの国の会計専門家は，Disneyのような企業に対して，取得した有形資産ならびに負債を公正価値で記録したうえで，190億ドルののれん全額を資産として表示することを求めている．このやり方は，買い手と売り手との間に対等な立場での取引（arm's-length transaction）があったことを前提としている．そこでは，Disneyの経営者が株主にとっての企業価値を損なうような買収はしていないこと，そして，新会社に対する経営計画を実施した結果として創造されるであろう価値について，経営者が最良の情報を有していることが仮定されている．それが正しくないことを示す証拠がない限り，この仮定の下で，のれんは評価されることになる．買収後は，米国の会計基準により，のれんを最長40年間で償却することがDisneyには求められる（第7章をみよ）．

　このような会計方法からは，2つの難題が生じる．1つは，期待されたよ

うに買収から便益がもたらされているのかを判断するのが難しいために，のれんが「負ののれん」となってはいないか見極めにくいということである．経営者の報酬がからむことによって，この問題はさらにややこしくなる．もし買収が計画どおりの効果を上げなくても，経営者が過ちを自ら認めるとは思えない．もう1つの難題は，のれんの償却期間が恣意的に設定されるため，買収が成功している企業と，そうではない企業とを識別するのが困難だということである．もし両方が40年の償却期間を採用していれば，株主にとっての価値を増やした企業も，新しい価値を創造できなかった企業と，まったく同じ方法で買収を記録することになる．

例：ブランド　Coca-Cola社の株主持分は簿価84億ドルで計上されているが，その市場価値は1650億ドルである．その差の大部分は，Cokeのブランド価値に起因する．Cokeは何年にもわたって，広告や販促活動，そして容器のデザインへ投資を行い，ブランドを築いてきた．有名なブランドとしては他に，Marlborough, Nescafe, Kodak, Microsoft, Budweiser, Kellogg's, Gillette, McDonald's, Gucci, Mercedes, Baccardiなどがある．ブランドを冠した製品は，(a)市場における認知度が高いので，競合品よりもマーケティング活動が少なくてすむこと，(b)そのブランド品の取り扱いを期待している顧客のおかげで，問屋や小売業者と有利に取引できること，(c)顧客がそのブランドに価値を認めるので，競合品よりも高く売ることができること，によりブランドの所有者に価値をもたらすことができる．特許権や著作権と違って，ブランドには利用可能期限がない．うまく使えば，それは永久資産となりうるのである．

第7章で触れるように，ブランドを形成するための広告，販促，そしてデザイン活動は基本的には費用として処理される．この会計慣行が採用されたのは，広告宣伝への支出をブランドの形成に結びつけることが困難だからである．なによりもブランド価値を評価することの難しさ，さらに広告宣伝のうちどれだけが，どのようなケースでブランド価値を高め，どのようなケースで当期の売上にしか影響しないかを判断するという難問を前にして，会計専門家はブランドを資産に計上することを伝統的に避けてきたのである．米

国では，買い入れたブランドでさえ，それが単独で示されることのないまま，無形資産のなかに含められてきた．

しかし，オーストラリアや英国では，ブランドを資産としてバランスシートに載せることが認められてきた．この現象の要因となってきたのは合併や買収である．ターゲット企業は，帳簿にブランドを計上したり，再評価してきた．例えば，1989年，General Cinema から持分を買い増ししたのを契機に，Cadbury Schweppes は 1985 年以降に取得したブランドを認識して価値を評価した．これらの資産は償却されないが，その価値に減損が生じていないか，毎年見直されることになった．1997 年に Cadbury は無形資産のブランドをバランスシートに 15 億 7500 万ポンド計上しているが，これは総資産の 3 分の 1 にあたる．

ブランドをバランスシートに資産として表示することにより，経営者は投資家に対して，その価値を伝えることができる．それはまた，ブランド資産を経営者が重視していることを発信することになるし，それらがどれほどうまく利用されてきたかを示す，年に一度の機会ともなる．有効利用されてきたブランドは価値を失わないと考えられるのに対して，うまく活用されないブランドは切り下げねばならなくなるであろう．しかし，バランスシートにブランドを載せれば，経営者に好都合な判断のために悪用される可能性も同時に生じる．ブランド価値を推定することが困難であることを考えれば，ブランドの価値が経営者によって過大に表示されているのではないかとか，その時々に生じた価値の減損が認識されていないのではなかろうかと，投資家は疑うことであろう．独立の専門家にブランド資産の価値を鑑定してもらい，その評価を監査人に証明してもらうことで，経営者はこのような疑いを和らげることができるかもしれない．しかし，このような形での検証がなされても，投資家の疑いを完全に払拭することができるとは思われない．

ブランドが資産に計上されていない企業（つまり大部分の企業）では，他の方法によってブランドの価値を投資家に認めてもらうことが，経営者にとって課題となる．例えば，Coca-Cola は 1998 年度の年次報告書において，以下のように，北米における主要なブランドについて実績データを提供している．

年平均成長率 国内単位ケース数		製品全体の データ	総人口	305 百万人
			1人あたり	377
1年間 Coca-Cola USA	6%		1人あたり最多	ジョージア州ローム 821
同業他社全体 * 3%			1人あたり最少	カナダ・ケベック 142
5年間 Coca-Cola USA	6%	ブランド別 データ 1997年比 1998年単位 ケース販売 成長率	Coca-Cola Classic	3%
			Diet Coke	4%
			Sprite	9%
			他に注目されるのは：	
			Fruitopia	105%
同業他社全体 * 2%			POWERaDE	33%
			Minute Maid soft drinks	29%
* ソフトドリンク製造者のみを含む.			Nestea	20%
			Barq's	18%

出所：Coca-Cola 1998 年度年次報告書.

Coca-Cola はブランドを支えるためにどんな手を打つかも明らかにしている．北米市場では，（自動車レースの）NASCAR のスポンサーになるとか，Coca-Cola の割引券 5000 万枚を 10,000 を超える米国中の小売店で配るとかであった．さらに 1999 年の計画として，ブランドを拡げるために POWERaDE に二種類の味（Arctic Shatter と Dark Downburst），Fruitopia にも新しい味（Kiwiberry Ruckus）を加え，またミネラル飲料水 Dasani の発売を公表した．他の市場についても，同様の具体策が施されている．例えば，アルゼンチンでは，食事の時間に Coke 製品の飲用を薦めるマーケティング企画が新たに始められた．アジアでは，自動販売機の利用を拡張することによって，製品を消費者の手に届きやすくすることに重点が置かれた．メキシコでは，バスケットボールのスポンサーになることで Sprite の消費を加速させようとした．投資家や財務諸表の利用者にとっての課題は，こうしたマーケティング手法やブランドの拡張が，Coca-Cola の価値を高めるのに役立っているかどうかを判断することである．

例：繰延税金資産 米国，その他多くの国の税法は，課税所得に損失が生じた企業に，それを将来の所得と相殺するために，翌年度以降に繰り越すことを認めている．こうした繰り越しは，将来の税金債務を減らすという形で，将来の経済便益をもたらす可能性がある．例えば，インターネットで書籍や音楽・ビデオ製品を販売している Amazon.com には，1998 年の時点で設

立以来の欠損金が207百万ドルだけあったが，これは将来の税金を73.1百万ドルだけ節約できることを意味する．この「繰越欠損金」はAmazon.comに将来の経済便益をもたらす可能性がある．もちろん，繰越欠損はAmazon.comが将来，実際に利益を稼がなければ何の価値もない．繰越欠損金は2011年から無効になり始めると，この企業は記している．

　それでは，財務報告上，Amazon.comの繰越欠損金はどのように記録されるべきであろうか？　それは，バランスシートに資産計上すべきなのか？　もしそうだとしたら，損失を計上し続けたときに使えなくなる可能性を踏まえて，その金額をいくらにすればよいだろうか？　SFAS 109号により米国企業は，繰越欠損金による節税効果から，実現が期待できない分を評価勘定として控除し，繰延税金資産を表示することが求められている．実現しない可能性が50%を超えた繰延税金資産については評価勘定をたてなければならないとFASBは定めている．このやり方は，売掛金や受取手形を評価するのと似ている．受取債権は総額から不良債権に対する貸倒引当金が差し引かれて表示されるからである．

　繰延税金資産は，課税所得が財務報告上の利益より前に実現する場合にも生じうる．例えば，課税計算では，前受収益は，しばしば財務報告で認識されるより前に実現が認識される．財務報告目的では発生が認められる製品保証の費用も，課税計算目的では債務を負った段階でないと認識されない．このように，課税所得と会計利益との間に期間的な差異が生じる結果，財務諸表で利益が認識されるより前に税を支払うことが起こりうる．対応原則に従えば，この前払いに対して経過勘定項目をたてる必要がある．こうした税の前払いを処理するために，SFAS 109号は，繰越欠損金を処理するのと似た方法を定めている．すなわち，繰延税金資産を計上したうえで，実現が見込まれない分だけ評価勘定を設定するのである．

　財務報告で繰延税金資産が計上されれば，評価勘定をどう見積もるかについて，経営者に判断の余地を与えることになる．この見積もりの基礎になるのは，企業が将来に利益を稼げる見込みがあるのか，もし見込みがあるとして，それが繰越欠損金や前払税金からの恩恵を完全に享受するのに充分なのか，についての経営者の予測である．もっとも，最近の研究では，利益を操

作するために，経営者が都合のよい判断をしているという証拠はほとんど得られていない[2]．

Amazon.com は，課税と財務報告とでの利益認識の一時的な違いがもたらす節税効果の繰り延べを 12.8 百万ドルと報告している．これと 73.1 百万ドルの繰越欠損金とを合わせると，繰延税金資産は全体で 85.9 百万ドルもの金額になる．財務報告で問題となるのは，この資産のうちどれだけが，本当に実現する見込みがあるのかを推測することである．この企業は一度も利益を上げたことがない．1996 年以来，営業成績は実際には悪化している．1996 年には 6.2 百万ドル，1997 年には 31.0 百万ドル，そして 1998 年には 124.5 百万ドルもの損失を計上している．そればかりでなく，1999 年 3 月 19 日の時点では，1999 年と 2000 年についても，この企業が利益を計上することはないと証券アナリストは予想している．これらの年は，それぞれ 400 百万ドルと 140 百万ドルの損失になると予測されているのである．これを見れば，Amazon.com が繰延税金資産をいずれ近い将来に利用できるとは思われない[3]．そのため，この企業は，繰延税金資産の全額を評価勘定に繰り入れ，正味の簿価をゼロにしている．

Key Analysis Questions

以上の議論では，その経済便益が不確実もしくは測定困難である支出を記録するための，3 つの方法について説明してきた．その 1 番目は，支出を直ちに費用計上させ，経営者に判断の余地を与えない方法である．この方法は，ブランド形成のための支出や研究開発への支出に共通して用いられている．2 番目は，支出額を資産に計上させ，以後の年度における償却ないし切り下げについては経営者に判断させるというやり方である．その例としては，のれんや固定資産などがある．3 番目は，支出からもたらされる便益の期待価値を計上させるために，経営者に相当の判断を要求するものである．その例として，受取債権や繰延税金資産などがある．これら 3 つの方法は，証券アナリストに以下の難題や疑問点を突きつける：

- バランスシートに計上されている資産のうち，測定や評価がもっとも困難なのはどれか？ 市場性ある有価証券のように，流動化のための市場

がある資産を評価するのは比較的簡単であるのに対し，のれんやブランドのように，1つしか存在しない資産や企業固有の資産を評価するのはとても難しい．この種の資産は何に基づいて評価すればよいのであろうか？ 財務報告のために設けられている仮定は何か？ 例えば，その資産の償却期間は何年か？ あるいは，経営者は評価勘定をどのように見積もっているのか？

- 資産を評価するために経営者が立てた仮定や見積もりは，前年度までの仮定と比べてどうなっているか？ のれんの推定有効年数に変更はなかったか？ 受取債権や繰延税金資産の総額に対する評価勘定の割合は，前年度までから大きく変化してはいないか？ なんらかの変更があったとき，どの要因がそれを説明できるか？ 企業が事業戦略や営業方針を変更したためであろうか？ あるいは，産業や経済全体の構造に変化が生じたためであろうか？
- 資産を評価するために経営者が立てた仮定は，競業他社のそれと比べてどう違うか？ 繰り返しになるが，もし違いがあるのなら，そのありうべき説明はどうなるか？ 自社と他社とで異なる事業戦略を採用しているのか？ 両社は異なる地域で営業しているのか？ 経営者が利益操作を行う動機に違いはあるのか？
- 経営者には，評価が難しい資産を過大もしくは過小評価した過去がないか？ 例えば，こうした資産を売却する度に，いつも損失もしくは利得を計上してこなかったか？
- 重要な資産のうち，測定困難もしくは不確実であることを理由に，バランスシートに計上されていないものはないか？ 例として，ブランドや研究開発費，その他の無形資産が考えられる．企業はこれらの資産をどのように利用しているとみられるか？ 経営者は，これらの資産を維持，強化し，拡大するための戦略について説明しているか？ これらの資産がどれくらいうまく利用されてきたかを測るために，企業はどの指標に着目しているか？

課題3：将来の経済便益は変動する

　資産について最後の課題は，時間の経過に伴う価値の変化を記録にどう反映させるかである．公正価値で評価替えすべきものがあるとすれば，それはどのタイプの資産であろうか？　以下では，営業資産ならびに金融商品の価値変動，そして為替レートの変動について，この問題を議論しよう．

例：営業資産の価値変動　営業資産の価値変動は，さまざまな方法で財務諸表に反映される．例えば，受取債権の価値変動は貸倒引当金に反映され，貸付金ポートフォリオの価値変動は損失準備金（loss reserves）に反映される．耐用年数や残存価額の見直しは償却計算の基礎となる見積もり要素に反映され，そして在庫品や固定資産における価値下落は簿価切り下げに反映される．

　米国の会計基準は，営業資産について，取得原価を超えて価値の増加を認識することを許さない．しかしながら，第7章で触れるように，SFAS 121号は価値に減損が生じた営業資産について，原価を下回る市場価値への切り下げを要求している．このやり方は，保守主義の原則に合致している．もちろん，この基準を適用する際，ある資産に減損が生じているかどうか，また減損が生じていたとして，それはどれくらいなのかを判断するのは難しいことが多いという問題が生じる．その結果，いつ資産の減損を認識するか，そして，どれくらい簿価を切り下げるかについて，経営者による判断の余地が大きいと思われる．そのため，企業が資産に生じた減損の認識を遅らせてはいないか，あるいは，減損の額を過小評価していないかという疑問も生じうる．それとは逆に，将来の業績報告をよくしようと，資産の切り下げに熱心すぎる経営者が減損の会計を利用しているのではないかと疑われるケースもある．

　世界の他の地域では，経営者が資産を公正価値で評価することが認められている．例えば，英国やオーストラリアの基準では，価値が増加した固定資産や無形資産を再評価することが認められている．そのため，Rupert Murdoch が経営しているオーストラリアの新聞報道会社 News Corp では，1998年の年次報告書において，無形資産の「出版権，出版物，テレビ・ライセンス（Publishing Rights, Titles, and Television Licenses）」が公正価

値に評価替えされている．この公正価値は「これらの資産を継続的に使用もしくは販売することから期待される正味キャッシュフローを割り引く」ことで推定されている（News Corp 年次報告書の注記1をみよ）．その結果，この会社は7,283百万豪ドルで取得した無形資産を12,030百万豪ドルで表示することになった．

　企業に資産の再評価を許すことで，英国やオーストラリアの会計基準は，企業の重要資産の価値について，経営者がその見積もりを投資家に伝える可能性をもたらしている．しかし，それは同時に，資産が過大計上される可能性も増やしている[4]．

例：金融商品の価値変動　多くの金融資産は，換金が容易な資本市場で取り引きされているので，比較的客観的な評価額を得ることができる．負債証券については，市場で取引がさほど盛んでなかったり，換金が容易ではなかったとしても，財務論の評価モデルから比較的信頼性ある推定価値を求めることができる．財務の理論では，金融市場において企業（もしくは個人）が，商品の価値について他者と同じ情報を共有しているものとみたうえで，基本的に市場の時価で金融商品を売買できると考えられている．そのため，コストをかけずに入手可能であり，客観的に検証することもできる公正価値は，財務諸表利用者にとって，取得原価よりも目的適合性が高いので，市場価格で資産の簿価を洗い替えるという議論には説得力がある．

　もちろん，金融商品の所有者が他企業を支配している場合，所有者が市場価格で取り引きすることは不可能であるように思われる．その金融商品を売却しようとすれば，親会社が売り時と判断していると他の投資家は解釈し，価格は下落するからである．このことは，そのような資産を市場価格で評価することがあまり適切でないことを示唆している．

　図4-2は，金融商品の価値変動に対して，会計では評価のあり方がどう決められているかを整理したものである．財務報告への影響が，主として所有者の意図に依存していることが示されている．

　米国の会計ルールは，支配を目的として所有されている金融商品について，公正価値で記録することを許さない．その代わり，その投資は持分法を適用

図 4-2 金融商品の評価

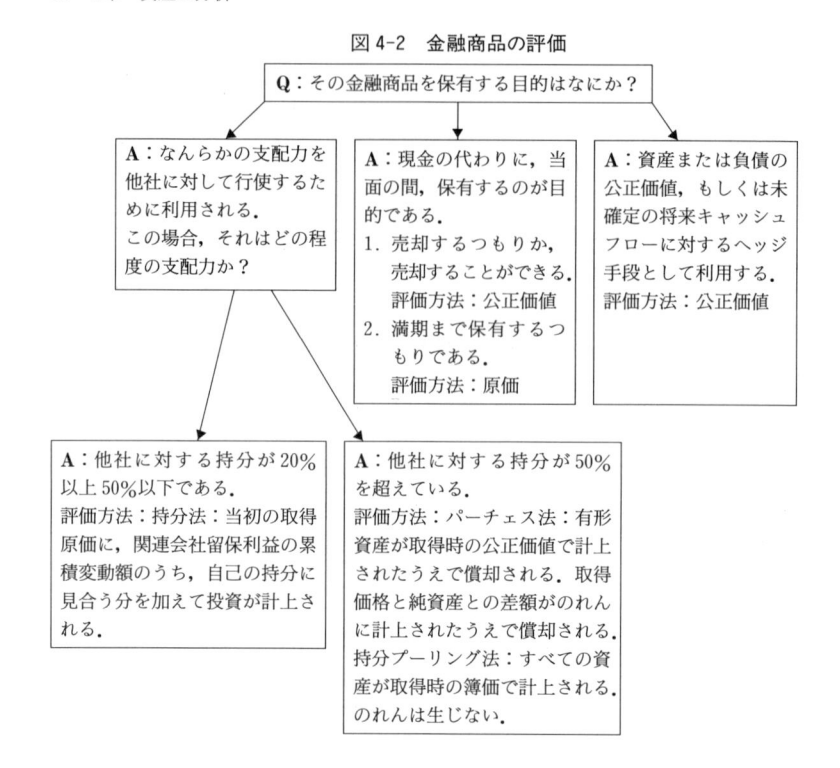

```
                Q：その金融商品を保有する目的はなにか？
       ┌───────────────┼───────────────┐
       ▼               ▼               ▼
┌──────────────┐ ┌──────────────┐ ┌──────────────┐
│A：なんらかの支配力を│ │A：現金の代わりに，当│ │A：資産または負債の│
│他社に対して行使するた│ │面の間，保有するのが目│ │公正価値，もしくは未│
│めに利用される．    │ │的である．          │ │確定の将来キャッシュ│
│この場合，それはどの程│ │1. 売却するつもりか，│ │フローに対するヘッジ│
│度の支配力か？     │ │   売却することができる．│ │手段として利用する．│
│              │ │   評価方法：公正価値│ │評価方法：公正価値 │
│              │ │2. 満期まで保有するつ│ │              │
│              │ │   もりである．      │ │              │
│              │ │   評価方法：原価    │ │              │
└──────────────┘ └──────────────┘ └──────────────┘
       │               │
       ▼               ▼
┌──────────────┐ ┌──────────────────┐
│A：他社に対する持分が20%│ │A：他社に対する持分が50%│
│以上50%以下である．  │ │を超えている．       │
│評価方法：持分法：当初の取得│ │評価方法：パーチェス法：有形│
│原価に，関連会社留保利益の累│ │資産が取得時の公正価値で計上│
│積変動額のうち，自己の持分に│ │されたうえで償却される．取得│
│見合う分を加えて投資が計上さ│ │価格と純資産との差額がのれん│
│れる．              │ │に計上されたうえで償却される．│
│                    │ │持分プーリング法：すべての資│
│                    │ │産が取得時の簿価で計上される．│
│                    │ │のれんは生じない．    │
└──────────────┘ └──────────────────┘
```

するか，連結の方法を用いることによって記録されることになる．持分法は，ある企業が他の企業の株式を20%から50%所有していて，当該他の企業（関連会社とよばれる）を完全ではないが部分的に支配していると認められるときに用いられる．その場合，取得原価プラス取得後に増加した関連会社留保利益の累計額のうち親会社の持分に見合う額で，その投資は評価されることになる．50%を超えて投資していれば，親会社が子会社を完全に支配していると考えられる．その場合，取得企業は子会社の資産を自身の資産と連結する．連結には2つの方法が用いられる．もし，現金取引で子会社を買収したのであれば，パーチェス法が使われる．そこでは，買収時に子会社の資産が親会社のバランスシートに公正価値で含められ，その後，償却されていく．買収価格と正味有形資産の公正価値との差額は，のれんとして計上され，40年を最長として，その有効耐用年数で償却される．もし，株式を対価に

して子会社を買収したのであれば，持分プーリング法によって，その買収は記録される．そこでは，子会社の資産が元からの簿価で親会社のバランスシートに含められる．のれんは認識されない．

金融商品の所有者が他社に対して支配力を行使しない場合には，会計の専門家は，公正な市場価値による金融商品の評価をより是とする．例えば，もし保有の目的が，他の金融商品に生じる公正価値の変化をヘッジすることであったり，予想される将来のキャッシュ・インフローもしくはアウトフローの変動をヘッジすることであれば，その金融商品は公正価値で計上される．もし企業が現金の貯蓄として金融商品を利用しており，売却するつもりか，売却してもかまわないと思って保有しているのであれば，それは公正価値で計上される．経営者が満期まで保有するつもりでいる金融商品に限り，取得原価で計上されることになる．

例：在外子会社の価値変化　多くの企業が海外に子会社を保有しており，その資産は為替レートの変動の影響下にある．この変動は，どのように認識されるのであろうか？　在外子会社の資産は，取得時の為替レートによって自国通貨に換算されるのであろうか？　あるいは，カレント・レートで換算されるのであろうか？

資産に対する為替の影響を記録する際，米国基準によれば，海外で新しい事業を開始する時点で，そこで被る為替リスクについて，経営者はひとつの決定をしなくてはならない．収益や費用，そして資金調達源泉が，本国の通貨ではなく，主として現地通貨をベースとしており，さらに親子会社間の取引もほとんどなければ，その在外子会社は為替レートの変動とはほぼ無関係だと考えることができる．このケースでは，子会社の資産や負債は，為替レートのボラティリティの大部分に対して，おのずからヘッジされていることになる．ただ純資産の価値だけが為替レートの影響を被っていると考えられる．そのため，そういった子会社の資産（および負債）はカレント・レートで換算するように，SFAS 52 号は要求している．純資産についてのみ，為替レート変動の影響が親会社に及ぶことになる．その影響は，為替換算調整勘定（translation adjustment）として株主持分に反映される[5]．

もし，子会社の収益もしくは費用が本国の通貨で発生していたり，親子会社間で取引がひんぱんに行われていたりすれば，連結企業が曝されている為替リスクは，より深刻なものと考えることができる．この場合，SFAS 52号は貨幣非貨幣法を用いて，子会社の資産と負債を評価することを要求している．この方法によれば，貨幣性の資産ならびに負債（現金，売掛金，買掛金や借入など）がカレント・レートで換算される一方で，非貨幣性の資産ならびに負債（在庫品，固定資産や無形資産など）は取得日レート（取引があった時点のレート）で評価されることになる[6]．

Key Analysis Questions

　上述の議論は，資産の種類，企業が営業している国，そして事業の進め方に応じて，資産価値の変動からの影響をどのように記録するかに経営者の判断が入り込むことを示している．こうした要素は，証券アナリストに以下の課題を与えることになる：

- 営業資産は減損しているように見受けられないか？　減損が生じているという証拠は，業績が一貫して不振であるとか，同じ産業の他企業で資産の切り下げがあったとかに見出せるかもしれない．もし，資産に減損が生じているようなのに，切り下げが行われないとしたら，減損を認識しないことを経営者はどのように正当化しているのであろうか？
- 経営者が営業資産に生じた減損を過大，もしくは過小計上しているために，将来の業績が見通しづらいと思われることはないか？　減損を一度に全部出したくないばかりに，その企業は毎期，減損を計上する羽目になってはいないか？　そういった問題点を是正するための実行可能なビジネス・モデルないし事業計画を経営者が持っていると見受けられるか？
- もし経営者が営業資産を，上方であれ下方であれ再評価しているのであれば，何に基づいて公正価値を推定しているのであろうか？　第三者の査定による評価なのか，それとも，経営者による見積もりなのか？
- 価値が増加した資産を経営者が再評価する理由は何か？
- 金融商品を保有しようとする経営者の動機は何か？　その動機は株主の

> 利益と合致しているのか？ 例えば，企業がリスクをヘッジしているのは，株主の得になるからか，それとも経営者の得になるからか？
> ・金融商品すべての市場価値はどれだけか？
> ・海外での事業から，企業はどのような為替リスクに曝されているのか？ 損益計算書もしくは貸借対照表の株主持分の部に，どのような為替差損益が計上されているか？ 経営者は為替リスクをヘッジしているか？ そのヘッジはどれほど有効なのか？

3 資産会計によく見られる誤解

資産の会計について述べた上記の議論から，会計の本質に対する一般的な誤解が明らかになる．

1. もし企業が資源のために金銭を支払えば，それはかならず資産になる．

この論理は，のれんを資産として表示することを正当化するためによく用いられる．これにより，なんらかの将来便益を期待していなければ，そのような出費を経営者はしなかっただろうという好意的な解釈の下に，買収に要した支出額全部を資産計上することが見過ごされることになる．

しかしながら，この論理は気負った経営者が間違いを冒す可能性や，株主の利益をもっとも尊重しているわけではない経営者がいる可能性を無視している．そうした事象としてよく例に出されるのがＭ＆Ａである．最近の研究によれば，一般的には，Ｍ＆Ａは取得会社の株主に価値をもたらしていない．こうした取引から計上されるのれんの価値は，資産というよりはむしろ，経営者が買収対象企業のために金を使い過ぎたか，合併の効果を高く見積もり過ぎていることを表しているだけなのかもしれない．実際，買収の計画が公表されると，取得会社の株価が下がることが多いのは，投資家が合併の効果に懐疑的であることを示している．しかしながら，会計専門家が，このような疑念をのれんの評価に反映させるのは，それに減損の証拠がある場合に限られる．

また，支出が資産を証拠付けるという理屈で，会計が首尾一貫しているわ

けではないことについても注意しておく必要があろう．例えば，研究開発への支出は，たとえ経営者が将来便益がもたらされることを同じように期待していても，資産とはみなされない．この明らかに矛盾している処理に対して，いくつかの根拠が考え出されてきた．その1つは，どんな研究活動にも失敗する危険が相当存在するということである．しかし，研究活動はむしろ成功する可能性も高い．少なくとも，研究活動と買収活動とで，どちらがよりリスキーかは明らかではない．異なる扱いをする2つめの根拠は，研究開発費の方が，のれんよりも検証が困難だということである．しかし，これとても明らかではない．結局，多くの買収において，そこからどのような便益がもたらされるかが正確には分からない以上，のれんに減損が生じているかどうかを検証するのも困難なのである．逆に，研究活動では，個々の成果について，支出が成功した製品を生み出したかどうかを検証することもできる．

2．形のないものは本当の資産ではない．

この考え方がよく用いられるのは，無形資産を早期に償却したり，バランスシートから除くことを正当化するときである．確かに，ある種の無形資産からもたらされる経済便益を推定するのが困難になりうるのは事実である．すでに触れたように，これはのれんについてとくにあてはまる．しかし，ある資産に形がないからといって，それが無価値だということにはならない．それどころか，多くの企業にとって，この種の資産にはもっとも高い価値がある．例えば，Merckにとって，もっとも価値の高い資産の1つは，新しい薬を作り出すことを可能にしている研究能力であり，もう1つは，その薬を医師に販売するための営業力である．それにもかかわらず，いずれもMerckのバランスシートには計上されていない．

　会計専門家が無形資産の評価を怠っているとしても，投資家にとって，それらの重要性は減らない．もし，財務諸表に載っていないのであれば，投資家はそれらの資産についての情報源を他に求めなくてはならない．

3．買った資源は資産だが，作り出した資源は資産ではない．

この考え方は，研究開発やブランドのような無形資産について，買い入れた

場合には計上するが，自家創設した場合には，その原価を資産に計上しないことを正当化するためにしばしば用いられる．そのような区別をするのは，完了した研究開発や確立されたブランドのように，完成された無形資産が開発途中にある無形資産よりも評価しやすい状態にあるという理屈があるためと思われる．これが本当だとしても，同じタイプの無形資産を所有する2つの企業について，まったく異なる会計方法で経営活動が記録されることが許されてしまう．無形資産を自家創設した企業では，その価値が表示されないのに対して，無形資産を買い入れた方は，それがバランスシートに反映されるのである．

　買い入れた資産と自家創設した資産とを区別することについて，投資家が本当に気に掛けるのは，その2つの資産で，期待される将来便益の確実さに違いがあるのかということである．もし，違いがないのであれば，投資家は両者をいずれも価値ある資産とみて，それがどう評価されているか，どのように管理されているか，当期中に減損が生じてはいないかに関心を持つはずである．結局，会計専門家が自家創設された資産は認識しないことを選択すれば，それらの資産について他の情報源を投資家が捜す羽目になるのである．

　4．市場価値は売るつもりの資産についてのみ目的適合性がある．

所有者が売るつもりの資産についてのみ，公正価値に目的適合性があると考えることは，会計専門家の間では常識となってきた．すでに述べたように，例えば米国の基準では，現金を蓄えるために保有されている市場性ある有価証券は，保有者がそれを売ろうと考えているか，売ってもかまわないと考えている場合に限り，公正価値で評価することが要求される．もし，満期まで保有する意思が経営者にあれば，その金融商品は取得原価で評価されることになっている．

　この理屈は，資産を売らずに持っていれば，それだけで経済的な損失の発生を避けることができると考えられていることを意味している．経済の専門家にしてみれば，このような考え方は馬鹿げたものであろう．もし，あなたがMicrosoftの株式を持っているとして，その公正価値が上昇すれば，それによって，あなた自身の取り分も増加する．あなたにMicrosoftの株式

を売る意思があろうがなかろうが，この点に変わりはない．株式の公正価値には，売ったら得られるであろう資金に対する，市場による最善の推定値が反映されている．売る，もしくは売らないというあなたの計画は，（少なくとも*）この評価額には無関係なのである．他方，営業資産については，これはあてはまらないことに注意しよう．工場設備の公正価値は使用価値を下回ることもあろう．むしろ，高い使用価値をもつ資産こそ，企業が維持したがるタイプの資産である．したがって，たとえ分離可能な営業資産であっても，その公正価値には企業にとっての価値が完全には反映されているとは限らないのである．

(*訳者注) カッコ内は，原著者の指示により補った．有価証券の価値は保有者の意図と無関係だが，それと利益の測定を直結させるわけにはいかないという趣旨である．なお，連結や持分法で処理される子会社や関連会社の株式は，価値の評価でもこの原則に反している．

4 要約

資産の記録方法を決めているのは，主として取得原価主義と保守主義である．取得原価主義のもとでは，企業が所有している資源のうち，それなりの確率で将来便益をもたらすと見られるものが原価で評価される．しかし，もし資産の原価が公正価値を上回っている場合は，その資源を保守主義の原則により公正価値にまで切り下げることが求められる．米国では，取得原価主義と保守主義によって資産を評価することが強く支持されてきた．しかし，企業が市場性ある有価証券を公正価値で再評価することが認められたように，米国でさえ，この20年間で，この原則へのこだわりは減ってきている．米国の外では，無形資産など，それ以外の資産についても再評価を企業に許している国もある．

取得原価主義と保守主義の原則の適用は，以下のようなケースで難題を引き起こす．

1. リース取引や従業員教育への支出のように，資源が企業の所有に属し

ているのかが不明確な場合．
2. のれんや研究開発費，ブランド，繰延税金資産のように，資源からもたらされる将来便益の不確実性がとても高い，あるいは，測定するのが困難である場合．
3. 営業資産の減損，金融商品の公正価値の変化，在外子会社に適用する為替レートの変動のように，資源の価値が変化している場合．

企業の資源からもたらされる将来便益に関わる所有のリスクと不確実性について，経営者は最良の情報を持っていると思われる．そのため，資産として認められる支出とそうでない支出を決定したり，資産に減損が生じているかどうかを判断することは，主として経営者に課せられる責任となる．もちろん，株主の投資を預かる経営者には経営成績を良く報告したいという動機があることや，重要な経済的資産のいくつかが，会計では記録対象から除かれていることを考えれば，企業の資源がどのように利用されているかを，アナリストが自分で判断することになる場面も多い．

練習問題

1. ある航空会社が航空機を20年間リースする契約を結んだ．毎年のリース料は4.7百万ドルで年の初めに支払われる．この取引が，(a)キャピタル・リースとして記録された場合と，(b)オペレーティング・リースとして記録された場合とで，財務諸表にはどのような違いが生じるであろうか？ もしあなたが企業の経営者ならば，どちらの方法を使うかを決めるために，どのようなことを予測しなくてはならないか？ リース取引を記録するのに，あなたならどちらの方法を好むだろうか？ それはなぜか？ 他方，もしあなたが証券アナリストならば，この企業のCFOに対して，どのような質問をするだろうか？
2. 米国教育開発協会（the American Society of Training and Development）は最近，従業員教育の費用を資産としてバランスシートに計上することを企業に認めるべきだと主張している．あなたが企業の経営者

ならば，この提案に対してどう答えるか？ あなたが考える利点と問題点はなにか？

3. 1991年，米国最大の長距離電話会社であるAT＆Tは，コンピュータ・メーカーのNCRを買収するために75億ドルを支払った．買収前，NCRの資産は簿価45億ドルであり，負債は15億ドルであった．NCRの資産について，簿価と公正価値との間には著しい違いがなかったと仮定して，(a)持分プーリング法を用いた場合，(b)パーチェス法を用いた場合，この買収がAT＆Tのバランスシートにどう影響するかを示せ．

4. AT＆Tの経営者は，NCRの買収を持分プーリング法で記録することを強く望んでいた．実際，持分プーリング法の適用が買収の条件とされていたほどである．この取引の会計処理をAT＆Tの経営者がこれほど気にしていたのはなぜだと思うか？ あなたが証券アナリストであったら，この企業のCFOに対してどのような質問をしたであろうか？

5. ブランドの価値を評価するのに，あなたはどのような方法を使うか？ その方法の根底にある前提はなにか？ あなたが証券アナリストであったら，1997年にCadbury Schweppesが計上した1,575百万ポンドものブランド価値に，そのブランドからもたらされる将来の便益が合理的に反映されているかをどうやって判断しただろうか？ この企業のブランド資産について，CFOにどのような質問をしたであろうか？

6. ある企業は不良債権からの損失について，財務報告上は発生主義で認識し，課税計算上は現金主義で認識した．この企業の1999年度年次報告書によれば，「貸倒引当金（Allowance for Uncollectibles）」（受取勘定に対する評価勘定）の期首残高は1,200百万ドル，期末残高は1,650百万ドルであり，当年度中に貸倒れた顧客に対する債権は550百万ドルであった．この企業の税率は40％である．そこで，財務報告と課税計算との間にある一時差異から生じる繰延税金資産はいくらになるか？ もし，その税金資産の30％が実現しないと考えられるのなら，どのように会計処理することになるだろうか？ あなたが証券アナリストであるなら，この企業の繰延税金資産について，CFOにどのような質問をするか？

7. あなたが企業の CFO であるなら，あなたの会社の長期性資産に減損が生じているかどうかを判断するために，どのような指標に注目するか？ 経営者なら，あるいは独立の鑑定会社なら，どれかの資産に生じた減損の金額を見積もるのに，どのような方法を利用することが可能であろうか？ 他方，あなたが証券アナリストであるなら，ある企業の固定資産に減損が生じているかどうかを判断するために，どのような指標に注目するか？ 資産の減損に関わる損失計上について，CFO にどのような質問をするか？
8. 資産や負債の公正価値の変動をヘッジするためにデザインされた金融商品の例を2つ挙げよ．資産や負債の公正価値の変動をヘッジすることが薦められるのは，どのようなケースか？ 将来キャッシュフローの不確実性をヘッジするためにデザインされた金融商品の例を2つ挙げよ．支払いのためのキャッシュフローやキャッシュ・インフローに関わる不確実性をヘッジすることが薦められるのは，どのようなケースか？

注
1) Lisa M. Lynch, "A Needs Analysis of Training Data," in *Labor Statistics Measurement Issues : Studies in Income and Wealth*, Volume 60 (Chicago : Univesity of Chicago Press, 1998) を見よ．
2) G. Miller and D. Skinner, "Determinants of the Valuation Allowance for Deferred Tax Assets Under SFAS No. 109," *The Accounting Review* 73, No. 2, 1998 を見よ．
3) このように報告された業績は悪かったにもかかわらず，公開されてから22ヵ月間で，この会社の株価は1.70ドルから170ドルを超えるまでに上昇し，投資家がこの会社に対して，長期的にはかなり楽観的な見通しを持っていることが示された．
4) P. Easton, P. Eddy and T. Harris, "An Investigation of Revaluations of Tangible Long-Lived Assets," *Journal of Accounting Research* 31, 1993 では，オーストラリア企業による資産再評価について調べられている．そこでは，再評価は収益率との間に，時間差のある弱い相関を持っており，投資家が再評価は有用ではあるが，それほどタイムリーな情報開示ではないと考えていること

が示唆されている.

5) したがって, 株主持分は取得日レート（出資時のレート）で換算され, 差額調整から生じる利得ないし損失はすべて為替換算調整勘定として計上される. すべての収益及び費用は, その年度の加重平均レートで換算される. 損益計算書には為替差損益は計上されない.

6) 貨幣非貨幣法のもとでは, 株主持分はやはり取得日レート（出資時のレート）で換算される. 当期に発生した収益及び費用は, 年度の加重平均レートで換算されるが, 減価償却費は取得日レートで換算される. そして, 為替差損益はすべて利益計算に含められる.

5
負債および持分の分析

　企業の資産に対する請求権は大きく分けて2種類ある．負債と持分である．両者の重要な違いは，ペイオフが契約によって，どの程度，特定されているかにある．負債については企業の支払い義務が比較的明確に定められているのに対して，持分の請求権は特定が困難であることが多い．

　負債と持分との間の経済的な違いは，会計上の定義に反映されている．負債は，過去に受け取った便益から生じ，合理的な確実性をもって，支払いの金額と時期が分かる経済的な債務と定義されている．負債には，製品またはサービスの対価を先払いした顧客への債務，公募債ないし私募債に資金を提供した者への支払義務，連邦および州政府に対する租税債務，未払いの給料，年金その他の退職給付，さらに裁判所や政府からの罰金，環境浄化命令から生じた債務などがある．

　会計上，株主持分は資産と負債との差額に対する請求権として定義される．つまり，それは残余の請求権と考えられる．株主資本は，普通株式および優先株式の発行額，再投資された利益，それに利益から除かれた持分項目から構成されている．

　企業の負債と株主持分の性質を分析して，債権や株式への投資者が直面する財務リスクを評価することは，財務諸表の利用者にとって重要である．企業が将来，どの程度のコミットメントを負うかについては，経営者が最良の情報を持っていると考えられる．しかし彼らには，同時にこれらのコミットメントや企業の財務リスクを過小評価しようとする動機がある．負債分析には，企業が負っている債務の範囲，性質それに測定可能性を判断することが含まれる．他方，株主持分の価額は，第10章，第11章，第12章で議論する評価モデルの基礎データとなる．したがって，株主持分の価額が，企業資産に対する株主の請求権について，信頼性ある推定値であることが重要である．もっとも，株主持分は残余として定義されるので，資産，負債，収益お

よび費用の分析を通じて間接的に分析されることになる。そのほか、株主持分について考えなくてはならない問題は、持分項目の分類と複合証券である。

この章では、負債や株主持分を計上する際の基本原則について議論する。さらに、この種の請求権の報告における新たな課題や、それぞれの分析が役に立つ場面を示すことにしよう。

1 負債の定義と財務報告上の問題点

発生主義会計の下では、負債が生じる場合は3通りある。まず、企業が顧客から現金を受け取ったにもかかわらず、まだ収益の認識に必要な契約上の債務を履行していないときに生じることがある（第6章をみよ）。このタイプの負債は繰延収益もしくは未稼得収益と名付けられている。次に、企業がその営業循環のなかで、ないしは当期中に、財もしくはサービスを消費しながら、これら投入物の供給者に支払いを済ませていないときに生じうる。これらは買掛金や未払金と呼ばれる。最後に、企業が銀行や金融機関、一般投資家から借入資金を調達したときに負債は生じる。このタイプの財務契約においては、一定の期日内に、利息を含めて返済する義務を負う固定額の資金を、企業は借り入れることになる。

図5-1に示されているように、発生主義会計のもとでは、これら3つのタ

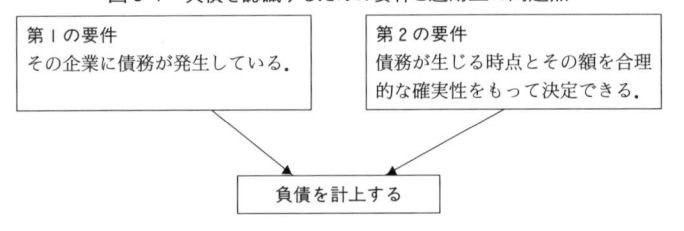

図5-1 負債を認識するための要件と適用上の問題点

第1の要件	第2の要件
その企業に債務が発生している。	債務が生じる時点とその額を合理的な確実性をもって決定できる。

負債を計上する

問題となる取引
1. 企業に債務が生じているのかが明確でない。
2. 将来の債務が発生する時点と発生する金額を決定するのが困難である。
3. 負債の価値に変化が生じている。

イプの負債は，金額や時期が合理的な確実性をもって測定できるような債務を企業が他者に対して負った時点で，財務諸表に反映される．債務が本当に生じているのか，あるいは債務の額が測定できるのかが曖昧であったり，負債の価値が変化していたりすると，負債の測定に関して難問が生じる．

課題１：発生している債務なのか？

　大部分の負債については，企業が債務を負っているかどうかに，ほとんど曖昧さはない．例えば，企業が掛けで供給品を購入すれば，供給者に対して債務を負うことになる．しかし，そのような債務が存在するのかどうかを判断するのがより難しい取引も存在する．企業が受取手形を銀行で割り引いて現金化しても，その手形が不渡りになった場合には，銀行が企業に対して請求権をもつような状況を考えてみよう．これは実質的に企業が銀行に受取債権を売却したことになるのであろうか，それとも，銀行から借り入れるために，受取債権を担保に入れたというのが本当なのであろうか？　もし，企業が事業をリストラするために従業員をレイオフするという計画を公表したら，負債の計上を正当化するような義務を負ったことになるのであろうか？　同様に，市場開拓のためにマイレージ・サービスを実施している航空会社は，顧客に将来のフライトを提供しなくてはならないという債務を負っているのであろうか？　最後に，訴訟を起こされた企業は債務を負っていることになるのであろうか？　以下では，この種の取引をいくつか取り上げ，財務報告上，問題となる点について議論していこう．ここでの議論は，それらの取引が企業にとって将来のコミットメントを創り出すかどうかに注目しているが，同時に，なんらかのコミットメントが生じるとして，その大きさを測定できるのかが問題になることも多い．

例：リストラ引当金　1994年10月12日，オーストラリアの香辛料メーカーBurns, Philip & Co. との競争が激しくなるのに対応して，McCormick & Co. は8,600の人員の7%をレイオフ，2つの香辛料工場の閉鎖，および赤字の続くオニオン・リングの事業を売却することを発表した．この発表は，McCormickの財務諸表にどのように記録されるべきであろうか？　McCormickは事業をリストラするために経営資源を費やすことを実際に約束したことになるのであろうか？　もしそうなら，これらの活動にかかる費用の推定額はいくらであったのか？　あるいは，McCormickは自社をリストラするという計画を公表したにすぎないのであろうか？　計画それ自体は，かならずしもMcCormickの側に債務を生じさせるものではない．ちょうど次年度の資本支出見通しの発表が変更されることがあるように，それは修正されたり，破棄されたりすることもありうる．

　リストラの発表が企業にとっての経済的な負債を生じさせるのかどうかは，簡単には答えられない問題である．それは，計画を公表したときの経営者の意図に依存する．効果的なリストラは，たんにコミットメントを生じさせるだけでなく，今後の業績を改善させるという意味での便益をもたらすことにも気をつける必要がある．これらの効果は企業の財務諸表にどのように反映されるのであろうか？

　リストラ費用に関する現行の会計ルールは，SECが定めているほか，いくつかの会計基準（APB 30号やSFAS 5号）でも規定されている．これらのルールは，経営者が正式なリストラ計画を立てた時点で負債を計上することを企業に要求している．製品ラインを破棄するコスト，工場や労働者の移転に伴うコスト，新しいシステムのコスト，再教育のコストそれに解雇手当などの予想額が負債となる．しかし，たんに従業員の解雇を公表しただけで，具体的にどの従業員が対象となるのかが通告されないのであれば，負債の発生を認めるに足る根拠にはならないとSECは主張している．さらに，会計ルールがリストラをする企業に，その活動からもたらされる将来便益の認識を一切許していないということも注目に値する．

　これらのルールは，リストラ費用をどのように計上するかについて，経営者に大幅な判断の余地を与えている．実際，第7章で触れるように，資産をどんどん切り下げることによって，リストラ費用を過大計上する'taking a bath'と呼ばれる経営者の行動をSECは憂慮してきた．これによって，リストラそのものの効果と，減価償却費の減少もしくはリストラ引当金の取り崩しとが相まって，将来の業績が高められるのである．

　将来の利益を操作するために資産の切り下げを利用するものとして，

McCormickのリストラに関心を抱くアナリストもいた．1994年度の第4四半期決算では，リストラ費用に関わって，McCormickは70.5百万ドルもの負債を計上した．しかし，1995年2月には，その費用のうち3.9百万ドルを取り消して，1995年度の第1四半期の利益に加えた．それがなければ利益が減少するところが，結果として5.7％だけ四半期利益を増加させたのである．利益を公表したときにリストラ引当金について説明を怠り，SECに対するその後の報告書でしかこの事実を開示しなかったことで，McCormickはアナリストから非難されることになった．

　McCormickにおけるリストラ活動についての，その後の開示状況は，リストラの発表が負債を生じさせるコミットメントになるのか，それから将来の年度にダメージが及ばないよう慎重を期してリストラ負債を過大に見積もってはいないか，判断することの難しさをさらに示している．1996年にMcCormickは2度目のリストラを発表した．リストラ費用の大部分（58.1百万ドル）は即時にリストラ負債として認識された．しかし，閉鎖される米国内の包装施設から設備や人員を移動させるためのコストのなかには，見越計上できない分があるとMcCormickは断っている．これらの費用（1.9百万ドル）は最終的に，1998年度の第4四半期に認識されることになった．1997年度の第3四半期には，リストラ計画の見直しに伴い，McCormickはリストラ引当金を9.5百万ドル取り崩した．その理由は，海外の食品仲介および流通事業を売却する計画が完了しなかったからである．1996年に発表されたリストラは，1998年の第4四半期に決着がつき，そこでリストラ引当金がさらに3.1百万ドルも取り崩されたのである．

例：マイレージ・サービスからの債務　多くの航空会社は乗客のためにマイレージ・サービスを用意している．この制度は，乗客が同じ航空会社を利用するたびにボーナス・マイルを与えることで，顧客に反復利用してもらおうと設けられたものである．ボーナス・マイルを多く貯めた乗客は，それを航空券やホテルの宿泊券，レンタカーの利用券に引き換えることができる．1980年代の初期に登場して以来，航空会社のマイレージ・サービスは次第に広まり，クレジット会社や電話会社にボーナス・マイルを売って，加入者の獲得

に利用させる航空会社も現れるようになった．

　ここで会計上の論点となるのは，マイレージ・サービスによって将来のフライトを約束することが航空会社に負債を生じさせるのかどうかである．マイレージ・サービスは，そのようなコミットメントをもたらすものではないと考えられる根拠がいくつかある．1つは，フライトの約束を果たしたくなければ，マイレージ・サービスを修正する，あるいは廃止すらできる決定権が航空会社にはある．例えば，1987年に United Airlines（UAL）は，乗客が無料航空券を手に入れにくくなるようにしたが，その理由の少なくとも一部は，マイレージ・サービスがもたらす潜在的な負債を次第に懸念するようになったからである．変更の内容は，特定の月に，あるいは特定の路線を利用した乗客に提供するボーナス・マイルを2倍もしくは3倍にする特典を減らすというものであった．また，マイレージ・サービスでもっとも人気のあるハワイ行きや，アジアおよび南太平洋行きの無料航空券を獲得するのに必要なボーナス・マイルを高くしてしまった．さらに，この会社はボーナス・マイルを発効日から3年で無効にすると発表したのであった．

　航空会社は無料航空券を入手した乗客に割り当てられる座席数を制限することによって，マイレージ・サービスがもたらすコミットメントをコントロールすることもできる．10年前のたった163億マイルと比較して，1997年に発行されたボーナス・マイルは合計で3兆マイルである．それにもかかわらず，無料航空券の数が同じ率で伸びてきたわけではない．業界紙 *Inside Flyer* の Randy Petersen の推測によれば，大部分の航空会社は，特定の路線について座席数のたった7％しか無料航空券の乗客に開放していない．

　債務は発生しているのかという問題に加えて，マイレージ・サービスは債務の額がいくらになるかという問題も引き起こす．例えば，無料航空券の原価はいくらになるのであろうか？　通常の空席率や乗客が増えるごとの追加費用を想定すれば，無料航空券に関わる機会費用や持ち出しの費用はごく少なくて済むかもしれない．

　もちろん，必要となるマイルを変更して，無料航空券を獲得しにくくすることは高くつく可能性がある，というのも UAL は制度を変更したために訴えられた．さらに，航空会社がボーナス・マイルを外部に販売していること

から，マイレージ・サービスの特典を今後，大幅に制限することはますますありそうもない．マイレージ・サービスの経済的実態に関する，こうした相反する見解により，マイレージ・サービスが航空会社に課すコミットメントの性格については，意見にかなりの差がある．

現行の会計ルールには，このコミットメントの程度に関する不確実性が反映されている．そこには，債務をどのように計上するかについて明確な指針がなく，潜在的に判断の余地を経営者に与えている．1999年度の年次報告書で，United Airlines は約6.1百万件のボーナスがまだ使用されていないと記している．過去のデータに基づいて，このうち4.6百万件が最終的に航空券に引き換えられると会社は推定している．残りの分は引き換えられずに終わるか，航空券以外の特典もしくは提携他社の航空券に引き換えられるものと予想している．この会社は引き換えに備えて，195百万ドルの負債を計上している．そこでは「空席のままであれば不要であったはずの，燃料，食事，人員ならびに発券のコストといった，サービス提供に関わる追加的な費用」が考慮されている(UAL の1999年度 Form 10-K から)．

例：訴訟　1988年11月，Public Citizen's Health Research Group は米国食品医薬品局に，シリコン・ゲル注入剤（silicone gel implants）を禁止することを求めた．というのも，大手メーカーである Dow Corning 社による新しい研究で，このゲルが実験用のラットに一種のガンを引き起こすことが分かったためである．しかし，この分野の他の多くの専門家は，ラットにみつかった種類のガンが，注入剤を受けた女性から発見されたことは一度もないとして，シリコン・ゲル注入剤の危険性について疑義を呈した．Dow Corning もまた，この体内注入剤を市場から排除すべきではないと主張した．ところが，この会社は後に調査結果に関して，訴訟の嵐に直面することになる．

こうした法的訴訟は Dow Corning の財務諸表にどのように反映されるべきであろうか？　訴訟を争うために必要になるかもしれない費用は負債として認識されるべきであろうか？　和解のために必要になるかもしれない費用についても，負債を計上すべきであろうか？　もしそうだとしたら，その負

債は割り引いた後の額で計上すべきか，それとも割り引く前の額で計上すべきなのか？　あるいは，そもそも負債を計上するための基準は存在するのだろうか？　負債について，なんらかの見積もりを出すことは，有罪であることを認めるものとみなされ，それゆえ訴訟が不利になると，Dow Corningが主張することはたしかに可能である．しかし，財務諸表の利用者の視点からは，企業の法的情勢をめぐる不確実性は，この企業の価値を評価するうえで最重要の要素である．それは，経営者の業績を判断するためにも重要になりうる．

　こうしたタイプの偶発債務に関する会計ルールは，米国ではSFAS 5号に規定されている．この会計基準によれば，負債が発生する可能性があり，その額を合理的に推定することができる場合に，企業は損失を計上することが求められる．推定される金額に幅がある場合には，その範囲内にある最良の推定値で負債を計上しなくてはならないと，この会計基準は主張する．もし，最良の推定値が得られない場合には，最小推定額の計上を求めている．偶発債務の計上がもっとも難しい問題となるのは，訴訟のケースであることをFASBは認識している．そのようなケースは，ほとんどの場合，注記に含められるだけとなっていた．

　1988年から1993年の間，Dow Corningは，訴訟の結果として被る貨幣的な損害が多額になるかもしれないと認識していながら，負債を計上しなかった．1993年9月，30年間にわたり合計47.5億ドルの和解金を支払うことで，原告の代表及び他の被告との間で合意を得たとこの会社は公表した．その結果，1994年1月，640百万ドル（税引前）が1993年度の第4四半期の損失に計上された．さらに，1995年1月には，税引前で221百万ドルの損失が1994年の第4四半期に計上されることが公表された．これらの損失は，上記の合意のもとで発生しうる負債についてDow Corningによる最良の推定額を含んでおり，現在価値ベースで算定されたものである．1995年の第2四半期に，この会社はありうべき損失についての会計方針を，現在価値に割り引く方法から割り引かない方法へと変更した．1995年の5月15日，Dow Corningは米国破産法第11章による保護を自主申請した．

　訴訟のデリケートな性格を考えれば，経営者にはありうべき損失を過小に

見積もろうとする強い動機がある．たしかに，これは株主にとっても，もっとも利益になるように見受けられる．しかし，Dow Corningやタバコ会社のような重要な訴訟事件をみると，こうした経営者の意図は，多くを企業からの情報に頼れないまま，訴訟に関する実際のリスクやコストを投資家が分析しなければならないことにつながる．それは投機的な売買を招きかねないものである．

課題2：測定できる債務なのか？

多くの負債は，債務の金額と時期が厳密に定められている．例えば，20年満期，利子率8％で半年ごとの利札が付いている100百万ドルの債券は，保有者に対して発行者が20年のうちに100百万ドルと，償還されるまでの期間中，6ヵ月ごとに4百万ドルの利息を支払うことを定めている．

しかし，債務の金額を見積もるのが難しい負債もある．リストラ費用の引き当てやマイレージ・サービスについて，これが問題になりうることは，すでにみたとおりである．他の例としては，環境に関わる負債，年金・退職給付の負債，保険会社の損失準備金，それに製品保証などがある．以下，これらの例について議論していこう．

例：環境に関する負債 1980年，危険物処分場跡地を浄化するため，「スーパーファンド法」(Comprehensive Environmental Response, Compensation and Liability Act: CERCLA) が米国議会を通過した．この法律により，米国内のもっとも劣悪な危険物廃棄場（Superfund sitesと呼ばれる）に危険物を不法投棄した責任を持つ者に対して，連邦政府は浄化のための費用を負わせる権限を持つことになった．さらに，Superfund sitesにおいて損傷を受け，もしくは失われた自然を修復する費用も汚染者が負わなくてはならなくなった．1996年12月23日までに，Superfund sitesの指定地，もしくは指定候補地として1,259ヵ所が選定されている．既存の廃棄場における浄化費用は340億ドルから750億ドルと推定されている[1]．

Superfund sitesの浄化費用を推定する際に2つの難問がある．1つは，誰が破壊と浄化の責任を持つのかが不明確なことである．毒性の低い廃棄物

をほんの少しだけ投棄した者も含めて，ある廃棄場に関係している全員が浄化費用について責任を持つことになっている．その結果，関係者間で費用をどう分担するかについて，長引く交渉と法的な争いが起こる．このような争いに巻き込まれた企業は，Superfund sites を浄化する費用のうち，自分が負担する分の見積もり額を出したがらない．なぜなら，そんなことをすれば，交渉や法的な負債額に影響が生じるからである．2つめの問題は，実際の浄化費用がいくらになるか，なかなか分からないということである．なぜなら，廃棄場を詳細に調査するまでは，環境へのダメージがどの程度で，浄化の費用がいくらになるかを評価するのが難しいからである．浄化費用と汚染場所の特徴との関係を予測しようとするモデルにさほど高い説明力はないという研究結果は，この危惧が当たっていることを示している[2]．

　浄化費用の見積もりが困難である結果，廃棄物の浄化に責任を持つ企業が負債を計上すべき時期が不明確になる．それは，関係者が危険廃棄物についての責任を疑われた段階で計上すべきなのか？　それとも，特定の廃棄場を浄化する責任がある企業として名前を挙げられた段階で計上すべきなのか？　それとも，浄化費用を見積もるための調査が実施された段階なのか？　あるいは，浄化費用について他の負担者と合意が得られた段階がよいのであろうか？

　浄化の法的負担がいくらになるか，Hanson Plc 社のケースをみれば，その評価が難しいと分かる．この会社は英国の建築資材企業で，Hanson コングロマリットが解体されてできた．1991年 Hanson は米国の家屋建築会社である Beazer を買収した．Hanson に買収される前，Beazer は所有していた Koppers という化学会社を売却していた．この化学会社が，米国内の119ヵ所に危険な化学物質を漏らしていたとして，環境保護局（EPA）の追及を受けていたのである．米国の法律により，Hanson は Koppers が汚染した場所の環境浄化費用をいくらか負担する義務があると判断された．その浄化費用は当初20億ドル超と考えられていた．しかし，Hanson は EPA が要求する浄化処理方法の対費用効果ならびに契約していた保険会社と分担すべき費用の割合に疑義を呈した．1996年度の年次報告書では，Hanson は浄化費用のために938百万ポンドを負債として引き当てたと記している．し

かし，1997年には，この企業は第三者による鑑定にもとづき，見積もり浄化費用を430.3百万ポンドほど削ることができると報告した．それに従い，負債は減額され，損益計算書に特別利益が計上されることになった．1998年，Hansonは168百万ポンドの追加費用を支払うことに同意し，保険会社2社も争いを収束させるために，488百万ポンドを上限として残りの費用を負うことを保証した．この合意の後，見積もり負債67百万ポンド分はもはや必要でなくなったため，特別利益に計上された．

浄化費用の測定という難題を前に，浄化費用の額がほぼ確実になり，企業の負担が決まるまで，環境費用のために負債を計上する時期を繰り延べることを会計ルールは企業に認めている．SFAS 5号とSOP (Statement of Position) 96-1号は，以下の条件を満たした時点で債務を計上することを要求している．

1. 企業が潜在的な負担者として特定されている．
2. 企業が環境修復のフィージビリティ・スタディ (remedial feasibility study) に参加している．
3. 環境修復のフィージビリティ・スタディが完了している．
4. 浄化方法ならびに浄化費用の見積もりに関する決定がなされている．
5. 企業が汚染場所を浄化するように命じられている．

環境浄化に関する負債については，関係する企業によって，財務諸表への開示にかなりの質的な差があるということが，研究結果から示されている．企業の開示に影響を与えている要因としては，規制による強制，分担の不確実性に関する経営者の情報，訴訟や交渉の懸念，および資本市場からの関心などがある[3]．

例：年金その他の退職給付に関わる負債　多くの企業は，一定の給付プランのもとで，従業員に対して，将来のある時点で予め定められた年金や退職金を給付する義務を負っている．これらの給付義務を計上するときの難問は，提供される給付の測定が困難なことから生じる．例えば，1996年9月，米国の自動車メーカー Big Three と自動車労働組合連合（United Auto

Workers union）との間で達した合意について考えてみよう．この合意によって，以下のように時間給労働者に新たな給付が与えられることになった．

a. 勤続年数あたりの年金の月間基本給付額が，新しい退職者で4.55ドル，現在の退職者で1.15ドルだけ引き上げられた．新しい退職者とは，1996年9月以降に退職する者であり，これより前に退職している者が現在の退職者である．

b. 新しい退職者のうち，62歳未満で，勤務年数が30年以上ある者に対して，1997年には月間80ドル，1998年には月間160ドル，それ以降は月間265ドルだけ，追加の年金が給付される．現在の退職者のうち，勤務年数30年以上で，62歳未満で退職した者は，月間80ドルの追加年金を受け取る．

c. 現在の退職者は生活費の一括支払いを2度，1997年と1998年に受け取る．この支払額は退職者の勤務期間と当該年度のインフレ率によって決まる．

d. 退職従業員（新しい退職者および現在の退職者）は，退職者教育訓練補助制度（the Retiree Tuition Assistance Plan）を通じて，認定コースの授業料を年間1,000ドルまで補助される資格を得る．

GM，Fordそれに Chrysler がこの年金制度によって負うことになった，経済的な債務はいくらであろうか？現在ならびに過去の従業員に対する年金給付の時期と予想額を推定するためには，現在の従業員が今後も働き続ける年数と退職する年令ばかりでなく，現在ならびに過去の従業員の将来設計についても，企業は予測しなくてはならない．これら将来の給付義務の現在価値から年金の制度資産を差し引いた額が，年金制度のもとでの経済的債務を表している．この債務は，勤務した年数に伴う年金額の増加や負債利子の発生を反映して，時の経過につれて増えていく．過去の勤務に対して従業員に支払われる給付を，企業が遡及的に変更した場合にも債務の額は変化する．それに，企業が債務の支払い準備に資金を拠出したり，制度資産の価値が増加したり，退職した従業員に給付を支払ったりするつど，年金債務は減少する．

従業員の労働年数や退職時期について，年金数理上の仮定を設けることの難しさを考えた場合，この債務は会計でどのように処理されるのであろうか？ SFAS 87 号に述べられている現行ルールでは，上記の要因の大部分が認識されるものの，年金制度の過去遡及的な変更（過去勤務費用と呼ばれる）や年金資産に生じた価値変動による債務額の変化については，即時認識する代わりに遅延認識する（つまり期間を分けて償却する）ことを企業に求めている．その結果，年金負債は過小計上される傾向がある．しかし，現行ルールは，予測給付債務と呼ばれる負債全体，そして制度資産の公正価値を注記で開示することも企業に要求している[4]．例えば，1996 年度の年次報告書で，Ford は，予測給付債務を米国向け制度について 282 億ドル，そして制度資産の公正価値を 309 億ドルと報告している．GM では対照的に，予測給付債務が 445 億ドル，そして制度資産の公正価値は 402 億ドルと報告されている．つまり，Ford は年金制度に余剰資産を抱えているのに対して，GM では企業が最終的に負担しなければならない額に資産が足りていないことが分かる．

保険数理上の仮定や割引率の仮定，それから過去勤務費用や制度資産に生じた利得や損失を償却する期間には幅がある．これらすべてが，年金およびその他の退職後給付に関わる負債の計上について，裁量を行使する機会を経営者に与えている[5]．そればかりでなく，この負債に関する会計ルールでは，年金制度の変更による債務の変動や公正価値の変動による影響の全体像をつねに捉えられるものではない．これらの要因はともに，分析を必要とする状況を投資家にもたらすのである．

例：保険損失準備金　一般に保険会社は，その年度に関わる支払請求の額とタイミングが完全に決まる前に収益を認識する．その結果，保険会社の経営者は，まだ届け出のない支払い請求と届け出済みの支払い請求のうち金額が確定していない分について，予想される費用を見積もらなくてはならない．経営者がその金額を見積もるときには，届け出のあった支払請求に関するデータとその決着に要するコストの見積もり，ならびに届け出がまだない損失を見積もってきた過去のデータと経験に頼ることになる．例えば，1995 年

の決算書で，Travelers Property Casualty 社は，損失準備金を総額で 139 億ドルと見積もっている．この会社は，年度ごとに見積もられた損失額と，後で生じた，その年度の実際損失額との差異についても詳細を報告している．この会社は，1985 年度に関わる支払い請求に備えた損失準備金を，1985 年の時点で 55 億ドルと見込んでいた．後の年度になって，Travelers の経営者は，この見積もりを次第に上方修正していく．1986 年に見積額は 59 億ドルに積み増しされ，1990 年には 69 億ドル，そして 1995 年には 85 億ドルになる．同じようなパターンの準備金積み立て不足は 1986 年度から 1992 年度についても生じていた．その不足額は，それぞれの年度ごとに，26 億ドル，23 億ドル，20 億ドル，17 億ドル，12 億ドル，7 億ドル，そして 3 億ドルであった．

　Travelers のデータは，将来の支払い請求を予測することがどれくらい難しくなりうるかを示している．このデータはまた，経営者が予測に失敗するというだけでなく，規制のため，あるいは株式市場における評価のために，偏った見積もりを出す可能性がかなり高いことも示している[6]．見積額と，その後の改訂額とが開示されていれば，経営者が準備金を計上する仕方を判断するうえで，アナリストは大きな情報を得ることになる．しかし，このようなデータがあっても，準備金が過小もしくは過大に計上される傾向にあることが，経営者の予測能力が乏しいためか，それとも予測不能な事象によるものか，あるいは報告する経営者の特定の意図から生じているのかを判断するのは難しいかもしれない．

例：製品保証（WARRANTIES） 明示的にであれ，暗黙裡にであれ，自社製品に保証をつけるメーカーは多い．それは財務諸表にどのように計上されるべきであろうか？ 売上収益が認識された段階で，返品もしくは修理品のコストを見積もって，負債を計上すべきなのか？ そうする代わりに，返品が実際に発生するまで，製品保証に関するコミットメントの財務諸表への認識を企業は待つべきなのか？

　製品保証を提供する企業に対して，会計ルールは，貸借対照表日現在，発生の可能性が認められる損失を負債に計上することを要求している．そのた

め，1998年度の年次報告書において，General Motors は「製品保証ならびにディーラーおよび顧客に対する返品・値引き引当金」（warranties, dealer and customer allowance, claims and discounts）を負債に146億ドル計上している．

もちろん，製品保証から生じるコストをどれくらい負担することになるかを見積もるのは簡単な作業ではない．経営者による見積額にかなりの誤差が生じることが時々はあってもおかしくない．例えば，1994年12月21日，世界最大のシリコン・チップのメーカーである Intel は，顧客からの圧力に屈し，最大の精密さが要求される長除法（long-division）計算で不具合が生じる Pentium チップ数百万個の取り替えに同意した．これは，コンピュータ史上，最大のリコールである．すべてのチップについて無条件で取り替えに応じること，そのうえで，取替品を取り寄せて自分の手でコンピュータに装着するか，それともディーラーに作業を任せるかの選択は利用者に委ねることを Intel は公表した．かつて，このような可能性に備えて引き当てられていた負債はなかったため，第4四半期末に Intel は475百万ドルもの負債を計上することになった．この負債は，取り替え費用，取り替え部品，そして長除法計算に障害をもつ在庫品の切り下げによる損失を網羅していた．ただし面白いことに，これ以外には，明示的な，あるいは暗黙裡の製品保証に関して，発生する可能性がある損失に備えた負債を Intel は未だに計上していない．

Key Analysis Questions

合理的な確実性をもって測定できる負債が企業に生じているかについて，経営者の判断が果たす役割を考えれば，重要な負債がバランスシートから除かれているのではないかという疑問をアナリストが持つことになる状況はかなりある．具体的には以下のような疑問が浮かぶ：
- バランスシートから除かれている潜在的な債務はなにか？ それらが除かれている理由は，どのような要因によって説明可能か？ オフ・バランスシート・ファイナンスに結びつくような事業戦略を企業が採用しているのか？ バランスシートの見た目をよくするために，経営者はオ

フ・バランスシート・ファイナンスを利用しているようには見受けられないか？　もしそうだとしたら，その行動の背景になっている要因は何か？
- 企業のレバレッジや財務リスクの実態を評価するという観点からみて，バランスシートから外れている負債に，その企業の過去の実績に照らして，あるいは同業他社との比較において，重要性があるとは考えられないか？　もしそうだとして，その影響を推測することは可能であろうか？
- 債務の金額およびタイミングについて，経営者の判断に多くを依存するような負債を，企業は計上していないか？　もしそうだとしたら，経営者による判断の基礎となっている仮定は何か？
- もし，負債の金額が経営者による仮定もしくは予測に依拠しているのであれば，それを形成するパラメータに関する経営者の情報は，アナリストが持っているものよりも優れていると考えられるのか？　もしそうだとしたら，経営者による前年度までの予測の実績はどうだったか？　経営者には楽観的もしくは悲観的な予測をする傾向がなかったか？
- もし，負債の金額が経営者による仮定もしくは予測に依拠していても，それを形成するパラメータについて，アナリストが経営者と同じように知ることができるとは考えられないであろうか？　例えば，市場金利について，経営者が他人より優れた洞察力を持っているとは思われない．そのような場合に，経営者による見積もりは，市場の専門家によるものと一致しているか？

課題3：負債の額の変動

　固定利率の負債は金利の変動に応じて公正価値が変化する．金利は市場全体レベルで変動することもあれば，債権者が負うリスクに対する市場の評価が変動した結果，個別企業レベルで変動することもある．そのような公正価値の変化は財務諸表にどのように反映されるのであろうか？　企業は負債を歴史的原価で計上するのか，それとも，公正価値に合わせて評価替えするのであろうか？　ここでは問題の生じた債務の計上について検討し，負債の価

値に生じた変化を報告する際の論点について明らかにしよう．

例：問題の生じた債務 1996年1月15日，Muscocho Explorations Ltd., Flanagan McAdam Resources それに McNellen Resources Inc. というカナダの金採掘企業3社は，8.95百万カナダドルの担保付き債務をリストラクチャリングすることで，第一位の担保権を持つ債権者である Canadian Imperial Bank との合意に調印した．この合意のもとで，Canadian Imperial は Magnacon Mill の売却代金と，Magino Mill の債権 500,000 ドルを譲り受けた．そして，残りの債権を Muscocho，Flanagan，McNellen が合併してできる新しい会社の株主持分の10%に転換することに，この銀行は同意した．担保権を持っていた別の債権者である Echo Bay Mines Ltd. もまた，Flanagan と McNellen に対する債権 4.46 百万カナダドルを同じような条件で転換することに同意した．

　債務のリストラクチャリングがもたらす経済的効果は何であろうか？ 問題の生じた債務のリストラクチャリングは，借り手企業の資産やキャッシュフロー創出能力が劣化したときに生じる．このような資産価値の劣化は，ほとんど株主の負担となる．しかし，もし企業が負債の元本および利息の支払義務を果たせなくなる可能性が高まれば，債権者もまた損失を被ることもありうる．そうなると，債権者は，借り手企業に譲歩して現在の請求権を新しい請求権と交換するか，もしくは企業を倒産させるかを決めなくてはならなくなる．

　上記のできごとは，企業の財務諸表にどのように計上されるのであろうか？ 資産価値に生じた減損は，資産の切り下げとして記録されるとともに，減損の理由と経営者による今後の計画が開示される．さらに，SFAS 107号によれば，米国企業は負債を歴史的原価で表示し続けなくてはならないが，有利子負債については公正価値も注記で開示しなくてはならない．ただし，企業が財務的危機にあるとき，負債の公正価値を推定するのは，不正確になりやすいことに注意しておく必要がある．なぜなら，もし企業が支払不能になれば，債権は株主持分に転換されるかもしれないからである．後で論じるように，株主持分は固定された支払義務ではなく，企業のキャッシュフロー

に対する残余請求権なので，それを評価するのはもっと複雑なのである．

問題の生じた債務のリストラクチャリング自体は，どのように記録されるのであろうか？ SFAS 15号によれば，正式なリストラクチャリングが実施されるまで，負債の評価額は変更されない．Muscocho, Flanagan, McNellen のケースのように，資産と交換に債務を帳消しにするような取り決めが結ばれたときは，負債の簿価と資産の公正価値との差額が特別利益に計上されることになる．この場合，取引の対象となる資産をあらかじめ公正価値に評価替えして，利得または損失を通常の利益（ordinary income）に計上しておく必要があるかもしれない．他方，（利子率や元本額の変更あるいは支払期日の延期によって）債務の支払条件が修正された場合は，SFAS 118号で述べられているように，利得は計上されない．その代わり，修正後の支払額の現在価値が当初の支払額の現在価値と一致するように，修正された債務に関わる実質利率が再計算される．債務は簿価で計上し続けられることになるが，改訂後の利子費用の計算には新しい利子率が用いられることになる．

問題の生じた債務のリストラクチャリングの処理に関する上述の方法は，実際にリストラクチャリングが実行されるよりも前に，資産や負債の価値下落について，投資家が的確な情報に接するチャンスがあることを意味している．しかし，資産の減損について損失を計上するタイミングを遅らせたり，債務のリストラクチャリングに際して資産の公正価値を正しく見積もらないことによって，この情報が経営者によって歪められることはおおいにありうる．

Key Analysis Questions

上で述べたように，債券の投資家も株式の投資家も，負債の公正価値の変化に関心を持っている．現行の報告ルールは，その額を開示し，リストラクチャリングの対象となった債務については価値変動の帰結を推測するよう，米国企業に要求している．しかし，このルールは，その結果を報告するに際して経営者に判断の余地を与えるものである．このため，アナリストが必要とされることになる：

- 負債の公正価値は下落していないか？　もしそうだとしたら，この下落を促している要因は何か？　固定利率で借り入れた後，経済全体の金利が上昇しているのではないか？　あるいは，企業の資産や将来のキャッシュフローに関するリスクが高まったために，債権者がさらされるリスクも増加したのではないか？　もし後者だとして，企業は減損が生じている資産の価額を切り下げているか？
- 負債の公正価値は上昇していないか？　もしそうだとしたら，この変動は，金利の低下によるものか，それとも企業の経営活動に起きた変化によるものか？
- 負債のリスクが高まっているとしたら，経営者による負債価値の推定はどれほど信用できるのか？
- 負債の額が増加しているとしたら，企業は財務的に困難な状態にあると考えられるのか？

2　負債会計によく見られる誤解

　上で述べてきた負債会計をめぐる議論から，負債会計の本質について，よくみられる誤解が明らかになる．

　1．雨の日に備えるのは賢明なことだ．

保守的な財務報告を心がけ，偶発事象にできるだけ備えるという態度をとる企業がある．この行動原理は，保険会社，あるいは合併やリストラを行う企業が多額の損失準備金を引き当てる根拠としてよく用いられる．そこでみられる考え方は，企業が将来の損失を現時点で余分に見積もっていることを投資家は見透かせず，そこで得られた含みを吐き出した時にかさ上げされる企業の業績を信用するであろうと仮定するものである．

　財務諸表利用者の立場からは，保守的な会計と「健全な (good)」会計は同じではないと知ることが重要である．財務諸表利用者に関心があるのは，企業の会計が経営の現実を歪めることなく，どれだけ正しく捉えているかである．その意味で，保守的な会計が誤解を招きかねないのは，強気の会計と

同じである．さらに，保守的な会計は，「利益平準化」の機会をしばしば経営者に提供する．そうなると，企業の業績が悪化しても，アナリストがすぐには分からないということが起こるかもしれない．遅かれ早かれ，最終的には，投資家は保守的な企業を見分けると考えられる．そうなれば，経営者が公表したり，伝達する情報は割り引かれることになるかもしれない．

2．オフバランス・ファイナンスはオンバランス・ファイナンスよりも望ましい．

負債がバランスシートに載らないように資金を調達すれば，洗練されていない財務諸表利用者は企業の借り入れ依存度を実際よりも低く評価すると考えられるので，負債がオン・バランスされる資金調達よりも有利である．このように信じていると見受けられる経営者もいる．繰り返しになるが，この意見は投資家は会計にだまされやすいと言うに等しい．たしかに，オフ・バランスとなる借り入れ契約を利用することに，もっともな理由がないわけでもない．例えば，オペレーティング・リースには，資産の所有に伴うリスクを軽減する効果があるので，最新の技術をすばやく取り入れたいという企業には重宝するであろう．しかし，投資家がいつまでもオフ・バランスになっている負債に欺かれ続けるというのは，とりわけ，高度に訓練された機関投資家が市場において重要性を増していることを考えればありそうもない．さらに，企業が投資家を欺こうとする行為には，それが一度でも分かれば，それ以降，彼らは経営者の報告を信用しなくなるという危険が伴う．

3　株主持分の定義と財務報告に関わる課題

すでに述べたように，株主に帰属するペイオフを特定するのは難しく，それがひるがえって，株主持分の評価を困難にしている．そこで，会計専門家は株主持分を，もっぱら資産と負債に割り当てられた金額から定義される，残余の請求権として扱っている．その結果，資産と負債について論じてきた問題点は株主持分の金額を決定するときも生じることになる．それに加えて，株主持分固有の会計問題が2つある．それは，複合証券の会計と，株主持分

の金額を拠出資本，留保利益，そしていずれにも含まれない持分項目（reserves）にどう区分するかである．

課題1：複合証券

モントリオールを本拠地とする聴力治療センターであるHelix Hearing Care of America社は1998年8月11日，2百万ドルの無担保転換社債を売り出した．この社債は償還までの期間5年，利率13%で，1.70カナダドルの転換価格でHelixの普通株式に転換可能であった．この有価証券は債券なのであろうか，それとも株式なのであろうか？ Helixの株価が上昇したり下落するつど，債券が株式に転換される可能性が時とともに変化するという事実によって，この問題はさらにややこしくなる．

転換社債は複合証券である．買い手は債券を普通株式に転換できるというオプションも受け取るため，通常，その利率は普通の無担保社債よりも低く押さえられる．転換権の価値は，転換価格，発行企業の現時点の株価，政府債の利率，そして発行企業の株式収益率に対する分散の推定値によって決まる．転換社債については，債券の要素と株式の要素とを切り離して考えるのがよい．それぞれの価値は別々に推定することができるからである．債券の価値は金利に応じて時の経過とともに変化する．オプションの価値は企業の株価に応じて変化する．

しかし，会計ルールでは転換権に付いている価値を認識しないことになっている．そのため，転換社債は，転換できない社債と同じように記録されることになる（APB意見書14号をみよ）．それが転換されたときには，簿価法もしくは市場価値法のいずれかによって記録されることになる．簿価法では，転換社債の簿価で転換の取引が記録される．転換に際して，利得もしくは損失が計上されることはない．市場価値法では，発行される新株が市場価値で評価され，その持分の市場価値と転換社債の簿価との差額が通常の利益または損失として記録される．

複合証券の会計ルールでは，経済的な実質が単純化されている．そのため，実質的に同じ資本構造をもっているものの，一方が複合証券を利用し，他方はそうでないという，2つの企業はどのように比較すればいいのかという問

題が生じる．両者の財務諸表を単純に読んだだけでは，それぞれの負債比率を正確に見て取ることはできない．複合証券を発行している企業の方が，転換権が計上されていないために，負債と株主持分の簿価から計算される負債比率は高く見えることになる．理想を言えば，資本構造の比較をより意味あるものにするため，アナリストは複合証券の負債要素と株主持分要素との分離を試みるとよい．

課題2：未実現利得および損失の区分

　株主持分の評価をめぐる論点の2つめは，未実現の利益および損失を，バランスシートの株主持分における，どの区分に割り当てるかということである．それらの項目は，損益計算書に含めたうえで，留保利益に入れるべきであろうか？　そうする代わりに，業績に含まれない独立の項目として，実現したときにだけ利益に算入することができるように扱うべきであろうか？

　会計に関係する他の章で論じたように，現行の会計ルールには，損益計算書を経由することなく，その他の持分項目（reserves）に加減されるような未実現の利得および損失がある．そのような利得および損失には以下が含まれる．

- 売却可能な金融商品に生じた損益（第7章をみよ）
- 未確定の将来キャッシュフローをヘッジするために利用される金融商品に生じた損益（第7章をみよ）
- 本国通貨よりは現地通貨で取引が行われている海外事業についての，外貨換算から生じた損益（第4章をみよ）

こういったタイプの利得ならびに損失は，損益計算書には載ってこないので，「ダーティ・サープラス」項目と言われることがある．すべての損益が利益計算に反映されるような仕組みは，「クリーン・サープラス」の会計と呼ばれている．後の章で会計利益を基礎とする企業評価モデルについて議論するとき，「クリーン・サープラス」の概念が重要だということが分かる．

　多くの場合，「ダーティ・サープラス」項目から生じる株主持分簿価の変化を，年度ごとに予測するのが困難であることは留意されてよい．それらは，金融商品や外貨の価格変動という，それ自体予測困難な要因からもたらされ

るからである．したがって，それらが任意の年度に与える影響はゼロと期待されることになろう．

アナリストや財務諸表利用者は，利益に計上されない株主持分の変化をどのように考えればいいのであろうか？ 理屈のうえでは，それらを損益計算書に含まれている他の利得や損失とは異なる扱いをすることに，高い経済合理性があるわけではない．例えばアナリストの視点からは，それらは資産売却から生じた損益とか，売却した金融商品に関わる実現損益，あるいは売買目的の金融商品に生じている未実現損益といった，利益に含められる項目と変わりはない．利益から特定の利得や損失を除くために，経営者が会計上の判断を利用するかもしれないことを考えれば，すべての利得や損失を同じように扱うことの合理性は高くなる．たぶんこのことを考慮して，FASBは現在，資本取引以外の株主持分の変動を1ヵ所で示すために，包括利益計算書を作成することを企業に対して要求している（SFAS 130号をみよ）．

Key Analysis Questions

持分価値の分析の大部分は，資産ならびに負債の分析をめぐる既述の議論で網羅されている．株主持分を分析するときに生じる特有の問題点としては以下がある：
- 利益計算には，どの損益が含められ，どの損益が含められないか？ これらの損益を，どうみたらよいか？
- 企業は複合証券を発行しているか？ もしそうなら，負債要素と株主持分要素とに分離してみる価値はあるか？ 発行されてから，転換権の価値はどのように変動しているか？ 債券が転換され，負債よりは株主持分に性格が近くなる見込みはないだろうか？

4 要約

将来便益を他のエンティティーに提供する債務が企業に生じ，その債務の額を合理的な確実性をもって見積もることができるとき，企業は負債を認識することになる．負債は歴史的原価でバランスシートに計上され続ける．し

かし，有利子負債については，公正価値を見積もって，注記で開示することが企業に求められている．将来的には，負債の公正価値について，信頼性の高い見積もりができると会計専門家が自信を深めれば，バランスシートの金額さえも公正価値で記されることになるかもしれない．

しかし，以下のような不確実性をもつ負債については，それをどう評価するかが難問となりうる．

1. リストラ引当金，マイレージ・サービス，そして訴訟のケースにみられるように，債務が発生しているのかどうかが明確でないもの．
2. 環境に関する負債，製品保証引当金，保険損失準備金そして年金のケースにみられるように，債務の額が確定しないもの．
3. 不良債権のリストラクチャリングのケースにみられるように，負債の価額がどれだけ変化したかが確実には分からないもの．

経営者は企業の負債がどれほどかについて，最良の情報をもっていると考えられる．しかし，彼らには企業の財務リスクを実際よりも低く見せようとする動機もある．そのために，負債分析が必要となってくる．

企業の資産に対するもう一方の主要な請求権者である株主は，残余の持分を所有する者とみることができる．これは企業に対する請求権のなかでも，もっとも特定するのが難しいものであるため，負債のように厳密に評価することはできない．したがって，会計上，資産と負債の差額として，株主持分は扱われている．そのため，資産および負債の測定・開示について生じる問題点は，株主持分の評価についても当てはまる．それに加えて，複合証券（例えば，転換社債）をどう評価するかとか，特定の利得ならびに損失をどの区分に収めるかといった，株主持分の会計に特有の問題もいくつかある．

練習問題

1. 本章で述べたように，McCormickは，リストラに関して，以下のような事実を報告している．

    a. 1994年10月，当社は従業員8,600人の7%をレイオフ，2つの香辛料工場の閉鎖，そして赤字の続くオニオン・リング事業の売却を

実施する計画を公表した．リストラにかかる費用にみあうリストラ引当金が70.5百万ドル計上された．
b. 1995年2月，当社はリストラ費用のうち3.9百万ドルを取り消して，それを1995年の第1四半期の利益に加えた．
c. 1996年，McCormickは2回目のリストラ実施を発表した．リストラ費用の大部分（58.1百万ドル）が即時に認識され，それにみあうリストラ引当金が計上された．しかし，閉鎖される米国内の包装施設から設備や人員を移動させるためのコストのなかには，発生した費用とは認められないものがあると，当社は注記している．これらの費用（1.9百万ドル）は最終的に，1998年度の第4四半期に認識されることになった．
d. 1997年度の第3四半期，リストラ計画の見直しに伴い，McCormickはリストラ引当金9.5百万ドルを取り崩した．その理由は，海外の食品仲介および流通事業を売却する計画が完了しなかったからである．
e. 1996年に発表されたリストラは，1998年の第4四半期に決着がつき，そこでさらに3.1百万ドルものリストラ引当金が取り崩された．

これらの出来事は財務諸表にどのような影響を与えるか？　あなたが企業の経営者だとしたら，これらの出来事を記録するために，何について予測をしなくてはならないか？　あなたが証券アナリストだとしたら，これらリストラに関する出来事について，当社のCFOにどのような質問をするだろうか？

2．マイレージ・サービスが航空会社にもたらす経済的なコストと便益は何であろうか？　これらのコストと便益を測定するために，どのような情報が必要であろうか？　あなたが証券アナリストだとしたら，マイレージ・サービスについて，企業のCFOにどのような質問をするだろうか？

3．タバコ会社は，自社製品がもたらす健康への害に関して，訴訟を起こされている．タバコ産業は，これと和解するために，州政府ならびに連

邦政府と交渉を行ってきた．あなたが業界大手である Philip Morris の CFO だとしたら，会社が曝されている訴訟のリスクについて，どのような情報を年次報告書で投資家に報告するだろうか？ このリスクに対して，負債を計上すべきかどうか，あなたはどう判断するであろうか？ もし計上するなら，その負債の金額をどのように評価するか？ あなたが Philip Morris を担当している証券アナリストだとしたら，当社が計上している訴訟に関する負債について，CFO にどのような質問をするだろうか？

4. 本章で述べたように，Hanson Plc は 1991 年に米国企業 Beazer を買収したのに伴い，環境に関する負債を計上することになった．1997 年，第三者による鑑定にもとづき，Hanson は負債の見積額を 430.3 百万ポンドほど圧縮できると報告した．1998 年，Hanson は 168 百万ポンドの追加費用を支払うことに同意し，保険会社 2 社も残りの費用を 488 百万ポンドまで負担することを保証した．この合意の後，見積もり負債 67 百万ポンド分はもはや必要でなくなったため，特別利益が計上された．これらの出来事は，財務諸表にどのような影響を及ぼすだろうか？

5. Hewlett Packard は，米国内の退職者医療保障制度について，以下の情報を開示している．

　2000 年および 2010 年までに医療コストはどこまで上昇すると Hewlett Packard は仮定しているか？ 制度資産から稼得する収益を会社はどれだけと仮定しているか？ あなたが証券アナリストだとしたら，これらの仮定をどのように評価するか？ そこで用いられている率は妥当か？ 医療保障制度に関する負債は 1998 年のバランスシートにいくらで計上されることになるか？ この制度では，資金が余っているか，それとも不足しているか？ この医療保障制度について，Hewlett Packard が負っている負債およびリスクを評価するとき，あなたが考慮する他の要因は何か？

重要な仮定	1998年	1997年	1996年
割引率	6.5%	7.0%	7.5%
制度資産からの期待収益率	9.0%	9.0%	9.0%
医療コスト当面の上昇率	8.65%	9.6%	10.0%
医療コスト最終的な上昇率	5.5%	6.0%	6.0%
医療コスト当面の上昇率が			
最終的な上昇率にまで低減する年	2007	2007	2007
医療コストの上昇率が1%増加する			
ごとの影響額（百万ドル）：			
給付債務の増加	$116	$101	$90
年間退職者医療コストの増加	$17	$15	$13

資金状況（百万ドル）	1998年	1997年
制度資産の公正価値	$503	$448
給付債務	(543)	(475)
給付債務に対する年金資産の超過額（または不足額）	(40)	(27)
発生した損失（または利得）のうち未認識の部分	(255)	(268)
制度変更に伴う過去勤務費用の発生額（または節約額）		
のうち未認識の部分	(144)	(154)
前払費用（または未払費用）の計上額	$(439)	$(449)

6. Acceptance Insurance Companies Inc. は専門的な損害保険を引き受け，販売している．穀物関係の保険商品を販売する会社としては，米国で第3位にある．SECに提出した1998年度10-Kレポートにおいて，この会社は1990年度の契約から生じる請求に備える損失準備金について，以下のような情報を開示している．

　1990年度の契約から生じる損失準備金について，当初の見積もり額はいくらであったか？ 時間の経過とともに，会社はこの準備金の見積もりをどのように改訂してきたのであろうか？ 1990年度の契約について，負債はいくら残っているか？ あなたが証券アナリストだとしたら，1990年度に関する負債について，CFOにどのような質問をするだろうか？

支払われた債務の正味累積額：	1990年12月31日から
1年後までに	40.6
2年後までに	70.8
3年後までに	88.5
4年後までに	101.2
5年後までに	107.5
6年後までに	109.7
7年後までに	111.4
8年後までに	111.8
改訂された準備金の額：	1990年12月31日から
1年後の時点	100.3
2年後の時点	102.3
3年後の時点	107.4
4年後の時点	110.7
5年後の時点	112.7
6年後の時点	112.0
7年後の時点	112.5
8年後の時点	113.4
正味の累積余剰額（または不足額）	-13.4

7. 1997年度末，製品保証のために見込まれる費用87.9百万ドルを負債に計上したと，Intel は報告した．1998年度末，Intel はこの見積額を115.5百万ドルに増やした．あなたが証券アナリストだとしたら，この製品保証引当金について，CFO にどのような質問をするだろうか？

8. 本章で述べたように，1996年1月，Muscocho Explorations Ltd., Flanagan McAdam Resources, McNellen Resources Inc. は，8.95百万カナダドルの担保付き債務をリストラクチャリングすることで，第一位の担保権を持つ債権者である Canadian Imperial Bank との合意に調印した．この合意のもとで，Canadian Imperial は，Magnacon Mill の売却代金と Magino Mill の債権500,000ドルを譲り受けた．そして，この銀行は残りの債権を Muscocho, Flanagano, McNellen が合併してできる新しい会社の株主持分の10%に転換することに同意した．この取引の効果を新しく合併してできる会社の帳簿に記録するために，あなたはどのような情報を必要とするか？ この取引が財務諸表に及ぼす

影響のうち，金額が分かるのは何か？ あなたが証券アナリストだとしたら，債務のリストラクチャリングについて，新会社の経営者にどのような質問をするだろうか？

9. 本章で述べたように，1998年8月11日，モントリオールを本拠地とする聴力治療センター Helix Hearing Care of America Corp. は2百万ドルの無担保転換社債を売り出した．この社債は償還までの期間5年，利率13%で，1.70カナダドルの転換価格で Helix の普通株式に転換可能であった．かりに，Helix の普通株式が転換時に2.50ドルと値付けられていれば，(a)簿価法が用いられる場合と，(b)市場価値法が用いられる場合とで，この転換が財務諸表に及ぼす影響について述べよ．転換の経済的実態を反映するのはどちらの方法だと考えられるか？ その理由は何か？

10. 1998年の第1四半期，Microsoft は当期純利益と包括利益との間の調整項目を以下のように示している．

9月30日に終了する3ヵ月間（百万ドル）：	1997年	1998年
当期純利益	$663	$1,683
正味の未実現投資利得	56	150
換算調整勘定ほか	(117)	43
包括利益	602	1,876

Microsoft がこのような調整をすることになったのは，どういったタイプの出来事が起きたせいか？ あなたが証券アナリストだとしたら，この包括利益計算書について，当社の CFO にどのような質問をするであろうか？

注

1) Milton Russell and Kimberly L. Davis, "Resource Requirements for NPL Sites: Phase II Interim Report," Knoxville, JIEE, September 1995, および U. S. Congress Budget Office, "The Total Costs of Cleaning Up Nonfedral Superfund Sites," Washington, D. C., U. S. GPO, 1994 を見よ．

2) Mary E. Barth and Maureen McNichols, 1994, "Estimation and Market Valuation of Environmental Liabilities Relating to Superfund Sites," *Jour-*

nal of Accounting Research 32, Supplement を見よ.

3) Mary E. Barth, Maureen McNichols and G. Peter Wilson, 1997, "Factors Influencing Firms' Disclosure about Environmental Liabilities," *Review of Accounting Studies* 2, (1) : 35-64 を見よ.

4) M. Barth, "Relative Measurement Errors Among Alternative Pension Asset and Liability Measures," *The Accounting Review* 66, No. 3, 1991 では, これらの注記情報は財務諸表に計上されている負債よりも有用だと, 投資家がみなしていることが明らかにされている.

5) E. Amir and E. Gordon, "A Firm's Choice of Estimation Parameters : Empirical Evidence from SFAS No. 106," *Journal of Accounting, Auditing & Finance* 11, No. 3, Summer 1996 では, 退職後給付債務および負債比率が大きい企業ほど, 退職後給付債務に関するパラメータについて, 強気の推定をする傾向があることが示されている.

6) K. Petroni, "Optimistic Reporting in the Property Casualty Insurance Industry," *Journal of Accounting and Economics* 15, 1992 ; K. Petroni, S. Ryan, and J. Wahlen, "Discretionary and Non-discretionary Revisions of Loss Reserves by Property-Casualty Insurers : Differential Implications for Future Profitability, Risk, and Market Value," working paper, Indiana University ; R. Adiel, "Reinsurance and the Management of Regulatory Ratios and Taxes in the Property-Casualty Insurance Industry," *Journal of Accounting and Economics* 22, Nos. 1-3, 1996 における研究によって, 規制当局がその安全性に注意を払うほど, 財務的に脆弱な損害保険会社は, 責任準備金を小さめに計上し, 再保険契約を結ぶことが示されている.

6
収益の分析

　収益はある期間中に稼得された経済的資源である．企業は多様な異なる源泉から収益を稼得する．消費財の製造業者は製品を流通業者ないし消費者に販売して収益を稼得する．銀行では借り手への融資により稼得された利息が収益となる．保険会社は保険契約者から保険料を受け取る．弁護士は依頼人にサービスを提供して手数料を受け取る．リース会社では借り手に資産をリースすることにより収益が発生する．

　収益の分析では，どの時点で財務諸表に収益を認識するのが適切かを評価することに焦点が合わされる．収益はサービスが提供された時点，あるいは，製品が出荷された時点で記録すべきか？　顧客から現金を受け取った時点で記録すべきか？　それとも，現金を受け取り，かつ，顧客が製品ないしサービスに満足していることがわかった時点で記録すべきか？

　収益は２つの大きな不確実性が解消された段階で認識される．それらは，製品ないしサービスが提供されていること，および，現金回収が合理的に見込まれることである．一般に，こうした不確実性に関する最良の情報を持っているのは経営者である．しかし，第３章で議論したように，経営者は報告上の誘因をもっていること，および，会計ルールには限界があることを所与とすれば，財務諸表の利用者には収益の分析を行う機会がある．

　本章では収益認識基準を概観し，取引の種類によってはこの基準を適用することが難しいことを議論し，財務諸表の利用者が収益の分析を行ううえで鍵となるリスクと機会を明らかにする．

1　収益認識基準

　第１章で議論したように，通常，現金主義会計は企業業績を測定する際に最適の情報を提供するわけでもないし，適切な方法でもない．たとえば，会

社が現金を受け取った取引であっても，顧客に対する契約上の責務を履行しなければならないことがある．顧客に役務や製品を完全に提供しているにもかかわらず，現金を受け取っていないケースもある．これら2つの取引について，会計士は顧客からの現金受取が必ずしも事業の収益稼得（revenue performance）の最適な測定尺度とはならないと主張する．

発生主義会計では，収益認識に関する2つの基準を定式化することにより，会社の収益稼得の経済実態を反映しようとする．図6-1に示したように，第1の基準は収益稼得プロセスが本質的に完了したかどうかに関わる不確実性，すなわち，会社が顧客に引き渡されるべき製品ないしサービスのすべて，あるいは実質的にすべてを提供したかどうかを示している．第2の基準は現金が回収可能かどうかに関わる不確実性に焦点を合わせている．これら2つの基準が満たされれば収益は認識可能となる．

上記の2つの基準は，内在するリスクを管理すべき効果的な営業過程あるいは第三者との契約が整備されているのかという疑問を，企業経営者や外部の財務諸表利用者にいだかせるかもしれない．たとえば，会社は，有効な品質管理プログラム（quality program）を通じて，実質上，すべての商品ないしサービスを顧客に引き渡すことにより，返品や保証のリスクを軽減したり，あるいは，返品や保証を制限する販売契約によりリスクを管理できる．

図6-1　収益認識基準と適用するうえでの問題

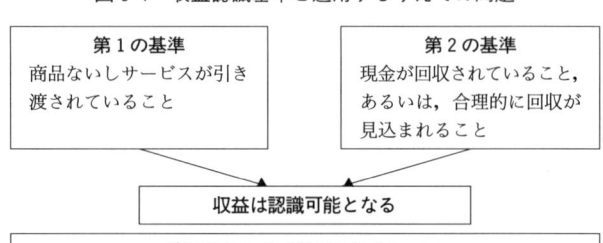

```
┌─────────────────────┐      ┌─────────────────────┐
│  第1の基準            │      │  第2の基準            │
│  商品ないしサービスが │      │  現金が回収されている │
│  引き渡されていること │      │  こと，あるいは，合理 │
│                      │      │  的に回収が見込まれる │
│                      │      │  こと                │
└─────────────────────┘      └─────────────────────┘
              │                        │
              └──────────┬─────────────┘
                         ▼
           ┌─────────────────────────┐
           │  収益は認識可能となる    │
           └─────────────────────────┘
```

適用するうえで問題となるケース
1. 顧客が前払いした場合
2. 製品ないしサービスが複数期間にわたって提供される場合
3. 製品ないしサービスの使用権を販売した後に売り手が残余権益を保持している場合
4. 顧客の与信価値に疑問がある場合
5. 満足しない顧客に返金する場合

回収可能性リスクは，効果的な与信分析あるいは第三者への債権譲渡により管理できる．

経営者は，収益に関するリスクを適切に管理するプロセスについて最良の情報を有していると思われるが，報告利益を管理する誘因もありそうである．それゆえに，財務諸表の利用者が報告された収益に潜在するリスクを自主的に評価する際，収益の分析は役立つのである．また，会計ルールにてらしてみれば，取引が収益認識基準を満たしているかどうかわかる．収益の分析により，財務諸表の利用者は取引が「製品ないしサービスの引き渡し―回収可能性」という連鎖のどこに位置するかをより良く理解できる．

財務諸表の利用者が収益認識に関連する不確実性を分析する方法はいくつかある．利用者は，品質管理プログラムや与信分析など，収益が未稼得あるいは回収不能となるリスクを管理する際に利用されるプロセスを評価することができる．また，この種のリスク管理の実績を分析することもできる．さらに，特定年度における経営者の財務報告への誘因を分析することもできる．

2 収益報告上の問題

収益認識に関連するリスクの分析方法をより深く理解して貰うために，収益認識基準を適用するうえでの問題を議論しよう．適用上の問題を説明するために特定業種や特殊取引を用いるが，概念的な問題は一般的なレベルに適用できる．

問題1：顧客が前払いした場合

事業により，顧客はサービスないし製品の受け取りにあたって前払いすることがある．たとえば雑誌の購読契約，保険契約，アフターサービス契約などである．この種の製品には，回収可能性に関する不確実性はない．唯一の問題はどの段階で収益が稼得されるかである．

収益がサービスの引渡しプロセスに先立って認識されると，不満を抱えた買い手が売り手に追加的な仕事や賠償を求める場合のように，その後の発生原価が予想より大きくなるリスクがある．実際，経営者の報告上の誘因を所

与とすると，早期に収益を認識した場合，経営者は製品の品質を隠して返品コストを過小に報告することによって当期の利益を押し上げる機会をもつことになり，それが財務報告の信頼性を低めるということに財務報告の利用者は関心をもつかもしれない．もちろん，販売に関連する不確実性がすべて解消するまで会計士が待っていたら，財務諸表による企業業績の提供は遅きに失することになるだろう．

以下ではアフターサービス契約と損害保険契約の収益認識基準について議論する．これらの例により，製品の引渡しないしサービスの提供以前に現金を受け取る契約の収益認識問題を説明する．

例：アフターサービス契約　販売する商品にアフターサービス契約を規定する会社は数多い．場合によって，会社は実際にアフターサービス契約の手数料を顧客に請求する．たとえば，アフターサービス契約を製品とは別に販売している消費者向けの電子機器チェーンもある．顧客は手数料を支払うことにより，保守の期間延長を保証してもらう．アフターサービス契約が製品の購入価格の一部として含まれている場合もある．新車のメーカー保証が典型的なケースである．

このような契約において収益はどのように認識すべきか？　製品の販売時点で記録されるべきか，保証期間にわたって比例配分すべきか，サービスが請求された時点で認識すべきか，それとも契約期間の終了まで繰り延べるべきか？

まず最初に，アフターサービス契約が製品とは別に購入されるケースを考えよう．このとき，製品の販売は認識できる．しかし，製品のアフターサービスは行われておらず，その頻度や将来のサービス請求にかかるコストには大きな不確実性が残されるだろう．そのため，一般に認められた会計基準は，アフターサービス契約を交わした段階ではなく，契約期間にわたってアフターサービス収益を記録するよう求めている．

アフターサービス契約が購入価格の一部に含められている場合，製品の価格と保証の価格とに分けることは難しい．それらはパッケージとして販売されているからである．実際，製品それ自体というよりも，アフターサービス

契約が含まれているがために，そのパッケージを購入する顧客がいるかもしれない．このような販売の場合，売り手は一般に製品ないしサービスを引渡した段階で収益を認識する．その時点で販売に伴う不確実性（回収可能性と製品のコスト）の大部分は解消されている．唯一の未解決の不確実性は，アフターサービス契約にもとづいて将来売り手に向けられる請求である．請求の頻度とコストがかなり確実に予測できるならば，製品とアフターサービスのパッケージから生じる収益は製品の販売時点で認識される．アフターサービス契約により予測されるコストの見積りは費用として記録される．

例：損害保険契約 損害保険契約は，火事や自然災害による財物の損害，事故による自動車の損害，事故による傷害といったある種のリスクに対する保険を契約者に提供する．保険契約者は一般に適用期間の始めに保険料を支払う．損害や傷害が発生すると保険が請求される．

損害保険会社は保険契約による収益をどの時点で認識すべきか？ 顧客に請求した時点ないし顧客が支払った時点で収益を認識することもできる．そのかわりに，契約上の保証期間にわたって（あるいは保証期間の終わりに）認識することもできる．さらに，請求にみあうコストが判明した時点，あるいは，請求への支払がなされた時点で認識することもできる．

契約期間の始めに保険契約者から保険料を受け取っているので，損害保険会社には回収可能性リスクはない．しかし，第5章で議論したように，カバーすべき請求のタイミングとコストにはかなりの不確実性がある．次の年度まで請求されないこともある．さらに，現在の請求および未請求に対して当然支払うべき金額が何年も決まらないこともしばしばである．このような不確実性を所与とすると，すべての請求がなされ，かつ，請求のコストも判明するという保証があるまで，収益認識を繰り延べるというケースも起こりうる．しかしながら，保険会社はリスクを管理する事業を行っている．会社は保険数理人を雇って，過去の請求頻度やコストを分析している．そうした見積りや大数の法則を考慮することにより，損害保険会社は予測される請求コストの合理的な見積りができる．その結果，SFAS第60号は，契約期間にわたって収益を認識するとともに，当該年度の請求および未だなされていな

い請求にみあう予測コストを見積もるよう求めている．

Key Analysis Questions

顧客が製品ないしサービスの引渡し前に支払った場合，会計ルールでは一般に収益の繰延べが要求される．しかし，収益を認識できる場合には，経営者は製品ないしサービスの引渡しにかかるコストの合理的な見積りをしなければならない．このことから，証券アナリストは以下の疑問をあげる：

- 経営者によるコストの見積りは過去のそれと比較できるか？ 比較できないとすると，経営者はなぜ著しく高いあるいは低いコストを予測しているのか？ たとえば，会社はマーケティング戦略を変更したのか，あるいは，顧客層に変化があったのか？
- 経営者による過去の見積りの精度はどうだったか？ 会社は計画的にこの種のコストを過大あるいは過小に見積もっていると考えられるか？
- 会社の見積りは同業他社に比べてどうか？ かりに違いがある場合，コストの違いを説明できるような，競争業者と異なる戦略をとっているか？ たとえば，コストの見積りの違いと首尾一貫した，顧客層，立地，あるいは製品組み合わせの違いがあるか？

問題２：製品・サービスが複数期間にわたって提供される場合

複数期間にわたって提供される製品ないしサービスの収益をどのように認識するかを決めることもむずかしい．それらは前払いされることも，されないこともある．例として，長期請負工事契約やマイレージ・サービス付きの航空券販売などがあげられる．この種の契約においては，収益を契約期間に配分する方法を決めることが問題となる．

一般に，長期請負契約は次の２つの不確実性に直面する．すなわち，(1)買い手が将来の工事ないしサービスの品質に不満を抱き，追加的な工事ないし賠償を要求してくるリスクと，(2)将来提供されるサービスのコストが予測よりも大きくなるリスクである．これら２つのリスクは，サービスが完了する前に認識された収益は，完成した製品ないしサービスの生み出した価値を誤解させる指標になるという懸念を，財務諸表の利用者に抱かせることになる．

それでは，この種の契約における収益はどのように記録すべきか？ 財務報告の外部利用者が暫定的な成果を評価するのに役立つように，サービスの遂行ないし製品の製造に応じて記録すべきか？ それとも，製品ないしサービスが完了し，不確実性が完全に解消するまで収益は繰延べるべきか？

以下では，この問題および一般に財務報告で取り扱われる方法をよりよく理解するために，長期請負工事契約とマイレージ・サービス契約について議論する．

例：長期請負工事契約 1999年2月，トルクメニスタンは，カスピ海地域から天然ガスを運び出すためのパイプラインを建設する25億ドルの契約を，Bechtel Enterprises と General Electric を含むアメリカの企業連合に与えた．この契約のもとで収益はどのように記録されるべきか？ 概念的には，2つの方法が考えられる．より保守的な方法は，契約が実際に完了した段階で収益を記録する工事完成基準である．この場合，Bechtel と GE は工事が完成するまで，建設費を半成工事として資産に計上する．そのうえでこれらの費用は25億ドルの収益に対応させられる．

2つめのアプローチは工事の進捗度に応じて契約にかかる収益を認識する工事進行基準である．ある年度の工事進捗率は，その年度における工事発生原価の契約完了までの見積総原価に対する比率により見積もられる．契約総収益にその比率を乗じた金額がその年度の収益として認識される．その年度の建設費は実際の発生原価である．

アメリカのGAAPでは，「完成までの見積原価と長期契約の完了までの進捗度がかなり信頼できる」ならば，建設会社は工事進行基準を適用することが求められる（会計研究公報第45号）．もちろん，このルールの適用には経営者の判断が必要となるため，利益操作を引き起こす可能性がある．

Bechtel-GE の事例では，企業連合は多くの不確実性に直面している．旧ソビエト連邦がアゼルバイジャンとの領土問題を解決するまで，また，カスピ海周辺5ヵ国（トルクメニスタン，アゼルバイジャン，カザフスタン，ロシア，イラン）がカスピ海の豊富な埋蔵量の分配に合意するまで，パイプラインへの資金供給には決着が付きそうもなく，工事開始が遅延する可能性が

ある．このような不確実性は，プロジェクトに関連する深刻な政治リスクが他にもありそうなことを意味しており，いったん工事が始められても，工事の遅れやコスト超過が起こりうる．その結果として，Bechtel と GE は工事完成基準により取引を記録しなければならなくなるかもしれない．

例：マイレージ・サービス　第5章で議論したように，大部分の航空会社はマイレージ制度を採用しており，顧客は航空券，座席のアップグレード，ホテル宿泊，レンタカーといった特典を無料で受けることができる．たとえば，United Airlines のスターアライアンス特典制度では，乗客は United あるいはパートナーの航空会社（Air Canada, Lufthansa, SAS, Thai）で1マイル飛行するごとに無料の1マイルを得ることができる．25千マイル飛行した乗客は，ボーナスマイルをアメリカ国内のエコノミークラス利用の往復航空券と引き換えることができる．

マイレージ制度を所与とすると，United はロンドン―ボストン間の往復航空券 750 ドルが購入されたとき，どのように記録すべきか？ この航空券の販売により，乗客にはロンドン―ボストン間の往復旅行が提供される．しかし，それは乗客に5千ボーナスマイルを提供することにもなる．

航空券販売の記録方法は2通り考えられる．第1は，乗客が2種類のチケットを購入したとみるもので，1つはチケットが購入されたときのフライトの分，もう1つは将来のいつの日にか起こりうるフライトの分である．この方法によると，収益は当期のフライトにより稼得された部分と，乗客がボーナスマイルをフライトと引き換える将来まで繰り延べられた部分に分割される．第2のアプローチは，マイル特典制度を顧客をひきつける広告の一種とみるもので，燃料，荷物の取扱い，食事など販売促進サービスを提供するために発生が予想される増分原価（incremental cost）を記録する．この方法は第5章で議論されている．世界中の航空会社がこれら2つの方法のいずれかを適用している．United Airlines は2番目の増分原価アプローチを採用している．

Key Analysis Questions

　複数期間にわたって提供される製品ないしサービスの会計は，収益が製品ないしサービスの完了以前に認識される場合，とくにむずかしい．このとき，経営者は完成までの原価を予測するか，あるいは，稼得された収益と繰り延べられる収益を見積もることが要求される．このような難問について証券アナリストは以下の疑問をあげる：

- 複数期間の契約に取り組むリスクは何か？ リスクには，政治リスク，天候のリスク，競争リスク，予測リスクなどが含まれる．会社はこれらのリスクをどのように管理しているか？ これらのリスクの管理実績はどうか？ 会社がプロジェクトの完了まで収益認識を繰り延べるほどリスクは大きいだろうか？
- 経営者は複数期間契約において当期の収益と将来の収益をどのように分けているか？ この分析に内在する仮定や見積りは何か？ 見積りの基礎になっているのは何か？ 過去のデータや業界データを基礎としているのか？ 分析に用いられるデータは目的に適合しているか？ 会社は戦略や事業を大幅に変更したか？ 競争業者と異なる戦略をとっているか？
- 会計は経営者に複数期間の計画の全部原価を見積もるよう要求しているか？ もしそうなら，分析に含められる，あるいは，除外される原価は何か？ 経営者が予測の基礎として利用する情報は何か，内部予算，業界データ，過去のデータなどか？ 過去の年度における経営者のコストの予測精度はどうだったか？ もしコスト予測が計画的に過小ないし過大予算であるとすると，当期に報告された業績にはどのような意味があるか？

問題３：製品・サービスの販売後に売り手が残余権益を保持している場合

　収益認識にむずかしい問題が生じる第3の領域は，販売された製品ないしサービスに売り手が継続的な権利を保持している場合である．たとえば，会社が売掛債権を銀行に売却しても，債務者が売掛債権を支払えなくなれば，銀行は売り手に対して償還請求を行う．この売掛債権は売却されたのか，それとも，会社は売掛債権をもとに借り入れただけなのか？ また，メーカー

との設備リースの長期契約にサインしたものの,メーカーが設備の残余権益を保持しているとき,その設備は売却されたのか,それとも,賃借されているのか？

　上記のアプローチのいずれが取引の経済実態をより良く映しているかを決めるために,アナリストは利害関係者の抱えるリスクおよびリスクの管理方法を理解する必要がある．会計基準はしばしばこの種の取引の報告を規制しようとする．しかしながら,取引に際して双方の利害関係者がリスクの分担を取り決めることがよくあり,それが会計を複雑にしている．この種の取引の報告問題を説明するために,債権売却と長期リース契約について詳しく議論する．

例：リコース付きの債権譲渡　現金回収を加速化する方法として,銀行,金融機関,一般投資家に売掛債権を売却する会社は数多い．一般にファクタリングと証券化という2つの売却方法が利用される．金融機関ないし銀行が売掛債権からのキャッシュフローに対する権利を買い取るのがファクタリングである．債権（クレジットカード,自動車ローン,住宅ローンなどの債権）のポートフォリオを証券にしたものが証券化で,債権から生じる利息と元本への請求権をあらわしている．これらの証券は多数の買い手に売却される．

　資金調達の一形態として,証券化はますますポピュラーになってきている．たとえば,1999年2月17日の *Financial Times* は,日本の金融会社の多くがはじめた「アセットバック証券により,とりわけ消費者金融会社ではバランスシートから資産を取り除くことが可能となる．これらの資産,典型的には,設備リース,自動車ローン,それ以外の消費者の売掛債権は,オリジネーターから法的に独立した'特別目的会社'に譲渡される．特別目的会社は社債を発行するが,資産のキャッシュフロー（自動車ローンの返済など）という担保を裏付けとしているので,しばしばAAAと格付けされる」と報道した．

　この種の取引はどのように記録すべきか？1つのアプローチは,債権が売却されたとみるもので,債権の利子率と銀行からチャージされる利子率の違いによって,損失ないし利益が発生する．このやり方によるとき,売り手

は債務不履行や売り手が負担すべき期限前返済リスクを反映した引当金を設定する．他方，この契約を売掛債権を一種の担保とした銀行からの借入れとみることもできる．

これら2つのアプローチのいずれが取引の経済実態をより良く捉えているか？　売掛債権は本当に売却されたのか，それとも，売掛債権を担保とした銀行からの借入れと考えるべきか？　この質問に答えるためには，売り手が直面する潜在的なリスクを理解しなければならない．それらはデフォルトリスクと期限前返済リスクである．デフォルトリスクは，売掛債権が後にデフォルトとなり，銀行が売り手からの回収を余儀なくされると発生する．期限前返済リスクは，売掛債権が固定利率の受取手形で，後に利子率が下落すると発生する．そのとき，売掛債権は代替的な資金調達源からより低い利子率で再調達されるだろう．その結果として，売掛債権の売り手はもはや受取手形の利子率と銀行からチャージされる利子率のスプレッドをえられない．アメリカの会計基準（SFAS 第77号）では，(a)売り手がその債権に関する経済的便益の支配を放棄していること，(b)売り手がデフォルトや満期前支払リスクのために負う義務を合理的に見積もれること，そして(c)債権の買い手が売り手に債権の買い戻しを請求できないことを満たした場合に，リコース付きの債権譲渡を売却とみなすとされている．いずれかを満たさない場合，その取引は借入として処理することが求められる．

例：販売型リース契約　IBM は異なる2つの契約上の取り決めによりメインフレーム・コンピューターを販売している．1つは，顧客が自己資金ないし第三者からの資金調達によりコンピューターを購入するというものである．いま1つは，顧客が IBM とコンピューターをほぼその耐用年数にわたって使用する長期のリース契約を結ぶというものである．

2つのオプションのうち前者（即金販売）は簡単である．しかしながら，後者の契約をどのように記録するかを決めるのは前者に比べて複雑である．長期リース契約は即金販売と類似の形態である．IBM はほぼ耐用年数にわたって借り手にコンピューターの使用権を販売する．しかしながら，顧客に購入資金の外部調達を要求するのではなく，IBM が資金を提供することに

同意する．リース期間の終了時に，IBM はコンピューターの残余権益を保持している．この取引は賃貸契約とみるべきか，あるいは，売却とみるべきか？ 賃貸契約の場合，貸し手は資産を所有し続けながら，リース期間にわたってそれを借り手に賃貸する．

リースの財務報告はリース契約のタイプの違いを反映しようとしている．クリティカルな会計問題は，リース期間が資産を販売した場合と同等なのか，それとも，賃貸契約の場合と同等なのかである．事実上，借り手が資産の所有に伴うリスクの大部分を被るならば，リースは販売と同等であると考えられる．したがって，IBM の顧客がコンピューターをその耐用年数の大部分にわたって使用する契約になっているならば，陳腐化による価値の喪失の大半を被る．そうなると，このリースは販売と同等である．その代わりに，IBM がこれらリスクの大部分を負担するならば，その契約は賃貸契約に近くなる．

アメリカの会計基準はリース契約の性質の違いを反映しようとしている．SFAS 第 13 号では，以下のいずれかを満たす場合，リース取引は販売と同等であるとみなしている．

　(1) リース期間の終わりに資産の所有権が借り手に移転する．
　(2) リース期間の終わりに割安価格で資産を購入する選択権が借り手に付与されている．
　(3) リース期間が資産の見積耐用年数の 75% 以上である．
　(4) リース料総額の現在価値が資産の公正価格の 90% 以上である．

会計目的にてらして，有効な販売としての基準を満たすリース契約は，販売型リースとして記録される．IBM では販売による収益をリース料総額の現在価値で認識する．これはまた，IBM のバランスシートに販売型リース投資という売掛債権としても計上される．リース期間終了時のコンピューターの見積残存価値は棚卸資産から除かれ，販売型リース投資という資産に含められる．さらに，コンピューターの簿価は棚卸資産から除かれ，売上原価に含められる．コンピューター「販売」のマークアップ分は売上総利益に含まれることになる．次期以降，借り手から受け取ったリース料は受取利息と受取手形の元本返済とに分離される．

会計目的にてらして有効な販売としての適格性をもたないリース契約はオペレーティングリースと呼ばれる．このとき，貸し手はリース期間にわたってリース料を収益に計上するとともに資産の減価償却を継続的に行う．

Key Analysis Questions

売り手が製品ないしサービスの残余権益を保持していると会計は複雑になる．このとき，経営者は資産が売却されたかどうかを決定し，もしそうなら，売り手が保持している残余部分の評価方法を決定することが要求される．証券アナリストには以下の疑問が生じよう：

- 売り手が負担する残余リスクは何か？ これらのリスクに影響を与える要因は何か？ 売り手はこれらのリスクをコントロールしているか？
- 残余リスクを適切に管理するために，売り手はどのような方法を用いているか？ その方法はどのくらい有効か？
- 売り手が負担するリスクの予測と実際の結果を比べてどうか？ これらのリスクの管理が拙い場合，財務諸表のどこに反映されるか？ 残余リスクに関する売り手の過去の予測は，その後の実績に比べ計画的に過大ないし過小表示されていないか？
- 売り手の残余リスクの管理経験は業界他社に比べてどうか？ 会社の過去の経験が業界他社と異なるとすると，それは戦略の違いによるのか，それともターゲットとする顧客が違うのか？
- 会社が残余リスクの管理と予測にすぐれた実績を残していないとき，取引を販売とみなすのは適切か？ 会計ルールでは一般に取引を販売として記録するか，あるいは，収益を繰り延べるよう求めている．結果として，現行の収益認識基準に合致する取引であっても，他の取引に比べると最低限度の基準をようやく満たしている取引もある．分析している取引はこの連鎖のどこに位置しているか？

問題４：顧客の与信価値

顧客にクレジット販売を認める会社は数多い．最もよくある例だと，顧客は請求後 30 日以内に製品ないしサービスの代金を支払うことが期待される．

しかし，事業によっては，売り手が長期の融資を行うものもある．

売り手に重大な与信リスクをもたらす取引は，財務諸表の利用者に多くの疑問を生じさせる．売り手は顧客の与信リスクを評価し管理する適切なシステムを持っているか？　会社は過去に与信リスクをうまく管理してきたか？　与信リスクの管理で過去に成功したことが，将来への有効な指標になるだろうか？

与信リスクは，(a)顧客が環境の変化を経験したり，(b)売上高の成長に伴い会社が顧客層を変更したり，(c)売り手の採用している戦略が革新的で，与信リスクを評価するために過去のデータを利用できないような場合，とくに分析するのがむずかしくなる．以下では，2つの取引によりこれらの点と回収可能性を評価する問題について説明しよう．

例：不動産取引　不動産会社はしばしば顧客に長期の資金融資を行う．顧客は不動産の購入価格全体の5%を支払い，残りの95%をカバーするために売り手と住宅ローンを取り結ぶ．買い手がローンを全部支払えなければ，売り手は不動産の所有権を取り戻して新たに売却し，その代金を住宅ローン残高に充当する．この取引では回収可能性についていくつか疑問が生じる．第1に，当初に支払われた5%の返金はありうるか？　かりにそうなら，買い手はペナルティなしに契約を破棄できる可能性がある．第2に，とくに不動産価値が購入後に下落した場合，買い手が支払いそうだという保証を売り手に与えるほど所有者の持分は十分だろうか？　たとえば，上記取引の不動産価値が20%下落したとして，買い手の持分権が5%にすぎなければ，売り手に不動産を返還する強い誘因となる．それにより，買い手は持分投資を失うが，住宅ローンの返済を継続することから発生する追加的な損失を回避することができる．

会計基準は上記のリスクを捉えようとしている．SFAS第66号では，以下の条件すべてを満たした場合にのみ，消費者向け土地販売の収益を認識できるとしている．

1. 買い手が法的拘束力のある土地売買契約書にサインし，払い戻しされない頭金を販売価格の10%以上支払う．

2. 売り手の類似の売買における回収経験が，債権の少なくとも 90％について全額が回収されることを示している．頭金 20％以上がこのテストの代わりになる．
3. 売り手の不動産債権は，新規のローンの下位におかれる必要がない．
4. 売り手はアメニティーあるいはその他の設備を建設したり，不動産を改良する義務を負わない．

不動産の販売を認識するための上記の条件を不動産契約が満たしているなら，売り手は土地価格の全額を収益として認識できる．そうでなければ，会計ルールでは現金主義で収益を認識することが求められる．

例：サブプライム融資　サブプライム融資業者が現われたのは比較的最近のことである．サブプライム融資業者は信用調査の記録が不十分で，伝統的な銀行からの融資を受けられない個人客に消費者信用を提供する．彼らはクレジットカード，自動車への融資，住宅抵当ローンへの消費者信用を提供する．これらローンの利回りとサービス手数料は高くなりがちである．

もちろん，これらのローンはリスクが大きく，とくに，一般的な融資よりデフォルトの比率が高い．そうしたリスクを管理するために，サブプライム融資業者はローンに内在する追加的なデフォルトリスクを階層ごとに分類し，それに応じて利率を決めている．

Key Analysis Questions

与信リスクがあるとき，経営者はデフォルトリスクの影響を見積もる必要があり，それは証券アナリストに以下のような質問を生じさせる：
- 売り手の事業戦略はどのようなものか，また，その戦略は経営者の与信リスクを管理する能力にどのような影響を与えるか？　たとえば，製品のマーケティングの一手法として低利融資を行っているか？　それとも，製品は低価格で提供し，融資で儲けているか？　これら異なる戦略のリスクは何か？
- ある取引が販売かどうかを決める会計ルールは，売り手の直面するすべてのリスクを考慮しているのか？　会計ルールで考慮されないリスクは

あるか？ もしあるなら，そうしたリスクはどのくらい重大か？ 会社はそうしたリスクをどのように管理しているか？

- 売り手はデフォルトリスクを管理するのに役立つ適切な信用調査プロセスを有しているか？ このプロセスでは顧客のクレジット履歴，職業の安定性，資産や負債が調査される．この情報をもとに，売り手は適切にリスクを評価し，ローンの利率を決めることができる．
- 貸倒引当金の見積りは過去のデータや業界基準と整合しているか？ 業界基準より引当金が少ないように見えるとすると，その違いを説明する要因は何か？ たとえば，会社は戦略を変更したか，あるいは，業界他社と異なる戦略をとっているか，そのために業界基準がそれほど信頼すべきベンチマークではなくなったのか？ 会社が急成長し，これまでとは異なる顧客層に販売しているのか？ もしそうなら，新規の顧客は現在のポートフォリオミックスより，リスクが大きいだろうか，それとも小さいだろうか？

問題5：満足しない顧客への返金

会社が満足しない顧客の返品に応じて返金するオファーを無制限に行っている場合も，現金回収に関する疑問が生じる．よくあるのは雑誌や教科書の出版社のケースである．製造業者や小売業者にもおこりうる．たとえば，通信販売の衣料品小売会社である L. L. Bean は，顧客に次のような保証を行っている．「当社の製品はあらゆる方法で100%満足していただけることを保証します．当社から購入した製品がお気に召さない場合はいつでも返品して下さい．お取り替えするか，代金をお返しします．クレジットカードの場合は，引き落としを停止します．完全にご満足いただけない商品を L. L. Bean から購入していただきたくありません．」もちろん，顧客に満足を届けなければ，この保証は会社にリスクを生じさせる．

会社は返品リスクをどう管理するか？ もっとも簡単な方法は，顧客にとって魅力のある製品ないしサービスをもつことである．結果として，この種のオファーは，会社が差別化戦略を採用し，顧客に高品質の製品ないしサービスを定価で提供している場合にのみ意味をなしそうである．しかしながら，

こうした企業でさえ，返品に関連するリスクを管理することはむずかしい．たとえば，サイズの違う衣料品を購入した顧客の返品から生じるL. L. Beanのリスクを考えてみよう．会社はサイズの見積りかたについて顧客に明確な説明書を提供できるが，この種の返品を排除できない．顧客は正しいサイズの衣料品との交換を求めてくるだろう．しかしながら，かりに希望サイズの在庫がなければ，会社は購入代価を返金しなければならない．衣料品業界の季節性を考慮しても，L. L. Beanはこの種のリスクを十分に管理できないかもしれない．

顧客の不満や返品のリスクを財務報告にどう反映するか？ 一般に，販売は製品ないしサービスを引き渡した時点で認識されるが，返品のコストは年度末に見積もられるので，経営者の判断が必要となる．しかしながら，SFAS第48号では，「将来の返品額が合理的に見積もれる」場合のみ，このアプローチは役立つとされている．そうでない場合，売り手は返品の権利が実際に失効するまで収益を認識できない．

Key Analysis Questions

顧客による返品や返金のリスクが大きな事業は，証券アナリストに多くの疑問を生じさせる：

- 売り手企業は競争業者に対して自社の事業をどのように位置づけているか，また，その戦略は返品のリスクを管理する能力とどのような関係があるか？
- 売り手は返品のリスクを管理するのに役立つ適切なプロセスを有しているか？ このプロセスは顧客満足，そして／あるいは，返品の見込みを制限する製品・サービスの品質管理プログラムを含んでいる．
- 返品引当金の見積りは過去のデータや業界基準と整合しているか？ 引当金が業界標準より少ないとすると，その違いを説明する要因は何か？ たとえば，会社は戦略を変更したか，あるいは，業界他社と異なる戦略をとっているか，そのために業界基準がそれほど信頼すべきベンチマークではなくなったのか？ 会社が急成長し，これまでとは異なる顧客層に販売しているのか？ 会社の製品ないしサービスの品質や顧客満足に

変化があって，返品に影響するだろうか？

3 要 約

本章では，収益認識基準を概観し，財務諸表の利用者による収益の分析のインプリケーションを議論した．会計ルールでは，(1)売り手が顧客に引き渡すべき製品ないしサービスのすべて，あるいは，実質的にすべてを提供し，(2)顧客が現金を支払い，あるいは，かなり確実に現金を支払うと予測される場合に限って収益が認識される．

ある種の取引では，この基準を実行することはむずかしい．たとえば，以下の場合，収益が稼得されたかどうかを評価することはむずかしい．

1. 雑誌の購読契約，損害保険契約，アフターサービス契約など，顧客が製品ないしサービスを受け取る前に支払うケース．
2. 長期請負工事契約，マイレージ・サービスなど，製品ないしサービスが複数期間にわたって提供されるケース．
3. リコース付きの債権譲渡，リース契約など，売り手が残余権益を保持したまま製品ないしサービスが販売されるケース．
4. 不動産のデベロッパーなど，製品ないしサービスの売り手が顧客に長期の融資を行うケース．
5. 不満のある顧客に売り手が制限なしの返金のオファーを行うケース．

一般に，売り手企業の経営者は，収益が稼得されたかどうか，また，顧客から現金が回収できそうかどうかについて，最良の情報をもっていると思われる．そのため，収益（デフォルトや返品の見積りコストを除く正味）は，これらのリスクについての経営者の評価に関する情報を財務諸表の利用者に提供する．しかしながら，経営者には会社の受託責任に関して自分に有利な情報を報告しようとする誘因があるため，この情報の価値は控えめにみなければならない．これが収益の分析の役割となる．その分析は，収益が稼得されたかどうか，現金が回収できそうかどうかを自主的に評価することを含んでいる．

練習問題

1. 顧客がアフターサービス契約に1千ドル前払いしたとする．(a)現金受取時に収益が認識される場合，(b)製品の引渡時に収益が認識される場合，この取引の財務諸表への影響はどうか？ この取引の記録を完了するためにしなければならない予測は何か？ これら2つのアプローチのいずれが妥当であるかを決定する要因は何か？ 証券アナリストとして，会社のCEOにどのような質問をするか？

2. 会社が10百万ドルの建物の長期請負工事契約にサインしたとする．建物は2年間で完成し，8百万ドルの費用がかかる．初年度末に，6百万ドルの費用が発生した．契約条件により，顧客は建物代金を初年度中に支払うことになっている．(a)収益が工事完成基準で認識される場合，(b)収益が工事進行基準で認識される場合，この取引の財務諸表への影響はどうか？ この取引の記録を完了するためにしなければならない予測は何か？ これら2つのアプローチのいずれが妥当であるかを決定する要因は何か？ 証券アナリストとして，会社のCEOにどのような質問をするか？

3. United Airlinesはボストン―ロンドン間の往復航空券を750ドルで販売している．顧客は5千マイルの特典も受け取るが，これは国内無料航空券と引き換えるのに必要なマイル数の20％に相当する．Unitedは，顧客の20％が将来の飛行機旅行のために特典を引き換え，それらのフライトで失われる収益は乗客1人当たり400ドルになると予測している．さらに，Unitedはマイレージ・サービスの履行に関連する増分原価は乗客1人当たり100ドルと予測している．(a)増分原価アプローチを利用した場合，(b)収益が繰延収益アプローチを利用して認識される場合，この取引の財務諸表への影響はどうか？ この取引の記録を完了するためにしなければならない予測は何か？ これら2つのアプローチのいずれが妥当であるかを決定する要因は何か？ 証券アナリストとして，会社のCEOにどのような質問をするか？

4. 会社が200千ドルの2年物利付受取手形をリコース付きで銀行に

208,978 ドルで売却したとする．手形の利率は 10％，銀行の実効利子率は 7.5％である．(a)債権が売却されたとみる場合，(b)債権は銀行融資の担保に提供されたとみる場合，この取引の財務諸表への影響はどうか？ この取引の記録を完了するためにしなければならない予測は何か？ これら 2 つのアプローチのいずれが妥当であるかを決定する要因は何か？ 証券アナリストとして，会社の CEO にどのような質問をするか？

5. 簿価 15 百ドルの減価償却資産の使用権を，2 年契約，年間 1 千ドルの年初払いで，貸し手が顧客に売却したとする．リース期間の終わりに，資産の権利は売り手に戻される．割引率を 10％と仮定すると，リース料総額の現在価値は 1,909 ドルとなる．(a)収益が販売型リースによって認識される場合，(b)収益がオペレーティングリースによって認識される場合，この取引の財務諸表への影響はどうか？ この取引の記録を完了するためにしなければならない予測は何か？ これら 2 つのアプローチのいずれが妥当であるかを決定する要因は何か？ 証券アナリストとして，会社の CEO にどのような質問をするか？

6. 不動産デベロッパーが顧客に一区画の土地を売却し，融資も行うとする．営業初年度の 2000 年度に，会社は 25 百万ドルの土地販売契約にサインした．この土地は当初 20 百万ドルで取得されており，これは売上総利益率が 20％になることを意味している．顧客からの当年度の受領額は売却された不動産の手付金 8 百万ドルと，顧客との融資契約にもとづく元本返済 1 百万ドルであった．(a)収益が販売時点で認識される場合，(b)収益が現金受領時点で認識される場合，この取引の財務諸表への影響はどうか？ この取引の記録を完了するためにしなければならない予測は何か？ これら 2 つのアプローチのいずれが妥当であるかを決定する要因は何か？ 証券アナリストとして，会社の CEO にどのような質問をするか？

7. 出版社が年度中に新刊の教科書 130 千部を書店に引き渡したとする．書店は 1 冊につき 10 ドルを出版社に支払うが，1 年以内に返品した教科書については返金して貰う権利をもっている．出版社にとっての教科書のコストは 1 冊につき 5 ドルである．(a)収益が販売時点で認識される

場合，(b)収益は返品する権利が失効した時点で認識される場合，この取引の財務諸表への影響はどうか？　この取引の記録を完了するためにしなければならない予測は何か？　これら2つのアプローチのいずれが妥当であるかを決定する要因は何か？　証券アナリストとして，会社のCEOにどのような質問をするか？

7
費用の分析

　費用は，費消された，あるいは，価値が減少した経済的資源である．販売された製品ないしサービスを取得ないし生産する際，会社には費用が発生する．また，マーケティング（広告宣伝費，販売員の給料や手数料，マーケティング管理要員の給料など），会社の管理（本社人員の給料，本社の減価償却費），他人資本調達のコスト，税金，実現したあるいは未実現の資産価値の減少といった費用が発生する．

　費用の分析では，どの時点で費用を財務諸表に認識すべきかを決定することに焦点が合わされる．費用は資源が費消された時点で認識すべきか？　会社が資源の請求書を受け取った時点で認識すべきか？　資源への支払いがなされた時点で認識すべきか？　それとも，資源を費消することにより生み出された収益が認識された時点で報告すべきか？

　費用をどのように計上するかを定めた重要な会計原則は，対応原則と保守主義である．これらの原則によると，収益と直接的に対応する資源は，収益が認識されたのと同じ年度に計上される．特定の期間と関連が深い資源はその年度に記録される．さらに，それ以外のすべての原価は，発生した時点，あるいは，合理的に見積もられた時点で費用として認識される．

　次の場合，すなわち，資源が複数期間にわたって便益をもたらす場合，資源は費消されたものの支払いのタイミングや金額に不確実性がある場合，費消された資源の価値を明確にするのがむずかしい場合，資源の価値が減少した場合には，費用認識に問題が生じる．これらの問題があるため，費用の財務分析の機会が生まれる．

1　対応原則と保守主義

　会社が資源を取得した（そして支払った）ものの未だ費消していない場合，

あるいは，会社が資源を費消したものの未だ支払っていない場合，現金支出は資源費消の指標としては不十分である．実際，現金支出時に資源の費消を認識すると誤解を招くことになるし，経営者に，資源への支払いを遅らせることで報告される業績を改善しようとするよこしまな誘因を与えることになる．現金支出を遅らせるというこの誘因は，多期間にわたって便益をもたらす資産の購入など，高額な品目ほど大きくなりそうである．

　発生主義会計では費消した資源の原価を決めるうえで対応原則と保守主義の原則に依存している．図7-1に示したように，これらの原則により費用は3つの種類に分類される．まず，対応原則では費消された資源の原価が収益と因果関係のある場合に費用とされる．これには，製品を製造する際に費消された材料の原価や小売業者から商品を取得した原価などが含まれる．その結果，対応原則のおかげで，財務諸表の利用者は会社の製品ないしサービスが収益をあげているかどうかを評価することが容易になっている．つぎに，収益と明確な因果関係がない資源の原価は，費消された年度の費用として計上される．一般管理費や販売費がその例である．最後に，資源からの発生が期待される将来の便益が減少した場合，あるいは，かなり確実に便益を見積もることがむずかしくなった場合，保守主義の原則により，会計士は会社に費用の計上を要求する．減損資産の評価切り下げはそうした費用の一種である．

図7-1　費用を認識するための基準および適用上の問題点

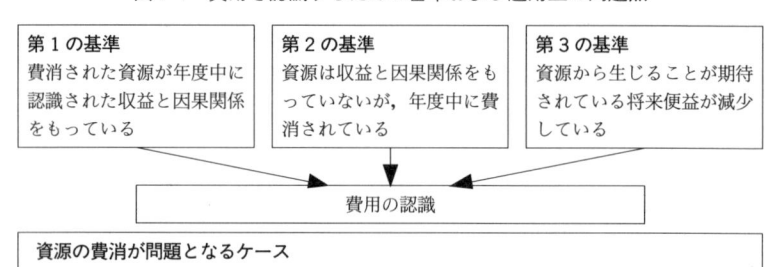

第1の基準	第2の基準	第3の基準
費消された資源が年度中に認識された収益と因果関係をもっている	資源は収益と因果関係をもっていないが，年度中に費消されている	資源から生じることが期待されている将来便益が減少している

費用の認識

資源の費消が問題となるケース
1. 資源が複数期間にわたって便益をもたらす場合
2. 資源は費消されたが，将来の支払のタイミングと金額が不明確な場合
3. 費消された資源の価値を決めるのがむずかしい場合
4. 未利用の資源の価値が減少した場合

費用を報告する際の問題

　財務報告の観点からすると，次の4つのケースで資源の費消がとくに問題となる．すなわち，資源が複数会計期間にわたって便益をもたらす場合，資源は費消されたものの支払いのタイミングと金額が不確実な場合，費消された資源の価値を決めるのがむずかしい場合，未使用の資源の価値が減少した場合である．この種の費用計上では，経営者の判断をかなり伴う．経営者は会社が年度中に費消した資源の原価に関してより良い情報を有していると思われるが，彼らは利己的でもある．さらに，将来経済的便益をもたらすか否かにかかわらず，支出を費用として計上することが会計ルールにより要求されることもある．このような報告上の限界が，財務諸表の利用者による費用の分析の誘因となる．

　以下では，費用認識の基準を適用する際に鍵となる問題を分析し，重要なポイントを説明するために特定業種，特定の取引を利用する．とはいえ，議論される問題はきわめて一般的である．

問題1：資源が複数期間にわたって便益をもたらす場合

　会社が取得した資源の多くは，複数期間にわたって便益をもたらす．これには，工場や設備，研究開発，広告宣伝，石油やガスの油井掘削への支出が含まれる．これらの取引における会計上の問題は，この種の資源の原価をどのように複数期間に配分するかである．使用期間にわたって均等に配分すべきか？ 保守主義的に，支出時点で費用に計上すべきか？ 対応原則では，将来の収益と明確でかなり確実な因果関係があるなら，資源の原価を見積耐用年数にわたって配分することになっている．逆に，因果関係が明確でないなら，あるいは，不確実性が大きいなら，資源の原価は支出年度の費用として認識される．

　複数期間にわたって便益をもたらす資源への支出を報告する際の問題を説明するために，固定資産の減価償却，のれんの償却，研究開発支出，広告宣伝支出の財務報告上の取扱いを議論する．

例：固定資産の減価償却　固定資産には工場，建物，製造設備，コンピュー

ター設備，自動車，備品が含まれ，耐用年数はすべて1年以上である．一般に，これらの資源が会社のために将来の収益を生み出すうえで，直接的ないし間接的に役立つと期待されていることにほとんど疑問の余地はない．したがって，これら資源への支出と将来収益との因果関係は一般にかなり確実である．

ところが，これらの資源のコストを将来収益とどのように対応させるべきかはむずかしい問題である．一般に認められた会計基準では，これら資産の耐用年数と耐用年数末の残存価額の見積りが経営者に要求されている．これらの見積りは，固定資産の原価を耐用年数にわたって規則的に配分するために使われる．

資産の耐用年数は技術的陳腐化のリスクや物理的使用のリスクにより決められる．そのため，こうした影響に対する経営者の見積りは，会社の経営戦略と類似資産を操業，管理，転売した過去の経験に左右されそうである．たとえば，Delta Air Lines は1998年に新規購入の航空機を耐用年数25年，見積残存価額を取得原価の5%として減価償却を行った．対照的に，Singapore Airlines は耐用年数を10年，残存価額を取得原価の20%と見積もった．このような見積りは両社の経営戦略の違いを一部反映している．Singapore Airlines は価格をそれほど重視しない一方，信頼できるサービスを要求するビジネス客をターゲットとしている．他方，Delta は価格に非常に敏感な一方，定刻到着をさほど重視しないエコノミー客のほうに焦点を合わせている．その結果，2社の採用している航空機の運行戦略は非常に異なっている．Singapore Airlines は他社に比べた機齢の若さを維持するために，定期的に古くなった航空機を取り替えている．これにより，整備上の問題によってフライトが遅延するリスクは減少し，会社は定時発着率を高くすることが可能になった．他方，Delta は航空機をより長く保有することにより，設備支出を節約したが，その分整備費用は増大し，定時発着率は低下した．こうした運行戦略の違いは2社の減価償却費の見積りに反映されている．もちろん，2社の経営者の見積りに影響する要因は他にもあるかもしれない．たとえば，Delta は100%公開会社として保有されているので，所有者に利益を報告する強い圧力に直面するだろう．他方，Singapore Airlines は大部

分がシンガポール政府に保有されている．

　一般に認められた会計基準（GAAP）ではいくつかの減価償却方法が認められている．アメリカで財務報告に使われる一般的な方法は，要償却額（取得原価マイナス見積残存価額と定義される）を見積耐用年数にわたって均等に配分していく定額償却である．アメリカでは公開会社の 90％以上がこの方法を適用している．アメリカ以外の国では，税務報告の方法と一致するよう加速償却を適用する会社が多い[1]．加速償却によると，資産の耐用年数の初期には定額法より償却費が多くなり，耐用年数の終わりには少なくなる．3 つめの減価償却方法は生産高比例法であり，これは物理的数量で耐用年数が測定できる資産に適用される．ある年度の減価償却費は，耐用年数までの物理的なサービスの総量に対する，その年度に費消された量の割合を資産の取得原価に乗じた金額である．これは，天然資源会社が設備資産の減価償却費を計上する際によく使われる方法であるが，それは資産の耐用年数が特定の鉱山ないし油井の資源総量に結びつけられるからである．

　経営者は資産の耐用年数および残存価額の見積りや減価償却方法の選択にあたって判断を下す．そのため，減価償却費が事業の経済実態だけでなく経営者の報告上の誘因まで反映するリスクがある．

例：のれんの償却　第 4 章で議論したように，会社が他社を取得して，それをパーチェス法によって会計処理するとのれんが計上される．のれんはターゲット企業の無形資産に支払われたプレミアムをあらわしている．のれんには，ブランドネーム，研究開発力，顧客基盤，すぐれた管理体制，教育の行き届いた従業員，特許，その他すぐれた業績の源泉が含まれる．

　買い入れのれんと将来収益の因果関係が固定資産の場合ほど明確でない理由はいくつかある．第 1 に，のれんから得られる将来便益の源泉が固定資産の場合ほど明確でない．第 2 に，のれんは無形資産への支払いだけでなく，買収企業によるターゲット企業への払い過ぎもあらわしている．こうした不確実性が存在する結果として，基準設定機関により認められるのれんの償却政策は国によって異なる．たとえば，オランダでは，のれんは利益にチャージして償却されるのではなく，買収完了時点で株主持分と相殺して償却され

る．のれんは定額法により，アメリカでは40年以内，日本では5年以内，ドイツでは4年以内に償却される．イギリスではのれんは資産に計上され，減損していなければ全く償却する必要はない．

のれんの期待価値と経済的耐用年数はさまざまな要因に左右される．第1に，それらは，ターゲット企業の無形資産を適切に評価し，払い過ぎを回避する取得企業の経営者の能力に左右される．第2に，それらは，すぐれた管理体制，既存の顧客，鍵となる従業員など，購入した無形資産を損なうことなくターゲット企業を調整する取得企業の経営者の能力に左右される．最後に，のれんの価値と期待耐用年数は新会社の戦略とその実行能力に依存しており，それはターゲット企業の無形資産をてことすることにも，損なうことにもなりうる[2]．

これを説明するために，電子技術，手動式の工作機械，自動車，エネルギー設備を事業とする多角化企業のCooper Industriesが，石油およびガスの機械装置の製造業者であるCameron Iron Worksを1989年に967百万ドルで取得した例を取り上げよう[3]．Cooperの戦略は，製造事業を取得し，経営を強固にし，報告とコントロールのシステムを改善することにあった．ところが，この戦略とCameronでのその実行にはいくつか問題が発生した．まず，Cooperの専門的知識は製造を理解することに向けられた．経営者はCameronの成功にとってこれが決定的だと誤解していたのである．Cameronにとって鍵となる業績決定要因はサービスとマーケティングであることがわかったのは，取得後まもなくのことであった．さらに，買収を実行していくなかで，Cooperは支配に夢中になり，Cameronの経営者は事業を経営していくのが困難になった．結果として，Cooperは取得に関連した評価減を440百万ドルから750百万ドル計上し，1994年にはCameronを譲渡した．

経営者が自己の利益のために買収は成功したと投資家に報告しようとしたり，のれんへの支出から生じる将来便益を見積もるというむずかしい問題があったりすると，価値を減少させるような買収を行う経営者は，のれん価値の減少をタイムリーに認識できないというリスクがある．また，株主価値を形成する買収でも，のれんの償却に関する会計ルールにより合併の便益が反映されないこともあるが，これは多くの国で資産価値が減少していなくても

のれんを償却することが要求されているからである．

例：研究開発支出　研究開発支出は，将来の年度に会社にとっての価値を生み出す目的でなされる．これは，新製品に期待されている収益が認識された年度に，研究開発支出も費用とすべきことを示している．しかし，研究開発（R＆D）は不確実性の高いプロセスである．一般に，成功したプロジェクトの裏には多くの失敗したプロジェクトが存在する．結果として，大部分の国の会計ルールでは，研究開発支出を発生した年度の費用とすることが要求されている（SFAS第2号をみよ）[4]．

研究開発の費用計上を要求するアメリカのルールにはいくつか例外がある．まず，他社から購入した完了済の研究開発は資産計上され，耐用年数にわたって償却される（SFAS第68号をみよ）．また，ソフトウェア開発費のうち，詳細なプログラム設計ないし実用モデルが完成したものは資産計上される．この資産のある年度の償却費は，その年度に生み出されたプロジェクト収益の期待されるプロジェクト総収益に対する割合に応じて計上される（SFAS第86号をみよ）[5]．

完了した研究開発およびソフトウェア開発への支出を資産計上し，償却するというルールは，財務報告上，経営者に判断する機会を与える．経営者はこの判断を通じて，研究開発コストをそれが生み出す収益と対応させる可能性をもっている．しかし，他方では，どのタイプの支出が資産計上のうえ将来の収益に対して償却するという基準を満たすかを決めたり，償却すべき支出の耐用年数がどれだけかを見積もったりする際に，この判断を悪用して利益の計上を早めたり遅らせたりできる[6]．

これらの問題に関する報告実務の多様性は，財務報告の利用者に疑問を生じさせるだろう．たとえば，世界中で最も成功したソフトウェア開発業者であるMicrosoftは，ソフトウェア開発支出の全額を即時に費用計上している．対照的に，ソフトウェア業界では小規模な会社の1つであるPeoplesoftは，開発費を資産計上し，3年間で償却している．Microsoftはその報告を保守的に行っているか？　Peoplesoftは積極的に報告しているか？それとも，この2社の報告の違いは，ソフトウェア開発モデルの大きな違い

を反映しているのか？

　研究開発支出の報告にあたって経営者が判断を下す機会がない企業を分析することも重要である．たとえば，研究開発集約的な製薬業界の会社は，研究開発支出の全額を即時に費用計上することが要求される．これらの企業の財務報告は，最も効果的な研究所を有する企業と最も効果のない研究所を有する企業を識別するという，投資家が経営者の業績評価と企業評価を行ううえで決定的に重要な問題に役立たない．そのため，アナリストは特許ファイルやFDA（食品医薬品局）の承認など，企業の研究能力およびその成功に関する別の情報源を調査している．

例：広告宣伝支出　広告宣伝支出には研究開発より財務報告上むずかしい問題がある．第4章で議論したように，Coca-Colaなどの会社は，製品の広告宣伝により長期にわたって持続可能な超過利潤を得ることができる．しかしながら，ある年度の広告宣伝支出と将来収益には，たとえあるとしても，どのようなつながりがあるか不明確な場合がよくある．

　企業の広告宣伝プログラムを長期的な収益に結びつけるのがむずかしいことを説明するために，Windows 95の発売キャンペーンに220百万ドル費やしたMicrosoftのケースを考えてみよう．新製品の成功におけるキャンペーンの役割を評価することはむずかしい．会社は市場で支配的な地位を占めていたので，会社自らが最初に金を払ったWindowsの広告が1995年8月24日に登場する以前から，この製品に対しては一般に広く関心がもたれていた．*The Wall Street Journal*は1995年7月1日から8月24日までの期間に，3,000本の見出し，6,852本の記事，そして3百万の文字がWindows 95にささげられたと推定している．さらに，発売された週には，新製品の販売促進のために，Microsoftは一連の人目を引く広告宣伝を試みた．トロントのCNタワーにはWindows 95の600フィートの垂れ幕がつるされ，エンパイヤステートビルはWindows 95のロゴ色に照らされ，さらに会社は*The London Times*に1日の発行部数に相当する1.5百万部を無料で配布させた．220百万ドルの広告キャンペーンと比較して，これらの販売促進は製品が市場で成功を収めるうえでどのような役割を果たしていたか？

Windows 95 の例でみたように，会社の広告宣伝戦略とは別に数多くの要因がキャンペーンの有効性に影響しそうなので，会社の広告宣伝戦略の長期的な有効性を評価することは，一般的にいってむずかしい．評価を妨げる要因には，会社による価格や販売促進の意思決定，競争業者の価格や販売促進あるいは広告宣伝上の反応，競争業者と比べた会社の市場での立場，製品市場の段階（成長，成熟，衰退）が含まれる．これらの影響を数量化し，広告宣伝支出と将来収益の因果関係を特定する困難を考えて，会計基準では一般に広告宣伝支出を支出時点で費用計上することが要求されている．

しかしながら，ある種のマーケティング支出を将来収益と結びつけられる業界もある．たとえば，生命保険会社は新規に保険契約を獲得した販売代理人に報酬として手数料を支払う．この契約の便益は短期（損害保険会社にとって）もあれば長期（生命保険会社にとって）もある．そのため，SFAS 第 60 号および SFAS 第 120 号では，これらの支出を資産計上し，契約期間にわたって費用とすることを保険会社に要求している．

支出と将来収益を結びつけられるもう 1 つの広告宣伝支出は，ダイレクトマーケティングによる広告宣伝コストである．クレジットカード会社，電話会社，インターネットサービスプロバイダー，衛星テレビのプロバイダー，雑誌出版社，メンバーシップサービス会社は，新規のメンバーを取り込むためにダイレクトマーケティングに多額の金を費やす．これら企業の多くは，自社のプログラムとの契約率，メンバーシップの更新率を文書で証明できる．実際，これら企業の多くは，マーケットリサーチにより，契約およびその後メンバーシップの更新が最も見込まれる顧客をターゲットとしている．その結果として，会計基準（Statement of Practice 93-7 をみよ）は，(a)顧客が広告キャンペーンに直接反応したこと，(b)支出からの将来便益がかなり確実であることを文書で証明できるならば，会社がこの種のコストを資産計上することを認めている．最初の要求はコード付きの注文書，クーポン，返信用はがきを利用することで満たされる．2 つめは，メンバーシップ更新に関する過去のデータを参照することにより満たされる．もちろん，競争の激化あるいは顧客のサービスに対する失望などにより，将来の更新が過去のパターンに従わないリスクが常にある．

Key Analysis Questions

上記の議論は，多期間にわたって価値を提供する資源を費用処理する際に，経営者が判断を下す機会があることを示している．さらに，この種の資源を報告するための会計基準では，すべての企業に支出を即時費用とすることが要求されている．そのため，アナリストにとって，これらの支出により多期間にわたって便益を生み出せる企業とそうでない企業を識別することがさらに困難になっている．そこで，以下の疑問はアナリストの役に立ちそうである：

- 多期間にわたって便益をもたらす資源を償却するために経営者はどのような仮定をおいているか？ これらの仮定は会社の事業戦略と整合しているか？ 業界他社の仮定と比べるにはどうしたらよいか？ かなりの違いがあるとき，それらを説明する要因は何か？
- 会社は償却上の仮定をこれまでに変更したことがあるか？ これらの決定を説明する要因は何か？ たとえば，異なる事業モデルあるいは業務モデルを採用しているのか？
- 経営者が固定資産を一貫して過大あるいは過小償却している証拠はあるか？ そうした証拠には，規則的な資産売却の利益（あるいは損失）の報告，あるいは，継続的な資産の評価切り下げが含まれる．
- 資産計上された当期の支出から期待される便益の価値や信頼性はどれほどか？ これらは，会社の製品市場における立場やその持続可能性に影響される．たとえば，買収の結果として多額ののれんを計上したとして，この資産には経済的な基盤があるのか，それとも被取得企業に対して払いすぎたのか？
- 会計基準が無形の資源に対する支出を，その支出時に費用計上することを求めている場合，とくにこれらの支出をもとに長期的な価値を生み出せる企業について，アナリストはこれらの費用が利益に与える影響を割り引いて考えるかもしれない．そのためには，これらの支出から期待される便益とそれに関連するリスクを分析する必要がある．会社は自社の研究開発をもとに新製品を作り出した実績，あるいは，マーケティングキャンペーンをつうじてブランドを作り出した実績があるか？

問題２：資源への支払のタイミングと金額が不明確な場合

　会社に長期的な便益をもたらさない資源に対して，長期的な義務を負うことになる取引もある．たとえば，従業員に年金および退職後給付を提供している企業は多い．自社に責任がある環境破壊の浄化に対して長期にわたり支払う義務を負う会社もある．こうした債務は会社に将来便益をもたらさないので，費用とされる．便益は当期あるいは当期以前に実現している．ところが，債務のタイミングと金額は不確実であることが多いので，費用を計上するのはむずかしい問題となる．

　この種の義務はどのように記録すべきか？　予想される債務の見積り，あるいは，予想される債務の現在価値を費用とすべきか？　もしそうなら，これら債務や利子率の経営者による見積りの誤りはどのように反映すべきか？　それとも，債務のタイミングと金額がより正確に決定できるまで，費用計上を遅らせるべきか？

　将来便益をもたらさない長期債務の費用計上に関連した問題を説明するために，年金および退職後給付と環境負債の会計について議論しよう．

例：年金およびその他の退職後給付　従業員に年金制度およびその他の退職後給付を提供している企業は多い．一般に，従業員は最低限の期間会社に勤務した後，ある種の給付を受ける資格を得る．その後は，一般的に従業員が１年勤務するごとに給付額が増加していく．

　第５章で議論したように，年金制度および退職後給付制度のもとで予想される将来債務を，会社は負債として見積もることが要求される．これは，雇用者が従業員に将来一定水準の給付を保証するという，給付建年金制度に関連した負債を計上する重要な問題である[7]．この種の制度では，経営者は現在の従業員の将来就業年数，平均余命，退職年齢，将来の給付コストを予測しなければならない．これらのデータは現在の全従業員の予測将来給付額の現在価値を見積もるために使われる．この現在価値は給付原価として定額法により従業員の予測就業年数にわたって償却される（訳者注：将来給付額は従業員の予測就業年数にわたって通常は各期に定額で割り振られる．各年度の配賦額はそれぞれ一定率で年数に応じて割り引かれ，それが各年度の給付

原価として償却される)．さらに，従業員の給付受け取りが近づくにつれて生じた債務価値の増加（利子効果）や，会社が給付制度に資金拠出するために投資した資産の価値が増加したことによる債務価値の減少は，給付原価に反映される．経営者が将来の制度上の義務の予測を見直した場合にも，給付原価は調整される．もちろん，このアプローチによると，年々の給付原価の見積りにあたって経営者にはかなり判断の余地が生じる．

この制度のもとで発生した債務のコストを見積もるのは，経営者にとってむずかしい問題である．しかしそれによって，従業員の入れ替わりに関する不確実性，医療費のインフレ，従業員の平均余命といった制度に関連するリスクが，財務諸表に確実に反映されることになる．経営者や財務諸表の外部利用者にとって，これらのリスクの含意と従業員に提供される給付の価値を理解することが重要である．

例：環境コスト 第5章で議論したように，包括的環境対策補償責任法 (Comprehensive Environmental Response, Compensation, and Liability Act, CERCLA) は，国内で最も劣悪な有害廃棄物現場処分場に有害廃棄物を不適切に廃棄した責任のあるものに，浄化のコストを負担させる法的権限を連邦政府に与えた．環境負債を測定する際の問題，すなわち，浄化コストの見積もりのむずかしさ，および，浄化コストを用地に関係した当事者にどう分担させるかを決定するむずかしさも，費用の計上を困難にしている．どのように費用を計上すべきか？ たとえば，それは負債の計上と同時に一度限りのチャージとして記録すべきか，あるいは，浄化期間にわたって配分すべきか？ それは，臨時項目として，または非営業項目として，あるいは正常な営業の一部として表示すべきか？

第5章で述べたように，浄化コストおよび会社の責任に関する不確実性がほぼ解決された時点で負債は記録されるはずである（SFAS第5号と Statement of Position 96-1 をみよ）．この Statement of Position 96-1 は，負債が計上された時点で，浄化コストの全額を営業費として認識することも会社に要求している．浄化コストは臨時項目とは考えられず，"営業外損益"に含められるはずもない．もちろん，これらのコストが巨額で継続する見込み

がなければ，アナリストは将来の営業利益の予測を改善するために，それらを営業損益から分離して考えようとするかもしれない．

Key Analysis Questions

タイミングと金額が不確実な将来債務のコストの見積りには経営者の判断がかなり介入する．さらに，これらのコストの中には，金額があまりにも不確実なため，会計基準により費用の計上が要求されないものもあり，会社のコストのうちどれが過小表示されているかを評価することが困難になっている．そのため，証券アナリストにとって以下の問いが役に立つだろう：

- 不確実な将来債務を認識するために経営者はどのような仮定をおいているか？ それらの仮定は前年度に比べて変更されたか？ もしそうなら，この変更を説明する要因は何か？ たとえば，会社は給付制度あるいは事業活動を変更したか？ 経営者が年金債務の現在価値を計算するための割引率を変更したとすると，それに匹敵する利子率の変化があったか？
- 不確実な将来債務のコストを見積もるための仮定には同業他社と異なるものがあるか？ もしそうなら，それらの違いを説明する要因は何か？ 会社はこれらの資源の供給業者と異なる関係をもっているのか？
- 会社の経営者が長期債務のコストを規則的に過大あるいは過小に見積もっている証拠があるか？
- 環境負債のコストのように，将来支出の見積りに不確実性があるため会計基準では将来債務の費用計上が延期されているとき，それにより会社の費用はどれだけ深刻な影響を受けるだろうか？ 会社はこれらのリスクをどのように管理しているか？ リスクの高い会社と低い会社を識別するのに役立っている指標はあるか？

問題3：費消された資源の価値を決めるのが困難な場合

収益を生み出すために使われる資源の中には評価がむずかしいものもある．たとえば，在庫品はさまざまな価格で購入ないし製造され，そのうえで収益に対応させられねばならない．在庫品のうちどれだけが売上原価として報告

され,どれだけが在庫品として報告されるべきか? 経営者に対するストックオプションも,オプションの代償として費消された資源の価値やこれらのコストが費用として扱われるタイミングに関して疑問を投げかける.この種の資源がどのように記録されるかについて,また,そこにどのような問題が含まれるかについて議論しよう.

例:売上原価 異なる原価で製品を購入ないし製造し,その後一部を売却したとすると,会社は販売された単位の原価と在庫品として残った単位の原価を決定する問題に直面する.インフレ経済であったり,あるいは,会社の商品ないしインプットに需給の変動があるとき,購入ないし製造された製品の原価は時点によって異なる.生産数量が変化すれば,製造原価も時点によって異なる.製造上のキャパシティ・コストは短期的には固定されており,このコストはその多寡にかかわりなく生産数量に対して配賦されるので,単位価格に影響する.

製品の種類によっては,購入ないし販売された特定単位が識別できるので,売上原価と在庫品の評価は容易である.これには自動車ディーラーのケースなどがあてはまる.新車および中古車は,生産国,モデル,色,年式,アクセサリー,そして必要なら自動車の登録番号により識別できる.したがって,自動車が販売された場合,経営者は販売収益に対応される特定の費用を識別できる.

しかしながら,大部分の事業では購入ないし販売された各単位を明確に識別することは不可能である.たとえば,新車を生産するために数千の部品を購入する大手の自動車メーカーは,特定部品のおのおのの原価に関する情報を得るのは非効率的であることを知っている.それゆえ,売上原価を見積もるためにそれとは別の会計処理が必要となる.

会計士が採用しているアプローチは,在庫品から売上原価への製品のフローを仮定するというものである.3つの主要な方法が認められている.第1は,最後に購入ないし製造された単位が最初に販売されると仮定する,後入先出法(LIFO)である.この方法では収益に直近の費用が対応されるので,将来の売上総利益の指標としては他の方法よりもすぐれているという議論も

ある[8]．ところが，LIFO による在庫評価はかなり時代遅れになるだけでなく，在庫水準を引き下げて過去の原価のまま繰り越されてきた商品を販売することにより，経営者が一時的に利益を押し上げる可能性をもたらす．

第2の方法は先入先出法（FIFO）である．この方法では，最初に購入ないし製造された単位が最初に販売されると仮定される．この方法の利点は，在庫品が確実に直近の原価で評価される点である．しかしながら，粗利益は昔の価格水準で購入された単位の保有利得を含むため，売上利益の解釈がむずかしくなる．

第3のアプローチは，LIFO と FIFO の中間的な平均原価法である．これは購入ないし製造された数量の平均原価で売上原価と在庫品を評価する．

在庫評価については，注意すべき点がいくつかある．第1に，特定の方法を採用するにあたっては，倉庫にある商品の実際の物理的なフローをあらわす必要がないことである．したがって，パンを焼いている会社が LIFO を適用して報告していても，その方法に従って実地棚卸をするわけではない．第2に，LIFO は適用できない国もある．たとえば，イギリス，フランス，カナダの会計では認められていない．第3に，アメリカでは，財務報告に適用する方法の決定にあたって，経営者は税務上の要因を考慮する．税務会計ルールでは財務報告に適用した方法を税務報告でも適用することが要求される（訳者注：一致ルールが適用されるのは LIFO のみ）．その結果として，要素価格ないし商品価格が上昇している業界の企業は，税金債務の現在価値が小さくなるので，LIFO を選択する税務上の誘因がある．要素価格ないし商品価格が下落している業界の企業は FIFO を適用したほうが税務上有利である．

要するに，売上原価の評価は経営者に財務報告上の判断を行使するいくつかの機会を提供しているのである．経営者は，在庫品のフローの決定方法を選択できるし，あるいは，生産を増減させて，キャパシティコストを配賦する数量を増減させられるし，あるいは，LIFO を適用している場合に在庫を減少させることにより，収益に昔の原価を対応させることもできる[9]．

例：経営者に対するストックオプションによる報奨　アメリカでは公開会社の大部分

が，トップ経営者にストックオプションによる報奨を提供している．ストックオプションは，所与の価格（権利行使価格ないしオプション行使価格）で，将来のある時点（権利行使日ないし満期日）において，経営者が株式を購入することを認めるものである．たとえば，Walt Disney Company の1999年度の議決権行使勧誘書類では，1996年9月30日現在，報奨委員会は会社の CEO である Michael Eisner に，オプションが付与された時点での株価21ドルを権利行使価格として，Disney 株式15百万株の購入選択権を付与したことが開示されている．オプションは2008年9月30日に失効する．会計年度末である1998年9月30日現在の Disney の株価は25.375ドルであった．

　Michael Eisner に関する報告でみたような，ストックオプションによる報奨では，トップ経営者が株主価値を最大化する強力な誘因となることが意図されているが，それは株価が上昇傾向にあると経営者は株式を購入するからである．直接株式を与えるのではなく，オプションが一般的な報奨形態となっているのにはいくつか理由がある．それは株式保有のダウンサイドリスクから経営者を守ってくれる．危険回避的な経営者にダウンサイドリスクを負わせるような報奨は，意思決定において所有者の望む以上に経営者を用心深くさせる．さらに，ストックオプションによる報奨はしばしば株式を与えるのに比べて税務上有利である[10]．

　財務報告上むずかしい問題となるのは，この種の報奨をどのように計上するかである．これらの報奨の付与を費用として記録すべきか，それとも，価値の見積りがむずかしくて計上できないか？　費用計上されるとしても，どの時点で表示し，どのように評価するか？　報奨の価値はオプションが付与された時点で認識すべきか？　もしそうなら，それをどのように評価するか？　報奨費用はオプション行使期間にわたって表示すべきか？　また，付与された報奨の価値はどうか？　報奨はオプションが行使され，与えた株式の価値が判明した時点で記録すべきか？　報奨費用は経営者がオプション付与により得た株式を実際に売却した時点で認識すべきか？

　1995年以前，アメリカ企業はAPB意見書第25号により，オプション付与を報告する際，"本源的価値"法の適用が要求された．このアプローチの

もとで，報奨費用はオプション付与日の株式の時価と権利行使価格の差額として記録された．しかしながら，大部分のオプションでは権利行使価格とオプション付与日の株式価格は同じだったので，報奨費用は報告されなかった．1995 年に FASB はストックオプションによる報奨の公開草案を発表し，オプションの評価として"公正価値"法を勧告した．これは，オプションの付与日に付与されたオプションの市場価格を繰延報奨費用として計上するもので，Black-Scholes モデルないし二項モデルを利用して見積もられる[11]．報奨費用は，オプションの付与により経営者が有効に稼得した報奨を反映しており，オプションの付与期間にわたって繰延報奨費用を償却することにより記録される．

　ストックオプションの公開草案をめぐって相当な議論がなされ，FASB はその勧告をトーンダウンした．最終的な基準である SFAS 第 123 号では，APB 第 25 号と SFAS 第 123 号のいずれで報告するかを経営者が決定することを認めた．しかしながら，会社が APB 第 25 号の適用を選択した場合，付与されたオプションの公正価値を脚注で開示することが要求されている[12]．

Key Analysis Questions

　費消された資源の価値を決めるのがむずかしい場合，会計ルールは，費消された資源の見積りに使われる明確な方法を提案するか，あるいは，経営者が費消された資源の記録にあたって判断を下すことを認めなければならない．いずれの結果も費用の財務分析の機会をもたらす．証券アナリストから生じてきそうな問いには以下のものがある：

- 経営者は，売上原価，ストックオプションによる報奨，費消された資源の評価がむずかしいその他の費用を評価および計上する際，どの方法を適用しているか？　その方法はこれまでに変更されたか？　会社は業界他社と同じ方法を適用しているか？　適用されている方法が以前と違う，あるいは，業界他社と違う場合，その違いを説明する要因は何か？　会社は経営戦略を変更したか，あるいは，方法の違いを説明できるような，競争業者とは異なる価値創出のモデルを採用しているのか？　会社はタックス・ステイタス（tax status）ないし税金管理戦略を変更したか？

あるいは，資本市場にポジティブな成果を報告しようとしているようにみえるか？
・売上原価，ストックオプション，費消された資源の評価がむずかしいその他の費用を評価する際に使われる会計方法から，もしあるとして，どのような利益への影響が生じるか？　たとえば，LIFO を適用している場合，在庫一掃により売上原価に一度限りの効果が生じているか？　生産設備の利用度の変化は売上原価にどう影響するか？　会社が売上原価の記録に FIFO ないし平均原価法を適用している場合，最近のインプット価格の上昇により将来の粗利益はどのような影響を受けるだろうか？　会社がオプション費用の記録に"本源的価値"法を適用している場合，かりに"公正価値"法を適用したとして，どのような影響があるか？　会社の業績を所与とした場合，経営者は適切に報奨されているか？

問題4：未利用の資源の価値が下落した場合

　費用計上に関する最後の問題は，時の経過とともに価値が変化する未利用の資源に起因するものである．これらの価値変化の財務報告における含意は，たいてい保守主義の原則の適用により生じる．この原則によると，資源の価値の永久的な減少は損失として記録すべきであるが，価値の増加からは資源が販売されるまで一切利益を記録すべきではないということになる．これは第4章で議論した資産の減損と同じ問題である．以下では，費用報告の問題として，営業資産と金融商品の価値の変動を議論しよう．

例：営業資産の減損　第4章で議論したように，保守主義の原則では，価値の減損した資産は原価以下の時価まで評価を切り下げることが要求される．たとえば，1997年12月，コア事業の業績が期待はずれだったことから，Eastman Kodak は15億ドルのリストラ費用を計上した．この金額のうち，428百万ドルは資産の減損（評価減前の固定資産の7%），165万ドルは在庫品の評価減（評価減前の在庫品の12%）であった．残額は主にレイオフされた16,100人の退職費用をあらわしている．

資産の減損から生じる損失を認識する際の問題は，往々にして，資産に減損が生じているかどうかの評価がむずかしく，もしそうだとしても，その損失額の評価がむずかしいことである．アメリカでは資産の減損の会計はSFAS第121号により規制されている．この基準では，企業環境の変化，あるいは，簿価が回収できない徴候があるときには，資産の減損テスト（review）を行うことが要求される．環境の変化は，資産がそれほど利用されないか，あるいは異なる方法で利用される場合，法律ないし規制の変更が資産の価値に影響する場合，あるいは，キャッシュフローを喪失した経歴がある場合に起こりうる．資産に関連した割引前の将来キャッシュフローに関する経営者の見積りが簿価を下回った場合，資産は公正価値まで評価減され，損失が認識される．

　SFAS第121号にもとづく減損の認識の決定および損失の価値の見積りには，経営者の判断がかなり含まれる．経営者はどの程度の資産グループが資産の減損を評価するのに適切かを決めなければならない[13]．これらの資産から期待される将来キャッシュフローも予測および評価しなければならない．

　1998年末にSECは経営者が資産の減損に関する報告で判断を乱用しているという懸念を表明した．SEC会長のArthur Levittはこの懸念を次のように表明した．すなわち，「利益が打撃を受けたときには，ウォール街は一度限りの損失を見越して，将来利益だけに焦点を合わせるのだという理屈が出回る．そして，これらのチャージが少々余分のクッション付きで保守的に見積もられていると，そこでいう見積りは，見積りの変更ないし将来利益の不足が生じると，驚くべきことに利益に生まれ変わる」[14]．

例：金融商品の価値の変動　第4章で議論したように，金融商品を公正価値で計上することが要求されるのは，会社が投資目的で所有しており，かつ，販売するつもりがあるか，あるいは，販売可能な場合である．鍵となる問題は，この種の投資の損益は損益計算書に反映されるべきか，それとも，直接株主持分にチャージされるべきかである．現行ルールでは，予備のキャッシュという形で金融商品を保有し，売却するつもりがあるなら，公正価値にもとづく未実現の損益は利益に含めて表示しなければならない．金融商品が売

却可能であるなら，実現損益だけが利益に表示される．売却可能な金融商品は公正価値で評価される．未実現損益は包括利益に含められ，損益計算書には計上されない[15]．最後に，満期まで保有される金融商品は取得原価で評価され，実現損益だけが損益計算書に報告される．しかしながら，前述したように，経営者の意図をもとにしたこれらの区分は経済的観点からすると適切ではない．したがって，アナリストは経営者の業績評価にあたって，実現利益と未実現利益の両方とも関連があるとみなすべきである．

ヘッジ目的で保有されている金融商品も公正価値で記録することが要求される（第4章をみよ）．この種の金融商品を値洗いしたことによる利益への影響は所有目的に依存する．他の項目の公正価値の変動をヘッジする目的なら，公正価値にもとづく損益は，ヘッジ項目と金融商品のいずれも利益に含められる．しかしながら，金融商品が予想される将来のキャッシュ・インフローあるいはアウトフローの変動をヘッジする目的で保有されているなら，公正価値にもとづく損益のうち，ヘッジされている部分は繰り延べられ，キャッシュフローが報告された時だけ利益に含められる．公正価値にもとづく損益のうち，ヘッジされていない部分は即時に利益に含められる．

Key Analysis Questions

営業資産の減損や金融商品の価値変動の見積りに経営者の判断が含まれることから，証券アナリストには多くの問いが生じる．それには以下のものが含まれる：

- 営業資産に関して，経営者がチャージした資産の減損のタイミングと金額は，会社の営業成果の変化や同業他社の業績と整合しているか？ 経営者は資産の減損による損失の計上を遅らせたようにみえるか？
- 経営者はこれまでに営業資産の減損による損失を過大ないし過小表示したことがあり，それが将来の業績の評価をむずかしくしているようにみえるか？ 会社は継続的に減損による損失を報告しているか，それは減損の全額を認識することに気が進まないことを示しているか？
- 減損した営業資源の公正価値を見積もる基礎になっているのは何か？ たとえば，その評価は外部評価をもとにしているか，それとも，経営者

の見積もりか？
- 金融商品に関して，経営者が金融商品を保有する目的は何か？ その目的は株主の利害と整合しているか？ たとえば，会社は株主の便益のために，それとも，経営者のためにリスクをヘッジしているのか？
- 損益計算書に報告されているか否かにかかわらず，保有している金融商品の未実現損益はどれくらいか？ 多額の損益を説明する要因は何か？ たとえば，経営者は金融商品を利用してリスクをヘッジしているか，それとも，追加的なリスクを引き受けているか？ この決定は株主の利害と整合しているか？ 過度にリスクがとられないよう，適切にコントロールされているか？

2 要 約

会社の費用計上は，主として，対応原則と保守主義の原則により決められる．これらの原則のもとで，3種類の費用が発生する．

1. 費消された資源の原価で，収益と因果関係があり，収益に対応されるもの．
2. 資源の原価で，収益と明確な因果関係がなく，費消された年度の費用として記録されるもの．
3. 資源から生じると期待される将来便益の減少によるコストで，価値の減少が発生した時点で記録されるもの．

ある種の取引では，これらの原則を適用することはむずかしい．たとえば，以下の場合，費用を記録するかどうかを決めるのはむずかしい．

1. 固定資産，のれん，研究開発支出，広告宣伝など，会社の取得した資源が複数期間にわたって便益をもたらす場合．
2. 年金およびその他の退職後給付や環境負債など，会社に長期の便益をもたらさない資源に対して，会社が不確実な長期の義務を負う場合．
3. 売上原価，経営者に対するストックオプションなど，収益を生み出すのに使用された資源を評価するのがむずかしい場合．
4. 営業資産や金融資産の減損など，未利用資源の価値が時とともに減少

する場合．

　一般に，企業経営者は年度の費用を見積もるための最良の情報をもっていそうである．しかしながら，経営者には会社の受託責任に関して好ましい情報を報告する誘因があり，それが財務情報の利用者に経営者の見積りの信頼性に関して疑問を生じさせる．さらに，会計基準は，研究開発のように，成功している会社には将来便益をもたらす支出でさえ，すべての企業に費用とすることを要求する．これにより，証券アナリストには，会計基準がさまざまな企業の報告された業績にどのような影響を与えるかを理解するという，別の役割が生まれる．

練習問題

1. 会社が10百万ドルで資産を購入したとする．経営者は資産の期待耐用年数を10年，残存価額を5%と予測している．財務報告上，減価償却費が(a)定額法，(b)2倍定率法で計上されたとき，最初の2年間，この資産の減価償却費を計上することから生じる財務諸表への影響はどうか？証券アナリストとして，減価償却政策に関して会社のCFO（財務担当役員）にどのような質問をするか？

2. 1996年2月9日，Walt Disney Co. は現金101億ドルと取引発表日の株価にもとづいた評価額88億ドルのDisney株式155百万株で，Capital Cities/ABC Inc. を買収した．Disneyはこの取得におけるのれんを190億ドルと見積もった．こののれんの償却を記録するために，Disneyの経営者はどのような予測を行わなければならないか？　それらの予測の基礎となる要因は何か？　証券アナリストとして，のれんの償却に関して会社のCFOにどのような質問をするか？

3. ソフトウェア会社のPeoplesoftは1997年度のアニュアルレポートに以下のような脚注情報をのせた．

　　　当社は第三者から購入したソフトウェアを資産計上しているが，それは関連する開発中のソフトウェア製品の技術的実行可能性が確立した場合，

あるいは，購入したソフトウェアが将来代替的に利用される場合で，資産計上額は5年以内に償却されることになっている．さらに，当社は，給料，関連する賃金税（payroll taxes）や給付，開発中のコンピューターソフトウェア製品に関連する間接費の配分額など，ある種の内部発生原価を資産計上している．技術的実行可能性を確立する前の発生原価は製品開発費にチャージされる．技術的実行可能性の確立および資産計上されたソフトウェア開発費の回収可能性に関する進行中の評価には，経営者による判断がかなり要求されるが，その判断は外部要因に関するもので，以下のものに限らないが，予測される将来収益，見積耐用年数，ソフトウェアおよびハードウェアの技術変化などが含まれる．消費者へのソフトウェア製品の一般発表の時点で資産計上は中止され，そのコストは製品ごとに通常3年の耐用年数にわたって（定額法を利用して）償却される．その他の研究開発支出はすべて発生した年度の研究開発費にチャージされる．

1995年，1996年，1997年の12月31日現在のソフトウェアコストの資産計上額および償却累計額は以下の通りである（単位：千ドル）：

	1995	1996	1997
ソフトウェアの資産計上額：			
内部開発費	$7,016	$10,737	$13,232
第三者からの購入額	5,137	6,832	6,832
	12,153	17,569	20,064
償却累計額	(4,811)	(6,396)	(10,358)
	$7,342	$11,173	$9,706

　Peoplesoftは1996年度にどれだけソフトウェアコストを資産計上したか？ 1997年度にはどれだけ資産計上したか？ Peoplesoftは1997年度にどれだけソフトウェアコストを償却費として計上したか？ 1996年度の償却費はいくらか？ Peoplesoftがソフトウェア研究開発支出をまったく資産計上しなかったら，1997年度の税引前利益はどのような影響を受けたか？ 1996年度に受けたであろう影響はどうか？ 費用計上と資産計上とでは，なぜ利益への影響が1996年度と1997年度で異なるのか？ Microsoftはソフトウェアコストを資産計上していない．なぜ

Peoplesoft はソフトウェアコストの一部の資産計上を選択し，Microsoft はそのコストのすべてを費用計上しているのか？ 証券アナリストとして，ソフトウェア開発費の償却政策に関して会社の CFO にどのような質問をするか？

4. Procter and Gamble は家庭用品の企業で，おむつの Pampers，植物性ショートニングの Crisco，洗濯用洗剤の Tide，歯磨きの Crest などのブランドをもっている．1998 年度のアニュアルレポートで，会社は「世界的なマーケティング費，研究費，一般管理費は 100.4 億ドルで，前年度は 97.7 億ドルであった．これは売上の 27.0％に相当しており，前年度は 27.3％であった」と報告した．証券アナリストとして，1998 年度の広告宣伝費，研究費，一般管理費に関して会社の CFO にどのような質問をするか？ Procter and Gamble の CFO として，これらの支出に関して他にどのような情報をアニュアルレポートに含めるよう会社に勧めるか？

5. 会社が初年度の給料 85 千ドルで 27 歳の MBA を雇ったとする．また，会社は 65 歳で退職したら年金を給付することに同意し，年金の現在価値を 150 千ドルと見積もっている．この価値を見積もるために経営者が行わなければならない予測は何であったか？ 初年度末の段階で，従業員の提供したサービスのうち，費用として認識される年金原価の金額を決める要因は何か？ 証券アナリストとして，年金原価に関して会社の CFO にどのような質問をするか？

6. 1998 年度のアニュアルレポートの偶発債務のセクションで，Dow Chemical Company は以下のように報告した．

環境問題への見越しは，現行の法律と既存の技術にもとづいて，債務の発生が確実になり，かつ，債務の金額がかなり確実に見積もれる時点で計上される．当社は 1998 年 12 月 31 日現在，環境問題に 364 百万ドルを見越し計上しており，これには Superfund sites 修復への 9 百万ドルが含まれている．これは当社が見越負債としている環境問題に関する修復コストの，経営者による最善の見積りであるが，これら特定問題に関する最終的なコストは 2 倍の金額にまで変動しうる．これらの見積りには，主として，未

知の状況，債務に関する政府規制や法的基準の変化，用地を修復する技術の進歩などの不確実性が内在する．見越し計上したあるいは開示したコストを超過する分が，当社の連結財務諸表に重大なマイナスの影響を及ぼす可能性はごくわずかであるというのが当社の経営者の意見である．

証券アナリストとして，会社の環境開示に関してCFOにどのような質問をするか？

7. Eastman Kodakは1998年度のアニュアルレポートで在庫評価に関する以下の情報を開示した．

(単位：百万ドル)	1998	1997
FIFOあるいは平均原価（カレントコストに近似）	$907	$788
仕掛品	569	538
原材料および貯蔵品	439	460
	1,915	1,786
LIFOとの差額	(491)	(534)
計	$1,424	$1,252

Kodakの報告した1998年度の売上原価は72.93百万ドルであった．在庫品をすべてFIFOによって評価していたら，売上原価はいくらになっていたか？ Kodakが在庫評価政策を決定するうえで関係のありそうな要因は何か？ 証券アナリストとして，会社の在庫評価と売上原価に関してCFOにどのような質問をするか？

8. 1998年度のアニュアルレポートで，Eastman Kodakはストックオプション制度に関して以下の情報を報告した．

SFAS第123号「株式を基礎とする報酬の会計」により要求されている，純利益と1株当たり利益の見積情報は，SFAS第123号の公正価値法をもとに従業員のストックオプションを処理したものとして決定されている．これらのオプションの公正価値は，Black-Scholesオプション評価モデルを利用して，付与日に見積もられた．

見積情報の開示を目的として，オプションの見積公正価値はオプションの付与期間（2-3年）にわたって償却されている．当社の見積情報は以下の通りである．

12月31日を終了日とする年度（単位：百万ドル，ただし1株当たりデータを除く）			
	1998	1997	1996
純利益（損失）：			
報告	$1,390	$5	$1,288
見積り	1,272	(52)	1,262
基本的1株当たり利益（損失）：			
報告	$4.30	$.01	$3.82
見積り	3.93	(.16)	3.74

　ストックオプションによる報酬はKodakにとって重要な項目か？証券アナリストとして，この開示に関して会社のCFOにどのような質問をするか？

9. リストラ提案をめぐる取締役会の会議で，会社のCEOが次のように述べた．「ウォール街はわれわれがタフであることを好むので，当期利益に対して監査役が許す限りの大きなチャージを勧める．おまけに，将来，利益が改善したようにみえるから，当期の打撃から長期にわたって業績を押し上げてくれる」このコメントに同意するか？同意する，あるいは，同意しない理由を説明しなさい．

10. 大銀行のCFOは次のように主張している．「われわれは満期まで保有するつもりだから，金融負債の公正価値に基づく損益を認識するのはおかしい．これらの証券を保有し続けるつもりなのだから，われわれは市場のきまぐれから隔離されている．」あなたはこれに同意するか？同意する，あるいは，同意しない理由を説明しなさい．あなたの答えを所与とすると，それは会社を追跡している証券アナリストにどのようなインプリケーションをもつか？

注

1) もっとも一般的な加速償却方法は倍額逓減法と呼ばれる．この方法によると，どの年度も当該資産の簿価に定額法の償却率の2倍を乗じたものが減価償却費となる．たとえば，この方法によると，資産の耐用年数が5年で取得原価が100千ドルのとき，初年度の減価償却費は40千ドル（100千ドル×.4），第2年度は24千ドル（60千ドル×.4）などとなる．

2) P. Healy, K. Palepu, and R. Ruback, "Which Takeovers Are Profitable-Strategic or Financial?" *Sloan Management Review* (Summer 1997) は, 1980年代初頭の大規模買収50件のうち約3分の1が, 買収後に価値が上昇していることを発見した.
3) Steven N. Kaplan, Mark L. Mitchell, and Karen H. Wruck, "A Critical Exploration of Value Creation and Destruction in Acquisitions: Organizational Design, Incentives, and Internal Capital Markets," working paper, (July 1997), Harvard Business School をみよ.
4) アメリカ, イギリス, カナダ, ドイツの会計基準は研究開発支出の費用計上を要求している. 日本やフランスでは費用計上が標準であるが, 資産計上も認められている (訳者注: わが国では, 現在, 一部の開発費を除いて, 研究開発費は発生時にすべて費用処理することになっている).
5) E. Eccher, "The Value Relevance of Software Capitalized Costs," working paper, 1998, MIT は, 資産計上されたソフトウェア開発費の償却が, ソフトウェアから生じる将来収益の経営者による見積りを示す情報であり, 投資家にとって有益な情報であることを発見した. D. Aboody and B. Lev, "The Value-Relevance of Intangibles: The Case of Software Capitalization," 1998, working paper, University of California, Los Angeles, and New York University は, 投資家が資産計上されたソフトウェア資産およびそれらの価値の変化を評価していることを発見した. 彼らは, ソフトウェア開発費を資産計上する際の経営者の判断は, 報告利益の質にマイナスの影響を与えないと結論づけている.
6) P. Healy, S. Myers, and C. Howe, "R & D Accounting and The Tradeoff Between Relevance and Objectivity," working paper, 1999, Harvard University and MIT は, たとえ経営者が報告上の判断を乱用して研究開発資産の評価切り下げを遅らせたとしても, 研究開発費を資産計上するとともに失敗したプロジェクトの原価を評価減するという会計処理方法は, 企業価値に関して費用処理ルールよりすぐれた情報を投資家に提供することを示した.
7) 会社が将来の給付をまかなうために現在固定額を拠出することに合意する掛金建年金制度では, 会社の債務が従業員の退職基金に対するその年の債務に限られるので, 年々の費用を評価するのにほとんど予測を必要としない.
8) この見解と整合するものとして, R. Jennings, P. Simko, and R. Thompson, "Does LIFO Inventory Accounting Improve the Income Statement at the

Expense of the Balance Sheet ?," *Journal of Accounting Research* 34, No. 1 (1996) は, LIFO にもとづく利益のほうが, LIFO にもとづかない利益よりも, 持分価値と関係があることを発見した.
9) 経営者による在庫品評価方法の決定には, 税金への考慮 (R. Hagerman and M. Zmijewski, "Some Economic Determinants of Accounting Policy Choice," *Journal of Accounting and Economics* 1, 1979 ; B. Cushing and M. LeClere, "Evidence on the Determinants of Inventory Accounting Policy," *The Accounting Review* 67, No. 2, 1992), コーポレートガバナンス (G. Niehaus, "Ownership Structure and Inventory Method Choice," *The Accounting Review* 64 No. 2, 1989 をみよ), そして研究開発集約的・労働集約的といった企業の特徴 (R. Bowen, L. DuCharme, and D. Shores, "Stakeholders' Implicit Claims and Accounting Method Choice," *Journal of Accounting and Economics* 20, No. 3, 1995 をみよ) が関係していることを研究成果は示している.
10) M. Scholes and M. Wolfson, *Taxes and Business Strategy : A Planning Approach*, Englewood Cliffs, NJ : Prentice-Hall, 1992, Chapter 10 をみよ.
11) Black-Scholes オプション評価モデルは, 権利行使価格, 満期までの期間, 原株の価格変動性, 非危険利子率の非線形関数としてオプション価値を推定する. 経営者に対するストックオプションの評価を研究したものに, T. Hemmer, S. Matsunaga, and T. Shevlin, "Optimal Exercise and the Cost of Granting Employee Stock Options with a Reload Provision, "*Journal of Accounting Research* 36, No. 2 (1998), C. Cuny and P. Jorion, "Valuing Executive Stock Options with Endogenous Departure," *Journal of Accounting and Economics* 20, No. 2 ; S. Huddart, "Employee Stock Options," *Journal of Accounting and Economics* 18, No. 2 などがある.
12) P. DeChow, A. Hutton, and R. Sloan, "Economic Consequences of Accounting for Stock Based Compensation," *Journal of Accounting Research*, Supplement, 1996 は, SFAS 第 123 号に対するロビイングは, 高水準の経営者報酬を報告することへの懸念が動機となっていた証拠を発見した.
13) J. Francis, D. Hanna, and L. Vincent, "Causes and Effects of Discretionary Asset Write-Offs," *Journal of Accounting Research* 34 (1996), Supplement は, 在庫品や PP & E の評価減よりもむしろ, のれんの評価減やリストラ費用に対して, 経営者は自己の利益のための判断を下す傾向があることを発見

した．

14) Arthur Levitt, "The Numbers Game," remarks at NYU Center for Law and Business, New York, September 28, 1998. この見解と整合するものとして，J. Elliott and D. Hanna, "Reported Accounting Write-Offs and the Information Content of Earnings," *Journal of Accounting Research* 34 (1996), Supplement は，多額の評価切り下げ直後の四半期に生じた予期しない利益の減少に対して，市場が反応した証拠を発見した．
15) 包括利益の議論については第8章をみよ．

8
会計エンティティー分析

　財務報告上，エンティティーはなんらかの経済資源を支配している組織である．エンティティーは多くの異なる形態をとりうる．個人，（多くの専門職業法人のような）パートナーシップ，非公開もしくは公開企業，企業の事業部，私的な非営利団体，それに政府の部門，いずれもエンティティーとなりうるのである．

　企業エンティティー分析には，エンティティーの業績をよりよく評価するために，エンティティーの境界を定義する仕方を理解することが含まれる．財務報告上，厳格な法的定義にしたがい，エンティティーの範囲を狭く定めることもありうる．そのようなやり方は，ドイツや日本において，比較的ほぼ最近まで広く使われていた．しかし，それでは，法的なエンティティーのリスクや業績について，投資家に全般的な情報を提供できないことも多い．そこで会計専門家やアナリストは，エンティティーをもっと広く捉えるのが普通である．そこでは，法的なエンティティーよりも，むしろ経営者によって支配されている経営資源の範囲に着目する．

　エンティティー分析は株主にとって重要である．なぜなら，それによって，どの資源に彼らが請求権をもち，それらがどのような成果をもたらしているのかが明らかになるからである．エンティティー分析は，とくに3つの点で株主の関心を呼ぶ．第一に，他企業に対する投資から発生した債務や損失を企業が隠していないだろうかということである．第二に，経営者が企業の資源を吸い上げて，彼ら自身が支配している他のエンティティーへ移してはいないかということもある．これは，企業と経営者がその多くを所有している関連当事者とが売買取引をしているときに起こりうる．第三は，低い，もしくはマイナスの利益しか株主にもたらさない「趣味の投資」へ経営者が金を注ぎ込みすぎてはいないかである．エンティティー分析は，エンティティーの定義方法，エンティティーが支配している資源の範囲，エンティティーの

業績，関連当事者との間で行われている取引，それにエンティティーの事業セグメントの業績について理解を得ることにより，上記の疑問に答えを出そうとするものである．

多くの企業が大規模で複雑な関係を他社と有していることから，財務報告上の論点が生じる．そのなかには，株式投資，研究開発目的のリミテッド・パートナーシップ，フランチャイズ契約が含まれる．企業同士にこの種のつながりがあるとき，会計上，深刻な難問が生じる．それは，あたかも単体のエンティティーであるかのように考えて，2つの企業の財務成績を統合すべきなのか，それとも，それぞれの単位で別々に成績を報告すべきなのかを決めなくてはいけないということである．かりに統合後の業績が報告されているならば，アナリストは次に，個々のエンティティーがどれだけ成績をあげているかを評価するという問題について考えなくてはならない．とりわけ，それらがまったく異なる事業セグメントである場合にそうである．この問題に答えることは，一方のエンティティーがもう一方から財やサービスを購入している場合，とくに難しくなる．

1　報告エンティティーの問題

図8-1に示したように，財務報告において決定的に重要なエンティティーの問題は，エンティティーをどのように定義するかである．経済的な観点からは，ある企業が他企業の資源を完全に支配しているのであれば，両者を単一のエンティティーと考えることができる．もちろん，他企業の資源を，完全にではなく，部分的に支配している企業も多い．そのため，2つの企業を単一のエンティティーとみなしてもよい程，一方が他方を支配しているのかを判断することが，財務報告におけるエンティティーの問題の1つとなる．第2の問題は，企業間の関係によっては，一方の企業が他方に及ぼしている支配の程度を測ることが困難だということである．

財務報告上，2以上の会社を単一のエンティティーとみなすことに決めたとしても，下位の経営単位それぞれの情報に対して，投資家の要求がなくなるわけではない．とくに，それが異なる事業をしていればなおさらである．

1 報告エンティティーの問題　*185*

図 8-1　経営単位の業績を統合するための要件と適用上の問題点

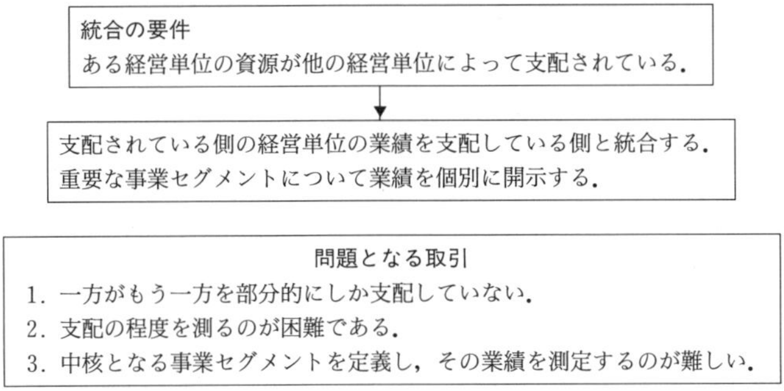

```
┌─────────────────────────────────────────────┐
│　　　　　　　統合の要件                      │
│　ある経営単位の資源が他の経営単位によって支配されている．│
└─────────────────────────────────────────────┘
                    ↓
┌─────────────────────────────────────────────┐
│支配されている側の経営単位の業績を支配している側と統合する．│
│重要な事業セグメントについて業績を個別に開示する．       │
└─────────────────────────────────────────────┘

┌─────────────────────────────────────────────┐
│　　　　　　問題となる取引                    │
│1. 一方がもう一方を部分的にしか支配していない．│
│2. 支配の程度を測るのが困難である．          │
│3. 中核となる事業セグメントを定義し，その業績を測定するのが難しい．│
└─────────────────────────────────────────────┘
```

そのため，異なる事業を経営している企業は，それぞれのセグメントについて，要約された財務情報を報告している．もちろん，セグメント別情報開示には，セグメントをどのように定義するか，セグメント間で取引があるとき，セグメントの業績はどのように測定されるのか，といった固有の複雑な論点がある．

課題 1：部分的支配

　他企業への投資では，買い手が相手エンティティーに対する支配を獲得していることが明確であるケースが多い．例えば，1999 年 6 月 25 日，電話機器メーカーの最大手である Lucent Technology Inc. は，Nexabit Networks の株式 100％を取得することを決めた．その会社は，通信ネットワーク上で移動するデータの流れを制御する高速スイッチを開発している非公開企業であった．Lucent は対価として 9 億ドル近い株式を提供した．Nexabit の株式 100％を取得する申し入れにより，Lucent は Nexabit の資産に対する完全な支配を確実にしたのである．

　一般に，ある企業が他企業の議決権付き株式を過半数保有していれば，支配権を持っていることになる．この場合，被取得企業の業績を，みずからの経営成績に結合ないし連結することが求められる．以下で論じるように，それに第 4 章でも触れたように，米国では連結の方法として，持分プーリング法とパーチェス法の 2 つが用いられてきた．

また，保有する議決権付き株式が50％以下の場合でも，取得企業が被取得企業に対して相当の支配を行使することはできる．それならば，一方が他方を支配しているとみなすべき範囲はどこまでだろうか？ 50％以下の持分しか持たない場合でも，投資している企業は被取得企業の業績を連結すべきであろうか？ さらに，企業結合のなかには，誰が誰を支配しているのかが不明確なケースもありうる．そうしたタイプの企業結合は，どのように記録されるべきであろうか？ 以下，両方のケースについて論じていこう．

例：50％以下の持分に投資しているケース　1999年5月19日，書籍，音楽，ビデオを専門に扱うインターネット小売業首位のAmazon.comは，ポートランドとシアトルでオンライン雑貨配達サービスを営んでいるHomegrocer.comの持分35％を42.5百万ドルで取得したと発表した．この投資によって，Homegrocer.comは新しい都市への進出を加速することができるだろうと，Amazon.comは発表している．Amazon.comはこの投資をどのように記録すべきであろうか？ この会社がHomegrocer.comを支配しているとすれば，それはどの程度か？ Amazon.comは，Homegrocer.comと業績を連結すべきだろうか？

　ある会社が他企業の資源を支配しているかどうか，それは明らかに主観的な判断である．それには，他の株主がもつ議決権の大きさとともに，取得した持分の割合，取得した目的が関係してくる．米国における会計基準（APB意見書18号およびFASB解釈指針35号）では，このあいまいさが認識されており，投資会社が相手企業の経営に対して，支配してはいないが，「重要な影響力」を有していれば，その投資を持分法により記録することが求められている[1]．持分法は実質的に「一行連結」である．それは，投資を完全に連結してしまうことと，市場性ある有価証券として扱うこととの間に中間的な領域があることを意識した方法である．

　持分法のもとで投資企業は，相手企業があげた利益のうち，自己の持分にみあう分（からののれんの償却分と，簿価を切り上げた資産について，その切り上げにみあう減価償却費を引いた額）を，損益計算書に独立項目として計上する．言い換えると，持分法を適用すれば，損益計算書の中で示される個

別具体的な項目に差があっても，最終的な当期利益は，パーチェス法を適用した場合と同じになるのである．投資企業のバランスシートでは，取得原価プラス自己の持分にみあう取得後の未分配利益によって，投資資産が一行で示されることになる．

　反証がない限り，相手企業の議決権付き普通株式の 20％以上 50％以下を保有していれば，「重要な影響力」が存在しているとみなすと FASB は記している．しかし，20％の最低ラインが絶対的なルールと考えられているわけではない．投資企業が保有している相手企業の持分が 20％未満でも，重要な影響力があるとみなされることもあろうし，20％以上を保有していても，そうではないとみなされることもあるだろう．1999 年 2 月，50％を境界線として，相手企業に対して重要な影響力を有しているケースと完全な支配力を有しているケースとを識別するやり方の修正を FASB は提案した．この提案によれば，保有している持分は 50％以下でも，相手エンティティーに対して有効な支配がある企業は，その投資に持分法を適用する代わりに，双方の連結が求められることもありうる．

　エンティティーの境界を定める会計ルールは，自社の境界をどう決めるかについて，経営者に判断の余地を与えている．たしかに，自社と他社との関係がどのようなものかについて，経営者は最良の情報をもっている．しかし，その会計ルールは，企業の報告業績をよく見せようとする機会を経営者に与えるものでもある．例えば，もし経営者が他企業への投資に持分法を適用する代わりに，それを「売却可能有価証券」に分類してしまえば，損益計算書に反映されるのは配当収益に限定されることになる．

例：誰が誰を支配しているのか？　企業結合には，誰が誰を支配しているのか推し量るのが難しいケースがある．例えば，1998 年 4 月 6 日，Citicorp と Travelers Group は，世界的金融サービス企業となるための合併に合意したことを公表した．合併してできあがった Citigroup Inc. は世界 100 ヶ国に 1 億人もの顧客を抱え，伝統的な銀行業務，消費者金融，クレジット・カード，投資銀行業務，証券ブローカー並びに資産運用業務，損害保険業それに生命保険業を手がけることになった．この合併により，それぞれの会社の株主は，

合併後の会社を半分ずつ所有することになった．Citicorp 株主は，手持ちの株式1株と Citigroup の株式2.5株とを交換した．他方，Travelers 株主は，今ある株式が自動的に新会社の株式となるので，そのまま持ち続けた．Citicorp の会長兼 CEO であった John S. Reed と，Travelers の会長兼 CEO であった Sanford I. Weill が合併後の共同会長兼共同 CEO となることも，新会社から公表された．

Citicorp と Travelers の企業結合においては，どちらが取得会社で，どちらが被取得会社なのかがはっきりしていない．それでは，この企業結合はどのように会計記録されるべきなのであろうか？ 新しいエンティティーの境界線は明確である．しかし，その資産，負債，収益そして費用の額はどうなるのか？ 取得会社を識別するのが困難な場合，会計専門家は伝統的に，2つの企業の財務諸表を単純に足し合わせるというやり方をとってきた．「持分プーリング法」と呼ばれる，この方法を使えば，連結データは2つの企業それぞれの決算書にある簿価を合計した数値となる．

Citicorp と Travelers の合併とは対照的に，ほとんどの企業結合では，買収した側と買収された側とを識別することができる．このタイプの投資では，買収した企業が買収された企業のためにいくら支払ったのか，その投資は株主に新たな富をもたらすのか，投資家は知りたがる．持分プーリング法は，2つの企業の財務諸表が簿価で連結されるため，こういった情報を提供するのに向いていない．相手企業に対する支配を得るために，簿価あるいは買収前の市場価値さえも超える相当のプレミアムが取得会社から支払われるのが一般的だからである．

パーチェス法と呼ばれている第2の連結方法は，買収される企業の資産・負債を市場価値で買収する企業のバランスシートに承継することで，より的確な情報を提供する．被取得会社の持分を得るために取得会社が支払った額と，個別資産の正味市場価額とに差があれば，それはのれんとして記録される．のれんは，その後40年以内に償却されるか，国によっては，減損が認められたときに切り下げられることになる．

企業結合会計で難しいのは，投資家により適切な情報を提供するために，持分プーリング法を適用すべき場合とパーチェス法を適用すべき場合とを判

別することである．APB 意見書 16 号では，当事会社がともに 2 年以上にわたって自律的であったこと，結合取引のほとんどが株式交換で行われていること，株主の議決権ならびに受益権に変更がないこと，そして企業結合の後，最低でも 2 年間，重要な資産売却がないこと，といった条件を満たす場合に，持分プーリング法を用いることを企業に求めている．それ以外の場合は，企業結合はパーチェス法によって記録されなくてはならない．しかし，1999 年 4 月，すべての企業結合をパーチェス法で記録し，のれんの最長償却年数も 20 年に限定する新しいルールが，FASB から提案されている．（訳注：2001 年 7 月，FASB はすべての企業結合をパーチェス法で記録し，のれんは減損が認められたときに切り下げられることを定めた SFAS 141 号と 142 号を公表した．）

Key Analysis Questions

　ある企業が他の企業を支配しているかどうかを判断するのが困難な場合には，財務分析が必要となる状況が起きる．第一に，会計ルールはエンティティーの範囲について，ある程度の自由度を経営者に与えている．測定対象となっているエンティティーの業績を，財務諸表へ確実に反映させるため，経営者はこの裁量を利用することができる．しかし，企業の財務諸表から重要な資源や債務を除くことを経営者は考えるかもしれない．第二に，連結するか，持分法を適用するか，あるいは投資を市場価値で評価することを会計ルールは企業に求めている．それに対して，ある企業による他企業への支配の程度は，支配のない状態から，完全な支配に至るまでの連続線上のどこかである．そのため，エンティティーの会計ルールにもとづいて作成された情報には，支配に関する実態が細かいところまで反映されているとは思えない．こうした問題点を踏まえると，以下の疑問に答えることがアナリストの役に立つと思われる：

- 他企業に対する重要な投資は何か？　その企業の株式を何％保有しているか？　主要な株主として他に誰がいるか？　彼らはどの程度株式を保有しているか？　取締役会に代表を送り込んでいるなど，他企業を支配している証拠はほかにないか？

- 連結の範囲から除かれている関連会社の資産や負債比率はどうなっているか？ 投資会社の経営者が，報告の自由度を利用して，重要な資源や債務をオフバランスしているようには見えないか？ 持分法の適用対象から除かれている関連会社の業績はどうなっているか？ こういった報告方法を選択した経営者の動機はなにか？
- 重要な合併はどのように記録されてきたか？ 取得会社の経営者は，買収コストを完全に示すことを避けるために，持分プーリング法を用いてきたようには見受けられないか？ もしそうだとしたら，買収の実質的なコストはいくらであったか？ それは，株主に適度なリターンをもたらしてきたか？ もし，パーチェス法が用いられてきたとすれば，取得した資産の価額を切り下げざるをえなかったということがあったか？

課題2：支配の程度を測るのが困難

　研究開発リミテッド・パートナーシップやフランチャイズ契約のように，ビジネスの関係が複雑なケースでは，当事者の一方が他方を実質的に支配しているのか，それとも両当事者は独立したエンティティーなのか，疑問が生じることもある．さらに，ある企業では，株主ではなく経営者が，他の企業を支配しているケースもある．

例：研究開発のリミテッド・パートナーシップ契約　呼吸器用の医薬品を開発している Dura Pharmaceuticals Inc. は1997年，Spiros Development II Inc. とリミテッド・パートナーシップ契約を締結して，肺炎治療薬について新しいデリバリー・プロセスを開発するための資金を調達した．この合弁事業の契約にもとづき，Spiros II が，自社の償還可能普通株式（81.3百万ドル）と Dura の普通株式に対する引受権（12.7百万ドル）とを組み合わせた証券94百万ドルを公募した．さらに，Dura は Spiros II に75百万ドルの出資をした．引受権の発行と75百万ドルの出資と引き換えに，Dura は開発された全ての製品に関する包括的な権利を得たばかりでなく，時が経つにつれて行使価格が高くなるという，Spiros II の償還可能普通株式を購入できるオプションを受け取った．Spiros は集めた資金を使って，新製品を開

発するための研究成果をDuraから入手した．

DuraとSpiros IIの契約関係は研究開発リミテッド・パートナーシップと呼ばれる．このタイプの契約では，無限責任社員（このケースではDura）が研究活動を遂行し，有限責任社員（このケースでは一般投資家）が資金を提供する．有限責任の投資家は契約に定められた特定の研究プロジェクトからの成果にしか権利を持たない点で，この契約は伝統的なエクイティ・ファイナンスとは異なっている．それに対して，もしDuraが公募で自社株式を売り出し，資金を調達していれば，新しい株主はDuraが行った研究の成果すべてに対して権利を持つことになったであろう．また，この契約によって，特定の研究プロジェクトに関するリスクをDuraは軽減することもできた．結局，Duraは開発が失敗したときの損失を押さえる代わりに，新薬が開発され，市場で成功したときの儲けを分け合うことにしたわけである．

Spiros IIとの関係を，Duraはどのように記録すべきであろうか？ DuraはSpirosに対して支配を行使していることになるのか？ もしそうなら，Spiros IIは実質的にDuraの子会社ということになる．もしそうでなければ，Spirosは独立したエンティティーと考えることができる．投資家にとって重要な問題は，Duraによって売りに出された，このプロジェクトのリスクと儲けはどの程度かということである．もし，リスクの大部分がSpiros IIの一般株主の側に存在するなら，両社を連結するのは適当ではない．そうではなくて，大部分のリスクがDuraの側にあるのなら，Spiros IIとDuraの業績を連結することが，Duraの経営成績を投資家に正しく理解させることになると思われる．

伝統的には，Spiros IIを連結するかどうかは，DuraがSpiros IIの株式をどれだけ持っているかで決められることになっていた．もし，Duraが50％を超えるSpiros IIの議決権付き株式を所有していれば，連結することが求められるし，所有していなければ求められない．しかし，1999年にFASBは支配の定義を広げることを提案している．提案された方法によれば，支配は「基本的には，支配しているエンティティーが自己所有の資産をどう利用するのか決めることができるのと同じように」（相手方企業の）「個別資産を利用することで，ベネフィットを得ることができる能力」と定義さ

れているようである．支配の存在は，相手エンティティーの取締役会を支配しているか，転換可能な証券を保有していることで，相手エンティティーにおける議決権の過半数を確保する能力があるか，リミテッド・パートナーシップにおいて唯一の無限責任社員の地位にあるか，あるいはエンティティーを解散させ，その資産を自己の管理下に移行することができるか等によって確かめられるようである．こうして支配を広く捉えれば，Dura が Spiros II を連結することになるのは，Dura がリミテッド・パートナーシップにおける無限責任社員である点から言っても，また Spiros II を買収するオプションを入手している点から言っても，ほぼ間違いない．

1997 年度の年次報告書で Dura が説明している Spiros との契約関係は興味深い．中心となる取引は以下のように記録されている．

- Spiros II に対する初期投資 75 百万ドルは「買入オプション費用」(Purchase Option Expense) として，Dura の損益計算書に計上されている．
- Spiros II が公募した証券の一部であるワラントは，「払込剰余金」(Additional Paid-In Capital) および「ワラント未収金」(Warrant Proceeds Receivable) として，Dura のバランスシートに計上された．
- 委託研究に関して Spiros II から毎年受け取る収入を，Dura は契約収益として計上し，開発プロジェクトの研究費と実質的に相殺している．
- それと，以前，同様の契約を結んでリミテッド・パートナーを買収するオプションを行使したとき，Dura は支出の大半を買入研究開発費として償却していた．

研究開発リミテッド・パートナーシップを利用すれば，研究開発のリスクを出資者間で，いかようにも分かち合うことができる．この事実は，連結するかしないかの二者択一では，こういったタイプの契約関係から生まれるリスク分配のシステムを，会計専門家が完全に捉えることが困難であることを意味している．そのため，その契約のもとで出資者たちがどのようにリスクと報酬を分かち合っているかを明らかにし，そのことが財務諸表に描写されているかどうかを識別する必要がある．これは，アナリストが付加価値を生み出すチャンスである．

1　報告エンティティーの問題　193

例：フランチャイズ事業　米国において，フランチャイズはよくみられる組織形態で，フランチャイズ事業への就業者は800万人，その売り上げは小売全体の30％以上を占める．フランチャイズ企業には，McDonald's, Burger King, Kentucky Fried Chicken, Pizza Hut, Holiday Inn, Marriott, Avis, Hertz, H & R Block, 7 Eleven Stores 等がある．

　典型的なフランチャイズ契約は次のような仕組みをもつ．フランチャイザーは，地域を指定して，フランチャイジーに小売店を営業する権利を売る．基本的には，経営指導，広告宣伝，出店場所選定の手伝い，帳簿記録，それに建設監理といったサービスの対価となるフランチャイズ料をフランチャイジーが最初に支払う．さらに，フランチャイジーは，重要な器具や備品をフランチャイザーから購入するように求められることもよくある．さらに，フランチャイズ店の売り上げに応じて，年間のフランチャイズ料の支払が要求される．それから，フランチャイズ契約では，儲かっているフランチャイズ店，あるいは失敗したフランチャイズ店の経営を買収する権利がフランチャイザーに与えられていることが多い．

　フランチャイズが有効な組織形態とみなされるのは，所有に伴う一定の権利やインセンティブがフランチャイジーに与えられるからである．もちろん，フランチャイズにも潜在的な問題がないわけではない．例えば，フランチャイジーがフランチャイザーの評判に只乗りして，品質の向上に努めないこともありうる．フランチャイズ契約があるために，供給する製品や戦略を全社的に変更したくても，すんなりいかないこともある．それに，地域で商圏を確立するために投資した後で，フランチャイザーが同じ地域の他店舗に営業権を与えて競争にならないか，フランチャイジーは心配しなくてはならないことも多い．

　フランチャイズ契約について生じる会計エンティティーの問題は，フランチャイザーはフランチャイジーを実質的に支配しているのかどうか，つまり，フランチャイジーの業績を連結すべきなのかどうかである．フランチャイザーがフランチャイジーに対して，相当の支配力を有していることを示唆する要素は複数ある．第一に，上で述べたように，フランチャイズ契約は，フランチャイジーに一定の品質水準を維持させたり，必要なものをフランチャイ

ザーから購入させたりすることで，その事業経営をかなりの程度までフランチャイザーに支配させている．第二に，フランチャイザーの多くは，失敗したフランチャイジーばかりでなく，成功したフランチャイジーをも買収する権利を持っている．第三に，フランチャイザーがフランチャイジーに多額の資金供給や借入保証をしていることも多い．

　フランチャイザーがフランチャイジーをかなりの程度まで支配していることから，フランチャイズ事業を，フランチャイザーとフランチャイジーという独立したエンティティー同士の関係ではなく，1つのシステムとみなすことを主張する者もいる．連結決算書であれば，このような事業の仕組み全体の収益性について，情報を提供することができるであろう．こういった情報は，フランチャイザーが軌道に乗せた直営店をもたない場合はとくに，投資家には大きな価値があるかもしれない．しかし，連結ではフランチャイズ組織が得た儲けのうち，フランチャイザーの懐に入る分がいくらなのかについての情報は分からない．結局のところ，成功しているフランチャイザーほど，フランチャイズ組織からのレントの大半がフランチャイジーではなく，フランチャイザーの懐に入る仕組みとなるような契約を結ぶことができる．そうやって，ブランドの価値を実現しているように思われるのである．このことが，財務報告上の問題となる可能性がある．もし，フランチャイザーがフランチャイジーを搾取すれば，フランチャイジーの経営は失敗し，フランチャイザーがこれを買収しなくてはならなくなるだろうからである．

　フランチャイズ事業を1つの組織と考えるのには限界があるため，フランチャイザーがフランチャイジーを連結することは基本的にない．SFAS 45号により，すべてのサービスが提供されるまで，初期フランチャイズ料からの収益認識を繰り延べることがフランチャイザーに求められている．そうしたサービスのなかには，債務の保証やフランチャイジーの事業を管理することも含まれうる．しかし，このルールはフランチャイザーに対して，フランチャイジーの業績についての重要データを提供することまでは要求していない．その情報は，仕組み全体がうまくいっているのか，そしてフランチャイザーがフランチャイジーを搾取するような契約を結んでこなかったかを投資家が判断するうえで，格好の材料となるように思われる．そのため，フラン

チャイズ事業については，財務分析を実行する余地が相当残されているのである．

例：関連当事者に対する経営者の支配　経営者が所有している会社と取引関係を結んでいる企業もある．例えば，マレーシアのパーソナル・ケア製品の会社である Zaitun Bhd は，1997年11月17日，Benua Rezeki Sdn Bhd から土地を36百万 RM（リンジット）で取得することを申し出た．Benua Rezeki Sdn Bhd は Zaitun の役員2人（Datuk Mohd Kamal Mohad Eusuff と Aisha Mohd Eusuff）によって部分的に所有されていた．1997年12月31日，Zaitun は頭金として，総額の半分18百万 RM を支払った．

Zaitun の一般株主としては，このような取引について，Zaitun の申し出た土地の価格は公正な市場価格であったのかどうか，あるいは，土地に余分な金を支払うことで，Zaitun は外部株主を犠牲にして，役員に利益供与を図ったのではなかろうかという疑問が生じる．その後の成り行きとしては，1998年4月15日，Zaitun はこの売買契約をキャンセルして，頭金の返還を受けることに同意した．

関連当事者との取引では，外部株主は関連当事者に対してなんら支配力をもたない．そのため，両者の業績を統合することを正当化できない．株主にとって重要な問題は，経営者がこうした取引を行う動機を知ることである．これは，関連当事者に対して経営者が有している利害と経営している会社に対して有している利害とを比較することで判断することができる．もし，経営している会社よりも，関連当事者の方に，より大きな利害を経営者が有しているとすれば，そこに利害の相反が生じている可能性がある．そうなると，株主としては，関連当事者との取引の規模や，そこで得するのは関連当事者なのか，それとも自分の企業なのかについて知ろうと考える．大部分の国において，経営者の潜在的な利害の相反についての情報を株主が充分把握することを確実にするため，関連当事者との取引についての開示が企業に求められているのは驚くべきことではない．1998年9月26日，マレーシアの証券委員会は Zaitun に対して，関連当事者との土地取引について開示がなかったことに譴責処分を下している．

Key Analysis Questions

企業間の複雑な取引関係は，一方の企業がもう一方の企業をどれくらい支配しているのかの判断を難しくする．こうした取引関係について詳しく理解し，財務状況にどのような影響をもたらす可能性があるかを理解することで，証券アナリストは情報の価値を高めることができる．そのために，以下の疑問に答えることが役に立つように思われる：

- フランチャイズや研究開発のリミテッド・パートナーシップについて，上述したような複雑あるいは特殊な取引関係を他企業と結んではいないか？ もし結んでいるとしたら，その主たる目的はなにか？ それはリスク管理のためか，資金調達のためか，重要な資産や債務をバランスシートから外すためか，それとも利益操作のためではないのか？
- 複雑な取引関係を結んでいる相手エンティティーの業績を連結することに意味はないのか？ もしないとすれば，その取引関係が財務状況にもたらす影響を完全に理解するために必要で，かつ入手可能なのはどのような情報か？
- 企業はリスクを管理するために取引関係をどのように利用しているのか？ もし企業が，他の企業を買収できるオプションを保有しているとすれば，それをどのように行使しているのか？ 企業は，そのオプションを表向きの理由どおりに行使しているのであろうか？
- 企業は関連当事者と取引を行っていないか？ もし行っているのなら，その関連当事者とは何者か？ 外部株主の権利を守るため，どのような企業統治メカニズムがあるか？ 関連当事者との取引において，外部株主を犠牲にして，企業の富が吸い上げられていることを示すような証拠はみられないか？

課題3：中核となる事業単位を定義し，業績を測定する

事業を多角化させている企業の連結情報は，エンティティー全体の業績について優れた概観を投資家に提供する．しかし，投資家は個別の事業の経営状況を理解することにも関心を持っているように思われる．そのため，多角化企業は財務諸表の注記で，主要な事業セグメントの業績について，集計す

る前のデータを開示している．

　セグメント情報の開示は，いくつもの測定問題を引き起こす．第一に，事業セグメントを定義するには多くのやり方があるため，類似していると考えられるセグメントの業績を異なる企業間で比較することばかりでなく，同一企業のなかで時系列比較をするのでさえ困難となる．第二に，金融サービス・セグメントは，それ以外の事業セグメントとはかなり異なるビジネス・モデルを有しているため，そのセグメントをもつ企業については特に分析が難しくなる．第三に，事業セグメントの間で内部移転価格を伴う取引がある場合，個々のセグメントの業績を評価するのが困難となりうる．

例：事業セグメントの定義　従来から経営者は，セグメント別情報の開示に際して，事業単位をどのように定義するか相当の裁量を行使することができた．事業セグメントを編成する方法には，さまざまな要素がからんでくる．それは，開発，生産，あるいは流通プロセスがオーバーラップしている事業単位間で，営業と経営管理のシナジーをもたらすように構築することができる．例えば，Eastman Kodak は 1998 年度の年次報告書において，「コンシューマー・イメージング」「プロフェッショナル」「ヘルス・イメージング」「その他のイメージング」の 4 つのセグメントについて個別の情報を開示している．それらは基本的に，主要な顧客グループの映像に対するニーズによって定義されたセグメントである．「コンシューマ・イメージング」セグメントでは，フィルム，印画紙，薬品，カメラ，現像機材，そして現像サービスが消費者向けに供給される．「プロフェッショナル」セグメントはプロの顧客を相手にしている．「ヘルス・イメージング」セグメントは医療用のフィルムと現像機材を製造している．最後に，「その他のイメージング」セグメントには，Kodak のその他多くの映像事業がまとめて含まれている．そのなかには，映画用フィルム，コピー機，マイクロフィルムの機器，プリンター，スキャナー，その他のオフィス機器がある．

　注意を要する情報を隠しておこうという経営者の意図がセグメントの定義に反映されていることもありうる．例えば，Merck & Co. Inc. は，Merck Pharmaceutical と Merck-Medco Managed Care という 2 つの重要な企業

を経営しているが,1998年までは,それらについて,いかなるセグメント別情報を公表することも避けていた.Merck Pharmaceutical は,ヒトの障害疾患に対する処方薬を発見,開発,製造して販売する.それに対して,Merck-Medco は,処方薬の保管整理や管理,それに健康管理プログラムの提供から収益を得ている.これらの2社についてセグメント・データを公表することで,価格戦略が顧客に見透かされ,将来的に医療プロバイダーとの取引において交渉力が失われてしまうことを Merck の経営者は危惧したのであった.もっとも,1998年には,FASB の新しくなったセグメント別情報開示のルールを満たすため,この2社についても Merck はセグメント別情報を公表することが求められたのである.

最後に,1ないし複数の事業単位における業績不振を投資家の目から隠すために,経営者がセグメントを定義することもありうる.例えば,最近買収した事業の業績不振は,経営者にとってとくに気がかりかもしれない.そこで,セグメント別情報を開示する際に,それを業績好調の部門と組み合わせることを選ぶかもしれない.

情報開示するセグメントの定義について,FASB は1998年,経営者の判断の余地を狭めようとした.SFAS 131号では,「マネジメント」アプローチにより,情報開示するセグメントが定義されている.このアプローチでは,「最高意思決定者が資源配分について意思決定したり,業績を評価する際に,いつも参照するような財務情報が個別に作成されている」重要な事業単位ごとに,セグメント別情報を開示することが求められる[2].重要なセグメントとは,その資産,収益あるいは利益が連結資産,収益あるいは利益の10%以上を構成するセグメントである.この基準により,中核となるセグメントについて,収益,利益ならびに資産を開示することが企業に求められる.

セグメント別情報開示についての FASB 基準のインパクトは,その全容について,まだ分析の途中にある.しかし,すでにそれは,何社かの情報開示に影響を与えている.例えば,上述したように,Merck Pharmaceuticalと Merck-Medco Managed Care の事業両方について,Merck はセグメント別情報の開示を拡張した.さらに,1998年より前,IBM は事業別セグメントについて収益しか公表していなかった.それは,パーソナル・コンピュ

ーティング・セグメントにおける多額の損失を表に出したくないからだと推測するアナリストもいた．1998年，IBM は SFAS 131 号を受け入れ，すべてのセグメントについて営業利益を公表することにした．その結果，1998年の「パーソナル・システム」セグメントはかなりの損失（128億ドルの収益に対して，税引前で10億ドルの損失）であることが明らかになった．

例：金融会社 セグメント別情報を分析するときに，もう1つ問題になってくるのは，リース会社，不動産会社，金融会社あるいは保険会社を子会社としてもつ企業についてである．これらの会社の経済モデルは，小売業，製造業，他のサービス業とはかなり異なる．金融子会社をもつ多くの企業は，こうした「同質的でない」事業を連結することが親会社の重要な指標，とりわけ負債比率，運転資本比率，それに粗利益率を歪めるものであると主張してきた．例えば，金融子会社が IBM の業績に与えたインパクトについてみてみよう．1998年，親会社の資産460億ドルに対して，金融子会社の資産は401億ドルであり，税引前の売上高利益率は全社レベルで11%であるのに対して，金融子会社では32%であった．さらに，金融子会社の負債比率は親会社よりもずっと高かった．これらの要因は，IBM と，そのような金融子会社を持たない他のコンピュータ企業との業績比較を困難にしていた．

SFAS 94 号よりも前は，多くの企業が金融子会社を連結するよりも，それに持分法を適用することを選択していた．そのうえで，金融子会社の要約損益計算書と要約貸借対照表を開示するケースがよくみられた．SFAS 94 号はこの実務を禁止して，金融会社も連結することを要求した．これに加えて，金融子会社について個別に財務諸表を開示していた企業は，これを継続することが求められた．

金融子会社をもつ企業を評価するために，連結情報とセグメント別情報のいずれを用いた方がよいのかという問題はややこしい．金融子会社をもつ多くの企業は，アナリストが中核事業のセグメントの業績を，金融部門を持たないエンティティーとして経営されている他企業と比較して判断できるよう，追加的な情報を提供している[3]．しかし，このやり方は，事業セグメントと金融セグメントの間で生じる相互効果をまったく無視している．例えば，顧

客に低金利のローンを提供するために金融子会社を利用している企業もある。これは，他のセグメントにおける価格戦略や販売戦略に影響する．その企業のセグメント別業績データを，同じ業界の他企業と比較しても，こうした戦略は視野に入らないであろう．そこで，連結データを分析することが，顧客に提供されるサービスのポートフォリオ全体についての業績を理解するために重要なのである．

例：セグメント間の取引 セグメント別情報開示についての最後の問題は，セグメント間の売上げや共通費のセグメント間配賦のように，セグメント間の取引から生じるものである．SFAS 131 号は，内部で使われているのと同じ移転価格や費用の配賦をセグメント別情報開示にも用いるよう，企業に対して求めている．しかし，この規定は，取引している双方のセグメントの報告業績をかなり操作することを経営者に許す．例えば，相対的に高い移転価格を設定することによって，経営者は買い手側を犠牲にして，売り手側のセグメントの報告業績を高めることができる．

経営者による移転価格の決定に影響する要素としては多くがありうる．そのなかには，企業内部で効率的な資源配分を促進するとか，セグメントの経営責任者にインセンティブを与えるとか，税金を最小にするとか，あるいは報告される財務業績を操作するなどが含まれる．したがって，セグメント間の売買水準が高い場合，セグメントの業績をどのように解釈すればよいのかは分かりにくい．あるセグメントが業界の標準をしのぐ高い業績を上げているのは，企業の移転価格政策のためではないだろうか？ もしそうだとしたら，そのような政策をとる経営者の動機はなんであろうか？

同様に，共通費の配賦も，セグメントの業績を解釈しにくくする可能性がある．あるセグメントが業界の標準をしのぐ高い業績を上げているのは，配賦される共通費が相対的に低いためではないだろうか？ もしそうだとしたら，そのような政策をとる経営者の動機はなんであろうか？ たんに，企業の費用配賦制度が不完全なだけなのか？ それとも，経営者は特定のセグメントについて，その業績を低く見せかけようとしているのか？ その企業の費用配賦方法には，内部的にどのような意味があるのか？

Key Analysis Questions

　事業セグメントを定義し，その業績を測定することから生じる問題点は，財務分析を必要とする状況をいくつも生み出すことになる．経営者が企業の組織を構築し，セグメントについて報告する方法を決めていることを踏まえれば，事業セグメントそれぞれの報告業績とともに，企業が事業セグメントを定義する方法を検討することによって，アナリストは情報の価値を高めることができる．以下の疑問に答えることが，セグメント別情報を分析するうえで役に立つと思われる：

- 多角化企業の主要な事業はなにか？ それらの事業は，どのようにして報告のためのセグメントへと集約されているのか？ 経営の重要事項に関わる情報を提供しないですむようなやり方で，経営者はセグメント別情報を集計してきたようには見受けられないか？ もし，そうだとしたら，経営者がそのデータを独占しておこうとすることに正当性があるのか，それとも業績不振の部門を隠そうとしているのか？
- セグメント間でどのような事業関係があるのか？ この問題は，企業戦略の根幹に関わっている．その関係は，セグメント間の取引にどのように影響しているか？ あるセグメントの顧客に便宜を図るために，他のセグメントを利用しているのではないか？ こうしたセグメント間取引や顧客への便宜は，財務状況にどのような影響を及ぼすか？ セグメント間に取引関係があるとして，セグメント別情報はどれくらい役に立つか？
- 同じ業界の他社と比較すると，セグメントの業績はどれくらいか？ 経営者は他の事業単位を犠牲にして，業績不振のセグメントを支えようとはしていないか？

2　要　約

　財務報告上，企業の境界を定めるのはエンティティーの基本原則である．それは，ある企業が他の企業の資源を支配しているときに，あたかも単一のエンティティーであるかのようにみなして2つの企業の業績を連結する．そ

こで用いられるのが，パーチェス法もしくは持分プーリング法である．もし，一方がもう一方に対して，支配はしていないものの，重要な影響力を有している場合には，その投資に「一行連結」となる持分法を適用する．

　ここでいう支配は，典型的には，一方の企業がもう一方の議決権付き株式の過半数を所有しているときに認められてきた．議決権付き株式の20%から50%を所有している場合は，一方がもう一方に対して重要な影響力を有しているとみなされる．しかし，本章でみたとおり，こうしたエンティティーの基本原則をつねに単純に適用することはできない．以下のケースでは，その適用に関して重要な問題が生じてくる．

1. 株式の過半数，もしくは20%以上を所有していなくても，一方がもう一方を支配すること，もしくは重要な影響力を行使することが可能な場合．
2. 企業結合で，どちらがどちらを支配しているのか判断が難しい場合．
3. 伝統的な支配の定義では分別できないような複雑な取引関係が企業間にある場合．これには，研究開発のリミテッド・パートナーシップやフランチャイズ契約等がある．

　多角化した事業体の経営成績を連結している企業については，投資家は事業体それぞれの個別の業績にも関心を持っている．そのため，企業は財務諸表の注記にセグメント別情報を開示する．セグメント別情報開示には，いくつもの論点がある．第一に，セグメントを定義するやり方はいくつもある．そのため，異なる企業間でのセグメント比較ばかりでなく，同じ企業のセグメントを時系列で比較することも難しくなる．第二に，シナジーが得られるものと信じて，経営者が様々な事業に手を拡げることはよくある．例えば，事業部門の顧客に便宜をはかるため，金融子会社を利用する企業もある．大規模なセグメント間取引を行う企業もある．いずれのケースにおいても，セグメント・データをどのように解釈すればよいのかが分かりにくい．なぜなら，単一事業の企業にはないような相互補助，移転価格，そして共通費の配賦による影響を受けるからである．

　エンティティーを定める会計ルールとセグメント別情報開示の両方が，証券アナリストに企業におけるエンティティーの会計を検討する機会を提供す

る．支配の程度を測るためのルールは，伝統的に，実質的に支配しているある種の会社を連結から除くことを経営者に許してきた．持分プーリングについてのルールは，持分プーリング法を用いることで，実際の買収コストを財務諸表に載せずに済ませることをいくつかの企業に許してきた．こうしたルールや実務からエンティティーに関する問題点が生じるため，アナリストは，企業の会計が経営全体をどれくらい正確に描写しているか判断することで，情報の価値を高めることができる．もし，正確でないのなら，アナリストが連結の実態を推定することもあるだろう．セグメント別情報開示については，企業の事業内容を踏まえて，経営者が採用したセグメントの定義方法の質を判断することで，情報の価値を高めることができる．また，セグメント間取引や相互補助の規模を踏まえて，セグメント別情報が事業の分析にどれくらい適しているのかを，アナリストは判断することもできる．

練習問題

1. The Coca-Cola Company は，世界最大のソフトドリンク・ボトラー Coca-Cola Enterprises を42%所有している．1998年12月31日，The Coca-Cola Company は，財務諸表の注記で以下の情報を開示した．

　「当社の持分に見合う Coca-Cola Enterprises の純資産簿価が当社の投資を超える額は，基本的に40年間で直線償却しております．1998年12月31日現在，この超過額の残高は償却後の金額で約442百万ドルであります．Coca-Cola Enterprises について財務情報を要約すれば以下のようになります．

　　　　　　　　　　　　（単位：百万ドル）

12月31日	1998年	1997年
流動資産	$ 2,285	$ 1,813
非流動資産	18,847	15,674
資産合計	$21,132	$17,487
流動負債	$ 3,397	$ 3,032
非流動負債	15,297	12,673

負債合計	$18,694	$15,705
株主持分	$ 2,438	$ 1,782
当社の投資額	$ 584	$ 184
営業収益	$13,414	$11,278
売上原価	8,391	7,096
売上総利益	$ 5,023	$ 4,182
営業利益	$ 869	$ 720
当期純利益	$ 142	$ 171
普通株主に帰属する当期純利益	$ 141	$ 169
当社に帰属する利益	$ 51	$ 59

「Coca-Cola Enterprisesに対する濃縮液・シロップの1998年における当社の正味売上高は，31億ドルであります．Coca-Cola Enterprisesは当社を通じて甘味料を購入しています……1998年における，これら取引の合計額は252百万ドルであります．」

Coca-Cola Enterprisesに持分法を適用することが，The Coca-Cola Companyの1998年度財務諸表にどのような影響を及ぼしているか，説明せよ．The Coca-Cola CompanyはCoca-Cola Enterprisesをどの程度，支配しているか？ この投資を記録するのに，持分法は最適な方法と言えるであろうか？

2. 1999年4月22日，MediaOne GroupとAT＆Tは合併することで合意した．この合併では，MediaOne Groupの株主がMediaOne Groupの株式1株と引き換えに，0.95株のAT＆T株と現金30.85ドルを受け取ることになった．現金と株式を合わせれば，1株につき計85ドルの価値があった．MediaOne Groupは株式を604.4百万株を発行していた．

かりに，MediaOne Groupの資産の簿価が市場価値とほぼ等しかったとすれば，AT＆TがMediaOneに支払ったのれん代はいくらになるであろうか？ 合併していたら，1998年の損益計算書と貸借対照表はどうなっていたであろうか，推測して作成せよ．

損益計算書

1998年12月31日（百万ドル）	AT & T	MediaOne
収益		
法人サービス	$23,611	—
消費者サービス	22,885	—
無線サービス	5,406	$ 361
ブロードバンド及びインターネット・サービス	—	2,491
その他のサービス	1,321	30
収益合計	53,223	2,882
営業費用	45,736	3,121
営業利益（または損失）合計	7,487	(239)
その他の利益（正味）	1,247	3,368
利息及び税金控除前利益（または損失）	8,734	3,129
支払利息	427	491
継続事業からの税引前利益	8,307	2,638
法人税等	3,072	1,208
継続事業からの利益（または損失）	5,235	1,430
継続中止事業からの利益	10	25,208
継続中止事業売却利益	1,290	
異常損失	137	333
当期純利益	$ 6,398	$26,305

貸借対照表

1998年12月31日（百万ドル）	AT & T	MediaOne
資産		
流動資産合計	$14,118	$ 1,200
減価償却累計額控除後の有形固定資産	26,903	4,069
償却累計額控除後のライセンス料	7,948	
投 資	4,434	9,705
前払年金費用	2,074	
営業権	2,205	11,647
その他の資産	1,868	1,571
資産合計	$59,550	$28,192
負債及び資本		
短期債務	1,171	569
その他の流動負債	14,271	1,045
流動負債合計	15,442	1,614
長期債務	5,556	4,853
繰延収益その他	12,921	6,676
連結子会社における少数株主持分	109	1,099
優先株式		1,161
普通株主持分	25,522	12,789
負債及び資本合計	$59,550	$28,192

3. 本章で触れたように，1998年4月6日，CiticorpとTravelers Groupは合併して，世界的金融サービス企業Citigroup Inc.となることに合意したと公表した。この合併により，それぞれの会社の株主は，合併後の会社を半分ずつ所有することになった。Citicorpの株主は，手持ちの株式1株とCitigroupの株式2.5株とを交換した。他方，Travelersの株主は，今ある株式が自動的に新会社の株式となるので，そのまま持ち続けた。

合併に先立つ1997年度において，CiticorpとTravelers Groupの財務諸表は以下の通りであった．

損益計算書

1997年12月31日（百万ドル）	Citicorp	Travelers
収益		
受取利息及び配当額	$ 21,164	$ 16,214
受取保険料		8,995
受取手数料	5,817	5,119
その他	7,716	7,281
収益合計	34,697	37,609
費用		
支払利息	13,081	11,443
貸倒償却	1,907	277
契約者配当金及び支払保険金		7,714
その他の営業費用	13,987	13,163
費用合計	28,975	32,597
税引前利益	5,722	5,012
法人税等	2,131	1,696
少数株主損益		212
当期純利益	$ 3,591	$ 3,104

貸借対照表

1997年12月31日（百万ドル）	Citicorp	Travelers
資産		
現金	$ 8,585	$ 4,033
銀行預金	13,049	—
証券ならびに不動産投資	33,361	171,568
売買勘定資産	40,356	139,732
貸出金	181,712	—

受取債権	3,288	21,360
その他	30,546	49,862
資産合計	**$310,897**	**$386,555**
負債及び資本		
預金	$199,121	—
売買勘定負債	30,986	$ 96,166
買い戻し条件付き売却証券	—	120,921
保険準備金	—	43,782
長期債務	19,785	28,352
その他	39,809	76,441
優先株式	1,903	1,450
普通株主持分	19,293	19,443
負債及び資本合計	**$310,897**	**$386,555**

持分プーリング法を用いると，1997年度におけるCitigroupの当期利益，普通株主持分，そして総資産はいくらになると推測されるか？ もし，あなたが株主ならば，持分プーリング法を適用したCitigroupについて，何を気にかけるか？ かりに，あなたがアナリストならば，どのような規準を満たしたときに，2つの企業の結合を記録する方法として持分プーリング法が最適であると判断するか？ CiticorpとTravelersの合併はその規準を満たしているのか？

4. 本章で説明した，Spiros IIに対するDuraの投資が財務諸表に及ぼす影響について論評せよ．もし，この投資が連結されていたら，その影響は，Duraの決算書へどのように反映されていたであろうか？

5. 以下は，General Electricが1998年度の年次報告書で開示したセグメント別情報である．

12月31日に終了する事業年度の収益

(百万ドル)	総収益			セグメント間収益			外部からの収益		
	1998	1997	1996	1998	1997	1996	1998	1997	1996
GE									
航空機エンジン	$10,294	$7,799	$6,302	$292	$101	$86	$10,002	$7,698	$6,216
家電	5,619	5,801	5,586	12	12	5	5,607	5,789	5,581
産業システム	11,222	10,984	10,401	479	491	453	10,743	10,493	9,948
NBC	5,269	5,153	5,232	—	—	—	5,269	5,153	5,232
プラスチックス	6,633	6,695	6,509	20	24	22	6,613	6,671	6,487

電力システム	8,466	7,915	7,643	166	80	67	8,300	7,835	7,576
技術製品及びサービス	5,323	4,861	4,700	14	18	23	5,309	4,843	4,677
その他の事業	264	308	291	—	—	—	264	308	291
内部消去額	(1,367)	(1,176)	(1,032)	(983)	(726)	(656)	(384)	(450)	(376)
GE セグメント収益合計	51,723	48,340	45,632	—	—	—	51,723	48,340	45,632
セグメントに属さない収益[a]	507	2,919	1,116	—	—	—	507	2,919	1,116
GECS 当期純利益	3,796	3,256	2,817	—	—	—	3,796	3,256	2,817
GE 合計	56,026	54,515	49,565	—	—	—	56,026	54,515	49,565
GECS	48,694	39,931	32,713	—	—	—	48,694	39,931	32,713
内部消去額	(4,251)	(3,606)	(3,099)	—	—	—	(4,251)	(3,606)	(3,099)
連結収益額	$100,469	$90,840	$79,179	$—	$—	$—	$100,469	$90,840	$79,179

GE の収益には,顧客に対する財・サービスからの販売収入及びその他の収入が含まれる。グループに属する企業間の売上げは,基本的に,同等の商業取引における販売価格によって行われている。

(a) 1998 年に連結から除外された家電流通関連会社からの収益が,1997 年には $944,1997 年には $789 だけ含まれている。さらに 1997 年には,Lockheed Martin Corporation の優先株式と新設子会社の株式との交換から生じた $1,538 が含まれている。

	12月31日における資産			有形固定資産の取得（他社にリースした備品を含む）12月31日に終了する事業年度			減価償却費（営業権その他無形資産を含む）12月31日に終了する事業年度		
(百万ドル)	1998	1997	1996	1998	1997	1996	1998	1997	1996
GE									
航空機エンジン	$8,866	$8,895	$5,423	$480	$729	$551	$398	$292	$282
家電	2,436	2,354	2,399	150	83	168	137	131	123
産業システム	6,466	6,672	6,574	428	487	450	440	408	362
NBC	3,264	3,050	3,007	105	116	176	127	142	121
プラスチックス	9,813	8,890	9,130	722	618	748	591	494	552
電力システム	7,253	6,182	6,322	246	215	185	215	199	184
技術製品及びサービス	3,858	2,438	2,245	254	189	154	143	137	123
その他の事業	189	224	239	—	—	—	52	46	40
GE セグメント合計	42,145	38,705	35,339	2,385	2,437	2,432	2,103	1,849	1,787
GECS に対する投資セグメントに属さない額	19,727	17,239	14,276	—	—	—	—	—	—
マイナス内部消去額[a]	12,798	11,482	10,310	158	129	114	189	180	176
GE 合計	74,670	67,426	59,925	2,543	2,566	2,546	2,292	2,029	1,963
GECS	303,297	255,408	277,419	8,110	7,320	5,762	3,568	3,240	2,805
内部消去額	(22,032)	(18,822)	(14,942)	—	—	—	—	—	—
連結合計額	$355,935	$304,012	$272,402	$10,653	$9,886	$8,308	$5,860	$5,269	$4,768

有形固定資産の取得には買収した主要な事業に関する金額が含まれる。

(a) 1998 年,1997 年,1996 年の減価償却費には,NBC に関連する,未配分の RCA 営業権の償却額 $84 が含まれている。

さらに，General Electric は GECS を構成している事業について，以下の情報を提供している．

「コンシューマー・サービス——プライベート・ラベル・ローンおよびバンク・クレジット・カード・ローン，パーソナル・ローン，タイム・セールスおよびリボルビング・クレジット，小売業者向けのインベントリー・ファイナンス，自動車リース，モーゲージ・サービス，そして消費者向け貯蓄ならびに保険サービス．

エクイップメント・マネジメント——航空機，トレーラー，自動車編隊，モジュラー・スペース・ユニット，鉄道車両，データ処理機器，遠洋船舶用のコンテナ，人工衛星を含む商業用および輸送用機材に関するリース，ローン，売却ならびに資産管理サービス．

ミッド・マーケット・ファイナンシング——製造業者，流通業者，最終利用者を含むミドル・マーケットの顧客向けの，輸送機器，企業用航空機，データ処理機器，医療・診断機器，ならびに建設業務，製造業務，オフィス業務，エレクトロニクス業務や通信業務といった活動で用いられている機器を含む，様々な機器を取り扱うローン，ファイナンス・リース，オペレーティング・リース，その他のサービス．

スペシャライズド・ファイナンス——産業用施設・機器，エネルギー関連施設を含む，基幹的資本資産を取り扱うローンやファイナンス・リース；商業用ならびに住居用不動産への投融資；広範な業種にわたる，公的ならびに私的な事業体に対する投融資．

スペシャルティ・インシュアランス——米国内外におけるマルチ・ラインの損害保険の再保険業務；特定のスペシャルティ・インシュアランス元受け業務ならびに生命保険の再保険業務；主として，公債およびストラクチャード・ファイナンス案件を扱う財務保証インシュアランス；プライベート・モーゲージ・インシュアランス；国際的なカスタマー・ローン返済を扱う債権者インシュアランス．

GECS からの資金で調達される製品が GE にあるセグメントで製造されることは，ほとんどありません．」

GE のセグメント別情報はどれくらい役に立つか？ 連結数値からは分からないことについて，あなたはこの情報から何を知ることができるか？ GE 全体の業績に対して，GECS はどれほどの重要性を持っているか？ GECS の業績を分析するために，あなたが必要と考える情報として他に何があるか？

注
1) 米国以外の大部分の国では，他社に対して支配力や「影響力」を行使するための投資について，似たような報告実務が採用されている．もっとも，従来は厳格な法的定義によって報告エンティティーを定めてきたドイツや日本などのように，比較的最近になって，そうした実務になった国もある．
2) SFAS No. 131, *Disclosures About Segments of Enterprise and Related Information*.
3) Gilson et al. (1999) では，証券アナリストが業界ごとに専門化されており，そして複数のアナリストに1つの企業を追跡させるのは，投資ブローカーにとって経済的ではないため，単独の事業を行っているエンティティーに比べて，事業を多角化しているエンティティーは熱心に調査されず，低く評価されていることが示されている．Gilson, Healy, Noe, and Palepu, "Changes in Organizational Form and Capital Market Intermediation: Analyst Coverage After Stock Breakups," working paper, Harvard Business School, 1999 を見よ．

9
財務分析

　財務分析の目的は，決められた目標および戦略に関連づけて企業業績を評価することにある．財務分析には2つの重要なツールがある．比率分析とキャッシュフロー分析である．比率分析では，財務諸表の各勘定科目が相互にどのような関係をもっているかが評価される．また，キャッシュフロー分析により，アナリストは企業の流動性を分析し，営業活動，投資活動，財務活動のそれぞれから生じたキャッシュフローを，企業がどのように管理しているかを分析することが可能になる．

　財務分析はさまざまな状況で利用される．企業の現在および過去の業績に関する比率分析は，将来の業績を予測する基礎となる．後の章で議論するように，財務予測は企業評価，与信評価，財務危機の予測，証券分析，M＆A（買収・合併）の分析，企業の財務政策分析にあたって有用である．

1　比率分析

　企業価値は収益性と成長性によって決まる．図9-1に示したように，企業の収益性と成長性は製品市場戦略と金融市場戦略の影響を受ける．製品市場戦略は企業の競争戦略，営業政策および投資決定をつうじて実行される．金融市場戦略は資金調達政策と配当政策をつうじて実行される．

　成長と利益の目標を達成するために，経営者は，(1)営業管理，(2)投資管理，(3)資金調達戦略，(4)配当政策という4つの手段を利用できる．比率分析の目的は，これらの手段のそれぞれについて，企業政策の有効性を評価することにある．比率分析を有効なものとするためには，可能なかぎり詳細に，財務数値をその基礎となる事業要因と関連づける必要がある．アナリストは比率分析によって企業業績に関するすべての解答を得られるわけではないが，アナリストがさらに調査を行うための質問を作成するうえで役に立つであろう．

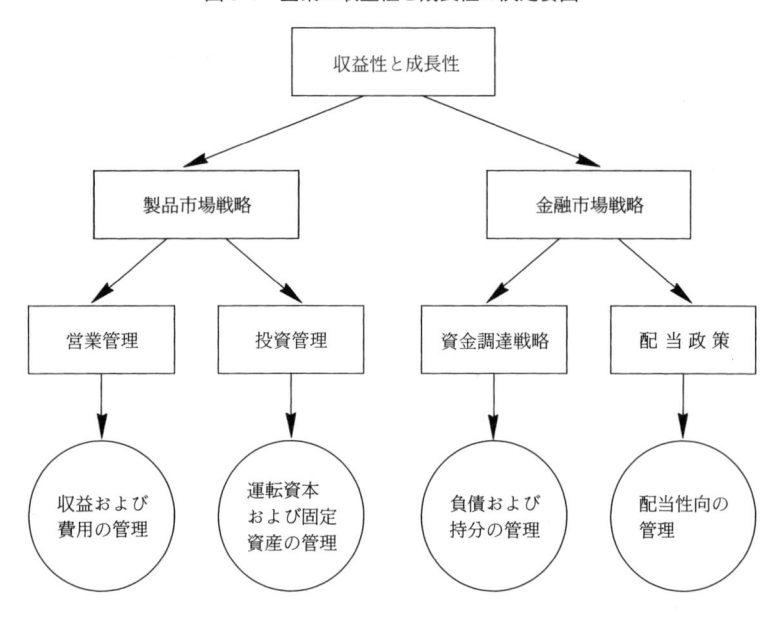

図 9-1 企業の収益性と成長性の決定要因

```
                    収益性と成長性
                    ／        ＼
            製品市場戦略        金融市場戦略
            ／    ＼            ／    ＼
        営業管理  投資管理    資金調達戦略  配当政策
          ↓       ↓            ↓          ↓
        収益および  運転資本     負債および   配当性向の
        費用の管理  および固定    持分の管理   管理
                  資産の管理
```

　比率分析によって，アナリストは，(1)企業の諸比率を数年間にわたって比較（時系列の比較）し，(2)その企業の諸比率を業界の他企業と比較（クロスセクションの比較）し，そして／あるいは(3)絶対的な基準値と比較することができる．時系列の比較により，アナリストは，企業固有の要因を一定としたうえで，企業戦略の有効性を時の経過に沿って分析することができる．クロスセクションの比較では，産業レベルの要因を一定としたうえで，業界におけるその企業の相対的な業績を分析することができる．たいていの比率には絶対的な基準値がない．収益率はその例外であり，投資に関連する資本コストと比較することができる．たとえば，会計のひきおこす歪みはあるが，株主資本利益率（ROE）は株主資本コストと比較することができる．

　以下の議論では，アメリカの有名な小売業者であるNordstrom, Inc.を事例として，上記のアプローチについて説明する．Nordstromの1999年1月31日を終了日とする会計年度と1998年1月31日を終了日とする会計年度の比率を比較するとともに，アメリカの別の小売業者であるTJX　Companies の 1999 年 1 月 31 日を終了日とする会計年度の比率と比較する[1]．

Nordstrom はファッションを専門とする一流の小売業者で，紳士，婦人，子供向けのさまざまなハイエンドの衣服，靴，アクセサリーを販売している．会社は高品質，すばらしいサービス，プレミアム価格という戦略を実行している．近年の不安定な利益のパフォーマンスに不満をもっていたので，会社の経営者は過去2年間，その改善に集中してきた．1999 年 1 月 31 日を終了日とする財務諸表を利用して，経営者がどれだけうまくこの目的を達成したか検討する．一方，TJX Companies の戦略は Nordstrom とまったく異なっており，T. J. Maxx と Marshalls の店舗をつうじてオフプライスの衣料およびホームファッションの小売をしている．会社の戦略はブランド商品を百貨店の通常価格の 20-60％引きで販売することである．会社は，自社に都合の良い機会に仕入れ，非常に効率的な流通網と低価格構造による経営をすることで，これを達成しようとしている．そのうえ，Nordstrom と TJX は投資戦略や財務戦略も異なっているようにみえる．Nordstrom は店舗にかなり投資しているが，TJX の店舗はリースである．Nordstrom はクレジットカードを受け入れているが，TJX は受け入れていない．こうした2社の違いが比率にどう影響するか説明しよう．また，いずれの戦略が株主により良いパフォーマンスを提供するかについてもみることにしよう．

総合的な収益性の測定

企業業績のシステマティックな分析の出発点は株主資本利益率（ROE）であり，これは次のように定義される．

$$\text{ROE} = \frac{\text{純利益}}{\text{株主資本}}$$

ROE は，株主によって投資された資金を使用して経営者がどれだけ効果的に利益を生み出しているかを示しているので，企業業績の包括的な指標である．長期にわたって平均すると，アメリカの大規模な公開会社の ROE は 11％から 13％の範囲におさまる．

長期的には，企業の持分価値は ROE と株主資本コストの関係で決まる[2]．すなわち，長期にわたって株主資本コスト以上の ROE を生み出すことが期

表 9-1　Nordstrom と TJX の株主資本利益率

比　率	Nordstrom 1998 年	Nordstrom 1997 年	TJX 1998 年
株主資本利益率	15.6%	12.6%	34.5%

待される企業は，市場価値が簿価を上回っているはずであり，逆もまた同様である（この問題については，評価に関する章で詳細に議論する）．

　ROE と株主資本コストの比較は，企業価値を考えるうえで役に立つだけでなく，将来の収益性の軌道を考えるうえでも役に立つ．重大な参入障壁が存在しない場合，継続的に超過利潤率が生み出されると，競争が促進される．そのため，時間が経つと競争要因によって ROE は「正常」な水準，すなわち，株主資本コストの水準にまで引き下げられる．したがって，株主資本コストは，長期的な競争均衡において観察される ROE の基準値を決めるものと考えられる．株主資本コストから乖離する理由は一般に次の2つである．1つは，少なくとも短期的に，正常以上の（あるいは正常以下の）経済的利益を生み出す原因となるような，業界事情や競争戦略が存在する場合である．2つめは，会計によって歪みがもたらされる場合である．

　表 9-1 には Nordstrom と TJX の報告利益に基づく ROE が示されている．Nordstrom の ROE は，1997 年から 1998 年にかけて，12.6%から 15.6%と大幅に上昇した．これは，利益改善に焦点を絞り込んだ Nordstrom の戦略がプラスの結果を生み出したことを示している．アメリカ経済における ROE の過去のトレンドと比べると，Nordstrom の 1997 年の成果はほぼ平均値であったとみることができる．また，1997 年の ROE は合理的に見積もられた株主資本コストをまかなうのにかろうじて足るものであった．1998 年に ROE が 3%上昇したことにより，Nordstrom はこれら2つの基準値を楽に超えることができた[3]．残念ながら，1998 年に上昇したにもかかわらず，Nordstrom の成果は TJX の ROE 34.5%よりかなり劣っている．この成果だと，アメリカ経済における過去の ROE のトレンドだけでなく自社の ROE に比べても，TJX は超過利益を得ていたことになる．Nordstrom に比べて TJX の成果がすぐれていることは，この2社の株主資本の簿価に対

する時価の比率の違いに反映されている。1999年6月時点で，Nordstromの時価対簿価比率は3.6であったが，TJXの同比率は8.6であった。

収益性比率の分解：伝統的アプローチ

ある企業のROEは，2つの要因に影響される。すなわち，どれだけ有効に資産を使用しているか，そして，株主の投資額に対してどれだけ企業の資産額が大きいかである。これら2つの要因の効果を理解するために，ROEは次のように，総資産利益率（ROA）と財務レバレッジの尺度とに分解することができる。

$$\text{ROE} = \text{ROA} \times 財務レバレッジ$$
$$= \frac{純利益}{総資産} \times \frac{総資産}{株主資本}$$

ROAは，企業が投資した資産1ドル当たり，どれだけの利益を生み出すことができるかを示している。財務レバレッジは，企業が株主の投資額1ドル当たり，何ドルの資産を配置できるかを示している。

総資産利益率は次のように2つの要素の積に分解できる。

$$\text{ROA} = \frac{純利益}{売上高} \times \frac{売上高}{総資産}$$

売上高に対する純利益の比率は売上純利益率（net profit margin）あるいは売上高利益率（ROS）と呼ばれる。総資産に対する売上高の比率は資産回転率として知られている。売上高利益率は，企業が売上高1ドル当たり，どれだけ利益をあげることができるかを示している。資産回転率は，資産1ドル当たり，どれだけの売上高を生み出すことができるかを示している。

表9-2には，売上高利益率，資産回転率，財務レバレッジという3つのROEの決定要因を，小売企業2社について示してある。NordstromのROEは12.6%から15.6%に上昇した。この上昇は，大部分が財務レバレッジの上昇によるもので，一部は売上高利益率のわずかな上昇によるものである。実際，1998年の株主資本利益率は資産回転率の下落によりマイナスの影響を受けた。TJXのROEが高いのは，売上高利益率と資産回転率が高いからである。このおかげで，TJXはNordstromより少し財務レバレッ

表 9-2 ROE の伝統的な分解

比 率	Nordstrom 1998年	Nordstrom 1997年	TJX 1998年
売上純利益率（ROS）	4.1%	3.85%	5.3%
×資産回転率	1.61	1.68	2.89
＝総資産利益率（ROA）	6.6%	6.5%	15.3%
×財務レバレッジ	2.37	1.95	2.25
＝株主資本利益率（ROE）	15.6%	12.6%	34.5%

ジが低いにもかかわらず，Nordstrom より高い ROE を達成できた．

収益性比率の分解：代替的なアプローチ

　上記のアプローチは会社の ROE を分解するために広く利用されているが，これにはいくつか限界がある．まず，ROA の計算式において，分母は企業に対するすべての資本提供者に請求権がある総資産だが，分子は株主に帰属する利益だけからなる．総資産には営業資産と現金性資産や短期投資などの金融資産が含まれる．さらに，純利益には営業活動からの収益と財務意思決定の結果である利子収益および費用が含まれる．これら2つの成果の源泉を区別すると役に立つことが多い．最後に，上記で使われた財務レバレッジは，現金性資産や短期投資が本質的に「マイナスの負債」であること――なぜならそれらは会社の貸借対照表上の負債を返済するために使うことができるからである――を認識していない[4]．これらの問題は以下で議論する ROE 分解の代替的なアプローチで扱われる[5]．

　この代替的な ROE の分解アプローチを議論する前に，このセクションと本章の残りの部分で使われるいくつかの専門用語を定義する必要がある．この専門用語の定義は表 9-3 に示されている．

　表 9-3 で定義された用語を利用して ROE は次のように分解される．

$$\mathrm{ROE} = \frac{\mathrm{NOPAT}}{\text{株主資本}} - \frac{(\text{税引後・正味の利子費用})}{\text{株主資本}}$$

$$= \frac{\mathrm{NOPAT}}{\text{正味資産}} \times \frac{\text{正味資産}}{\text{株主資本}} - \frac{\text{税引後・正味の利子費用}}{\text{正味借入金}} \times \frac{\text{正味借入金}}{\text{株主資本}}$$

$$= \frac{\mathrm{NOPAT}}{\text{正味資産}} \times \left(1 + \frac{\text{正味借入金}}{\text{株主資本}}\right) - \frac{\text{税引後・正味の利子費用}}{\text{正味借入金}}$$

表9-3 比率分析で使われる会計項目の定義

項　目	定　義
税引後の正味利子費用	（利子費用－利子収益）×（1－税率）
税引後の正味営業利益（NOPAT）	純利益＋税引後の正味利子費用
営業運転資本	（流動資産－現金および市場性のある有価証券）－
	（流動負債－短期借入金および長期借入金の当期返済額）
正味長期資産	固定資産合計－無利子長期負債
正味借入金	有利子負債合計－現金および市場性のある有価証券
正味資産	営業運転資本＋正味長期資産
正味資本	正味借入金＋株主資本

$$\times \frac{\text{正味借入金}}{\text{株主資本}}$$

$$= \text{営業 ROA} + (\text{営業 ROA} - \text{税引後の実効利子率})$$

$$\times \text{正味の財務レバレッジ}$$

$$= \text{営業 ROA} + \text{スプレッド} \times \text{正味の財務レバレッジ}$$

　営業 ROA（訳者注：＝NOPAT／正味資産）は，会社が営業利益を生み出すもとになる営業資産を，収益が多くなるようにどれだけ配置できるかの尺度である．すべてが株主資本により調達されているなら，これは会社のROEとなるだろう．スプレッドは資本構成に負債が導入されることから生じる経済的影響の増分である．借入金の経済的影響は，営業資産からのリターンが借入金のコストより大きいかぎりプラスになる．利子費用を支払うのに足るだけの営業収益を獲得していない会社は，借入れによりROEが下落する．株主資本額と比べた借入金の大きさにより，その影響はプラスとマイナスのいずれであっても拡大される．株主資本に対する正味借入金の比率は，正味の財務レバレッジの尺度となる．会社のスプレッドに正味の財務レバレッジを乗じることにより，財務レバレッジの増加分が測定される．

　営業 ROA は，さらに，NOPAT 利益率と営業資産回転率に分解される．

$$\text{営業 ROA} = \frac{\text{NOPAT}}{\text{売上高}} \times \frac{\text{売上高}}{\text{正味資産}}$$

NOPAT 利益率は，営業の面で，会社の売上からどのくらい収益があがっているかの尺度である．営業資産回転率は，会社が売上を得るために営業資

表 9-4 ROE を分解する際の営業要素と財務要素の区別

比　率	Nordstrom 1998年	Nordstrom 1997年	TJX 1998年
NOPAT 利益率	4.7%	4.3%	5.3%
×正味営業資産回転率	2.49	2.27	8.11
＝営業 ROA	11.7%	9.8%	43.0%
スプレッド	7.3%	6.4%	42.9%
×正味財務レバレッジ	0.54	0.45	(0.20)
＝財務レバレッジ増加分	3.9%	2.8%	(8.5)%
ROE＝営業 ROA＋財務レバレッジ増加分	15.6%	12.6%	34.5%

産をどの程度利用できるかを示している．

　表9-4 は Nordstrom と TJX の ROE を分解したものである．この表の比率は，Nordstrom の ROA と営業 ROA にはかなりの違いがあることを示している．たとえば，1998年の Nordstrom の ROA は 6.6% であったが，営業 ROA は 11.7% であった．この ROA と営業 ROA の違いは，TJX のほうがさらに顕著である．すなわち，1998年の ROA は 15.3% であったが，営業 ROA は 43% であった．TJX には巨額の無利子の負債および短期投資があったので，営業 ROA は ROA より劇的に高かったのである．これは，少なくとも企業によっては，利子費用，利子収益，および金融資産を考慮に入れて，単純な ROA を修正することが重要であることを示している．

　営業 ROA を評価するための適切な基準値は，負債と株主資本の加重平均コスト，つまり WACC である．長期的にみると，企業価値はこの基準に比べて営業 ROA がどれだけであるかによって決まる．さらに，長期的にみると，そして競争を阻害する要因がなければ，営業 ROA は加重平均資本コストに近づく傾向があるだろう．WACC は株主資本コストより低いので，営業 ROA は ROE よりも低い水準に押しやられる傾向がある．アメリカにおける大企業の営業 ROA の平均値は，長期的にみると，9% から 11% の範囲にある．Nordstrom の 1997年と 1998年の営業 ROA はこの範囲に収まっており，営業のパフォーマンスがほぼ平均的であることを示している．43% という TJX の営業 ROA は，Nordstrom やアメリカの産業平均，そして TJX の加重平均資本コストのいかなる合理的な推定値よりはるかに高い．

TJXの営業パフォーマンスが劇的にすぐれていたことは,単純なROAを尺度として利用していたら不明確になっていただろう[6]。

TJXはROEに作用する2つの決定要因でもNordstromより優位であった——NOPAT利益率で優っており,営業資産回転率は劇的に高い。TJXの営業資産回転率が高いのは,多くの店舗を所有しているNordstromと違って,店舗を賃借するという戦略を採用していたことが主な原因である。TJXのほうがNOPAT利益率が高いのは驚くべきことであり,これはNordstromが高水準のサービスを提供する戦略のコストを埋め合わせるほど高い価格を付けられないことを示唆している。

Nordstromは財務戦略を通じて株主価値を創出できる。Nordstromの1997年における営業ROAと税引後の利子費用のスプレッドは6.4%であり,株主資本に対する正味借入金の割合は45%であった。これらの要因がROEを正味で2.8%増加させるのに貢献した。そういうわけで,1997年のNordstromの営業ROAは9.8%であったが,ROEは12.6%となったのである。Nordstromの1998年におけるスプレッドは7.3%に上昇し,正味の財務レバレッジも0.54に上昇した結果,借り入れ政策のおかげでROEは正味3.9%上昇した。この年の営業ROAは11.7%であったから,1998年のROEは15.6%にまで上昇した。

TJXの1998年におけるスプレッドは非常に高かったが,財務戦略が不十分であったためにこの利点を利用できなかった。1998年の会社の現金残高は大きかったので,事実上,正味の財務レバレッジはマイナスであったことになる。その結果,会社のROEは営業ROAより低くなった。財務管理に効果がなかったので,TJXの1998年の営業ROAはNordstromの約4倍の大きさであったにもかかわらず,ROEはNordstromの約2倍にすぎなかった。

営業管理の評価:売上純利益率の分解

売上純利益率あるいは売上高利益率(ROS)は企業の営業活動の収益性を表している。ROSをさらに分解することにより,アナリストは企業の営業管理の効率性を評価することが可能になる。この分析で一般的に使われる

ツールは，各勘定科目を売上高に対する比率で表した百分率損益計算書である．

百分率損益計算書により，時系列で企業の損益計算書のトレンドを比較したり，業界内の企業間のトレンドを比較することができる．損益計算書分析により，アナリストは次のような疑問を提示することが可能になる．すなわち，(1)その企業の粗利益は決定された競争戦略と一貫性があるか？ たとえば，差別化戦略をとると，通常，低コスト戦略より売上総利益は高くなるはずである．(2)その企業の粗利益は変化しているか？ それはなぜか？ 変化のもとになっている事業上の原因は何か——競争の変化，インプット・コストの変化，製造間接費の管理のまずさか？ (3)その企業は製造間接費，管理費を適切に管理しているか？ これらのコストをもたらす事業活動は何か？ それらの事業活動は必要か？

損益計算書分析がどのように利用されうるかを説明するために，表9-5にNordstromとTJXの百分率損益計算書を示してある．この表にはよく使われる収益性比率もいくつか示してある．表9-5の情報を利用して，Nordstromの売上純利益率（あるいは売上高利益率）が1998年には4.1%，

表 9-5 百分率損益計算書と収益性の諸比率

	Nordstrom 1998年	Nordstrom 1997年	TJX 1998年
売上高に対する百分率で示した各項目			
売上高	100%	100%	100%
売上原価	(66.5)	(67.9)	(74.9)
販売費および一般管理費	(28.0)	(27.3)	(16.2)
その他の収益および費用	2.1	2.2	—
正味の利子費用および収益	(0.9)	(0.7)	—
法人所得税	(2.6)	(2.5)	(3.4)
税額を考慮した正味の異常損益	—	—	(0.1)
純利益	4.1%	3.8%	5.3%
鍵となる収益性の諸比率			
売上総利益率	33.5%	32.1%	25.1%
EBITDA利益率	10.4%	9.7%	10.6%
NOPAT利益率	4.7%	4.3%	5.3%
売上純利益率	4.1%	3.8%	5.3%

1997年には3.8％であったのに対して，TJXの売上純利益率はなぜ5.3％であったのか詳細に調べよう．

売上総利益率　売上高と売上原価の差額は売上総利益である．売上総利益率は，売上高と売上に関連して生じる直接原価の差額がどれだけ大きいかを示している．これは次のように計算される．

$$売上総利益率 = \frac{売上高 - 売上原価}{売上高}$$

売上総利益率は次の2つの要因に影響される．すなわち，(1)企業の製品・サービスが市場で販売される際の価格プレミアム，(2)企業による調達および生産プロセスの効率性である．企業の製品・サービスを販売する際の価格プレミアムは，競争の程度および製品の独自性の程度に影響される．競争相手より低い価格でインプットを購入できる場合，あるいは，生産プロセスをより効率的に操業できる場合，企業は売上原価を低くすることができる．これは一般に，企業が低コスト戦略を採用しているケースである．

表9-5によると，Nordstromの売上総利益率は，1998年にはわずかに上昇して33.5％となり，アニュアル・レポートで会社が明言した収益性に焦点を絞り込むという目的を実証している．Nordstromのプレミアム価格戦略と首尾一貫して，1998年と1997年の売上総利益率は，25.1％に留まった1998年におけるTJXの売上総利益率よりかなり高かった．

販売費および一般管理費　企業の販売費および一般管理費（SG＆A）は，競争戦略の実行に必要な営業活動に影響される．第2章で議論したように，差別化戦略を採用している企業は差別化を達成するために諸活動をしなければならない．品質および新製品の迅速な導入をもとに競争している企業は，純粋にコストだけで競争している企業に比べて研究開発費が大きくなりそうである．同様に，ブランド・イメージを構築しようとしている企業は，フル・サービスの小売業者を通じて製品を販売しており，また，顧客サービスもかなり提供しているため，卸売業者あるいは通信販売をつうじて販売し，また，顧客サポートを充分に提供しない企業に比べて，販売費および一般管理費は

高くなりそうである．

　企業のSG＆A費用は製造間接費をめぐる諸活動を管理する効率性にも影響される．営業費用の管理は低コストをもとにして競争している企業にとってとくに重要なようである．しかしながら，差別化戦略を採用している企業にとってさえ，差別化のコストが市場で稼得される価格プレミアムとみあっているかどうかを評価することは重要である．

　表9-5に示したいくつかの比率により，NordstromとTJXによるSG＆A費用の管理の有効性を評価する．まず，売上高に対するSG＆A費用の比率は，1ドルの売上を得るために会社がどれだけ費やしたかを示している．Nordstromの売上高に対するSG＆A費用の比率はTJXよりかなり高いことがわかる．TJXが低コスト・オフプライス戦略をとっているのに対して，Nordstromは高水準のサービスを提供する戦略を採用していることを考えれば，これは驚くべきことではない．しかし，収益性の改善をなしとげるという上述の目標にもかかわらず，Nordstromのコスト管理は改善されなかった．すなわち，売上高に対するSG＆A費用の比率は，1997年の27.3％から1998年には28％へとわずかに上昇したのである．

　NordstromとTJXが根本的に異なる価格，商品，およびサービスの戦略を実行していることを考えれば，両社のコスト構造がまったく異なるのも驚くべきことではない．売上高に対する百分率でみると，Nordstromの売上原価はTJXより低く，SG＆A費用はTJXより高い．では，これらのコストを差し引いたとき，どちらの会社の業績がよいのだろうか？　2つの比率がここで役に立つシグナルとなる．すなわち，NOPAT利益率（net operating profit margin）とEBITDA利益率である．

$$\text{NOPAT利益率} = \frac{\text{NOPAT}}{\text{売上高}}$$

$$\text{EBITDA利益率} = \frac{\text{利払前・税引前・償却およびアモチゼーション前利益}}{\text{売上高}}$$

　NOPAT利益率は，すべての営業政策を反映し，借り入れ政策の影響を取り除くので，会社の営業のパフォーマンスに関する包括的な指標である．EBITDA利益率は，支出を伴わない重要な営業費用である減価償却および

アモチゼーション費用を含めないことを除いて，類似の情報を提供する．EBITDA利益率が「現金」を伴う営業項目に焦点を合わせていると信じているアナリストは，これを好んで利用する．これはある程度正しいが，2つの理由で誤解を招く可能性がある．売上高，売上原価，SG＆A費用にはしばしば非現金項目が含まれるので，EBITDAは厳密にいえば現金をコンセプトとするものではない．また，減価償却は実際の営業費用で，ある程度は資源の費消を反映している．そのため，これを無視すると誤解を招くことになる．

　表9-5をみると，NordstromのNOPAT利益率は1997年から1998年にかけて少し改善されている．しかし，この改善をもってしても，会社は売上1ドル当たり4.7セントしか正味の営業利益を確保できないが，対するTJXは5.3セント確保している．TJXのEBITDA利益率はNordstromより少し高いが，微々たる違いのようにみえる．ところが，TJXが店舗の大部分をリースしているのに対してNordstromは所有しているので，この比較は誤解を招く可能性がある．というのも，TJXのリース費用はEBITDAの計算に含まれるが，Nordstromの店舗減価償却費は計算から除外されるからである．これはEBITDA利益率がときに誤解を招く一例である．

税費用　税金は企業の総費用の重要な要素である．さまざまな節税技術により，企業は税費用の削減を試みることができる[7]．企業の法人税等計上額を評価する際に利用される尺度は2つある．1つは売上高対税費用比率であり，もう1つは税引前利益対税費用比率である（平均税率としても知られている）．税務関係の注記では，平均税率と法定税率が異なる理由についての詳細な説明がなされている．

　企業の節税計画を評価する際，アナリストは2つの疑問を提示すべきである．すなわち，(1)企業の節税計画は持続可能か？　現行税率は一回限りの税額控除に影響されているか？　(2)企業の節税戦略はあらたな事業コストをもたらさないか？　たとえば，事業の拠点がタックスヘイブンにおかれている場合，企業の売上利益や資産の利用にどのような影響があるか？　節税戦略のベネフィット（税金の減少）は，労働生産性の低下や輸送費の上昇といっ

た企業費用の増加より大きいか？

表9-5ではNordstromの税率が1997年から1998年にかけてそれほど変化しなかったことが示されている．また，Nordstromの売上高対税費用比率はTJXの比率よりいくぶん低かった．この理由として重要なのは，TJXの売上高税引前利益率が高かったことである．事実，NordstromとTJXの平均税率（税引前利益に対する税費用の比率）は同じで，39％であった．

要するに，Nordstromの売上利益率が少し上昇したのは，主として売上原価の減少によるものであったというのが結論である．他のすべての分野で，Nordstromのパフォーマンスは変わらないか少し悪化した．TJXはSG＆A費用を大幅に節約できるので，オフプライス戦略を採用しているにもかかわらず，高い売上利益率を得ることができる．

投資管理の評価：資産回転率の分解

資産回転率は株主資本利益率の第2の決定要因である．企業は諸資産にかなりの投資をするので，それらを生産的に利用することは総合的な収益性にとって重要である．資産回転率を詳細に分析することにより，アナリストは企業の投資管理の効率性を評価することが可能になる．

資産管理には2つの主要な領域がある．すなわち，(1)運転資本管理，(2)固定資産管理である．運転資本は流動資産と流動負債の差額と定義される．ところが，この定義では，営業の構成要素（売上債権，棚卸資産，買掛金など）と財務の構成要素（現金，市場性のある有価証券，支払手形など）が区別されていない．これを区別した代替的な尺度が営業運転資本であり，表9-3で定義されている．

営業運転資本＝（流動資産－現金および市場性のある有価証券）
　　　　　　－（流動負債－短期借入金および長期負債の当期返済分）

運転資本管理　アナリストが主として焦点を合わせている営業運転資本の構成要素は，売上債権，棚卸資産，買掛金である．運転資本にある程度投資することは，企業が通常の営業を行ううえで必要である．たとえば，企業の信用方針や販売方針によって売上債権の最適水準が決まる．生産プロセスの性

格や緩衝在庫の必要性によって棚卸資産の最適水準が決まる．最後に，買掛金は企業の運転資本の日常的な資金調達源であり，業界の支払慣行でその正常水準が決まる．

次にあげる諸比率は企業の運転資本管理を分析する際に役立つ．すなわち，営業運転資本対売上高比率，営業運転資本回転率，売掛金回転率，棚卸資産回転率，そして買掛金回転率である．回転の諸比率は営業運転資本（およびその構成要素）が維持できる活動日数であらわすこともできる．これらの比率の定義は以下の通りである．

$$営業運転資本対売上高比率 = \frac{営業運転資本}{売上高}$$

$$営業運転資本回転率 = \frac{売上高}{営業運転資本}$$

$$売掛金回転率 = \frac{売上高}{売掛金}$$

$$棚卸資産回転率 = \frac{売上原価}{棚卸資産}$$

$$買掛金回転率 = \frac{仕入}{買掛金} \quad あるいは \quad \frac{売上原価}{買掛金}$$

$$売掛金回転期日 = \frac{売掛金}{1日平均の売上高}$$

$$棚卸資産回転期日 = \frac{棚卸資産}{1日平均の売上原価}$$

$$買掛金回転期日 = \frac{買掛金}{1日平均の仕入高（あるいは売上原価）}$$

営業運転資本回転率は，投資した営業運転資本1ドル当たり，何ドルの売上高を生み出すことができるかを示している．アナリストは，売掛金回転率，棚卸資産回転率，買掛金回転率により，運転資本の3つの主要な構成要素がどれだけ生産的に利用されているかを調査することが可能になる．売掛金回転期日，棚卸資産回転期日，買掛金回転期日は，企業の運転資本管理の効率性を評価するもう一つの指標である[8]．

固定資産管理 投資管理のもう1つの分野は，会社の固定資産の利用に関係

している．会社の固定資産への投資を次のように定義すると役に立つ．

正味固定資産＝(固定資産合計－無利子の長期負債)

固定資産は一般に正味の土地，工場および設備（PP＆E），営業権などの無形固定資産，その他の資産から構成される．無利子の長期負債には繰延税金などの項目が含まれる．正味固定資産と正味運転資本をこのように定義すると，両者を合計した正味営業資産は，正味借入金と株主資本の合計あるいは正味資本に等しくなる．これは，本章の最初のほうで営業ROAを定義した方法と整合している．

会社が正味固定資産を効率的に利用しているかどうかは次の2つの比率により測定される．すなわち，正味固定資産対売上高比率と正味固定資産回転率である．正味固定資産回転率は次のように定義される．

$$正味固定資産回転率＝\frac{売上高}{正味固定資産}$$

正味の土地，工場および設備（PP＆E）は貸借対照表のなかで最も重要な固定資産である．会社のPP＆Eが効率的に利用されているかどうかは，売上高PP＆E比率，あるいは，PP＆E回転率により測定される．

$$PP＆E回転率＝\frac{売上高}{正味の土地，工場および設備}$$

上記の諸比率から，アナリストは一般に4つの分野で事業に関する数多くの問題を検討することが可能になる．すなわち，(1)その企業は棚卸資産をどれだけ適切に管理しているか？　その企業は近代的な製造技術を利用しているか？　適切な販売と物流の管理システムがあるか？　棚卸資産の諸比率が変化しているとすると，そのもとになっている事業上の理由は何か？　新製品が計画されているか？　需要予測と実際の売上の間にミスマッチがあるか？　(2)その企業は信用方針をどれだけ適切に管理しているか？　これらの方針はマーケティング戦略と一貫しているか？　その企業は流通チャネルに圧力をかけて，人為的に売上を増やしているか？　(3)その企業は企業間信用を利用しているか？　企業間信用に過度に依存しているか？　そうであるとすると，潜在的なコストは何か？　(4)その企業の工場および設備に対する投資は競争戦略と一貫しているか？　その企業は買収や企業分割について適切な方策を

表 9-6　資産管理の諸比率

比 率	Nordstrom 1998年	Nordstrom 1997年	TJX 1998年
営業運転資本/売上高	16.2%	20.8%	(0.3)%
正味固定資産/売上高	24.0%	23.2%	12.6%
PP＆E/売上高	27.1%	25.8%	9.5%
営業運転資本回転率	6.17	4.81	—
正味固定資産回転率	4.17	4.31	7.94
PP＆E回転率	3.69	3.88	10.52
売掛金回転率	8.56	7.30	117.9
棚卸資産回転率	4.46	3.99	5.0
買掛金回転率	9.85	10.26	9.6
売掛金回転期日	42.6	50	3.1
棚卸資産回転期日	81.8	91.5	73
買掛金回転期日	37.1	35.6	38

とっているか？

　表9-6にはNordstromとTJXの資産管理の諸比率が示されている．Nordstromは1997年から1998年にかけて，売上高営業運転資本比率の下落や営業運転資本回転率の上昇からわかるように，運転資本管理の改善を成し遂げた．この改善は売掛金の減少と在庫管理の向上によるものである．買掛金回転期日もわずかに改善された．これとは対照的に，Nordstromの固定資産の利用は1998年には改善されなかった．すなわち，正味固定資産回転率とPP＆E回転率はわずかに下落したのである．アニュアル・レポートの中で，Nordstromは，経営者がコスト削減のため在庫管理に焦点を合わせていたため，1年以上経営している店舗からの売上（同一店舗売上とも呼ばれる）が1998年に少し減少したことを認めている．

　TJXの1998年における資産の利用を示す比率は，Nordstromに比べて圧倒的に高かった．TJXは，売り主からの企業間信用をフルに利用することにより，また，営業費用の支払いの一部を遅らせることによって，営業運転資本にはほとんど資金を投資しないで済ませることができた．また，TJXはクレジットカードの利用を認めていなかったので売掛金を3日で回収できるが，これとは対照的にNordstromの売掛金回転期日は43日である．TJXは在庫品もより効率的に管理しているが，これはおそらくより焦

点を絞り込んだ商品戦略のためであろう．最後に，TJX は店舗の賃借にあたってオペレーティング・リースを利用しているため，店舗に固定される資金を大幅に削減している．その結果，TJX の PP＆E 回転率は Nordstrom の約3倍となっている．しかし，2社のこの違いを解釈する際には，TJX が脚注で開示しているように，ノンキャンセラブルなオペレーティング・リースについて，次年度以降にかなりの金額を支払う義務があることに注意すべきである．TJX の財務諸表では，これらのノンキャンセラブルなリースを通じて店舗に潜在的に投資されていることが十分に認識されておらず，営業資産の回転率がつり上げられている可能性がある．

財務管理の評価：財務レバレッジ

　財務レバレッジにより，企業は株主資本より大きな額の資産に投資することができる．つまり，借り入れをしたり，その他の負債，たとえば買掛金，見越負債，繰延税金などを創出することで，株主資本を増強することができるのである．負債のコストがこれらの資金の投資から得られる利益より小さいかぎり，財務レバレッジにより ROE は上昇する．この点で，支払手形などの有利子負債，利子費用が明示された他の短期負債や長期負債，ならびにその他の負債を区別することが重要である．その他の負債の中には，買掛金や繰延税金などのように，まったく利子費用のかからないものもある．キャピタル・リース債務や年金債務などのその他の負債には，利子費用が事実上含まれている．最後に，多額の現金残高あるいは市場性のある有価証券への多額の投資をしている会社もある．概念的には現金や短期投資を利用して借入金を返済できるので，これらの残高は会社の正味の借入金を減少させる．

　会社の株主は財務レバレッジの恩恵を受ける可能性があるが，それは株主のリスクを増大させることにもなりうる．株主資本とは異なり，負債にはあらかじめ定められた支払いの条件があり，支払義務を果たせなければ企業は倒産のリスクに直面する．財務レバレッジから生じるリスクの程度を評価する比率はたくさんある．

流動負債と短期の流動性　次にあげる諸比率は企業の流動負債に関連するリス

クを評価するうえで役に立つ．

$$流動比率 = \frac{流動資産}{流動負債}$$

$$当座比率 = \frac{現金 + 短期投資 + 売掛金}{流動負債}$$

$$現金比率 = \frac{現金 + 市場性のある有価証券}{流動負債}$$

$$営業キャッシュフロー比率 = \frac{営業活動から生じたキャッシュフロー}{流動負債}$$

上記の諸比率はすべて流動負債を返済する企業の能力を測定しようとしている．最初の3つの比率は，流動負債とその返済に利用されうる短期資産を比較している．4つめの比率は，流動負債の返済に必要な資源を生み出す企業の営業力に焦点を当てている．

流動資産と流動負債の存続期間は同等なので，流動比率は短期の流動性をみるための重要な指標である．アナリストは，流動比率が1以上であるとき，企業は流動資産を換金することにより流動負債をカバーできるとみている．しかしながら，流動資産が容易に換金できない場合，流動比率が1以上であっても，企業は短期の流動性問題に直面することがある．当座比率と現金比率は，換金性の高い資産で流動負債をカバーできる能力をとらえようとする．当座比率は売掛金に流動性があることを仮定している．これは顧客に信用を供与することに問題がない業界の場合，また，売掛金がごく短期間で回収される場合には正しい．しかしながら，こうした条件が満たされない場合，現金および市場性のある有価証券だけを考慮に入れる現金比率のほうが，緊急時に流動負債をカバーすることができるかどうかをより良く示すことになる．営業キャッシュフロー比率は，営業活動から生じる現金で流動負債をカバーする能力を測るもう一つの指標である．

表9-7には，NordstromとTJXの流動性の諸比率が示されている．流動比率や当座比率で測定した1998年におけるNordstromの流動性の状態は良好であった．これらの比率は両方とも1998年には上昇した．Nordstromには多額の現金残高が蓄積されており，また，1998年には在庫管理の向上を通じて営業からのキャッシュフローが改善されたので，現金比率と

表 9-7 流動性の諸比率

比率	Nordstrom 1998年	Nordstrom 1997年	TJX 1998年
流動比率	2.19	1.71	1.33
当座比率	1.08	0.73	0.40
現金比率	0.31	0.03	0.35
営業キャッシュフロー比率	0.78	0.32	0.49

営業キャッシュフロー比率も1998年には劇的に上昇している。これらはすべてNordstromの短期債権者にとって良い知らせである。TJXも多額の現金残高と営業キャッシュフローのおかげで，流動性の状態は良好である。しかし，営業運転資本の管理が厳しいため，TJXの流動比率と当座比率はNordstromより小さい。かりにTJXが現金残高を支払いにまわしたら，流動性の諸比率は大幅に下落するだろう。

負債と長期の支払能力 財務レバレッジは負債による資金調達政策にも影響される。負債による資金調達には潜在的ないくつかのベネフィットがある。第一に，企業は債権者にあらかじめ定められた支払条件を約束しているので，概して負債は株主資本より安上がりである。第二に，大多数の国では，株主に対する配当は課税所得から控除できないが，負債によって調達された資金に対する利息は控除できる。第三に，負債による資金調達は企業経営に規律を負わせ，むだな支出を減らすよう動機づける。第四に，経営者にとって，企業の戦略や見込みについて専有している情報を，公的な資本市場に伝達するよりも，民間の金融機関に伝達するほうが容易なことが多い。そうした伝達が企業の資本コストを減少させることもありうる。以上のような理由から，企業にとってその資本構造の少なくとも一部に負債を利用することが最適なのである。

しかしながら，負債による資金調達に過度に依存すると，企業の株主には高くつくことがありうる。利息や元本の返済に不履行が生じると，企業は倒産の危機に直面するであろう。債権者は企業に契約条項を負わせることによって，企業の事業上の決定，投資上の決定，財務上の決定を制限することも

ある．

　企業の最適資本構造は主に事業リスクによって決まる．競争がほとんどない場合，あるいは，技術進歩の脅威がほとんどない場合，キャッシュフローの予測は容易である．このような企業の事業リスクは小さいので，負債による資金調達にかなり依存することができる．対照的に，営業活動から生じるキャッシュフローが非常に不安定で，資本支出の必要も予測できなければ，主としてエクイティ・ファイナンスに依存しなければならないかもしれない．経営者のリスクに対する態度や財務上のフレクシビリティーもしばしば借り入れ政策を決定する．

　この領域でアナリストの役に立つ比率は数多い．企業の資本構造における負債と自己資本の構成を評価する際，次の諸比率が役に立つ．

$$負債対株主資本比率 = \frac{総負債}{株主資本}$$

$$借入金対株主資本比率 = \frac{短期借入金 + 長期借入金}{株主資本}$$

正味借入金対株主資本比率

$$= \frac{短期借入金 + 長期借入金 - 現金および市場性のある有価証券}{株主資本}$$

$$借入金対資本比率 = \frac{短期借入金 + 長期借入金}{短期借入金 + 長期借入金 + 株主資本}$$

正味借入金対正味資本比率

$$= \frac{有利子負債 - 現金および市場性のある有価証券}{有利子負債 - 現金および市場性のある有価証券 + 株主資本}$$

　最初の比率は，資産対株主資本比率（ROEの基礎にある3つの主要な比率のうちの1つ）から1を引いて書き直したものである．2つめの比率は，株主の投資額1ドル当たり，企業がどれだけ負債による資金調達を行っているかを示す指標である．3つめの比率は，借入金の尺度として，借入金合計額から現金および市場性のある有価証券をマイナスした正味借入金を利用している．4つめと5つめの比率は，総資本に占める負債の割合を測定している．以上のすべての比率を計算する際，利子費用が明示されているかどうかにかかわらず，すべての有利子負債を含めることが重要である．利子費用が

明示されていない勘定科目の例としては，そこにはキャピタル・リース債務や年金債務が含まれている．アナリストは会社の負債を定義する際，ノンキャンセラブルなオペレーティング・リースなど，会社のいかなる潜在的なオフバランス債務も含めることがある．

企業がどれだけ容易に利息を支払えるかは，借り入れ政策に伴うリスクを表す指標である．インタレスト・カバレッジ・レシオはこの考え方による尺度である．

インタレスト・カバレッジ・レシオ（利益ベース）

$$= \frac{純利益＋利子費用＋税費用}{利子費用}$$

インタレスト・カバレッジ・レシオ（キャッシュフロー・ベース）

$$= \frac{営業活動から生じるキャッシュフロー＋利子支出＋税支出}{利子支出}$$

上記の比率の分子を適切に定義し直すことにより，利子支出，リース支出，借入金の返済など，すべての固定された財務上の債務を評価する企業の能力の尺度となるカバレッジ・レシオを計算することもできる．その際に忘れてはならない重要なことは，利子やリース料などの固定された費用は税引前のドルから支払われるが，借入金の返済などその他は税引後のドルから支払われることである．

利益ベースのインタレスト・カバレッジ・レシオは，支払うべき利息1ドル当たり，稼得可能な利益が何ドルあるかを示している．キャッシュフロー・ベースのインタレスト・カバレッジ・レシオは，支払うべき利息1ドル当たり，何ドルの現金が営業活動から生み出されているかを示している．いずれの比率も，分母は利子費用である．分子には税金が加算されているが，これは，税金が支払利息控除後にのみ計算されるからである．インタレスト・カバレッジ・レシオが1である場合，企業は営業活動をつうじてようやく利子費用をカバーしていることを意味しており，たいへん危険な状態である．インタレスト・カバレッジ・レシオが大きいほど，果たすべき利払いの義務に対するクッションは大きくなる．

Key Analysis Questions

アナリストが企業の借り入れ政策を分析する際に,提示すべき事業上の疑問をいくつかあげておく：

- 企業には負債が充分にあるか？ 負債の潜在的なベネフィット,すなわち,利息のタックス・シールド,経営に与える規律,伝達の容易さを利用しているか？
- 事業リスクを考えると,その企業には負債が多すぎないか？ 企業はどのような負債契約条項の制限に直面しているのか？ 多額の負債,倒産の可能性というリスク,事業上のフレクシビリティーの縮小からコストが生じていないか？
- 企業は借り入れた資金で何をしているのか？ 運転資本に投資しているのか？ 固定資産に投資しているのか？ これらの投資から利益が生じているか？
- その企業は配当を支払うために資金を借り入れているか？ そうであるとすると,その理由は何か？

表9-8には,NordstromとTJXの負債比率とインタレスト・カバレッ

表9-8 負債の諸比率とインタレスト・カバレッジ・レシオ

比 率	Nordstrom 1998年	Nordstrom 1997年	TJX 1998年
負債対株主資本	1.37	0.95	1.25
借入金対株主資本	0.72	0.46	0.18
正味借入金対株主資本	0.54	0.48	(0.20)
借入金対資本	0.42	0.38	0.15
正味借入金対正味資本	0.35	0.31	(0.25)
オペレーティング・リース債務を含めた正味借入金対株主資本	NA	NA	1.19
インタレスト・カバレッジ（利益ベース）	8.2	9.6	410
インタレスト・カバレッジ（キャッシュフロー・ベース）	16.4	13.4	541.2
リース料を含めた固定費カバレッジ（利益ベース）	4.6	4.8	3.17
リース料を含めた固定費カバレッジ（キャッシュフロー・ベース）	8.7	6.2	3.87

ジ・レシオが示されている．Nordstrom は負債対株主資本比率と借入金対株主資本比率が上昇したが，1998年の現金残高の増加を考慮に入れた正味の財務レバレッジはほとんど上昇していない．会社のインタレスト・カバレッジ・レシオも良好な水準に留まっている．これらすべての比率は，Nordstrom がかなり保守的な借り入れ政策を採用していることを示唆している．

　TJX の負債の諸比率は，営業への資金融通にあたって，主として買掛金や発生費用などの無利子負債に依存していることを裏付けている．現金残高が多額であることを考えれば，正味借入金は実際のところマイナスである．インタレスト・カバレッジ・レシオは並外れて高い．ところが，TJX がその店舗についてオペレーティング・リースにかなり依存しているという事実を考慮すると様相は一変する．かりに最低リース料債務の現在価値が TJX の正味借入金に加算されると，正味借入金対資本比率は劇的に上昇する．同様に，最低リース料を固定費カバレッジ・レシオに含めると，TJX のカバレッジは劇的に低下する．これは，会社の財務諸表を分析する際に，オフバランス債務を考慮することの重要性を例証している．

構成要素に分解されたデータの諸比率　これまでは，財務諸表の情報を利用して比率を計算する方法について議論してきた．多くの場合，アナリストは構成要素に分解された財務データや物量データを利用して上記の比率をさらに綿密に調べる．たとえば，複数事業会社について，個別事業セグメントの情報を分析することができる．そうした分析により，各事業単位の業績の潜在的な違いを明らかにすることが可能になり，アナリストは会社の戦略が効果をもたらしている分野とそうでない分野を正確に指摘することが可能になる．会社の営業に関係する物量データの比率を計算することにより，財務比率をさらに綿密に調べることも可能である．対象としてふさわしい物量データは業界によって異なる．小売業を例にとると，店舗当たりの売上高，平方フィート当たりの売上高，店舗当たりの顧客取引数，顧客取引当たりの売上額などの生産性データを計算できる．ホテル業では客室の稼働率が重要な情報になるし，セルラー電話業では新規加入者当たりの取得コストや加入者維持率が重要である．これらの構成要素に分解された比率は，保守的な会計ルール

のために，会計データでは事業の経済実態が十分に把握されない新興の企業や業界（たとえば，インターネット企業）ではとくに役に立つ．

比率分析を統合する：サステイナブル成長率の評価

アナリストは企業の諸比率を総合的に評価する方法として，しばしばサステイナブル成長率という概念を利用する．企業のサステイナブル成長率は次のように定義される．

$$\text{サステイナブル成長率} = \text{ROE} \times (1 - \text{配当性向})$$

ROEの分析については前の4つのセクションですでに議論した．配当性向は次のように定義される．

$$\text{配当性向} = \frac{\text{支払現金配当}}{\text{純利益}}$$

配当性向は配当政策の尺度である．第10章で詳細に議論するように，企業が配当を支払う理由はいくつかある．配当は，生み出された現金から営業活動および投資活動に必要な額を控除した残額を企業が株主に返還する手段である．企業の経営者と株主の間に情報の非対称性が存在するとき，配当支払は株主にとって経営者の将来の見込みに関する期待を知らせるシグナルとなりうる．企業は株主からある種の投資を誘引するために配当を支払うことがあるかもしれない．

サステイナブル成長率は，収益性や財務政策を一定とした場合の成長率である．ROEと配当支払政策により，成長するために利用できる資金プールが決まる．もちろん，収益性，配当支払政策，財務レバレッジのいずれかを変化させれば，企業はサステイナブル成長率と異なる比率で成長することができる．ゆえに，サステイナブル成長率は企業の成長計画を評価する際の基準値である．図9-2はサステイナブル成長率がこの章で議論されたすべての比率とどのように関連づけられるかを示している．これらの関係から，アナリストは当期のサステイナブル成長率の決定要因を調査することができる．企業がサステイナブル成長率より高い比率で成長しようとしているならば，その過程でどの比率が変化しそうであるかを評価することができよう．この分析により，次のような事業上の問題点が導かれる．変化はどこで起こりつ

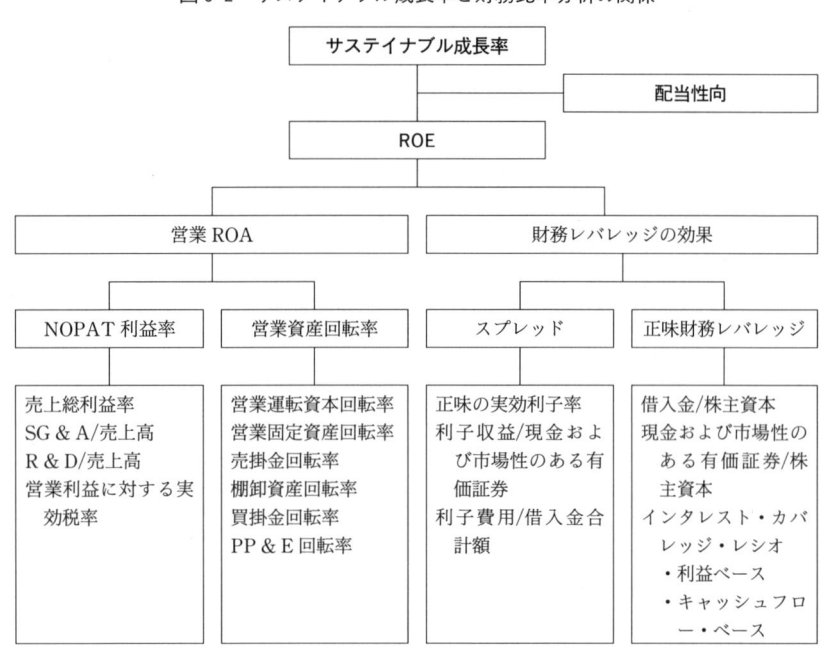

図 9-2　サステイナブル成長率と財務比率分析の関係

```
                    サステイナブル成長率
                    ├─────────────────── 配当性向
                    │
                   ROE
          ┌─────────┴─────────┐
       営業ROA              財務レバレッジの効果
     ┌────┴────┐          ┌────┴────┐
  NOPAT    営業資産      スプレッド   正味財務
  利益率    回転率                   レバレッジ

 売上総利益率  営業運転資本回転率  正味の実効利子率   借入金/株主資本
 SG&A/売上高  営業固定資産回転率  利子収益/現金およ  現金および市場性の
 R&D/売上高   売掛金回転率       び市場性のある有   ある有価証券/株
 営業利益に対する実  棚卸資産回転率   価証券          主資本
 効税率         買掛金回転率       利子費用/借入金合  インタレスト・カバ
               PP&E回転率         計額             レッジ・レシオ
                                                  ・利益ベース
                                                  ・キャッシュフロ
                                                   ー・ベース
```

表 9-9　サステイナブル成長率

比率	Nordstrom 1998年	Nordstrom 1997年	TJX 1998年
ROE	15.6%	12.6%	34.5%
配当性向	0.21	0.22	0.09
サステイナブル成長率	12.3%	9.8%	31.4%

つあるのか？　経営者は収益性が向上すると期待しているか？　それとも，資産の生産性が向上すると期待しているか？　そうした期待は現実的か？　会社はこうした変化に備えて計画をしているか？　収益性が向上しそうにない場合，企業は財務レバレッジを上昇させるか，あるいは，配当を削減するか？　こうした財務政策の変化から生じそうな影響は何か？

表 9-9 は Nordstrom と TJX のサステイナブル成長率とその構成要素を示している．Nordstrom は TJX に比べて，ROE は低く，配当性向は高か

ったので，1998年と1997年のいずれもサステイナブル成長率はかなり低かった．ただし，NordstromはROEが上昇し，配当性向がわずかに下がったので，サステイナブル成長率は上昇した．

Nordstromの1998年における売上高，資産，負債の実質成長率は1997年のサステイナブル成長率より低かった．1998年にNordstromの売上高は3.6%増加し，正味営業資産は5.3%減少し，正味借入金は6.9%増加した．Nordstromのサステイナブル成長率と売上高，正味資産，正味借入金の実質成長率のこのような違いは，多額の株式買い戻しを通じて株主資本残高を減少させたという事実に対応している．

アメリカの非金融会社における諸比率の過去の傾向　分析の基準値を提供する目的

表9-10　鍵となる財務諸比率の過去の数値

年	ROE	NOPAT利益率	営業資産回転率	営業ROA	スプレッド	正味財務レバレッジ	サステイナブル成長率
1979	14.7%	7.2%	1.77	11.5%	5.4%	0.57	8.8%
1980	13.9%	7.0%	1.81	11.3%	4.3%	0.58	8.0%
1981	13.5%	7.4%	1.77	11.3%	3.7%	0.59	7.5%
1982	10.5%	6.8%	1.61	9.4%	1.7%	0.60	4.2%
1983	10.5%	6.9%	1.61	9.6%	1.6%	0.53	4.2%
1984	12.4%	7.4%	1.64	10.6%	3.1%	0.56	6.1%
1985	9.6%	6.4%	1.61	8.7%	1.4%	0.60	3.2%
1986	8.8%	6.4%	1.51	8.1%	0.9%	0.65	1.9%
1987	11.6%	7.4%	1.52	9.8%	2.7%	0.69	4.7%
1988	13.5%	8.2%	1.42	10.0%	3.7%	0.93	5.9%
1989	12.5%	8.1%	1.40	9.5%	2.9%	1.03	5.3%
1990	10.4%	7.1%	1.42	8.3%	1.9%	1.06	3.3%
1991	6.5%	5.7%	1.41	6.3%	0.1%	1.01	−0.5%
1992	3.1%	3.9%	1.49	4.2%	−1.3%	1.03	−4.0%
1993	6.8%	4.9%	1.51	5.9%	0.8%	1.00	−0.2%
1994	12.9%	6.7%	1.57	9.1%	4.0%	0.92	6.3%
1995	11.7%	6.3%	1.58	8.5%	3.3%	0.93	4.8%
1996	13.7%	7.1%	1.56	9.7%	4.7%	0.85	7.6%
1997	12.9%	6.7%	1.55	9.1%	4.2%	0.88	6.9%
1998	13.7%	7.0%	1.45	8.9%	4.4%	0.93	7.9%
平均	11.2%	6.7%	1.56	9.0%	2.7%	0.80	4.6%

出所：コンピュスタット・ファイルにリストされているアメリカのすべての非金融公開会社の財務諸表データ．

で，表9-10には本章で議論された鍵となる諸比率の過去の数値が示されている．これらの比率はアメリカのすべての非金融公開会社の財務諸表を利用して計算されている．この表では，1979年から1998年までの各年のROE，ROEの鍵となる構成要素，サステイナブル成長率の数値と20年間の平均値が示されている．この表のデータによると，20年間の平均ROEは11.2%，平均営業ROAは9%，そして営業ROAと税引後の正味借入コストの平均スプレッドは2.7%である．この期間のアメリカ企業の平均サステイナブル成長率は4.6%であった．むろん，個別企業の比率は，産業の影響，企業の戦略，経営の効率性など多くの理由で，経済全体の平均とは乖離するかもしれない．それにもかかわらず，この表の平均値は財務分析の基準値として有用である．

2 キャッシュフロー分析

上述した比率分析は企業の損益計算書の分析（売上純利益の分析）や貸借対照表の分析（資産回転率や財務レバレッジ）に焦点を合わせている．アナリストはキャッシュフローを分析することにより，企業の営業政策，投資政策，財務政策についてさらに洞察を深めることができる．キャッシュフローは企業の損益計算書や貸借対照表の情報の質も知らせてくれる．これまでと同様に，NordstromとTJXのキャッシュフローを利用して，この節で議論される概念を説明しよう．

キャッシュフロー計算書と資金フロー計算書

すべてのアメリカ企業は財務会計基準書第95号により，財務諸表にキャッシュフロー計算書を含めることが要求されている．報告されるキャッシュフロー計算書において，企業はキャッシュフローを3種類に分類することになる．すなわち，営業からのキャッシュフロー，投資活動にかかわるキャッシュフロー，財務活動にかかわるキャッシュフローである．営業からのキャッシュフローは，製品・サービスの販売によって生じたキャッシュからインプットの費用と営業費用を支払った後のものである．投資活動にかかわるキ

ャッシュフローは，資本支出，企業間投資および買収に支払われたキャッシュ，固定資産の売却により受けとったキャッシュを表している．財務活動にかかわるキャッシュフローは，株主および債権者から受けとった（あるいは，支払った）キャッシュを表している．

企業が作成するキャッシュフロー計算書には，直接法と間接法の2つの様式がある．2つの様式の重要な違いは，営業からのキャッシュフローの報告方法にある．直接法（によるキャッシュフロー計算書の様式）は，実務では少数の企業に利用されているにすぎないが，営業活動から生じる現金収入および現金支出が直接に報告される．間接法では，純利益に調整を加えることで，営業キャッシュフローが導かれる．間接法はキャッシュフロー計算書と損益計算書および貸借対照表を関連づけるので，多くのアナリストや経営者はこの様式のほうが有用であることを認めている．その結果FASBは，直接法を採用している企業であっても，営業キャッシュフローを間接法でも報告するよう求めている．

第3章でみたように，収益および費用は発生主義に基づいて認識されているので，純利益は営業キャッシュフローとは異なる．純利益の計算に組み込まれている発生項目には2種類ある．1つは，信用販売や未払費用などの短期の見越し・繰り延べである．短期の見越し・繰り延べは，流動資産（売上債権，棚卸資産，前払費用など）および流動負債（買掛金，見越負債など）を変化させる．損益計算書に含まれる2つめの発生項目は，減価償却，繰延税金，非連結子会社の持分利益など，長期の見越し・繰り延べである．純利益をもとにして営業からのキャッシュフローを導くためには，これらの両方について発生項目の調整をしなければならない．さらに，資産売却益などの，純利益に含まれる営業外収益についても調整しなければならない．

アメリカ国外では上述のキャッシュフロー計算書よりもむしろ資金フロー計算書を報告する企業が多い．財務会計基準書第95号が発効するまでは，アメリカ企業も同様の計算書で報告していた．資金フロー計算書で示されるのは，キャッシュフローではなく運転資金のフローである．資金フロー計算書をキャッシュフロー計算書に変換する方法を知っておくことはアナリストにとって有用である．

一般に資金フロー計算書は，長期の見越し・繰り延べおよび固定資産の売却益について純利益を調整したものと定義され，営業活動から生じた運転資本に関する情報を提供する．すでに議論したように，営業からのキャッシュフローにはどうしても第3の修正，すなわち，短期の見越し・繰り延べの調整が必要である．したがって，営業に関連する短期の見越し・繰り延べについて適切な調整を行うことにより，営業から生じる運転資本を営業からのキャッシュフローに変換することは比較的容易である．

　短期の見越し・繰り延べに関する情報は，流動資産と流動負債の変化を分析することにより得ることができる．一般に，営業上の見越し・繰り延べは，現金および現金同等物を除くすべての流動資産の変化，また，支払手形および長期の負債のうち短期に振り替えられた分を除くすべての流動負債の変化を表している[9]．営業から生じるキャッシュは次のように計算される．

　営業から生じる運転資本
　－売上債権の増加（あるいは＋減少）
　－棚卸資産の増加（あるいは＋減少）
　－現金および現金同等物を除くその他の流動資産の増加（あるいは＋減少）
　＋買掛金の増加（あるいは－減少）
　＋借入れを除くその他の流動負債の増加（あるいは－減少）

　資金フロー計算書では，しばしば，投資活動のキャッシュフローと財務活動のキャッシュフローが分類されない．このような場合，アナリストは，資金フロー計算書の各項目を，各項目のキャッシュフローを生み出す原因となる事業取引の性質を評価することにより，2種類に分類しなければならない．

キャッシュフロー情報の分析

　キャッシュフロー分析を利用して，次のようなキャッシュフローの実態に関するさまざまな疑問に答えることができる．

- 企業内部でキャッシュフローを生み出す力はどのくらい強いのか？ 営業からのキャッシュフローはプラスか，それともマイナスか？ マイナスだとしたら，それはなぜか？ 企業が成長しているからか？ 事業から利益が生じていないからか？ それとも，運転資本を適切に管理できていないのか？
- その会社には，利払いのような短期の財務上の債務を，営業キャッシュフローでまかなう能力があるか？ 営業上のフレクシビリティーを減ずることなく，こうした債務の支払を継続できるか？
- 成長のためにどれだけキャッシュを投資しているか？ そうした投資は経営戦略と一貫しているか？ 成長するための資金として企業内部のキャッシュフローを利用しているか，それとも外部からの資金調達に依存しているか？
- その企業は内部のフリー・キャッシュフローで配当を支払っていたか，それとも外部からの資金調達に依存しなければならなかったのか？ 外部から配当資金を調達しなければならなかったとすると，その企業の配当政策は持続可能か？
- その企業はどういった種類の外部資金調達，すなわち，株式発行，流動負債，長期負債のいずれに依存しているか？ 資金調達は企業の総合的な事業リスクと一貫しているか？
- 設備投資を行った後，その企業には余分のキャッシュフローがあるか？ それは長期的な傾向か？ 経営者には，フリー・キャッシュフローについてどのような利用計画があるか？

企業によっては報告されたキャッシュフロー計算書の情報を利用して，直接に上記の質問に答えることもできようが，多くの理由でそれは必ずしも容易でないかもしれない．第一に，財務会計基準書第95号には，キャッシュフロー計算書の様式について一般的なガイドラインが設けられているものの，キャッシュフロー・データをどのように開示するかについては，いまだに企業間でかなりのバリエーションがある．その結果，システマティックな分析や企業間比較を容易にするため，アナリストはしばしば自分たちのキャッシ

ュフロー・モデルを利用して，キャッシュフロー計算書の情報を作り直している．第二に，企業は営業活動からのキャッシュフローを計算する際に利子費用と利子収益を含めている．しかしながら，厳密に言えば，これらの2つの項目は企業の営業活動と関連していない．利子費用は財務レバレッジに依存しており，利子収益は営業資産よりもむしろ金融資産から得られる．その結果，これを考慮してキャッシュフロー計算書を表示し直すほうが有用である．

アナリストはキャッシュフロー・データを表示し直すために多くの異なるアプローチを利用している．そのようなモデルの1つが，表9-11に示されている．これは営業からのキャッシュフローを2段階で示している．第一段階では，運転資本投資前の営業からのキャッシュフローが計算される．このキャッシュフローを計算する際，このモデルでは支払利息と受取利息が除かれる．この数値を計算する際，会社の純利益を出発点として，アナリストは次の3種類の項目を加算する．(1)税引後・正味の利子費用：これは資金調達項目なので後に考慮されるからである．(2)典型的には資産の売却や評価減か

表9-11 キャッシュフロー分析

項　目	Nordstrom 1998年	Nordstrom 1997年	TJX 1998年
純利益（単位：百万ドル）	206.7	186.2	420.6
税引後の正味利子費用（収益）	30.6	22.3	1.1
営業外の損失（利益）	—	—	6.0
長期の営業上の見越し	186.7	156.9	139.3
運転資本投資前の営業キャッシュフロー	424.0	365.4	567.0
営業運転資本への正味の（投資）あるいは回収	199.1	(45.0)	73.3
固定資産投資前の営業キャッシュフロー	623.1	320.4	640.3
営業固定資産への正味の（投資）あるいは回収	(259.3)	(257.7)	(198.3)
債権者および持分権者への支払いに役立てられるフリー・キャッシュフロー	363.8	62.7	442
税引後・正味の利子（費用）あるいは収益	(30.6)	(22.3)	(1.1)
正味借入金（返済）あるいは追加借り入れ	258.1	140.4	(23.4)
持分権者への支払いに役立てられるフリー・キャッシュフロー	591.3	180.8	417.5
配当（支払）	(44.1)	(41.2)	(38.1)
正味の株式（買い戻し）あるいは株式の発行	(330.6)	(143.1)	(322.6)
現金残高の正味の増加（減少）	216.6	(3.5)	56.8

ら生じる営業外損益：これらは投資に関連した項目なので後に考慮されるからである．(3)減価償却や繰延税金など長期の営業上の見越し：これらは非現金営業費用だからである．

いくつかの要因がプラスの営業キャッシュフローを生み出す会社の能力に影響する．安定した状態にある会社では，営業費用に支出する金額よりも，顧客から回収する現金の方が多いはずである．これとは対照的に，成長企業では将来まで成長が持続可能となるように，とりわけ研究開発，広告およびマーケティング，組織の構築に現金を投資するので，マイナスの営業キャッシュフローを経験するかもしれない．会社の運転資本管理もプラスの営業キャッシュフローを生み出せるかどうかに影響する．成長段階にある企業では，一般的に，売上債権，棚卸資産，買掛金などの営業運転資本項目にキャッシュフローの一部が投資される．正味の運転資本投資は，その企業の信用方針（売上債権），支払方針（買掛金，前払費用，見越負債），売上高の成長期待（棚卸資産）に依存する．したがって，運転資本控除後の営業からのキャッシュフローを解釈する際，企業の成長戦略，産業の特徴，信用方針を記憶に留めておくことが重要である．

キャッシュフロー分析モデルでは，次に，長期投資に関連するキャッシュフローに焦点が合わされる．これらの投資には資本支出，企業間投資，合併・買収がある．営業運転資本に投資した後の営業キャッシュフローがプラスであれば，企業には長期的な成長機会を追求する余地がある．運転資本投資後の営業キャッシュフローが長期投資をファイナンスするのに十分でなければ，成長資金を供給するために外部調達に依存しなければならない．このような企業には，成長資金を内部で調達できる企業ほど，長期投資を追求するうえでのフレクシビリティーがない．むろん，成長資金を内部で調達できることには，コストもベネフィットもある．コストは，経営者が内部で生み出されたフリー・キャッシュフローを利益のない投資に使用できることである．そうした無駄な資本支出は，経営者が外部の資金源に依存しなければならないときには行われにくい．しかしながら，外部の資本市場に依拠するときは，投資のベネフィットを資本市場に伝えるのが容易でないかぎり，経営者はリスクの大きい長期投資を実行することが難しくなるかもしれない．

これらの長期投資後の超過キャッシュフローは，債権者と持分権者の両者への支払いに役立てられるフリー・キャッシュフローである．債権者への支払には，利息の支払と元本の返済が含まれる．フリー・キャッシュフローがマイナスの会社は，利子と債務返済のために追加資金を借り入れるか，運転資本への投資あるいは長期投資の一部を削減するか，追加的に持分を発行しなければならない．この状況は明らかに会社にとって財務的なリスクとなる．

　債権者に支払った後のキャッシュフローは，持分権者への支払いに役立てられるフリー・キャッシュフローである．持分権者への支払には，配当支払と株式の買い戻しがある．かりにフリー・キャッシュフローがマイナスであるにもかかわらず，会社が持分権者に配当を支払うことになれば，会社は配当を支払うために資金を借り入れる．これは短期的には実行可能かもしれないが，このフリー・キャッシュフローが持続してプラスでなければ，会社にとって持分権者に配当を支払うことは賢明とはいえない．他方，債務返済後に多額のフリー・キャッシュフローがある会社は，自社が成長を続けるために，非生産的な投資で資金を無駄にする危険を冒している．そのため，アナリストはそのような企業の投資計画を注意深く検討すべきである．

　表9-11のモデルでは，アナリストが多数のキャッシュフロー尺度に焦点を合わせるべきであることが示されている．すなわち，(1)営業からのキャッシュフローのうち運転資本投資前および利払い前のもの：営業活動から現金余剰を生み出すことができるかどうかを分析するための尺度．(2)営業からのキャッシュフローのうち運転資本投資後のもの：運転資本がどのように管理されているか，また，将来の成長のために固定資産に投資するフレクシビリティーがあるかどうかを評価するための尺度．(3)債権者および持分権者への支払いに役立てられるフリー・キャッシュフロー：利息の支払や元本の返済を行う会社の能力を評価するための尺度．(4)持分権者への支払いに役立てられるフリー・キャッシュフロー：配当政策を持続させる会社の財務能力および超過フリー・キャッシュフローから生じる潜在的なエージェンシー問題を識別する会社の財務能力を評価するための尺度．これらの尺度は，会社の事業，成長戦略，財務政策との関連で評価されなければならない．さらに，これらの尺度の年度ごとの変化は，キャッシュフローの動きの安定性に関して

有用な情報を提供してくれる．

Key Analysis Questions

表9-11のキャッシュフロー・モデルは，第3章で議論したように利益の質を評価する際にも利用される．純利益と営業からのキャッシュフローを突き合わせることにより，この作業は容易になる．この点でアナリストが調べることのできる疑問には次のようなものがある：

- 純利益と営業キャッシュフローにはかなりの違いがあるか？ この違いの原因を明確に識別することは可能か？ どのような会計方針が寄与しているか？ この違いに寄与している一回限りの事象があるか？
- キャッシュフローと純利益の関係は時間とともに変化しているか？ それはなぜか？ 経営状態が変化したからか，それとも，会計方針や見積りが変化したからか？
- 収益および費用の認識とキャッシュフロー収入および支出とのタイムラグは何か？ 両者の間にある不確実性のうち，取り除く必要があるのはどのようなものか？
- 売上債権，棚卸資産，買掛金の変化は正常か？ そうでない場合，変化について十分な説明がなされているか？

最後に，第12章で議論するように，債権者および持分権者への支払いに役立てられるフリー・キャッシュフローと持分権者への支払いに役立てられるフリー・キャッシュフローは，キャッシュフローをベースとする企業の資産および株主資本それぞれの評価において，決定的に重要なインプットである．

Nordstromのキャッシュフローの分析

NordstromとTJXは間接法によるキャッシュフロー計算書を利用してキャッシュフローを報告している．上記で議論した点について，この2社のキャッシュフローの動きを分析するために，表9-11では2社の計算書が作り直されている．

表9-11で示されたキャッシュフロー分析によると，Nordstromの運転資

本投資前の営業キャッシュフローは，1997年の365.4百万ドルから1998年の424百万ドルへと大幅に増加した．利益とこれらのキャッシュフローの違いは，主として，損益計算書に含まれる減価償却やアモチゼーションの費用に起因している．1998年にNordstromは，主に売上債権と棚卸資産への投資を減らすことによって，営業運転資本からなんとか追加的に199百万ドルを絞り出した．これは正味の営業運転資本を45百万ドル投資した1997年とは対照的である．この結果として，会社の1998年における固定資産投資前の営業キャッシュフローは623百万ドルとなったが，固定資産への総投資額を満たすには十分すぎる金額であった．こうしてNordstromの債権者および持分権者に役立てられるフリー・キャッシュフローは，1997年は合計で62.7百万ドルにすぎなかったが，1998年には363.8百万ドルになった．一方，1997年にも1998年にも，会社は正味の追加借り入れを行った．結果として，両年とも，持分権者に役立てられるフリー・キャッシュフローはかなりの金額になった．会社はこのフリー・キャッシュフローを利用して，両年とも普通配当を支払うとともに株式を買い戻した．この両年の違いは，1998年には配当支払と株式の買い戻しに十分な内部キャッシュフローがあったのに対して，1997年には借り入れを行うか長期投資を削減しなければ，持分権者へのこれらの支払ができなかったことにある．明らかに，Nordstromのキャッシュフローは1998年になって大幅に改善したのである．

　TJXも1998年におけるキャッシュフローの状況は非常に良かった．運転資本投資前の営業キャッシュフローは567百万ドルであった．TJXは営業運転資本への投資も削減できた．ところで，TJXとNordstromでは，運転資本への投資を管理する方法にかなりの違いがあるようにみえる．Nordstromは棚卸資産や売上債権への投資を削減したが，TJXは買掛金や未払費用をふやしている．Nordstromと同様に，TJXも営業資産への長期投資はすべて営業キャッシュフローでまかなうことができた．その結果，TJXの債権者および持分権者に役立てられるフリー・キャッシュフローは442百万ドルとなった．ここから会社は，債権者に利子支払いおよび元本返済として約25百万ドル支払い，持分権者に配当および株式の買い戻しとして360.7百万ドル支払ったので，残りの約57百万ドルだけ現金が増加した．

3 要約

　本章では財務分析における2つの鍵となるツールを提示している．すなわち，比率分析とキャッシュフロー分析である．これらのツールにより，アナリストは，戦略と目標を所与とすれば，経営成績と財政状態を分析することが可能になる．比率分析には損益計算書と貸借対照表のデータの評価が含まれる．キャッシュフロー分析はキャッシュフロー計算書に基づいて行われる．

　比率分析の出発点はROEである．次の段階は，ROEの3つの決定要因である，売上純利益率，資産回転率，財務レバレッジを評価することである．売上純利益率は営業活動の管理を，資産回転率は投資管理を，そして，財務レバレッジは負債管理を反映する．これらはそれぞれ多くの比率を検討することによってさらに調査することができる．たとえば，百分率損益計算書の分析により，売上純利益の詳細な検討が可能になる．同様に，売掛金，棚卸資産，買掛金といった重要な運転資本勘定の回転率や固定資産回転率により，なおいっそうの資産回転率の検討が可能になる．最後に，短期の流動性の諸比率，借り入れ政策の諸比率，カバレッジ・レシオは財務レバレッジを検討する手段となる．

　サステイナブル成長率は，会社が営業，投資，財務の方針を変更せずに成長できる率であるが，これはROEと配当政策で決まる．したがって，サステイナブル成長という概念によって比率分析が統合され，成長戦略が持続可能であるかどうかが評価される．企業の計画が現行のサステイナブル成長率を超える率で成長することを求めているのであれば，アナリストは企業の諸比率のうちどれが将来変化しそうであるかを検討することができる．

　キャッシュフロー分析は，企業の営業活動，投資管理，財務リスクを検討する際，比率分析を補完する．現在，アメリカの企業は営業活動，投資活動，財務活動のそれぞれから生じるキャッシュフローを要約したキャッシュフロー計算書を報告することが要求されている．他国の企業は概して運転資本のフローを報告しているが，この情報を利用すればキャッシュフロー計算書を作成することができる．

　キャッシュフローを報告する方法にはさまざまなバリエーションがあるの

で，アナリストはキャッシュフロー・データを計算し直す際にしばしば標準的な様式を利用する．本章ではそうしたキャッシュフロー・モデルの一つについて議論した．このモデルにより，アナリストは，企業の営業活動から運転資本投資前にキャッシュフローが生み出されているか，営業運転資本にキャッシュがどれだけ投資されているかを評価することが可能になる．また，これによりアナリストは，借入金や配当支払を満たす能力の指標となる長期投資支出後のフリー・キャッシュフローを計算することも可能になる．さらに，キャッシュフロー分析では企業がどのように資金調達をしているか，また，資金調達パターンのリスクが大きすぎないかが示される．

財務比率分析とキャッシュフロー分析から得られた洞察は，本章で提示したトピックの一つである，企業の将来を予測するうえで役に立つ．

練習問題

1. 資産回転率がとくに高い，あるいは低いと予想されるのは，次のうちどの業種の企業か．また，その理由を説明しなさい．
   - スーパーマーケット
   - 製薬会社
   - 貴金属の小売店
   - 鉄鋼会社

2. 売上総利益がとくに高い，あるいは低いと予想されるのは，次のうちどの業種の企業か．また，その理由を説明しなさい．
   - スーパーマーケット
   - 製薬会社
   - 貴金属の小売店
   - ソフトウェア会社

3. 定評のある証券会社のアナリストである James Broker は次のような意見を述べている．「どの会社であれ，私が注目している重要な数値は営業キャッシュフローである．キャッシュフローが利益より小さければ，その会社の業績は悪く，投資の見込みも少ないと考える．」この評価に

賛成か．なぜ賛成か，あるいは，賛成しないのか．

4. 1995年のChryslerの資本利益率は20%であったが，Fordはたった8%であった．ROEの分解フレームワークを利用して，この差異について考えられる理由をあげなさい．

5. Joe Investorは「企業はサステイナブル成長率より急速に成長することはできない．」と主張している．これは正しいか，それとも間違っているか．その理由を説明しなさい．

6. ある企業において，営業活動から生じる運転資本より，営業活動から生じるキャッシュフローが低いとすると，その理由は何か．その理由について，どのように解釈するか．

7. ABC Companyは出荷時点で収益を認識している．経営者は顧客のすべての注文に応じることにより当四半期の売上を増加させることを決定している．この決定は次の諸点についてどのような影響をもたらすか説明しなさい．
    ・当四半期の売掛金回転期日
    ・翌四半期の売掛金回転期日
    ・当四半期の売上高成長率
    ・翌四半期の売上高成長率
    ・当四半期の売上高利益率
    ・翌四半期の売上高利益率

8. 企業の営業レバレッジを評価する際に，あなたはどの比率を利用するか．

9. 企業の財務比率を比較する際に，あなたはどのような基準値を利用できるか．それらの代替的な基準値に対する賛否両論にはどのようなものがあるか．

10. 物価上昇時に，棚卸資産の評価方法として，FIFOではなくLIFOを選択するという会計上の決定により，次の諸比率はどのような影響を受けるか．
    ・売上総利益率
    ・流動比率

- 資産回転率
- 負債対株主資本比率
- 平均税率

* 本章については，第IV部 The Home Depot, Inc. のケースを参照のこと．

注

1) 1999年1月で終了した会計年度を1998年，1998年1月で終了した会計年度を1997年と呼ぶことにする．
2) ROEを計算する際，期首株主資本，期末株主資本，期首と期末の平均株主資本のいずれも利用できる．概念的にいうと，とりわけ急成長している企業の場合，平均株主資本を使うのが適切である．しかし，大多数の企業の場合，アナリストが一貫して使用するかぎり，計算にあたってどれを選択しても大差ない．それゆえ，単純化のため期末株主資本を使用するアナリストが多い．このコメントは，本章で議論される諸比率のうち，比率の項目の一方がフローの変数（損益計算書ないしキャッシュフロー計算書の項目）で，他方の項目がストックの変数（貸借対照表の項目）であるような比率のすべてにあてはまる．本章でも，計算の単純化のため，ストックの変数には期末残高を使用する．
3) 株主資本コストの推定方法については，第12章で詳細に議論する．NordstromとTJXの1999年のベータは1に近く，財務省長期証券の利回りは約6％であった．リスク・プレミアムを6％と仮定すると，2社の株主資本コストは12％になる．また，リスク・プレミアムが8％と仮定されれば，株主資本コストは14％となる．リスク・プレミアムを低めに仮定すれば，当然ながら，株主資本コストの推定値も低くなる．
4) 厳密にいうと，ある程度の現金残高は事業を行う際に必要なので，余剰現金残高だけをマイナスの借入金とみるべきである．しかし，会社は余剰現金に関する情報を開示しないので，われわれの定義および計算では現金残高のすべてを差し引いている．別のやり方として，短期投資だけを差し引き，現金残高を無視することも考えられる．
5) このアプローチの詳細な説明については, Doron Nissim and Stephen Penman, "Ratio Analysis and Valuation," unpublished manuscript, March 1999

をみよ．

6) TJX の借入金は少額であり，現金残高は借入金より大きい．したがって，加重平均資本コストは株主資本コストと同じになりそうである．加重平均資本コストの推定方法は第12章で議論する．

7) Myron Scholes and Mark Wolfson, *Taxes and Business Strategy*, Englewood Cliffs, NJ: Prentice-Hall, 1992 をみよ．

8) これらの比率の計算を実行するにあたって問題がたくさんある．第一に，回転率を計算する際，計算に使われる資産は，期末残高とその年度の期首と期末の平均残高のいずれも利用しうる．ここでは単純化のために期末残高を使用している．第二に，厳密にいうと，売掛金回転率や売掛金回転期日の計算にあたっては，掛けによる売上高を使用すべきである．しかし，通常，掛けによる売上高のデータを入手することは難しいので，代わりに総売上高が使用されている．同様に，買掛金回転率や買掛金回転期日の計算にあたって，データの入手可能性から，掛けによる仕入高の代わりに売上原価が使用されている．

9) 現金および有価証券の変動は，キャッシュフロー計算書で説明されるので，ここでは除いてある．流動負債および長期の負債のうち短期に振り替えられた分は，営業キャッシュフローではなく，財務活動にかかわるキャッシュフローなので，ここでは除かれている．

10
将来性分析：予測

　財務諸表分析は，多くの場合，将来に向けた意思決定を念頭において行われる．そのため，ここで予測を目的とした分析について整理しておくのが役に立つであろう．経営者は，計画を立て，経営目標を定めるために予測を必要とする．アナリストは，企業の将来についての見解を投資家に伝えるために予測を役立てる．銀行や債券市場への参加者は，債権の支払確実性を見極めるために予測情報を必要とする．さらに，予測が企業価値の推定に集約される場面（証券分析を含むが，それに限られない）も多くある．それは，企業の将来に関する経営者やアナリストの見通しを集約して，単一のデータのなかに反映させようとする試みの最たるものとみることができる．

　将来性分析は，予測と企業評価との2つの作業から成り，それら2つがあいまって，アナリストの見通しを明示的に集約する．本章では，まず予測に焦点を合わせる．企業評価は，これに続く2つの章の課題とする．

1　予測と他の分析との関係

　予測はひとつの独立した分析というよりは，経営戦略分析，会計分析，財務分析を通じて明らかになったことを集約する手法である．たとえば，1999年初期の時点で，Nordstromの将来の収益性を予想しようとすれば，以下の疑問点に答える必要がある．

- 経営戦略分析の観点から：Nordstromが最近力を注いでいる株主価値増強のためのリストラクチャリングは，将来の売上高利益率や売上高にどう影響するのか？　それはNordstromの運転資本や資本支出の必要性に対してどういう意味を持つのか？
- 会計分析の観点から：Nordstromの採用している会計方針は，過去の利

益や資産をより多くまたは過去の費用や負債をより少なく見せかけてきたということはなかったか？　もし，そうであったとしたら，それは将来の財務諸表に対してどのような意味をもってくるのか？
- **財務分析の観点から**：1998年にNordstromの利益率が改善された要因はなにか？　この改善は今後も維持されると考えてよいのか？　経営戦略の転換が1998年におけるNordstromの資産運用の効率化につながったのか？　そのような効率化を，今後とも持続もしくは増強できるのか？　Nordstromは借り入れについての政策を変更するだろうか？

結論からいえば，予測は，その基礎となる経営戦略分析，会計分析，財務分析を超えるものではない．とはいえ，経営者やアナリストがこれらの分析で得た情報に基づいて，可能なかぎり最善の予測を形成するのに役立つ特定の手法や知識がある．以下では，予測を形成するためのアプローチや予測を開始するときに役立つ情報，さらに利益やバランスシートのデータやキャッシュフローを予測するための詳しい手順について整理していこう．

2　予測の全体構成

将来の業績を予測するときには，分析を総合的に行うのがもっとも望ましい．つまり，利益だけを予測するのでなく，キャッシュフローやバランスシートも同時に予測するのである．たとえ，業績の一部にしか主たる関心がない場合であっても，総合的な分析は有用である．それによって，知らず知らずのうちに非現実的な仮定をおいてしまうことを避けることができるからである．たとえば，かりに何年か先までの売上高と利益の伸びを予測するのであれば，運転資本や設備資産がどれだけ増強されなくてはならないか，さらに，そのために資金調達がどれくらい必要になるのかをはっきりとさせておかなくてはならない．さもないと，せっかく予測を出しても，それは資産回転率，レバレッジ，増資などに関して，不合理な仮定をおいたものとなりかねない．

総合的な分析では多くの予測をしなくてはならない．もっとも，たいてい

の場合，そのすべては，限られた「決定要因（driver）」の動きに連動しているものである．何が決定要因なのかは事業の種類によって異なるが，金融業を除けば，予想売上高がほぼつねにそのひとつであり，もうひとつが売上高利益率である．資産回転率が安定していると見込まれる場合——わりと現実的な仮定である——は，運転資本と設備投資の金額は売上高の伸びと忠実に歩調を合わせるものである．主要な費用項目も，売上高利益率の予想される変化にもよるが，売上高の動きと連動する．こうしたデータを売上高予測とリンクさせて考えることにより，互いに整合性がとれなかったり，非現実的である仮定を気付かないままおくことを避けることができるのである．

　ある場合には，経営者やアナリストの最終的な関心は，利益それ自体ではなく，キャッシュフローの予測にある．しかし，キャッシュフローの予測であっても，実務上は売上高や利益を含む，会計上の数値の予測に依存することが多い．もちろん，原理的にはキャッシュフロー——顧客からの収入および仕入先，従業員に対する支出など——を**直接**予想することも可能である．実際，企業によっては，その方が便利なこともある．しかし，多くの場合，企業の成長見込みや収益性は，発生ベースの売上高や営業利益で語られてきた．非現金費用や運転資本ないし設備に対する支出からの影響を修正することで，それらの数値をキャッシュフローに変換することもできる．

予測の開始：出発点

　どんな予測も，少なくとも暗黙のうちには，初期の「ベンチマーク」ないし出発点をもっているものである．それは，詳しい情報がないときに，売上高や利益といった特定のデータがどう動くと予想すればよいのかに関する考え方である．たとえば，Nordstrom が 1999 年にどれだけ利益を上げるかについての予測を始めるにも，どこかに出発点を決めなければならない．1998年の実績から始めるのはひとつの方法だが，それを近年の趨勢で修正することも考えられる．あるいは，過去数年間の業績の平均値を使うという3番目の可能性も合理的に思われるが，この方法を使っても，一般にはさほど役に立たない．

　経営戦略分析や会計分析，さらに詳細な財務分析を終える頃には，予測が

当初の出発点からかなり違ってくるかもしれない．しかし，詳細な分析にとりかかるための出発点とするためだけでも，重要な財務データが「平均的に」どう動くかを知っておくのは役に立つ．

利益のような重要なデータの場合，過年度の実績値に基づいて定められただけの出発点ないしベンチマークであっても，思った以上に使えるものである．そのようなベンチマークには，豊富な情報に接している専門の証券アナリストが出す利益の予想とさして精度が変わらない場合もあることが実証されている（この点については，後で詳述する）．だから，ベンチマークは単に出発点として適当であるだけでなく，詳細な分析に基づく予測の近似値であることも多い．予測がベンチマークから大幅に離れてしまうのは，企業の置かれた状況が普通でないことがはっきりしているケースに限って正当化が可能であろう．

重要な会計数値を予測するための合理的な出発点となるような事実を以下にまとめておこう．これらの事実は，完了した予測の妥当性を検証するのにも有用であろう．

売上高成長率の動き　売上高成長率は，「平均回帰的」傾向がある：売上高の伸びの平均以上の，あるいは平均以下の売上高成長率の企業は，3～10年以内に「正常な」レベル（過去の米国企業においては7～9パーセントの間）へ戻る（回帰する）傾向がある．図10-1は1979年から1998年の間の米国

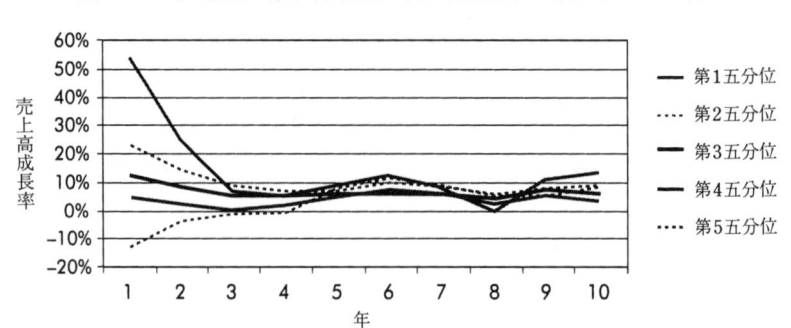

図 10-1　時の経過に伴う米国企業の売上高成長率の動き（1979～98年）

企業におけるこの影響を図示している．すべての企業は，1979年（1年目）の売上高成長率によってランク付けされ，その相対的なランキングに基づく5つのポートフォリオを構成した．ポートフォリオ1の企業は，売上高成長率が1979年のランキング上位20パーセントに入るものであり，ポートフォリオ2の企業は，次の20パーセントに入り，ポートフォリオ5の企業は，売上高成長率のランキング最下位20パーセントに入る．図10-1に描かれた1年目から10年目までの5つのポートフォリオの売上高成長率は3つの実験の平均である．これらの5つのポートフォリオのそれぞれの企業の売上高成長率の平均は，1979年からその後の9年間（2年目から10年目まで）を通して追跡された．同じ実験は，基準年（1年目）を1984年と1989年として繰り返された．

図は，当初もっとも成長率が高かった企業グループ（50パーセントを超える売上高成長率）は3年以内に売上高成長率が約6パーセントまで減少し，続く7年間にわたって約13パーセントを超えることがないことを示す．当初もっとも成長率が低かった企業グループは5年で売上高成長率が約8パーセントまで増加し，その後は5パーセントを下回ることがない．5つのポートフォリオはすべて，当初の成長レベルに関係なく，5年以内に7から9パーセントの「正常」レベルの売上高成長率に戻る．

図10-1で見られた売上高成長率のパターンに対する1つの説明は，産業，および会社が成熟するにつれて，それらの成長率が需要の飽和，および産業内の競争のために鈍化するということだ．それゆえに，企業が急速に成長しているときでさえ，現在の高度成長がずっと続くと推定することは一般に非現実的である．もちろん，どのくらい速く企業の成長率が平均に戻るかは，産業の性格と企業自身の産業内における競争力に依存する．

利益の動き　利益は概して，ほぼ「ランダム・ウォーク」もしくは「ドリフト付のランダム・ウォーク」の動きをとる．したがって，前年度の利益が，将来の利益を推測するための出発点となる．本章の後半で詳しく説明するように，このような単純なベンチマークを，直近の四半期に生じた利益の変化で修正することは理に適っている（そこでは，前年度の同じ四半期からの変

化に，さらに時系列の長期的な趨勢が加味される）．単純なランダム・ウォークによる予測，つまり，今年度の利益を前年度と同じと予想することでさえ，驚くほど役に立つ．専門の証券アナリストによる1年先の業績予測は，単純なランダム・ウォークによる予測を，平均で22パーセントだけ改善するものでしかなかったという実証研究もある[1]．そのため，利益予測の最終形がランダム・ウォークによるベンチマークから大きくかけ離れることは**通常**ないのである．

証拠の意味するところは，将来の利益予想を始めるときに，出発点として役に立つ数字が前年の会計利益だということであり，数年にわたる過去の利益の平均レベルなのではない．利益の長期的なトレンドは，概して持続される傾向がある，したがって，それらもまた考慮に値する．もし四半期データも分析するのであれば，直近の四半期で起こった長期にわたるトレンドからの乖離についていくらか考慮されるべきだ．ほとんどの企業において，これらの直近の変化は，その後の四半期で部分的に繰り返される傾向がある[2]．

株主資本利益率の動き　前年度の利益が将来の利益のベンチマークとして役に立つのだとしたら，株主資本利益率（ROE）といった投資利益率についても同じことが言えるのではないかと考える人もいるだろう．しかし，2つの理由から，それはあたらない．まず，たしかに**平均**的な企業では現在の利益水準が維持される傾向があるが，それはROEの水準が正常でない企業については正しくない．ROEが異常に高い（あるいは低い）企業は，利益が減少（あるいは増加）する傾向にある[3]．

2番目に，ROEの高い企業ほど，投資の規模を急速に拡大する傾向がある．それは，ROEの分母が増加することを意味している．もちろん，新規の投資からも従来の投資と変わらない収益を上げることができれば，ROEの水準は維持される．しかし，なかなかそのようにはならないものである．ROEの高い企業ほど，時が経つにつれ，利益の成長が投資規模の増加に追いつかなくなって，最終的にROEが低下する傾向がある．

ROEやその他の投資利益率のこうした動きは，「平均回帰的（mean-reverting）」と特徴づけることができる．平均を上回る，または下回る利益

図 10-2 時の経過に伴う米国企業の ROE の動き (1979～98 年)

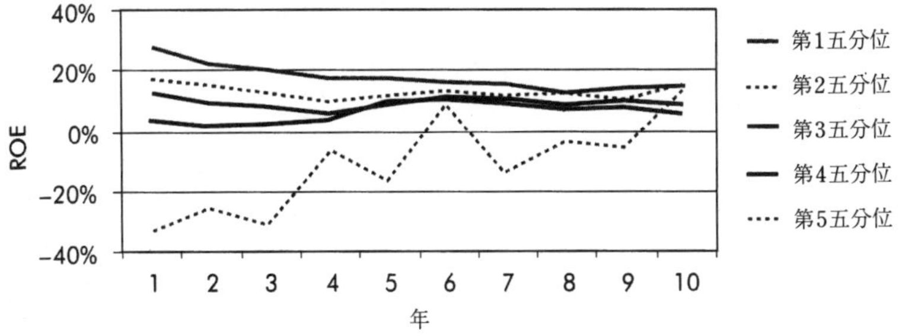

率は，10年以内に「正常な」レベルに戻る傾向があるということである（米国企業の ROE については，10パーセントから14パーセントの間が過去の正常レベルである）[4]．図 10-2 は，この現象を1979年から1998年の米国企業について示したものである．すべての企業は，1979年（1年目）の ROE によってランク付けされ，5つのポートフォリオを構成した．ポートフォリオ1の企業は，ROE が1979年のランキング上位20パーセントに入るものであり，そして，ポートフォリオ2の企業は，次の20パーセントに入り，ポートフォリオ5の企業は，ROE のランキング最下位20パーセントに入る．これらの5つのポートフォリオのそれぞれの企業の ROE の平均は，1979年からその後の9年間（2年目から10年目まで）を通して追跡された．同じ実験は，基準年（1年目）を1984年と1989年としてその後の9年間にわたって繰り返された．図 10-2 に描かれた1年目から10年目までの5つのポートフォリオの ROE は3つの実験の平均である．

当初もっとも収益性が高かったグループ（平均27パーセントの ROE）は3年以内に ROE が約17パーセントまで減少する．10年目には，この企業グループの ROE は14パーセントとなる．当初もっとも成長率が低かった企業グループ（マイナス33パーセントの ROE）の ROE は改善を続け，10年目には13パーセントのレベルに到達する．当初広い範囲の平均 ROE からスタートしたにもかかわらず，5つのうち3つのポートフォリオは10年目には13パーセントから15パーセントの間の ROE を記録している．

図 10-2 のパターンは偶然ではない．これは競争の経済学が予言している

ことそのものである．高いROEが下降しやすいのは，儲かるところには競争が起きやすいことを反映している．低いROEが上昇しやすいのは，資本が非生産的な事業から収益性の高い事業に流れ出すことを反映している．

図10-2に示されているような一般的な傾向に反して，長期にわたり，正常よりも高い，もしくは低いROEを維持する企業もある．そうした現象は，維持可能な競争優位を反映していることもあるが（たとえば，Wal-Mart），会計方法によって人為的にもたらされただけのこともある．後者のアメリカにおける典型例は製薬会社である．重要な経済的資産（研究開発の無形価値）はバランスシートに計上されず，そのためROEの計算でも分母から除かれている．こうした企業については，たとえ強い競争圧力に直面していたとしても，長期にわたり20パーセントを超えるような高いROEが続くと予想されても不思議ではない．

株主資本利益率の構成要素の動き ROEの動きは，その重要な構成要素の動きを観察することによってより深く分析することができる．第9章で述べたように，ROEと売上高利益率とは次のような関係にある．

$$ROE = 営業ROA + (営業ROA - 税引後利子率) \times 正味財務レバレッジ$$
$$= NOPAT利益率 \times 営業資産回転率 + スプレッド$$
$$\times 正味財務レバレッジ$$

米国の非金融企業における，1979年から1998年の間のROE構成要素の時系列の動きはこの章の付録の一連の図に示されている．それらの図から得られる主要な結論は以下の通りである：営業資産回転率はどちらかと言えば安定的な傾向にある．ひとつには，それが業界におけるテクノロジーの内容で決まってくるためである．レバレッジもまた安定的な傾向にある．それは資本構造に関する経営方針が頻繁には変更されないという単純な理由からである．ROEの構成要素のなかでは，NOPAT利益率とスプレッドがもっとも変化しやすい．もし，競争の圧力が正常水準を超えるROEを正常な水準に押し戻すとしたら，その動きは売上高利益率とスプレッドの変化という形になって表れるのがもっともらしい．借り入れのコストはレバレッジが安定している限り安定して推移すると考えられるので，スプレッドの変化そのもの

もNOPAT利益率の変化によって惹起される.

要するに,ROEと同様,売上高利益率も,競争の圧力により時が経つにつれて「正常な」水準に収束する傾向があるということである.ただ,「正常な」水準がどう決まるかは,業界で採用されているテクノロジーとその企業が追求する経営戦略によって大きく変わってくる[5].完全競争均衡の下では,低い営業資産回転率の下で活動する企業の売上高利益率は高く維持されるはずであり,その逆もまた成り立つ.

投資利益率や売上高利益率に関する上記の議論は,それらのデータを予測するための合理的な出発点を直近の観察値と素朴に考えるのでは不十分であることを意味している.投資利益率や売上高利益率が,正常な水準よりも高くないか,あるいは低くないかを考慮しなくてはならないのである.もしそうだとすれば,反証となる詳しい情報がないかぎり,時の経過とともに正常な水準へ変化する動きを予想するのが順当であろう.もちろん,この収束傾向が時には該当しないこともありうる.たとえば,相当期間にわたって競争から売上高利益率を守る障壁を企業が築いているといったケースである.しかし,事実をみれば,そのようなケースは普通ではない.

投資利益率や売上高利益率とは対照的に,資産回転率,財務レバレッジ,そして正味利子率が長期間一定であると仮定することは合理的である.明らかな技術革新や財務政策の変化が将来に予想されない限りにおいて,これらの変数に関する仮定の出発点は現時点のレベルである.

さて,詳細な予測を形成する手順を進めていけば,会計数値の動きに関する上記の知識をかなりの程度,利用することになるのに気づくであろう.しかし,**平均的**な動きがすべての企業にあてはまるわけではないことを念頭におくのも重要である.財務諸表分析の手法には,「正常な」パターンを知るだけではなく,それに**従わない**企業を識別する専門技術も含まれているのである.

3 詳細な予測の要素

ここでは,総合的な予測を形成するために必要な手順について整理してお

こう．以下の議論は，売上高予測から取りかかるのが合理的と考えられる大多数の企業を分析対象として想定している．

売上高予測 予測の第一段階は，多くの場合，売上高を予想することである．この予測に決まったやり方はない．どのように予測するかは，状況に応じて，また，この分析の前段階で考慮された要因に基づいて決定されるべきである．たとえば，大規模小売企業については，売上高の予測は通常，前年度の売上高，店舗数の拡大によるその増加，既存店舗における売上高成長（comparable store growth）を考慮することになろう．売上高の成長を予測するために，新製品の顧客受容度，マーケティング計画，価格戦略の変更，競争相手の行動，将来の景気予想といった要因を勘案しなくてはならないかもしれない．もうひとつの手法——創業間もない企業に適用できる唯一の手法であるかも知れない——は，ターゲットとなる市場の規模を推定し，市場への浸透度合い（market penetration）を見積もったうえで，その浸透度合いにどれだけ早く到達できるかを考えるというものである．

表10-1は，Morgan Stanleyのアナリストが1998年12月に作成したNordstromの2000年1月31日に終了する会計年度（1999会計年度）の売上高と利益の予測である．これらの予測が作成された時点では，アナリストの手元には1998年度通年の業績ではなく，1998年の最初の3四半期におけ

表 10-1 アナリストによる Nordstrom の 1999 年予測損益計算書

	1999 年予測		1998 年実績	
	百万ドル	売上高百分率	百万ドル	売上高百分率
総売上高	5627	100.0	5028	100.0
売上原価	3760	66.8	3345	66.5
販管費	1537	27.3	1405	28.0
その他利益	107	1.9	107	2.1
利払および税引前当期利益	437	7.8	385	7.7
税引後営業利益（NOPAT）	275	4.9	238	4.7
正味利息費用（税引後ベース）	37	0.7	31	0.6
純利益	238	4.2	207	4.1

アナリストによる税費用の予測は営業費用と利息費用に配賦された．
出典："Nordstrom: Shareholders should be as satisfied as customers," by B. Misett, *et al*., Morgan Stanley Dean Witter, December 2, 1998.

るNordstromの実際の業績があった．その結果，いくつかの仮定は1998年の実際の業績ではなく，1997年の実際の業績に基づいている．比較のために1998年の実際の結果も示されている．

1999年の売上高成長予測は，1998年の6パーセントの成長率よりも著しく大きく，1997年の成長率に類似している．アナリストは，予測に言及するときに，売上高について，少なくとも2つの要因がより楽観的な予測の根拠になった可能性を認めた．彼は，よりよい在庫管理と値引の縮小によって，Nordstromの同一店舗における1998年の売上高成長は異常に低い（実際，マイナスである）と考えた．アナリストはまた，1999年の同一店舗における売上高成長はより高い（しかし1997年の4パーセントより低い）3パーセントまで回復すると予想した．それを超える1999年の売上高成長は新店舗の開店によるものと予想されている．Morgan Stanleyの予測は，企業を全体として見る分析に主として依拠しているようだ．別のアプローチ——すべての企業に実行できる訳ではない——としては，製品ラインごとや，企業の主要なビジネス・セグメントごとに売上高予測を行う方法がある．

費用と利益の予測 費用は，それぞれ異なる要因から発生しているので，項目ごとに予測していかなくてはならない．ただし，主要な費用の大部分は明らかに売上高に関係しており，それゆえ自ずと売上高に対する割合として表現できる．そのような費用には，売上原価や販売費・一般管理費が含まれる．研究開発費は現在の売上高に関連する必然性がないが，長い期間でみれば，少なくとも大ざっぱには売上高と関連してくるのが一般的である．他の費用は，売上高以外の要因との間に近い関連がある．利息費用は，負債の水準と利子率によって決まってくる．減価償却費は，企業の減価償却方針にあわせて予測しなくてはならない．定額償却のもとでは，期首の償却設備に対して，減価償却費はだいたい安定した割合を示す傾向があるだろう．当期税額は，税引前利益ならびに納税額に一時的でない影響を及ぼす要因（たとえば，特定の海外子会社に適用される税率）で決まってくる．関連会社に対する持分法投資利益は，関連会社の利益を左右するすべての要因によって決まる．

Nordstromのケースで，アナリストは最も額の大きい2つの費用項目

(売上原価と販売費・一般管理費)を売上高に対する割合で予測している(表10-1を見よ)．売上原価の売上高に対する割合は徐々に低下し，そのために粗利益率は，前年度の33.2パーセントから33.5パーセントへ上昇〔訳注：33.5パーセントから33.2パーセントへ下落の誤り〕すると予想されている．この予測された上昇は，1998年の粗利益率の改善の延長線上にあり，経営者の新しい戦略の継続により買入コストが削減されるという見方を反映している．販売費・一般管理費においても，28パーセントから27.3パーセントへの減少が予想されている．ここで，アナリストは，販売費・一般管理費が1998年に一時的に増加したが，1999年にはそれらが1997年および1996年に経験した水準に復帰するだろうと仮定した．

アナリストは，正味の利息費用，およびその他の収入の対売上高比率がおおよそ変わらないままでいるだろうと仮定しているようだ．税費用は，税引前利益の39.4パーセント——35パーセントの連邦税と4.4パーセントの州税——と予測される．

売上高および費用の予測は，4.2パーセントの予想売上高正味利益率(1998年の売上高正味利益率である4.1パーセントからの小さな改善)に帰結する．アナリストは，Nordstromが強調するコスト削減と価値ベースのマネジメントが，継続的に当社の業績を改善すると踏んでいる．

バランスシート項目の予測 バランスシート項目はそれぞれ異なる要因から生じているので，個別に予測していくのが通常は最善である．ただ，営業運転資本や設備資産を含む資産項目のいくつかは，長期的には販売活動に応じて決まってくる．そのため，資産の利用効率の変化を予想したうえで，売上高に対する一定割合として，これらの項目を予測することができる．もし，資本支出に関する経営者の計画がわかれば，それは設備資産の大きさを予測するのに明らかに役立つであろう．負債・資本の項目は，資本構造や配当に関する政策を含む，さまざまな要因によって決まってこよう．

詳細なバランスシート項目を予測するのがいくつかの目的のために役立つ一方で，財務分析の章で議論した線に沿った資産と負債の主要なカテゴリー——営業運転資本，正味営業長期資産，正味負債，および株主資本——を含

む要約バランスシートを予測することで十分なことがあるかもしれない．このような予測は，企業評価の役に立つ．要約バランスシートを予測するための一つのシンプルなアプローチは，以下の通りである：

第1に，営業運転資本と営業長期資産については，これら二つの資産項目の売上高に対する比率を仮定することによって予測することができる．これら二項目の和が正味営業資産である．次に，正味財務レバレッジ（正味負債の株主資本に対する比率）について仮定をたてることによって，正味営業資産をサポートするのに必要な負債と株主資本の金額を予測することができる．それゆえに，要約バランスシートを予測するためには，たった三つの重要な仮定——営業運転資本の対売上高比率，営業長期資産の対売上高比率，および正味負債の株主資本に対する比率——を作る必要があることになる．

表10-2はMorgan Stanley Dean Witterが発表したNordstromの(1998年12月時点の) 1999年度貸借対照表の予測である．バランスシート項目のうち資産側は主にNordstromの資産回転率に関するアナリストの予測によって決定されている．アナリストは，1999年のレベル（比率）を1998年の実績と比較して，営業債権と在庫がより高く，営業債務がより低くなると仮定した．これらの予測は1998年の第4四半期の結果が公表される前に作成されたため，Nordstromが当該四半期に達成した予想外の大規模な運転資本の削減は反映されていない．正味有形固定資産に関する予測は，1999年の資本支出が1998年に比してやや減少し，減価償却費の総有形固定資産に対する比率が変化しないことを前提としている．アナリストが売上高を予想するとき，1999年に新たに開店する店の数を仮定していたことを思いだそう．それがおそらく資本支出に関する仮定の前提になっているはずである．これらの仮定の結果として，正味有形固定資産回転率が1998年のレベルに比してやや上昇することが予測された．アナリストはその他の少額の項目——その他営業資産および負債，その他営業固定資産および負債——について仮定を立てねばならなかった．これらの仮定はアナリストによって説明されなかった．

正味負債，および株主資本を予測するために，アナリストは，正味負債額の正味資本額に対する比率（同じことだが正味負債の株主資本に対する比

表 10-2 アナリストによる Nordstrom の 1999 年予測バランスシート

純営業資産	1999 年予測		1998 年実績	
	百万ドル	売上高百分率	百万ドル	売上高百分率
営業債権	771	13.7	587	11.7
在庫品	902	16.0	750	14.9
その他流動営業資産	96	1.7	102	2.0
営業債務	(373)	(6.6)	(340)	(6.8)
その他流動営業負債	(338)	(6.0)	(287)	(5.7)
営業運転資本	1058	18.8	812	16.1
有形固定資産（純額）	1479	26.3	1362	27.1
その他固定資産	18	0.3	73	1.5
その他営業固定負債	(179)	(3.2)	(225)	(4.5)
正味営業固定資産	1318	23.4	1210	24.1
正味営業資産	2376	42.2	2022	40.2

正味資本		% of Net		% of Net
	百万ドル	正味資本百分率	百万ドル	正味資本百分率
長期・短期借入金合計	959	40.4	946	46.8
現金・短期投資	(15.4)	(0.7)	(241)	(11.9)
正味借入金	945	39.7	705	34.9
株主資本合計	1431	60.3	1317	65.1
正味資本合計	2376	100.0	2022	100.0

出典："Nordstrom: Shareholders should be as satisfied as customers," by B. Missett, et al., Morgan Stanley Dean Witter, December 2, 1998.

率）を仮定する必要があった．1998 年時点で，Nordstrom の正味負債対株主資本率は約 35 パーセントであった．アナリストは，この比率が 1999 年に約 40 パーセントに上昇するだろうと仮定した．1998 年の比較的低い正味負債比率は，1998 年中に Nordstrom が蓄積した異常に大きい現金残高の結果だ．予測では，Nordstrom が負債の縮小か，株式の買い戻しにその現金を使うだろうと仮定している．そのため，1999 年の予測バランスシートにおいては，総負債対正味資本比率が 40.4 パーセント，現金及び短期投資対正味資本比率が 0.7 パーセント，株主資本対正味資本比率が 60.3 パーセントとなっているのに対して，1998 年は総負債対正味資本比率が 46.8 パーセント，現金及び短期投資対正味資本比率が 11.9 パーセント，株主資本対正味資本比率が 65.1 パーセントとなっている．

　Nordstrom の予想貸借対照表と予想損益計算書では，ROE が 1998 年の

15.6パーセントから1999年には16.8パーセントへと上昇することになっている．ROEのこの上昇は，正味売上高利益率の4.1パーセントから4.2パーセントへの上昇，2.49から2.37への営業資産回転率の低下，および正味営業資産対株主資本比率の1.54から1.66への上昇（あるいは正味負債対株主資本比率の0.54から0.66への上昇）によって引き起こされる．これらの予測は，Nordstromが最近採用した収益性と株主価値を強調する戦略を継続するだろうと仮定している．

他方，バランスシート項目の変化がいずれも売上高の変化にリンクすると仮定して，それらを予測するというやり方もある．たとえば，在庫品残高は，売上高の増加額の15パーセントから20パーセントだけ増加するであろうと予測するのである．この方法の弱点は，期首残高を前提として，そこから修正を施すことにある．それが問題なのは，ある特定時点の運転資本額が，しばしば正常値から異常に乖離しているからである（たとえば，支払日がいつかによって，期首の計上額が膨れ上がるということもありうる）．さらに重要なことは，企業の経営戦略によって，運転資本が期首の水準から変わることも考えられるのである．

キャッシュフローの予測 利益とバランスシート項目の予測は，キャッシュフローの予測を含意している．表10-3は，第9章で議論されたキャッシュフロー分析モデルを用いたNordstromの1999年のキャッシュフロー予測を示す．これらの予測は，表10-2で示された1999年の予想バランスシートと1998年の実績のバランスシートに基づいている[6]．

キャッシュフロー予測は，1999年の予測された利益から始まる．我々は，運転資本支出前の営業キャッシュフローに到達するために，予想された税引後正味利息費用および減価償却をこれに足し戻す．予測された1999年の運転資本支出前営業キャッシュフローは1998年よりやや高い．1999年末の予測された運転資本のレベルは，246百万ドルの正味投資を含意している．これが1998年の顕著な運転資本の減少といかに異なるか，注意しておこう．有形固定資産とその他の営業固定資産・負債のレベルは304百万ドルの正味投資を意味しており，79百万円のキャッシュフロー不足につながっている．

表10-3 アナリストによるNordstromの1999年予測キャッシュフロー

	1999年予測 百万ドル	1998年実績 百万ドル
純利益	238	207
税引後正味利息費用	37	31
減価償却費及びその他長期営業会計発生額	196	187
運転資本への投資前営業キャッシュフロー	471	425
運転資本への正味投資額	(246)	199
営業キャッシュフロー	225	623
長期営業資産・負債への正味投資額	(304)	(259)
負債プラス株主資本に帰属するフリー・キャッシュフロー	(79)	364
税引後純利息費用	(37)	(31)
借入金返済又は新規借入金(純額)	13	258
株主資本に帰属するフリー・キャッシュフロー	(103)	591
現金配当と自己株式買入額	(123)	(375)
正味現金増加(減少)額	(226)	216
期末現金在高	(15)	241

出典：Forecasted balance sheet for 1999 from "Nordstrom: Shareholders should be as satisfied as customers," by B. Missett, *et al.*, Morgan Stanley Dean Witter, December 2, 1998, 及び Nordstromの1998年実績のバランスシート。

税引後ベースの支払利息は37百万ドルと予測されている．借入金は1998年末の実績に比して13百万ドル増加すると予測されている．結局，配当および自己株買戻前の段階で103百万ドルのキャッシュフロー不足が見込まれていることになる．この不足にもかかわらず，1998年末に巨額の現金残高が有るため，Nordstromは配当支払いと自己株買戻によって株主に対して123百万ドルの支払いを行うと予想されている．全体としての結果は，現金残高の241百万ドルから15百万ドルへの減少となる．

感応度分析

これまで議論してきた予測は，「もっともらしい」値を1つだけ推定するものにすぎなかった．しかし，経営者やアナリストは，どちらかというと，もっと広い範囲の可能性に関心をもっている．たとえば，短期の借入れが必要になる可能性を判断するのなら，将来の売上高利益率や資産回転率をより控えめに見積もるのが賢明だろう．他方，Nordstromの企業価値を推定しようとするアナリストは，売上高の成長率，売上高利益率および資産の利用

効率に関する重要な仮定に対して，その推定値の感応度（Sensitivity）を考えなくてはならない．もし，Nordstromが収益性を強調した結果，売上高の成長が予測より低かったらどうなるか？ もし，売上高利益率が期待したほど改善されなかったらどうなるか？

もちろん，考えられるシナリオを挙げていけばきりがない．感応度分析への1つのシステマティックなアプローチは，予測のセットの基礎となる重要な仮定から出発し，所与の状況の下で，最も不確実性が高い仮定についての感応度を調べるやり方である．例えば，もし企業がこれまでに変わりやすいパターンの粗利益を経験していたら，売上高利益率に幅を持たせた予測を行うことが重要だ．一方で，企業がその拡大戦略についての重大な変更を発表したら，資産の活用にかかわる仮定はより不確実になるかも知れない．このように，感応度分析を実行するにあたって，どこに自分の時間をかけるべきかを決める際には，歴史的な業績のパターン，産業条件の変化，企業の競争戦略の変更を勘案することが重要である．

4 季節性と中間予測

ここまでは，年次の予測に注目してきた．しかし，とくにアメリカの証券アナリストにとって，予測は四半期単位の仕事である．四半期ごとの予測には，それ固有の問題がある．季節性はどれくらい重要か？ 予測の出発点をどこにしたらよいか？ 直近四半期の業績か，それとも前年度の同一四半期か，あるいは両者を組み合わせるのか？ 年次データを予測するのに，四半期データをどう利用したらよいのか？ 項目ごとに分けて年次データを予測するというやり方は，四半期データを予測するときも同じように適用できるのか？ これらの疑問すべてに答えようとすれば本章の範囲を超えてしまうが，その一部について，まず考えてみよう．

季節性（seasonality）は，売上高や利益の動きにとって想像以上に重要な現象である．それは，小売企業がクリスマスのセールで稼ぐといったことばかりではない．たとえば，気象と関係する現象（電気・ガス事業体，建設会社，オートバイ・メーカーなど）や新モデル導入のパターン（自動車メー

カーなど）その他の要因からも季節性が生じる．米国企業の利益を時系列で分析すると，主要な産業のほぼすべてにある種の季節性が存在していることがわかる．このことは，直近の四半期業績だけを出発点として予測を始めるのは適当でないことを意味する．実際，もしどこかの四半期業績を1つだけ出発点に選ぶとすれば，直近の四半期ではなく，昨年度の同一四半期を選んだ方が利益の予測には役立つことがわかっている．証券アナリストのレポートや財務関連の記事を読めば，このことを確かめることができる．そこでは，公表された四半期利益について，直近の四半期とではなく，昨年度の同一四半期との対比で企業の業績が論評されているのがほとんどである．

過去の四半期データだけに基づいて，売上高や利益，1株当たり利益を予測するモデルも研究されている．ただし，そのようなモデルは多くのアナリストに利用されているわけではない．というのも，彼らはこの単純なモデルに取り入れられているよりも，ずっと多くの情報に接することができるからである．しかし，そのモデルは，利益データの動きに馴染みがない者が，時間の経過とともにそれが変化していく傾向を理解する助けになる．その理解によって有用な一般的背景や予測の出発点が得られ，そのうえで過去の利益には現れない詳しい情報が反映されるよう，それを修正することができる．あるいはまた，詳細な予測の「もっともらしさ」をチェックすることもできる．

Q_t を四半期 t の利益（もしくは EPS）とおき，$E(Q_t)$ をその期待値としたとき，さまざまな業種にわたって利益の動きをよく説明することで知られる，いわゆる Foster モデルは以下のように表される[7]．

$$E(Q_t) = Q_{t-4} + \delta + \phi(Q_{t-1} - Q_{t-5})$$

Foster は，これと同じ形のモデルが売上高データについてもよく当てはまることを示している．

Foster モデルを見れば，季節性の重要性を確認することができる．なぜなら，予測の出発点が4四半期前の利益（Q_{t-4}）になっているからである．このモデルは，過去の利益データだけしか利用できない場合に，以下の要素により四半期 t の利益が合理的に予測されることを示している：

前年度同一四半期の利益（Q_{t-4}）

四半期利益の年度ごとの増加の長期的趨勢（δ）

直近の四半期利益の前年同期と比較した増加額（$Q_{t-1} - Q_{t-5}$）の一定割合（ϕ）

　特定の企業についてのパラメータ δ と ϕ は，たいていの表計算ソフトに含まれている単純な直線回帰モデルから簡単に推定することができる[8]．大半の企業では，パラメータ ϕ は0.25から0.50の範囲に収まる．つまり，四半期利益が増加すれば，その25パーセントから50パーセントが後の四半期利益の増加に引き継がれる傾向がある．パラメータ δ には，過去における四半期利益の年々の平均的変化が部分的に反映されているが，これは企業によってかなり異なっている．

　実証研究では，Fosterのモデルでひとつ先の四半期利益を予測すれば，平均で1株につき0.3ドルから0.35ドルしか外れないことが示されている[9]．これほどの精度は，モデルには含まれない情報に明らかに多く接しているはずの証券アナリストが出す予測に比べても驚くほど高く，見劣りはしない．もちろん，誰もが予想するように，証券アナリストの予測の方が正確であることが多くの実証で示されているが，ほとんどの状況下で，このモデルによる予測も十分「使える範囲に」ある．このような単純なモデルに依存しすぎるのもたしかによくないが，このモデルに反映されている利益の典型的な変動パターンを理解するのは有益である．

　表10-4には，1999年以前におけるNordstromの四半期EPSの動きが示されている．そこに強い季節性が見られることに注目しよう．すべての年において第2四半期と第4四半期の利益は他の2四半期よりも高い．1989年，1991年，1996年を除いて，毎年，第4四半期の業績がもっとも高い．

　もし，1999年第1四半期のEPSをFosterのモデルを使って予測すれば，1998年同一四半期のEPS 0.215ドルが出発点となる．次に，EPSの追加的な上昇傾向と，直近四半期の1年前からの増加分（\$0.470 − \$0.380）が繰り返される程度とを推定することになる．具体的には，表10-4のデータを用いて δ と ϕ を推定すると[10]，Fosterのモデルでは1999年第1四半期のEPSが0.265ドルと予測される．

表 10-4　1988 年から 98 年までの Nordstrom の 1 株当たり四半期利益

会計年度	第 1 四半期利益	第 2 四半期利益	第 3 四半期利益	第 4 四半期利益
1988	0.120	0.225	0.120	0.290
1989	0.140	0.235	0.135	0.195
1990	0.080	0.220	0.125	0.285
1991	0.155	0.305	0.120	0.250
1992	0.130	0.255	0.145	0.305
1993	0.070	0.260	0.155	0.370
1994	0.195	0.385	0.230	0.425
1995	0.170	0.325	0.180	0.335
1996	0.160	0.275	0.210	0.265
1997	0.205	0.380	0.235	0.380
1998	0.215	0.470	0.270	0.470

$$E(Q_t) = Q_{t-4} + 0.01 + 0.44(Q_{t-1} - Q_{t-5})$$
$$= 0.215 + 0.01 + 0.44(0.470 - 0.380) = 0.265$$

このモデルを 2 四半期先の利益予測や次年度のすべての四半期利益の予測に拡張することも可能である．2 四半期先の利益予測で問題となるのは，いまだ知られていない次の四半期の利益が必要だということである．これに適切に対処するには，次の四半期利益の予測を代わりに用いればよい．Nordstrom の 1999 年第 2 四半期の利益を 1998 年第 4 四半期までのデータに基づいて予測してみると，以下のように 0.412 ドルになる．

$$E(Q_{t+1}) = Q_{t-3} + 0.01 + 0.44(Q_t - Q_{t-4})$$
$$= 0.380 + 0.01 + 0.44(0.265 - 0.215) = 0.412$$

1999 年第 1 四半期の予想利益 0.265 ドルは，単純なわりに，Nordstrom の実際の EPS が 0.220 ドルであったのとあまり変わらない．この単純なモデルによる予測値が高くなっているのは，Nordstrom の 1998 年第 4 四半期の業績が極めて好調だったからである．このモデルでは直近四半期で増加した EPS のうち 44 パーセントが 1999 年に引き継がれることを仮定しているが，この増加は Nordstrom の戦略の転換による一過性の影響を反映している．Foster のモデルは，緻密な予測を行うという困難な作業にとって代わるものではない．四半期利益を予測するためには，先に年次利益の予測でみたのと同じように，項目ごとに見積りを立てていかなくてはならない．しかし，

このモデルは重要なことを教えてくれる．まず，季節性があるので，四半期予測は，直近の四半期ではなく，前年度の同一四半期を通常は出発点としなくてはならないということである．次に，通常は直近に観察された利益の増加がそのまま将来に続くわけではないことである．NordstromのEPSでは，そのような変化のうち，平均して44パーセントだけが引き継がれる傾向にあった．

5 要約

予測は将来性分析の第一歩であり，経営戦略分析，会計分析，財務分析から得られた将来の見通しを集約するものである．財務諸表分析のすべてがこうした明示的な将来展望への集約を伴うわけではないが，それでも，経営者やコンサルタント，証券アナリスト，商業銀行その他の与信アナリスト，投資銀行などにとって，予測は重要なツールである．

将来の業績を予測する際は，たんに利益だけを予測するのではなく，キャッシュフローやバランスシートの予測も併せて，総合的な分析を行うのが最善である．そのような総合的なアプローチによって，整合性を欠いたり，非現実的な仮定を暗黙裡においたりするのを防ぐことができる．本章では，損益計算書やバランスシートの諸項目が，それぞれ異なる要因に影響されることを踏まえて，各項目ごとに分析を実施していくアプローチを説明した．とは言え，通常は売上高成長率や売上高利益率のような鍵となる要因の予測が，他のほとんどの項目の予測を決めてしまう．

予測を行うときには，さまざまな財務データが平均的にはどのような動きをみせるものかを理解したうえで，そのような平均的な動きから企業を乖離させる原因は何かを知らなくてはならない．反証となるような詳しい情報がないときは，売上高や利益は，現在の水準を近年の全体的なトレンドで修正したあたりに落ち着くと予測することになろう．しかし，投資利益率（ROE等）について言えば，当初は正常な水準を超えていても，競争の作用によって，数年間のうちに正常な水準，すなわち株主資本のコスト近くにまで回帰する傾向がある．また，売上高利益率についても，正常な水準へ動こ

うとする傾向がある．ただし，このデータに関しては，「正常な」水準が，資産回転率やレバレッジの水準に依拠して，企業間あるいは業種間で大きく異なっている．なかには，参入障壁を築いて，利益が正常な水準に戻ろうとするのを何年にもわたり阻止できている企業もあるが，これらはむろん特殊なケースである．

短期的な計画策定や証券分析などの目的で，四半期データの予測が必要となる場合もある．四半期データの重要な特質のなかに季節性がある．ほとんどの業種において，売上高や利益について，少なくともある種の季節性を認めることができる．1年のうちでどの時期に頂点と谷間が来るかを知っておくことは，四半期ベースの業績を的確に予測するために欠かすことはできない．

予測を企業価値の推定値へと変換することが役立つ場面（証券分析を含むが，それに限られない）も多くある．企業価値を推定することは，結局，企業の将来に関する経営者やアナリストの見通しを集約して，単一のデータのなかに反映させようとする試みの最たるものとみることができる．このように予測を企業価値の推定値に変換するプロセスは企業評価と呼ばれる．次章では，この話題を取り上げる．

付録：ROEの構成要素の動き

図10-2で，ROEが平均回帰的であることを示した．この付録で，ROEの主要な構成要素——営業ROA，営業利益率，営業資産回転率，スプレッド，正味財務レバレッジ——の動きを示す．これらの比率は，章中で述べられたものと同じポートフォリオ・アプローチを用いて，米国のすべての非金融企業の1978年から1998年の間のデータをもとに計算された．

付録：ROE の構成要素の動き　*275*

図 A-1　米国非金融企業の営業 ROA の動き（1978〜98 年）

営業ROA

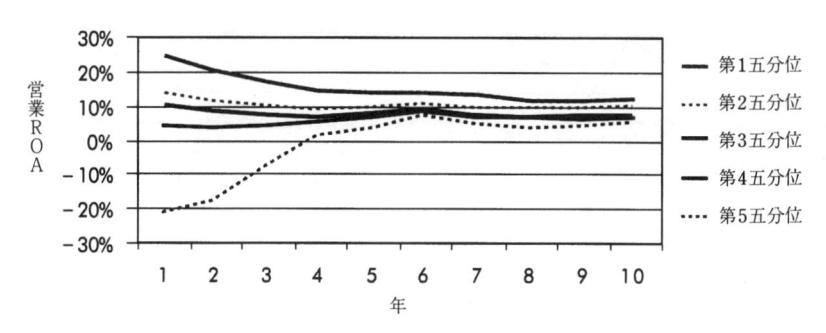

── 第1五分位
⋯⋯ 第2五分位
── 第3五分位
── 第4五分位
⋯⋯ 第5五分位

年

図 A-2　非米国非金融企業の NOPAT 利益率の動き（1978〜98 年）

営業利益率

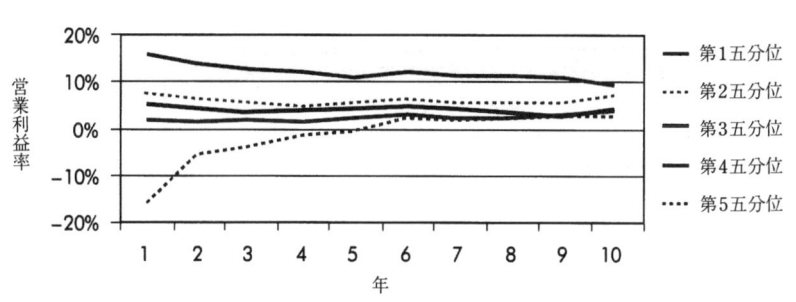

── 第1五分位
⋯⋯ 第2五分位
── 第3五分位
── 第4五分位
⋯⋯ 第5五分位

年

図 A-3　米国非金融企業の営業資産回転率の動き（1978〜98 年）

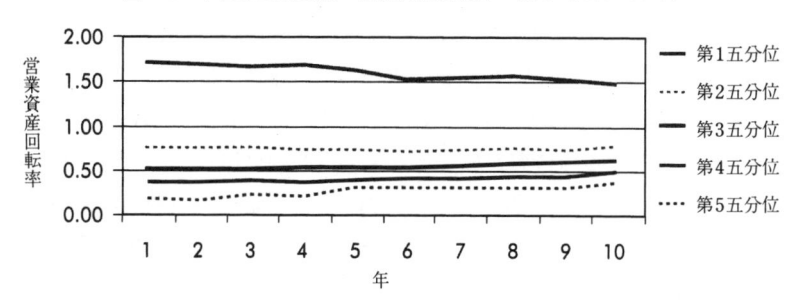

営業資産回転率

── 第1五分位
⋯⋯ 第2五分位
── 第3五分位
── 第4五分位
⋯⋯ 第5五分位

年

図 A-4　米国非金融企業のスプレッドの動き（1978〜98 年）

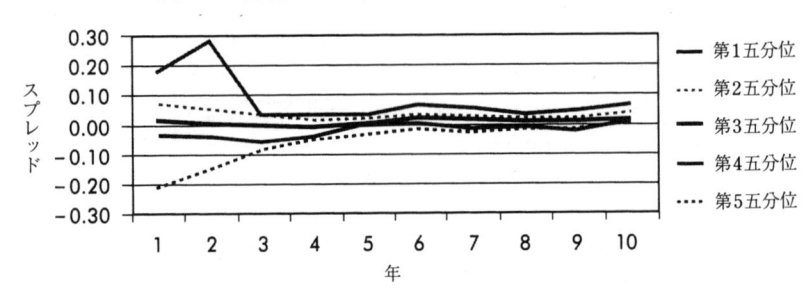

図 A-5　米国非金融企業の正味財務レバレッジの動き（1978〜98 年）

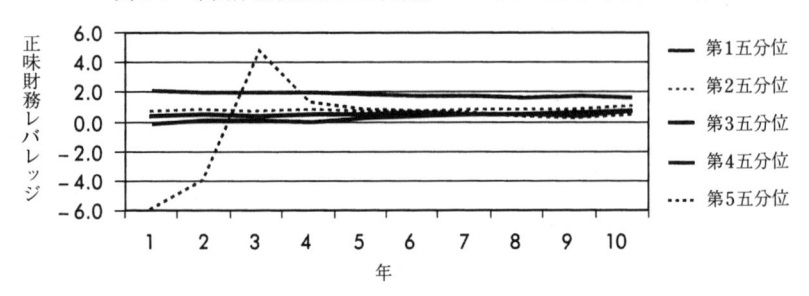

練習問題

1. Merck は世界最大級の製薬会社である．1985 年から 1995 年までの間，Merck は継続して製薬業全体の ROE よりも高い ROE を上げてきた．製薬会社専門の証券アナリストとして，あなたが Merck の将来の ROE を予想する際に重要になると考える要因は何か．とくに，Merck が今後とも業界の中で高い業績を維持すると予想させる要因は何か，あるいは，将来の業績が業界の平均に落ち着くであろうと予想させる要因は何かを説明せよ．

2. Stock Pickers で働くアナリスト John Right は以下のように主張している．「利益の見通しを立てるために，売上高成長率，売上高利益率といった項目について詳細な予測を行うのは時間の無駄である．ランダ

ム・ウォーク・モデルを用いれば，事実上，手間をかけずに，ほぼ正確に利益を予想することができる．」そこで，ランダム・ウォーク・モデルについて説明したうえで，John Right の予測方針を支持するか，それとも支持しないかを，理由とともに述べよ．

3. 以下の業種のうち，四半期利益に高い季節性があると考えられるものを指摘し，その理由を説明せよ．
   - スーパーマーケット
   - 製薬会社
   - ソフトウェア会社
   - 自動車メーカー
   - 衣類の小売業

4. 新しい資本（工場設備など）に対する支出や，運転資本（売上債権や在庫品など）に対する支出の水準を決定する要因として何が挙げられるか説明せよ．また，こうした支出を予測するために，どのような財務比率が利用されるか．

5. 以下に述べる出来事が今年度に報告された場合，企業の将来利益を予測するのにどのような影響があるか．
   - 資産評価額の切り下げ
   - 合併または買収
   - 主要な事業部の売却
   - 配当の開始

6. 以下の予測モデルについて考えてみよう．
   モデル 1 ： $E_t(EPS_{t+1}) = EPS_t$
   モデル 2 ： $E_t(EPS_{t+1}) = \frac{1}{5} \sum_{n=1}^{5} EPS_{t-5+n}$

   $E_t(EPS_{t+1})$ は，t 時点における情報を所与とした，$t+1$ 年度の 1 株当たり予想利益の期待値を表している．モデル 1 は通常，ランダム・ウォーク・モデルと呼ばれ，モデル 2 は平均回帰（mean reverting）モデルと呼ばれている．1990 年から 1994 年までの Ford Motor Company の 1 株当たり利益は以下の通りである．

年度	1990	1991	1992	1993	1994
EPS	$0.93	$(2.40)	$(0.73)	$2.27	$4.97

a．それぞれのモデルにより1995年の1株当たり利益を予測せよ．

b．1995年におけるFordの1株当たり利益の実績は3.58ドルである．この情報を前提として，それぞれのモデルにより1996年の1株当たり利益を予測せよ．2つのモデルから得られる予測がかなり異なっているのはなぜか．どちらのモデルが1株当たり利益の動きをよく表しているか，理由とともに述べよ．

7．投資銀行に勤めるJoe Fatcatは以下のように述べている．「長期について詳細な予測を気にしても仕方がない．むしろ，3年を超える長い期間でキャッシュフローを予測するとき，私なら次のようなやり方をとる．まず，売上高成長率はインフレ率と同じで，資本支出は減価償却費と同額であると仮定する．そして，売上高純利益率と運転資本の売上高に対する比率も一定のままと考える．」このような仮定の下で，ROEはどのような動きをみせるであろうか．また，それは合理的なものか，説明せよ．

＊　本章については，第IV部 Maxwell Shoe Company, Inc. のケースを参照のこと．

注

1) Patricia O'Brien, "Analysts' Forecasts as Earnings Expectations," *Journal of Accounting and Economics* (January 1988): 53-83 をみよ．

2) George Foster, "Quarterly Accounting Data: Time Series Properties and Predictive Ability Results," *The Accounting Review* (January 1977): 1-21 をみよ．

3) Robert Freeman, James Ohlson and Stephen Penman, "Book Rate-of Return and Prediction of Earnings Changes: An Empirical Investigation," *Journal of Accounting Research* (Autumn 1982): 639-653 をみよ．

4) Stephen H. Penman, "An Evaluation of Accounting Rate of Return,"

Journal of Accounting, Auditing, and Finance (Spring 1991): 233-256; Eugene Fama and Kenneth French, "Size and Book-to-Market Factors in Earnings and Returns," *Journal of Finance* (March 1995): 131-156; Victor Bernard, "Accounting-Based Valuation Methods: Evidence on the Market-to-Book Anomaly and Implications for Financial Statements Analysis," working paper University of Michigan (1994) をみよ．会計上の利益操作の影響を無視すれば，競争均衡において，ROE は株主資本コストの近似値をとるはずである．

5) 「正常な」売上高利益率とは，実行可能な経営戦略を通じてその業界で達成しうる資本回転率を掛けたとき，ちょうど資本コストを賄うだけの投資利益率となるものである．もっとも，上で述べたように，会計上の利益操作があると，競争均衡においても投資利益率が長期的に資本コストから乖離することがある．

6) Morgan Stanley Dean Witter のアナリストが 1998 年 12 月に報告を作っていたときに，1998 年の実際のバランスシートは利用できなかった．それゆえに，アナリストの報告で，キャッシュフロー予測は，1998 年および 1999 年の両方とも予測バランスシートに基づいた．我々は 1998 年の実際のバランスシートおよび 1999 年の予測バランスシートによったキャッシュフロー予測を示すので，図 10-3 の数字は，アナリストの報告中のキャッシュフロー予測と異なる．

7) Foster，前掲論文をみよ．もう少し正確なモデルが Brown-Rozeff によって提示されているが，それを使った推定は煩雑な統計手法を必要とする．Lawrence D. Brown and Michael Rozeff, "Univariate Time Series Models of Quarterly Accounting Earnings per Share," *Journal of Accounting Research* (Spring 1979): 179-89 をみよ．

8) このモデルを推定するには，(予想利益ではなくて)実績利益を式に使い，Q_{t-4} を左辺に移項すればよい，すなわち，

$$Q_t - Q_{t-4} = \delta + \phi(Q_{t-1} - Q_{t-5}) + e_t$$

そして，$Q_t - Q_{t-4}$ を従属変数とし，ラグをとった値 $(Q_{t-1} - Q_{t-5})$ を独立変数とした回帰を行う．つまり，この回帰式を推定するときには，過去の四半期利益データを前年同期からの変動として示すことがまず必要になるわけである．そのうえで，ある四半期の変動を直近の四半期の変動に回帰させる．その回帰式の切片が δ の推定値となり，傾きが ϕ の推定値となる．典型的には，こうした回帰式は 24 から 40 の過去の四半期利益データを用いて推定される．

9) O'Brien, 前掲論文をみよ.
10) 推定のプロセスについての説明は注8)をみよ. 従属変数の系列は $(0.47-0.38), (0.27-0.235), (0.47-0.38), \cdots\cdots$ となる. 他方, 独立変数の系列はそれぞれに対応して1四半期ずらした値 $(0.27-0.235), (0.47-0.38), (0.215-0.205), \cdots\cdots$ となる.

11
将来性分析：評価理論と概念

　前章では，将来性分析の第1段階である予測を紹介した．本章ならびに次章では，将来性分析の第2段階であり，最終段階でもある企業評価について説明する．本章では評価理論と概念に焦点を合わせ，次章では実際に企業評価を行う際の問題について議論する．

　企業評価（Valuation）とは，予測を，ある企業全体あるいはその構成部分の価値に変換することである．多かれ少なかれ，ほぼあらゆる経営意思決定に企業評価の過程が関わっている（少なくとも暗黙裡には）．企業の内部では，資本予算（capital budgeting）に，特定の投資計画が自社の企業価値にどう影響するかの考慮が含まれている．戦略的計画（strategic planning）においては，企業行動のより広い組み合わせが企業価値にどう影響するかに焦点が合わされる．企業の外側では，証券アナリストが買い/売りの判断を下すために企業評価を実行している．また，他社を買収しようと考えている企業は，（しばしば投資銀行の支援を受けて）ターゲットとなる企業の価値や買収からもたらされるシナジー効果を推定する．株式を公開する際の売出価格を定めるためにも企業評価は必要であるし，活動中の企業に関わる財産の売却，清算あるいは分割に関係する人々への情報としても必要である．企業価値の推定を直接の目的としない信用分析でさえ，貸付活動に関わるリスクを完全に把握しようとすれば，「クッション」となる株主資本の価値を少なくとも暗黙裡には考慮する必要はある．

　実務では，さまざまな手法によって企業価値が評価される．たとえば，株式公開買付けの適切さを確かめるために，投資銀行では通常，5から10もの異なる手法が用いられる．それはたとえば，以下のようなものである．

　・配当の割り引き　この手法では，企業の株主資本の価値は予測された将

来の配当の現在価値として表現される．
- **超過利益の割り引き**　この手法は，企業の株主資本の価値を，その簿価と予測超過利益の割引価値との合計として表現するものである．
- **株価倍率による企業評価**　この手法では，直近の業績指標あるいは単一の業績予測値に，類似するとみられる他社の株価倍率（price multiple）を乗じて株価を求める．たとえば，今年度利益の予測値に株価収益率を掛けることによって，企業価値を推定することができる．その他よく用いられる倍率には，株価・簿価比率や株価・売上高比率がある．
- **割引キャッシュフロー(DCF)分析**　この手法には，数年間にわたるキャッシュフローの詳しい予測が含まれる．その予測が推定された資本コストで割り引かれて，現在価値が見積もられる．

　上記のすべての手法は，二通りに構築することができる．第一は，通常アナリストが直接に推定することに興味を持っている変数であるところの，企業の株主資本を直接評価するものである．第二は，最終の株主資本の見積もりに到達するために，企業の資産，すなわち，株主資本および正味負債が持つ権利を評価した後，正味負債の価値を差し引くものだ．理論上，両方のアプローチは，同じ価値を生みだすはずである．しかし，次章で見るように，これらの手法を調和させるに当たって，実行上の問題がある．本章では議論を簡単にするために，株主資本だけの企業を使って評価を説明する．ただし，適当とみられる場合には企業の資産を評価する際の理論上の問題も議論する．

　理論上の見地からすれば，株主価値は，将来の配当支払いの現在価値である．この定義に依拠するには，直接に将来の配当を予測して割り引けばよい．しかし，それはまた，配当を会計利益および株主資本簿価，または株主へのフリー・キャッシュフローに変形することによっても構成されうる．これらの方法は，本章を通して展開され，長所と短所が議論される．

　倍率を利用した評価もまた議論される．割引配当，割引超過利益，および割引キャッシュフローなどの方法とは違って，複数年にわたる予測をアナリストに要求しないという理由で，倍率は広く使われる評価方法である．しかし，倍率の手法を使うには，比較可能な企業を見つけるのが大変な難問である．この章では，二つの広く使われる倍率——株価・簿価比率および株価収

益率——を企業ごとに見積もる上で超過利益の割り引きによる評価をどのように直せばよいかを議論する．株価・簿価比率は，将来の異常な ROE，株主資本の成長，および企業の資本コストの関数であることが示される．株価収益率は，同じ要因，および現在の ROE によって決定される．

1 株主にとっての価値を定義する

　株主は，彼らの企業に対する持分の価値についてどのように考えるべきだろうか？　ファイナンスの理論によれば，どのような金融資産の価値も，単にその権利の所有者が受け取るキャッシュ支払いの現在価値である．

　株主はキャッシュ支払いを配当の形で企業から受け取るので，彼らの株主資本の価値は，将来の（清算配当を含んだ）配当の現在価値である．
　　　株主資本の価値＝予想された将来の配当の現在価値
もし我々が予想されたある年の配当を DIV，株式資本コスト（適切な割引率）を r_e で表せば，株式価値は，以下の通りである：

$$株主資本の価値 = \frac{DIV_1}{(1+r_e)} + \frac{DIV_2}{(1+r_e)^2} + \frac{DIV_3}{(1+r_e)^3} + \cdots$$

評価公式が，企業が永遠に存続すると見ていることに注目せよ．もちろん，現実には，企業は倒産したり買収されたりする．これらの状況では，株主は事実上彼らの株式の終末配当を受け取ることになる．

　もし企業が一定の配当成長率（g^d）を無限に維持するなら，その価値は，下記の簡単な公式になるだろう：

$$株主資本の価値 = \frac{DIV_1}{r_e - g^d}$$

　配当割引法をより良く理解するために，以下の例を考えてみよう．1年度の初めに，Down Under 社は，60百万ドルの株主資本を集め固定資産の購入に充てる．減価償却前の営業利益（全てキャッシュによる受取）と配当は，1年度に40百万ドル，2年度に50百万ドル，そして3年度（ここで当社は清算される）に60百万ドルと予想される．税金は払わない．もし会社の株

主資本コストが10パーセントなら，株主資本の価値は以下のように計算される：

年	配当	現価係数	配当の現在価値
1	$40百万ドル	0.9091	$36.4百万ドル
2	50	0.8264	41.3
3	60	0.7513	45.1
株主資本の価値			$122.8百万ドル

上記の評価公式は，配当割引モデルと呼ばれる．それは，株式評価によく使われるほとんどの理論的手法の基本である．この章の残りは，このモデルをどう変形して企業価値評価のための割引超過利益モデル，および割引キャッシュフロー・モデルを生成することができるかについて議論する．

2 割引超過利益評価法

第3章で議論されたように，配当と会計利益との間にはリンクがある．(資本取引をのぞく)株主資本の変動がすべて損益計算書に記録されることを前提とすれば[1]，初年度末における株主資本簿価の期待値(BVE_1)は，単に年初における資本簿価(BVE_0)に当期の期待利益(NI_1)を加え，期待配当(DIV_1)[2]を差し引いたものとなる．この関係は次のように書き直すことができる：

$$DIV_1 = NI_1 + BVE_0 - BVE_1$$

配当割引公式の中の配当額にこの恒等式を代入し，式の一部を整理すれば，株式の価値を次のように書き直すことが出来る[3]．

　　株主資本の価値＝株主資本簿価＋将来の期待超過利益の現在価値

超過利益は，純利益から，期首の株主資本簿価に割引率を乗じて算出される資本の費用を減じたものである．それゆえ，超過利益は使用された資本の機会費用を会計が全く認識しない事実を反映するための調整を行っている．結局，割引超過利益に基づく企業価値の公式は以下の式のように表される：

$$株主資本の価値 = BVE_0 + \frac{NI_1 - r_e \cdot BVE_0}{(1+r_e)} + \frac{NI_2 - r_e \cdot BVE_1}{(1+r_e)^2}$$

$$+ \frac{NI_3 - r_e \cdot BVE_2}{(1+r_e)^3} + \cdots$$

前述したように，株主資本の価値は，企業の資産を評価したうえ，正味負債を差し引くことによっても推定できる．会計利益をベースとした手法では，資産の価値は以下の式のように表される．

$$資産の価値 = BVA_0 + \frac{NOPAT_1 - WACC \cdot BVA_0}{(1+WACC)}$$
$$+ \frac{NOPAT_2 - WACC \cdot BVA_1}{(1+WACC)^2} + \cdots$$

BVAは企業の資産の帳簿価格であり，NOPATは税引後の営業利益（利息控除前），そしてWACCは企業の負債と資本の加重平均コストである．ここで求めた資産の価値から，アナリストは正味負債の市場価格を差し引くことによって株主資本の価値を推定することが出来る．

この利益による公式は直観にアピールする．もし企業が株主資本の簿価に対して正常利益率だけの利益しか稼げないとすれば，投資家は簿価以上の金額を払って株式を取得しようとは考えないということである．利益がこの正常な水準以上または以下ならば，投資家は簿価以上または以下の金額を支払うに違いない．したがって，企業の市場価値が簿価からどれだけ乖離しているかは，企業の「超過利益」を生み出す力によって決まってくるのである．また，この公式は，企業の株式の価値が現存する正味資産の原価（すなわち資本簿価である）プラス将来の成長にかかるオプションの正味現在価値（累積超過利益として表される）になることを意味している．

Key Analysis Questions

割引超過利益法で株主資本（かっこ内は負債プラス株主資本の場合，以下同様）を評価するには，アナリストは下記の質問に答える必要がある：

- 通常5年から10年の，有限の予測期間にわたる利益（NOPAT）と株主資本簿価（資産簿価）の予測値はいくらか？
- 利益（NOPAT）と株主資本簿価（資産簿価）の予測値から資本の費用を差し引いた後の超過利益（超過NOPAT）はいくらか？資本の費用は株主資本コスト（WACC）に期首の株主資本（資産）簿価を乗じた

> ものである．
> - 単純化のための仮定をおくとして，ターミナル・イヤーと呼ばれる予測の最終年度以降における利益（NOPAT）と株主資本簿価（資産簿価）の予測値はいくらか？
> - 超過利益（超過 NOPAT）を株主資本コスト（WACC）で割り引いた現在価値はいくらか？
> - 現在の株主資本簿価（資産簿価）と将来の超過利益（超過 NOPAT）の現在価値累計を合わせて計算される株主資本（負債プラス株主資本）の推定価値はいくらか？ 前述の超過利益（超過 NOPAT）の予測において無視された企業所有の非営業用資産——たとえば市場性ある有価証券や売買目的の不動産——があるか？ もしそうなら，それらの価値が資本価値の推定に含まれるべきだ．

会計利益に基づく評価手法を例示するために，Down Under 社の例に戻ろう．この会社は負債のない株主資本だけの会社であるため，株主資本の価値と資産（負債と株主資本の和）の価値は等しい．もしこの会社が固定資産の償却を定額法で行うとすると，期首の株主資本簿価，利益，超過利益，そして評価は次のようになる．

(百万ドル)

年	期首の株主資本簿価	利益	超過利益	現価係数	超過利益の現在価値
1	$60	$20	$14	0.9091	$12.7
2	40	30	26	0.8264	21.5
3	20	40	38	0.7513	28.6
超過利益の現在価値の累計					62.8
＋期首の株主資本簿価					60.0
＝株主資本の価値					$122.8

株式の価値は 122.8 百万ドルとなり，将来の予想された配当を直接割り引いた推定値と一致する．

最近の研究は，超過利益による価値の推定が，将来の株価の動きを予測する上で，株価収益率，株価・簿価比率，配当利回りのような伝統的な倍率を凌駕することを示している[4]．超過利益モデルによる推定価値が現在の株価

に比して高い企業の株式が正の異常投資収益率を将来に獲得する一方で，超過利益モデルによる推定価値が低い企業の株式は負の異常投資収益率を持つのである．

会計方法と割引超過利益

　企業価値が会計数値の関数として表すことができることは奇妙に見えるかもしれない．そもそも，会計方法自体は（その選択がアナリストの将来の業績に関する見方に影響を与える場合を除いて）企業価値に影響を与えるべきではない．しかしながら，ここで用いられている評価手法は会計方法の選択により変化する数値——利益と簿価——を基礎にしている．そうであれば，どうしてこの評価手法で正しい推定値が得られるのであろうか？

　理由はこうである．会計方法の選択は利益と株主資本簿価の**両方**に影響する．また，複式簿記には，利益の「歪み」がすべて最終的には必ず埋め合わされるという自己修正機能がある．だから，割引超過利益に基づく推定企業価値は，会計方法の選択自体によって影響されないのである．たとえば，Down Under 社の経営者たちが保守的であることを選択し，第1年度の在庫品として資本化されても良いある特殊な費用を認識して，結果として当期利益と期末の株主資本簿価が10百万ドル低くなったとしよう．そしてこの在庫品は2年目に販売される．当面の間，会計方法の選択はアナリストの企業の真の業績に対する見方に対して影響を与えないことにしよう．

　経営者の選択により，第1年度の超過利益と第2年度初の株主資本簿価は，それぞれ10百万ドル減少する．しかし，二つの理由から将来の超過利益は増加する．第1に，将来の利益は在庫品が販売される第2年度に売上原価が低くなるため，10百万ドル増加する．第2に株主資本簿価に基づく正常利益の基準値が1百万ドル（10百万ドル×10パーセント）減少する．第1年度における10百万ドルの超過利益の減少は，第2年度における11百万ドルの超過利益の増加によって，現在価値上では完全に相殺される．その結果，保守的財務報告の下でのDown Under 社の価値は，前述の会計手法による価値（122.8百万ドル）と一致する．

　結局，経営者による強気な，あるいは保守的な会計方法が会計データに与

(百万ドル)

年	期首の株主資本簿価	利益	超過利益	現価係数	超過利益の現在価値
1	$60	$10	$ 4	0.9091	$ 3.6
2	30	40	37	0.8264	30.6
3	20	40	38	0.7513	28.6
超過利益の現在価値の累計					62.8
＋期首の株主資本簿価					60.0
＝株主資本の価値					$122.8

えるバイアスにアナリストが気付いていれば，超過利益に基づく企業評価は，会計方法の多様性に影響されることはないのである．このことは，超過利益による評価に先立って，経営戦略分析ならびに会計分析が不可欠であることを示している．以下で述べるように，経営戦略分析ならびに会計分析は，超過利益もしくは超過ROEが，継続的な競争優位から生み出されているのか，それとも一時的な会計操作から生じているのかをアナリストが判断する手助けとなる．例として，Down Under 社の在庫品の会計方法によって発生した利益の減少の原因をアナリストが理解できなかった場合にどうなるかを考えてみよう．もしアナリストが，当社が保守的会計を用いたと解釈する代わりに，減益が当社において在庫品の処分に苦労していることの表れであると誤って解釈したならば，アナリストは将来の予想利益を引き下げるかもしれない．そうすると，当社の推定された価値は，我々の例において示されたものよりも低くなるであろう．

3 株価倍率に基づく評価手法

株価倍率に基づく企業評価はアナリストに広く用いられている．その人気の主な理由はこの手法の単純さである．割引超過利益，割引配当，および割引キャッシュフローの諸方法とは違って，この手法ではアナリストが色々なパラメータ——成長率・収益性・資本コスト率を含む——を複数の年次にわたって詳細に予測する必要がない．

株価倍率に基づく企業評価は次の段階を含む：

第一段階：倍率の基礎となる業績または価値の指標（例えば利益，売上高，キャッシュフロー，株主資本簿価，資産帳簿価格）を選定する．
第二段階：比較可能な企業の業績または価値の指標を推定する．
第三段階：分析の対象としている企業の業績または価値の指標に比較可能な企業の倍率を適用する．

　この手法では，比較可能とみられる企業の短期および長期の成長性や収益性の見通しと，それらの企業価値に対する影響を考えるという困難な作業が市場の側に委ねられることになる．アナリストは他社の株価形成がこれから評価しようとする企業にも適用できると仮定するわけである．

　倍率を適用するという作業は，一見すると簡単に思える．しかし残念なことに，株価倍率の適用は見た目ほど単純なものではない．まず，比較可能といえる企業を見つけだすのは難しいことが多い．また，どうやって株価倍率を計算すればよいかについても，選択の余地がある．さらに，株価倍率が企業ごとに異なっている理由や，他社の株価倍率を自分の評価したい企業にどれだけうまく適用できるかは，それぞれの株価倍率がどういった要因で決まってくるのかについて，的確な理解がなければ説明できない．

比較可能な企業の選択
　理屈どおりなら，比較可能な会社の分析に使われる株価倍率は，営業および財務の性格が似通った会社のそれと同じになる．同じ業界に属する企業が最有力の候補となるのは明白である．しかし，業界の範囲を狭く絞っても，そのなかに類似の企業に適用できる株価倍率を見出すのは難しいことが多い．多くの企業が複数の産業に属しているため，代表的なベンチマークを見つけることが困難になっている．加えて，同じ産業に属する企業同士でも，異なる戦略，成長機会，そして収益性を持つために，比較可能性の問題が生じることがある．

　これらの問題に対処するやり方のひとつは，業界に属する**すべて**の企業の平均をとることである．この方法では，アナリストは比較可能性を阻害する要因が互いに相殺されてしまうのを期待し，評価の対象となる企業は業界に

おける「典型的な」企業と比較されることになる．それに対して，業界内のもっとも類似した企業に絞り込んで比較するというやり方もある．

例として，Nordstrom の評価に倍率を使うことを考えよう．Dow Jones Interactive は，この会社を「小売り業：アパレル」に分類する．1999年7月16日現在，Dow Jones によればこの産業の株価収益率は24.0 であり，平均の株価・簿価比率は6.36 であった．一方，Nordstrom の株価収益率は27.3 であり，平均の株価・簿価比率は4.49 であった．

しかし，Dow Jones によれば，Nordstrom の競争相手は下記の企業に絞り込むことが出来る：Ann Taylor, Brown Shoe, Dayton Hudson, Donna Karan, Dillards, Federated Department Stores, The Gap, Lands' End, The Limited, Mens Wearhouse, Neiman Marcus, May Department Stores, JC Penney, Saks, Spiegel, そして Talbots. これらの企業の中には Dow Jones が「小売り業：アパレル」に分類した他の企業と「小売り業：多品目」に分類された数社が含まれている．これら直接の競争相手の株価収益率は55.9 であり，平均の株価・簿価比率は3.81 であった．明らかに，市場は将来のNordstrom の業績が「小売り業：アパレル」全体，または直接の競争相手のそれと幾分異なることを予測している．

業績の悪い企業の倍率

株価倍率は分母になる変数の業績値が低いとそれに影響される．これは，分母が利益やキャッシュフローのようなフローの測度である場合に特によく見られる現象である．例えば，Nordstrom の競争相手である Donna Karan の1998年の EPS はたった1セントであり，株価収益率は434.4 となっている．

分母に対する一過性のショックによって惹起された倍率の問題を取り扱うためにアナリストは何が出来るであろうか？ 一つのやり方は，一時的な影響の大きかった企業を比較可能な企業の集合から単に除外することだ．もし Donna Karan が Nordstrom の比較対象から外されれば，ベンチマークである平均の株価収益率は55.9 から30.7 へと減少する．もしくは，業績の不振が，償却や異常項目のように一過性のショックによるものであれば，倍率

の計算から一過性の影響を取り除くことも出来る．Donna Karan の場合これは不可能である，なぜなら現在の業績不振が何か単独の事由によるものではないからである．最後に，アナリストは分母として過去の業績ではなく，将来の業績予測を用いることが出来る．過去のデータで計算された倍率は**実績倍率**と呼ばれる一方，予測値によって計算された倍率は**先行倍率**と呼ばれる．先行倍率が一時的な利得や損失（これらを予期することは困難である）を分母に含む可能性は低い．Donna Karan の場合，First Call によれば，アナリスト達は 1999 年の利益を 27 セントと予想しており，これは先行株価収益率がわずか 16.1 であることを意味する．

レバレッジによる株価倍率の修正

株価倍率は，分子と分母との間に整合性が保たれるような方法で計算されなくてはならない．分母が利払い前の業績を反映しているような比率では，この整合性が問題になる．その例として，株価・売上高倍率（price-to-sales multiple）や，営業利益もしくは営業キャッシュフローに関する株価倍率を挙げることができる．こうした株価倍率を計算するときには，株主資本の市場価値だけでなく，負債の価値もまた分子に含めなくてはならない．

4　株価・簿価倍率と株価・利益倍率を決定するもの

比較的密接に関連した企業の間でさえも，価格倍率は，かなり違っていることがある．この相違を注意深く分析するには，ある企業の倍率がベンチマーク企業のそれらより高くなければならない理由を説明できそうな要因を考慮する必要がある．そこで，我々は超過利益評価法に戻って，この手法が企業間の株価・簿価倍率と株価・利益倍率の差異についてどのような洞察を与えてくれるのかを示そう．

もし超過利益による評価式のすべての項を株主資本の簿価で割ると，左辺は株価そのものの代わりに株価・簿価比率となる．右辺は，利益を株主資本の簿価で割ったもの，すなわち第 9 章で議論されたおなじみの株主資本利益率（ROE）である[5]．評価公式は次のようになる．

$$\text{株価・簿価比率} = 1 + \frac{ROE_1 - r_e}{(1+r_e)} + \frac{(ROE_2 - r_e)(1+gbve_1)}{(1+r_e)^2}$$
$$+ \frac{(ROE_3 - r_e)(1+gbve_1)(1+gbve_2)}{(1+r_e)^3} + \cdots$$

ここで，$gbve_t$ は $t-1$ 年度から t 年度までの株主資本簿価の成長率であり，
$$\frac{BVE_t - BVE_{t-1}}{BVE_{t-1}}$$
に等しい．

　この公式は，株主持分の価値・簿価比率が3つの変数——将来の超過ROE，株主資本簿価の成長率，そして株主資本コスト——の関数であることを意味している．将来の超過ROEは，将来のROEから株主資本コストを引いたもの（$ROE - r_e$）である．正の超過ROEを持つ企業はその正味資産を株主価値創造のために投資できるので，株価・簿価比率は1より大きくなる．資本コストを上回る収益率を挙げられない企業では1より小さくなる．

　株主持分の価値・簿価倍率は簿価の成長率にも依存する．企業はその資本を新株の発行または利益の再投資によって成長させることが出来る．もし新しい資本が株主にとって正の価値があるプロジェクト，すなわちROEが株主資本コストを上回るプロジェクト，に投資されれば，企業は株主持分の価値・簿価倍率を向上させることが出来る．もちろん，ROEが資本コストよりも低い企業においては，資本の成長は倍率を一層低下させることになる．

　そうだとすると，企業評価のための作業は，企業の「価値決定要因（value drivers）」について鍵となる二つの疑問に答えることによって進めることができる：
　・企業のROEが正常よりどれくらい高く（もしくは低く）なるか？
　・企業の投資規模（株主資本の簿価）がどれくらい速く成長するか？

　必要に応じて，上記の式を書き直し，将来のROEを，売上高利益率，売上高回転率，レバレッジという構成要素の積として表現することもできる．したがって，このアプローチを用いれば，財務分析（第9章参照）で利用したのと同じ会計数値の見積りから，これらの見積りをキャッシュフローに変換するまでもなく，直接企業評価を組み立てることができる．それでも最終的には，企業価値の推定値は配当割引モデルから得られるものと同じ結果に

なるはずである[6].

　超過 NOPAT による公式を正味営業資産の簿価で割ることにより，倍率による評価を負債プラス資本と資産簿価との比率として構成することも出来る．この評価公式は次のようになる：

$$\text{負債プラス資本の価値・簿価比率} = 1 + \frac{ROA_1 - WACC}{(1 + WACC)}$$

$$+ \frac{(ROA_2 - WACC)(1 + gbva_1)}{(1 + WACC)^2}$$

$$+ \frac{(ROA_3 - WACC)(1 + gbva_1)}{(1 + WACC)^3} \cdot$$

$$\cdot (1 + gbva_2)$$

$$+ \cdots$$

　ここで，ROA＝資産営業利益率＝$NOPAT$/(営業運転資本＋長期の正味資産)

　　$WACC$＝負債と資本の加重平均コスト

$gbva_t$ は $t-1$ 年度から t 年度までの資産簿価（BVA）の成長率であり，

$$\frac{BVA_t - BVA_{t-1}}{BVA_{t-1}}$$

に等しい．

　したがって，企業の負債プラス資本と正味営業資産との比率は企業が WACC を上回る資産利益率を生み出す力と，資産を成長させる能力に依存することになる．この方式での株主資本の価値は，推定された倍率に現在の資産簿価を乗じたものから負債の市場価値を差し引いたものになる．Down Under 社の例に戻ると，株主資本の価値・簿価倍率は下記のように推定されうる：

	1年目	2年目	3年目
期初株主資本簿価	$60 百万ドル	$40 百万ドル	$20 百万ドル
利益	$20 百万ドル	$30 百万ドル	$40 百万ドル
ROE	33%	75%	200%
－資本コスト	10%	10%	10%
＝超過 ROE	23%	65%	190%
×（1＋株主資本簿価の累積成長率）	1.00	0.67	0.33
＝株主資本簿価の成長で調整した超過 ROE	23%	43%	63%
×現価係数	0.9091	0.8264	0.7513
＝株主資本簿価の成長で調整した超過 ROE の現在価値	21.2%	35.8%	47.6%
株主資本簿価の成長で調整した超過 ROE の現在価値の累計	104.6%		
＋1.00	100.0		
＝株価・簿価倍率	204.6%		

以上より，Down Under 社における株主資本の価値・簿価倍率は204.6パーセントとなり，これは株式の価値が122.8ドル（60ドル×2.046）であることを意味し，またも配当割引モデルによる価値と一致する．前述の通りDown Under 社には負債がないので，超過 ROE と超過 ROA による企業評価方式は同じである．

株主資本の価値・簿価の公式は，下記のように株主資本の価値・利益倍率を構成するために使うことも出来る．

株主資本の価値・利益倍率＝株主資本の価値・簿価倍率

$$\times \frac{株主資本の簿価}{利益}$$

$$=\frac{株主資本の価値・簿価倍率}{ROE}$$

言い換えれば，株主資本の価値・簿価倍率を決定するものと同じ要因が，株主資本の価値・利益倍率も説明する．2つの倍率の重要な違いは株主資本の価値・利益倍率が企業の現在の ROE 実績のレベルに影響を受けるのに対して，価値・簿価倍率はそうでない．したがって，現在の ROE が低い企業は非常に高い価値・利益倍率を持ち，その逆も成り立つ．企業がゼロまたは負

のROEを持つならば，その株価収益率は定義されない．以上の通り，価値・利益倍率は価値・簿価倍率より不安定である．

下記は「小売：アパレル」業界に属する一部の企業のデータであり，ROE，資本成長率，株価・簿価倍率，そして株価収益率の関係を示している．

企業名	ROE	株主資本簿価成長率	株価・簿価比率	株価収益率
The Gap	48.5%	−1%	2327%	50.1
The Limited	88.9%	9%	346%	5.5
Saks	2.1%	83%	262%	74.8
Donna Karan	0.2%	0%	135%	434.4

Gapの株価・簿価比率と株価収益率は両方とも高い．したがって，投資家は，将来，Gapがその現在の高いレベル（48パーセント）よりさらに高いROEを生成すると予想している．対照的に，Limitedは高い株価・簿価比率（346パーセント）を持つが株価収益率は低い．これは，投資家がLimitedの現在のレベルのROE（89パーセント）は持続不可能だが，正の超過ROEを生成し続けると予想していることを示す．Saksは262パーセントの株価・簿価比率を持ち，それは投資家がSaksが超過ROEをかせぐのを期待していることを示す．一方，Saksの高い株価収益率(75)は，現在の低いROE（2パーセント）が一時的であるとみなされていることを示唆する．最後に，Donna Karanの株価・簿価比率は比較的低い（135パーセント）が，しかし，高い株価収益率を持つ．投資家はDonna Karanの悪い業績が持続すると予想していないようだが，この会社が高い超過ROEを維持することが出来るとも信じていない．

Key Analysis Questions

倍率を使って企業を評価するために，アナリストは倍率の基礎として使われる変数の質を査定しなければならず，ベンチマーク倍率に含める適当な類似企業を決定しなければならない．アナリストは，したがって，以下の問題に答えることに関心をもつであろう：

・倍率の基礎として使われる変数の中の期待される将来の成長率はどうな

のか？ 例えば，変数が利益であるならば，企業は将来に逆ぶれしそうな保守的または積極的な会計選択をしたか？ 倍率が簿価であれば，企業が成長とROEを持続できる可能性はどうか？ 企業の属する産業と製品市場の原動力は，何であるか？ それは成長性の高い産業の市場リーダーであるか，あるいは，それは成長の見込みが少ない成熟した業界リーダーか？ 企業の将来の業績は，業界内の競争または潜在的な参入によってどのように影響を受けそうか？

- ベンチマークとなる倍率の計算に含める最も適当な類似会社は，どれであるか？ これらの企業は，分析されている企業に匹敵する成長性（利益または簿価），収益性および利益の質を持っているか？ それらは，同じリスク特性を持っているか？

5 利益に基づく評価の簡略化

割引超過利益評価公式は，企業の現在と将来の超過利益の関係について，仮定を設けることによって簡略化することができる．同じように，株価簿価倍率公式は，長期のROEと成長率に関する仮定を設けることで簡略化できる．

現在と将来の超過利益の関係

現在と将来の純利益の関係についてのいくつかの仮定は，超過利益モデルを簡略化するためにもよく使われる．まず，超過利益は，ランダム・ウォークに従うと仮定される．超過利益のランダム・ウォーク・モデルは，将来の期待される超過利益についてアナリストの最善の推測が現在の超過利益であることを意味する．モデルは超過利益への過去のショックが永遠に持続するが，将来のショックはランダムないし予測不能と仮定する．ランダム・ウォーク・モデルは，次のように書くことができる：

予測された $AE_1 = AE_0$

予測された AE_1 は来年の超過利益の予想である，そして，AE_0 は当期の超過利益である．2年目の予測超過利益は，単に1年目の予測超過利益であり，

これは当期の超過利益でもある．言い換えれば，将来のいかなる年の超過利益も，最善の推測は単に現在の超過利益なのである[7]．

　将来の超過利益についての上記の仮定は，どのように割引超過利益評価モデルを単純化するだろうか？　超過利益がランダム・ウォークに従うならば，すべての将来の超過利益の予想は単に現在の超過利益である．そこで，次のように価値を書き直すことが可能である：

$$株主価値 = BVE_0 + \frac{AE_0}{r_e}$$

株式価値は期首の株主資本の簿価と当期の超過利益を資本コストによって除したものの和である．

　もちろん，実際は，超過利益へのショックは，永遠に持続しそうにない．正のショックを持つ企業は，将来の異常な業績の機会を減らす競争者を引きつけそうである．負の超過利益ショックをもつ企業は，破綻するか，より効果的に彼らの資源を管理することができる他の企業によって取得されるであろう．したがって，異常な業績の持続性は，第2章において議論された戦略的な要因（例えば参入障壁と切替費用）に依存する．そのため，しばしばアナリストは超過利益に対する現在のショックがだんだん減衰すると仮定する．この仮定の下で，超過利益は，自己回帰的なモデルに従うと言われる．そうすると，予測された超過利益は：

$$予測された\ AE_1 = \beta AE_0$$

β は，超過利益が時間をかけて減衰していく速度を捉えるパラメータである．もし減衰がないならば，β は1であり，超過利益はランダム・ウォークに従う．もし β がゼロであるならば，超過利益は1年以内で完全に減衰する．実際の会社データを使った推定結果は，典型的な米国企業において β がおよそ0.6であることを示す．しかし，それは産業によって異なり，発生項目が大きく，会計上一度に認識される企業については小さくなる[8]．

　自己回帰的なモデルでは，株式価値がここでも当期の超過利益と簿価の関数として書かれることになる[9]：

$$株式価値 = BVE_0 + \frac{\beta AE_0}{1 + r_e - \beta}$$

この公式では，株式価値は，現在の簿価と，超過利益を株主資本コスト率と持続性パラメータによって加重された現在の超過利益とを単に合計したものになる．

ROEと成長の簡略化

株主資本の価値・簿価倍率を推定するための予測期間を短くするために，長期のROEと株主資本の成長を簡略化することも可能である．企業の長期ROEは，彼らの産業への参入障壁，生産または流通技術の変化，そして経営の質のような要因によって影響を受ける．第10章において議論したように，これらの要因は時間とともに超過ROEを減衰させる傾向がある．この減衰をモデル化する1つのやり方は，ROEが平均回帰プロセスに従うと仮定することである．1期間の予測されたROEは以下の形をとる：

予測された $ROE_1 = ROE_0 + \beta(ROE_0 - \overline{ROE})$

$\overline{ROE}$ は定常状態のROE（企業の資本コストか長期の産業ROE）である，そして，β はROEが定常状態にどれくらい速く戻るかを反映した「調整速度係数」である[10]．

成長率はいくつかの要因によって影響を受ける．第一に，企業の規模は重要である．小さい企業は長期間にわたって非常に高い成長率を維持することができるのに対して，大きい企業はそうすることがより難しい．第二に，高い成長率を持つ企業は競争者を引きつけやすく，それは彼らの成長率を低下させる．第10章において議論されたように，実際の企業の簿価成長率はかなりの平均回帰を示す．

ROEと株主資本簿価の成長率の長期のパターンをみると，大部分の会社について，比較的短い期間（3年から5年）を越えて評価のための予測をしても限られた価値しかないことがわかる．強力な経済要因によって，予測された期間の初期に優れたか劣った業績を持つ企業は，産業または経済において比較可能な他の企業の業績のレベルに回帰する傾向があるからである．

定常状態の企業，すなわち安定したROEと株主資本簿価の成長率（gbve）が期待される企業，については，価値・簿価倍率公式は，以下のように単純化される：

図 11-1 ROE と株価・簿価倍率の関係

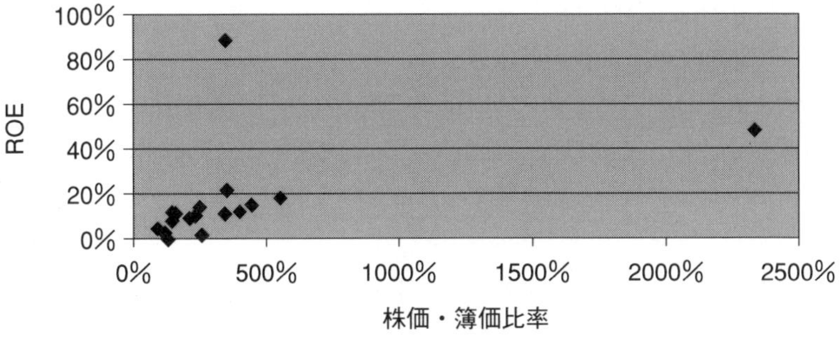

100%
80%
60%
ROE
40%
20%
0%
0%   500% 1000% 1500% 2000% 2500%
株価・簿価比率

株主資本の価値・簿価倍率$=1+\dfrac{ROE_0-r_e}{r_e-gbve}$

この単純化されたモデルと整合して，株価・簿価比率と現在の ROE の間には強い関係がある．図 11-1 は，1999 年 7 月 16 日付の Dow Jones Interactive によるレポートでの「小売：アパレル」産業に属する企業についてこれらの変数の関係を示す．2 つの変数の間の相関は，45 パーセントである．2 つの企業（Limited と Gap）は，産業の中の他の企業に対するものよりかなり高い ROE（それぞれ，88 パーセントと 48 パーセント）を持つ．Limited の利益は子会社のスピンオフによる 170 万ドルの特別利益を含み，高い ROE が維持されそうにないことを示す．この利益がなければ，Limited の ROE はおよそ 14 パーセントであり，会社の株価・簿価比率と足並みが揃う．Gap は，この 4 年の間に利益の安定した増加を示した．その高い株価・簿価比率は，投資家がこのレベルの業績が持続可能とみていることを示している．

もちろん，アナリストは企業の ROE と成長についていろいろな単純化した仮定を設けることができる．例えば，彼らは資本コストと成長率が，経済のそれに向かってゆっくりと，または速く減衰すると仮定することができる．彼らはまた，比率が産業または経済のどちらかの平均 ROE と簿価成長率に減衰すると仮定することもできる．評価公式は，これらの仮定に合わせて簡単に修正できる．

6 割引キャッシュフロー・モデル

ここで議論される最後の評価方法は，割引キャッシュフロー方式である．これは，大部分のファイナンスの授業で教えられる評価方法である．超過利益方式のように，それは配当割引モデルに由来する．それは，配当がフリー・キャッシュフローへ組み替えられるという洞察に基づいている[11]．すなわち：

配当＝営業キャッシュフロー－資本流出
　　　＋債権者からの正味キャッシュフロー

第9章において議論されたように，株主への営業キャッシュフローは，単に純利益に減価償却費を足したものから，運転資本の変化を差し引いたものである．資本流出は，資本支出から資産売却を差し引いたものである．最後に，債権者からの正味キャッシュフローは，新しい負債の発行分から償還分と税引後利息費用を差し引いたものである．これらの項目を再配置することによって，株主に帰属するフリー・キャッシュフローは，次のように書くことができる：

配当＝株主に帰属するフリー・キャッシュフロー
　　　$= NI - \Delta BVA + \Delta BVND$

ここで，NI は純利益であり，ΔBVA は正味営業資産の簿価の変化（運転資本の変化に資本支出を足し，減価償却費を引いたものを含む）である．また，$\Delta BVND$ は正味負債（有利息負債から余剰現金を差し引いたもの）の簿価の変化である．

配当割引モデルは，したがって，株主に帰属するフリー・キャッシュフローの現在価値として書くことができる．この公式では，企業の価値が次のように推定される：

株主資本の価値＝株主資本に帰属するフリー・キャッシュフローの現在価値

$$= \frac{NI_1 - \Delta BVA_1 + \Delta BVND_1}{(1+r_e)} + \frac{NI_2 - \Delta BVA_2 + \Delta BVND_2}{(1+r_e)^2}$$
$$+ \cdots$$

あるいは，フリー・キャッシュフロー公式を，正味負債と株主資本の価値を見積もったうえで，そこから正味負債の市場価値を差し引くことによって組み立てることもできる．負債残高の変化を明示的に予測しなくてよいので，この方法が実務ではより広く使われている[12]．その場合，負債と株主資本の価値は：

負債プラス株主資本の価値＝正味負債プラス株主資本に帰属する
フリー・キャッシュフローの現在価値

$$= \frac{NOPAT_1 - \Delta BVA_1}{(1+WACC)} + \frac{NOPAT_2 - \Delta BVA_2}{(1+WACC)^2} + \cdots$$

このように，割引キャッシュフローによる評価には次のステップが含まれる：

第1段階：一定の年限（通常は5年から10年）を区切って，債権者および株主に帰属するフリー・キャッシュフローを予測する．

第2段階：最終年度より先のフリー・キャッシュフローを何らかの単純化された仮定に基づいて予測する．

第3段階：株主（債権者と株主）に帰属するフリー・キャッシュフローを株主資本コスト（加重平均資本コスト）で割り引く．その割引金額が，株主（債権者と株主とを合わせたグループ）に帰属するフリー・キャッシュフローの推定価値を表す．

Down Under 社の例に戻ると，負債がないので，所有者に帰属するフリー・キャッシュフローは単に減価償却前の営業利益である．負債がない以上，そのWACCは株主資本のコスト（10パーセント）であり，フリー・キャッシュフローの現在価値は次のようになる：

年	フリー・キャッシュフロー	現価係数	フリー・キャッシュフローの現在価値
1	$40 百万ドル	0.9091	$36.4 百万ドル
2	50	0.8264	41.3
3	60	0.7513	45.1
株主資本の価値			$122.8 百万ドル

7 評価方法を比較する

我々は，割引配当モデルに由来する3つの評価法——割引配当，割引超過利益（または超過ROE），そして割引キャッシュフロー——を議論した．これらの手法の長所と短所は，何だろうか？ すべての評価法が同じモデルから導かれるので，そのうちの1つのバージョンは他のバージョンより優れているとみなすことはできない．企業のファンダメンタルスについてアナリストが同じ仮定を設ける限り，4つのすべての評価法の下での見積もられた価値は同じになる．

しかし，それぞれのモデルの間に，注意するべき重要な違いがいくつかある：

- それぞれのモデルは，アナリストの作業の異なる問題点に中心を置く；
- それぞれのモデルは，異なるレベルの評価分析の仕組みを必要とする；そして，
- それぞれのモデルにとって，ターミナル・バリューの推定は異なる意味を持つ．

中心となる問題点の相違 それぞれの評価法は，評価の作業の枠組みを変え，実務においてアナリストの注意を異なる問題点に集中させることがある．利益ベースの評価法は，利益と簿価のような会計データの形で問題点を構成する．アナリストはかなりの時間を過去の損益計算書とバランスシートを分析することに費やす，そして彼らの予想の中心はこれらの変数についてであるのが一般的である．

さらに，価値をROEによって定義することは，アナリストの注意をROE（標準的な財務分析において分解されるまさに重要な業績の尺度）に集中させるという利点を持つ．加えて，ROEは企業の規模をコントロールするので，アナリストが自分の予測の合理性を同じ産業や経済の中の他の企業と比較して評価するのが容易である．このような比較はフリー・キャッシュフローや超過利益については困難である．

必要な仕組みの相違　これらの評価法は評価のために必要になる分析の量と仕組みが異なっている。割引超過利益法と割引超過ROE法においては，将来の利益と株主資本簿価をアナリストが予測するために予想損益計算書とバランスシートを作成することが必要である．対照的に，割引キャッシュフロー法では，フリー・キャッシュフローを生成するために，損益計算書と運転資本および固定資産の変化についてアナリストは予測する必要がある．そして，割引配当法においては，アナリストは配当を予測することが必要である．

　割引超過利益モデル，割引超過ROEモデル，フリー・キャッシュフロー・モデルのいずれも，分析のために割引配当法よりも多くの仕組みを必要とする。したがって，それらの評価法は，企業の将来の業績と投資機会をアナリストが考慮に入れることによって，彼らが将来の配当を予想する際に矛盾を内包するのを避けるための助けになる．同様に，割引超過利益・ROE法は，割引キャッシュフロー法と比べて，完全な予想バランスシートを作るためにより多くの仕組みと仕事を必要とする．これによって，アナリストは企業の財務構成における矛盾を避けることができる．

ターミナル・バリューの意味の違い　それぞれの評価法の第3の違いは，ターミナル・バリューを見積もるために必要な努力についての違いである．超過利益法とROE法において見積もられたターミナル・バリューは，割引キャッシュフロー法または割引配当法に比べて，全体の価値に対して非常に小さい割合を占める傾向がある．一見すると，アナリストがもっとも居心地悪く感じていた要素が，割引超過利益を採用することで緩和されるようにも思われる。しかし，一見そうみえるこの利点は本物なのであろうか？　以下で説明するように，その答えは，会計上の株主資本簿価のなかにターミナル・バリューがどの程度反映されているかにかかっている．

　割引キャッシュフロー法にみられたターミナル・バリューの問題点は，超過利益による評価でも，形を変えるだけで，なくなるわけではない．割引キャッシュフローによるターミナル・バリューは，予測期間より先の**すべての**期待キャッシュフローの現在価値を含んでいる．超過利益による評価では，このターミナル・バリューが2つに分かれる．すなわち，予測最終年度より

先の**正常利益**の現在価値と**超過利益**の現在価値とにである．そして，超過利益によるターミナル・バリューには**超過利益**の部分しか含まれていないのである．**正常利益**の現在価値は現時点の株主資本簿価に含まれているか，もしくは株主資本の簿価が予測期間中に成長する分に含まれている．

したがって，超過利益による手法では，現在の株主資本簿価や予測期間中の利益に，予測期間より先の将来に発生すると期待されるキャッシュフローの多くが，すでに反映されていることになる．超過利益アプローチは，発生主義会計から直接組み立てられる．例えば，発生主義会計の下では，株主資本の簿価は企業の正味資産から回収される将来の便益の最小値であると考えることが出来る．加えて，一般に，収益は現金が受け入れられたときではなく，それが稼得されたときに認識される．それに対して，割引キャッシュフローアプローチでは，全ての発生利益を元に戻し，その結果のキャッシュフローを長い期間にわたって配分し，このモデルの「発生利益」を割り引かれた将来の期待キャッシュフローに再構成する．両者の間にある根本的な違いは，超過利益による評価では，発生利益を見積もる過程が企業価値を評価する作業の一環をすでに担っていると考えられる一方で，割引キャッシュフローによるアプローチでは，発生利益の基礎にある元々のキャッシュフローそれ自体まで最終的に遡らなくてはならない点にある．

上で述べたように，会計利益データに基づく方法の有用性は，発生利益を見積もるプロセスが将来のキャッシュフローをどれだけ反映するかで決まってくる．この方法がもっとも好都合なのは，会計に「バイアス」がない場合，すなわち正常水準を超える利益が純粋に経済レントから生じるのであって，会計操作そのものの産物ではない場合である[13]．予測期間は，企業が競争均衡に近づき，やがては投資から正常な利益しか稼げない地点にまで延長される．それより先の超過利益はゼロとなり，その時点でターミナル・バリューもゼロとなるであろう．こうした極限のケースでは，株主資本簿価と予測期間中に見込まれる利益とに，企業価値の**すべて**が反映されている．

もちろん，会計がそれほどうまく働くことははめったにない．例えば，大部分の国では，研究開発コストは費用化される．そして，簿価はどんな研究開発資産も反映することができない．結果，研究と開発に多くの金を費やす

企業——製薬業のような——は厳しい競争に直面してさえも平均して異常に高い利益を生み出す傾向がある．研究開発会計の結果だけで，そのような企業の超過利益が永久に正のままであることを期待できるかもしれないし，ターミナル・バリューが全体の価値の相当な割合を表すこともあり得るのである．

望むならば，アナリストは彼ら自身の予測において，企業によって使われた会計アプローチを変えることができる．「より良い」会計は，予測期間にわたって簿価と利益が企業の価値のより大きい割合を反映するものとみることもできる[14]．この同じ見方は，利益を「標準化する」アナリストの試みの基礎をなす．調整された数字は，たとえ短い期間だけの業績を反映しているときでも，価値のより良い指標を提供する．

最近の研究は，割引キャッシュフロー法や割引配当法と比較した，利益に基づく評価のパフォーマンスに焦点を合わせている．その研究結果は，比較的短い予測期間（10年以下）において超過利益アプローチが割引配当や割引キャッシュフロー・モデルよりも正確な価値の見積もりをもたらすことを示している．この利益ベースのアプローチの利点は，保守的または積極的，いずれの会計方法をとる企業にもあてはまり，これは米国における発生主義会計が将来のキャッシュフローを反映するにあたってかなり良い仕事をしていることを示している．

Key Analysis Questions

上記の異なる企業評価法の間のトレード・オフに関する議論は，それぞれの方法をどうやって比較するのか，またどの方法がアナリストの分析のために最も信頼できそうかを考えるうえで，アナリストにいくつかの問題を提起する：

- アナリストが予測する重要な業績パラメータは，何だろうか？ 会計変数（例えば利益と簿価）を予測することにより多くの注意が払われているのか，それともキャッシュフロー変数を予測することに多くの注意が払われているのか？
- アナリストは，予測損益計算書と予測バランスシートをリンクさせた

か？ もしそうでなければ，2つの財務諸表の間，あるいは将来の業績のための仮定の示すところに矛盾があるか？ そうであるならば，この矛盾の出所は何であるか，そしてそれは割引利益による方法と割引キャッシュフローによる方法に同じように影響を及ぼすか？
- 分析対象企業の会計は，その背景にある資産と債務をどれくらいよくとらえているか？ それは，我々が長期の予想の基礎として簿価を信頼できるほど十分に良い仕事をしているか？ もしくは，分析対象の企業が研究開発のような簿外の資産に多くを依存していて，簿価が長期の業績の下限を不正確に表わすことになっているか？
- 異なる評価方法の下でのターミナル・バリュー計算において，長期の業績についてアナリストは非常に異なる仮定を設けたか？ もしそうならば，仮定のどの組み合わせが会社の産業とその競争上の位置付けにおいて一番もっともらしいか？

8　要　約

　企業評価は，業績の予想が価格の推定値に変換されるプロセスである．実務ではいろいろな評価の手法が使用され，明らかに他を凌駕するような唯一の方法がない．実際，それぞれの手法が異なる長所と短所を含むので，同時にいくつかのアプローチを考慮することが有益である．

　株主にとって，株式の価値は将来の配当の現在価値である．本章では，この配当の割り引きによる価値の定義に直接基づいた3つの評価技法——割引配当，割引超過利益・ROE，そして割引キャッシュフロー——について述べた．割引配当法は，直接配当を予測しようとする．超過利益アプローチは，割り引かれた将来の予想超過利益を簿価に加算して企業の株主資本の価値を表す．最後に，割引キャッシュフロー法は，将来の期待フリー・キャッシュフローを資本コストで割り引いて企業の株式価値を表す．

　これらの3つの方法は同じ割引配当モデルに由来するが，評価の作業はそれぞれ異なっている．実務において，それらはアナリストの関心を異なる問題に集中させ，基礎となる将来の配当を予想する際に異なったレベルの仕組

みを必要とさせる．

　株価倍率による評価方法も議論された．このアプローチでは，アナリストが比較可能な企業の過去または将来の業績指標と現在の株価との比率を推定する．そして，このベンチマークが分析対象企業の業績を評価するために用いられる．株価倍率は，主にアナリストが複数年の業績予想を行う必要がないという理由で，伝統的に広く用いられてきた．しかし，ベンチマークとして使用できる比較可能な企業を見つけだすことは難しいかも知れない．密接に関連した企業の間でさえ，それらの倍率に影響を及ぼしそうな業績の違いがある．

　この章は，2つの広く使われる倍率（価値・簿価比率と株価・利益倍率）と割引超過利益による評価との関係を議論した．結果として得られる公式は，価値・簿価比率が3つの変数——将来の超過ROE，株主資本簿価の成長率，そして株主資本コスト——の関数であることを示している．価値・利益倍率は，同じ要因のほか現在のROEの関数でもある．

付録：割引配当モデルと割引超過利益モデルの調和

　割引配当モデルから利益に基づく評価モデルを導出するために，以下の2期間評価モデルを検討しよう：

$$株主資本の価値 = \frac{DIV_1}{(1+r_e)} + \frac{DIV_2}{(1+r_e)^2}$$

クリーン・サープラス会計では，配当（DIV）は純利益（NI）と株主資本（BVE）の簿価の関数として表すことができる：

$$DIV_t = NI_t + BVE_{t-1} - BVE_t$$

割引配当モデルにこの関係を代入すると以下の通りになる：

$$株主資本の価値 = \frac{NI_1 + BVE_0 - BVE_1}{(1+r_e)} + \frac{NI_2 + BVE_1 - BVE_2}{(1+r_e)^2}$$

これは，次のように書き直せる：

$$株主資本の価値 = \frac{NI_1 - r_e BVE_0 + BVE_0(1+r_e) - BVE_1}{(1+r_e)}$$

$$+ \frac{NI_2 - r_e BVE_1 + BVE_1(1+r_e) - BVE_2}{(1+r_e)^2}$$

$$= BVE_0 + \frac{NI_1 - r_e BVE_0}{(1+r_e)} + \frac{NI_2 - r_e BVE_1}{(1+r_e)^2} - \frac{BVE_2}{(1+r_e)^2}$$

株主資本の価値は，したがって，現在の簿価に将来の超過利益の現在価値を加えたものである．予測期間が長くなるにつれて，最後の項目（清算時の簿価の現在価値）は重要でなくなる．

練習問題

1. EMH Securities で働いているアナリスト Joe Watts はこう言っている．「私は会計利益を評価しようとしている人の気が知れない．明らかに，市場は利益が操作されることに気づいている．市場が評価するのは，キャッシュフローだけなのだ．」この意見について論ぜよ．

2. 会計データによる企業評価では，DCF による企業評価に比べて，ターミナル・バリューがかなり小さくなる理由を説明せよ．

3. Manufactured Earnings はウォール街アナリストの「寵児」である．現時点で，その株価は 15 ドル，1 株当たりの株主資本簿価は 5 ドルである．アナリストは，この会社の株主資本簿価は毎年 10 パーセントの成長をこれからずっと続けるだろうと予測している．株主資本のコストは 15 パーセントである．以上の前提で，市場がこの会社に期待している長期的な平均 ROE はどれだけか．

4. 問題 3 にある情報はそのままで，もし仮に Manufactured Earnings の平均 ROE に対する市場の長期的な期待が 20 パーセントに変更されたら，この会社の株価はどうなるか．

5. アナリストは Manufactured Earnings の将来業績に対する見通しを次のように改めた．「株主資本簿価の成長率を毎年 12 パーセントに上方修正するが，増加した株主資本簿価から得られる ROE は 15 パーセントに留まると予想する．」これにより，この会社の株価・簿価比率はどう変わるか．

6. 高い ROE を記録しながら，株価収益率が低いのはどのような企業か．
7. 以下の特徴を持つのはどのようなタイプの企業か？
   a．株価収益率は高いが，株価・簿価比率は低い．
   b．株価収益率が高くて，株価・簿価比率も高い．
   c．株価収益率は低いが，株価・簿価比率は高い．
   d．株価収益率が低くて，株価・簿価比率も低い．
8. 本章で取り上げた DCF 評価で使われているフリー・キャッシュフロー（FCF）は以下のように定義されている．

   債権者と株主に帰属する FCF＝利払前および税引前の利益×（1－税率）
   　　　　　　　　　　　　　　＋減価償却費および繰延税額
   　　　　　　　　　　　　　　－資本支出
   　　　　　　　　　　　　　　－/＋運転資本の増加/減少

   株主に帰属する FCF＝純利益
   　　　　　　　　　　＋減価償却費および繰延税額－資本支出
   　　　　　　　　　　－/＋運転資本の増加/減少
   　　　　　　　　　　＋/－負債の増加/減少

   以下の項目のうち，債権者と株主に帰属するフリー・キャッシュフローに影響するのはどれか．また，株主に帰属するフリー・キャッシュフローに影響するのはどれか．それぞれ影響する理由とその仕方について説明せよ．
   ・売上債権の増加
   ・粗利益率の減少
   ・有形固定資産の増加
   ・在庫品の増加
   ・利息費用
   ・前払費用の増加
   ・銀行に対する支払手形の増加
9. Starite Company の株価は 20 ドルである．予見可能な将来において，この企業は株主に帰属するフリー・キャッシュフローを 1 株当たり 4 ドル生み出すものとアナリストは予想している．ここから，この企業の株

主資本のコストはいくらと考えられるか．

10. Janet Stringer はこう主張する．「DCF による評価方法では経営者の関心が長期よりも短期の業績に向けられてしまう．というのも，割引計算を行う過程で，長期よりも短期のキャッシュフローにずっと重きがおかれてしまうからだ．」これについてコメントせよ．

* 本章については，第Ⅳ部 Schneider and Square D のケースを参照のこと．

注

1) すべての非資本取引を利益に含むことはクリーンサープラス会計と呼ばれる．それは FAS 130 で定義された概念である包括利益と類似している．
2) 簿価の変化には新規の増資によるものが含まれる．しかし，配当割引モデルにおいては新しい株式は公正な価値で発行されると仮定している．その結果，増資による資本の増分はすべて新規株主の受け取る将来の配当の現在価値によってちょうど相殺される．したがって，資本取引は企業の評価に影響を及ぼさない．
3) 付録 A では，利益ベースの評価方式の簡単な証明が与えられている．
4) C. Lee, J. Myers, and B. Swaminathan, "What is the Intrinsic Value of the Dow?," *Journal of Finance* 54, No.5 (October 1999): 1693-1741. をみよ．（訳注）
5) ROE を価値・簿価公式において定義したやり方と第9章で定義したやり方の間には重要な違いがある．評価公式で ROE を期首の資本に対するリターンと定義するのに対し，我々の比率に関する議論では，期末または期中平均の資本に対するリターンを用いている．
6) DCF 分析では運転資本への投資と資本支出を考慮に入れなくてはならなかった．この2つのキャッシュフローをとくに意識しなくても，企業価値を推定できるというのは驚くべきことのように思われるかもしれない．会計データに基づく手法では，これらの投資によって企業価値が増加するときは，必ず超過利益の額にも影響が及ぶことが知られているため，利益への影響だけが配慮されればよい．たとえば，在庫回転率が上昇することの効果は，キャッシュフローへの影響をとくに意識しなくとも，ROE に（したがって，超過利益にも）現れ

る．

7) 利益が一定の量，または一定の率で毎期成長することを許すドリフト項をモデルに含むことも可能である．

8) P. M. Dechow, A. P. Hutton, and R. G. Sloan, "An empirical assessment of the residual income valuation model," *Journal of Accounting and Economics* 23, January 1999 をみよ．

9) この公式化は，James Ohlson, "Earnings, book values, and dividends in security valuation," *Contemporary Accounting Research* 11, Spring 1995 によって提案されたモデルの変形である．Ohlson は，将来の超過利益の予想に際し，現在の超過利益以外にも関連する情報を反映する変数を含める．したがって，この変数は株式評価公式にも現れる．Dechow, Hutton, and Sloan（前掲）による実証研究は，証券アナリストによる超過利益の予想が現在の超過利益以外のかなりの情報を反映しており，この情報が評価に役立っていることを示している．

10) この記述は，J. Lintner, "Distribution of incomes of corporations among dividends, retained earnings, and taxes," *American Economic Review* 46 (May 1956): 97-113 によって開発された配当のモデルに似ている．

11) 実際上，企業は彼らのフリー・キャッシュフローの全額を配当として支払う必要はない；余剰現金を企業内部に保持できるのである．配当政策が企業の価値に影響を及ぼす条件は M. H. Miller and F. Modigliani in "Dividend Policy, Growth and the Valuation of Shares," *Journal of Business* 34 (October 1961): 41-1: 33. において議論されている．

12) しかし，すぐれた予想は，これらの変化のほかにも，企業の財務状態の重要な要素をすべて理解しているはずであろう．資本構造の変化が予想されている企業にとって，財務上のキャッシュフローの変化は特に重要である．

13) バイアスのない会計（unbiased accounting）とは，競争均衡において，資本コストと一致するように期待 ROE が算出される会計測定である．その会計のもとでは，ROE の実績から経済レントの存在がわかる．市場価値会計（market-value accounting）はバイアスのない会計の特殊ケースであり，そこでは企業が競争均衡にない場合でも期待 ROE が資本コストに一致する．つまり，市場価値会計では将来の経済レントの現在価値が株主資本の簿価に反映されているので，期待 ROE は必ず正常な水準になる．バイアスのある会計とバイアスのない会計をめぐる議論については，G. Feltham and J. Ohlson, "Valuation and

Clean Surplus Accounting for Operating and Financial Activities," *Contemporary Accounting Research* 11, No. 2 (Spring 1995): 689-731. をみよ.
14) EVA 評価についての Bennett Stewart の著書（前掲）では，研究開発費の資本化をはじめとして，会計数値を修正することがかなり多く薦められている. S. Penman and T. Sougiannis, "A Comparison of Dividend, Cash Flow, and Earning Approaches to Equity Valuation," *Contemporary Accounting Research* 15, No. 3 (Fall 1998): 343-383.（訳注）では, 株価を推定するために実際の実現利益・キャッシュフロー・および配当を用いたモデルを比較している. J. Francis, P. Olsson, and D. Oswald, "Comparing the Accuracy and Explainability of Dividend, Free Cash Flow, and Abnormal Earnings Equity Value Estimates," *Journal of Accounting Research* 38, No. 1 (Spring 2000): 45-70.（訳注）では Value Line の予想を使って株価を推定している.

（訳者注） 原著では注4, 注14においてワーキング・ペーパーが引用されていたが，原著出版後にそれぞれ雑誌に掲載されたので引用文献を差し換えた.

12
将来性分析:企業評価の実際

　前章において議論された評価理論から実際に企業を評価する作業に移るためにはたくさんの問題を扱わなければならない．最初に，企業の生涯にわたっての業績——配当，利益と簿価，またはフリー・キャッシュフローの形で表現される——をアナリストは予想しなければならない．実際上，予測の作業は有限年数にわたる詳細な予想と，詳細な予想を行った期間以降の業績の要約である「ターミナル・バリュー」の予想の二つの部分に分けられることが多い．二番目に，アナリストはこれらの予想を割り引きするために資本コストを推定しなければならない．我々は，この章においてこれらの問題を議論し，それらを扱う方法のガイダンスを提供する．

1　詳細な業績の予想

　詳細な予想をどのくらいの期間にわたって行うかは，それ自身が決定を要する変数である．本章の後半でアナリストがこの選択をどのように行うかについて議論する．一旦選択が行われたならば，次のステップは予想に到達するために必要な企業の業績に関する仮定の組み合わせを検討することである．我々は，第10章で財務的な予測の一般的フレームワークについて述べた．評価は長期間にわたる予測を含むので，会社の財務諸表のすべての項目を予測することは実際的でない．むしろ，企業の業績の重要な要素にアナリストは集中しなければならない．
　もちろん，健全な予想にとって重要なのは，基本的な仮定が会社のビジネスの現実に基づいているということである．戦略分析は，会社の価値を見通し，現在の企業業績が将来も持続可能かを理解するために大変重要である．会計分析と比率分析は，会社の現在の業績がどうなのか，比率が業績の信頼できる指標なのか，について深い理解を提供する．したがって，評価のため

の予想を他の分析とは別個の無関係な作業と捉えるのでなく，むしろ企業分析におけるこれまでのステップの継続とみなすことが重要である．

評価のための予想に共通する作業は，期間ごとに下記の6つの重要な業績ドライバーについて，仮定を設けることから始まる：すなわち，(1)前年比の売上高成長率，(2) NOPAT 対売上高比率，(3)税引後正味利息費用と正味負債の比率，(4)正味営業運転資本と売上高の比率，(5)正味営業固定資産と売上高の比率，および(6)正味負債と正味資本の比率である．これらの比率のうち，バランスシート項目はすべて期首残高であり，損益計算書項目はすべて所与の期間のものである[1]．これらの6つの仮定は，一体として，企業の損益計算書，バランスシート，キャッシュフローと ROE を予測するのに十分である[2]．超過 NOPAT と超過利益を予測するためには企業の資本コストも推定する必要がある．

我々は第9章で上記の比率に使われる項目——NOPAT，税引後利息費用，正味営業運転資本，正味営業固定資産，正味負債，そして正味資本——の定義を検討した．これらは表12-1に再掲される．

予測の仕組みを説明するために，表12-2の例を示そう．例はSigma社であり，1998年の売上高が1000百万ドル，1998年末の正味資産が715百万ドル（正味営業運転資本275百万ドルおよび正味営業固定資産440百万ドル）である．この表は1999年初のSigmaの実際のバランスシート，1999年度から2003年度までの予想要約損益計算書，そして2000年から2004年まで

表12-1 企業評価のための予測に用いられる財務指標の定義

変数	定義
税引後営業利益（NOPAT）	純利益＋正味利息費用×（1－税率）
税引後正味利息費用	（利息費用－利息収入）×（1－税率）
正味営業運転資本	（流動資産－余剰現金および短期投資）－（流動負債－有利子流動負債）ここで余剰現金とはバランスシート上の現金から営業上必要な現金を差し引いたものである
正味営業固定資産	（固定資産－無利息固定負債）
正味負債	全ての有利子負債－余剰現金
正味資本	正味負債＋株主持分
営業資産	正味営業運転資本＋正味営業固定資産

表 12-2　Sigma Inc. の評価に必要な予測（1999〜2003 年）

(百万ドル)

	1999	2000	2001	2002	2003	2004
損益計算書						
売上高	1,100	1,210	1,331	1,464	1,611	1,667
税引後営業利益（NOPAT）	121	121	120	117	113	
税引後利息費用	14	16	17	19	21	
純利益	107	105	103	98	92	
期首のバランスシート						
正味営業運転資本	275	303	333	366	403	417
正味固定資産	440	484	532	586	644	667
正味資産合計	715	787	865	952	1,047	1,083
正味負債	286	315	346	381	419	433
株主持分	429	472	519	571	628	650
正味資本合計	715	787	865	952	1,047	1,083

注：1999 年のバランスシートは期首の実際の残高を表わす．以降の年度のバランスシートは予測された期首の残高である．各年の損益計算書はその年の予測された数値を示す．2004 年初のバランスシートを予測するために，2004 年の売上高が 3.5% 成長すると仮定した．後述のように，2003 年を超えての成長率についての仮定を変えることによって，2004 年初のバランスシート予測も変化する．

の予想期首バランスシートを示している．

予測された財務諸表は，以下の仮定に基づく：

(1) 売上高は，1999 年から 2003 年まで毎年 10 パーセント成長する．2004 年の売上高は，3.5 パーセント成長する．（この仮定は，後に議論の上変更される．）売上高成長率の予測は，この会社の売上高の過去のパターン，予想される産業全体の売上高の成長率，そして産業内での会社の戦略的な位置に基づいている；

(2) 売上高に対する NOPAT の比率は 1999 年に 11 パーセントであり，毎年 1 パーセントずつ下落し，2003 年に 7 パーセントとなる．仮定した NOPAT の当初レベルは，この会社の戦略と過去の営業の業績を反映している．NOPAT 利益率の低下は，この期間に競争が激化するであろうことを反映している；

(3) 税引後正味利息費用の正味負債に対する比率は，5 パーセントである．これは，予想されるこの会社の資本構成政策（後に議論される）と予想税率に依拠している；

(4)（期首の）正味営業運転資本の（年間の）売上高に対する比率は，25 パ

ーセントである．正味運転資本は，売上高の1パーセントの営業用現金残高を含む；

(5) (期首の) 正味営業固定資産の (年間の) 売上高に対する比率は，40パーセントである．この仮定は，過去の資産回転率のパターン，予想される償却方針，予想される資本支出，そして予想される繰延税金負債の増加を反映している；

(6) 企業のビジネス・リスクと財務戦略から，正味負債は正味資本の40パーセントであると仮定される．正味負債は，営業に必要とされないすべての現金および市場性ある有価証券を除いたものである．

表12-3は，表12-2の予想財務諸表が意味している業績の見通しを示す．評価を実行する際の入力として使うことができる6種の業績予想——予測された損益計算書とバランスシートによって意味された超過営業ROA，超過ROE，超過NOPAT，超過利益，負債および株主資本保有者に帰属するフリー・キャッシュフロー，そして株主資本に帰属するフリー・キャッシュフロー——が示される．以下の定義が計算中に使われる：

(1) 超過営業ROAは営業ROAと負債プラス株主資本の加重平均コスト（WACC）の差である．営業ROAは年間のNOPATの期首正味資産に対する比率である；

(2) 超過ROEはROEと株主資本コストの差である．ROEは純利益の期首株主資本に対する比率である；

(3) 超過NOPATは，NOPATから期首の正味資本に加重平均資本コスト

表12-3 Sigma Inc.の業績予測

	1999	2000	2001	2002	2003
超過営業ROA	7.7%	6.2%	4.6%	3.1%	1.6%
超過ROE	12.9%	10.3%	7.7%	5.2%	2.6%
超過NOPAT（百万ドル）	55.2	48.6	40.2	29.6	16.4
超過利益（百万ドル）	55.2	48.6	40.2	29.6	16.4
負債プラス株主資本に帰属するフリー・キャッシュフロー（百万ドル）	49.5	42.4	33.3	22	76.1
株主資本に帰属するフリー・キャッシュフロー（百万ドル）	63.8	58.1	50.6	41	69.8

を乗じたものを差し引いたものである；
(4)超過利益は，純利益から期首の株主資本に株主資本コストを乗じたものを差し引いたものである；
(5)負債および株主資本に帰属するフリー・キャッシュフローは，NOPATから営業運転資本の増分と正味固定資産の増分を差し引いたものである；そして，
(6)株主資本に帰属するフリー・キャッシュフローは，純利益から営業運転資本の増分と正味固定資産の増分を差し引き，正味負債の増分を加算したものである．

12パーセントの株主資本コスト，5パーセントの税引後正味借入利率，そして40パーセントの負債対正味資本比率の仮定から，9.2パーセントが加重平均資本コスト（WACC）として用いられた．正味借入金利と資本構成についての仮定は前述の損益計算書とバランスシートを予測するための6つの仮定の中にあることを思い出そう．ここでは，我々はこの会社の株主資本コストについて追加の仮定を設けなければならなかった．我々は，本章の後半で企業の株主資本に関して仮定を設ける方法について議論する．

表12-2に示された2004年期首のバランスシートは2004年の売上高が3.5パーセント成長するという仮定に基づいていることを思いだそう．売上高について低い成長率を仮定するならば，2003年の運転資本と固定資産への投資の増分についての予想も低くなる．その結果，表12-3で示すように，負債および株主資本に帰属するキャッシュフローと株主資本に帰属するキャッシュフローは2003年に大きな変化を示す．2004年とそれ以降により高い成長率を仮定するならば，2003年のフリー・キャッシュフローの変化はより少なくなる．第11章において議論されたように，表12-3で予測される業績の変数は評価プロセスへの重要なインプットである．営業ROA，超過NOPATおよび負債および株主資本に帰属するフリー・キャッシュフローは，Sigmaの総資本（または総資産）の評価に使うことができる；ROE，超過利益および株主資本に帰属するフリー・キャッシュフローはSigmaの株主資本を評価する際に使うことができる．

表 12-4 Sigma Inc. の業績予測の現在価値

	1999	2000	2001	2002	2003	1999年から2003年までの合計
資産流列への現価係数	0.916	0.839	0.768	0.703	0.644	N/A
資本流列への現価係数	0.893	0.797	0.712	0.636	0.567	N/A
成長係数	1.000	1.100	1.210	1.331	1.464	N/A
超過営業 ROA の現在価値	0.071	0.057	0.043	0.029	0.015	0.215
超過 ROE の現在価値	0.115	0.090	0.067	0.044	0.022	0.338
超過 NOPAT の現在価値（百万ドル）	50.6	40.8	30.9	20.8	10.6	153.7
超過利益の現在価値（百万ドル）	49.3	38.8	28.6	18.8	9.3	144.8
負債と株主資本に帰属するフリー・キャッシュフローの現在価値（百万ドル）	45.3	35.5	25.6	15.4	49.0	170.8
株主資本に帰属するフリー・キャッシュフローの現在価値（百万ドル）	57.0	46.3	36.0	26.1	39.6	205

注：1. 資産流列と資本流列の現在価値は WACC（9.2パーセント）と資本コスト率（12パーセント）を用いて計算された．t 年の値は $1/(1+r)^t$ に等しい．ただし r は適当な割引率である．
2. 成長係数はすべての年にあたって10%の成長率を仮定して計算された．t 年の値は $(1+g)^{t-1}$ に等しい．
3. 超過営業 ROA と超過 ROE の現在価値は，各年度のそれぞれの値に成長係数をかけたものに等しい．
4. 超過 NOPAT，超過利益，負債と株主資本に帰属するフリー・キャッシュフロー，株主資本に帰属するフリー・キャッシュフローの現在価値は各年度のそれぞれの値に適当な現価係数をかけたものに等しい．

表 12-4 は，各年度の業績変数の現在価値を示す．超過 NOPAT および負債および株主資本に帰属するフリー・キャッシュフローについては，9.2パーセントの WACC を使って現在価値を計算した；超過利益および株主資本に帰属するフリー・キャッシュフローについては，12パーセントの株主資本コストを使って現在価値を計算した．超過営業 ROA と超過 ROE の現在価値を計算するためには，第11章の中の公式で示したように，まず各年度の数値に対応する成長率を乗じ，それらをそれぞれ9.2パーセントの WACC と12パーセントの株主資本コストを使って割り引いた．

しかし，評価作業を完了するためには，我々は詳細な予測をしている期間の終わり（2003年末）における Sigma のターミナル・バリューも推定しなければならない．したがって，次にターミナル・バリューを推定する方法を議論しよう．

2 ターミナル・バリュー

　表12-2における予測は2003年までのものしかないので，ここでは2003年を「最終年度」とする（適当な最終年度の選択については後で議論される）．ターミナル・バリューの本質は，最終年度以降に発生する超過利益またはフリー・キャッシュフローの現在価値である．これが企業の残りの生涯にわたる業績予測を含むので，アナリストは予測するプロセスを単純にするために若干の仮定を採用しなければならない．以下，この作業に対するいろいろなアプローチについて議論しよう．

競争均衡の仮定の下でのターミナル・バリュー

　表12-2は2003年までのSigmaの売上高，利益，営業キャッシュフローがすべて年率10パーセントで成長すると見積もっている．それでは2003年より先はどうなると考えればよいのであろうか？ 10パーセントもの成長が継続すると想定してもよいのだろうか？ それとは異なるパターンの方が合理的であろうか？

　10パーセントの売上高成長率がきわめて長い期間にわたって続くと考えるのは明らかに非現実的である．おそらくその成長率はドルのインフレ率と世界経済の実質成長率を上回る．何年もの間そのような成長率を維持していれば，やがては世界中の他の企業全部を合わせたよりもSigmaが大きくなってしまうことを意味するだろう．しかし，他にどう想定するのが適当なのだろうか？ 企業の売上高成長率は最終的にはインフレ率に落ち着くと考えるべきなのであろうか？ もう少し高く，GNPの名目成長率になると考えてよいのだろうか？ あるいは，それ以外の率になるのであろうか？

　最終的には，このような疑問に対する答えはすでに述べてきた長期的な視野に立った考察に依存する．まず，この業界の売上高成長率がいつまで世界経済全般の成長率を上回ることができるかを考えなくてはならない．それから，競争優位によってSigmaがいつまで業界全体よりも速く成長できるかを考慮する必要がある．言うまでもなく，6年あるいはさらに先の将来をみようとすれば，売上高成長率をどう予測しても相当の誤差が生じるのは避け

られまい．

　もっとも，幸いなことに長期的な売上高の成長率をどう見込むかという正確に測れそうもない問題は，常にではないにしても，たいていは**さほど重要なことではない**！　実際問題として，経済的にもっともらしい仮定のもとでは，最終年度を越えて売上高が成長することを考慮しなくても済むからである．そのような売上高の成長は，現在の企業価値には**関係がない**かもしれないのである！

　どうして売上高の長期的な成長率が問題にならないのだろうか？　その理由は競争の圧力に関係がある．超過利益を生み出す成長機会を一貫して見出すような企業の能力は競争により制約される傾向にある（第10章の実証結果でみたように，ROEは5年から10年のうちに通常の水準に戻ってしまうのであった）．たしかに，一時的にはある企業が資本コストを上回る収益率を達成するような競争優位を維持することもありうる．特許や強力なブランド・ネームによって守られている場合には，その優位性が長期間にわたって，あるいは，永久に維持されることもありうる．後から考えれば，そのような企業——たとえば，Coca-ColaやWal-Mart——は，たんに強い競争優位を維持できたというだけでなく，どんどん追加される投資に対してまで，それを拡張することができたということがわかる．しかし，競争にさらされている企業が，**毎年**のように，新規の**追加的な**投資プロジェクトからも超過利益を獲得できると考えるのは一般的ではない．最終的には，高い利益は激しい競争を引き寄せ，そのため企業の収益性は正常な水準にまで低下すると予想することになろう．新規の投資プロジェクトから生み出されるキャッシュフローは，いずれも投資コストを超える現在価値をもたない，つまり投資は「正味現在価値がゼロの」プロジェクトになるであろう．投資プロジェクトから上がる収益は費用と相殺されて，現在の企業価値をなんら高めることはないので，そのような成長は無視できるのである．

　表12-5にはこの点を明確にするために単純な例が設けられている．ここでは，2004年における売上高の伸びについて，まったく成長しないケース，5パーセント成長するケース，10パーセント成長するケースと，幅広い範囲のシナリオが考慮されている．NOPAT利益率は5.98パーセントまで下落

表 12-5 成長率に関する異なる仮定と，超過利益がゼロである場合の，最終年度以降の Sigma の財務予測

	2004 年以降の財務業績の予測		
売上高成長率の仮定	0%	5%	10%
NOPAT の利益率の仮定	5.98%	5.98%	5.98%
売上高（百万ドル）	1,611	1,691	1,772
NOPAT（百万ドル）	96	101	106
純利益（百万ドル）	75	79	83
期首の総資産（百万ドル）	1,047	1,099	1,152
期首の株主持分（百万ドル）	628	660	691
超過営業 ROA	0%	0%	0%
超過 ROE	0%	0%	0%
超過 NOPAT	$0	$0	$0
超過利益	$0	$0	$0

すると仮定され，株主資本コストを含むその他の仮定については1999年から2003年までと変わらないと仮定している．売上高がまったく成長しないケース，5パーセント成長するケース，10パーセント成長するケースのいずれにおいても売上高の成長は現在の企業価値をまったく高めないことが表で示されている．

ここで鍵になっているのは，NOPAT利益率が売上高の5.98パーセントであるという仮定である．この仮定のもとでは，Sigmaの営業ROAはその加重平均資本コストと等しく，そのROEは，株主資本コストと等しい，そして，会社は超過NOPATも超過利益も稼ぐことが出来ない．会社は正のフリー・キャッシュフローを生みだすが，それらは売上高の増加に必要な運転資本と固定資産への投資に対する資本コストをカバーするのにちょうど十分なだけである．たとえ売上高での成長率がいくらであっても，これらの結論は変わらないままである．NOPAT利益率についての仮定は恣意的なものではなく，長期的には競争の圧力がコストに見合う利益しかもたらさないという考え方に基づいている．それ以上の利益があると新たな競争を引き寄せ，それが売上高利益率を低下させる．反対に売上高利益率がその水準を下回るときは，売上高利益率が回復するまで投資の退出が続くことになる．

最終年度までに競争均衡が成立すると仮定すれば，ターミナル・バリューを算出するのは簡単である．表12-6では，2004年以降の売上高成長率を

表12-6 最終年度以降は超過利益が発生しない場合のSigmaのターミナル・バリュー

評価のインプット	2004年以降のフローの(2004年初における)現在価値	2004年以降のフローの(1999年初における)現在価値またはターミナル・バリュー
超過営業ROA	0	0
超過ROE	0	0
超過NOPAT	0	0
超過利益	0	0
負債と株主資本に帰属するフリー・キャッシュフロー（百万ドル）	2004年初における正味資産簿価＝1,083	$1,083/(1.092)^5 = 697.8$
株主資本に帰属するフリー・キャッシュフロー（百万ドル）	2004年初における株主資本簿価＝650	$650/(1.12)^5 = 368.9$

3.5パーセントと仮定した場合を示している．超過NOPATと超過利益は2003年以降ゼロであるから，これら2つの変数のターミナル・バリューはゼロである．フリー・キャッシュフローは本質的に資本コストと等しくなるので，総資本へのフリー・キャッシュフロー，そして株主資本へのフリー・キャッシュフローのターミナル・バリューは，表12-2中の総資本と株主資本の簿価にそれぞれ等しくなる．

ターミナル・バリューの推定にとって，この「競争均衡の仮定」(competitive equilibrium assumption)**は不可欠なものではない**．もし，超過的な売上高利益率を新しい市場で何年間にもわたって獲得できるとアナリストが予想するのであれば，それを企業評価分析にとり入れることは可能である．少なくとも，次のセクションで述べるように，現在の売上高の範囲またはインフレ率で成長する市場においては超過的な売上高利益率を維持することができるとアナリストは予想してよいかもしれない．しかし，ここでの重要な教訓は，超過的な売上高利益率を生み出しながら売上高の成長が達成できるとアナリストが信じているので**ないかぎり**，最終年度を越えた先まで売上高の成長率を考慮しても関係**ない**ということである．競争がそのような成長の達成を至難の技に変えてしまうことだろう．

競争均衡の仮定が売上高の増分にのみ適用される場合のターミナル・バリュー

競争均衡の仮定の別のバージョンはSigmaが2003年の売上高のレベルで

永遠に超過利益を稼ぎ続けるが，そのレベルを越えてのいかなる増分の売上高にも超過利益が発生しないと仮定することである．すなわち，NOPATマージンは2004年以降も2003年に到達した売上高のレベルで7パーセントを維持する；いかなる増分の売上高のNOPATマージンも5.98パーセントである．そして，これらの売上高からの価値の増分はゼロである．

2004年時点で競争均衡を仮定すれば，その年以降，売上高がどれくらいの率で成長するかについて気にする必要はなくなるので，2004年の水準のまま売上高が変わらないとして計算を単純にすることも出来る．その場合，営業ROA，ROE，NOPAT，純利益，負債および株主資本に帰属するフリー・キャッシュフロー，そして株主資本に帰属するフリー・キャッシュフローはずっと2003年のレベルのままである[3]．

このシナリオの下で，それぞれの変数の2003年のレベルを適当な割引率で割り引けば，ターミナル・バリューを見積もることは単純な作業である．表12-7では，再び12パーセントの株主資本コスト率と9.2パーセントのWACCを仮定して，2004年の初めにおけるターミナル・バリューを見積もっている．予想されたとおり，表12-7のターミナル・バリューは表12-6のそれよりも大きい．これは，ひとえに会社が既存の売上高について優れた業績を永遠に維持することができると仮定しているためである．

表12-7 既存の売上高のみが超過利益を稼得する場合のSigmaのターミナル・バリュー

評価のインプット	2004年以降のフローの(2004年初における)現在価値	2004年以降のフローの(1999年初における)現在価値またはターミナル・バリュー
超過営業ROA	$[0.016 \times (1.1)^4 \times 1.0]/0.092 = 0.25$	$0.25/(1.092)^5 = 0.161$
超過ROE	$[0.026 \times (1.1)^4 \times 1.0]/0.12 = 0.317$	$0.319/(1.12)^5 = 0.181$
超過NOPAT（百万ドル）	$16.4/0.092 = 178.3$	$178.3/(1.092)^5 = 114.8$
超過利益（百万ドル）	$16.4/0.12 = 137$	$137/(1.12)^5 = 78$
負債と株主資本に帰属するフリー・キャッシュフロー(百万ドル)	$113/0.092 = 1,228$	$1,228/(1.092)^5 = 791$
株主資本に帰属するフリー・キャッシュフロー(百万ドル)	$92/0.12 = 767$	$767/(1.12)^5 = 435$

（注） 上表および表12-8の数値に一部不整合があります．数値を修正すると後の計算例（334頁）に影響するので，ここでは原著の数値のママといたします．ご了承ください．

業績と成長が持続的に超過的である場合のターミナル・バリュー

上述の手法はそれぞれなんらかの形で「競争均衡の仮定」に支えられている。しかし，状況によっては，企業が競争の圧力を克服して，何年にもわたり新しい投資プロジェクトから超過利潤を稼ぐという仮定をアナリストが望むこともある。もし，超過収益力をさらに大きな市場に拡げていくことが長期間にわたって可能だとアナリストが信じるのなら，競争均衡を仮定するのが適当となるまで，利益とキャッシュフローの見積り期間を延長することもありうる。

もう一つの可能性は，超過利益ないし超過キャッシュ・フローがある一定率で成長すると見積もることである。次のように考えてみよう。上述では，Sigma の競争優位が 2003 年に達成した売上高の名目水準についてのみ持続するとみなし，実質ベースではその競争優位が衰えると想定した。今度は，Sigma が（新しい，より進んだ製品を今までと同様の顧客層に提供し続けることで）その競争優位を売上高について実質ベースで維持できるものとアナリストが予想するとしよう。この場合 2003 年以降の売上高は長期的な期待インフレ率である 3.5 パーセントだけ成長することになる。この仮定を取り入れた予測計算の手法を以下で説明する。このやり方は先述のものより強気ではあるが，かえってより現実的かもしれない。いずれにしても，Sigma が超過収益を稼ぐことができる投資の実質ベースの規模がインフレ率で決まると考えることについての明確な根拠はない。

実は，いま説明したやり方も，ある程度は競争均衡の仮定に依存している。ここで取り上げた仮定は，超過収益を生み出すような投資を名目ベースでなく，実質ベースで一定としただけなのである。しかし，競争均衡の仮定に**何らかの形で**頼らなくては企業評価の方法が利用できないわけではない。以下で説明する計算は，**どのような売上高成長率に対しても**用いることができるだろう。問題なのは計算できるかできないかではなく，そのやり方がどれくらい現実的なのかである。

それでは，インフレ率で成長する 2003 年以降の売上高に対しても Sigma は超過収益を獲得するという仮定の話を続けよう。2003 年以降の超過利益とフリー・キャッシュフローはどうなるであろうか？

表12-8は，売上高成長率が3.5パーセント，NOPAT利益率が2004年以降7パーセント，その他の業績に関する仮定は表12-2と同じであると仮定した場合の2003年から2006年までの業績を予測している．表12-7における2004年初のバランスシートは表12-2のそれとは異なっている．その理由は表12-2は2004年に売上高が3.5パーセント成長するという仮定を反映しているのに対して，表12-7では0パーセントの売上高の成長を仮定しているからである．

最終年度である2003年以降，売上高成長率は3.5パーセントで一定であるから，超過利益，キャッシュフロー，そして総資産と資本の簿価も3.5パーセントの定率で成長する．これはこの期間のその他の業績指標を一定に保つからにほかならない．その結果，超過ROAと超過ROEは最終年度と常に同率となる．

これまでの作業が示すことは，もし超過業績が最終年度と同一のレベルで維持されると仮定すれば，予想超過利益と予想フリー・キャッシュフローは単に売上高成長率で成長させればよいということである．超過利益とキャッシュフローの2004年以降の成長率が一定であるから，これらのフローを割り引くのも簡単である．割引率をrとして，一定率gで増加するフローの

表12-8 超過利益率が一定のまま2003年より先の売上高が3.5%成長する場合のSigmaのフリー・キャッシュフローの予測

	2003	2004	2005	2006
売上高成長率	10%	3.5%	3.5%	3.5%
売上高（百万ドル）	1,611	1,667	1,725	1,786
NOPAT（百万ドル）	113	117	121	125
純利益（百万ドル）	92	95	98	102
正味資産（百万ドル）	1,047	1,083	1,121	1,161
株主資本（百万ドル）	628	650	673	696
超過営業ROA	1.6%	1.6%	1.6%	1.6%
超過ROE	2.6%	2.6%	2.6%	2.6%
超過NOPAT（百万ドル）	16.4	17.0	17.6	18.2
超過利益（百万ドル）	16.4	17.0	17.6	18.2
負債と株主資本に帰属するフリー・キャッシュフロー	76.1	78.8	81.5	84.4
株主資本に帰属するフリー・キャッシュフロー	69.8	72.3	74.8	77.4

表 12-9 超過利益を売上高が定率で成長する場合の Sigma のターミナル・バリュー

評価のインプット	2004年以降のフローの(2004年初における) 現在価値	2004年以降のフローの(1999年初における) 現在価値またはターミナル・バリュー
超過営業 ROA	$[0.016 \times (1.1)^4 \times 1.035]/(0.092-0.035)=0.425$	$0.417/(1.092)^5=0.269$
超過 ROE	$[0.026 \times (1.1)^4 \times 1.035]/(0.12-0.035)=0.464$	$0.466/(1.12)^5=0.265$
超過 NOPAT(百万ドル)	$17/(0.092-0.035)=298.2$	$298.2/(1.092)^5=192.0$
超過利益(百万ドル)	$17/(0.12-0.035)=200$	$200/(1.12)^5=113.5$
負債と株主資本に帰属するフリー・キャッシュフロー(百万ドル)	$78.8/(0.092-0.035)=1,382.5$	$1,382.5/(1.092)^5=890.3$
株主資本に帰属するフリー・キャッシュフロー(百万ドル)	$72.3/(0.12-0.035)=850.6$	$850.6/(1.12)^5=482.6$

流列を割り引くには,初年度のフローを $r-g$ で割ればよい.この結果のターミナル・バリューの計算は表12-9に示されている.

株価倍率に基づくターミナル・バリュー

ターミナル・バリューを計算するのによく使われるやり方は,最終年度の超過利益,キャッシュフローもしくは簿価に株価倍率を適用することである.このやり方は見かけほど場当たり的なものではない.売上高が成長しないという仮定のもとでは,2003年より先の超過利益やキャッシュフローは一定であることに注意しよう.この永久に続くフローを表12-7のように資本コストで割って資本化するのは,それらに資本コストの逆数を乗じるのと同じである.例えば,株主資本へのキャッシュフローを12パーセントで割って資本化するのは,最終年度の株価キャッシュフロー倍率を8.3であると仮定することと同義である.したがって,このくらいの株価倍率を適用すれば,売上高の増分に対して競争均衡の仮定を導入し,2003年以降のフリー・キャッシュフロー全部を割り引くのと似たような結果になる.

ここで避けなくてはならないのは,将来の利益ないしキャッシュフローを高すぎる倍率で資本化してしまうという誤りである.たとえば,市場が大きな超過利潤を伴う成長を期待している場合には,現時点の株価収益率や株価・キャッシュフロー倍率は高くなるであろう.しかし,一度その成長が実

現してしまえば，株価収益率は正常な水準に落ち着くことになる．安定期の企業，もしくは，現在価値がゼロの投資プロジェクトを通じてしか成長できない企業のターミナル・バリューを計算するときに適用できるのは，この正常な株価収益率である．つまり，ここで利用される株価収益率は，WACCの逆数に近い，7から11の範囲でなくてはならないということである．それよりも高い倍率が正当性をもつのは，最終年度が近い将来に設定されている場合で，それより先も超過利潤を伴う成長が見込まれるケースに限られる．

ターミナル・バリューは，株価簿価比率によることも出来る．表12-7における超過営業ROAと超過ROEの計算は，2003年末におけるSigmaの総資産と株主資本の価値がそれぞれの簿価の1.2倍から1.3倍であることを示唆している．これらの倍率は，表12-8に示されたように，将来の成長分についても超過利益を仮定した場合にはより高いものになる．

最終年度の選択

上の議論で問題になるのは，詳細な予測期間をどれくらい長くとればよいのかということである．競争均衡の仮定を用いるのなら，その答えは追加の投資プロジェクトから企業が得られる収益がその均衡に達するまでに必要な時間ということになる．つまり，企業の競争優位がどれくらい維持できるかという問題になるのである．第10章で示したように，米国ではたいていの企業について5年から10年以内にROEが正常な水準に戻ると予想されることを過去の事例は示している．しかし，普通の企業を考えるなら，予測期間をもっと短くしても構わない．というのも投資**全体**（したがってROEも）でみれば収益率が正常値を超えていたとしても，**追加的**な投資からの収益は，正常な水準ということがありうるからである．そのため，5年から10年もの予測期間は大部分の企業にとって充分**すぎる**ほどであるに違いない．その例外になるのが（たぶん強力なブランド・ネームのために）競争を免れており，この先もずっと新規の市場に次々と投資を拡げることができ，しかもそこから超過収益が期待できるという企業であろう．1999年の時点で，チューイング・ガムのメーカー the Wrigley Company は，海外の手つかずの市場にブランド・ネームを拡げているが，そのような企業の例とみること

ができる．

　Sigmaのケースでは，予測最終年度は現時点から5年先である．表12-2では，資本利益率（ここではROE）は，1999年の25パーセントという異常な高率から，この5年間で少しずつしか低下しないと予想されており，2003年までに14.6パーセントで安定することになっている．もし，増加し続ける売上高に対しても予想された7パーセントのNOPAT利益率が保たれるのであれば，このように高いROEは2004年およびそれ以降の**新規投資**においてでも達成可能であろう．しかし，10パーセントの売上高成長が続いている状況では，売上高利益率がほんの少し，約6パーセントまで低下するだけで，追加の投資から資本コストを上回る収益は得られなくなるであろう．つまり，予測最終年度である2003年の業績に対して，われわれがすでに行った見積もりは競争均衡からさほど外れていないことになるので，予測期間をあと何年か延長しても企業価値の計算にはほとんど影響がないであろう．もし仮に，年間売上高が10パーセント増加していくなかで，2009年まで7パーセントのNOPAT利益率が続くと見積もった場合でも（それ以降の年度は競争均衡を仮定する），最終的な推定企業価値はほんのわずか増加するに過ぎない．われわれの企業価値の見積もりが大きく変わってくるのは，21世紀になっても投資利益率が正常値を超過するとアナリストが想定したがる場合に限られるだろう．企業業績の歴史的パターンにてらせば，そのような予測はSigmaの競争優位が持続すると確信できる場合だけであろう．結局，Sigmaの競争優位がどれくらい続くと考えるかによって，最終年度を5年先からたとえば10年後あるいはもっと先まで延長することを主張できないわけではない．しかし，われわれは2003年の時点でSigmaは競争均衡の近くにあると仮定しているので，予測最終年度の変更は企業価値の最終的な推定値にとくに影響しないであろう．

3　割引率の計算

　これまでは，何の説明もなしに割引率が与えられていた．アナリストはこれをどうやって見積もったらよいのであろうか．

企業の資産を評価するために，アナリストは債権者と株主の双方に帰属するキャッシュフローを割り引く．ここではWACCを用いて割り引くのが適当である．WACCは，負債のコストと株主資本のコストを，それぞれの市場価値で加重平均することによって計算される．

$$WACC = \frac{V_d}{V_d + V_e} r_d(1-T) + \frac{V_e}{V_d + V_e} r_e$$

ただし，V_d＝負債の市場価値

V_e＝株主資本の市場価値

r_d＝負債のコスト

r_e＝株主資本のコスト

T＝利息費用の計上に伴う限界的な節税分を表す税率

負債と株主資本のコストに対するウェイト付け

負債と株主資本とに割り当てられるウェイトは，供給された総資本に占める市場価値で測ったそれぞれの割合である．負債の市場価値を計算するのは困難ではないだろう．負債の発行時から利子率がさほど変化していなければ，簿価を用いるのが合理的である．そうでない場合は，将来の支払額をその企業に適用される現時点の市場利子率で割り引いて負債の価値を見積もることができる．

負債のなかには何を含めたらよいのであろうか？　長期の負債と同様に，短期のものも含めるべきであろうか？　仕入債務や未払費用は含めるべきであろうか？　その答えは，フリー・キャッシュフローをどう計算していたかを考えれば明らかである．そこでのフリー・キャッシュフローは，WACCが適用される資本を提供した者への見返りである．このキャッシュフローは，短期ならびに長期の負債に対する利払い**前**のものであるから，短期および長期の負債は両方ともWACCを計算するときには資本の一部と考えなくてはならない．仕入債務や未払費用といった他の負債に対する支払は，フリー・キャッシュフローを計算する段階ですでに考慮されているはずである．したがって，WACCを計算するときに，営業上の負債を資本の一部と考えたのでは首尾一貫しない．

われわれが直面するややこしい問題は、株主資本の市場価値をどう決めるかである。というのも、それこそこれからまさに推定しようとしている数値そのものだからである。本来DCF分析が全部済まなくてはわからないはずである株主資本の市場価値を、この中間段階でどう決定したらよいのであろうか？

この問題に対する一般的な解決策は、「目標」となる負債・資本比率 $[V_d/(V_d+V_e)]$ や自己資本比率 $[V_e/(V_d+V_e)]$ をここで外挿するというやり方である。たとえば、ある企業は長期的に負債4割と株主資本6割といった資本構造を維持するであろうと予想するのである。言うまでもなく、われわれは長期にわたるキャッシュフローを割り引こうとしているのであるから、これも長期的な視野で予想するのが合理的である。

もう一つの解決方法は、出発点として、株主資本の簿価をWACCの初期推定値を計算するためのウェイトとして用いるやり方である。そのWACCを株主資本価値の初期推定値を得るための割引計算に利用する。その初期推定値を使えば、新しいWACCを計算することができる。そこから、株主資本の価値について2回目の推定を行うのである。WACCを求めるための株主資本価値と最終的な推定値となる株主資本価値とが一致するまで、このような手順で再計算を繰り返していけばよい。本章では、負債と株主資本の簿価をWACCの推定のために用いる。

負債コストの推定 負債のコスト (r_d) は、現在の市場利子率に基づいて決めることになる。市場性のない負債については、そのような利率を知ることができないが、負債を発行してから金利が大きく変化していなければ、契約利率で代用するのが適当かもしれない。税引後のキャッシュフローを割り引くわけであるから、負債のコストも税引後ベースで考えなくてはいけない。だいたいの場合、市場の金利に1マイナス限界法人税率を掛ければ、税引後ベースに変換することができる。

株主資本コストの推定 株主資本のコスト (r_e) を推定するのは難しい。この課題を完全に議論しようとすれば、本章の範囲を超えてしまう。どのみち、

どんなに議論を尽くしても，この問題に関して提起されるすべての疑問に答えることはできないであろう．というのも，ファイナンスの領域でさえ，株主資本のコストを適切に測定するための尺度とはなにかについて，一定の結論が出せない状態だからである．

資本資産評価モデル（CAPM）を使うのはひとつのやり方である．このモデルでは，株主資本のコストが，無リスク証券に対して要求される収益率と，システマティック・リスクに対するプレミアムとの合計として表される．

$$r_e = r_f + \beta[E(r_m) - r_f]$$

ただし，r_f は無リスク証券の収益率である．

$[E(r_m) - r_f]$ は，マーケット全体に対して期待されているリスク・プレミアムで，無リスク証券の収益率を超えて期待されるマーケット・インデックスの収益率として表現されている．そして，β は当該株式のシステマティック・リスクである．

r_e を計算するには，3つのパラメータを推定しなくてはならない．無リスク証券の利子率 r_f と，マーケットのリスク・プレミアム $[E(r_m) - r_f]$，それにシステマティック・リスク β である．r_f を求めるために，アナリストはしばしば中期国債の利率を用いる．これは，これから割り引こうとしているキャッシュフローが短期を超えるものだからという見解に基づいている[4]．そのようにして r_f を求めた場合，（S＆P 500 インデックスの収益率による）普通株の平均収益率は，1926年から1998年までの期間で，r_f を7.6パーセント上回っている（Ibbotson Associates [1998]）[5]．この超過収益率が，マーケットのリスク・プレミアム $[E(r_m) - r_f]$ の推定値となる．最後に，システマティック・リスク β は経済全体の市場の動きに対して当該企業の価値がどう感応するかを示している[6]．

上述の CAPM は資本コストを推定するためによく利用されてはいるものの，このモデルは完全ではないという実証結果が出ている．株価が競争的に決まるとすれば，株式投資の収益は，投資家に資本コストをちょうど補償するだけの水準に決まると期待されるはずである．そのため，長期的な平均収益率は資本コストに近くなるべきであるし，それはシステマティック・リスクに応じて銘柄間で変わってくるはずである（CAPM によれば）．しかし，

長期的な平均収益率の動きを説明するのに、システマティック・リスクだけでなく、他の要因にも一定の働きがあるように思われる。そのような要因としてもっとも重要なものは「規模効果（size effect）」と呼ばれている。それは（市場価値総額でみて）規模の小さい企業ほど、その後の投資収益率が高くなる傾向があるというものである。なぜそうなるのかは、よくわかっていない。それは、規模の小さい企業はCAPMが示すよりもリスクが高い、もしくは、市場価値が測られる時点で過小に評価されていることを示しているのかもしれない。あるいは、両方の要因が組み合わさっているのかもしれない。（NYSE, AMEXおよびNASDAQの上場・登録企業からなる）米国企業を規模によって10区分に分けてみると、その株式の1926年から1998年までの平均収益率は、表12-10に示されているように区分ごとに異なっている。

この表によれば、規模の分布で上位2つにある企業への投資家は、従来、12.1パーセントから13.7パーセントの収益率しか得てこなかった。しかし、このように企業の規模を資本コストの指標として用いれば、暗黙のうちに、企業の規模が大きいことが低いリスクを意味すると仮定することになるのに注意しておこう。ファイナンスの理論家は、なぜそう言えるのかについて、一般に支持されるような説明をいまだに提示できないでいる。

表12-10　株式リターンと企業規模

企業規模による十分位	1998年の十分位中の最大規模の企業の市場価値（百万ドル）	1926年から1998年までの平均年間リターン	十分位がニューヨーク証券取引所全体に対して占める割合（1998年）
1-最小	$ 10,764.3	21.0%	0.1%
2	27,647.9	17.9	0.3
3	53,218.4	17.1	0.7
4	78,601.4	16.0	1.0
5	114,517.6	15.6	1.4
6	170,846.6	15.5	2.1
7	273,895.7	14.8	3.3
8	476,920.5	14.1	5.8
9	1,052,131.2	13.7	12.8
10-最大	5,985,553.1	12.1	72.6

出典：Ibbotson Associates (1998).

CAPMと「規模効果」を組み合わせて,資本コストを推定するというやり方もある[7].そこでは,CAPMで用いられるマーケット・インデックス(S&P 500)の平均収益率と,当該企業と規模が等しい他企業の平均収益率との差に基づいて,CAPMから得られる資本コストを修正する必要がある.このやり方での資本コストはこうなる.

$$r_e = r_f + \beta[E(r_m) - r_f] + r_{size}$$

資本コストの測定方法について,いまなお議論が続いていることにてらせば,経営者やアナリストがしばしば一定の幅をもって資本コストを推定することは驚くにあたらない.特に,7.6パーセントという過去のリスク・プレミアムが今日も有効かどうかについて,最近かなり議論されている.多くのアナリストは,アメリカ経済のいろいろな変化のために過去のリスク・プレミアムが将来の期待リスク・プレミアムを予測するための根拠にならないと論じている.最近のいくつかの研究では,近年の市場における期待リスク・プレミアムが,3から4パーセントへの範囲に,大きく下落したことを示唆する証拠を提供した[8].この議論は未だ結論に至っていないので,企業の資本コストを計算する際のリスク・プレミアムの推定値に幅を持たせることがアナリストにとって賢明である.

Sigmaの資本コストを推定するために,我々は税引後負債コストが5パーセント,株主資本コストがCAPMにより12パーセント,そして市場のリスク・プレミアムが7.6パーセントであるという仮定から出発する.9.2パーセントの加重平均資本コストは,40パーセントの負債と60パーセントの株主資本の簿価ウェイトを使って計算される.これは明らかに単なる出発点である.アナリストは仮定された市場リスク・プレミアムを変化させることによって推定値を変えることも出来るし,前述の反復的なアプローチを使うことによってWACCを計算する際に使われるウェイトを精緻化することも出来る.

4 見積り価値の計算

3つのそれぞれ異なる方法を使用して,Sigmaの総資産と株主資本の価値

を見積もるやり方を下記に示そう．総資産の価値は，超過営業 ROA，超過 NOPAT と負債および株主資本に帰属するフリー・キャッシュフローを使って見積もられる．株主資本の価値は，超過 ROE，超過利益と株主資本に帰属するフリー・キャッシュフローを使って見積もられる．これらの価値は，1999 年から 2003 年まで売上高が 10 パーセント成長し，ターミナル成長率が 3.5 パーセントであり，2003 年レベルの超過利益力が最終年度以降も持続すると前提した財務予測とターミナル・バリュー予測を使って計算される．総資産の価値は 9.2 パーセントの WACC を用いて見積もられ，株主資本の価値は 12 パーセントの株主資本コストを用いて見積もられる．

超過リターン方式

総資産の推定価値＝1999 年初の正味資産の簿価×(1＋1999 年から 2003 年までの超過営業 ROA の現在価値＋ターミナル・バリュー)
　　　　　　　＝715 百万ドル×(1＋0.215＋0.269)
　　　　　　　＝715 百万ドル×(1.484)
　　　　　　　＝1061.1 百万ドル

株主資本の推定価値＝1999 年初の株主資本の簿価×(1＋1999 年から 2003 年までの超過 ROE の現在価値＋2003 年以降のターミナル・バリュー)
　　　　　　　＝429 百万ドル×(1＋0.338＋0.265)
　　　　　　　＝429 百万ドル×(1.603)
　　　　　　　＝687.7 百万ドル

超過利益方式

総資産の推定価値＝1999 年初の総資産簿価
　　　　　　　＋1999 年から 2003 年までの超過 NOPAT の現在価値
　　　　　　　＋2003 年以降のターミナル・バリュー
　　　　　　　＝715 百万ドル＋153.7 百万ドル＋192 百万ドル

= 1060.7 百万ドル

株主資本の推定価値 = 1999 年初の株主資本の簿価
　　　　　　　　　＋1999 年から 2003 年までの超過利益の現在価値
　　　　　　　　　＋2003 年以降のターミナル・バリュー
　　　　　　　　 = 429 百万ドル＋144.8 百万ドル＋113.5 百万ドル
　　　　　　　　 = 687.3 百万ドル

フリー・キャッシュフロー方式

総資産の推定価値 = 1999 年から 2003 年までの負債および株主資本に帰
　　　　　　　　　属するフリー・キャッシュフローの現在価値
　　　　　　　　＋2003 年以降のターミナル・バリュー
　　　　　　　 = 170.8 百万ドル＋890.3 百万ドル
　　　　　　　 = 1061.1 百万ドル

株主資本の推定価値 = 1999 年から 2003 年までの株主資本に帰属するフ
　　　　　　　　　リー・キャッシュフローの現在価値
　　　　　　　　＋2003 年以降のターミナル・バリュー
　　　　　　　 = 205 百万ドル＋482.6 百万ドル
　　　　　　　 = 687.6 百万ドル

　上に示された推定価値は，超過リターン法，超過利益法，そしてフリー・キャッシュフロー法が（誤差を丸めるための小さい違いを除いて）同じ値——Sigma の総資産の推定価値は約 1061 百万ドル，そして，その株主資本の推定価値は約 687 百万ドル——になることを示している[9]．フリー・キャッシュフロー法の下で，Sigma のターミナル・バリューが，他の方法と比較して総資産と株主資本の価値の総額のかなり大きい割合を表わす点に注意しよう．第 11 章において議論したように，これは，超過リターン法と超過利益法は企業の資産と株主資本の簿価に依拠しており，ターミナル・バリューの推定値は簿価に対する増分の推定値であるという事実による．

　上記の推定値の主な計算は全てのフローが年度末に発生したかのように扱っている．もちろん，それらは一年間を通して発生するものであろう．もし単純化のためにキャッシュフローが年度の中央に発生すると仮定すると，r

を割引率として，上記の推定値を $[1+r/2]$ 倍に修正する必要がある．

評価についてのその他の実務上の問題

上記の議論は，評価をするための青写真を提供する．しかし，実務において，評価作業に重要な影響を及ぼす他のたくさんの問題をアナリストは扱わなければならない．我々は，以下でしばしば遭遇する3つの複雑な問題——会計上の歪み・マイナスの簿価・余剰現金について議論する．

会計上の歪みの取り扱い　第11章での議論から，我々は会計方法自体が（その選択がアナリストの将来の業績に関する見方に影響を与える場合を除いて）企業価値に影響を与えるべきではないことを知っている．しかしながら，ここで用いられている評価手法は会計方法の選択により変化する数値——利益と簿価——を基礎にしている．そうであれば，どうしてこの評価手法で正しい推定値が得られるのであろうか？

会計上の選択は利益と株主資本簿価の**両方**に影響する．また，複式簿記には，利益の「歪み」がすべて最終的には必ず埋め合わされるという自己修正機能がある．これらにより，割引超過利益に基づく推定企業価値は，**アナリストがそれらの「歪み」を認識している限りにおいて，会計上の選択自体によって影響されないのである**[10]．例証として，経営者が彼らの会計選択において強気であり，（本当はその逆であるという情報を持っているにもかかわらず）未回収の営業債権に対する引当金を低く見積もった結果，現在の期間の超過利益と期末の自己資本簿価を100ドル多くしたと仮定しよう．さしあたり，会計選択は企業の本当の業績についてのアナリストの見方に対して影響しないことにする．すなわち，将来における顧客の債務不履行について，経営者の現時点における推定値が人為的に低くなっていることをアナリストが認識しており，将来の債務不履行を正確に予想できると仮定するのである．

我々の会計ベースの評価法は現在の期間の超過利益から始まる．それは会計選択の結果，100ドル高い．しかし，他方でその会計選択は2つの理由で将来の超過利益を低くする．第一に，将来の利益は，実際に顧客が債務を履行せず，営業債権を償却しなければならなくなった時に（100ドル）低くな

る．第二に，正常利益のためのベンチマーク（株主資本の簿価）は，100ドル高くなる．営業債権が現在から2年後まで償却されなかったと仮定しよう．13パーセントの割引率と現在の強気な会計選択の影響を仮定すると，以後の価値計算は，次の通りに切り下げられる：

	影響額	現在価値
現在の超過利益（と簿価）の増加	$100	$100.00
より大きい簿価による1年目の超過利益の減少	-13	$\div 1.13 = -11.50$
(.13×$100)		
2年目の超過利益の減少		
（より大きい簿価による分）(.13×$100)	-13	
（営業債権の償却による低い利益による分）	-100	
	-113	$\div 1.13^2 = -88.50$
会計上の選択が現在価値に及ぼす影響		$\$0.00$

このように，より高い現在の超過利益とより低い将来の超過利益の影響が正確に相殺されて，現時点での営業債権に対する引当金の過小な見積もりは企業価値の推定値に影響を及ぼさない．

　上記の議論は，アナリストにとって使用される会計方法はまるでどうでも良いように見える．しかし，これが必ずしも正しくない重要な理由がある．企業が「偏った」会計（保守的または強気な）を使うとき，アナリストは第3章で述べたような会計分析を行うために資源を費やさざるを得ない．会計が「不偏」ならば，これらの追加的な分析コストは避けることができる．

　完全な分析が実行されないならば，一般に，会計選択は企業の真の業績についてのアナリストの認識に影響することがあり，そのため将来の業績の予想にも影響を与えることがある．上記の例で，経営者による引当金と営業債権の推定値が額面通りに受け取られるならば，将来の利益とキャッシュフローについてのアナリストの予想に影響する．そうであるならば，会計選択自体が，上記の例で示された以上に将来の利益とキャッシュフローの予想に影響を及ぼすだろう．推定された企業の価値はおそらくより高目になる，しかし，推定値は，それがDCFによるか割引超過利益に基づくかどうかにかかわらず依然として同じである[11]．

　偏った会計に遭遇したアナリストには，2つの選択肢がある――現在の利益と簿価を調整して経営者の会計バイアスを除去するか，これらのバイアス

を認識した上で，それに従って将来の予測を調整するかのどちらかである．両方の方法は，同じ企業価値の推定値に到達する．例えば，上記の例において経営者による現在の貸倒引当金の過少計上に対応する簡単なやり方は，引当金を100ドル増やし，当期の超過利益を100ドル減少させればよい．もしくは，上述のように，アナリストは2期先の償却を予測に織り込むことも出来る．2つの方法のどちらに従うかは，企業価値のどのくらいの割合が予測期間内に把握され，どのくらいがターミナル・バリューに残るかについて大きく影響する．

　予測期間と将来の成長機会が一定ならば，より高い質の会計は，企業価値のより大きな割合が，現在の簿価と予測期間内の超過利益によって把握されることを可能にする．会計は，それが信頼できないか，あるいは，それが極端に保守的であるとき，会計の質は低いといってよい．会計の信頼性に不安があると，アナリストは「会計調整」に資源を費やさなければならない．会計が保守的であるならば，アナリストは企業価値の一定の割合が把握されるように予測期間を延長するか，推定される価値のより大きな割合を相対的に不確実なターミナル・バリューの推定値に頼らざるを得なくなる．

マイナスの簿価の取り扱い

　マイナスの利益と株主資本簿価を持つ企業がある．マイナスの株主資本をもつ企業の1つの類型は，立ち上げ期間にあるかハイテク産業に属する企業である．これらの企業は，見返りが不確実な多額の投資を行う．会計上これらの投資を保守的に償却すると，結果として株主資本の簿価はマイナスになる．この状況にある企業の例としては，バイオテクノロジー企業，インターネット企業，テレコミュニケーション企業やその他のハイテク企業がある．マイナスの株主資本簿価をもつ企業の第二の類型は，業績が不振で株主による初期投資を上回る累積損失が生じている企業である．

　株主資本の簿価がマイナスだと，会計ベースでの株主資本を評価するのがむずかしくなる．この問題に対処する方法はいくつかある．最初の方法は，株主資本よりむしろ企業の資産の価値を（例えば超過営業ROAまたは超過NOPATを用いて）評価する．そして，企業の負債の価値の推定値に基づ

いて，株主資本価値を推定するのである．もう一つの選択肢は，償却された投資支出を資本化することによって，会計人の保守主義を「元に戻す」ことである．アナリストが，これらの支出が価値を創造していると確証できるならばそれは可能である．上場企業について実行可能な第3の選択肢は，観察された株価から逆戻りすることである．株主資本コストと定常的な成長率の合理的な推定値を使って，アナリストは観察された株価を正当化するのに必要な長期間にわたる超過利益の平均レベルを計算することができる．その上で，分析作業はこの超過利益「目標」を達成できる可能性を調べるという観点から組み立てることができる．

重要なのは，負の株主資本簿価をもつ企業の価値がしばしば大きなオプション価値を含む点に注意することである．例えば，ハイテク企業の価値はそれらの現在のテクノロジーから期待される利益によるだけではなく，彼らの研究開発努力に埋め込まれたテクノロジー・オプションからの利益によっても決定される．同じように，窮地に陥った企業の価値は「放棄オプション」によってある程度まで決定される——有限責任を負う株主は社債保有者と債権者に対して企業をプットすることができる．これらの「リアル・オプション」の価値を推定するためにオプション理論のフレームワークを使うことができる[12]．

余剰現金と余剰キャッシュフローの取り扱い

現金が余っている，または大きいフリー・キャッシュフローを持っているような企業も評価が難しい．表12-2の評価予測において，我々は企業の営業をまかなうのに必要なレベルを越えた現金が，企業の株主に支払われると暗黙のうちに仮定した．もし，企業が予測期間の初めに（営業上の必要と，財務レバレッジについての政策を勘案した上で）大きな余剰現金を持っている場合，我々の方式は現金有り高の余剰を一回限りの株主への現金支払いとして取り扱う必要がある．この支払いは，残りの計算から算出された企業価値の推定値に単に加算すればよい．継続企業では，過剰なキャッシュフローは，利益配当または自己株買い戻しの形で株主に支払われる．これらのキャッシュフローは，それらが稼得されたときにすでに評価プロセスに組み込ま

れているので，それらが支払われる時にそれらを考慮する必要はない．

会計ベースの評価も割引キャッシュフローによる評価も，期間ごとに異なる可能性を持った配当支出を想定していることを認識するのは重要である．評価計算に使われる一定レベルの財務レバレッジ，一定の株主資本コスト，そして一定の WACC を仮定したいと考える限り，配当政策に関するこの仮定は必要である．後の章において議論されるように，実際には，配当政策をそれほど変更するような企業はめったにない．しかし，配当政策が企業の価値に影響を及ぼさない限り，それ自体は評価の方法を無効にするわけではない．すなわち，評価の方法は，配当の価値無関連性に関する有名な Modigliani-Miller 定理が成り立つと仮定しているのである．

経営者が企業のフリー・キャッシュフローを最適な方法で投資しないならば，企業の配当政策はその価値に影響を及ぼすことがある．例えば，企業の経営者が価値破壊的な買収を実行するために余剰現金を使いそうなときは，我々の方法では企業の価値を過大評価することになる．このような懸念があるとアナリストが考えるときの一つのやり方は，ひとまず前述の方法によって企業価値を推定して，それから企業の経営者がその投資家に押しつけるかもしれないエージェンシー・コストについて，推定された価値を調整する方式である．企業が深刻なエージェンシー・コストに苦しむかどうか評価することの1つの方法は，その会社のコーポレート・ガバナンスがどれくらい効果的かを調べることである．

5 要 約

本章では，第11章において議論された評価理論を適用する方法の実例を示した．ここでは，実際に企業を評価するうえで必要となる事業上および財務上の仮定の組み合わせを議論した．また，評価のための詳細な予測と利益，フリー・キャッシュフロー，それに会計上の収益率のターミナル・バリューを算出する仕組みも説明した．我々はまた，株主資本コストと加重平均資本コストをどう計算するかを議論した．詳しい例を用いて，企業の株主資本価値と資産価値が利益，キャッシュフロー，それに利益率からどのように計算

されるかを示したのである．最後に，この章は会計上の歪み，マイナスの簿価，現金残高の余剰を含めて，実務上よく遭遇する若干の問題を提示するとともに，それらをどのように取り扱うかを議論した．

練習問題

1. 表12-2を検証せよ．もし1999年から2003年までの売上高の成長率についての予想が15パーセントに変更され，他の仮定は変更されない場合に，どのように予測は変化するか？
2. NOPATマージンが1年につき1.5パーセント下落すると仮定し，他の仮定は変更されない場合の表12-2の予測を再計算せよ．
3. 正味営業運転資本の売上高に対する比率が30パーセントであり，正味固定資産の売上高に対する比率が50パーセントである場合の表12-2の予測を再計算せよ．他の仮定は変更されない．
4. 表12-2で予測において暗黙のうちに仮定される1999年から2003年までのSigmaの配当支払いを計算せよ．正味負債の正味資本に対する比率が40パーセントから50パーセントへ変えられるならば，これらの支払いはどのくらい変化するか？
5. 表12-3の現在価値計算を検証せよ．もし株主資本コストが15パーセントに変わった場合，表の現在価値はどのくらい変化するか？
6. 表12-9のターミナル・バリュー計算を検証せよ．もし2004年以降の売上高成長率が5パーセントに変わり，他の仮定は変更されない場合に，どのように表12-9のターミナル・バリューは変化するか？
7. 超過利益法と割引キャッシュフロー法の下で，株主資本と総資産それぞれの推定価値の，ターミナル・バリューに対する割合を計算せよ．なぜ，これらの割合は異なるのか？
8. 会計分析によって，会計データによる企業評価を改善することができるか？ 理由とともに述べよ．
9. 会計上の歪みは，もしアナリストがそれを認識しなかった場合，キャッシュフローによる評価に影響するか？ 数値例によって解答を検証せ

よ．

10. Nancy Smith は，Sigma の配当が毎年変化すると仮定することに不安を感じるという．もし彼女が配当額を一定と仮定する場合，内的整合性を保つためには，その他の評価のための仮定にどのような変更が必要になるか？

＊　本章については第IV部 The Gap, Inc. のケースを参照のこと．

注

1) 第9章において議論されたように，これらの比率において期首の残高を使うことは，その期における売上や費用支出のような営業活動が，期首に利用可能であった資源と比較されることを確実にする．実務においては，期末の残高が使われても，企業の成長が速くない場合は大きな違いはないかも知れない．

2) 予測する別の方法は，期首のバランスシートからスタートし，売上高の予測に必要な資産回転率，NOPAT マージン，純利益の予測に必要な税引後利息費用，期末簿価の予測に必要な簿価成長率，そして期末の総資本と総資産を予測するのに必要な負債資本比率についての仮定を設けることを含む．この章で議論した予想売上高成長率についての仮定からスタートする方法のほうがより伝統的であるが，この方法では他の仮定を満たすために期首のバランスシートを再構成することが要求される．

3) 表12-2 で示される2004年初のバランスシートは2004年の売上高が3.5パーセント成長する仮定に基づいていることを思いだそう．このバランスシートは，2003年のキャッシュフローを再推定するために売上高成長をゼロとして再計算されなければならない．そうすると，2003年の負債および株主資本に帰属するフリー・キャッシュフローは113百万ドルとなり，株主資本に帰属するフリー・キャッシュフローは92百万ドルとなる．

4) Copeland, T., T. Koller and J. Murrin, *Valuation: Measuring and Managing the Value of Companies*, 2nd edition (New York: John Wiley and Sons, 1994) をみよ．理論的には短期利子率を使うことになるが，ここでそれを用いると実務上は難しい問題が起こる．それは，長期的なインフレ期待に対するプレミアムを割引率にどう反映させるかということである．このプレミアムを $[E(r_m)-r_f]$ 項に含まれるものとして扱うことも原則としては可能で

あろうが，インフレ期待が織り込まれていると思われる中期あるいは長期の無リスク証券の利子率を用いた方がおそらく簡単である．
5) ここで報告されている平均リターンは幾何平均値ではなく，算術平均値である．このような推定が適当である理由については，Ibbotson and Associates, *Stocks, Bonds, Bills, and Inflation*, 1998 Yearbook, Chicago. をみよ．
6) システマティック・リスクを推定する方法のひとつは，最近の数期間をとって，企業の株式からのリターンをマーケット・インデックスからのリターンに回帰させることである．その回帰直線の傾きが β の推定値である．より根本的には，システマティック・リスクは企業のレバレッジがどれくらいか，および企業の営業利益が経済全体の活動の変化に対してどれくらい敏感であるかによって決まってくる．こうした財務上のリスクと営業上のリスクを評価する財務分析は，β について合理的な推定値を得るのに役に立つ．
7) Ibbotson and Associates, op. cit.
8) W. Gebhardt, C. Lee and B. Swaminathan, "Toward an Implied Cost of Capital," *Journal of Accounting Research* 39, No. 1 (June 2001): 135-176. と J. Claus and J. Thomas, "Equity Premia as Low as Three Percent? Evidence from Analysts' Earnings Forecasts for Domestic and International Stock Markets," *Journal of Finance* 56, No. 5 (October 2001): 1629-1666. をみよ．（訳注）
9) しばしば，企業の資産の価値を推定し，その上で推定された資産価値から負債の簿価を減ずることによってアナリストは株主資本の価値を推定する．Sigma に関してこの方法が直接推定された株主資本価値といくぶん異なる株主資本の推定価値に到達することに注意しよう．この違いは，ここでは負債および株主資本の（市場価値ではなく）簿価に基づく WACC の推定値が用いられている事実によるものである．残念ながら，以前に議論したように，市場価値レバレッジ比率に基づく WACC 推定値を適用するのが困難であるため，実務上この問題を避けるのは難しい．したがって，ここで示したように株主資本価値を直接推定することを推奨する．
10) 割引超過利益ベースの企業評価は，予想のために1つの特性を必要とする：それは，「クリーン・サープラス会計」に従うことである．そのような会計は次の関係を必要とする．

期末簿価＝期首簿価＋利益－配当±増資・減資

クリーン・サープラス会計は，ある種の利益または損失が利益から除かれなが

ら，株主資本の簿価を調節するためには使われるという状況を除外する．例えば，アメリカのGAAPの下で，外国の通貨換算に関する利益と損失は，このように取り扱われる．ここで述べる評価の手法を適用する場合，予想にあたってアナリストはGAAPから逸れ，あたかもそれらが利益の一部であるように扱う必要がある．しかし，評価の手法は**過去に**クリーン・サープラス会計が適用されたことまでは要求していないので，既存の簿価（アメリカのGAAPに基づくものであれ，他のいかなる原則に基づくものであれ）が出発点として使われる．アナリストがやらなければならないのは，クリーン・サープラス会計を彼（女）の将来の予想に適用することだけである．それだけなら，簡単なだけでなく，むしろそうすることが自然でもある．

11）アナリストが「間接的な」キャッシュフロー予測法を使うとき，検知されなかった会計上の歪みが将来の利益予想だけでなく将来のフリー・キャッシュフロー予想にも影響することを認識するのは重要である．現在の例では営業債権が過大計上されるので，それらが将来のどこかの期に現金として回収されるとアナリストが仮定する結果，将来のキャッシュフローの推定値が高目になる．

12）リアル・オプションについての研究を参照せよ．

（訳者注）　原著では注8においてワーキング・ペーパーが引用されていたが，原著出版後にそれぞれ雑誌に掲載されたので引用文献を差し換えた．

第III部
企業分析の応用

13
株式分析

　株式分析（持分証券分析）は，企業の現在の状態や将来の見込みを，現在の株主や将来株主となる可能性のある者の観点から評価するものである．証券分析は，(1)投資家やファンドの投資目標を定め，(2)個々の証券の将来のリターンやリスクを予測し，さらに(3)投資目標を最大限達成するよう個々の証券を組み合わせポートフォリオを作成する，という大きな投資プロセスの1つのステップと位置付けることができる．

　証券分析は，将来のリターンを予測しリスクを査定するという第2ステップの基礎となる．証券分析は多くの場合，ミスプライスされている証券を選び出すことを意識して実施されており，投資家にリスクに見合う以上のリターンをもたらすことを期待して実施されている．もちろん，証券分析はそのようなものに限らない．ミスプライスされている証券を選び出すことが得意でないアナリストも，ある証券がポートフォリオ全体のリスクに与える影響や，その証券がポートフォリオの維持すべき性質に適合するか否かの評価を得ることに関心を集中すべきである．

　証券分析は，個人投資家やブローカーハウスのアナリスト（セル・サイドのアナリスト），さまざまな機関のファンドマネージャーの下で働くアナリスト（バイ・サイドのアナリスト）などにより実施されている．バイ・サイドのアナリストを利用する機関は，ミューチュアル・ファンド，ペンションファンド，保険会社，大学などである．

　証券分析では多様な問題が取り扱われる：

- セル・サイドのアナリストは，次のことに関心をもつ：自分の予想はアナリストの支配的な予想と比較してどうか？　実際に観測される市場価格は，アナリストの支配的な予想と矛盾していないか？　企業に対する自分の予想を所与のものとすると，その企業の株式はミスプライスされ

ていると思えるか？ その株式は購入，売却，継続保有対象として推奨すべきか？

・ミューチュアル・ファンドの投資家に提供される「バリュー・ストック・ファンド」のバイ・サイドのアナリストは，次のことに関心をもつ：この株式は我々がファンドに求める特徴を有しているか？ 言い換えれば，利益，簿価，その他の基礎的指標に対して株価が相対的に低いか？ 利益増加の予測は，その株式が将来高い収益率をあげる可能性が強いことを示しているか？

・個人投資家は次のことに関心をもつ：この株式は自分の投資目標に合致したリスク内容を提供するか？ 自分の保有ポートフォリオのリスクを分散する能力を高めてくれるか？ 株式を保有し続ける間，企業の配当支払率は自分が税金を逃れられるほど十分低いであろうか？

上のような問題に注目すれば，証券分析には株式の価値を評価する以上の内容が含まれる．にもかかわらず，ほとんどのセル・サイド，バイ・サイドのアナリストにとって証券分析の主要な目標は，依然としてミスプライスされている株式を選び出すことにある．

1　投資家の目標

経済に存在する個人貯蓄者の投資目標は非常に個性的である．いかなる特定の貯蓄者の投資目標も，所得や年齢，資産，リスク許容度，課税状況などに左右される．例えば，退職まで長年残っている貯蓄者は自分の保有するポートフォリオの比較的多くの部分を株式に投資することを好むであろう．株式は短期的には変動性が高いが，他方で高い期待リターンをもたらすからである．高い税率を課されている投資家は，配当をもたらす株式や利息をもたらす証券よりも，課税を遅らせるキャピタル・ゲインを生み出す株式に，自分の保有ポートフォリオの多くの部分を充てたいと思うであろう．

ミューチュアル・ファンド（いくつかの国ではユニット・トラストと呼ばれている）は，貯蓄者が投資目標を達成するための人気の高い投資手段とし

て普及している．ミューチュアル・ファンドは，特殊なタイプの株式や支払いの確定した証券に投資する専門的に運用されたポートフォリオの持分を売るものである．このためそれらは，貯蓄者に特有のリスク態度を反映した証券ポートフォリオに投資する低コストの手段を提供するのである．

ミューチュアル・ファンドの主要なものとして(1) CD や TB に投資するマネー・マーケット・ファンド，(2)負債証券に投資する債券ファンド，(3)株式に投資する株式ファンド，(4)マネー・マーケット，債券，株式を保有するバランス型ファンド，(5)商業用不動産に投資する不動産ファンドが存在する．ただし，債券型や株式型のファンドのなかには，幅広いファンドタイプがある．例えば債券ファンドのなかには次のものが含まれる：

- 社債ファンド：投資適格水準の格付けを受ける企業の負債証券に投資するもの
- ハイ・イールド・ファンド：投資不適格の格付けを受ける企業の負債に投資するもの
- モーゲージ・ファンド：抵当権付証券に投資するもの
- 地方債ファンド：課税対象外となり得る配当をもたらす地方自治体の負債証券に投資するもの

株式ファンドには次のものが含まれる：
- 配当株ファンド：配当収入をもたらすと予想される株式に投資するもの
- 成長株ファンド：長期的なキャピタル・ゲインをもたらすと予想される株式に投資するもの
- 配当株と成長株のファンド：配当とキャピタル・ゲインをバランスさせた株式に投資するもの
- バリュー株ファンド：過小評価されていると考えられる株式に投資するもの
- ショート・ファンド：過大評価されていると考えられる株式の売りポジションを販売するもの
- インデックス・ファンド：S＆P 500 などの特定の市場インデックスを追跡するように株式に投資するもの

- 部門別ファンド：技術部門や健康科学部門などの特定の業種区分の株式に投資するもの
- 地域ファンド：日本，欧州，アジアと環太平洋領域など特定の国や地理的領域の株式に投資するもの

この章の焦点は株式の分析にある．

2 株式分析と市場効率性

　証券アナリストが自分の時間をどのように費やすべきかは，情報がどの程度迅速かつ効率的に市場に伝わり証券価格に反映されるかに依存する．極端な場合，情報は明らかになると同時に直ちに完全な形で証券価格に反映される．これが基本的に**効率的市場仮説**で仮定されている条件である．この仮説の下では，証券価格はすべての利用可能な情報を反映するとされており，それらの情報はあたかも取引コストによる摩擦の影響を受けずに，買いや売りの注文へコストなしに浸透して直ちに反映するとされる．そのような状況の下では，公表された情報をもとにミスプライスされた証券を選び出すことは不可能である．

　効率的市場の世界では，いかなる株式の期待収益率も証券が有する回避不可能なリスクにちょうど見合うものでしかあり得ない．回避不可能なリスクとは，ただ単にたくさんの証券から成るポートフォリオを保有することでは「分散化」されないリスクのことである．効率的市場では，投資家の戦略はミスプライスされた証券を探すことではなく，代わりに十分に分散化された状態にポートフォリオを維持することに焦点がおかれる．また，この問題とは別に，投資家はリスクのある証券と短期の政府債券との間の望ましい比率を探さなければならない．望ましい比率は，期待収益率を一定の率だけ増加させたとき投資家がそれに応じてどの程度リスクを負えるかに依存している．

　上述の議論によれば，株価が利用可能な情報をすでに反映していると考える投資家は，ミスプライスされた証券を探すことを含め証券分析を実施する必要はないことになる．もちろん仮にすべての投資家がこのような態度をと

れば，分析がなされなくなり，ミスプライスが修正されることはなく，市場はもはや効率的ではなくなる．このような理由により，効率的市場仮説は厳密な意味では均衡を記述できないのである．均衡では，ちょうど証券分析に資源を投資するインセンティブが与えられるのに十分なミスプライスが生じていなければならない．

　均衡においてもミスプライスが存在するということは，誰かが証券分析を行えば均衡がすぐに影響を受けるということを意味するものではない．むしろ，証券分析が，他のすべての競争産業が直面するのと同じ供給と需要の法則に支配されているということを示すものである：最も比較優位を有する者のみが報酬を得るのである．どれくらいの数のアナリストがその範疇に入るかは，企業の株式の流動性や投資家の企業に対する関心を含むいくつかの要因によって決まる[1]．例えば，IBMを追跡するセル・サイドの専門的アナリストは40人程度である．IBMは株式の流動性が高く，投資家の関心をかなり惹いている．このため，これ以外にも外部者に公式の報告書を発行することなく，自分のために会社を追跡するバイ・サイドのアナリストは多数存在する．米国で株式の取引が公開されている企業のうち最も規模の小さい企業に関しては，通常はアナリストによる公式の追跡調査はなく，投資しようとする人やそれらの人々のアドバイザーは自ら証券分析を実施しなければならない．

市場の効率性と財務諸表分析の役割

　アナリストや他の市場参加者の間の競争によりどの程度市場の効率性が達成されるかは，過去30年間にわたって多くの研究で取り上げられてきた実証的な問題である．それらの研究は証券分析で財務諸表が果たす役割について重要な示唆を含んでいる．たとえば，情報が明らかにされてから数分のうちに完全に価格に織り込まれるような極端に効率的な市場のもつ意味を考えよう．そのような市場では，取引者は2つの方法で財務諸表の情報を消化し利益を上げることができる．まず第1に，新しく公表された財務データを入手して即座にそれを解釈し，数分以内に取引を行うような限られた少数者には，その情報は有用である．第2に，おそらくより重要であろうが，企業を

理解することによって，他のニュースが（財務諸表および他の情報源から）到来したときにすぐにそれを解釈できるように，より望ましいかたちでアナリストを配置しておくのに有用であろう．

一方，公表されてから数日あるいは数ヵ月後になっても，証券価格が完全には財務諸表データを反映していないことがあるとすれば，それらのデータから市場参加者が利益をあげることができる第3の方法が存在することになる．つまり，公に利用可能な情報が価格設定プロセスで無視されていたり割り引かれていたりする規則的なパターンを利用した取引戦略を創り出すことができる．

市場の効率性と経営者の財務報告戦略

市場の効率性の程度は，経営者の投資家集団に対する情報伝達の態度にも影響を与える．この問題は，企業が特殊な戦略をとるときや財務諸表の通常の解釈が企業の状況を誤解させる可能性があるときに最も重要である．そのような状況の下では，経営者が有効に用いることのできる情報伝達手段は，経営者の信頼性だけでなく，投資家集団がどの程度現状を理解しているかにも依存する．経営者の情報公開の問題は，第17章でより詳しく取り上げる．

市場の効率性に関する実証結果

米国の主要な証券市場が高度に効率的であることと整合的な実証結果は豊富に存在する[2]．実際，1960年代と1970年代の間は，実証結果が著しく一方的に市場の効率性を支持したため，効率的市場仮説は学者の間で広く受け容れられ，実務界にも大きな影響を与えていた．

証券市場がきわめて効率的であると指摘する証拠は，いくつかの形で示されている：

- 情報が公表されるとき，市場は**非常に**素早く反応する．
- 継続的に異常な高い収益率を獲得している特定のファンドやアナリストを識別することは困難である．
- いくつかの研究では，株価はかなり複雑なファンダメンタル分析の結果

を反映していることが示されている．

効率性と矛盾しない多くの実証結果が存在する一方で，一度は広く受け容れられたこの考え方について近年では再検討も見受けられるようになった．研究例として以下のものがある：

- ニュースに対して株価が反応する速さに関して，価格は素早く反応するものの，当初の反応は不完全な傾向にあることを，いくつかの研究は示している[3]．
- 市場平均を上回る収益率を上げることのできる取引戦略が存在していたことをいくつかの研究は指摘している[4]．
- 正しい解釈は現在も続く論争によって変わるかもしれないが，いくつかの関連する実証結果により，市場価格がたとえ比較的複雑な分析結果を反映しているとしても，価格は公に入手できる財務諸表から得られるすべての情報を完全には反映していないことが示されている[5]．

証券市場の効率性についての論議はすぐ終わりそうにない．それでも，ほとんどの研究者に受け容れられている教訓は存在する．まず第1に，証券市場は公に入手できる情報を反映しているだけでなく，情報が公表される前にそれらの情報の多くの部分を予想しているのである．未解決の問題は，公表日が到来したときにどれほどの割合の反応が価格に織り込まれているかである．第2に，非効率性を指摘する研究のほとんどが，大型株のミスプライスの程度は比較的小さいとしている．

最後に，たとえ実証結果のなかに現在のところ効率的市場仮説と整合的に説明することが難しいものがあっても，仮説は証券価格の動きを考えるのに（最低限）有用な基準にはなり得る．効率的市場仮説は，より完全な理論に置き換えられないかぎり，そのような役割を果たし続けるであろう．研究者のなかには，説明不可能な理由で取引をする市場参加者や，均衡においてもいわゆる「ファンダメンタル・バリュー」と異なる価格が存在することを取り入れて，理論を発展させている者もいる．

3 ファンド・マネジメントの方法と証券分析

　ファンドの運用や証券の分析に実際に使用されている方法は非常に多様である．多様性のもととなっている一つの要素は，投資がどの程度積極的または消極的に運用されているかである．もう一つの要素は，定量的方法が用いられるか伝統的なファンダメンタルな方法が用いられるかによるものである．証券アナリストが，フォーマルな企業評価を実施するのか，インフォーマルな評価を実施するのかによっても大きく異なる．

積極的運用と消極的運用

　積極的ポートフォリオ運用は，ミスプライスされている証券を識別するにあたって証券分析に大きく依存する．消極的なポートフォリオ運用者は，プライス・テイカーの役割を果たし，通常は市場全体のインデックスやある投資セクターのパフォーマンスに対応するポートフォリオを保有しようとして，証券分析や銘柄入れ替えのコストを回避する．これらの運用方法を組み合わせる方法もある．たとえば，ファンド残高の20%を積極的に運用する一方で，残りの部分を消極的に運用することも可能である．過去20年にわたる米国での広範な消極運用ファンドの拡大は，超過収益を獲得するのは難しいという，多くのファンド・マネジャーがもつ信念を証拠づけている．

定量的分析と伝統的なファンダメンタル分析

　積極運用ファンドは，何らかの形で証券分析に依存することになる．ファンドのなかには，「テクニカル分析」を使用するものもある．これは，株価の動きを，市場の指標（過去の株価の動き，取引高など）に基づいて予想しようとするものである．これに対して，「ファンダメンタル分析」は，証券分析の基礎的方法であり，企業の将来の利益やキャッシュフロー生成能力の予想と比較して，現在の市場価格を評価しようとする．ファンダメンタル分析は，本書のこれまでの章で説明したすべてのステップ，つまり経営戦略分析，会計分析，財務分析，将来性分析（予測と評価の両方）を含んでいる．

　近年は，主観的判断をかなり含んだ伝統的ファンダメンタル分析を補強す

るため，より定量的な手法をとり入れているアナリストもいる．定量的手法自体も，きわめて多様である．そのなかにはアナリストによる利益見込みの改訂の動向や，株価収益率，株価純資産倍率など，いくつかのファクターに基づいてただ単に株式の「スクリーニング（選別）」を行うものも含まれる．そのような方法が有効か否かは，それらのスクリーンと比較した市場の効率性の程度による．

　定量的手法のなかには，将来の株式のリターンを予測するためフォーマルなモデルを用いるものもある．回帰分析やプロビット分析などの長い間使用されてきた統計的技術も，最近発達しているニューラル・ネットワーク分析などのコンピューターを駆使する技術と同様に用いることができる．しかしここでも，これらの方法の成否は，市場の効率性の程度や，市場参加者が他では利用できない方法で情報を活用できるかに依存している．

　定量的方法は，10年前や20年前と比較して，今日では証券分析でより重要な役割を担っている．しかしながら，概してアナリストは，これまでの章でも述べてきたように，依然として第一義的には複雑な人間の判断も含んだファンダメンタル分析のようなものに依存している．

公式の評価と非公式の評価

　第11章で説明したような方法に基づき，全面的にフォーマルな評価をすることは，とくに近年より一般的となっている．とはいえ，もう少しフォーマルでない方法を採ることも可能である．たとえば，アナリストは，自分の長期的な利益予測を支配的な予測水準と比較し，買いや売りを推奨することができる．また，アナリストは，自分の利益予測が現在の株価と比較して高いことから，ある株式を薦めることもできる．もう一つ，「マージナリスト」と呼べるような方法もあり得る．この方法は，企業を評価するのではない．アナリストはただ単に，他の人々が認識していないと信ずる良い（悪い）情報を発掘したならば，その株式は買い（売り）だとするのである．

　多くの証券アナリストとは違い，証券会社は当然のこととしてフォーマルな評価も行う．証券会社は，私企業を公開する目的や，合併や買収の提案の評価のため，あるいは定期的な経営のレビューのために企業価値を評価して

おり，いつでも経営者や（必要であれば）裁判所に報告できるようなかたちで，その評価を文書にしておかなければならない．

4 総合的な証券分析のプロセス

証券分析では実際上たくさんの方法が用いられているために，それらのすべてをここでまとめることは不可能である．その代わり，総合的な証券分析に含まれる各ステップを簡単に概説する．各ステップに対して向けられる関心の度合いは，アナリストによって異なる．

分析対象の選択

どのようなアナリストであっても，主要な取引所で取引されている証券のごく一部しか有効に調査することはできない．このため，何らかの方法で対象を絞りこむ必要がある．セル・サイドのアナリストは，インベストメント・ハウスのなかで産業や一つのセクターごとに組織されていることも多い．このため，どの企業をフォローするかの選択も制約を受けやすい．しかし，ファンド・マネージャーや投資会社全体から見れば，どのような企業あるいはセクターに注目するかは自由であることが多い．

これまでに述べたように，ファンドは通常，特定のリスク・プロファイルや特徴を持つ株式（例えば，成長株，「バリュー」株，技術株，サイクリカルな株）に投資するように特化する．このようなタイプのファンドのマネージャーは，ファンドの目標に適合する株式を見い出すことにアナリストのエネルギーを集中させようとする．それに加えて，多数の株式を保有することなく十分に分散化されたポートフォリオを維持しようとする個人投資家も，企業リスクの性質についての情報を必要とする．

株式を選択するときこれらの方法に代わるのは，ミスプライスに関する何らかの仮定に基づき——おそらくは特定の基準を満たす株式の詳細な分析とあいまって——企業をスクリーンする方法である．たとえば，米国の大きな保険会社が運用しているあるファンドは，セル・サイドのアナリストやバイ・サイドのアナリストの利益予測の修正に反映された，直近の「利益の勢

い」に基づいて株式を選別している．上方修正は，買いの可能性を調べる契機となる．利益に勢いがあれば将来の株価の動きに対して肯定的なシグナルとなる，という信念の下でファンドは運用されている．ファンドのなかには，まだ株価に反映されていない利益修正を見出そうと，利益の勢いに関する選別条件を，最近の短期的な株価変動に基づく条件で補っているものもある．

Key Analysis Questions

特定のタイプの性質を持った株式をターゲットにするという戦略や，ミスプライスされていると思われる株式を選別するという戦略にファンド・マネージャーが従うか否かにより，以下のようなタイプの問題について考えることは有益であろう：

- この企業のリスク・プロファイルはどのようなものであるか？ 利益の流列や株価はどの程度変動的か？ 将来悪い結果をもたらすかもしれない重要な要因は何か？ 企業が上向く可能性は何か？ 企業のリスクは経済全体の状態とどの程度緊密な関係にあるか？ リスクはかなり分散可能であるのか，それともシステマティックであるのか？
- この企業は成長株の特質を有しているか？ 今後数年間の売上や利益の成長の予測パターンはどのようであるか？ 企業は利益の多くの部分あるいはすべてを再投資にまわしているか？
- 「インカム・ファンド」に求められる性質を企業は満たしているか？ その企業は成熟しているか成熟しつつある企業であり，利益を「収穫」し，それを高配当の形で分配する準備ができているか？
- 企業は「バリュー・ファンド」の候補であるか？ 株価と比較して相対的に高い利益やキャッシュフロー，簿価の指標を有しているか？ 評価の間違っている株式を見つけるためには，どのような特定の選別方法を実行できるか？

市場が予測している内容

証券分析がミスプライスを見つけ出すために実施されているとすれば，最終的にはアナリストの期待を「市場」のそれと比較しなければならない．そ

の一つの方法は，観測される株価が市場の期待を反映していると見て，アナリストが自分の予測値と株価とを比較することである．ただし，株価は単に一つの「集計された統計量」でしかない．このため，売上，利益その他の指標で表される企業の将来の業績について，市場の期待のより詳しい情報をもつことが有効である．たとえば，アナリストが近い将来の売上に関して，一般には認識されていないかもしれない情報を発見したとしよう．実際に情報は認識されていないのか，買いの推奨は適切なのかは，アナリストが市場で支配的な売上予測を知っていれば簡単に判断できる．

世界中のいくつかの機関が，売上や利益に関するアナリストの予測をまとめている．次の年やその次の年の予測は一般に入手可能であるが，多くの企業については長期的な利益成長の予測——通常3年から5年——も入手可能である．米国では，そのようなデータに対して継続的にオンラインでの更新を提供する機関もあり，アナリストが予測を修正すると，ファンド・マネージャーや他のアナリストは直ちにそれを知ることができる．

アナリストの売上や利益の予測は利用価値があるが，それらは将来の業績に対する期待を完全に表すものではなく，支配的なアナリストの予測が市場の株価に反映されるものと同じであるという保証もない．さらに，財務アナリストは，たった数年分のパフォーマンスしか予測しない場合が多く，このためたとえそれらが市場の期待を反映していたとしても，どのようなタイプの長期予測値が株価に反映されているかを知ることは有益である．

例えばIBMの評価について考えよう．1999年7月28日には，IBMの株価は126.25ドルであった．このとき，アナリストはこの会社の一株あたり利益は，1999年には19%成長して3.91ドルとなり，2000年までは15%成長して4.51ドルとなり，それ以降は24%成長して2001年には5.60ドルとなると予想していた．ところが，アナリストは2001年以降の利益成長については詳細な予測を示さなかった．では短期的および長期的なIBMの利益成長について，市場の暗黙の仮定はどのようなものであるのか？

価値決定の鍵となる要因の値を変え，予測値と観測される市場価格とが等しくなるような組合せを求めれば，アナリストは，1999年の半ばに市場がIBMに何を期待していたかを推測できる．表13-1は，利益成長率，簿価成

表13-1 IBMの価値決定要因に関する代替的な仮定：株価126ドルと整合する組合せ

	1999年から2003年までの平均的な年間利益成長率と簿価成長率					
	利益成長率＝15%		利益成長率＝20%		利益成長率＝25%	
	簿価成長率＝4%	簿価成長率＝6%	簿価成長率＝4%	簿価成長率＝6%	簿価成長率＝4%	簿価成長率＝6%
推定される2003年度の1株あたり利益	$6.62	$6.62	$8.19	$8.19	$10.04	$10.04
推定される2003年度のROE	55%	51%	68%	63%	83%	77%
以下の資本コストの下で推定される株価						
8%	$127	$125	$157	$155	$193	$192
9%	$101	$99	$125	$123	$153	$151
10%	$83	$82	$103	$101	$126	$124

長率，および株価を高くしたり，低くしたり，市場価格と等しくしたりする資本コストの組合せを要約したものである．薄い影の付いている部分は市場価格が推定価格に近い（123ドルから127ドルの範囲にある）ことと整合的な条件の組合せであることを示す．

　IBMの株式のβ値は1.2である．政府長期債の利回りが5%で市場リスク・プレミアムが3%から4%であることを所与とすると，IBMの株式による資本部分のコストはおそらく8%から10%の間にあるであろう．それに加えて，会社の簿価の成長率は，過去3年間比較的安定しており4%から6%であった．そしてそれは，経済全体の過去の長期的な簿価成長率と近いものである．IBMのパフォーマンスに関する市場の評価を推定するときに重要な問題は，どの時点で会社のめざましい利益成長がとまり，経済全体の平均的な会社と同じ水準（歴史的には4%程度）に戻るかを推定することである．表13-1に報告される分析では，IBMの卓越した利益成長が2003年までの5年間続き，その後経済の平均的水準に戻ると仮定している．

　表13-1には，推定される市場価格が126ドルであることと整合するようないくつかの条件の組合せが示されている．その一つは，今後5年間の利益

成長率が15％でかつ株式の資本コストが8％というものである．これらの仮定の下では，1株あたり利益は今後5年間のうちに1998年の3.29ドルから2003年の6.62ドルへと実質的に2倍になる．それに加えて，IBMのROEは1998年の33％から，簿価の成長率に依存して51％から55％の間へと急上昇する．簿価の成長率の変化は評価に強い影響を与えないことに留意されたい．市場価格と整合的な値を導き出す他の条件の組合せとして，(1) 20％の5年間の利益成長率と9％の資本コスト，(2) 25％の5年間の利益成長率と10％の資本コストがある．もちろん，これらの仮定は，2003年までIBMが63％から83％のきわめて高いROEを得ることを意味する．

証券分析では，市場の期待を推測するのにそのような詳細な分析がつねに必要とされるわけではない．しかし，分析が明示されているか否かにかかわらず，優秀なアナリストは，実際に観測される価格がどのような経済的シナリオを反映していると考えるのが説得的かを理解している．

Key Analysis Questions

割引超過利益モデルやROE評価モデルを用いることにより，アナリストは会社の将来のパフォーマンスについての市場の期待を推測できる．これによってアナリストは，市場が会社を過大評価あるいは過小評価しているか否かを考えることができる．このような分析でアナリストが考えるであろう典型的な問題には次のようなものが含まれる：

- 市場が仮定している長期的なROEや成長率はどうであるか？ 例えば，相応の水準の資産基盤の拡大（結局のところ資本の拡大）なしに会社は利益を成長させられると市場は予測しているか？ もしもそうであるならば，どれくらい長くそれは維持できるのか？
- 資本コストの変化はどのように会社の将来のパフォーマンスに関する市場の評価に影響を与えるのか？ もしも市場の期待が，予想できないほどに高いかあるいは低いと思われる場合，市場は会社のリスクを再評価しているか？ もしもしているのであれば，その変更はもっともらしいか？

アナリストによる予測の提示

証券アナリストは，最終的には，自分の株式の見方を市場価格に織り込まれたものと比較する必要がある．アナリスト自身の見方は，第2章から第12章までで検討されたものと同じ道具，つまり経営戦略分析，会計分析，財務分析，将来性分析を用いて形成される．この作業の最終的な生産物は，いうまでもなく会社の将来の利益やキャッシュフローについての予測値と，企業価値の推定値である．ただし，その最終的な生産物よりも，分析から得られる事業や産業に対する理解の方がより重要である．そのような理解により，アナリストは新しい情報が到来したときすぐに解釈し，その意味を推測することが可能となる．

Key Analysis Questions

本書で解説する財務分析ツールを用いて，企業の将来のパフォーマンスについて予測を形成するにあたり，アナリストは以下のタイプの問題を考えるであろう：

- 企業にはどの程度収益性があると認められるか？ 産業の状況や会社の企業戦略，競争に対する障壁から判断して，その収益性はどの程度維持可能と思えるか？
- その企業の成長の機会は何であるか？
- 企業はどの程度リスキーであるか？ 一般的な景気下降に対して，経営はどの程度影響を受けやすいか？ 企業はどの程度高いレバレッジをもつか？ 資本コストに対して企業のリスクの大きさはどのような影響を与えるか？
- 上の質問に対する回答は，実際の株価に織り込まれている期待と比較してどうか？

証券分析の最終的な生産物

財務アナリストにとっては，証券分析の最終的な生産物は，株を買うか売るか，あるいは継続保有するかの助言（ないしは，より詳細な順位付け）である．助言内容は，その根拠を要約した予測数値と報告で裏付けられている．

アナリストの報告のなかには，かなり詳細なところまで掘り下げているものもあり，損益計算書や貸借対照表，キャッシュフローの一行一行に及ぶ1年ないしはそれ以上の予測に関する評価だけでなく，企業の抱える事業についての評価も含むことがある．

5 財務諸表データと証券価格

証券分析が，財務諸表の範囲を超える多くの情報を対象としていることは明らかであるが，財務諸表自体が重要な意味をもっていることは事実である．過去30年間の多くの研究は，証券価格を決定する際に財務諸表データが果たす役割を明らかにするのに寄与してきた．財務諸表データの役割を理解することにより，証券分析におけるそのデータの重要性とそれを使いこなす市場参加者の能力は，正当に評価されることになるはずである．

財務諸表データと証券価格に関する研究を詳しく検討することは，この章の目的を大きく超える．ただし，それらの文献の重要な結果のうち，いくつかのものを要約することは可能である．

利益や簿価は株価の重要指標である

会計上の利益や簿価は，米国でも他のほとんどの国でも企業の経済状態の重要な側面を無視しており，経営者によって歪められることがあり，インフレ調整もなされていない．会計上の数値が，株価を決定すべき予測キャッシュフローの良い指標であるか否かは，問い直されるだけの理由があろう（事実，金融報道もしばしばそれを問題としている）．

会計システムには広く議論されている欠陥があるが，それでも利益や簿価は証券価格の多くの情報をよく表していることは明らかである．米国では，（1株当たりの）簿価と利益を同時に用いれば，特定の年のクロス・セクションの株価変動の3分の2近くを説明できる[6]．それらの結果は，簿価や利益が，株価を決定するキャッシュフローを予測する良い出発点となっていることを示している．

簿価や利益が，株価に含まれる情報をより完全に要約できないことも，ま

た驚くべきことではない．会計システムではうまく捉えることのできない，株価に影響を与えるいくつかの要因は存在する．たとえば，ブランド資産の価値，成長の機会，研究開発がそれに含まれる．

企業の株価**水準**の違いを説明することと，株価水準の**変化**により決定される株式のリターンを説明することとは，まったく違うことである．後者は明らかによりチャレンジングな課題である．そこでは価値を説明する要因を明らかにするだけでなく，価格変化が測定される期間内に，その要因に関する情報が市場参加者にどの程度まで知られるようになったかを見極める必要がある．研究者は事実，数年ないしはそれより短い期間であっても，株式リターンの分散のごく小さな部分しか説明できなかった．利益データは，調査対象とされているなかでも最も強力な要因であるが，それでも，説明力は相対的に低い．利益と利益の変化（両指標とも，年初の株価に対する比率で表されている）の両指標を同時に用いても，年次の株式リターンの変動の5％から15％ほどしか説明できない[7]．

以上の議論をまとめれば，利益データが株価に関して何らかのノイズのある指標を提供していることがわかろう．それは，株価がたとえば5ドルより10ドルに近いはずかどうかを見積もる程度なら十分だが，株価水準が過去1年間にたとえば5％でなく10％変化していたはずであるか否かに明確な指標を与えるほどには，正確なものではない．このため，利益の数値は分析の良い出発点となるが，株価を追跡するにはより多くの情報が確実に必要とされる．

市場参加者は利益に含まれる情報の大部分を予想できる

財務諸表データが株価に含まれる情報の多くを**反映している**とはいえ，このことは財務諸表データが報告されたときに**新しい情報が伝えられる**ということを必ずしも意味しない．事実，市場参加者は，財務諸表よりもタイムリー（適時）にいろいろなところから情報を手に入れることができ，それらの情報源から最終的に財務諸表で明らかにされるデータを予想している．

図13-1では，財務諸表の一番重要なデータである利益がどの程度市場参加者に予想されているか示している[8]．図では，四半期の利益が前四半期か

図 13-1 四半期利益公表前後の株価変動

規準グループと比較した株式収益率 (%)

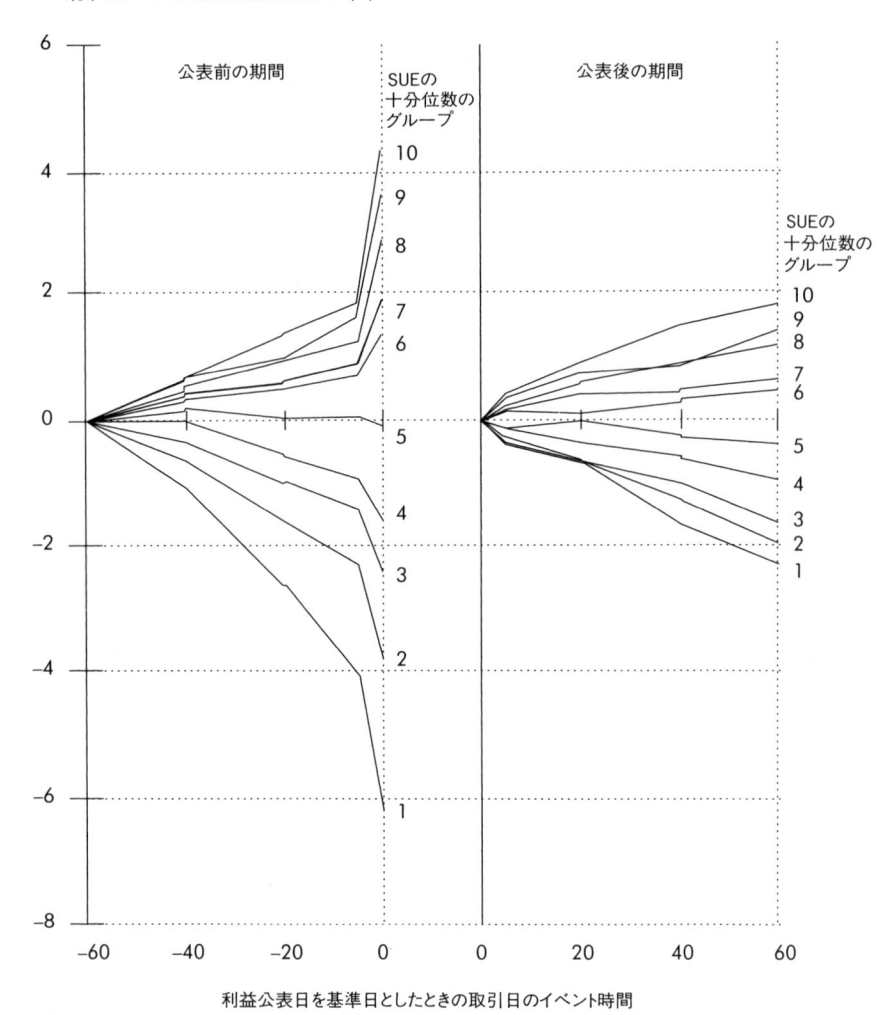

利益公表日を基準日としたときの取引日のイベント時間

注：企業は「スタンダード・アンエクスペクテッド・アーニング（予期されない利益を規準化したもの）」すなわち SUE に基づき，10 のポートフォリオにグループ化されている。ただし SUE は，実際の利益から統計的な予測値を差し引いたものを，過去の予期されない利益の標準偏差で除して求めている。利益の公表前と公表後の各 60 日間にわたり株式収益率（サイズ調整の規準となるグループの株式収益率を差し引いたもの）を 10 の各グループごとに累積している。

らどの程度変化したかにより，企業を10のグループに分けている（利益の変化はSUEと記されており，これは予期されない利益の大きさを規準化したもの，standardized unexpected earnings を表す）．利益情報の重要性は，グループ間の株価パフォーマンスの違いにより明らかである．最もパフォーマンスの良いものは，3ヵ月間の株価上昇が標準となるグループよりも4.2%高いが，一方，最も良くないものは標準となるグループを6.1%下回っている．ただし，これらの動きの多く（約60%）が利益が公表されるよりも**前**の週に生じていることに注意してほしい．このことから，最終的には利益で表されるのと同じ情報を表す，利益よりもタイムリーな情報源があることになる．

　市場はどのように利益の公表内容を予想しているのだろうか？　いくつかの事例では，経営者側が自ら情報を明らかにしている．たとえば経営者は，企業の状況を報道機関や証券アナリストの会合で明らかにしている．その情報は，市場関係者の利益の予測能力を高めているはずである．経営者側が，利益はどの程度の範囲におさまりそうかを明示することもある．そのような直接的な情報チャネルがなくても，企業がどの程度うまくいっているかはある程度まで予想することができるだろう．たとえば，小売店，供給業者，競争相手，産業情報の提供先との話からわかるだろう．経済状態や産業の状態などの一般的な情報も，会社がどの程度うまくいっているかをよりよく推測させてくれる．

　図13-1に要約されている結果は，証券アナリストに重要な教訓を与えている．とりわけ利益が公表されてすぐそれに気づくほど，市場は効率的ではないのである．優れたアナリストは，よりタイムリーな情報源をも追う．

　図13-1に対する最後のコメントは，利益が公表された後の株価の動きに関してである．（いずれも規準となるグループと比較して）利益が増加した企業の株価は上昇し続けており，利益の減少した企業の株価は下落し続けていることに注意してほしい．これは，市場の効率性の節で簡単に述べておいた現象である．図では，利益に対する反応のほとんどがタイムリーに生じているものの，反応の一部は遅れているように見えることが示されている．

財務諸表の詳細な内容も重要である

　経営戦略分析，会計分析，財務分析，将来性分析の議論を通じて，利益だけでなく他の財務諸表の情報についても検討してきた．さらに会計分析の章では，利益の質を見極めるためのいくつかの財務的項目についても指摘した．市場参加者も同様の分析ができるとすれば，株価は利益だけでなく財務諸表の細かな部分も反映すると予想できる．

　株価と利益以外の財務諸表データの関係を調べた研究は多数存在する．たとえば，ある研究では，利益の質の評価に有益と思われる財務諸表上の変数を十数個取り上げて検討している．それらの変数は，不相応な在庫，売掛金の累積，粗利益率の増大その他である[9]．その結果，株価はそれらの変数を反映していることが確認されている．言い換えれば，利益だけでなく，利益の質をアナリストが解釈するのに役立つ要素も活用したほうが，株価の変化をうまく説明できるのである．

　注記による開示がどの程度株価の動きと関係しているかを調べた研究も多数存在する．たとえば，ある研究は，銀行の投資ポートフォリオに含まれる未実現利益がどの程度株価に反映されているかを調べている[10]．このような分野の研究の多くは，株価は少なくとも注記の詳しい内容をおおよそ反映していると結論づけている．したがって，実証結果の内容は，重要なデータを提供する注記の内容や「宿題をこなしている」アナリストの存在と矛盾しないのである．ただし，市場参加者が注記データを**完全**に消化できているか否かは，それほど明確ではない．

　株価と財務諸表の詳細な内容との関係については，今後も研究が進められるであろうし，この分野の疑問のなかにはいまだ決着がついていないものも多い[11]．理解の現状について，一般的なコメントがいくつか与えられるのみである．まず第一に，財務諸表の詳細な内容の多くは，株価決定要因を反映しているという意味で重要である．第二に，市場参加者が，そのような詳細な内容について財務諸表そのものから知るのか，それともよりタイムリーな情報源から知るのかを調べることは難しい（ほとんどの研究はこの問題に答えられるほど明確なものではない）．第三に，株価が財務諸表の詳細を瞬時に完全に反映しているか否かについては，議論の余地が残されており，どち

らの結論を支持する研究もそれぞれ存在する．研究成果から得られる証券アナリストへの一つの教訓は，市場に遅れをとらないためには，財務諸表の詳細に反映される情報を——財務諸表なり，なるべくならよりタイムリーな情報源なりから直接的に——収集し解釈できなければならないということである．

6　要　約

　株式分析（持分証券分析）は，その企業の株式に現在投資し，あるいは将来投資する可能性のある人たちの観点から，当該企業の現在およびその将来を評価することである．証券分析は，(1)投資家やファンドの目標を定め，(2)個別証券の将来のリスクとリターンの予想を確立し，そのうえで(3)投資目標を最大限達成できるよう個々の証券を組合わせポートフォリオを作成する，といったことを含む大きな投資プロセスの一つの要素である．

　証券分析はまず，株式を投資家のポートフォリオに含める前に，株式が適切なリスク・プロファイルやその他の望ましい特徴をもつかを確かめるために用いられることがある．しかし，多くの専門的なバイ・サイド，セル・サイドの証券アナリストはとくに，ミスプライスされた証券を選び出すためにも分析を利用している．均衡では，そのような活動で最も競争優位にある者に対して，報酬が与えられる．彼らこそ最も低いコストでミスプライスを見つけることができ，ミスプライスを修正するよう価格に実効性のある圧力をかけられるのである．この場面でどのような努力が生産的であるかは，市場の効率性の程度に依存している．米国の市場に関して，かなりの程度の効率性を支持する実証結果は多数存在するが，近年の実証結果はこの問題についての議論を再燃させている．

　ファンドの運用や証券分析では，実務上はかなり多様な方法が用いられている．しかし分析の核となるのは，本書の第2章から第7章で概説されたものと同じステップである．すなわち，経営戦略分析，会計分析，財務分析，将来性分析（予測と評価）である．職業的アナリストにとって最終的な生産物は，もちろん企業の将来の利益やキャッシュフローの予測値と，企業価値

の推定値である．ただし，それらの最終的な生産物も，分析を通じて得られる経営の内容や産業の状態の理解ほど重要ではない．そのようなことに対する理解があってこそ，アナリストは，新しい情報が入ったときにそれをすぐに解釈し，その意味を推測することができるのである．

証券分析では明らかに財務諸表の範囲を超えた情報も用いるが，財務諸表が重要な意味をもつことは事実である．過去30年間の多くの研究は，証券価格の決定において財務諸表データのもつ意味を描き出している．それらの研究では，財務諸表は株価の決定要因となる情報の多くを反映していると判断されている．ただし，市場参加者が情報を財務諸表自体から直接得ているのか，よりタイムリーな情報源から得ているのかは，それほど明らかではない．確かに財務諸表の情報の多くは，それが公表される以前に予想されているようである．最後に，株価が財務諸表の詳細な内容を直ちに完全に反映しているかは，議論の余地がある．研究成果から得られる証券アナリストに対する一つの教訓は，市場から遅れをとらないことであり，財務諸表の詳細で表されるような情報を——財務諸表なり，なるべくならばよりタイムリーな情報源なりから直接的に——収集し解釈できなければならないということである．

練習問題

1. 長年研究が重ねられているにもかかわらず，本章で説明された市場の効率性に関する実証結果は断定的ではないように思われる．このことに対して，研究者が企業のファンダメンタルズと株価とを厳密に関係づけることが出来ていないためだと主張する人がいる．この意見にコメントせよ．

2. 財務論の教授であるGeoffrey Henleyは，次のように述べている：「資本市場は効率的である．時間を費やして個々の株式を追い，ファンダメンタル分析を実施する者がなぜいるのか，私にはわからない．一番良い方法は，株式の十分に分散化されたポートフォリオを買ってもち続けることである．」あなたはこれに同意するか．その理由は何か．

3. ファンダメンタル分析とテクニカル分析の違いは何か．テクニカル分析を利用した取引戦略を何か考えることができるか．これらの戦略で設けられている仮定は何か．
4. 投資ファンドは，多くの異なるタイプの投資戦略に従っている．インカム・ファンドは高い配当利回りをもつ株式に注目し，成長ファンドは資本の増価が大きいと予想される株式に投資し，バリュー・ファンドは過小評価されていると思われる株式を追い，ショート（売）ファンドは過大評価されていると思われる株式を売る．どのようなタイプの投資家がこれら各タイプのファンドに魅力を感じると思うか．それはなぜか．
5. 3ヵ月前に，Intergalactic Software Company が公開された．あなたは知識のある投資家であり，ミスプライスされた株式を見つけるためにファンダメンタル分析に時間を費やしているとする．この株式を追跡するか否かを決めるのに，あなたは以下のどの性質に注目するか．
   - 株式の時価総額
   - 1日当たりの平均的な取引株数
   - 株式のビッド・アスク・スプレッド
   - 会社を公開に導いた引受会社は証券会社の上位5社に入っているか
   - 監査担当会社はビッグ・シックスに入っているか
   - 主要ブローカーに所属するアナリストでこの会社を追跡している者はいるか
   - 株式は主として小口投資家により保有されているか，それとも機関投資家により保有されているか
6. 証券アナリストには，主要な2つのタイプが存在する：セル・サイドとバイ・サイドである．バイ・サイドのアナリストは，投資会社のために働き，会社内のファンドの管理者だけに利用される株式売買の助言をする．セル・サイドのアナリストは，ブローカー会社のために働き，個人投資家や投資ファンドの運用者などを含めたブローカー会社のクライアントに株式を売るための助言をする．これらの2つのタイプのアナリストは仕事の内容や動機がどのように違い得るか．
7. 市場参加者の多くは，セル・サイドのアナリストは株式の買い推奨に

楽観的すぎており，売りを推奨するのが遅すぎると信じている．このバイアスのかかった見方は，どのような要因によって説明できるか．

8. Joe Klein は，引受業務とブローカー業務の両方を行う証券会社のアナリストである．Joe の会社が最近公開するのを手伝い，現在マーケット・メイクも行っている株式に関して，Joe があなたにとても有望であることを表した報告書を送ったとする．その株式を買うか否かを決定するのに Joe の報告書に頼る場合，潜在的なメリット，デメリットは何か．

9. Intergalactic Software Company の株式は，市場価格が1株当たり20ドルであり，簿価が1株当たり12ドルである．株主持分の資金コストが15%で，その簿価が1年当たり5%で無限に成長すると予想されるとき，この定常状態のROEに対する市場の評価はどのようになるか．株価が35ドルに上昇し，市場は企業の成長率に変化はないと予想している場合，定常状態のROEはどのように修正されるか．もしも株価上昇が，長期のROEよりむしろ，長期的な簿価の成長に対する市場評価の高まりによるものであるとすれば，株価の修正は均衡成長率に対してどのような意味をもつか．

10. Joe は次のように述べている：「比率分析や評価の査定がファンダメンタル分析を実施するときに有益であることはわかるが，戦略分析の価値は私にはわからない．」あなたは彼に戦略分析がなぜ有益であり得るか説明できるか．

注

1) R. Bhushan, "Firm Characteristics and Analyst Following," *Journal of Accounting and Economics* 11, Nos. 2/5 (July 1989): 255-275, and P. O'Brien and R. Bhushan, "Analyst Following and Institutional Ownership," *Journal of Accounting Research* 28, (1990): 55-xx 参照．

2) 市場の効率性に関する実証結果を概説した最近の文献として，Eugene Fama, "Efficient Capital Markets: II," *Journal of Finance* (December 1991): 1575-1618 がある．

3) たとえば, V. Bernard and J. Thomas, "Evidence that Stock Prices Do Not Fully Reflect the Implications of Current Earnings for Future Earnings," *Journal of Accounting and Economics* (December 1990): 305-341 を参照のこと.
4) 「バリュー株」戦略を検討している良い例として, Josef Lakonishok, Andre Shleifer and Robert Vishny, "Contrarian Investment, Extrapolation, and Risk," *Journal of Finance* (December 1994): 1541-1578 が挙げられる.
5) たとえば, J. Ou and S. Penman, "Financial Statement Analysis and the Prediction of Stock Returns," *Journal of Accounting and Economics* (November 1989): 295-330; R. Holthausen and D. Larcker, "The Prediction of Stock Returns Using Financial Statement Information," *Journal of Accounting and Economics* (June/September 1992): 373-412; Richard Sloan, "Do Stock Prices Fully Impound Information in Accruals about Future Earnings?," *The Accounting Review* 71, No. 3: 298-325 を参照のこと.
6) 時間を通じた平均で, 1株あたりの価格の変動の66%は1株あたり簿価および1株あたり利益のランクで説明される. Victor Bernard, "Accounting-Based Valuation, the Determinants of Market-to-Book Ratios, and Implications for Financial Statements Analysis," working paper, University of Michigan (January 1994) を参照のこと.
7) この分野の研究はいくつかあるが, 2つのものを挙げれば, Baruch Lev, "On the Usefulness of Earnings and Earning Research: Lessons and Directions from Two Decades of Empirical Research," *Journal of Accounting Research* (Supplement 1989): 153-197; Peter Easton, Trevor Harris and James Ohlson, "Aggregate Accounting Earnings Can Explain Most of Security Returns," *Journal of Accounting and Economics* (June/September 1992): 119-142 である.
8) V. Bernard and J. Thomas, "Post-Earnings-Announcement Drift: Delayed Price Response or Risk Premium?," *Journal of Accounting Research* (Supplement 1989): 1-36. 利益情報の適時性の程度に関する基礎的研究として, R. Ball and P. Brown, "An Empirical Evaluation of Accounting Income Numbers," *Journal of Accounting Research* (Autumn 1968): 159-178 および William H. Beaver, "The Information Content of Annual Earn-

ings Announcements," *Journal of Accounting Research* (Supplement 1968) : 67-92 を参照のこと.
9) Baruch Lev and Ramu Thiagarajan, "Fundamental Information Analysis," *Journal of Accounting Research* (Autumn 1993) : 190-215.
10) M. Barth, "Fair value accounting : Evidence from investment securities and the market valuation of banks," *The Accounting Review* (January 1994) : 1-25.
11) この分野の研究に関する未完結の概観として, Victor Bernard, "Capital Markets Research in Accounting During the 1980's : A Critical Review," (Thomas J. Frecka ed., *The State of Accounting Research As We Enter the 1990's*, Urbana : University of Illinois Press, 1989 所収) : 72-120 および Victor Bernard and Katherine Schipper, "Recognition and Disclosure in Financial Reporting," working paper, University of Michigan (November 1994) がある.

14
債権分析と財務危機の予測

　債権分析は，買掛金や借入金，社債などの負債の貸手あるいは潜在的な貸手の観点から行われる企業評価である．債権分析で鍵となるのは，企業が財務危機に直面する可能性を予測することである．

　債権分析は，さまざまな意思決定の局面で利用される：

- 供給業者となる可能性がある場合には次のようなことを考える：この会社に生産物やサービスを販売すべきか？　取引によって発生する債権はごく短期間のものだが，金額が大きいので，回収のリスクを管理できるような保証を得るべきであろう．
- 商業銀行は次のようなことを考える：この会社に貸付をすべきか？　もしそうであれば，どのような条件にすべきか？　どのように価格付けすべきか？
- 貸付を認めた場合，銀行はさらに次のようなことを考えねばならない：信用を供与することも含め，企業の必要とするサービスを供給し続けるべきか？　企業は貸付の条件を守っているか？　守っていない場合，貸付を再構築する必要はあるか，またそうであるならば，どのようにすればよいか？　貸付の繰り上げ返済を求めるほど状況は深刻であるか？
- 年金基金の運用者，保険会社その他の投資家は次のようなことを考える：これらの負債証券は堅実な投資となり得るか？　企業が財務危機に陥り債務不履行を起こす確率はどの程度か？　利回りは倒産リスクを十分に補償するか？
- 債務不履行を起こしている債券の購入について熟考している投資家は次のことを考える：この会社が建て直される可能性はどの程度あるだろうか？　現在の価格に対応した社債の高い利回りを考えて，社債が完全には償還されないリスクを許容できるだろうか？

債権分析は通常は資金提供者の観点から考えられるが，債務者にとっても重要なことは明らかである：

- 小規模会社の経営者は以下のことを考える：負債による資金調達にはどのような手段があるか？ 会社には銀行から資金調達をする資格があるか？ もしもあるならば，どのようなタイプの資金調達が可能であるか？ それはどの程度コストがかかるものであるか？ 資金調達の条件が事業の伸縮性を制約することがあるか？
- 大企業の経営者は次のようなことが気がかりだろう：負債による資金調達にはどのような手段があるか？ 会社には市場で資金を調達する力があるのだろうか？ もしもあるならば，負債の格付はどのようになりそうか？ その格付によりどの程度の利回りが要求されるのか？

最後に，借手や貸手の他に第三の関係者が存在し，会社がどのくらい財務危機を回避できそうかという一般的な問題に関心をもっている：

- 監査人は次のような疑問をもつ：この会社が当座の期間を越えて存続する可能性はどの程度あるか？ 会社の財務状態を評価する上で，その会社を継続企業と認めるべきか？
- 現労働者や労働者となる可能性のある者は次のことを考える：この企業が長期間にわたり雇用機会を提供できることをどのくらい確信できるか？
- 顧客となる可能性のある者は次のことを考える：この会社が保証サービスや交換部品，製品のアップデートその他のサービスを提供し続けられるという保証がどれくらいあるか？
- 競争相手は以下のことを考える：この会社は現在の産業の動揺を乗りこえられるか？ この会社の財務危機の可能性が，わが社の価格設定や市場シェアに与える影響は何か？

1 債権市場

債権分析を理解するには，債権市場の参加者の評価が必要とされる．ここではこれら参加者を簡単に記述する．

債権市場の資金提供者

債権市場の主要な資金提供者について以下で説明する．

商業銀行 商業銀行は債権市場の非常に重要な参加者である．銀行はクライアントに，ある範囲のサービスをまとめて提供する傾向があり，クライアントやその経営のあり方に関して詳細な知識を有し，(1)経営陣との親密な接触から得られる知識が債権のリスクを減少させたり，(2)企業を注意深く監視することにより信用リスクを受容できるような状況では，信用を拡大するうえで比較優位を有している．

銀行が貸付業務で課される制約は，信用リスクを比較的低く抑え，銀行の貸付ポートフォリオの質を銀行規制当局が許容するほど高くすることである．銀行セクターに対する一般の信頼を維持することの重要性や，政府の預金保険をリスクから遮断したいという欲求から，政府は銀行の信用リスクのエクスポージャーを制限するインセンティブをもつ．銀行側も，長期の固定金利貸付を避けることで，金利変化のリスクから身を護ろうとする．銀行資金の多くが短期の預金で提供されているため，デリバティブを利用してリスクをヘッジしないかぎり，そのような長期貸付によって銀行は金利上昇リスクにさらされることになる．このため，企業が非常に長期の資金を必要とするときには，銀行はその役割を担いにくい．しかし，そのような場合でも，銀行は，たとえば保険会社や年金基金，個人投資家グループなどに負債を引き受けてもらう手助けをする．

他の金融機関 銀行は商業ベースの貸付市場で，いろいろなところとの競争に直面している．米国では，貯蓄貸付組合が，より担保付融資にかかわることが多いという事情はあるが銀行との競争関係にある．ファイナンス・カン

パニーは，資産をベースとした貸付市場（すなわち，売掛金や棚卸資産，設備など特定資産を担保とする資金調達）で銀行と競争している．保険会社はさまざまな貸付業務に携わっている．生命保険会社は長期の支払義務に直面しているため，長期のデュレーションをもつ投資機会（たとえば，巨額で長期の商業用不動産や開発プロジェクトを賄うための長期債ないし長期貸付）を求めることが多い．証券会社は負債証券を個人投資家や市場に売り出す態勢をとっている（これについては以下で検討される）．各種の政府機関も信用提供者となり得る．

公募債市場　企業のなかには，CP（コマーシャル・ペーパー）の発行や債券発行により，銀行セクターを通さず直接投資家から資金調達するのに十分な企業規模，体力，信頼性を有するところもある．そのような負債発行を容易にしているのが負債の格付である．米国では，Moody's と Standard and Poor's が2つの最も大きな格付機関である．企業の負債の格付は，負債の調達手段を発行するとき要求される利回りに影響を与える．負債の発行後も，格付機関は企業の財務状態をモニター（監視）し続ける．格付が変われば，証券価格も変動する．

　銀行は，市場での負債発行や他の手段と並行して資金を提供することも多い．LBO（レバレッジド・バイアウト，訳注：被買収会社の資産を担保とした借入による企業買収）などのようにレバレッジの高い取引では，銀行は，倒産時に劣位となる負債証券を企業に発行させた上で資金を提供することが多い．そのような銀行の「優位の貸付」は，典型的には負債証券よりも早く回収されるように仕組まれ，それだけ低い利回りをもつことになる．銀行は，より小規模な企業や設立後まもない企業に対しては，ベンチャー・キャピタリストからの株式による資本調達に伴い信用を供与することも多い．ただし，LBO の場合も設立後まもない企業の場合も，銀行は計画を実施するのに必要な資金を準備するのは手伝うが，銀行セクターにとって受け容れがたいほど高いリスクは遮断するようにしていることに注意されたい．

企業間信用の供与者　貸付市場のもう一つのセクターが，製造業者やその他

の財・サービスの供給業者である．それらの企業は当然，得意先の財・サービスの購入に対して保証なしに 30 日から 60 日の期間資金を融通することが多い．供給業者は，ときにはより長期の資金融通を認めることもあるが，そのようなときは通常保証付きの手形を裏付けにする．供給業者は，貸付を受けた者が資金不足を克服し，将来も引き続き重要な取引先となることを期待して，そのような貸付を積極的に認めるのかもしれない．ただし，顧客は通常，銀行から資金調達できないときにのみそのような調整を求めるだろう．というのは，そのような資金調達に頼れば，供給業者の選択や交渉の自由が制約される可能性があるためである．

2 債権分析の過程

一見したところ，債権分析は第 11 章や第 12 章で検討した評価作業よりも，簡単であるように思えるかもしれない．結局，貸手となる可能性のある者は，最終的には企業が予定通りに負債を返済するだけの能力があるかということを心配しているだけである．企業の正確な価値や，成長の可能性，貸付可能な臨界値からの距離は，それほど重要でないだろう．このような見方をすると，債権分析はむしろ「ゼロ-イチ」の意思決定（貸付をするか否かという意味での）であるように思えるかもしれない．

しかし，債権分析は貸付可能性を見極めるだけのものではない．まず第一に，貸付可能な範囲が存在し，企業がその範囲のどこに位置するかを理解することが，貸付の価格や条件を決めるうえで重要である．さらに，資金の貸手が，借手との継続的な関係を期待する銀行や他の金融機関である場合，債権分析ではまずダウンサイド・リスクを考慮しなければならないとしても，借手のアップサイドの可能性も重要である．成長の可能性を有する企業は，利益を生み出す金融サービスの機会を提供してくれる．

債権分析に関してこのような広い見方をとれば，これまでの経営戦略分析，会計分析，財務分析，将来性分析の章ですでに検討したのと同じ多くの問題が，債権分析にも存在することは不思議ではない．おそらく最も異なる点は，債権分析では企業の株主持分の価値を推定する明示的手法をめったに用いな

いということであろう．ただし，株主持分のクッションが大きいほど債権者のリスクが小さくなる以上，債権分析でもその価値を決定する要素は意味をもつ．

以下では，貸付を業務として行う主体が債権分析で用いる一連の手順を説明する．もちろん貸付業者がすべて同じ過程をたどるとは限らないが，そのステップは典型的な分析方法を代表するものである．彼らが用いる方法を知ることは，それ自体が興味深く，債権分析の全容を例示することになる．ただし，他の信用供与者の分析は，これと異なることも多い．たとえば，製造業者が顧客に信用を与える前に債権分析を行う場合でも，信用供与はごく短期のものであり，しかも業者は販売から利益を稼ぐためにクレジット・リスクを負担しようとするので，銀行が行う分析より通常はずっと簡略なものになる．

ここでは，分析の手順を一定の順序で示すが，それらは実際はすべて互いに依存する関係にある．このため，ある段階の分析は，後の段階の分析の結果次第で再検討される必要がある．

第1段階：貸付の性格や目的の考察

貸付の目的を理解することは，貸付を承認すべきかを決定するだけではなく，貸付条件を決定するためにも重要である．貸付には，数ヵ月間だけ必要とされるものや，何年間か必要とされるもの，企業の資本構成の恒久的な部分として必要とされるものがある．貸付は，運転資金のニーズを充足したり長期資産や他企業を取得するために，他の資金調達に代わるものとして用いられることもある．

貸付の必要額も確定される必要がある．銀行は通常，中小企業に対して自分が唯一の資金提供者になろうとするが，そのためには貸付規模が企業に残存する負債を返済できるほど大きくなければならないだろう．唯一の資金提供者となることの利点は，企業に単に金融サービスのメニューを提供し利益を得ることにとどまらない．それは，企業が倒産した場合に高い優先順位が与えられるような権利を他の貸手にもたせたくないことの反映でもある．他の貸手が銀行より劣位になることを受け容れようとしている場合は，銀行の

利害だけを考えるかぎり，それはもちろん許容できるであろう．

　貸付業者が，親子会社の関係にある企業と取引をすることも多い．そのような場合には，どの企業に貸付を行うべきかという問題が生じる．通常その答えは，担保となる（または将来必要となったときに担保となる）資産を保有する企業である．この条件に該当するのが子会社の方であったとして，親会社にこの子会社とは独立した財務的な強さがある場合は，親会社による保証も考慮の対象となる．

第2段階：貸付形態や証券発行形態の決定

　考えられる貸付形態は，資金の利用目的だけでなく，資金の借手の財務能力にも依存する．このため貸付のタイプは，以下の手順で示される財務分析により，ある程度までは決定できる．可能性のあるものをいくつか挙げれば以下の通りである：

- **限度貸付**（open line of credit）：限度貸付では，借手が必要に応じて一年などの予め定められた期間に，特定の上限額まで資金を用いることを許す．このような権利（オプション）を維持するため，借手側は利用した借入額に対する利子に加えて，未利用の残高に対しても一定の費用（たとえば，1%の3/8など）を支払わねばならない．限度貸付は，借手の資金需要が予測困難であるとき利便性が高い．
- **極度貸付**（revolving line of credit 訳注：回転信用，更新可能信用とも言う．一定の与信枠のなかであれば繰り返し融資が受けられる）：企業が当座の範囲を超える信用を必要とすることが明らかな場合には，「リボルバー（訳注：回転式の連発銃）」のような方式の貸付があってよい．運転資金の要求を満たすのに用いられることもあるが，営業サイクルが進行し，棚卸資産や受取手形が換金されるのにあわせて返済するように組まれている．ただし，借手が財務的に良い状態にあれば，現金資金が実際には使われずに繰り越される可能性もある．利用した借入額への利子に加えて，未利用の枠にも一定の費用がかけられる．
- **運転資金の貸付**：この貸付は棚卸資産や売掛金の資金を融通するのに利

用され，通常は担保付である．貸付残高の上限は運転資金勘定の残高と関係づけられている．たとえば，60日未満に期限の到来する売掛金の80％以内で貸付が認められるなどである．

- **ターム・ローン**：ターム・ローン（訳注：最も一般的な貸付）は，長期の資金ニーズに利用され，設備や備品などの長期資産の担保付であることが多い．通常は，定期的な返済で貸付残高を減少させ償却される．
- **担保融資**（訳注：担保付ローン，抵当融資とも言う）：不動産資金をまかなう長期の貸付であり，残高の定期的な償却が要求される．
- **リース・ファイナンス**：リース・ファイナンスは，どのような資産の取得に際しても利用できるが，車両など，設備に用いられるのが最も一般的である．リースは，対象となる資産の寿命に応じて1年から15年の期間で構築される．

銀行貸付の多くは担保付で実行されるが，より小規模かつレバレッジの高い企業に対してはとくにその傾向が強い．貸付が短期で，しかも銀行がさらされる借手の債務不履行リスクが最小限のものでないかぎり，担保は必要とされる．担保を要求するときに考慮しなければならないことは，利用可能な担保の額はローンを支えるのに十分であるかということである．与えられた担保の下で銀行が貸し付ける額の決定は，経営判断の問題であり，企業が破綻した場合に担保物の流動性に影響を与えるさまざまな要因により左右される．以下では，いくつかの種類の担保物に対して商業貸付でしばしば用いられる慣習的方法を示す：

- **売掛金**：売掛金勘定は最も流動性が高いために，通常は最も望ましい担保の形態と考えられる．ある大きな地方銀行は，未滞納の勘定残高の50％から80％の貸付を認めている．適用されるパーセントは，(1)小さな勘定がたくさんあり企業が破綻したとき回収する費用が高くなる場合や(2)金額の大きな少数の勘定であり，特定の顧客との問題が重要な影響を及ぼす場合，または(3)顧客の財務的健全性が借手のものと緊密な関係にあり，借手の債務不履行がただちに回収可能性を危うくする場合は，

低いものとなる．(3)に関して，銀行は関係会社への売上債権を有効な担保物件として認めないことがよくある．
- **在庫品**：担保物件としての望ましさはそれぞれの在庫品により大きく異なる．最も望ましい事例の筋書は，借手が債務不履行を起こしたとき，簡単に他の主体に売却できる一般的な商品から成る在庫品である．より特殊な在庫品で，限られた買い手にのみ魅力があるか，貯蔵したり運搬したりするのに費用が多くかかるものは，より望ましくないとされる．上で触れた大きな地方銀行では，原材料の60％，完成品の50％，仕掛品の20％まで貸し付けている．
- **機械・設備**：機械や設備は，担保としての望ましさはより劣る．その種の資産は実際に使用されて価値を生むが，（担保とするには）保管され，保険が付され，売買されなければならないからである．これらの活動の費用を考慮して，銀行は通常，競売などにより売却する必要が生じたときの資産の評価価値の50％までしか貸付を行わない．
- **不動産**：不動産の担保としての価値は大きく異なる．銀行は，売却可能な状態の不動産に対しては鑑定価値の80％まで貸し付けることも多い．しかし，特定の目的のために設計されたような工場はかなり望ましくないものとされよう．

貸付を実行するのに担保が必要であるとき，貸付業者は，担保として利用可能な資産ごとに貸付可能な金額を見積もるであろう．その見積り額が要求された貸付額を上回らないかぎり，貸付は実行されない．

貸付に最初は担保が付いていなくとも，銀行は企業資産に対して「担保提供制限（ネガティブ・プレッジ）」を要求できる．他の貸付者に対して資産を担保として利用できないという誓約である．この場合，借手の経営が困難となり始めローン返済に不履行が生じたとき，関与する債権者が他にいなければ，貸付を継続する以上は担保を付けるよう要求できる．

第3段階：潜在的な借手の財務状況の分析

この分析段階は，経営戦略分析，会計分析，財務分析の章で検討されたす

べての手続きを含んでいる．ただし，重点は，予定された率で負債を返済する企業の能力におかれている．分析の焦点は，考えられている資金調達の形態に依存する．たとえば，短期貸付が在庫の季節変動に対応するためのものであれば，企業が適時に在庫を現金化できるかということが重視される．これとは対照的に，ターム・ローンが工場や設備のためのものであれば，企業の長期的な利益獲得能力を確信した上で実行しなければならない．

Key Analysis Questions

潜在的な借手の財務状況を分析するときに取り上げる問題には以下のものがある：

- 経営戦略分析：

  事業の具合はどうか？ なぜそこに価値が見出せるのか？ 価値を維持・拡大させる企業戦略はどのようなものであるか？ 戦略を効果的に実行するのに経営者はどの程度手腕があると思われるか？ 経営の実行力は，現在の経営陣の才能に大きく依存しているか？

- 会計分析：

  企業の財務諸表は，背後にある経済実態をどの程度よく表しているか？ 報告された収益性に示されているより，企業の業績が良い，あるいは悪いと思える理由は存在するか？ 借手となる可能性のある者のローン返済能力に影響を与える可能性があるほど，大きなオフ・バランスシートの負債（たとえば営業リース）は存在するか？

- 財務分析：

  企業の収益性は異常に高くないか，低くないか？ 異常な収益性を生み出す源泉は何か？ それは，どれくらい維持可能であるか？ 営業利益の流列には，どのようなリスクが付随しているか？

  企業はどの程度高いレバレッジを有するか？

  企業の資金フローの予想はどのようであるか？ 資金の主要な源泉と使途は何か？ 予想されている成長をまかなうのに資金が必要か？ 資金フローは，必要とされる負債の返済と比較して，どの程度大きなものと予想されるか？ これらの資金フローがとり得る特定の変動性（ボラティ

リティー）の下で，負債を返済し他の債務を履行するのが不可能な水準にまで陥る可能性はどの程度あるか？

　財務分析で最終的に鍵となるのは，キャッシュフローがローンを返済するのに十分である可能性はどのくらいかという問題である．この問題を考えながら，貸手は支払能力に関する各種の財務流動性比率（ソルベンシー・レシオ）――負債の返済や他の支払義務と比較した利益やキャッシュフローのさまざまな指標の大きさ――に多くの注意を向ける．それらの比率が1を超えるかぎり，それは貸手の見る「安全性マージン」を示している．そのような指標と分子の変動性の評価を結びつければ，支払い不能となる確率が示唆されることになる．

　債権者の観点に立った比率分析は，企業所有者のものとは少し異なる．たとえば，そこでは，すべての請求権者（企業所有者だけでなく）が手に入れる税引前の（利息は税金の控除対象であり，課税前の資金から支払われるため）キャッシュフローや利益に，より重点がおかれている．例を挙げると，債権者の観点は，次の「資金フロー・カバレッジ・レシオ」と呼ばれる財務流動性比率で明らかにされる：

$$資金フロー・カバレッジ・レシオ = \frac{EBIT + 減価償却}{支払利息 + \frac{債務返済額}{(1-税率)} + \frac{優先株配当}{(1-税率)}}$$

分子には，利息と税金とを支払う前の利益（earnings before both interest and taxes, EBIT）がある．支払利息は税引前の資金から支払われるため，この方法では，分母に含まれる支払利息と直接比較し，分子の大きさをはかることができる．これとは対照的に，特定の年に予定されている元本の支払いは，税金の控除対象とはならないため，税引後の利益から支払いをしなければならない．要するに，税率が50％の下では，1ドルの元金の支払いは，1ドルの利息の支払いの「2倍高い」ことになる．元金の支払いを（1－税率）で調整するのは，このためである．これと同じ考え方は，税金の控除対象とならない優先株配当にも適用される．

　この資金フロー・カバレッジ・レシオは，資金フローがどの程度余裕をも

って回避不能な支出をカバーできるかを表す指標となっている．普通株配当や資本支出などの支出は，必要であれば負債の支払いに充当するためゼロまで減らせると前提して，この比率の計算では除外されている[1]．しかし，企業が長期間存続するには，明らかに，資金フローは負債を返済するだけでなく工場資産を維持するのに十分である必要がある．したがって，長期間生き残るためには，資金フロー・カバレッジ・レシオが十分に1を超えていることが必要である[2]．

ある特定の臨界値を設定し，それを超えていればその比率から貸付が正当化されるとしてしまうのは単純すぎよう．しかし，たとえ借手が合理的に予測できる困難な問題に直面しているとしても，債権者は，明らかに予定通りに返済を受ける立場でいたいであろう．このことは，景気後退の局面でも資金フロー・カバレッジ・レシオが1を超えると予想される場合にのみ貸付を行うことを意味しており，資本支出への備えが十分でないときは，より大きな値であることが必要である．

財務分析では，支払不能に陥るリスクを見積もる以上のことをする必要がある．重要なリスクの性質も見極めなければならない．多くの商業銀行は，債務不履行につながるかもしれない重要なリスクや，貸付を実行した場合に，それらのリスクをコントロールすることができる手段を考慮しつつ，企業を分析することを標準的な経営上の手続きとしている．それらの情報は，問題が生じたときに是正措置がとれる早い段階で，債務不履行の手続きに移るための，貸付の詳しい条件を設定するのに利用される．

第4段階：支払能力を評価する際の予測結果の活用

上のいくつかの議論ですでに暗黙の前提とされているのが，企業のローン返済能力の将来性を重視する見方である．良い債権分析は，明確な予測も伴っていなければならない．通常それらの予測を基礎付けるのは経営者だが，当然ながら貸手は疑いなしにそうした予測を受け容れることはない．

予測では，多様なシナリオ――最も良い予想だけでなく悲観的な筋書も含め――が考慮されなければならない．理想を言えば，企業は悲観的な筋書の下でさえローンを返済できるほど健全であるべきなのである．皮肉なことに，

貸手にとって最も大きなリスクを表すのは売上の減少とは限らない．もしも経営者が売上の減少に迅速に対応できれば，売掛金や在庫品が流動化され，与えられた利益の下でキャッシュフローを増やせるはずである．悪夢のようなシナリオは，需要の下降に驚いた経営者が，在庫品をかなり低い価格で処分し大きな負の売上マージンが発生するケースであろう．

ときには，ローンの構造を見直して，それを「キャッシュフロー」に変えてしまうことも可能である．つまり，借入の期間を延長することも，返済パターンを変えることもできるのである．しばしば銀行は，継続的に更新され企業の財務構成の恒久的な部分となることを予想して，貸付をすることも多い（そのような貸付は，「常緑樹」と言われている）．そうしたケースでは，貸付はあたかも短期間で期日が到来するように契約され続けるが，銀行は実行可能な「退出戦略」を確保しておく必要がある．これに対して企業側は，ただ単に利息の支払いをカバーするだけで，ローンを返済できることになる．

第5段階：契約条項も含む詳細な貸付条件の要約

これまでの分析の結果，貸付をすることに決まったら，次は貸付条件の詳細をまとめることになる：すなわち貸付タイプ，返済計画，貸付契約，価格設定である．最初の二つの項目は，上で検討されている．このため，ここでは貸付契約と価格設定について検討する．

貸付の契約条項　貸付の契約条項は，借手のとり得る行動，とり得ない行動を定めることで，借手と貸手が相手に期待することを明確にする．契約条項のなかには，特定の行動（定期的に財務諸表を用意することなど）を要求するものや，特定の行動（貸手の許可なしに買収を実行することなど）を禁止するものもある．さらに，一定の財務比率の維持を要求するものもある．契約条項への違反は債務不履行の事態を意味し，直ちに負債の返済を促すことができるが，ほとんどの場合，貸手は債務不履行を企業の状況を再検討する機会として利用し，違反を見逃すか，あるいは貸付の交渉をやり直す．

貸付の契約条項は，貸手の利益を守ることと，経営を続けるにあたり経営者に必要な柔軟性を確保することとの間で，ちょうどバランスを保っていな

ければならない．契約条項は，当事者双方が，貸付の時点で予想したのと同じくらいに事業の健全さを保持するためのメカニズムである．このため，要求される財務比率は通常，契約時に有していた水準を基礎としているが，何らかの悪化を許容すると同時に，時の経過に応じてしばしば期待される改善も見込んでいるだろう．

契約の特定の条項は，財務分析の過程で確認される重要なリスクを組み込んでいなければならず，最低限，そのようなリスクが現実化しそうなことに早期の警告を発するものでなければならない．一般的によく用いられる財務契約条項には次のようなものがある：

- **最低限の純資産の維持**：この契約条項は，貸手の保護のために企業が「株主資本のクッション（余裕分）」を維持することを保証するものである．契約条項では，特定の利益水準よりも純資産の水準を要求することが多い．最終段階の分析では，貸手は借手の純資産が利益の獲得により維持されているのか，配当の減額によるのか，新株発行によるのかには関心はない．契約条項を純資産との関係から設定すれば，企業は債務不履行の回避に，いずれの手段も自由に使用できることになる．
- **カバレッジ・レシオの下限**：とくにターム・ローンなどの長期貸付では，利払いないし元利支出総額のカバレッジに基づく条項で，貸手は純資産に関する貸付条項を補完しようとするかもしれない．上で説明した資金フロー・カバレッジ・レシオは，この一つの例であろう．最低限のカバレッジが維持されれば，長期の貸付が正当化されるほど，企業が内部的に資金を生み出す力は十分強いことが確認できる．
- **純資産に対する負債総額の比率（負債比率）の上限**：この比率は，高レバレッジのリスクを制限し，利益の留保や新株の発行によらない成長を防ぐ．
- **正味運転資本残高または流動比率の下限**：この比率に制限を設けると，企業は営業から得られた現金を流動負債の返済（長期資産の獲得ではなく）に用いて，流動性を維持する必要が生じる．
- **償却前利益に対する資本支出の比率の上限**：この比率に制限を設ければ，

内部的な資金調達が可能でかつ負債償還のためにいくらかの余裕分がないかぎり，企業が成長のために投資（成長を支えるのに必要な非流動資産も含め）することを妨げることができる．

それらの財務契約条項の他にも，ローンはしばしば，他に借入をしたり，資産を他の貸手の担保に供したりすることや，資産の重要な部分の売却，合併や買収，配当の支払いなどを制限することがある．

契約条項は，銀行，保険会社その他との私的な貸付契約だけでなく，公募債の契約にも付けられている．ただし公募債の契約は，2つの理由により，より制約の緩い契約条項をもつ傾向がある．まず第一に，公募債の契約条項に違反したときの交渉費用は高い（おそらく，受託者だけでなく債権者をも巻き込む）ため，深刻な状況にのみ引き金が働くように書かれているのである．第二に，公募債は通常，もっと強力で評価の高い企業により発行されている（主な例外は，レバレッジド・バイアウト（LBO，企業担保借入買収）のために発行される高利回りの負債である）．負債格付が優良で財務的に健全な企業に対しては，ごく少数の契約条項のみが用いられていることが多い．大規模な合併や買収など，企業経営の劇的な変化を制限するのに必要なものだけである．

負債の価格決定　負債の価格決定の詳細な議論は，本書の目的とする範囲を超える．価格決定のエッセンスは，貸付利回りが，(1)貸手側の資金コスト，(2)貸付の管理や回収のための貸手側のコスト，(3)デフォルト・リスク（債務不履行リスク）のエクスポージャーに対するプレミアム，(4)貸付業務を行うのに必要な株主資本に対する最低限のリターン，を十分カバーできるようにすることである．価格は銀行のプライム・レート（健全とされる借手に課されるレート）からの乖離で示されることが多い．たとえば，プライムプラス$1 1/2\%$で貸し付けるといった具合である．それに代わるベースはLIBOR，すなわちロンドン・インターバンク・オファー・レートであり，そのレートでさまざまな国の巨大銀行が互いに巨額の資金を貸し付けている．

銀行は，商業的な貸付業務で積極的に競争しており，デフォルト・リスク

のコストをカバーするための利回りが2%のポイントを超えることはめずらしい。もしもデフォルト・リスクをカバーするためのスプレッドがたとえば1%であり，不良化した貸付金額の50%しか銀行が回収できない場合，貸付を不良化したカテゴリーに下げるのに銀行には貸付のたった2%の余裕しかないことになる。この事実は，銀行が徹底的な分析を行い貸付ポートフォリオのリスクを受け容れることがどのくらい重要であるかを示している。

3 財務諸表分析と公募債

公募債の分析で問題となることは，基本的に，銀行貸付や私募債のものと何ら変わらない。ただし，制度的に内容は異なっている。銀行は，クライアントときわめて緊密な関係を維持し，貸付当初に信用リスクを評価するとともに，貸付期間を通じて企業の活動を監視することができる。それにくらべて公募債の場合は，投資家は発行者から距離をおかれることになる。負債のリスクの大きさや企業の現在の活動を評価するには，かなりの程度まで，負債の格付機関も含む専門的な負債アナリストに頼らなければならないのである。したがってそれらのアナリストや負債格付機関は，発行者と投資家の間のインフォメーション・ギャップを埋めるのに重要な機能を果たす。

負債格付がもつ意味

前述したように，米国で最も主要な2つの格付機関はMoody'sとStandard and Poor'sである。Standard and Poor'sの分類システムを用いれば，最も評価の高い格付はAAAである。この格付を有する企業は大規模で，力強く安定した利益を獲得しており，レバレッジを低く維持している。Standard and Poor'sにより格付けられている公開製造企業のたった1%か2%の企業しか，この格付に値する財務的な強さをもたない。その少数の企業に含まれていたのは，Merck, General Electric, Johnson & Johnsonであり，すべて世界中で最も大規模で最も収益性の高い企業である。AAAから以下AA, A, BBB, BB, B, CCC, CC, C, Dへと格付が下がり，「D」は債務不履行の状態を示す。投資適格水準とされるには，企業はBBB以上の格

付に達していなければならない．多くの基金は，定款により，その水準に達しない債権に投資することを禁じている．表14-1はAAAからCCCの格付分類に含まれる企業の例と，特定の財務比率について，各分類に含まれるすべての企業の平均値を示している．

ここで，BBBの水準を達成することでさえ難しいことに注意してほしい．米国で最も規模の大きい航空会社の一つであるデルタ航空は，1998年にBBB——ようやく投資適格となる水準——「としか」格付されなかった．概して言えばBBBのクラスの企業は，レバレッジが控えめで，長期資本の45％程度が負債の形をとっている．利益も相対的に力強い傾向があり，3.0の税引前インタレスト・カバレッジ（EBIT/利息）や，34％近いキャッシュフロー・負債カバレッジ（営業からのキャッシュフロー/総負債）がそれ

表14-1　1998年12月時点の負債の格付：企業例と財務比率の中央値

S&Pによる負債格付	1995年時点の企業例	1998年の財務比率の中央値（製造業のみ）				
		同格付で公開製造会社の占める割合	長期資本税引前利益率	税引前インタレスト・カバレッジ	キャッシュフロー対負債総額	長期負債対総資本
AAA	General Electric Johnson & Johnson Merck and Co.	1.9%	35.3%	11.6回	100.1%	9.7%
AA	McDonald's Corp. J. P. Morgan Wal-Mart Stores, Inc.	7.0	25.0	7.2	59.8	29.4
A	Ford Motor Company General Motors Sears Roebuck & Co.	21.8	16.6	4.8	34.3	39.0
BBB	Delta Airlines MCI Communications	28.2	12.6	3.0	24.8	45.0
BB	Northwest Airlines RJR Nabisco	21.0	11.1	1.9	11.1	59.5
B	Apple Computer Greyhound Lines Loehmanns	18.3	7.4	0.7	3.1	78.4
CCC	Oxford Health Plans Trans World Airlines	1.7	−5.3	−1.7	−17.3	80.8

出典：Standard and Poor's Compustat, 1998.

を示している．

投資適格基準以下の企業は，何らかの重要なリスクに直面している傾向があるが，それらの多くはかなり収益性が高い．表14-1では，Northwest AirlinesがBBに分類されている．1998年には，Northwestは米国で4番目に大きな航空会社であった．しかしこの会社は，最近のパイロットのストライキと国際市場の鍵であるアジアにおける需要の減少に見舞われている．Bの分類には，Apple Computer, Greyhound Lines, Loehmannsが含まれるが，それらの会社はすべて近年財務的な困難に直面していた．CCCの分類には，平均で長期資本の80%が負債であるような企業が含まれている．CCC企業の例となるのは，Oxford Health Plansであり，健康給付保険の提供者である．この会社は，コンピュータの機能不全と不十分な財務管理から支払請求の処理が大幅に遅れて顧客の不満を招き，1997年に倒産しかかっている．

負債格付の決定要因

調査結果によると，負債格付の変化の大部分はいくつかの財務諸表比率の関数で説明でき，主観的な人間の判断を取り入れない定量モデルでもこのことがいえることが示されている．負債格付機関のなかには定量モデルにかなり依存しているところもあり，格付が公に手に入らないときに負債発行のリスクの評価を助けるものとして，そのようなモデルは，保険会社，銀行などにより広く利用されている．

表14-2は3つの異なる企業が定量的な負債格付モデルにおいて使用している要因を挙げている．それらの企業は，会社内部の資金運用にモデルを利用している保険会社一社と銀行一行，ならびに自社が行う負債の購入と保有の評価のためにモデルを使用している投資調査会社である．いずれの場合も，収益性とレバレッジが格付で重要な役割を果たしている．企業規模を指標として使用している会社もあり，規模が大きいほど高い格付に結び付いている．

研究者のなかには負債格付で利用される定量モデルを推定しようとする者もいる．それらのモデルのうち，KaplanとUrwitzにより開発された2つのモデルが表14-3に示されているが，モデルは各要因の相対的な重要性に

3 財務諸表分析と公募債

表14-2 負債格付の定量モデルで使用している要因

	企業1	企業2	企業3
収益性の指標	長期資本利益率	長期資本利益率	長期資本利益率
レバレッジの指標	長期負債対資本比率	長期負債対資本比率 総負債対総資本比率	長期負債対資本比率
収益性とレバレッジ	インタレスト・カバレッジ	インタレスト・カバレッジ	固定費用カバレッジ
	キャッシュフロー対長期負債	キャッシュフロー対長期負債	短期債務と固定費用のカバレッジ
企業規模	売上高	総資産	
その他		利益率の標準偏差 劣後状況	

注目している[3]．モデル1の方が債券の格付変化の説明力が高いが，株式市場のデータを基礎とするいくつかの要因を含んでおり，それらはすべての企業について入手できるものではない．モデル2は財務諸表データだけを基礎としている．

表14-3の各要因は，モデル1での統計的重要性の順に並べられている．興味深い特徴は，負債格付を説明する最も重要な要因が，けっして財務比率ではないことである——単に企業サイズなのである！ 規模の大きい企業は，小さい企業より良い格付を受ける傾向がある．負債が劣後のものか劣後のものでないかが次に重要であり，その次がレバレッジに関する指標である．収益性は，より重要性が低いとされるが，モデルに収益性をとらえる複数の要因（ROAやインタレスト・カバレッジ）が含まれていることも低い理由となっている．表14-3のランキングで示されているのは，特定の変数に固有の説明力だけであり，2つの変数に共通の説明力は考慮されていない．

推定過程では使われていない債券のサンプルに適用したところ，Kaplan-Urwitzのモデル1は64のうちの44ケースの，つまりそのとき69%の，格付分類を正確に予測していた．予測を誤っても，せいぜいカテゴリーを一つ間違うだけで，間違えたうちの半分のケースは，予測は実際の格付よりも債券の市場利回りとより整合的であった．実際の格付とKaplan-Urwitzモデルにより推定された格付との違いのありかたから，格付機関が財務比率以外の要因を分析で考慮していることが示されている．そのなかには本書で解説

表 14-3 Kaplan-Urwitz の負債格付モデル

企業や負債の特徴	特徴を表す変数	係数 モデル1	係数 モデル2
	モデルの切片	5.67	4.41
企業規模	総資産[a]	0.0010	0.0012
負債の劣後状況	1=劣後；0=非劣後	−2.36	−2.56
レバレッジ	長期負債対総資本	−2.85	−2.72
システマティック・リスク	マーケット・モデルの β 値，市場全体の変化に対する株価の感応度を表す(1=平均)[b]	−0.87	NA
収益性	総資産純利益率	5.13	6.40
非システマティック・リスク	マーケット・モデルの残差の標準偏差(平均=0.10)[b]	−2.90	NA
利益の変動性のリスク	5年間の純利益の変動係数(標準偏差/平均)	NA	−0.53
インタレスト・カバレッジ	利息支払前の税引前資金フロー対支払利息	0.007	0.006

モデルから得られたスコアを以下のように負債格付に変換する：
 スコア>6.76 ならば AAA，
 スコア>5.19 ならば AA，
 スコア>3.28 ならば A，
 スコア>1.57 ならば BBB，
 スコア>0.00 ならば BB，と予測する．

a. Kaplan-Urwitz モデルの係数は，モデル1で0.005，モデル2で0.006と推定されている．ここでの係数の値は，推定が1960年代から1970年代にドルで計測された資産に基づいていることを反映し，調整されている．1970年の1ドルは，1995年の5ドルにおおよそ相当することから，推定されたもとの係数の値を5で除して算出している．
b. マーケット・モデルは，予測前の5年間の月次データを用いて，株式の収益率を市場インデックスの収益率に回帰することにより推定している．

している経営戦略分析，会計分析，将来性分析といったタイプのものが含まれるであろう．

負債の格付が，少数の財務比率でかなりよく説明されるということを前提とすると，格付が投資家に何か新しい情報——公的に入手可能な財務データから得られていない何か——を伝えることがあるのかと疑問に思う人がいるかもしれない．この質問に対する答えはイエスであり，少なくとも負債格付で格下げとなるケースがこれに該当する．すなわち，格下げによって債券価格と株価の両方の下落が生じる[4]．確かに資本市場は格付の変更で表される情報の多くを予想している．しかし，格付の変更は最近明らかになった事象

にしばしば反応していること，そして格付機関は格付の変更を検討している事実をあらかじめ示唆するのが普通であることを考えれば，これは驚くべきことではない．

4 財務危機や企業再建の予測

　債権分析で最も重要な作業は，企業が財務危機に直面して借入を返済できなくなる可能性を評価することである．これと関係のある分析で，企業が財務危機に悩まされはじめたときに意味をもつものとして，企業の建て直しが可能であるかという問題がある．この節では，このような事態の予測可能性の証拠を考察する．

　財務危機や救済可能性の予測は，複雑で難しく，主観性を伴う作業であり，本書を通じて検討されるすべての分析ステップ，つまり経営戦略分析，会計分析，財務分析，将来性分析を含んでいる．この過程で純粋な定量モデルは，分析に伴う大変な作業の代わりとはなりえない．それでも，そのようなモデルに基づく分析は，財務指標から得なければならないようなある種の洞察を現にもたらしている．また，広範囲な信用チェックに費用がかかりすぎることや，定量的な危機予測モデルが有効であることもある．たとえば，商品化されて一般的に入手可能な「ゼータ」モデルは，製造業その他の企業によって顧客の信用価値の評価に使用されている[5]．

　これまでの何年かにわたりいくつかの危機予測モデルが開発されている[6]．それらは負債格付モデルとよく似ているが，格付を予測する代わりに企業が1年以内に危機的状況，とくに破産と定義される状況に直面するか否かを予測する．ある研究は，1年前に破産を予測するのに（単独で）最も有力な要素は次のものであるとしている[7]：

1. 収益性 $= \left[\dfrac{純利益}{純資本} \right]$

2. ボラティリティー $= \left[\left(\dfrac{純利益}{純資本} \right) の標準偏差 \right]$

3. 財務レバレッジ $= \left[\dfrac{株式の市場価値}{株式の市場価値＋負債の簿価} \right]$

その研究結果によれば，企業が危機に直面するか否かの鍵は，企業の直面する収益性の水準，収益性のボラティリティー，レバレッジの程度であるとされている．興味深いことに，流動性の指標はかなり重要性が低いことがわかる．企業が速いペースで資金を失っている場合は，当座流動性によって不健全な企業が救われることはないのである．

もちろん，危機を予測することに関心がある場合，一度に一つの変数にだけ注意を払う必要はない．財務危機を予測するためのマルチ・ファクター・モデルもいくつか考案されている．そのようなモデルの一つが，Altman のゼット・スコア・モデルである[8]．すなわち，

$$Z = 0.717(X_1) + 0.847(X_2) + 3.11(X_3) + 0.420(X_4) + 0.998(X_5)$$

ただし，X_1＝正味運転資本/総資産
X_2＝留保利益/総資産
X_3＝EBIT/総資産
X_4＝株主資本/総負債
X_5＝売上高/総資産

である．$Z < 1.20$ であるとき，モデルは破産を予想する．1.20 から 2.90 までの範囲は「グレイ・エリア」に分類される．

以下の表では，Northwest Airlines と Merck の2社の計算が示されている．

	モデルの係数	Northwest Airlines		Merck	
		比率	スコア	比率	スコア
正味運転資本/総資産	0.717	−0.15	−0.108	0.13	0.093
留保利益/総資産	0.847	−0.06	−0.051	0.63	0.534
EBIT/総資産	3.11	−0.01	−0.031	0.26	0.809
株主資本/総負債	0.42	−0.02	−0.008	0.67	0.281
売上高/総資産	0.998	0.88	0.878	0.84	0.838
			0.680		2.555

前述したように，1998年に Northwest Airlines は，コストの大きいパイロットのストライキとアジアでの需要の減少により，収入と利益の大幅な減少を経験している．このため，モデルが Northwest が事業に失敗する可能性をかなり高く評価しても，それは驚くべきことではない．Merck の財務パ

フォーマンス比率のほうが Northwest Airlines のものよりもはるかに健全である．ただし，モデルが Merck を「グレイ・エリア」に位置づけていることは興味深い．もちろん，Merck は非常に成功している会社である．モデルの与えるスコアが比較的低いのは，業績によるものではなく，モデルの限界とこの会社の最も重要な資産である R & D の会計方法によるものである．

このようなモデルは，破産する企業や生き残る企業を予測する力がある．Altman は，33 の破産企業と 33 の破産していない企業（モデルを推定するのに同じ割合となるようにされている）からなる，推定にまだ使用していないサンプルにモデルを適用したところ，66 ケースのうち 63 ケースの結果を正しく予想したと報告している．ただし，破産企業と非破産企業の割合がモデルの推定に用いられたのと必ずしも同じでないサンプルに適用するならば，モデルのパフォーマンスはかなりの程度落ちることになるであろう．

Merck の分析に示されている通り，Altman のモデルのような簡単な破産予測モデルは，本書全体で検討されるような深い分析の代わりとなるほど，効果的なものとはなりえない．しかしそれらは，企業業績の重要な側面をまとめる財務諸表データの能力を想起させるのに役立っている．経営者の専門的能力，企業戦略，技術のノウハウ，市場ポジションについて直接的な情報が得られないときも，財務比率は誰が成功し，誰が失敗するか多くのことを明らかにしてくれる．

5 要 約

債権分析は，負債の保有者や負債の保有者となる可能性のある者の観点からの企業評価である．債権分析はきわめて多様な経済主体――銀行や他の金融仲介機関だけでなく，負債証券のアナリストや，製造企業，サービス企業など――にとって重要である．

債権分析の基礎には，第 2 章から第 10 章までの経営戦略分析，会計分析，財務分析，将来性分析の一部，で説明されたのと同じ技術が存在する．分析の目的は，潜在的な借手がローンを返済できなくなる可能性を評価すること

にとどまらない．そこに含まれる重要なリスクの性質を明らかにし，それらのリスクを緩和し管理するためどのようにローンを構築すべきかを明らかにすることもまた重要である．うまく構築されたローンは，債務不履行が生じたときでも，貸手に実行可能な「退出戦略」を与える．このような構築の鍵が，適切にデザインされた会計ベースの契約条項である．

公募債の分析で検討される問題は，基本的には，銀行貸付や他の私募債の評価で検討される問題と異ならない．ただし，制度的に内容は異なっている．公募債の投資家は通常，借手側と近い関係にないため，信用価値の評価にあたり，負債格付機関やアナリストも含む他の機関に依存しなければならない．負債の格付は，企業規模や，企業業績に関する財務指標に大きく依存しており，負債を発行するときに要求される市場利回りに大きな影響を与えている．

債権分析で鍵となる作業は，債務不履行の確率を査定することである．その作業は複雑で難しく，ある程度は主観的なものである．少数の重要な財務指標があれば，財務危機をある程度まで正確に予測するのに役立つ．この目的にとって最も重要な財務指標は，収益性，利益のボラティリティー，それにレバレッジである．ただしこれらのモデルは，本書で解説されている徹底した分析に代わるものではない．

練習問題

1. 債権分析で検討すべき重要な業績要素は，(a)小売業者と(b)金融サービス会社の場合，どのようなものであるか．また，これらの各要素を調べるとき，あなたはどのような比率を考慮するか．
2. なぜ企業は主要な格付機関（Moody's や Standard and Poor's など）から負債証券の格付を得ようとして，その代金を支払うのか．どのようなときに企業は負債の格付を得ないことを決めるのか．
3. 1970年代後半にジャンク債の発行市場が発展したのは，格付プロセスが不十分であったためであると主張する人がいる．このような議論の支持者は，格付機関が企業に格付等級の最下位の厳しすぎる格付を付与し，投資適格のグレードを与えてよい会社にまでその格付を与えること

を拒んだと信じている．この議論の支持者は，格付機関のインセンティブがどのようなものであったと考えているのであろうか．どのような経済的要因がそのインセンティブを引き起こすのであろうか．

4．多くの負債契約は，大規模な企業買収や資産売却を実行する前に借手は貸手の許可を得なければならない，としている．なぜ貸手はこのようなタイプの制約を付けようとするのか．

5．新規借入を希望している会社の財務担当役員である Betty Li は，次のような議論をしている：「株主への配当の支払いに制約を課す負債の契約条項には，私はけっして同意しない．なぜなら，それは株主の富を減らすからだ．」あなたはこの議論に同意するか．

6．Cambridge Construction Company は，長期請負契約の収益の報告に工事進行基準を用いている．完成割合は，プロジェクトの現場に発送した原材料費の，予想される総原材料費に占めるパーセンテージに基づいて算出されている．Cambridge の主要な負債契約には，純資産，インタレスト・カバレッジ，最低必要運転資本に関する制約が設けられている．このとき代表的なアナリストは次のように述べている：「会社は，これらの契約条項を好きなように使って，必要がないときでも現金を支払い原材料を購入している．」なぜこのようなことが可能であるのか説明しなさい．

7．アナリストが問題6で主張するように振る舞うことにより，Cambridge は自社の Z スコアを改善できるか．この変化は経済的な実態と整合しているか．

8．ある銀行家が次のような議論をしている：「私は営業から負のキャッシュを発生させている会社に対しては，リスクが高すぎるため貸さないようにしている．」これは意味のある貸付政策であるか．

9．有名小売業者が，自分の企業が財務的な制約を受けていることに気づいた．企業は営業から成長に必要なキャッシュフローを十分に得られておらず，契約条項で許されている負債対資産比率の上限に達するほどになっている．販売担当副社長は以下のように主張している：「現在保有する店舗を売りそれをリース・バックすれば，成長のための資金を得

ることができる．このような資金調達は，契約条項にある負債対資産比率かインタレスト・カバレッジ・レシオか，いずれかの侵害を避けるのだから安いものだ．」彼の分析には同意できるか．その理由は何か．企業の取引銀行として，このようなやり方についてどのように考えるか．

注

1) 優先配当に関しても同様のことが成立する．しかし，優先株が累積的であれば，支払われなかった配当は企業が後に収益を獲得するようになった場合に支払われねばならない．
2) 他の関連するカバレッジ・レシオについては，第4章で検討している．
3) R. Kaplan and G. Urwitz, "Statistical Models of Bond Ratings: A Methodological Inquiry," *Journal of Business* (April 1979): 231-261.
4) Robert Holthausen and Richard Leftwich, "The Effect of Bond Rating Changes on Common Stock Prices," *Journal of Financial Economics* (September 1986): 57-90; および John Hand, Robert Holthausen, and Richard Leftwich, "The Effect of Bond Rating Announcements on Bond and Stock Prices," *Journal of Finance* (June 1991): 733-752 を参照のこと．
5) Edward Altman, *Corporate Financial Distress* (New York: John Wiley, 1983) を参照のこと．
6) Edward Altman, "Financial Ratios, Discriminant Analysis, and the Prediction of Corporate Bankruptcy," *Journal of Finance* (September 1968): 589-609; Altman, 1983, 前掲; William Beaver, "Financial Ratios as Predictors of Distress," *Journal of Accounting Research* (Supplement 1966): 71-111; James Ohlson, "Financial Ratios and the Probabilistic Prediction of Bankruptcy," *Journal of Accounting Research* (Spring 1980): 109-131; Mark Zmijewski, "Predicting Corporate Bankruptcy: An Empirical Comparison of the Extant Financial Distress Models," working paper, SUNY at Buffalo, 1983 を参照のこと．
7) Zmijewski, 前掲．
8) Altman, 1983, 前掲．

* 本章の邦訳の過程で，金融財政事情研究会の阿部茂氏より有益なコメントを頂いた．記して感謝したい．

15
企業買収

　企業買収は，とくにアングロ・アメリカ型の資本市場を有する国では，これまで長い間広く普及した企業投資の形態であった．このような取引により，ターゲットとなる企業の株主が健全な収益を獲得できることは疑いない．しかし，買収する側の企業の株主にとって，それにどのような価値があるかはよくわかっていない．懐疑的な人の多くは，ターゲット企業の株主に支払われるプレミアムが大きければ，買収は，買収する側の株主にとって負の価値を有する投資になりがちであることを指摘している[1]．
　企業買収のいくつかの問題は，財務分析を適用することにより検討できる：

- 証券アナリストは次のことを考える：提案されている買収は，買収企業の株主に価値をもたらすものであるか？
- リスク裁定者は次のことを考える：敵対的買収のオファーが最終的に成功する可能性はどの程度であり，競り合いに参加しそうな潜在的な買収者は他に存在するか？
- 買収企業の経営者は次のことを考える：ターゲット企業は我々の経営戦略に適合的か？　もしそうであれば，その企業にはどのような価値があり，成功させるにはどのように買収のオファーを出すべきか？
- ターゲット企業の経営者は次のことを考える：買収企業のオファーは我々の株主にとって納得できるものであろうか？　現在の買手以上に我々の企業を評価してくれる潜在的な買手はいないか？
- 証券会社は次のことを考える：我々のクライアントと良い組合せとなりそうな潜在的なターゲット企業は，どのように見つけ出せるだろうか？　公平な意見を求められたときは，我々はターゲット企業をどのように評価すべきか？

この章では，主として財務諸表データの利用と，買収が買収企業の株主に利益をもたらすか否かの評価のための分析とに注目する．もちろん，これらの議論は，他の買収状況にも適用できる．

買収が買収者に利益をもたらすかという議論では，買収の動機の評価や，オファー価格の形成，資金調達の方法，および，オファーが成功する可能性の見通しに注目する．買収時にどのように財務分析を利用できるか説明するために，この章を通じて，AT&T が 1991 年に 75 億ドルで買収した NCR の例を用いる[2]．

1 企業買収の動機

企業が他の企業を買収する理由はいくつもある．買収企業の経営者のなかには，自己の権力や威信を高めたいと思っている者もいるだろう．他方では，事業の統合により自社の株主に新しい経済価値が生み出される可能性を認識している者もいるだろう．新たな価値は，以下のかたちで生み出される：

1. **規模の経済の利用**：買収は，参加企業双方に規模の経済をもたらす手段として正当化されることが多い．1つの企業である方が，2つの企業であるより効率的に機能を果たせる場合には，規模の経済が生じることになる．たとえば，AT&T と NCR は，両社とも UNIX ベースのパソコンを設計し，製造している．買収の後は，同じような新規商品に携わる研究者の数を減らすことにより，研究開発で規模の経済の利益を活用できるだろう．結合した企業では，会計や資金調達の機能，企業経営も含めた経営コストの縮小も可能であろう．

2. **ターゲット企業の経営改善**：買収に共通して見られるもう一つの動機は，ターゲット企業の経営を改善することである．業績がシステマティックに産業平均を下回っている企業は，ターゲットになる傾向が強い．過去の良くない業績は，運が悪かったためかもしれないが，企業の経営者が良くない投資や営業の意思決定を行ったためか，株主を犠牲にして彼らの個人的な権力を拡大するような目標を意図的に追求したためかも

しれない．

3. **補完的な資源の結集**：2つの企業の補完的な資源を結集させることにより，買収が価値を生み出すと判断される可能性がある．たとえば，AT&Tのように研究開発部門が強い企業と，NCRのように同じ産業内で流通部門が強い企業とが合併すれば，両方の企業にとって利益があるだろう．もちろん，それらの企業が別々に，それぞれ流通部門，研究開発部門に投資しその部門を強化することも可能である．しかし，買収によって資源を結合させる方が，当然安上がりであろう．

4. **税制上の利益の獲得**：米国では，1986年の改正税法により企業買収の税制上の優遇措置の多くが廃止された．それでも，いくつかの優遇措置は残っている．その主要なものが，欠損金の獲得である．欠損金繰越の効果を完全に活用するほど十分な利益を上げられないと思えば，その会社は，利益を獲得している他の企業を買収しようとするかもしれない．そうすれば，買収者の営業損失や繰越欠損金を，ターゲット企業の課税所得と相殺できるのである[3]．買収に付随することの多い第二の税制上の効果は，ターゲット企業のためのレバレッジの上昇から生じるタックス・シールドである．これは，1980年代のレバレッジド・バイアウトにとりわけ当てはまるものであった[4]．

5. **財務的制約が強いターゲット企業に対する低コスト資金の提供**：おそらく経営者と外部の投資家との間の情報の非対称性が原因で，資本市場が不完全である場合，企業は資本調達に制約を受けることがある．情報の問題は，とりわけ新しく設立された高成長企業にとっては厳しいものであろう．それらの企業は歴史の記録が少なく，財務諸表が成長機会の価値について見通しをほとんど与えないため，外部の投資家にとって評価は難しいであろう．それに加えて，高成長企業は成長資金を得るのに通常は外部資金に頼らざるを得ないため，資本市場での制約から収益性の高い新規プロジェクトの遂行能力は影響を受けるであろう．つまり，このようなタイプの企業にとって公開市場はコストの高い資金調達源なのである．このため企業を理解し安定的な資金源を提供する買収者は，企業に付加価値を付けてくれる可能性がある[5]．

6. **生産物市場のレントの拡大**：企業は生産物市場のレントを増大させるためにも，買収のインセンティブをもつことがある．買収によって産業内で支配企業となることにより，2つの小さかった企業が共謀して生産を制限し，価格を吊り上げて利益を増加させることができる．この結果，独立企業同士のカルテルで生じる問題は回避され，企業がカルテルを破って生産を増やすインセンティブをもつ状況は回避される．

生産物市場のレントは企業にとって買収の動機として意味があるが，買収のことを投資家に説明するときには，2社はあまりその意図を伝えない．なぜなら，ほとんどの国には反トラスト法（独占禁止法）があり，同じ産業内の2つの企業の合併を規制しているからである．たとえば米国では，3つの主要な反トラスト法がある——1890年のシャーマン法，1914年のクレイトン法，1976年のハート＝スコット＝ロディノ法である．

買収の動機の大部分が，株主に新しい経済価値を与えることである一方で，新しい価値を創出しない買収も存在する．資金は豊富だが新しい高収益の投資機会に恵まれない企業は，とりわけ余剰資金を買収に使用しようとする傾向がある．これらの企業の株主は，経営者が余剰資金や「フリー」キャッシュフローを配当として支払ったり，自社の株式を買い戻すのに資金を使用することをおそらく望んでいるだろう．しかしこのような選択をすれば，企業規模や経営者のコントロール下の資産は縮小する．このため経営者は，たとえ株主から評価されなくても，フリー・キャッシュフローを新たな企業買収の投資に向けようとするだろう．もちろん経営者は，資金を株主に払い戻したくないために企業を買収するのだ，とはけっして伝えない．その代わりに，上述のような動機を利用して買収を説明したり，あるいはターゲット企業を格安の値段で買おうとしているのだと主張するであろう．

経営者には評価されるが株主には評価されない買収動機のもう一つが，分散化である．1960年代から1970年代初めまでは，分散化は買収の動機としてよく見られた．買収者は，関係のない産業に属する企業を買収することにより，利益のボラティリティーを減少させようとしていた．しかしそれ以降，買収の目的を分散化に求めることは一般的に信用されなくなっている．近年

のファイナンスの理論家は，きちんと機能している資本市場では，投資家は自分たちで分散化を図れるため，経営者が投資家のために分散化する必要はないと指摘している．それに加えて分散化は，主要企業が自己の重要な競争力を見失い，専門的知識のない事業へ拡大するものとして批判されている[6]．

Key Analysis Questions

提案されている買収を評価するとき，アナリストは，買収によって買収企業とターゲット企業の双方の株主に新しい価値が生み出されるのか，経営者の自己の権力や威信を高めたいという欲望によって動機づけられているのかを見極めることに関心をもつ．財務アナリストにとって鍵となる問題として次のことが含まれよう：

- 買収の動機，および買収企業，ターゲット企業が公開する情報を公開することにより予想される効果は何か？
- ターゲット企業と買収企業の産業はどのようであるか？ 企業は互いに水平的関係にあるか？ それとも垂直的関係にあるか？ 双方の事業はどれほど近い関係にあるか？ もしも，事業に関係がなければ，買収者は資金が豊富でフリー・キャッシュフローを株主に返還したくないのか？
- ターゲット企業と買収企業の主要な営業上の強みは何か？ それらの強みは補完的関係にあるか？ たとえば，一方の企業が有名な研究グループを保有し，もう一方の企業が強力な流通ネットワークを保有するか？
- 買収はターゲット企業の経営者に支持される友好的なものであるか，敵対的なものであるか？ 敵対的企業買収は，経営のあり方が良くないターゲット企業にしかけられることが多いが，そのような企業の経営者は自己の仕事を確保しようとして買収に反対する．
- 両企業の買収前の業績はどうであるか？ 業績測定手段として，ROE，売上総利益，売上に対する一般管理費の比率，運転資本の管理上の諸比率が挙げられるであろう．これらの測定手段から判断して，ターゲット企業は産業内で業績が良くない方であり，買収などにより経営が改善される可能性があるのか？ 買収者は衰退産業に属しているため，新しい発展の方向を探しているのか？

- 両企業の税務上の地位はどのようであるか？　ターゲット企業と買収企業の現在の平均税率，限界税率はどのようであるか？　買収者が繰越欠損金を有し，ターゲット企業が課税所得を有しているのか？

これらの分析は，アナリストが，あるとすればどのような特別な効果が買収によって生まれるのかを理解するのを助ける．

AT&T の買収の動機

1984 年以前は，AT&T は制約された公共企業として，通話サービスと製造関連設備を供給していた．ところが同社は，1982 年に法務省（Department of Justice, DOJ）と同意契約を結び，短距離通話サービスを供給している Bell の事業会社を手放した．AT&T が通話サービスと電話設備産業を独占しているという主張をめぐって，法務省と 8 年間にわたり交渉した結果としての契約であった．Bell を手放すことに合意する見返りとして，AT＆T は，それまでオフ・リミットとされていたコンピューター産業への参入を許可された．

経営者は，同意契約が電気通信事業をコンピューターや情報サービスと関連づけることに特化する可能性を開くものであるととらえた．結果的に同社はコンピューター・サイエンスの発展を活用し，とりわけ同社の有名な研究施設の Bell Labs（ベル研究所）による UNIX オペレーティング・システムの開発の恩恵を受けた．しかし 1990 年までは，そのような戦略を実行する上で同社はとくに成功していたわけではない．金融誌では，同社はコンピューターの経営で 1984 年から 1990 年の間に少なくとも 20 億ドルを失ったと推定している．1990 年だけでも，売上が 15 億ドルであるのに対して，損失は 10 百万ドルから 300 百万ドルの間であると推定している．

AT&T の経営者は，コンピューターの問題を最も良く解決する方法は，コンピューター・オペレーションで影響力を拡大することであると判断し，適切な買収相手を探しはじめた．AT&T と似た企業文化を有する NCR が，調査の結果，理想的なターゲット企業として現れた．この企業は両社のいずれにも適合する生産ラインをもち，UNIX のオペレーティング・システム

の利用でも似た方針をもっていた．それに加えて，NCRはネットワークではAT&Tより強く，国際的なコンピューターのマーケティングで影響力や顧客ベースを有していた．コンピューター・オペレーションの専門的知識を開発するのにNCRを利用したいという欲求に沿って，AT&TはNCRの経営の下で両社のコンピューター・オペレーションを統合すると伝えた．

要約すれば，テレコミュニケーションとコンピューターの技術やサービスとを統合するというAT&Tの戦略を所与とすれば，NCRの買収は何らかの経済的意味をもつように思われる．しかし，AT&Tの拡張的戦略に批判的なアナリストのなかには，買収はおそらくAT&Tの株主に価値をもたらさないだろうし，コンピューター事業への参入がコストの高い過ちであったとAT&Tは認めるべきだと主張する者もいる．

2 買収価格

買収企業の株主に価値を与えたいならば，企業買収には考え抜かれた経済的動機が必要であるが，それだけでは十分ではない．買収企業は，ターゲット企業に対して過大な対価を払わないように気を付ける必要がある．過大な対価を払うと，ターゲット企業の株主にとって取引は大変望ましく収益性の高いものとなるが，買収企業の株主の資産をかなり減少させることになる．財務アナリストは，以下の手法を用いて，買収企業がターゲット企業に過大な対価を払っていないかを評価することができる．

ターゲット企業の株主に提示されるプレミアムの分析

買収企業がターゲット企業に過大な対価を払っていないかを評価するときの一般的な方法の一つは，ターゲット企業の株主に提示されたプレミアムを同じような取引で提示されたプレミアムと比較することである．もしも，買収者が相対的に高いプレミアムを提示していれば，アナリストは通常，取引が買収企業の株主に新しい価値を生み出す可能性は低いと結論づける．

友好的買収と敵対的買収では，プレミアムはかなり異なる．敵対的な取引のプレミアムは，友好的なオファーのものよりもおよそ30%高い傾向があ

り，このことから敵対的買収者の方がターゲット企業に過大な対価を払いやすいということになる[7]．これにはいくつかの理由がある．まず第一に，友好的買収者は，ターゲット企業の内部的な記録が手に入るため，取引を完了した後で隠れていた負債や問題点に驚く可能性がかなり低くなる．これに対して敵対的買収者は，ターゲット企業の評価にこのような利点がなく，憶測に頼ることを余儀なくされて，それが後に間違いであるとわかることがある．第二に，敵対的買収で生じることが多い買収の遅れは，ターゲット企業にオファーを出す機会を競争相手に与えてしまうことも多く，入札戦争のようになってしまう．

ターゲット企業のプレミアムを同じようなタイプの取引の価値と比較すれば，計算は単純だがいくつか実際上の問題がある．まず第一に，比較可能な取引をどのように定義すればよいか明らかではない．図15-1 は，1989年から1998年までの間に米国のターゲット企業に支払われたプレミアムの平均とメジアンを示している．いずれも最初に買収が公表される1週間前の株価に対する比率である．この期間の平均プレミアムはおおよそ40%，メジアンは30%程度であった．ただし，取引を通じてかなりの変動があるため，これらの推定値をベンチマークとして用いることは難しい．

ターゲット企業の株主に提示されたプレミアムを使って，買収者が過大な対価を払っていないかを評価するときに生じる第二の問題は，オファーが投資家に予想されていれば，計測されるプレミアムは誤解を導く可能性があるということである．つまり，ターゲット企業の株価の高騰により，プレミアムの推定値が相対的に低いと捉えられがちなのである．このような限界は，プレミアムの計算基礎として買収オファーの1ヵ月前のターゲット企業の株価を用いると，解決されることがある．ただし，オファーが1ヵ月以上前から予想されている例もあるだろう．

最後に，買収者が過大な対価を払っていないかを評価するのにターゲット企業のプレミアムを用いると，買収者にとっての買収後のターゲット企業の価値を無視することになる．このような価値については，次のように考えられる：

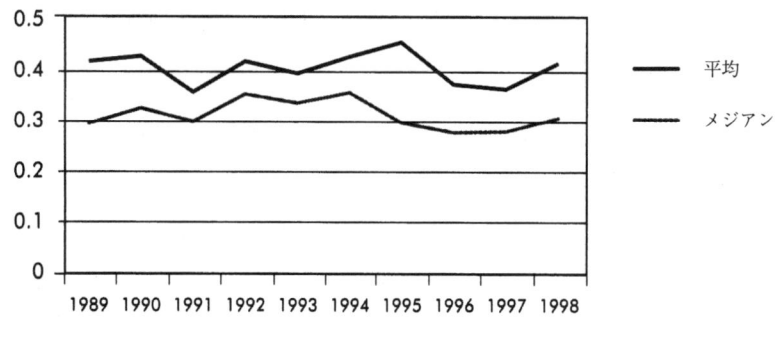

図15-1 企業買収で1989年から1998年に支払われた平均プレミアム

出典：Mergerstat, 1999.

買収後のターゲット企業の価値＝独立した企業としての価値
　　　　　　　　　　　　　　＋買収から生じる価値

　買収前のターゲット企業の価値は，独立の企業体であり続けた場合のターゲット企業のフリー・キャッシュフローの現在価値である．その値は買収発表前の企業の株価とはどこか異なる感じがするかもしれないが，これは買収前の価格が独立の単位としての企業の価値と買収が実行されるときの価値の加重平均となっているためであろう．買収から生じる価値には，買収者が買収の波及効果から得る利益はもちろん，規模の経済から生じるターゲット企業の営業パフォーマンスの向上，経営の改善，税金面のメリットなどの効果も含まれる．もちろん，買収によってより多くの価値が生じると思われるターゲット企業に対しては，買収者はより多くのプレミアムを支払おうとする．したがって，プレミアムの大きさだけを調べても，買収によって買収企業の株主に新たな価値がもたらされるか否かは判断できない．

買収者からみたターゲット企業の価値の分析

　買収者がターゲット企業に過大な対価を払っていないかを評価するためのより信頼性が高いと思われる第二の方法は，オファー価格と買収者にとってのターゲット企業の推定価値とを比較することである．後者の値は，第11章と第12章で説明した評価技術を使用して計算できる．企業買収で最も一

般的に用いられている評価方法が利益倍率と割引キャッシュフローの方法である．本書では，すでにこれらの技法を包括的に説明しているため，ここでは企業買収でターゲット企業を評価するときに生じる実際上の問題に注目しよう．我々は，まずターゲット企業を独立の企業と考えて，その価値を見積もることを勧める．そうすることにより，評価上の仮定が妥当であるかをチェックする手段が与えられる．なぜならターゲット企業が公開されている上場会社であれば，その推定値を買収前の市場価格と比較できるからである．また，ターゲット企業のパフォーマンス，したがって企業の価値が，買収後はどのように変化しそうであるかを考えるためにも，有用な基礎が与えられる．

利益倍率　利益倍率を使用して買収者にとってのターゲット企業の価値を推定するには，ターゲット企業の利益を予測し，適切な利益倍率を決定しなければならない．

> **第1段階：利益の予測**　利益の予測値は，通常は買収がないことを仮定してターゲット企業の次年度の純利益を予想することから，まず求められる．過去の売上成長率，売上総利益，平均税率が利益予測モデルの構築にとって有用である．ターゲット企業の買収前の利益を予測した後は，買収によって期待される利益パフォーマンスの改善を予測モデルにとり入れることができる．パフォーマンスの改善は次のようにモデル化できる：
> ・仕入で規模の経済が働くことや，市場支配力が拡大することによる営業利益の増加．
> ・研究開発スタッフや，販売ないし管理のための人員を統合することによる費用の削減．
> ・欠損金の繰越を利用することによる平均税率の低下．

買収後の利益の予測には，注意が必要である．後で説明するが，パーチェス法の適用を考慮した買収では通常，のれんの償却費の増加や買収後に再評価される資産の減価償却費の増加が見られるためである．株価/

利益倍率による評価のために将来の利益を推定するときは，これらの効果は無視されなければならない．

第2段階：株価/利益倍率の決定 利益予測に活用できるようにするには，どのように利益倍率を決定するとよいだろうか？ ターゲット企業が上場されている場合は，買収後の利益の評価に買収前の株価/利益倍率を使用したい気持ちになるだろう．しかしこの方法には，いくつか限界がある．まず第一に，ターゲット企業の多くは買収後に利益成長の予測が変化すると思われるため，買収前と買収後の株価/利益倍率に違いが生じることになる．このため，買収後の利益は，比較対象となるような成長やリスクの特徴をもつ企業の倍率から評価される必要がある（第11章の議論を参照）．第二の問題は，上場されていないターゲット企業については，買収前の株価/利益倍率は入手できないことである．この場合も，どのようなタイプの上場企業が良い比較対象となりそうか決定しなければならない．最後に，買収前の株価/利益倍率が買収後の利益の評価にとって適切なものだとしても，その値がいかなる買収発表にも先駆けて推定されることが保証されるよう注意する必要がある．なぜなら株価は，ターゲット企業の株主に支払われるプレミアムを予想して，上昇してしまうからである．

以下の表は，買収前のターゲット企業の評価（企業が独立の企業体であり続けると仮定したときの）や潜在的な買収者から見たターゲット企業の価値の推定に，株価/利益倍率がどのように利用されるかを要約している：

株価/利益倍率によるターゲット企業の評価の要約

ターゲット企業の独立企業としての価値：
　出資者の持分に変化がないと仮定したときの，ターゲット企業の次年度の予測利益に，**買収前のPE倍率を乗じたもの**．
潜在的な買収者から見たターゲット企業の価値：
　買収者による経営内容の変更の効果を考慮した，ターゲット企業の次年度の**修正された予測利益**に，**買収後のPE倍率を乗じたもの**．

株価/利益倍率による評価の限界 第11章で説明したように，利益倍率を企業

評価に使用することには深刻な問題点がいくつかある．それらの限界に加えて，この方法には買収時の評価に特有な問題点もある：

1. PE倍率では，買収による業績改善は，利益の即時の上昇か利益成長の増大（したがって買収後の株価収益率の増大）のいずれかによってもたらされると仮定している．実際には，業績の改善や費用の節約はいろいろな形態をとり得る――新しい経営方針の実行，過大投資の除去，運転資本の管理の改善，あるいは株主への余剰資金の払い戻しにより，ゆっくりと利益は拡大する．これらのタイプの改善は，当然にはPE乗数に反映されないのである．
2. PEモデルは，買収者が買収から得る波及的な利益を，簡単には組み込めない．なぜなら，このモデルはターゲット企業の利益を評価することに重点をおいているためである．

割引キャッシュフローモデルおよび割引超過利益モデル　第11章や第12章で説明したように，割引フリー・キャッシュフロー法や割引超過利益法を用いて企業を評価することも可能である．そのためにはまず，企業の超過利益やフリー・キャッシュフローを予測し，その上でそれらを資本コストで割り引くことが必要である．

第1段階：超過利益やフリー・キャッシュフローの予測　企業の将来の利益やキャッシュフローの予測モデルは，超過利益やフリー・キャッシュフローの予測の基礎を与えるものである．まず初めに，モデルはターゲット企業が独立企業であり続けるという仮定の下で構築されなければならない．将来の売上成長，コスト構造，運転資本ニーズ，投資や研究開発ニーズ，予定される負債償還で必要とされる資金について，ターゲット企業の財務分析で得られる最良の推定値をモデルは反映していなければならない．超過利益法では，新しい投資プロジェクトから資本コストを超える利益が見込まれる期間にわたり，超過利益または税引後の純営業利益（NOPAT）を予測する必要がある．フリー・キャッシュフロー

法の下では，予測モデルは企業や株式のフリー・キャッシュフローを，通常5年から10年の期間にわたって予測する．超過利益かフリー・キャッシュフローのモデルを一度構築してしまえば，買収から得られると予想される超過利益やフリー・キャッシュフローの改善の効果もとり入れることができる．たとえば，費用の削減，資産売却から得る資金，過大投資の削減から得る効果，運転資本の管理の改善，株主への過剰な資本還元の改善などの効果である．

第2段階：割引率の計算 ターゲット企業からの買収後の超過NOPATまたはキャッシュフローを評価する場合，適切な割引率は，予想される**買収後の**資本構成を前提とするターゲット企業の加重平均資本コスト（WACC, weighted average cost of capital）である．これに代わる方法として，ターゲット企業の株式のキャッシュフローが直接的に評価されているか，あるいは超過利益を評価しているような場合には，適切な割引率は，加重平均資本コストよりむしろターゲット企業の**買収後の株主資本コスト**となる．これらの方法を用いるときに共通して見られる二つの誤りは，ターゲット企業から得られる買収後の超過利益ないしはキャッシュフローの評価にあたって，買収企業の資本コストかターゲット企業の買収前の資本コストを用いることである．

ターゲット企業の買収後の資本コストの計算は，買収後に買収者がターゲット企業の資本構成を変化させようと計画する場合には複雑になる可能性がある．これは，ターゲット企業の負債と株式のコストが変化するためである．ただし，レバレッジの変更がターゲット企業の支払利息のタックス・シールドや財務危機の可能性に大きな影響を与えないかぎり，これらの変化が加重平均資本コストにネットで与える影響はかなり小さいと思われる．

以下の表は，(独立企業体であり続けることを仮定した場合の)買収前のターゲット企業の評価や潜在的な買収者から見たターゲット企業の価値の推定に，割引超過利益法や割引キャッシュフロー法をどのように使用できるかを要約したものである．

割引超過利益法や割引キャッシュフロー法によるターゲット企業の評価の要約

- 買収がないときのターゲット企業の価値：
  (a) 買収がないと仮定した場合のターゲット企業の株式に生ずる超過利益ないしはフリー・キャッシュフローを，**買収前の株主資本コストで割り引いた現在価値**
  (b) 買収がないと仮定した場合のターゲット企業の負債と株式に生ずる超過 NOPAT ないしはフリー・キャッシュフローを，**買収前の WACC で割り引いた現在価値から負債の価値を差し引いたもの**
- 潜在的な買収者から見たターゲット企業の価値：
  (a) 買収から得られる利益を含めてターゲット企業の株式に生ずる超過利益ないしはフリー・キャッシュフローを，**買収後の株主資本コストで割り引いた現在価値**
  (b) 買収から得られる利益を含めてターゲット企業の超過 NOPAT ないしはフリー・キャッシュフローを，**買収後の WACC で割り引いた現在価値から負債の価値を差し引いたもの**

第3段階：感応度分析 ターゲット企業の予想価値を推定した後は，モデルの仮定の変化に対する推定値の感応度を調べたい．例として，次のような質問に答えるのが，アナリストが買収に伴うリスクを評価するのに有用である．

- 買収の効果が現れるのに予想していたより長い時間がかかる場合，ターゲット企業の価値はどうなるか？
- 買収に反応して，主要な競争相手が買収で対抗しようとするような場合，ターゲット企業の価値はどうなるか？ そのような反応は我々の計画や推定値に影響を与えるか？

Key Analysis Questions

買収の価格を分析するにあたり，アナリストは，買収者が生み出す買収利益の価値を，ターゲット企業の株主に支払われる価格とくらべて評価することに関心をもつ．このためアナリストは，以下の問題の答えに興味を抱くであろう：

- 買収者がターゲット企業の株式に対して支払ったプレミアムは何であろうか？ プレミアムを正当化する将来のパフォーマンスの改善という点で，このプレミアムは買収者にとって何を意味するのか？
- 経営者が買収から引き出そうとするパフォーマンスの改善には，どのようなものがありうるか？ 例えば，買収される企業には，新しい製品や

価格上昇，既存の製品の流通経路の改善による収入の増加はありそうか？　あるいは，ターゲット企業が，規模の経済や効率性の改善，低い資本コストの恩恵を受ける結果，コストの節減があるのか？
- パフォーマンスの改善の価値は何であろうか？　その価値は倍率や割引利益/キャッシュフロー法により推定することができる．

AT&TによるNCRの買収価格

　AT&Tの75億ドルというNCRの買収価格は，ターゲット企業の株主にとって120％のプレミアム（買収交渉期間の市場全体の変化は調整済みで）を意味する．このプレミアムは明らかに，この時期の通常のものよりかなり高く，その一部はNCRの経営者が買収に反対したことを反映している．AT&Tの同社への最初のオファーは，1株当たり85ドルであった．しかし，ターゲット企業の経営者が受け容れた最終価格は，110ドルであった．

　AT&TによるNCRの買収価格は，伝統的な評価方式から判断しても強気なものと思われる．AT&Tのオファーについて発表があったときは，コンピューター産業内の企業の平均的なPE値は12.9であり，NCRのPE値は11.5であった．それにもかかわらず，AT&Tの最終的なオファーでは，NCRをそのときの利益の18倍と評価した．もしもそのような効果が即座に実現したならば，買収が新しい企業にもたらす年々の業績の改善は，全体としてNCRの買収前の利益の50％に相当することになる．これはきわめて魅力的なターゲット企業である．もちろんAT&Tの経営者は，これらの効果のいくらかは，自社の営業で得られる利益の増加によりもたらされると信じていた．

　買収発表に対する市場の反応は，アナリストが，AT&TはNCRに過大な対価を払っていると信じていることを示唆するものであった——AT&Tの株価は，交渉期間に13％（ここでも，市場全体の変化については調整済み），49億ドル下げている．AT&TがNCRに支払ったプレミアムが37億ドルであることを前提とすると，AT&Tの株式の下落は，AT&Tが実際上はNCRの価値を壊してしまうとアナリストが信じていたことを意味する！　その後のAT&Tのコンピューター事業（NCRも含めた）が生み出し

た短期的な財務上の成果は，市場の疑いを支持するものであった．NCR の 1991 年の利益は，AT&T に示されていた計画を 100 百万ドル（26％）下回っていた．AT&T の 1993 年のコンピューター事業の損失は，99 百万ドル（190 百万ドルのリストラ費用を含む）であった．1994 年の第 1 四半期では，61 百万ドルの営業損失（120 百万ドルの上記のものとは別のリストラ費用を含む）が報告された．

NCR は 1995 年まで，芳しくない業績を示し続け，損失は報告されているように 1 日あたり 2 百万ドルほどまで達していた．このため 1995 年には，AT&T は，NCR の資産 16 億ドルの償却を実行することを伝えた．1996 年に AT&T は，自社をコミュニケーションのサービス会社として再度位置づけることを決定した．それにともなうリストラの一環として，NCR をスピン・オフしてその株式を株主に分配した．新たに上場された NCR は 35 億ドルで評価されたが，それは AT&T が NCR に対して支払った 75 億ドルの半分以下の評価であった．

要約すれば，事前的な分析結果と買収に対する市場の評価から，AT&T は NCR に過大な対価を払っていると思われる．実際，市場は AT&T が事実上 NCR の独立企業としての価値を壊すと予想し，AT&T の全体的な技術戦略のメリットに疑問を投げかけた．

3 買収資金の調達

たとえ買収が新たな経済価値を生み出すものとして実行され，納得できる価格が付けられても，資金調達が適切でなければ，株主の価値が失われる可能性は残る．買収者にはいくつかの資金調達手段が提供されており，ターゲット企業の株主に株式やワラントを発行することや，余剰資金あるいは新規発行負債の収入を使用してターゲット企業の株式を取得することがこれに含まれる．ターゲット企業の株主にとって，これらの手段の間のトレード・オフ関係は，税金や取引コストの影響から決定されることが多い．買収者の場合，買収資金の調達は，企業の資本構成やその取引の財務報告に影響を与え，また，新しい情報を投資家に伝える．

以下で説明するように，ターゲット企業の株主と買収企業の株主との間で，資金調達に関する選好が異なる可能性がある．資金調達の調整次第で，買収企業の株主にとって，買収の魅力は上昇することも低下することもある．このため，買収の分析が完全であるには，資金調達の調整が買収者にもたらす影響を調べる必要がある．

資金調達形態がターゲット企業の株主に与える影響

上述したように，ターゲット企業の株主にとって資金調達を考えるときに重要であるのは，買収者のオファーが税金や取引コストに対してもつ意味である．

資金調達形態と税務上の効果　ターゲット企業の株主は，オファーにより自己の持分が受ける税引後の価値に関心をもつ．米国では，ターゲット企業の株主が自己の持分から資金を受け取るたびに，買収オファー価格と当初の購入価格の差額に対してキャピタル・ゲイン税を支払う必要がある．このようなことを避けるために，対価として買収企業の株式を受け取り，買収を税金のかからない組織の再編成という形で進めれば，新しい持分を売却しないかぎりキャピタル・ゲインに対する課税を先送りできる．

米国の税法は，ターゲット企業の株主が，キャッシュの支払いによるオファーよりも株式によるオファーを好むようにしているようである．会社にかなりの利害関係をもち続けているターゲット企業の創始者の場合，とくにこのことがあてはまる．会社の株価がそれまでに上がっていると，キャッシュのオファーでは創始者はかなりのキャピタル・ゲイン税に直面することになる．このためおそらく買収企業の株式を受け取る方を好むであろう．しかし，他の株主の場合，キャッシュによるオファーと株式によるオファーが税務上中立的になることもある．たとえば，他に競争者が現れて買収価格を吊り上げてくれるのを期待しながら短期的にその会社の持主となっているようなリスク裁定者に対して，税金がどのような影響を与えるかを考えよう．このような裁定者は，買収が完了してしまった後は，買収企業の株式を保有し続ける意思はなく，短期の取引利益に対して通常の所得税を支払うことになる．

したがって，リスク裁定者にとって，キャッシュによるオファーと株式によるオファーは同一の税引後の価値をもつ．同様に，税金が免除されている法人も，オファーがキャッシュによるものか株式によるものかで無差別であろう．

取引コストと資金調達形態　取引コストは，資金調達の形態と関係がありターゲット企業の株主にとって意味のあるもう一つの要素である．ターゲット企業の株主は，ターゲット企業の持分に対して受け取った株式を売るたびに，取引コストを負担する．買収者がキャッシュでオファーすれば，ターゲット企業の株主がこれらのコストを負担することはない．買収後も買収企業の株式を保有し続けようとする投資家にとっては，取引コストの問題は重要でないだろう．しかし，リスク裁定者のように，売却を意図している投資家にとっては，取引コストは意味をもつ．

資金調達形態が買収企業の株主に与える影響

　買収企業の株主にとって，資金調達手段の違いから生じる費用と効果は，オファーが企業の資本構成に与える影響，異なる資金調達形態で生じる情報効果，買収を記録する会計処理方法により決められることが多い．

企業の資本構成と資金調達形態　ターゲット企業の株式を取得する上で，借入資金や余剰資金が主な対価となるようなケースでは，買収によって買収企業の財務レバレッジは上昇する．このレバレッジの上昇は，買収戦略の一部であるかもしれない．というのは，買収者が非効率的企業の価値を増加させる方法の一つが，支払利息のタックス・シールドを増やして税金を少なくすることであるからである．しかし，多くの場合，買収後のレバレッジの増大は資金調達方法が与える付加的な効果であって，熟考された税金最小化戦略によるものではない．レバレッジの増大は，財務危機のリスクを増加させるため，買収企業の株主の価値を減少させる可能性もある．

　買収により買収企業のレバレッジが高まりすぎないかを評価するとき，財務アナリストは，提案されている買収に伴う買収者の財務リスクを次の方法

で評価できる：

- 提案されている資金調達計画の下で買収者に予想される財務リスクを査定する．財務リスクの指標としてよく用いられるものには，負債の返済に向けることのできるキャッシュフローの予想値はもちろん，株式に対する負債の比率（負債比率）や，インタレスト・カバレッジ・レシオがある．それらの比率は，買収企業やターゲット企業が属する産業の，同じような業績指標と比較できる．買収後の比率は，企業の財務破綻の可能性がかなり増大していることを示唆していないか？
- 買収後の財務リスクに関する予測比率分析や予測キャッシュフロー分析で，考慮されていない重要なオフバランスの負債が，ターゲット企業や買収企業にはないかを調べる．
- 予測される買収者の資産に無形資産の部分が多く，財務危機の影響を受けやすくないか判断する．無形資産の指標として，株主資本の簿価に対する時価の比率や株主資本の時価に対する有形資産の比率などがある．

情報の問題と資金調達形態　第16章で説明するが，経営者と外部投資家との間に情報の非対称性の問題があるために，経営者は新規プロジェクトの資金調達に増資を用いるのを避けようとする可能性がある．投資家が増資の意思決定を，企業の株価が過大評価されている徴候と解釈することを恐れ，経営者にこのような態度が生じてしまうのである．こうした効果のために，経営者は短期的に，企業にとって長期的に最適な負債と株式の組合せから離れようとすることがある．このため買収者は，買収資金をまかなうのに内部資金や負債を使用しようとする．なぜなら，これらの形態であれば，投資家にネガティブに解釈される可能性が低いからである[8]．

このような情報効果があるために，資金調達に株式を使用しなければならない企業は，投資家が資金調達の形態を知ったときに株価の下落を経験することになる[9]．財務アナリストは，資金調達の発表から，買収企業の買収前の価値について有益な情報を引き出せることになる．ただし，この情報は，買収が買収企業の株主に新たな価値をもたらすかの分析では，何の意味もも

たない．なぜなら，資金調達の発表で明らかになる情報は，買収者の**買収前の価値**に関してであり，買収者にとっての**買収後の**ターゲット企業の価値に関してではないからである．

　第二の情報問題は，買収企業の経営者がターゲット企業について十分な情報をもたないときに生じる．このようなとき，株式による資金調達では，買収企業の株主はターゲット企業の株主にもインフォメーション・リスクを負担させることができる．買収後にターゲット企業の価値が予想していたより低いことがわかったとしても，それによる買収企業の株価の下落の影響は，買収企業の株式を保有し続けるターゲット企業の株主が部分的に負担することになる．これに対して，ターゲット企業の株式をキャッシュによるオファーで取得する場合，いかなる買収後の損失も，買収企業のもとの株主がすべて負担することになる．株式による資金調達で得られるリスク・シェアリングの効果は，ターゲット企業について公開情報がほとんど手に入らない非公開会社の買収では広く認識されているようである．実際，大規模な公開会社の買収ではこの問題はそれほど重視されていないように思われる．

資金調達形態と買収後の会計処理　最後に，資金調達形態の違いは買収後の買収企業の財務諸表に影響を及ぼすことになる．米国の会計基準の下では，買収に関して2つの報告方法——パーチェス法と持分プーリング法——が認められている[10]．

　パーチェス法の下では，買収者はターゲット企業の資産を時価まで切り上げ，ターゲット企業の有形純資産の購入価格と時価の差額を営業権（のれん）として計上する．米国や他のほとんどの国では，営業権はその後5年から40年の期間にわたり利益から償却される．

　持分プーリング法は米国以外ではほとんど使用されていないが，この方法を買収の会計処理に使用する場合は，買収者はターゲット企業の資産，負債，資本をもとの簿価で表さねばならない．このため，営業権が計上されることはなく，その後の利益は営業権の償却によって減少することはない．

　買収資金の調達方法についての買収者の意思決定が，買収取引の会計処理方法をおおよそ決定してしまう．買収者が買収の処理に持分プーリング法を

用いるためには，いくつかの条件が満たされていなければならない．それらの条件が満たされていない場合は，買収者はパーチェス法を用いなければならない．それらの条件のなかで最も重要であるのは，(1)被買収会社（ターゲット企業）の事実上すべての議決権付普通株（最低でも90％以上）と引き換えに，買収会社が議決権付普通株（キャッシュではなく）を発行すること，および(2)買収を単一の取引で実行すること，である．

経営者のなかには，買収の記録に持分プーリング法を用いることが株主のためになると考えている者もいるようである．投資家は株式の評価に企業の利益を用いているが，持分プーリング法では営業権の償却を回避することで，パーチェス法より高い利益を計上する（少なくとも資産が完全に償却されるまでは）ことになり，その結果，高い株価が維持されるというのである．しかしこれら2つの方法は，確かに企業に異なる利益の値をもたらすが，異なるキャッシュフローをもたらすことはない．したがって，これらの方法の違いが企業の経済価値を変えることはないのである[11]．財務アナリストから見れば，資金調達方法の選択が，買収者の予測貸借対照表や予測損益計算書の作成に用いる会計処理方法をほとんど決定することになる．しかし，これらの会計処理の与える影響は，買収が買収企業の株主に新たな価値を生み出すかという質問に対しては意味をもたない．

Key Analysis Questions

資金調達形態は，ターゲット企業の株主にとって税金や取引コストの面で重要な意味をもつのである．買収者にとっては，資本構成，情報，買収の会計処理の面でやはり重要な意味をもつことになる．アナリストの観点からは，負債による資金調達で得られる法人税の効果については，ターゲット企業の評価の段階ですでに反映されていなければならない．情報や会計処理のもたらす効果は，買収の価値には関係がない．しかし，ターゲット企業の株主による現金対価の要求が，買収会社の買収後の資本構成に影響し，株主に損害を与えるほど財務危機のリスクを高めるかは，アナリストが当然に考えていなければならないことである．したがって，アナリストの仕事には，以下の問題を考察し，買収が買収企業の資本構成と財務危機のリスクとに与える影

響を予測することが含まれる：

- 新しく創立された企業のレバレッジはどうであるか？ 同一産業内の，比較対象となり得る企業のレバレッジと比較してどうか？
- 買収された企業の予想される将来のキャッシュフローはどのようであるか？ それらは会社の負債契約をまかなうのに十分であるか？ 将来のキャッシュフローが予想されるよりも低い場合，会社はどれだけの余裕を有しているか？ 会社の負債依存度が高く，将来のキャッシュフローが期待されるより低い場合には，収益性の見込まれる将来の投資資金の調達が阻害される可能性はないか？
- 買収の会計処理に持分プーリング法の適用を保証するような方法で，買収資金を調達することに経営者は関心を持ちすぎているように思えるか？ もしもそう思えるならば，そのような経営者の動機は何であろうか？ 将来ののれんの償却負担を単に避けるために，会社は利息のタックス・シールドを活用出来なくなっていないか？

AT&TによるNCRの買収と資金調達

　株式のみによる買収が持分のプーリングとして報告されることをAT&Tが確信できない場合を除き，1株当たり110ドルという価格でNCRの株式を100% AT&Tの株式と交換する権利を，AT&TはNCRの株主にオファーした．それに対して，ターゲット企業の株主は，株式の場合もキャッシュの場合も1株当たり110ドルの評価のもとで，持分の40%をAT&Tの株式と，60%をキャッシュと交換しようとした．NCRの株主をAT&Tの株価の下落から保護するために，株式による取引に価格の上限と下限が設けられた．いずれにしても，買収は税金のかからない株式の購入として扱われなければならなかった．

　AT&Tのオファーは，買収に持分プーリング法が適用されることを企業が強く選好するのを示しているという意味で，めずらしいものであった．AT&Tの経営者は，営業権の償却は企業の利益や株価に悪影響を及ぼすため，それを避けるために持分プーリング法を用いることが自社にとって重要であると主張した．実際，営業権を償却すれば，利益に悪影響を及ぼしてい

たであろう：予測値によれば，AT&Tの1990年の1株当たり利益（NCRの利益も含めたもの）は，持分プーリング法の下では2.42ドルであるのに対して，パーチェス法の下ではたった1.97ドルとされている．ただし，この利益の減少が株価に影響を及ぼしたかは，あまり明らかではない．

　結果として，AT&TはNCRの買収のための資金調達を100％株式によるオファーに頼ることを選択した．その主な理由は持分プーリング法を用いるためであった．この方法はかなり保守的な方法であるため，買収資金の調達によってAT&Tの株主に新たな財務リスクが生じることはなかった．ただし，AT&Tのオファーの説明は，そこでのオファーの形態が本当に従来からの自社株主の価値を最大化するものであったかということについて，アナリストに疑問を抱かせるものであった．

4　買収の成果

　実行される可能性がある買収を評価するときに，アナリストが関心をもつ最後の問題は，買収が本当に成し遂げられるかということである．たとえ買収が明確な価値ベースの動機をもち，ターゲット企業の価格が適切に決められ，提案されている資金調達から買収者に不必要な財務リスクが生じないとしても，ターゲット企業がより高い競争価格の提示を受けたり，防御態勢をとっているターゲット企業の経営者の反対にあったりして失敗する可能性はある．このため，オファーが受容される可能性を評価する場合，財務アナリストは，現在のオファーよりも高いプレミアムをターゲット企業の株主に支払える潜在的な競争相手がいないかを考えなければならない．また，ターゲット企業の経営者が防御態勢をとっていて，自己の仕事を守るためにオファーに反対しそうでないかということも，財務アナリストは考慮していなければならない．

他の買収者の存在
- ターゲット企業に他の潜在的な買収者があり，ターゲット企業に高い価値を見出している場合にはとくに，買収をしかけている者が失敗する可

能性は高まる．ターゲット企業の経営者や株主は，潜在的な買収者に買収をしかけてくる時間を与えるために，最初に受けたオファーの受け容れを遅らせるインセンティブを有する．最初に買収をしかけた者からすれば，オファーを提示する際にコストがかかっているため（証券会社や法律事務所への多額の支払いなど），オファーによって株主の価値が下がる可能性があることになる．実際は，買収に失敗してもこれらの損失を埋め合わせられる場合が多く，ときには蓄積したターゲット企業の持分を買収の成功者に売却することにより，健全な利益を上げられることもある．

Key Analysis Questions

財務アナリストは，ターゲット企業に他に潜在的な買収者があるか，あるとすればターゲット企業をどう評価しているかということについて，以下の問題を考察することにより判断できる：

- 最初の提案者の買収戦略を実行できる企業が他にもあるか？ たとえば，そのときの戦略が補完性のある資産からメリットを受けることに依拠しているならば，ターゲット企業に対して補完性のある資産をもつ潜在的な買収者を探すのである．買収の目的が，非効率的な経営者を交代させることにあるならば，ターゲット企業の産業内のどの企業が経営の専門的知識を提供してくれるだろうか？
- 買収者の主要な競争相手は誰であるか？ それらの企業のなかにターゲット企業とより適合的なところはないか？

経営者の買収防止態勢

ターゲット企業の経営者が買収防止態勢をとり，仕事を失うことを恐れているならば，買収をしかけようとする企業のオファーに反対することが予想される．企業のなかには，仕事の保証に対する心配を和らげるため，オファーをするときにトップの経営者に対して「ゴールデン・パラシュート」を与えるところもある．ゴールデン・パラシュートは，ターゲット企業のトップの経営者に，企業が買収された場合に魅力的な代償を提供するものである．

しかし，多くの企業はそのような手段をもたないために，防御態勢をとっている経営者からオファーに反対される可能性はかなり現実味を帯びている．

ターゲット企業に買収を防ぐ手段があるときは，買収企業のオファーに対して経営者は戦うと見られるが，これらの防止手段は通常，買収が起きること自体を防いではいない．その代わり，それらは買収を遅らせる傾向があり，ターゲット企業に競争的オファーが提示される可能性を高めている．その際，ターゲット企業の経営者から請われた「白い騎士」と呼ばれる友好的な買収者からオファーがある場合もある．つまり，買収防止手段は，買収をしかけた者がターゲット企業の買収から外される可能性や，競り合いに勝つためにオファーをかなり吊り上げねばならなくなる可能性を高めている．このようなリスクがある以上，買収者は敵対的となる可能性のある買収はしかけにくいと主張する者もいる．

Key Analysis Questions

ターゲット企業の経営者が防衛態勢にあって買収に反対しそうであるかを評価するために，アナリストは以下の問題を考えることができる：

- ターゲット企業は経営者を守ることを意図した買収の防衛手段を保持しているか？ 多くのそうした防衛手段が，敵対的買収がピークに達した動乱の1980年代に使用されていた．最も頻繁に使用されていたのが，ポイズン・ピル，スタガード・ボード，スーパー・マジョリティー・ルール，デュアル・クラス・リキャピタリゼーション，フェア・プライス・プロビジョン，ESOPプラン，より制約的な反買収規定のある法人形態への変更などである．
- ターゲットは，産業内の他社と比較して業績は芳しくなかったのか？ もしもそうであるならば，経営者の職の安全性は買収により脅かされることであろう．またそのことから，経営者は買収の申し出に対して反抗するだろう．
- ターゲット企業の経営者はゴールデン・パラシュート・プランがすぐに利用できる状態であるか？ ゴールデン・パラシュートは，買収に際して，職の安全性を理由に買収に反対することを思いとどまらせ，経営者

に魅力的な代償を提供するものである．

AT&T による NCR の買収結果

　AT&T には，NCR へのオファーの結果を心配する十分な理由があった．NCR は，公的な発表前に打診された AT&T の友好的オファーを拒否し，経営者はオファーに敵対して，利用可能なあらゆる対抗手段をとる用意があることを伝えた．さらに，これを推し進めるため，NCR は条件付 ESOP を設け，1 株当たり 1 ドルの特別配当と 0.02 ドルの普通配当の増加を発表した．これらはすべて，AT&T が買収の処理に持分プーリング法を用いるのを防ごうとするものであった．NCR の抵抗によって，確かに AT&T が NCR に過大な対価を支払うか，オファーを断念しなければならなくなる可能性は高まった．NCR に対して競争的なオファーは提示されなかったが，これはおそらく AT&T が高い価格でオファーしたために競争相手が脅えたものと思われる．買収は最終的に 1991 年 9 月 19 日に成し遂げられたが，このとき AT&T の最初のオファーから 10 ヵ月が経過していた．

5　要　約

　本章では，買収が買収企業の株主に新たな価値をもたらすかどうかの評価に興味をもつ財務アナリストが，財務諸表データや財務諸表分析をどのように利用できるかがまとめられている．もちろんここで議論されていることの多くは，ターゲット企業や買収企業の経営者，証券会社などの他の買収参加者にとっても意味があろう．

　外部のアナリストの場合，最初の仕事は買収者の買収戦略を見分けることである．いくつかの戦略を説明したが，それらのなかには買収企業の価値を最大化することと整合的なものもある．以下のような目的をもつ買収がそれに該当する：規模の経済を働かせるためのもの，ターゲット企業の経営を改善するもの，補完性のある資源を結合させるもの，税務上メリットを受けられるもの，資金制約を受けているターゲットに低コストの資金を提供するもの，生産物市場のレントを高めるもの，などである．

その一方，株主よりも経営者にメリットを与えると思われる戦略もある．たとえば，経営者が株主にフリー・キャッシュフローを返還したくないためや，関係のない産業に資金を分散し企業の利益のボラティリティーを低めたいために，収益性が認められない買収が実行されることもある．

財務アナリストの第二の仕事は，買収者がターゲット企業に適切な価格をオファーしているかを評価することである．たとえ買収者の戦略が，株主の利益を増加させようとするものであったとしても，ターゲット企業に過大な対価を払う可能性がある．その場合，ターゲット企業の株主は十分な報いを受けるが，代わりに買収企業の株主が犠牲となってしまう．ここでは，本書の前半で検討した比率分析や予測および評価の技法が，買収者から見たターゲット企業の価値の査定にどのように利用できるかを示している．

買収資金の調達方法は，買収提案の内容を財務アナリストが検討するときにも意味をもつ．提案されている買収が余剰資金や新規の負債で資金調達されている場合，買収者の財務リスクは高まることになる．財務アナリストは，買収者の買収後の貸借対照表の比率分析や，キャッシュフローのボラティリティー，インタレスト・カバレッジについての推定値を利用して，ターゲット企業の株主が対価としてキャッシュを要求した場合に買収者が財務危機に陥るリスクが高まるかを評価できる．

そして最後に，財務アナリストは最初のオファーが出された後，買収が成立しそうかということと，それがどのような価格で実行されそうかの予測に関心をもつ．このときアナリストは，他に潜在的な買収者がいないか，ターゲット企業の経営者が買収防止態勢をとり，買収者のオファーに敵対しそうかを判断しなければならない．

練習問題

1. オランダの証券会社の Mary Saxon が，地元のクライアントに米国での国際的な企業買収を勧めている．そのターゲット企業には，米国の競争相手からキャッシュによる買収がしかけられている．ところが Saxon は，ターゲット企業が米国の競争相手よりもオランダのクライ

アントにとってより価値があると主張している．その理由は，オランダの会計基準では，買収取引によって発生する多額の営業権を株主の資本と相殺することを許しているため，継続的に利益に負担がかかるのを回避できるというものである．これに対して，米国のルールでは，営業権は40年以内に償却されなければならない．このとき，あなたはオランダの買収者に対してどのようなことを勧めるか．

2. 1990年代の初めには，異なる国の企業間の買収（クロス・ボーダーの買収と呼ばれる）が著しく増加した．この増加について，どのような理由が考えられるか．クロス・ボーダーの買収を実行し，最終的には良い買収相手を獲得するという目的を達成しようとするとき，どのような特別な問題が発生し得るか．

3. 1980年代には，レバレッジド・バイアウト（LBO）はよく見られる買収形態であった．このレバレッジド・バイアウトでは，買収グループ（これにはターゲット企業の経営者が含まれることも多い）が，現在の価格を超えるプレミアムでターゲット企業に買収のオファーを提示する．買収グループは，買収のほとんどを負債で調達するため，買収後にターゲット企業はレバレッジの高い非公開会社となる．

   (a) どのような企業がLBOの理想的な相手となり得るか．それはなぜか．

   (b) 高い買収プレミアムを正当化するために，買収者はどのようにしてターゲット企業に十分な価値を加えるか．

4. First Public Bank CompanyのCFOであるKim Silvermanは次のような発言をしている：「我々は幸運にも，たった10%という資本コストしか負担していない．我々はより高い資金コストを負担している他の銀行を買収することにより，このメリットにレバレッジをかけたい．我々の低い資金調達コストを使用すれば，そのような銀行に多くの価値を加えられると思われる．」あなたはSilvermanの分析に同意するか．それはなぜか．

5. The Boston Tea Companyは，Hi Flavor Soda Co.を1株当たり60ドルで買収する計画を立てているが，これは現在の市場価格に対して

50%のプレミアムである．Boston Tea の CFO である John E. Grey は，PE 分析を用いると，このような評価は簡単に正当化されると主張している．「Boston Tea の株価収益率は 15 であり，我々は Hi Flavor Soda に，1 株当たり 5 ドルの利益を長期的に生み出させることができると予想している．このことから，我々にとって Hi Flavor は 75 ドルの価値があることになり，我々のオファー価格の 60 ドルはこれを大きく下回っている．」あなたはこの分析に同意するか．Grey がおいている重要な仮定は何か．

6. あなたは GS Investment Bank の買収部門で働いている．買収のすべての可能性を分析するには，評価に組み込まれるべきターゲット企業のオフバランスの資産や負債をすべて調べる必要がある．調査用のあなたのチェック・リストを作成しなさい．

7. T 社は現在，市場で 50 ドルと評価されている．買収者となる可能性がある A 社は，2 つの方法により T 社に価値を与えられると考えている：「運転資本の管理の改善で 15 ドルの価値が加えられ，独自の技術を利用できるようにして T 社の新製品を拡大すればさらに 10 ドルの価値が生み出される．」競争的な買収で，A 社が勝者となるには，これらの追加的価値のうちどれくらいを T 社の株主に支払わねばならないか．

8. 1995 年に Disney は，ABC Television をかなりのプレミアムで取得した．Disney の経営者は，このときのプレミアムのほとんどを，買収によって Disney 番組が ABC のテレビ局へのアクセス権を保証されるという主張で正当化した．この主張の経済的メリットについて評価しなさい．

9. 代表的な石油開発会社が，エレクトロニクス企業を 50% のプレミアムで買収することを決定した．買収者は，石油事業から得られる過大なキャッシュフローをニュー・エレクトロニクス部門の成長資金の支えとして利用できるため，このような変化は自社の株主に価値を与えると主張している．この主張の経済的メリットを評価せよ．

10. (a) 買収の処理にパーチェス法を用いた場合と，持分プーリング法を用いた場合とでは，以下の比率は買収後にどのように異なるか．

- 売上高利益率
- 資本利益率
- 資産回転率

(b) 買収の2年後に，買収を実施したことが失敗であったと企業が判断し，買収価格を大きく下回るが元の簿価は上回っている価格でターゲット企業を売却した．2つのそれぞれの方法（パーチェス法と持分プーリング法）のもとで，この取引は買収者の利益にどのような影響を与えるか．

注

1) 企業買収のリターンの研究を再検討するもののうち，Michael Jensen and Richard Ruback, "The Market for Corporate Control: The Scientific Evidence," *Journal of Financial Economics* 11, (April 1983): 5-50 では，ターゲット企業の株主は買収から正のリターンを得ているが，買収企業の株主は採算ゼロであると結論付けている．

2) ここでの議論の多くは，Thomas Lys and Linda Vincent, "An Analysis of the Value Destruction in AT&T's Acquisition of NCR," *Journal of Financial Economics* 39, No. 2-3 (Oct./Nov. 1995): 353-379 の買収の分析に基づいている．

3) もちろん，収益性の高い企業が収益性の高くない企業を取得するというもう一つの可能性がある．ただし米国では，買収が節税を意図したものと思われるときには，IRS は買収者が繰越欠損金を利用することを認めていない．

4) Steven Kaplan, "Management Buyouts: Evidence on Taxes as a Source of Value," *Journal of Finance* 44 (1989): 611-632 参照．

5) Krishna Palepu, "Predicting takeover targets: A methodological and empirical analysis," *Journal of Accounting and Economics* 8, No. 1 (March 1986): 3-36.

6) 第2章で企業の分権化についての賛否両論，企業業績に与える影響の例を解説している．

7) Paul Healy, Krishna Palepu, and Richard Ruback, "Which Mergers Are Profitable—Strategic or Financial?," *Sloan Management Review* 38, No. 4 (Summer 1997): 45-48 を参照のこと．

8) Stewart Myers and Nicholas Majluf, "Corporate Financing and Investment Decisions When Firms Have Information That Investors Do Not," *Journal of Financial Economics* (June 1984): 187-221 を参照のこと.
9) この証拠を挙げる文献として, Nicholas Travlos, "Corporate Takeover Bids, Methods of Payments, and Bidding Firms' Stock Returns," *Journal of Finance* 42 (1987): 943-963 を参照のこと.
10) 1999年に Financial Accounting Standards Board は持分プーリング法の使用を排除することを投票によって決定した. 2001年6月には, それが基準書第141号として確定した (訳者).
11) ただし持分プーリング法は, 買収企業の株主にとって, 買収が正の価値をもたらすものであるかの評価をより難しくする可能性がある. なぜなら, 獲得される資産は市場価値であらわされないからである. このため, 収益性の見込まれない買収をしかけようとする経営者は, プーリング法を使用することを好むであろう.

16
企業の財務政策

　本章では，株主価値の最大化のために，企業はどのように資本構成や配当政策を決定しているかを検討する．これらの2つの意思決定の内容は，相互に密接な関係にある．たとえば，内部で獲得された資金を，配当として外部へ支払ってしまうよりむしろ蓄積しようという意思決定は，財務的意思決定とも考えられる．このため，資本構成の決定で重要な要因の多く（税金，財務危機のコスト，エイジェンシー・コスト，その他の情報コストなど）は，配当政策の意思決定でも同様に重要であるということは，意外なことではない．次節以下では，本書の第II部で検討した財務分析のツールが資本構成や配当政策の意思決定の評価でどのように使用できるかはもちろん，上記の要因が資本構成や配当政策にどのような影響を及ぼすかも検討する．

　企業の財務政策の分析では，様々な問題が扱われる：

- 証券アナリストの関心：企業の資本構成や配当政策を所与として，我々のファンドにおいて企業をどこに位置づけるべきか——成長株と判断すべきか，配当株と判断すべきか？
- 買収のスペシャリストの関心：財務レバレッジを変更したり，株主への配当の支払いを増やすことにより，株主から見た企業の価値を増やせるか？
- 経営者の関心：我々は事業の目的に合った資本構成や配当政策を選んでいるか？
- 債権のアナリスト：事業内容や現在の財務レバレッジを所与として，その企業に貸付をしたときどのようなリスクに直面するか？

　本章を通じて，我々は外部アナリストの立場から，株主の価値を最大化する資本構成や配当政策を企業が選択しているかを評価する．しかし，ここで

の議論はどのような負債政策，配当政策を実行すべきかという経営者の意思決定にも，適用できることは明らかである．

1 企業の負債政策の決定要因

　第9章で説明したように，企業の負債政策は，有利子負債から現金および市場性のある有価証券の余裕分を控除したものとして定義される負債の純額と，資本とを比較するものとして記述される．実際上は，現金および市場性のある有価証券の余裕分を推定することは難しいので，アナリストは現金および市場性のある有価証券の総額をその代理変数として使用することが多い．例えば，表16-1に報告されている，大規模な製薬会社である Merck と大規模な公益事業会社である American Water Works の，1998年12月31日に終了する事業年度の負債政策について考えよう．

　Merck は実際には，負債よりも多くの流動資産（現金および市場性のある有価証券）を保有している．結果として，この会社は負債の純額をほとんど有していない．これに対して，American Water Works は171%の負債の純額対資本の簿価の比率を有している．本章を通じて，これらの会社の資金調達の違いに影響を与えている要因を検討する．

　財務アナリストが企業の資本構成を評価しようとするときは，2つの関連する問題が問われることが多い．まず第一に，長期的に株主の価値を高めるには，どのような負債と株式の組合せが最も良いのか？　そして第二に，経営者が新たな投資を提案しようとしているとき，短期的にはどのような資金調達形態を利用するべきか？　資本構成に関する2つの一般的なモデルが，これらの問題を考えるときの助けとなる．資本構成に関する静態的なモデルは，負債の効果と費用とのトレード・オフ関係が，どのように企業にとって長期的に最適な負債と株式の組合せに影響するかを分析している．動態的なモデルは，新規投資のために資金を調達しようとするとき，情報効果がどのようにして長期的に最適な資本構成から企業を乖離させるかを分析している．それらのモデルは資本構成を考える上で少し異なる意味をもつため，ここでは両方のモデルを検討する．

表16-1 1998年12月31日に終了する事業年度のMerckとAmerican Water Works
の有利子負債の純額

	Merck	American Water Works
有利子負債	$3,220.8	$2,247.9
控除：現金および短期投資	3,355.7	39.1
有利子負債の純額	(134.9)	2,208.8
株主資本の簿価	12,801.8	1,290.9
有利子負債の純額対株主資本の簿価	-1 %	171%

2 長期的に最適な負債と資本の組合せ

　企業にとって長期的に最も望ましい負債と株式の組合せを決定するには，財務レバレッジがもたらす効果と費用を考えなければならない．それらの効果と費用を比較した上で，企業は主として株式で資金調達すべきか，主として負債で資金調達すべきかを決定できる．

レバレッジの効果

　財務レバレッジがもたらす主要な効果には通常，支払利息による法人税のタックス・シールドと経営者のインセンティブの増加が含まれる．

支払利息のタックス・シールド　米国や他の多くの国々では，税法によって株式による資金調達にはない一種の政府補助金が，負債による資金調達には与えられている．このようなことは，法人税では支払利息が課税所得から控除可能であることによって生じている．この法人税のタックス・シールドは，配当による支払いや留保利益では利用できない．このため，負債による資金調達は，株式によるそれよりも有利な面がある．なぜなら負債による支払利息のタックス・シールドは，負債所有者にも株式の所有者にも追加的な所得をもたらすからである．このようにレバレッジのかかっている企業はレバレッジのかかっていない企業と比較して所得が多くなるが，所得が多くなることは直接的に，企業の価値が高まることも意味する．

　実務家や理論家のなかには，負債による資金調達の法人税上のメリットは，負債の個人所得税上のデメリットと相殺されてしまう可能性が潜在的にはあ

ると指摘する者もいる[1]．つまり，負債保有者（債権者）は，利子所得に対して相対的に高い税率を支払わねばならないため，企業が負債に高い税引前の利回りを提供することを要求するのである．このようなデメリットは，株式のキャピタル・ゲインよりも利子所得の方に高い税率がかけられているときにとくに問題になる．しかし，現在の米国の税法の下では，利子所得に対しても，キャピタル・ゲインに対しても個人の所得税率は同じであり，所得税の効果により負債の法人税上のメリットが排除されることはないようである．

したがって，負債による資金調達の法人税上のメリットは，実効税率が高く支払利息以外にタックス・シールドとなるものがほとんどない企業に，レバレッジの高い資本構成を選ばせる結果になる．これに対して，減価償却など，支払利息に代わるタックス・シールドがある企業や，欠損金の繰越があるために税金を支払う予定がない企業は，多くの部分が株式である資本構成をもつはずであろう．

Key Analysis Questions

負債の増加がもたらす節税効果を評価するときは，会計分析，財務比率分析，将来性分析などを利用してアナリストは以下のような問題を解く：

- 会社の平均税率はどれくらいか？ 主要な競争企業の財務レバレッジ，平均税率と比較してその値はどうか？
- 会社の税費用のうち，繰延分と当期分の割合はどれほどか？
- 会社の限界法人税率はどれくらいになりそうか？
- 会社には損失金の繰越や，他の税務上のメリットがあるか？ それらのメリットはどれぐらいの間続きそうか？
- 現時点で企業はどのような支払利息以外のタックス・シールドを利用できるか？ たとえば償却の加速により，大きなタックス・シールドが得られるか？
- 予測損益計算書や予測キャッシュフロー計算書に基づけば，5年や10年後までの会社の課税所得はどうなると予想されるか？ どのような支払利息以外のタックス・シールドが利用できるか？ そして最終的には，

負債による資金調達を利用してどのようにすれば節税できるか？

経営者の企業価値創出のインセンティブ　負債による資金調達がもたらす第2のメリットは，経営者の関心を企業価値の創出に向けさせることであり，その結果として，経営者と株主の利害の対立を緩和できることである．経営者が株主にとってほとんど価値のない投資を実行しようとするときや，企業の資金を広すぎるオフィス・ビルや贅沢な専用ジェット機などの役得（perks）に支出しようとするとき，利害の対立が生じる可能性がある．企業に資金があり余っているが，有望な新しい投資機会がほとんどない状態——「フリー・キャッシュフロー」の状態と呼ばれることが多い——のとき，企業はとりわけこうした誘惑に陥りやすい．このような企業の株主は一般に，経営者がフリー・キャッシュフローを配当として支払うか，資金を株式の買い戻しに使用することを望んでいる．ところが，これらの選択肢を用いれば，企業規模や経営者のコントロール下にある資産は縮小することになる．このため経営者は，たとえ株主に評価されなくてもフリー・キャッシュフローを新規プロジェクトに投資したり，経営者の役得に無駄使いしたりする．

　負債はどのようにして，経営者が過大投資をしたり役得に過大な支出をしたりするインセンティブを減らせるか？　なによりも，負債はこの種の支出をまかなう資金源を減らすことができる．なぜなら，比較的レバレッジの高い企業は，利息や元本への支払いに充てるため，キャッシュフローを生み出すプレッシャーに駆り立てられるからである．

　1988年のRJR Nabiscoのレバレッジド・バイアウト（借入による買収）に伴って導入された負債は，大方のみるところ，経営者が株主のために企業価値創出に改めて注目するよう圧力をかける負債の例であった．このような認識の下で，たばこ事業で生み出す高いキャッシュフローと，米国内での喫煙の後退に伴う低い投資機会から，インセンティブ問題が会社に生ずることになった．LBOによって生じた負債の増加により，RJR Nabiscoの経営者は，会社のジェット機やスポーツ界のスターを集めたパーティーなどの不必要な役得をなくすことや，食品産業への経営多角化を遅らせること，無煙たばこのような収益性の認められないプロジェクトを中止することを強いられ

た．

Key Analysis Questions

財務比率分析や将来性分析は，アナリストが，現時点で会社にフリー・キャッシュフローの非効率があるかどうかを確かめたり，将来における非効率のリスクを評価したりするときの助けになる．経営者の過大な役得支出や収益性の認められないプロジェクトへの投資の徴候には，以下のようなものがある：

- 会社は，売上に対して高い一般管理費や間接費の比率を有しているか？ もしそれらの比率が同社の主要な競争企業のものより高ければ，一つの可能性として，経営者が無駄な資金を役得に費やしていることが考えられる．
- 会社は本業と関係のない分野に多額の新規投資をしていないか？ もし新規投資を合理的に説明することが難しければ，会社はフリー・キャッシュフロー問題を抱えている可能性がある．
- 予測損益計算書や予測キャッシュフロー計算書から，会社に高水準の予測営業キャッシュフロー（必要な資本支出と負債の返済資金を控除後の）が期待されるか？
- 会社は，株主の価値を増大させることに対して，経営者に十分なインセンティブを与えているか？ これは，企業のパフォーマンスと経営者の報酬の関係の強さから明らかにされる．

レバレッジのコスト：財務危機

企業がレバレッジを高めると，財務危機——企業が債権者への利息や元本の支払義務を果たせない状況——が生じる可能性が高まることになる．財務危機が生じれば，企業は破産を宣言するか，金融債権の再構築に同意せざるを得なくなる．

企業の所有権の再構築には，通常はコストのかかる法的な交渉が伴うため，財務危機は高くつく可能性がある．また，財務危機に陥った企業は，収益性の高い新規投資を実行するために資金を調達することが難しくなるかもしれ

ない．そして最後に財務危機は，株主と債権者の利害対立を強め，負債による資金調達のコストを高める可能性がある．

財務危機の法的コスト　企業が深刻な財務危機に陥ったときには，企業の所有者の権利が再構築される場合が多い．資本の再構築は，正式の破産手続をとることもとらないこともある．関係当事者は，各自の利権を主張するために弁護士，銀行家，会計士などを雇わねばならず，正式な法的手続をとる場合は裁判費用も支払わねばならない．このため，再構築はコストが高くなる傾向がある．これらの費用は，しばしば財務危機の直接的コストと呼ばれる．

投資機会を失うコスト　企業が財務危機に陥りとりわけ破産状態に陥った場合には，たとえすべての企業関係者の利益になろうとも，新規投資のために追加的な資本を拠出することは非常に難しいであろう．破産企業が法定管財人により操業されるケースはあるが，管財人は収益性の有無にかかわらずリスキーな新規投資を実行しようとしない．経営者が新規投資を支持する場合でも，企業は資本制約に直面するだろう．債権者は，売却収入がまず自分たちの債権の返済に充当されないかぎり，重要でない資産の売却にも賛成しないであろう．新しく投資家や債権者となる可能性のある者も，自分たちが法的抗争に巻き込まれたくないために，企業に対して慎重な態度をとるだろう．このように，すべての可能性を考えたとき，企業は企業価値を下げる可能性がある重要な新規投資を実行できなくなるだろう．

債権者と株主の利害対立のコスト　企業の業績が良いときには，債権者と株主の利害は一致する傾向がある．両者はともに，企業価値を増加させるすべての投資を経営者が実行することを望むのである．しかし企業が資金的に困難な状態に陥ると，異なる種類の所有者の間で対立が生じることがある．債権者は，企業が利息や元本の約束を果たせるか心配しはじめ，株主は，企業が既存の債務を返済できなければ彼らの持分が債権者に振り向けられると心配しはじめる．このため経営者は，すべての所有者にとって最も利益となる意思決定を行うより，ある種の所有者，典型的には株主，の利益のみを考えた

意思決定を行うプレッシャーをますます受けやすくなる。たとえば経営者は,リスクのより高い資産に投資したり,清算配当を支払ったりするために,既存のものと同等以上の優先順位をもつ追加負債を発行するインセンティブをもつ。そうした行動が既存債権の価値を減少させ,株主に利益をもたらすからである。この種のゲームを完全に排除するのに高いコストがかかるとき,債権者は単に負債の発行時に企業へ払い込む額を減らし,それにより,株主から見た借入のコストを引き上げようとするのである。

財務危機の総合的な影響 上で検討した財務危機のコストは,負債がもたらす税金やモニタリングのメリットを減殺する。このため財務危機に陥りやすい企業や,財務危機に陥ったときのコストがとくに高い企業は,比較的低い財務レバレッジを保持すべきであろう。企業が高い事業リスクを負うとき,つまり利払い前の収益や利益が経済変動の影響を受ける度合いが高いときに,その企業は財務危機に陥りやすい。財務危機により資産が簡単に失われてしまう企業も,財務危機のコストは相対的に高くなるだろう。たとえば,人的資本やブランドの無形資産を抱える企業の場合,不満をもった従業員や顧客が企業から離れてしまったり他の代替的な供給者を求めてしまうため,とくに財務危機の影響を受けやすい。これに対して,有形資産が多い企業は,財務危機に陥っても自己の資産を売却できるため,資金の貸手に追加的な保証を与えて,財務危機のコストを低く抑えられる。したがって,無形資産の多い企業は,資産のほとんどが有形資産である企業よりレバレッジが高くなる可能性はあまりない。

これらの要因は,本章の最初に説明した2つの会社MerckとAmerican Water Worksがそのように違った資金調達政策をとっている理由の大半を説明するであろう。Merckはおそらく,会社の主要な資産の多くが研究スタッフや販売力など無形であるために,レバレッジを低く抑えているのであろう。これらのタイプの資産は,レバレッジをもし高めすぎてMerckが財政困難に陥ったりすれば,簡単に失われるのである。おそらく経営者は,R＆Dやマーケティングの費用の削減を強いられることとなり,最も才能のある研究員や販売力が競争企業のオファーに誘われることとなろう。

Merckは非常に低いレバレッジを保持することにより，これらのリスクを削減することができる．

これに対してAmerican Water Worksは公益事業会社である．会社の収入は規制を受けているために，非常に安定したキャッシュフローを獲得している．それに加えて，会社の主要な資産は，会社が財務危機に陥ったとしても価値が減少することが少ない有形設備である．もしも会社が財務危機に陥り，その後負債保有者が改めて会社の所有者となったとしても，既存の資産を使用し続けることができる．したがってAmerican Water Worksは，高い財務危機のコストを負担することなく，社債による税務上のメリットを活用することができる．

Key Analysis Questions

上の議論は，ある会社にとって最適な財務レバレッジは，同社の抱える事業リスクと同社の資産の種類から決定されることを意味する．会社の事業リスクが比較的高かったり，同社の資産が財務危機により簡単に失われることがあるときは，負債と株式の組合せを負債の比重を高める方へ変化させれば，事実上株主の価値を縮小させることになろう．アナリストは，比率分析，キャッシュフロー分析，将来性分析を活用して，会社の事業リスクや資産が財務危機により簡単に失われそうかを評価できる．アナリストの分析は，次のことを重視すべきである：

- **経済情勢と関係のある会社の事業リスクの指標を同業他社のものと比較する**．事業リスクの指標としては，固定営業費用（工場設備の減価償却など）対売上高の比率，資本利益率のボラティリティーのほか，会社の業績指標と経済全体のパフォーマンスの指標との関係などがよく用いられる．
- **産業内の競争状態を検討する**．非常に競争的な産業内の会社は，業績が競争企業の戦略の変化からきわめて影響を受けやすい．
- **企業資産の大部分が無形資産で，そのため財務危機の影響を受けやすいか判断する**．これには，資本の簿価に対する資本の市場価値などの比率を用いる．

長期的に最適な負債と資本の組合せの決定

　上の議論から，企業にとって最適な負債と株式の組合せは，法人税の支払い利息のタックス・シールドやモニタリング上のメリットと，財務危機のコストのトレード・オフ関係から予測されることがわかる．企業のレバレッジが高まれば，おそらくレバレッジのコストが税金やモニタリングにかかわる負債のメリットを上回りはじめることになろう．

　ただし，企業にとって最適な財務レバレッジを推定しようとするときには，実際上の困難がいくつかある．その一つがレバレッジに伴う費用や効果を，量的に表さねばならないことである．たとえば，負債のもたらす財務危機の予想コストや，経営者のインセンティブの効果を評価することは容易ではない．このような問題で容易な解答などありえないのである．我々がとれる最善の方法は，企業がフリー・キャッシュフロー問題に直面していないか，高い事業リスクに直面し財務危機により簡単に失われる資産を有していないかを質的に評価することである．そうした質的な評価は，企業の財務レバレッジを比較的高く維持すべきか，低く抑えるべきか，それともその中間のどこかに維持すべきかを決定する際に，数量化のより容易な負債の税務上のメリットを修正するために活用できるのである．

　企業が高いレバレッジをもつべきか，低いレバレッジをもつべきか，その間であるべきかを判断するときに生じる第二の実際上の困難は，高い，低い，中程度がどの程度を意味するかを量的に示すことである．この問題を解決する一つの方法は，負債比率などの財務レバレッジの経済全体の指標を，レバレッジのレンジの基準として利用することである．

　どのような企業が財務レバレッジが高いまたは低いと通常考えられるのか，おおよその感覚を示すために，表16-2では1998年の米国の選ばれた産業の，株主資本を市場価値で測った場合の負債比率と，株主資本を簿価で測った場合の負債比率のメジアンを表している．負債比率のメジアンは，全上場企業とNYSEに上場されている企業とについて示されている．

　株主資本を市場価値で測った場合の負債比率のメジアンは，ホテル業，鉄鋼業，水道業で高い．これらの産業に属する企業の主要な資産には，財務危機に陥ったときに負債保有者に即座に譲渡し得る有形設備や有形資産が含ま

表16-2 1998年における米国産業企業の，有利子負債純額対株主資本市場価値比率，および有利子負債純額対株主資本簿価比率のメジアン

産業	有利子負債純額対株主資本市場価値		有利子負債純額対株主資本簿価	
	全上場企業	NYSE上場企業	全上場企業	NYSE上場企業
コンピュータ・ソフトウェア	−8%	0%	−52%	−12%
製薬	−7%	1%	−43%	1%
小売	3%	46%	13%	75%
水道	50%	49%	100%	108%
鉄鋼	85%	46%	55%	38%
ホテル	107%	75%	126%	108%

れている．それに加えて，これらの産業に属する企業は多くの場合，経済全体のリスクに対してそれほど敏感ではない．これとは対照的に，ソフトウェア産業や製薬産業では，主要な資産は会社の抱える研究員である．このようなタイプの資産を保有していても，会社が財務危機に陥った場合，負債保有者に簡単には譲渡することができない．研究員は，彼等の予算がカットされれば，より快適な仕事場を求めて去ってしまうであろう．このため，この産業に属する企業は比較的保守的な資本構造を有している．

　NYSEで取引されている企業は，同一産業内のNYSEで取引されていない企業ほどレバレッジが極端にならない傾向があるということは興味深い．例えば，NYSEで取引されている企業は，鉄鋼業とホテル業では低いレバレッジを，ソフトウェア業と製薬業では高いレバレッジを，すべての企業を含める場合と比較して有している．小売業は，すべての企業では比較的低いレバレッジを持つように見えるが，NYSEで取引されている企業ではかなり高いレバレッジを持つように見える．このことは，NYSEの小売業は大規模なデパート店であることが多く，広範囲の商品を販売し，より地理的に分散されていることが多いという事実を反映している．

　株主資本の簿価に対する負債純額の比率は，概して，株主資本の市場価値に対する負債純額の比率と同じような動きになる．企業は通常，株主の価値を高めるプロジェクトに投資しており，かつ，R＆Dなどのいくつかのタイプの資産は通常株主資本の簿価には反映されていないため，ほとんどの企

業で株主資本の簿価に対する市場価値の比率は1より大きくなる．ただし，このことは鉄鋼業にはあてはまらないことに注意してほしい．鉄鋼業では多くの企業の業績が低く，それを反映して簿価に対する市場価値の比率が反対になる．

3 新規プロジェクトの資金調達

　資本構成に関する第二のモデルは，企業が新規の資金調達の意思決定をどのように行うかに注目する．この動態的モデルの支持者は，長期的に最適な資本構成から乖離させる短期的な摩擦が資本市場にはあると論じている．摩擦の原因の一つは，企業の将来の業績について，経営者が外部の投資家よりも優れた情報を保有しているときに生じる．このような状況の下では，新規投資の資金を調達しようとするとき，長期的に最適な資本構成から経営者が離れてしまう可能性がある．

　外部の投資家と経営者の間の情報の非対称性がどのように市場の不完全性をつくり出し，短期の資本構成の意思決定に影響を与えるかを理解するために，収益性の見込める独自の新規プロジェクトの資金を調達するときに経営者が活用できる手段を考えてみよう．一つの資金調達方法は，投資支出をまかなうために留保利益を使用することである．しかしここで，企業に現時点で利用可能な留保利益がない場合はどうしたらよいか？　もしも企業が配当を支払っているならば，プロジェクトの支出のために配当を削減することも可能であろう．しかし後で議論するように，投資家は配当の削減を，経営者が将来の業績が良くないと予想している徴候であると通常は解釈してしまう．このため配当の削減は，株価の下落を招く傾向があり，経営者はおそらくこのような事態を避けようとするであろう．ただし，多くの企業が配当を支払っていないことも事実である．

　資金調達の第二の手段は，プロジェクトの資金を補うために新たな資金を借り入れることである．しかしここで企業のレバレッジがすでに高ければ，負債によるタックス・シールドのメリットは比較的少なく，財務危機の可能性から生じるコストは比較的高くなるため，追加的な借入は魅力的ではなく

なるであろう．

　企業に利用可能な最後の資金調達手段は新株の発行である．しかしここでも，経営者の方が企業の価値について優れた情報をもっていることを投資家が理解してしまうと，株式発行を，経営者が企業の株価が本来の価値よりも高くなっていると考えている徴候と投資家が解釈してしまうであろう[2]．このため株式発行の発表は，企業の株価を下落させ，企業の資本コストを上昇させるものと予想され，本当に良いプロジェクトを経営者にあきらめさせる可能性がある．

　上の議論から，内部のキャッシュフローを利用できるときやレバレッジが高くなっていない場合は，企業が新規プロジェクトのために資金を調達するのは比較的容易であるといえる．これ以外の場合は，プロジェクトの資金を調達するための配当削減，追加負債の発行，新株発行などのコストを前提として，新規プロジェクトの実行に価値が見出せるか経営者が判断する必要がある．これらの方法による資金調達にはそれぞれ情報コストが存在するため，新規の資金調達にあたって経営者は「ペッキング・オーダー」を有することになる．すなわち経営者は，投資の資金をまかなうためにまず内部資金を利用し，内部資金を利用できないときにのみ外部からの資金調達に頼るのである．さらに経営者は，外部から資金を調達する場合でも，まず負債による資金調達を利用することになる．新株発行は，投資家にその意味が伝わりにくいため，最後の手段としてのみ利用される[3]．

　経営者が外部から資金を調達するときに生じる情報問題を緩和する一つの方法は，企業が財務上のスラック（余裕分）をもつようにすることである．経営者はフリー・キャッシュフローを市場性のある有価証券に再投資することで，財務上のスラックを創り出し，新規プロジェクトの資金をまかなうのに資本市場を利用しなくてすむようにできる．また，負債を比較的少額に抑える選択をして，将来簡単に資金が借りられるようにすることもできる．

　要約すると，新規プロジェクトの資金をまかなうとき，経営者と外部投資家との間にある情報の非対称性は，経営者に新株発行を思いとどまらせることがあるのである．経営者のこのような態度は，新株発行が企業の株式が過大評価されていることを示すものと投資家が解釈してしまうことへの恐れか

ら生じている．このような効果により，長期的に最適な負債と株式の組合せから，短期的に，経営者が離れる可能性がある．

Key Analysis Questions

上の議論から，短期的には経営者はまず，新規プロジェクトの資金を留保利益で調達すべきであるといえる．さらに，コストの高い外部からの資金調達を利用しなくてすむよう，財務上のスラックを保有した方がよいということもいえる．会社の資金調達手段を評価するには，以下のタイプの問題を考えるべきであろう：

- 新規の資本支出に利用できる資金の保有量（日々の運転資本として必要とされないもの）は現時点でどれくらいあるか？ これから数年の間にどれだけの営業資金を利用できるようになると思われるか？ これらの内部資金は，新規投資や運転資本に必要と予想される資金をカバーできるか？

- 会社の営業成績が悪化または改善した場合，将来の会社の投資資金ニーズはどのように変化するか？ 投資機会は比較的安定しているのか，それとも現在の営業キャッシュフローのパフォーマンスに依存しているのか？ 多くの企業にとって投資機会は景気後退期に減少し，景気上昇期に増加するため，内部資金をそのまま投資資金に向けることが可能である．しかし，投資ニーズが安定している企業は，景気上昇期に財務的なスラックを蓄積し，景気が崩壊したときも投資を支えられるようにすべきである．

- もしも内部資金がすぐに利用可能な状態でないならば，負債で低コストの資金を調達するのに会社はどのような機会を有しているか？ 負債が事実上ゼロの企業は，普通は無理なく負債で低コストの資金を調達できる．しかし，変化が激しい産業に属していたり，無形資産が大部分を占めていたりする場合は，負債による資金調達はコストが高くなる．

- 会社がコストの高い株式で資金調達する必要がある場合，投資家の目を企業資産の価値や投資機会に向けさせ，経営者と投資家の間の情報の非対称性を多少なりとも解消する方法はあるか？ たとえば経営者は，既

存の資産の価値や，新規資金の使途や予想収益について，追加的情報を公開できるかもしれない．

負債政策のまとめ

　企業にとって最適な負債と株式の組合せや最も良い資金調達手段について量的に明らかにする簡単な方法はない．しかし，これらの問題を考えるときに有用ないくつかの一般的な法則はある．これまで，負債による資金調達のメリットは，次のような企業にとって最も大きいことを明らかにしてきた．

- 高い限界税率を有するが，支払利息以外のタックス・シールドがほとんどなく，負債から得られる支払利息のタックス・シールドの価値が高い企業．
- 安定的で高水準の利益やキャッシュフローに恵まれているが新規投資の機会がほとんどないケースで，負債のモニタリングのもつ意味が大きく，財務危機に陥ったり新規投資のためにコストの高い外部資金が必要になったりする可能性が低い企業．
- 財務危機により簡単に価値が失われることのない有形固定資産の割合が多い企業．

　本書の第II部で説明した財務分析のツールは，企業の支払利息のタックス・シールドのメリット，事業リスクや投資機会，主要な資産のタイプを評価するのに有用である．これらの情報は，企業の経営戦略を支えるには負債にメリットがあるのか，株式による資金調達の方が良いのかを判断するのに利用できる．

4　配当政策の決定要因

　企業の配当政策を評価するために，アナリストは通常，その企業の配当支出，配当利回り，それにさまざまな形の株式買い戻しを調べる．配当性向は，普通株主の利益のうち現金配当された率と定義される．それは企業が利益の

表 16-3　1998 年 12 月 31 日に終了する事業年度の Merck と American Water Works の配当政策

	Merck	American Water Works
配当利回り	1.3%	2.9%
配当性向	44%	55%
現金配当	2,253.1 百万ドル	69.8 百万ドル
株式買い戻し	3,625.5 百万ドル	2.4 百万ドル

どれだけを払い出し，どれだけを再投資のために留保するかにより決定されるものである．配当利回りは，現時点の株価に対する 1 株当たり配当であり，株主によって獲得される現時点の配当収益率を示す．最後に，多くの企業は自社株の買い戻しを株主に現金を払い戻す代替的な手段として用いるため，株式の買い戻しもこの問題に関係する．表 16-3 では，Merck と American Water Works のこれらの変数に関する情報を提供している．

Merck は，より保守的な配当政策に従っているように思われる．American Water Works よりも低い配当性向，低い配当利回りを有しているからである．しかし，Merck は同時に，American Water Works にはない大規模な株式買い戻し計画を有している．株式の買い戻しを含めて考えれば，実質上 Merck は，1998 年には収入の 100% を超える額を株主に払い戻している．

配当政策を決定するとき，企業はどのような要因について考えるべきか？投資家は企業が利益を配当として支払うことを望むのか，再投資のために留保することを望むのか？これまで指摘してきたように，配当に影響を与える多くの要因は，資本構成の意思決定の節で検討したものと類似する．企業の配当政策は，資金調達の意思決定にも影響を与えるため，これは意外なことではない．配当は，フリー・キャッシュフローの非効率性を削減する手段となっている．それはまた，投資家にとって税務上の効果をもつとともに，企業の財務上のスラックを減少させることもある．さらに，借入契約は，貸手の利益を保護するために企業の配当に影響を与えることもある．

以下では，経営者の配当支払の意思決定に影響を与える要因や，その意思決定過程で財務分析ツールがどのように利用可能であるかを検討する．

フリー・キャッシュフローの非効率性を減少させる配当

先に議論したように，経営者と株主との利害の対立は，企業の最適な資本構成に影響を与える可能性があるが，同時にそれは，配当政策の意思決定にとっても意味がある．フリー・キャッシュフローはあるが収益性の高い投資機会をほとんどもたない企業の株主は，配当を多く払い出す政策を経営者に望むだろう．なぜなら，そうすることにより経営者がフリー・キャッシュフローを株主に評価されない新規プロジェクトに再投資して企業を拡大したり，経営者の役得に浪費したりすることを抑止できるからである．さらにまた，フリー・キャッシュフローを有する企業の経営者が，新規プロジェクトの資金を手当てしようとするときには，ほとんどの株主は配当の削減よりも新たな外部資金の調達でそれを行うことを望むであろう．なぜなら外部資金の場合，株主はプロジェクトに本当に収益性が認められるのか，ただ単に経営者の趣味のプロジェクトの一つであるのかを評価できるからである．

Key Analysis Questions

会社にフリー・キャッシュフローの非効率性の問題が生じていないかをアナリストが評価するときに，比率分析やキャッシュフロー分析がどのように役立ち得るか，また，将来フリー・キャッシュフロー問題が生じる可能性を明らかにする上でどのように将来性分析を利用し得るかについては，これまでにすでに検討してきた．これと同じ分析や問題意識が，会社が配当を始めるべきかを経営者が決定するのに役立つ．

配当の税金コスト

配当やキャピタル・ゲインに課税される場合，とりわけ両者で異なる税率が適用される場合には，配当政策のもつ意味はどのようになるか？ 配当の税効果に関する古典的モデルでは，配当所得よりもキャピタル・ゲインに対する税率の方が低い場合，投資家は企業が配当を支払わず利益を後で資本蓄積として受け取らせてくれるか，あるいは企業が株式を買い戻して資本の分配として認められるようにするか，そのいずれかを望むとしている．たとえキャピタル・ゲインに対する税率が配当税率より若干高くても，キャピタ

ル・ゲインは実際に実現させなくてよいため,投資家は依然として配当よりキャピタル・ゲインを望むだろう.投資家は株式の売却を遅らせることができるため,株式の評価益に対する税金の支払いも遅らせることができるのである.投資家が長い間,株式の売却を待つほど,キャピタル・ゲイン課税の負担は軽減される.キャピタル・ゲインに対する税率が通常の所得に対するものよりかなり高い場合にのみ,投資家はキャピタル・ゲインよりも配当による分配を好むであろう.

現在多くの実務家や理論家は,企業の配当政策の決定で税金はマイナーな役割しか果たしていないと信じている.企業はそれぞれ,税金に対して異なる選好をもつ投資家を惹き付けられるからである.このため高配当を支払いたい企業は,課税を免れている機関など,配当所得に課税されることがない株主を惹き付けようとする.これに対して,配当を低く抑えたい企業は,限界税率が高く配当所得よりもキャピタル・ゲインを好む株主を惹き付けようとする.

配当と財務スラック

外部投資家に対する経営者の情報優位性がどのように外部資金のコストを高め得るかは,すでに述べた通りである.コストの高い外部資金の調達を避ける一つの方法は,保守的な配当政策を採り,組織のなかに財務上のスラックを創り出すことである.利益のごくわずかな割合だけを配当として支払い,フリー・キャッシュフローを市場性のある有価証券に再投資することで,経営者は企業が新規プロジェクトの資金のために資本市場に依存しなければならない可能性を減少させることができる.

無形資産の割合が高く成長機会も多い企業の場合はとくに,経営者は外部の投資家と比較して情報優位となる可能性がある.なぜなら,このようなタイプの企業の場合,会計情報は将来の業績を十分に示せないことが多いからである.たとえば会計士は,研究開発費,無形資産,成長機会を評価しようとはしない.したがって,このようなタイプの企業は,より情報面の問題や資本市場の制約に直面しやすい.しかしその一方,急速に拡大している企業は,新規投資のすべてを内部資金で調達できないことが多いため,通常は外

部資金にかなり依存している．そのため，資本市場の制約は，収益性の高い新規プロジェクトを実行するそれらの企業の能力を制限し得るのである．

配当の支払いが財務上のスラックを減少させ，その意味でコストを発生させる以上，企業の配当政策によって経営者は外部の投資家へ効果的に意思を伝えることができる．配当の支払いが企業の将来の資金調達手段に深刻な影響を及ぼすと経営者が予想するかぎり，経営者は企業の配当を増やさないと投資家は考えている．このため，配当増加の意思決定があれば，経営者が企業の将来の業績や成長資金の調達力について楽観的に考えていると，投資家は評価するかもしれない[4]．

Key Analysis Questions

負債政策についてこれまで検討したように，本書の第II部で説明した財務分析ツールは，会社が財務上のスラックをどの程度に維持したらよいかアナリストが評価するのに役立つ．これと同じ分析や問題意識が，配当政策の分析にも役立つ．前述の問題に対する解答に基づき，アナリストは，新規投資のための企業の予測資金需要が，営業キャッシュフローと比較して安定的であるかを評価できる．もしもそうであるならば，経営者が高すぎる配当支払いを追求せずに，景気後退期の投資資金をまかなうため，好景気のときにスラックを貯えておくことには意味がある．同様に，変化の激しい産業に属していたり，無形資産がほとんどであるため低コストの負債を発行する可能性に限界がある場合には，企業が将来コストの高い外部資本を調達したり，さらに収益性の高い新規プロジェクトを見送ったりしなければならないリスクを抑えるため，経営者は高い配当性向を避けようとするであろう．

借入制約と配当政策

企業が財務危機に陥ったときに経営者が株主に多額の配当を支払ってしまわないかということは，資金の貸手が心配することの一つである．当座資産の多い企業は，とくに資産売却の手続をとらなくても経営者は多額の配当を支払えるため，この問題がとりわけ深刻になるであろう．この種のゲームを事前に阻止するために，経営者は株主に対する配当の支払いを制限すること

に同意する．そのような配当制限契約は，企業が留保利益や流動資産残高について，一定の最低水準を維持するよう求めるのが普通である．この契約条項は，企業が財務危機に陥ったときには，配当の支払いを効果的に制限する．もちろん収益性の高い企業に対しては，配当政策に対するこれらの制約は厳しいものではないだろう．

最適な配当支出の決定

これまで説明してきた要因を考慮し，配当政策を決定する際に生じる一つの問題点は，高配当，低配当，あるいはその中間レベルの配当がどの程度のことを意味するかを定義することである．どのような企業がそれぞれ高い，低い配当性向または配当利回りをもつと通常は考えられるか，おおよその感覚を提供するために表16-4では，配当性向と配当利回りについて1998年の米国産業企業のメジアンを示している．メジアンの比率は，すべての上場企業およびNYSE上場企業について報告されている．

多くの米国の上場企業は配当を全く支払っていないということは興味深い．このことはとりわけNYSEに上場していない企業にあてはまる．なぜならそのような企業は，より魅力的な成長機会を有していることが多いからである．配当性向は，天然ガス，水道，電気サービスなどの公共事業で最も高くなる傾向がある．これらの企業では，配当性向のメジアンはおおよそ60-70%であることが多く，配当利回りのメジアンは3.6%から4.8%の間である．これに対して，ソフトウェアや製薬などきわめて競争的で再投資機会の

表16-4 1998年の米国産業企業の配当性向と配当利回りのメジアン

産業	配当性向		配当利回り	
	全上場企業	NYSE上場企業	全上場企業	NYSE上場企業
コンピュータ・ソフトウェア	0%	0%	0.0%	0.0%
小売	0%	18%	0.0%	0.7%
製薬	0%	23%	0.0%	0.8%
天然ガス	58%	58%	3.6%	3.6%
水道	70%	69%	3.7%	3.9%
電気サービス	71%	71%	4.8%	4.7%

多い産業に属する企業では，配当性向や配当利回りが非常に低くなる傾向がある．

先に提示したMerckとAmerican Water Worksの事例に戻ると，Merckは産業のメジアンよりも高い配当性向を有することは興味深い（44%対23%）．株式の買い戻しも考慮すれば，Merckは事実上1998年の利益の100%超を支払っている．会社は明らかに，薬剤開発における高い成功率を維持するために会社のすべての利益を再投資にまわす必要はないと信じている．Merckは株式の買い戻しを，株主に資金を返還する重要な手段として使用していることは興味深い．Merckは無期限に現在の高い配当性向にコミットしたくないというのが，このことに対する一つの可能性のある説明である．つまり同社の配当性向は長期のコミットメントであり，株式の買い戻しは，株主への資金の返還率を一時的に高めるために用いられている．

配当政策のまとめ

最適な資本構成を計算するのに役立つ簡単な公式を示すことが難しいのと同様に，最適な配当政策について公式化することも難しい．しかし，重要と思われるいくつかの要因を明らかにすることは可能である．

- 高成長企業は配当性向を低く抑えるべきであり，再投資には内部的に獲得された資金を使用すべきである．このようにすれば，成長のための資金を調達するときに資本市場の制約から受けるコストを最小化できる．
- 安定的で高い営業キャッシュフローを有するが投資機会をほとんどもたない企業は，フリー・キャッシュフローを収益性のない事業に再投資する経営者のインセンティブを減らすために，高い配当性向を維持すべきである．
- 企業は配当政策の設定に際し，おそらく税金の要因を心配しすぎない方がよいのだろう．配当政策がどのようであっても，顧客としての投資家を惹き付けることができるからである．高い配当性向を選んだ企業は，課税を免除されている機関や企業を惹き付けられるであろうし，低配当や無配当の企業は，所得税が高い階層の人々を惹き付けられるであろう．

- 企業の財務制限契約は，配当政策の意思決定に影響を与えることがある．企業は，配当削減が必要になる可能性を減らそうとして，財務制約の臨界値に近くなりすぎることを防ごうとするであろう．

5 要約

　本章では，企業がどのように最適な資本構成や配当政策の意思決定を行っているかを検討した．企業にとって長期的に最適な資本構成は，予想される税務の事情，事業リスク，資産のタイプに大きく依存して決まっていることを示した．負債による資金調達のメリットは，次のような企業にとって大きいと思われる．すなわち，限界税率が高く，支払利息以外のタックス・シールドがほとんどないために，支払利息のタックス・シールドを有効に使える企業；安定的に高い利益やキャッシュフローが獲得されるが，新規投資の機会がほとんどないため，負債のモニタリングの価値が高く，財務危機に陥る可能性が低い企業；財務危機で簡単に価値が失われることのない有形資産の割合が高い企業である．

　また，新規投資の資金を調達しようとするときには，経営者は長期の最適資本構成から短期的に離れる場合があることも確認した．とくに経営者は，外部資金，なかでも新株による資金の調達を避けようとする．外部の投資家が，それを見て企業が過大に評価されていると解釈する恐れがあるからである．この種の情報問題を避けるにはどの程度の財務スラックが必要かということに対して，この問題は意味を持つ．

　最適な配当政策も，多くの同じような要因——会社の事業リスクと資産タイプ——によって決定される．つまり配当率は，安定的にたくさんのキャッシュフローを獲得しているが，投資機会がほとんどない企業で最も高くなるべきである．比較的高い配当を支払うことにより，これらの企業は，経営者がフリー・キャッシュフローを収益性のないプロジェクトに投資するリスクを減らせる．これとは反対に，創業したばかりの企業など，水準は低い一方変動性は高いキャッシュフローを有し，魅力的な投資機会をもつ企業の場合，配当性向を相対的に低くすべきである．営業キャッシュフローを再投資し，

新規プロジェクトに必要とされる外部資金の量を減らすことにより，これらの企業は資金調達コストを削減できる．

財務諸表分析は，会社の事業リスクや予想される税務の事情，あるいは資産が主として使用資産なのか成長機会に備えたものなのかを，より良く理解するのに活用できる．企業の現在の資本構成や配当政策が，株主の価値を最大化しているかを評価するのに有用な分析ツールには，オフバランスの負債を見極めるための会計分析，会社の事業リスクの理解に役立つ比率分析，現在および将来生じるであろう投資ニーズを調べるためのキャッシュフロー分析と将来性分析が含まれる．

練習問題

1. 財務アナリストは，財務レバレッジを負債比率（負債―株主資本比率）で測ることが多い．しかし，どのように負債や株主資本を測るかについては，合意が成立していない．負債比率を計算するとき，あなたは以下の項目をどのように扱うか．その理由も述べなさい．
    - 銀行とのリボルビング・クレジット（極度貸付）契約
    - 現金および市場性のある有価証券
    - 繰延税金負債
    - 優先株
    - 転換社債

2. 1987年まで，Master Limited Partnerships（MLPs）は，税務上パートナーシップとして扱われていた．これは，当該企業体によって法人税が支払われることがないことを意味する．その代わり，共同出資者が（それぞれの所得税率に基づき）企業体の利益に対して（分配されるか否かにかかわらず）税金を支払っていた．1987年の限界法人税率は34%であったが，個人では最も所得税の高い階層でも33%であった．

    a. この企業体がすべての課税後の利益を配当として分配するとして，10百万ドルの課税前の利益を獲得したとする．このとき(1)法人として組織された場合と(2) MLPとして組織された場合では，企業の

所有者への分配は（企業体に対する課税の後と個人に対する課税の後では）どのようになるか．
   b．a で検討された MLP にとって，最適な資本構成はどのようなものとなるか．理由とともに述べなさい．
   c．あなたは MLP がどのようなタイプの配当政策を採用すると思うか．それはなぜか．
3．財務理論では，負債―株主資本比率は負債と株主資本について時価を使用して計算すべきであるとしている．しかし，ほとんどの財務アナリストは，企業の財務レバレッジの計算で負債と株主資本に簿価を使用している．異なる産業間や企業間でレバレッジを比較するときに，時価でなく簿価を使用することによる制約は何か．どのようなタイプの産業や企業で，簿価の使用が最も誤解を招きやすいか．
4．企業の資本構成や配当政策の意思決定に関する重要な決定要因の一つが事業リスクである．事業リスクの評価のために，あなたはどのような比率を調べるか．また，事業リスクが非常に高い2つの産業と，事業リスクが非常に低い2つの産業を挙げなさい．
5．米国の公開企業のうち「低い」レバレッジの企業は，資本に対する有利子負債の純額の比率が0%以下であり，「平均的な」レバレッジの企業は1%から62%，「高い」レバレッジの企業は63%以上である．これらのデータが与えられたとき，以下の企業にとって最適な負債―株主資本比率はどのような分類（高い，平均的，低い水準のいずれかの分類）に入れられるべきであると思うか．
　　・業績の良い製薬会社
　　・電力会社
　　・消費耐久財の製造会社
　　・商業銀行
　　・創業したばかりのソフトウェア会社
6．近年 NASDAQ に上場したばかりの急成長のインターネット供給会社が，新しい研究開発資金のために追加的な資本の調達を必要としている．このとき，どのような資金調達手段を利用できるか．それらの手段

の間で生じるメリット・デメリットは何か．
7. 以下の表は，1990年から1995年までのIntelの純利益，配当，資本支出，研究開発費を示している：

年度	純利益	配当	資本支出	研究開発費
1990	$650	$0	$680	$517
1991	819	0	948	618
1992	1,067	43	1,228	780
1993	2,295	88	1,933	970
1994	2,288	100	2,441	1,111
1995	3,566	133	3,550	1,296

これらの各年度でIntelの配当性向はいくらか．この配当政策は，本章で説明した配当政策を決定すると思われる要因と比較して矛盾はないか．どのような要因によりIntelの経営者が配当性向を高めるとあなたは思うか．そのような経営者の意思決定に対して，あなたは株式市場がどのように反応すると予想するか．

8. 米国の公開企業のうち「低い」配当性向の企業は0%以下の配当性向を有しており，「平均的な」配当性向の企業は1%から48%，「高い」配当性向の企業は49%以上の配当性向を有している．このデータが与えられたとき，以下の企業にとって最適な配当政策はどのようなもの（高い，平均的，低い配当性向のいずれか）であると判断するか．
   ・業績の良い製薬会社
   ・電力会社
   ・消費耐久財の製造会社
   ・商業銀行
   ・創業したばかりのソフトウェア会社

9. 日本とドイツの企業は，長期的な視野をもつ金融機関に多くの部分を所有されているため，米国の企業と比較してより大きな財務レバレッジをもち，配当性向のより低い政策を採ることができるということがよく言われる．この議論は経済学的意味をもつか．もしもつならば，その理由を説明しなさい．もしもたないならば，もたない理由を説明しなさい．また，それ以外のどのような要因が国によって異なる資本構成や配当政

策を説明するだろうか．

10. 1990年に米国の税法は，キャピタル・ゲイン課税の税率を20％から，通常の所得税率と同じ水準の28％〜34％に引き上げた．このような変更は企業の配当政策や資本構成にどのような影響を与えるか．

注

1) Merton Miller, "Debt and Taxes," *Journal of Finance* 32 (May 1977): 261-276 参照.

2) Paul Healy and Krishna Palepu, "Earnings and Risk Changes Surrounding Primary Stock Offers," *Journal of Accounting Research* (Spring 1990): 25-49 は，株式発行のアナウンスメントは，投資家が期待するよりも企業のリスクが高いということの，経営者からのシグナルであると投資家に解釈されることを示している．

3) これらの問題については, Stewart Myers and Nicholas Majluf, "Corporate Financing and Investment Decisions When Firms Have Information That Investors Do Not Have," *Journal of Financial Economics* (June 1984): 187-221 で議論されている．

4) Paul Healy and Krishna Palepu, "Earnings Information Conveyed by Dividend Initiations and Omissions," *Journal of Financial Economics* (1988): 149-175 の研究では，配当の開始や停止のアナウンスメントを，経営者による将来の利益業績の予測として投資家が解釈することを示している．

17
経営者による情報公開

　経営情報の公開は，企業が複雑な生産物や生産技術，あるいは研究開発などの無形資産に投資すればするほど重要になる．これらの支出を外部者が評価するのはかなり難しいことが多い．なぜなら外部者は，経営者と同じデータを手にすることができないからである．本章でこれから説明するが，財務報告は，経営者が投資家に情報を伝えるための低コストの手段である．しかし財務報告は，情報伝達手段としてつねに有効であるとは限らない．したがってここでは，経営者が外部の投資家との間で生じる情報問題を緩和するために，どのように他の情報伝達手段を活用できるか検討する．

　経営者の情報公開戦略を分析することにより，いくつか疑問が生じるだろう：

- 経営者の抱える問題：投資家が企業の経営戦略や将来の業績の見込みを理解するのに現在の情報公開戦略は効果的に役立っているか？ また，それにより自社の株価が著しく過大評価されたり過小評価されたりする可能性はなくなっているか？
- 証券アナリストの抱える問題：経営者の情報公開によって，企業の将来の業績を予測するのに有用な信頼できる情報が提供されているか？ どのようなタイプの情報を経営者が提供すると合理的に予想できるか？ また，経営者から提供された情報を我々はどのように解釈すべきか？

　本書はこれまで，**アナリスト**や**外部の投資家**がいろいろな意思決定をするにあたって，主に財務諸表データがどのように役立つかを示すことに焦点をあててきた．本章ではこの視点を変え，外部の利用者に効果的に情報を伝えるための，**経営者**による財務分析の利用に焦点を合わせたい．もっとも，上で説明したように，経営者の情報公開戦略を分析することは証券アナリスト

にとっても有用であろう．

1 投資家への情報公開

　経営者のなかには，情報公開の問題については心配する必要がないという人がいる．それらの人々は，株主の価値を高める投資や営業の意思決定を経営者が行っているかぎり，その成果や企業の株価を投資家は相応に評価してくれると主張する．すべての情報が最終的には明らかになる以上，長期的にはそういえようが，短期の場合はもちろん，中期の場合でさえもこの主張は成立しないと思われる．投資家が経営者と同じ情報を入手できなければ，新しい革新的な投資を評価するのはおそらく難しい．効率的な資本市場では，投資家が一貫して新規投資を過大評価したり過小評価したりすることはないが，しかし彼らの評価にはノイズが含まれる傾向がある．そのため，株価もノイズを含む可能性があり，経営者はたえず，企業が著しく過大または過小に評価されていないかを考えねばならない．

　企業の株価が一定期間にわたって過大または過小に評価されることは，なにか問題になるのだろうか？　ほとんどの経営者は，新規資本の調達コストが高くなるため，株価が過小評価されることを嫌う．経営者は，過小評価により敵対的買収者による買収の可能性が高まり，自分たちの地位の安全が脅かされることも心配するであろう．その一方で，過大評価されている企業の経営者は，投資家に意味のある情報を開示しないことに対して法的な責任を負っているため，市場の評価が心配になるだろう[1]．このため，過大評価は新株を有利な価格で発行する機会を提供するが，経営者は株価が大幅に過大評価されることを嫌うだろう．

留意すべき点

　多くの経営者が資本市場で自社が過小評価されていると思っているのは当然のことである．自社の将来の業績について経営者が現実的となることは難しいため，このようなことはよく起こる．結局は，企業を新しい従業員，顧客，供給業者，投資家に売り込むことも，経営者の仕事の一部なのである．

それに加えて，企業の将来の業績を客観的に予測するとき，自分たちの経営者としての能力を判定することも必要である．このため，多くの経営者は，投資家には情報がなく自社は過小評価されていると主張するだろう．しかし，確かな証拠でそのことを裏付けることができるのは，そのうちの何人かの経営者にすぎない．

企業が純粋な情報問題に確かに直面していると経営者が判断すれば，この問題を取り除くことが可能か，可能であるとすればどのようにすればよいのか経営者は考え始めることになる：投資家の認識を変えるために何かをする意味があるほど問題が深刻であり得るか？ あるいは，問題は短期のうちに自然と解決しそうか？ 企業に新株を発行したり株主資本を使って他の企業を買収する予定はあるか？ 経営者の地位の安全は脅かされていないか？ などである．以下で説明するように，このような状況下で経営者は幅広い代替的な対応手段を有している．

Key Analysis Questions

企業が過小評価されているという結論を急ぐ前に，以下の観点に従い経営者が企業の業績を分析し，将来の業績に関する自分たちの予想をアナリストのものと比較することを勧める：

- 将来の利益やキャッシュフローについての内部的な経営者の予測と外部のアナリストの予測の間に大きな乖離はあるか？
- 経営者とアナリストの予測の違いは，経済全体のパフォーマンスに関する両者の予想の違いから生じていないか？ 経営者はアナリストよりも自社の事業を良く理解しているかもしれないが，マクロ経済の状況を予測するのに優れているわけではないかもしれない．
- 将来の業績に関するアナリストと経営者の予測の違いを説明する要因を，経営者は特定できるか？ たとえば，アナリストは評価できる新しい研究開発の成果に気づいていないのではないか，新製品や広告キャンペーンへの顧客の反応について違った情報をもっているのではないかなどである．これらのタイプの違いがあれば，それは企業が情報問題に直面していることを意味するのかもしれない．

事例：FPIC Insurance Group の情報公開問題

　FPIC Insurance Group Inc. は，フロリダの医師や病院に責任保険を提供する最も大きな会社である．1996 年から 1998 年の期間，FPIC は安定的に 13.8％の株主資本利益率，28％の収益と純利益の平均成長，2.8％の株主資本簿価の成長を報告していた．1998 年 12 月 31 日時点で，会社の 1 株あたり簿価は 15.85 ドル，株価簿価比率は 2.23，株価利益倍率は 15.9，株式ベータ 1.57 であった．

　1999 年 8 月に，同社の株価は 45.25 ドルから 14.25 ドルへと下落した．株価の下落は 8 月 10 日に始まった．第 2 四半期の利益が 48％上昇して 7.4 百万ドルとなったことを同社が報告した日である．利益の増加の一部は，FPIC のフロリダ医師ユニットの将来の請求に備えた準備金を 8.1 百万ドル（前年の同一四半期には 4 百万ドル）取り崩したことによると思われる．これに加えて，同社は，フロリダ歯科協会のメンバーに提供された健康保険プランにおける予想以上の請求についても報告していた．

　株価の下落は，会社の利益の質に関する投資家の懸念を反映するものであると Reuters は報じていた．ところが，これに対して FPIC のスポークスマンである Amy D. Ryan は「我々の関知する限り，すばらしい四半期であった」と述べている．会社の営業部長である John Byers は，ユニットの準備金を取り崩すという会社の意思決定は一般的な経営慣行であり，将来の請求の期待に基づくものであると論じた．また，予想を上回る歯科の請求については，この保険の料率を引き上げたと会社はアナウンスした．

　株価の急激な下落は，会社の株式の評価に疑問を投げかけている．1999 年 9 月 9 日には，株価簿価比率は 1 を下回っており，株価利益倍率は 6.0 であった．会社の株主資本利益率は資本コストより低くなると，市場は期待していたことになる．FPIC の経営者は株価の急激な下落に困惑していたようであり，市場が会社を過小評価していると主張した．しかし，このように結論付ける前に，いくつかの質問に対して解答する必要がある：

・会社はこれまで過大評価されていたのか？　もしもそうであるならば，会社に対する市場の高い評価の裏にはどのような力が働いていたのか？

会社が2.8％で成長し続け，13.8％の株主資本利益率を生み出し，かつ会社の資本コストが11.3％であると市場が期待したならば（市場のリスク・プレミアムが4％で，リスク・フリー・レートが5％であることと整合的），FPICの価値はおおよそ20.50ドルであったはずである．それではなぜ8月の上旬には株価は45ドルと評価されていたのか？　経営者は，アナリストとのミーティングで，会社の将来に関して楽観的に見通しを述べていたのか？

- どのような事実が同社の株価の突然の下落を説明するか？　上で述べたように，アナリストの最も重要な疑問は，同社の利益の質にあった．しかし経営者は，この問題についてより深い理解を持つ必要がある．
- もしも経営者が，同社が実際に過小評価されていると信じるのであれば，同社に関する市場の見方を修正するためにどのような代替的な手段が利用可能であるか？

2　財務報告書による情報公開

　財務報告書は，最もコストが安くかつ最も一般的に普及している企業情報の伝達形態である．以下では，投資家への情報公開手段としての財務報告の役割，会計情報の信頼性を高める要素，情報公開が効果的でなくなる状況について検討する．

情報公開手段としての会計

　本書の第3章から第8章で説明したように，財務報告書は外部の投資家への情報公開手段として重要である．財務報告書は投資家に，資金がどのように投資に向けられているかの説明や，その投資結果についての要約，現時点の企業のパフォーマンスがどの程度企業の総体的な経営理念や経営戦略に合致しているかの説明を提供する．

　会計報告書は，過去の取引の記録を提供するだけでなく，将来についての経営者の評価や予測も表している．たとえば会計報告書には，不良債権の評価額，有形資産の耐用年数の予測，それに支出によって費用を上回る将来の

キャッシュフローの効果が生み出されるという暗黙の予測が含まれている。経営者が，外部の投資家よりも正確にこれらの将来の結果を予測できる立場にいる可能性が高い以上，財務報告書は投資家への情報公開の有効な形態であり得る。しかし経営者は，自分自身のパフォーマンスの評価に用いられる情報を提供する上で利害が対立するため，投資家側も経営者により用意された報告に疑いをもつであろう。

会計情報の信頼性に対する投資家の関心

外部の投資家に企業の業績に関する情報を提供する際に，経営者が真に公平となることは難しい。経営者は，一部はそれが自分たちの仕事であるという理由から，また一部は自分の地位の安全を脅かす情報を提供したくないという理由から，もともと企業を高く評価されたいと思っている。常に低い利益を報告していれば，取締役会か経営改善を目的に企業を買い取ろうとする買収者によって，最高経営者が交代させられる可能性が高くなる[2]。このため，投資家は会計情報に信頼性がないと思う状況が発生する。

会計情報の信頼性を高める要素

財務報告における利害の対立を緩和し，株主に公表される会計情報の信頼性を高めるメカニズムはいくつかある。そのなかには，会計基準，監査，財務アナリストによる経営者のモニタリング，経営者の評判などが含まれる。

会計基準，監査 米国のFASB（Financial Accounting Standards Board，財務会計基準審議会）およびSEC（Securities Exchange Commission，証券取引委員会）により制定されている会計基準などは，経営者に対してどのように会計上の意思決定をし，その決定を解釈する方法をどのように外部の投資家に提供するかのガイドラインを与えている。統一会計基準は，異なる時点や異なる企業で，同じような経済的取引を異なる方法で記録できる経営者の裁量範囲を減らそうとしている。これらの基準への準拠は，経営者の見積りが妥当であることを確かめようとする外部監査人によって強制される。このため監査人は，利益操作の可能性を低くしている。

財務アナリストによるモニタリング　アナリストなどの役割を果たす金融仲介機関も，経営者の利益操作の能力に制限をかけている．財務アナリストは，企業や産業に特有な知識を深めることを専門としているため，企業の報告数値の質を評価したり，必要な調整を加えたりできる．アナリストは，会計方法の選択や報告された発生項目の背後にある，経営者の予測の適切性を評価する．それには，会社の事業や財務報告書の作成に使われる適切な会計ルールを，完全に理解していることが必要である．有能なアナリストは，必要であれば経済実態を反映するように，報告された発生項目の数値を，おそらくキャッシュフロー計算書や脚注開示を利用して調整する．

　アナリストの仕事の内容や専門的技術は，法的責任やインセンティブと同様，監査人のものとは異なっている．このためアナリスト・レポートは，企業の会計上の意思決定が適切かどうかや，経営者が自分たちの地位を守るために企業の経済的パフォーマンスを過大報告していないかどうかの情報を投資家に提供できる[3]．

経営者の評判　外部の投資家が財務報告に対して自然と抱いてしまう疑いを抑える第3の要素は，経営者の評判である．外部の投資家や金融仲介機関と継続的な関係をもつと予想される経営者は，バイアスのない財務報告の実績を築き上げることができるだろう．後の業績で裏付けることができる会計上の見積りや判断を予め示しておくことで，経営者は自分たちの能力や信頼性を投資家やアナリストに証明できるのである．その結果，経営者の将来に関する判断や会計上の見積りが，より信頼できる情報源とみなされよう．

投資家への情報公開手段として財務報告が抱える限界

　会計基準，監査，財務アナリストによる経営者の監視，経営者の評判に対する関心は，財務報告書の信頼性や情報価値を高めているが，それらのメカニズムは完全と呼ぶにはほど遠い．このため，経営者が外部の投資家へ情報を伝達する手段としての財務報告の意味が失われるときがある．このような意味での価値の喪失が生じ得るのは，(1)実務の指針となる会計ルールが存在しなかったり，現行ルールがパフォーマンスの良い企業と悪い企業を区別し

ない場合，(2)監査人やアナリストに新製品や新しい事業機会について判断する専門的能力がない場合，(3)経営者が信頼性の問題に直面している場合である．

会計ルール　新しい会計基準が急速に作成されているにもかかわらず，会計ルールはパフォーマンスの良い企業と良くない企業を区別しない場合が多い．たとえば，現在の会計ルールは，品質の向上，人的資源の開発プログラム，研究開発（ソフトウェア開発費用を除く），顧客サービスのための投資の効果について，経営者がタイムリーな形で貸借対照表に示すことを許していない．

　会計基準に関する問題のいくつかは，基準の制定者が多くの新しいタイプの経済取引について適切な基準を開発するのに時間がかかるために生じている．また，基準が異なる利害者グループ（たとえば，監査人，投資家，企業経営者，規制者など）の妥協の産物であることも，困難が引き起こされる理由の一つである．

監査人やアナリストの専門的知識　監査人やアナリストは特別な情報を手に入れることができるが，会社の事業について経営者と同じ理解が得られるわけではない．経営者と監査人やアナリストとの事業評価のあり方の違いは，特殊な経営戦略をもつ企業や新興産業で操業を続ける企業で最も深刻であろう．それに加え，そのような状況下では，監査人の判断は法的責任に対する懸念に支配されてしまうだろう．このため，財務報告を用いて投資家に効果的に情報を伝達する経営者の能力は低められてしまう．

経営者の信頼性　経営者はどのようなときに投資家から受ける信頼問題に直面しやすいのだろうか？　この質問に対して証拠となるものはほとんど存在しない．ただし，新しい企業，利益の変動性が高い企業，財務危機に陥っている企業，投資家への情報公開で不十分な実績しかもたない企業の経営者は，信頼性のある報告者と認められることは難しいと思われる．

　経営者が信頼問題を抱えるときには，財務報告書はかなりの疑いをもって

見られるであろう．投資家はそのとき，利益を増大させる財務報告上の見積りに対しては，経営者が利益を上乗せしている証拠であると見なすであろう．このとき，財務報告書を用いて将来の業績に関する肯定的な情報を伝えることは，経営者にとって非常に難しくなる．

事例：FPIC Insurance Group の会計情報の開示

FPIC Insurance Group の財務報告では，同社および他の保険会社の請求経歴に関する保険数理的な分析を用いた損失準備金の見積りが中心となる．1998 年度の終わりに，FPIC は 242.3 百万ドルの損失準備金を計上した．同社の 10 K に関して，経営者は次のように警告している「過去の経験に基づいて最終的な損失を推定するうえでの不確実性は，近年非常に高まっている．これは主として，責任の基準に関する司法判断の拡大と保険契約に関する拡張的な解釈の結果である．さらに，これらの不確実性は，とりわけインフレ率の変化や個人が請求の申し立てをする傾向の変化に影響されるであろう．準備金の確定に固有の不確実性は，長期の損害保険を契約する会社でより高い．」

損失の推定をするうえで実績が投資家にもわかるよう，FPIC は，実際の損失がわかったあとの前年からの損失見積りの変化について，詳細な内訳を提供することを求められている．これらのデータにより，FPIC が実際上，過年度の予測ではかなり保守的であり，会社が当初に予測したよりも実際に被った損失は少ないことがわかる．

興味深いのは，FPIC の記録に関する投資家の疑問が，責任準備金を保守的に見積もったうえ，後になってそれを取り崩した点に向けられたことである．保守的な態度をとることにより，経営者は信頼性をもって将来の損失を予測する自らの能力に疑問を投げかけたわけである．

Key Analysis Questions

会社の財務報告が外部投資家とのコミュニケーションにどれほど有効に役立つか，それを理解することに興味がある経営者にとって，以下の質問は有用な出発点を与えるであろう：

- 効果的に管理されていなければならない重要な事業リスクは何であるか？ これらのリスクを管理するために，どのような手続きや統制方法があるか？
- 会社の重要な事業リスクはどのように財務諸表に反映されているか？ 例えば，信用リスクは不良債権の引当金に反映されており，製品の品質に関するリスクは，返品に対する引当金や収益認識方法に反映されている．これらのタイプのリスクにつき，会社は見積りや会計方針の選択を通じて，リスクの管理に関するどのようなメッセージを送っているのか？ 簿価の切り捨てや会計方針の変更によって，これらの選択の裏にある予測を伝えることはできなかったのか？ あるいは，会社の財務報告方法の選択の裏にあるメッセージを市場は無視しているとみてよいのか？ つまり信頼性がないということなのか？
- 会計上の見積りや会計方針に反映させることができない重要なリスクを会社はどのように開示するのか？ 例えば，もしも技術革新のリスクが会社にとってきわめて重要であるならば，財務諸表の研究開発のところで，どれほど良好に会社がそのリスクを管理しているかをあらわすことは不可能である．しかし，そのことは投資家がこの事業上の問題に疑問を持たないということを意味するものではない．

3 他の形態による投資家への情報開示

　経営者が直面する報告の信頼性の問題はもちろん，会計基準，監査，財務アナリストによるモニタリングにも限界があるため，外部の投資家に効果的に情報を伝えたいと思う企業は，他の媒体を用いなければならないことがよくある．以下では，経営者が外部の投資家やアナリストへ情報を伝達できる他の3つの方法を説明する：それらは会社の内容を公表するためのアナリストとのミーティング，自発的開示の拡張，資金調達政策による経営者の予測のシグナリングである．これらの情報伝達形態は，相互に背反的でないことが多い．たとえば，アナリストとのミーティングでは，経営者は通常，企業評価に有用な追加的情報を開示する．

アナリストとのミーティング

　経営者が情報公開問題を緩和するのに有効な一般的な方法の一つが，企業を追跡している財務アナリストと定期的に接触することである．そのミーティングでは，経営者は企業の現時点の財務的パフォーマンスについての質問に返答し，将来の経営計画も説明する．上で触れたように，経営者はそのミーティングで，アナリストに追加的情報開示をすることが多い．アナリストとのミーティングを開催することに加えて，多くの企業は広報担当取締役を任命し，企業に関してより多くの情報を求めるアナリストにさらに定期的な接触の機会を与えている．

　過去5年間に，経営者が財務アナリストに情報を公開する場として，カンファレンス・コールが広く利用されるようになってきた．近年の研究によれば，財務諸表データでは事業上の重要な基礎的数値をタイムリーに捉えられない産業に属する場合，会社はカンファレンス・コールを主催しようとする傾向が強まることが示されている[4]．それに加えて，カンファレンス・コールをもつこと自体が，アナリストに会社の業績や将来の見通しについて新しい情報を提供するようである[5]．

自発的開示

　経営者が財務報告の信頼性を高める一つの方法は，自発的開示をすることである．会計ルールは通常，最低限の開示必要事項を規定しているが，経営者が自発的に追加的情報を提供することを制限してはいない．その追加的情報には，会社の長期戦略に関する明確な記述や，戦略実行の有効性を判断するのに役立つ重要な非財務指標の詳細，それらの指標と将来の利益との関係の説明，将来のパフォーマンスの予測が含まれよう．自発的開示の内容は，会社のアニュアル・レポート，投資家に会社を説明するために作成するパンフレット，経営者のアナリストとのミーティング，情報請求に対するIR (investor relations) の応答で報告できる[6]．

　開示の拡張を制約するものの一つに，製品市場での競争がある．戦略や予想される経済的帰結に関する専有情報の開示は，会社の競争上の地位を損なう可能性がある．会社の経済的パフォーマンスを投資家が評価するのに役立

つ情報を提供することと，会社の製品市場の優位性を最大化するために情報を留保しておくこととの間で，経営者はトレード・オフの関係に直面するわけである．

　自発的開示に対する第二の制約は，経営者の法的責任の問題である．予測や自発的開示は，不満をもつ投資家が経営者のミスリーディングな情報提供に対して民事訴訟を起こすのに利用される可能性がある．自発的開示は本来投資家に追加的情報を提供すべきものなので，これは皮肉なことに思われる．残念ながら経営者の開示内容が，後になって実現しない不確実な将来の事象の良心的な予測であったかどうか，あるいは，経営者が市場操縦をしていなかったかどうかについて，法廷が判断することは困難なことが多い．このため企業の法務部の多くは，経営者が多くの自発的開示を行わないように勧めている．

　最後に，経営者の信頼性は，企業が自発的開示をするインセンティブを弱めることがある．経営者が財務報告の信頼性の問題に直面するとき，提供されるいかなる自発的開示も疑いをもって見られよう．とくにそのような開示は監査を受けないために，投資家は，とりわけ経営者が何を伝えていないかということに関心をもつ．

財務政策の選択

　経営者は，外部の投資家に効果的に情報を伝えるため，財務政策を利用できる．このような観点から有効な財務政策として，配当の支払い，自社株の買い戻し，資金調達手段の選択，ヘッジ戦略などがある．このタイプの情報開示と追加情報の開示との一つの重要な違いは，本来は会社が占有する情報を競争相手に与えないということである．つまりそのシグナルは，会社の経営者が会社の将来に関して強気であることを競争相手に示すが，詳細については何も伝えない．

配当政策　第16章で説明したように，企業の資金支出の意思決定は，企業の将来性に関する経営者の評価を投資家に伝える情報となり得る．それは，経営者が配当を削減したがらないという意味で，配当支出が硬直的な傾向に

あるからである.つまり,上昇後の配当性向をその後も維持できるという確信がないかぎり,経営者は配当を上昇させないのである.結果として投資家は,配当の増大を現在および将来の利益の質についての経営者の自信を表すシグナルと解釈する[7].

自社株の買い戻し　米国や英国などのいくつかの国々では,経営者は外部の投資家へ情報を伝達するために,株式の買い戻しを利用できる.株式の買い戻しでは,公開市場を通じた購入,テンダー・オファー(株式公開買い付け),大株主との交渉による購入のいずれかの方法により,企業は自社の株式を買い戻す.もちろん株式の買い戻し,とりわけテンダー・オファーによる購入は,経営者が外部の投資家に情報を伝える高価な方法である.テンダー・オファーによる買い戻しでは,株式を獲得するために企業は通常多くのプレミアムを支払うことになり,テンダー・オファーが行われないときや認められないときの株式の価値を潜在的に下げることになる.それに加えて,証券会社や弁護士の費用,株式購入の申込費用も無視できない.これらの費用を所与とすれば,株式の買い戻しは投資家にとって将来の利益業績の水準とリスクに関する効果的なシグナルとなる,ということが研究結果によって示されていることは驚くべきことではない[8].投資家への情報伝達手段として株式の買い戻しを用いる会社は,会計上の資産が企業価値をあまり反映せず,一般的な情報の非対称性が高いということも研究結果は示している[9].

資金調達手段の選択　外部の投資家に対して情報伝達の問題を抱えている企業は,資金調達の手段を選ぶことでその問題を減らすことができよう.たとえば,一般の投資家に専有情報を提供して評価に役立たせたいと思わない企業は,そのような情報を,大株主や大口債権者になり得るような見識のある個人投資家や,多額の新規貸付を認めてくれる銀行に提供しようとするであろう.財務報告に信頼性の問題を抱える企業は,製品やサービスの質に関してより優れた情報をもつ大口顧客など,事情のわかった個人投資家に株式を発行したり債権を発行したりする方法もある.

　資金調達や所有権についてのそのような変更により,情報伝達の問題を2

つの方法で緩和できる．まず第一に，新しい資金調達計画の条件や，新しい債権者や株主の信頼性は，企業価値を再評価するための情報を投資家に与えることがある．第二に，所有権の一層の集中やコーポレート・ガバナンスにおける大口保有者の役割は，評価にプラスの効果を与えることがある．株主の価値を増大させる経営者のインセンティブに投資家が懸念をもっているときには，取締役会における新しい大株主や大口債権者の存在は安心感を与えるものである．この種のモニタリング効果は，レバレッジド・バイアウト，ベンチャー・キャピタルに支えられた新興企業，パートナーシップによる資本投資企業に現れる．日本やドイツの企業でも，大銀行が負債と株式の両方を所有して企業経営者と職務上親密な関係にあるため，同じことが起きるのかもしれない．

　もちろん極端な場合には，これ以上公開企業として営業を続けないのが企業にとって最もよい選択だと経営者が判断することもある．マネジメント・バイアウト（経営者による企業買収）が，これであり，そこでは，買収グループ（経営者を含む）が自らの投資資金を借入れ（銀行や公募債による資金調達を利用して），企業を買収し，非公開会社とするのである．買収企業は被買収企業を何年か操業させ，できれば投資家がより効果的に企業を評価し得るような良いパフォーマンスの実績をもって，再び企業を公開させようとする．

ヘッジ戦略　経営者のパフォーマンスの良し悪しから生じる報告利益の予期されない変化と，経営者にとってはコントロール不可能な一時的なショック（たとえば，外貨換算損益など）とを投資家が区別できない場合には，重大なミスプライスの要素が現れることになる．経営者はそのような「会計上の」リスクをヘッジすることにより，これらの影響を抑えることができる．ヘッジにはコストがかかるが，評価の誤りを引き起こす可能性のある情報問題を縮小できる場合には有益である．

事例：他の情報公開手段の利用──FPIC Insurance Group のケース

　1999年8月12日に，FPIC Insurance Group は，普通株式の買い戻しを

直ちに開始することをアナウンスした．この計画では，429,000もの株式が買い戻されることになっていた．会社は株価の急激な下落に根拠がなく，同社の株式はその時点で大幅に過小評価されていると主張した．FPICの社長でありかつ代表取締役であるWilliam R. Russellは次のように述べている：「我々は，最近の株価の下落は，利益の公表にあたって説明された準備金積立方針の特定の変化と関連があるかもしれないと考えている．我々は，当社の方針が現在も，また過去においても常に適切であったと信じている．市場が過剰反応しただけで，FPICは卓越した長期投資の対象であり続けると我々は信ずる．株式の買い戻しは……株主の価値を高めることへの我々のコミットメントをあらわしている．」(Reuters，1999年8月12日)

この買い戻しにより，FPICの株価は一時的に引き上げられた．買い戻しの期間中に，株価は21ドルから26ドル近辺に回復した．しかし，この効果は一時的であり，株価はその後さらに14.25ドルまで下落した．

Key Analysis Questions

投資家に対してより効果的に情報公開するために，財務政策を利用するべきかを考えている経営者にとって，以下の設問は分析の有効な出発点を与えるであろう：

- ディスクロージャーの拡大や会計情報の開示の拡大などの，潜在的にコストの低い他の方法を考えたか？ 考えていない場合，それらはコストの低い情報公開手段なのか？ あるいは，経営者が競争相手に占有情報を提供してしまうことを心配していたり，経営者の信頼性が低かったりすると，これらの代替的手段は有効でないかもしれない．

    株式買い戻しの計画を実行したり配当を増加させたりできるほど十分なフリー・キャッシュフローを会社は保有しているか？ もしも保有しているならば，これらは実行可能な選択であるかもしれない．もし会社がいま利用可能な超過資金を保有しているが，将来は不足すると予想するならば，株式の買い戻しはより効果的であろう．あるいは経営者が利用可能な超過資金を毎年獲得できると予想するならば，配当の増加が適切であろう．

- 会社の資金が不足しているが，占有情報が多くて開示を増やせないということはないか？もしもそうであるならば，情報を有する外部者が会社に関して強気の見通しをもっていることを投資家に示すため，経営者は会社の所有者の割合を変えようとするかもしれない．もちろん，一つの可能性として，経営者自身が会社に対する持分を増加させることもある．

4 要 約

　本章では，投資家に情報を伝達するための企業の戦略について検討した．経営者は通常，企業の現在のパフォーマンスや将来予想されるパフォーマンスに関して，企業外部のアナリストや投資家よりも優れた情報をもっているため，投資家への情報公開は有益であり得る．投資家に効果的に情報を伝えることで，経営者はこの情報ギャップを少なくできる可能性があり，それによって株価がミスプライスされたり変動的になる可能性を抑えることができる．このことは，新規に資本を調達しようとする企業や買収を防止したい企業，それに自分の仕事の本当のパフォーマンスが株価に反映されていないことを経営者が心配しているような企業にとって重要であるかもしれない．

　企業が情報を伝達するための典型的な方法は，財務報告によるものである．会計基準や監査があるために，報告のプロセスは，企業の現在のパフォーマンスに関する情報を提供するだけでなく，会計上の見積りを通じて企業の将来の方向を経営者がどう考えているかを示す手段になっている．しかし財務報告書は，投資家に必要な将来志向型の情報をつねに伝えられるとは限らない．会計基準は，研究開発支出のように企業に将来大きな利益をもたらす支出について，その資産化を認めないことがよくあるのである．

　経営者が投資家へ情報を伝達する第二の方法は，会計以外の手段によるものである．そのような手段として，以下のものを含むいくつかのメカニズムを説明した．すなわち，企業戦略や現在のパフォーマンス，将来の展望について説明するための財務アナリストとの接触；経営者が有するのと同じような情報を投資家に提供するための量的・質的な追加情報の開示；企業の将来

のパフォーマンスについて，経営者が楽観的な見方をしているというシグナルを送るための財務政策（株式の買い戻し，増配，ヘッジ戦略など）の利用である．

本章では，投資家へ効果的に情報を伝えることの重要性を強調した．しかし企業は従業員，顧客，供給業者，規制当局などのその他のステイク・ホルダーズ（利害関係者）へも情報を開示しなければならない．ここで説明されたのと同じ原理の多くが，これらの他のステイク・ホルダーズへの情報公開にも適用できる．

練習問題

1. Appleの在庫は，1994年12月29日の10億ドルから，一年後の19.5億ドルへと増加している．これに対して，これらの年度の第4四半期の売上は，20億ドルから26億ドルへと増加している．これらの年度で，年ベースで計算したAppleの棚卸資産回転率はどのような値であるか．このような変化から，財務アナリストは，将来のパフォーマンスに関してどのような異なった解釈を引き出せるか．棚卸資産回転率の変化の内容を明らかにするために，Appleの経営者は投資家にどのような情報を提供できるか．このような情報を開示するときのAppleの費用と効果は何であるか．

2. (a) 以下のタイプの企業にとって，長期的に成功するための決定的な要因は何か．
   - Microsoftのようなハイテク企業
   - Kmartのように規模が大きく低コストの小売業者

   (b) これら2つの企業が，どの程度うまく決定的な成功要因を管理しているかを評価するうえで，財務会計データはどれくらい有用であるか．他のどのようなタイプの情報が評価に有用であるか．このようなタイプの情報を投資家に開示する場合の費用と効果は何か．

3. 経営者は，追加情報の開示については，自分たちに専有権があるという理由で反対することが多い．近年のFASBによる(a)役員の株式報酬

と，(b)事業活動別セグメントのパフォーマンスに関する，開示拡大の提案について考えなさい．多くの企業経営者は，この両提案に対し強い反対の意思を表明している．これらの各領域で開示が拡張される場合に，情報の専有権を失うコストとしてどのようなものがあり得るか．いずれかのケースで，情報の専有権を失うコストは比較的小さいと考えるならば，経営者の反対について他にどのような説明が考えられるか．

4. 米国以外の多くの国（たとえば，英国，オーストラリア，ニュージーランド，フランスなど）の財務報告規則では，経営者に，価値が増加している固定資産（いくつかの国では無形資産についても）の再評価を認めている．再評価は通常は，経営者や独立鑑定人により査定された実現可能価額の推定値にもとづいて行われる．あなたはこのような会計基準が，投資家にとって利益や簿価をより有益なものにすると考えるか，あるいは有益でないものにすると考えるか，理由とともに説明しなさい．また，経営者はどのようにしてこのようなタイプの開示内容の信頼性を高められるか．

5. マネジメント・バイアウト（経営者による企業買収）では，企業のトップ・マネジメントが自社の株主に対して，通常はその時点の株価を超えるプレミアムを付けて，その企業を買い入れることを申し込む．経営者グループは，買収資金を調達するために自分たちの資本を拠出し，多くの場合，非公開の買収企業と私募債を利用して追加的な資金も調達する．経営者が自社に対して近い将来そのようなオファーをすることに興味をもっているとき，財務報告で生じるインセンティブはどのようなものであるか．また，これらは買収に興味のない経営者のもつインセンティブとどのように異なるか．

6. あなたは公開を計画している創業を始めたばかりの小さな企業の経営者に話をもちかけられている．企業の創始者は，公開にあたって会計についての意思決定でどの程度強気であるべきか確信を得ていない．CEOのジョン・スミスは次のように主張している．「我々は，会計ルールで認められている裁量をすべて活用すべきである．なぜなら市場は我々がそうすることを望んでいるからである．」この戦略について賛否

双方の意見を述べなさい．

7. バイオテクノロジー会社のCEOが，公募が成功した2年後に，開発途上にある新薬の可能性をめぐる株式市場の不確実性を心配している．あなたとの話し合いでこのCEOは，内部の研究開発努力で近年かなり前進したが，それにもかかわらず株式は不十分なパフォーマンスしか挙げていないと指摘している．新製品の価値を投資家に確信させるために彼はどのような手段を利用できるか．そのなかでどの手段が実際に利用可能であるか．

8. 問7で検討したバイオテクノロジー会社のCEOは，なぜ会社が過小評価されていることを心配しているのだろうか．株式が過大評価されていたならばCEOは同じように心配しただろうか．この過大評価のケースで，CEOは市場の見方を修正しようとすると思うか．

9. 株式を初めて公開して，私募から公募による資金調達へ転向することを決定すると，会社は投資家への情報公開コストの増加に直面することになろう．この追加コストがあるのに，なぜ会社は公開することを選択するのか．

10. ドイツの企業は伝統的に銀行から資金を調達しており，銀行は企業の取締役会に代表者を送っている．これらの企業では，公募での資金調達により多く依存する米国企業と比較して，情報公開の努力はどのように異なるか．

注

1) Douglas J. Skinner, "Earnings disclosures and stockholder lawsuits," *Journal of Accounting and Economics* (Nov. 1997): 249-283 では，利益に関して悪い情報を有する企業は，この情報を予め公開する傾向があることが示されている．これはおそらく悪い情報のあった期のあとに予想される訴訟のコストを抑えるためであろう．

2) Kevin J. Murphy and Jerold L. Zimmerman, "Financial Performance Surrounding CEO Turnover," *Journal of Accounting and Economics* 16 (January/April/July 1993): 273-315 では，CEOの交代率と利益を基準とした業績との間に強い関係を見出している．

3) 例えば, George Foster, "Rambo IX : Briloff and the Capital Market," *Journal of Accounting, Auditing & Finance* 2, No. 4 (Fall 1987): 409-429 では, Abraham J. Briloff により会計を批判された企業は, 平均で5%の株価の下落を経験していることが示されている.

4) Sarah Tasker, "Voluntary Disclosure as a Response to Low Accounting Quality : Evidence from Quarterly Conference Call Usage," *Review of Accounting Studies*, forthcoming, 参照.

5) Richard Frankel, Marilyn Johnson, and Douglas Skinner, "An Empirical Examination of Conference Calls as a Voluntary Disclosure Medium," working paper, University of Michigan, 1997, 参照.

6) 自発的開示に関する最近の研究として以下のものがある: Mark Lang and Russell Lundholm, "Cross-Sectional Determinants of Analysts' Ratings of Corporate Disclosures," *Journal of Accounting Research* 31 (Autumn 1993) : 246-271 ; Lang and Lundholm, "Corporate Disclosure Policy and Analysts," *The Accounting Review* 71 (October 1996) : 467-492 ; M. Welker, "Disclosure Policy, Information Asymmetry and Liquidity in Equity Markets," *Contemporary Accounting Research* (Spring 1995) ; Christine Botosan, "The Impact of Annual Report Disclosure Level on Investor Base and the Cost of Capital," *The Accounting Review* (July 1997) : 323-350 ; and Paul Healy, Amy Hutton, and Krishna Palepu, "Stock Performance and Intermediation Changes Surrounding Sustained Increases in Disclosure," *Contemporary Accounting Research*, forthcoming. この研究では, 会社が力強い利益業績を有する場合, 証券発行があった場合, より多くのアナリストの追跡があった場合, アナリストの予測に散らばりが少ない場合, それぞれ会社は高水準の情報開示を提供している可能性が高いことが示されている. これに加えて, 高水準の情報公開政策を有する会社は, 資本コストが低く, ビッド－アスク・スプレッドも小さい傾向がある. 最後に, 情報開示を増やしている会社は, これに伴い株式の収益率, 機関投資家による保有, アナリストの追跡, 株式流動性のいずれの増加をも経験している.

7) Paul Healy and Krishna Palepu, "Earnings Information Conveyed by Dividend Initiations and Omissions," *Journal of Financial Economics* 21 (1988) : 149-175 の研究では, 配当の開始や停止のアナウンスメントを, 将来の利益業績に関する経営者の予測であると投資家が解釈することを示している.

8) Larry Dann, Ronald Masulis, and David Mayers, "Repurchase Tender Offers and Earnings Information," *Journal of Accounting & Economics* (Sept. 1991) : 217-252, および, Michael Hertzel and Prem Jain, "Earnings and Risk Changes Around Stock Repurchases," *Journal of Accounting & Economics* (Sept. 1991) : 253-276, 参照.
9) Mary Barth and Ron Kasznik, "Share Repurchase Decisions and Market Reaction : Accounting, Information Asymmetry, and Investment Opportunities," working paper, Stanford University, 1996, 参照.

第IV部
企業分析の事例

America Online, Inc.*

「技術系企業で言えば，America Online 以上に，株式市場ではやし立てられているものはない。今年のハイテク株は，平均して50％上昇する人気であるが，AOL の株価については約135％も上げており，まさに火傷しそうなほどのもてはやされぶりである。実際，AOL の株価は1992年の新規公開以来，2000％以上も上昇してきた。ヴィエナ（ヴァージニア州）を拠点とするこの会社は，5年前と比べて，顧客数は35倍，収益は20倍になっている。まさに米国最大のオンライン・サービス企業であり，認知されたブランドを構築しているのである。

しかし注意深く観察すると，AOL は，コンピューター技術と同様に，会計技術にも関心を払っていることがわかるだろう。そこで，合計約40億ドルもの市場価値がある AOL 株を買いに走る前に，会計上の数字を理解することをおすすめしたい。」

以上のレポートは，*Newsweek* 1995年10月24日号のビジネス欄で，Allan Sloan によって書かれたものである[1]。

会社のバックグラウンド

ヴィエナ（ヴァージニア州）で設立された America Online, Inc.（AOL）は，成長する新しいマスメディア界におけるリーダー的存在である。それは，オンライン・サービス，インターネット，マルチメディア，その他インタラクティブな情報技術に携わっている。オンライン・サービスを介して，AOL が会員に提供するものは，リアルタイムの電子会議機能，電子メール，電子雑誌や電子新聞，オンライン学習，オンライン・ショッピング，インターネットへの接続など広い範

---

* 本ケースは，Krishna Palepu 教授と Amy Sweeney 教授により作成された。これは教室での議論の基礎として利用されるものであって，AOL の経営状況の良否を示すという意図はない。Copyright 1987 by the President and Fellows of Harvard College, Harvard Business School case 9-196-13.
[1] "Look Beyond the High-Tech Accounting To Measure America Online's Market Risk," Allan Sloan, *Newsweek*, October 24, 1995.

囲に及んでいる．オンライン・サービスの運営に加えて，1995年に事業を拡張したAOLは，インターネットに接続するためのソフトやオリジナル・コンテンツの製作と配信，インタラクティブなマーケティングや取引を可能にするシステム，そして情報通信を支援するネットワークまでを扱うようになる．

　AOLの収益源は，おもに会員からの利用料である．それとともに，コンテンツの提供者や商品の販売者から，広告料や商品売上その他の取引に関わる手数料を獲得している．それ以外の企業に対しても，ネットワークやプロダクション・サービスを提供して，売上を得ている．AOLがインタラクティブな情報サービスを提供するマスメディアの成長をリードする存在となったのは，既存のオンライン・サービスを成長させるために継続的な投資を行ってきたこと，関連分野へ進出する機会を追求してきたこと，幅広いインタラクティブな情報サービスの提供能力，そして技術上の柔軟性を有していることによる．

　AOLの前身であるQuantum Computer ServicesがStephen CaseとJames Kimseyによって設立されたのは1985年のことである．Quantumは，Commodoreのコンピューターに対して，Q-Linkサービスを提供した．1989年には，このサービスはAppleのコンピューターにまで拡大された．1991年に，Quantumは社名をAmerica Onlineに変更し，1992年には株式公開を果たした．同年，AOLは，Appleに対して，e-WorldとNewton Mailの利用に関するライセンスを供与した．AOLは，そのロイヤリティーを利用量ベースで今も受けとっている．1993年，AOLはウィンドウズ・マシンからの利用を可能にして市場を拡げ，さらに携帯型コンピューターからも利用できるようにソフトの開発を進めている．1994年には，AOLの会員数は2大ライバルのCompuServeとProdigyを上回り，今や米国最大の商用オンライン・サービスとなったのである．1995年の10月末の時点で，AOLの会員数は400万人以上である．

AOLのサービス

　AOLは，400万人もの会員の多様なニーズに合致するように設計された幅広いサービスを提供している．その中心的なサービスは，共通の話題に興味をもつ会員が，電子会議，電子メールそして電子掲示板を通じて，容易に意思疎通できる点である．会員は，インタラクティブな情報交換機能を利用して，情報やアイデアを共有したり，意見を交換したり，交流を深めたりすることができる．こうした会員の活動を支えるべく，情報やコンテンツの新しい供給源を開発し追加することは，AOLの運営目標になっている．AOLによって提供されるサービスの範

囲には，以下のものが含まれている．

- **オンラインの会員交流** 電子メールに加えて，AOLが促進したのはリアルタイムの電子会議である．具体的には，特定のテーマに関する会議や討論を前もって予定表に組んで，ほかの会員と会話しながら，じかに討論ができる「会議室（meeting room）」というサービスを提供している．それから，会員が一般的な話題や専門的な話題について，情報や意見を共有できるように電子掲示板を設けている．

- **コンピューターライフの支援** AOLの会員は，何万もの無償（public domain）ソフトや「シェアウェア」ソフトをオンラインで入手できる．また，AOLでは300のハード・メーカーやソフトウェア会社からのサポートをオンラインで受けることができる．さらに，コンピューターの通信販売を利用したり，*MacWorld*，*PC World*，*Computer Life* といったコンピューター雑誌を購読することができる．

- **教育ならびに情報検索サービス** AOLのオンライン教育によって，大人も子供も，家を離れることなく学ぶことが可能になる．AOLでは，プロの講師と契約して，リアルタイムで対話する教室を提供している．それは，一般的な学術科目と生涯教育科目（たとえば，著作クラスや料理教室）の両方に及ぶ．英語，生物，数学は常設講座として提供されている．教育ならびに情報検索サービスには，国会図書館，大学協会，CNN，スミソニアン博物館，*Consumer Report*，*Compton's Encyclopedia* への接続も含まれている．

- **ニュースと個人投資** AOLは広範囲の情報サービスを提供しているが，その中には，国内外のニュース，天気予報，スポーツ・ニュース，株式市況，それに個人の投資ポートフォリオを計算するサービスも含まれる．会員は，興味ある話題を求めて，ワイアー・サービス（news wires）のニュースを検索したり，Fidelity Online や Morningstar を通じて投資信託の情報を入手したり，PC Financial Network を通じてオンラインで株式の売買を注文することができる．また，会員は *The New York Times*，*Chicago Tribune*，*San Jose Mercury News*，*Time*，*Scientific American*，*Investers Business Daily* さらに Reuter など，70以上の新聞や雑誌，ワイアー・サービスに接続することができる．

- **旅行とショッピング** AOLでは，旅行とショッピングについても，情報の検索や申し込みができる．会員は，Hallmark Corporation から特別注文のグリ

ーティングカードを送ったり，1-800-Flowers から花を送ることができる．
また，Tower Records から CD やテープを購入したり，Preview Vacations
でパック旅行を予約することができる．それから，American Express Net と
接続して，口座残高をチェックしたり，旅行に関する情報やサービスを入
手・利用することができる．それに加えて，AOL 自身も，インタラクティブ
なショッピング・サービスとして，2 Market を導入している．そこでは，シ
ョッピング・カタログや小売企業の多くから商品やサービスが購入できるこ
とが売り物になっている．

- **娯楽や子供向けの企画**　AOL では，大人と子供の両方に向けて，ゲームやス
ポーツ，多人数型ゲームその他の趣味に関するクラブやフォーラムが用意さ
れている．Music Space, the Games Channel, Disney Adventures, Comedy
Clubs, Nintendo Power Source, Kids Only, Hollywood Online, Warner-
Reprise Records, American Association for Retired Persons, MTV, Cook-
ing Club, Environment Club, Baby Boomers' Forum などの組織から，それ
ぞれ専門のコンテンツが提供されている．

顧客の獲得と維持

　AOL の最大の支出は，新規の会員を勧誘するためのコストである．AOL は，
独自のマーケティングならびに他社と組んだマーケティングの両方を積極的に行
い，自社のオンライン・サービスを売り込んできた．前者は，たとえば，通信に
必要な AOL のソフトをダイレクト・メールに添付したり，通信ソフトを注文する
ためのフリー・ダイヤルを載せて，テレビや出版物に広告を出すことであった．
後者は，コンピューター雑誌の出版社やパソコンのハード・メーカー，ソフト会
社の製品に AOL のソフトを組み込んでもらい，顧客が容易に AOL のソフトを試
用できるようにするものである．通信ソフトが手許にあれば，顧客が AOL のオン
ライン・サービスを利用するために必要なのは，パソコン，電話線，モデムだけ
である．個々のソフトには，それぞれ新しく AOL の会員となるための登録番号と
パスワードがついており，顧客は，AOL にクレジット・カードの番号を知らせる
だけで会員になれる．新しく会員になってから最初の 10 時間は無料で利用できる
が，それを超えると，脱会するまで，AOL は会員のクレジット・カードから毎月
の正規利用料を自動的に徴収していく．

　このような勧誘活動はコストのかかるものである．1994 年には，新規加入者 1
人当たり 40 ドル以上ものコストがかかっている．そのため，新規加入者を引き留

め，彼らの信頼と満足度を高めるために，AOLは会員維持のための特別なプログラムに投資している。その中には，定期的にオンラインの催しや会議のスケジュールを組んだり，今後のイベントや新しい企画をオンラインで宣伝したり，新しいコンテンツやサービス，ソフトを日常的に追加することが含まれている。このようにして，AOLは，会員の加入期間を最大化することを経営の目標にしてきた。

会員をどれだけ引き留め，利用頻度を維持できるかは，AOLがどんなコンテンツを提供できるかにかかっている。ユニークなコンテンツをつくるため，AOLは数多くの共同事業に参加している。1995年には，提携先は，American Express, ABC, Reuters, Shoppers Express, Business Week, Fidelity, Vanguardそして全米教育協会にまで及んだ。さらに，AOLにとって重要だったのは，電脳空間に最新花形商品が加わったことである。それは，Tom and David Gardnerという起業家によって作り出されたMotley FoolやFollywood――AOLでもっとも人気の高いサイトのうちの2つ――といった特別な趣向のサイトである。こうした話題の特別サイトにより，会員をいつもオンラインにつなぎ止め，課金時間と利用料を伸ばすことができた。従来からAOLは，こうしたサイトから収益の80％以上を稼いでおり，人気の高いサイトを作り出す起業家とは独占的な契約を結んできた。しかし今や，コンテンツ提供者は，インターネットのWWW上でサイトを自由に立ち上げるという選択肢をもつようになっている。現時点では，インターネットでコンテンツを見た人々から情報提供料をとれる仕組みができてないが，この新しい配信経路はAOLとコンテンツ提供者との間の力関係を変えつつある[2]。

他のオンライン・サービス企業と比較すると，AOLの利用料金のしくみは一番単純で，会員がそれを理解し実際の利用料を予想するのに容易である。毎月の利用料は利用時間5時間までなら一律9.95ドルで，それだけでAOLのすべてのサービスを利用することができる。5時間を超過すれば，1時間当たり2.95ドルの追加料金が徴収されるが，それ以上にダウンロードなどで課金されることもない。Compu ServeやProdgyでも，AOLと同一の基本料金が設定されているが，特別なサービスやダウンロードには別途課金がある。Microsoft Network (MSN)は，オンライン・サービス業界への最も新しい参入者であるが，1ヵ月当たり3時間までが4.95ドルで，それを超過すると1時間当たり2.50ドルが課金されるという標準料金制にしている。それとは別に，MSNへコンテンツを提供している業者は，会員に対して利用時間に基づく課金を行う。AOLのライバル企業が設定している，

---

[2] "On-line Stars Hear Siren Calls to Free Agency," Steven Lohr, *New York Times*, November 25, 1995.

このような追加料金のしくみは，会員が月々の利用料について目安を立てることをより困難なものとしている．

将来の成長への戦略

　AOLの目標は，タペストリーのように織り込まれた提携先と子会社を通じて，インタラクティブな情報サービスの世界市場で，中心となり，かつ明確なリーダーシップを確立することである．この目的に向けて，AOLは新しい戦略上のパートナーシップの相手として，American Express, Business Week Online, NTN Communications と契約を結んだ．また，2 Market で CD-ROM をオンラインで販売するシステムをスタートさせた．そして，インターネット・ソフトの開発を手がける Book Link Technologies や NaviSoft, インターネット・バックボーンの開発会社である Advanced Network & Services（ANS）の買収を完了させた．これらの取引が，会員数の増加，外観的なイメージの強化，利用者にアピールするようなコンテンツを生み出す能力といったものと並んで，AOL を，新しくてインタラクティブな情報サービス業界の発展をリードできる地位に押し上げてきた．AOLは自身の戦略を進めながら，以下のような分野に積極的に取り組んできたのである．

- **既存のサービスを成長させるための投資**　AOL は，既存のオンライン・サービスを急速に成長させる投資を継続する予定である．提供するコンテンツとサービスの範囲を広げ，サービスを支えるマルチメディア環境の改善を続け，さらに，オンラインで共同体的な雰囲気を構築することによって，新規加入者の関心をひき，会員を維持することができると信じている．同時に，コンテンツやプログラムを開発するためのソフトやサービスを提供するとともに，今後も増え続ける多くの有望な視聴者に利用してもらうチャネルを多く用意することで，コンテンツやサービスの提供者をも惹きつけることができると考えている．
- **新しいビジネス機会の開拓**　AOL は，自らの技術や経営手法，そしてコンテンツを組み合わせる手法をテコにして，新しいビジネス機会を見出し開拓しようとしている．たとえば，電子商取引，国際市場への参入，そしてインターネットの「商用化」(consumerization) である．そこでは，情報伝達速度と画像表示を改善するのに必要な高密度の圧縮技術を利用した，高度に視覚的なソフトや WWW ブラウザーが用いられることになる．

America Online, Inc. *487*

- **あらゆる範囲のインタラクティブな情報サービスを提供** 企業買収や自社開発を通じて，AOLはコンテンツの開発，流通能力，接続ソフトウェア，そして自前の情報通信網を組み合わせて，インタラクティブな情報サービスを網羅的かつ統合的に提供するようになった．その結果，市場の進歩をリードする地位をAOLは入手したと信じている．
- **技術的柔軟性の維持** AOLは，多様な仕様をもつパソコンにサービスを提供する必要性を認識している．AOLのソフトは，マッキントッシュやウィンドウズを含めた多様なパソコンやOSで動かすことができるし，オンライン・サービスやインターネット，CD-ROMを含む種々の媒体をサポートしている．新しい技術が出てくる度に，それを用いた製品やサービスをAOLは採用しようとしているのである．

現在，AOLは収益の大部分を会員の利用料から得ているが，経営者は，上であげた分野を推し進めることで，それ以外の収益の比率を増加させることができると信じている．たとえば，広告料，利用者への製品売上に関する手数料，他の企業に対する製品やネットワーク・サービスの販売収益である．

業界の競争状況と見通し

オンライン・サービス業界は，1994年に11億ドルの収益を生み，1995年には30％増加して14億ドルになる見込みである．世界規模で1100万人が商用オンライン・サービスに加入しているが，この数は今後5年間で激増するであろう．この業界のリーダーであるAOL，CompuServe，Prodigyには，すでに850万人の加入者がいる（3社それぞれ，400万人，280万人，160万人である）．この寡占状態により，オンライン・サービス企業は数千に及ぶコンテンツの提供者と数百万人もの会員との間の媒介者として実にうまく機能することができた．彼らは出版社のようなものであり，作品をきちんと管理して，作家にあたるコンテンツ提供者に対して，さほど多くはないロイヤリティを支払ってきた．しかし，インターネットにおけるWWWの登場とMicrosoft Networkの参入とにより，今やコンテンツ提供者は，自身の作品により積極的に関与し，より高い収益をもたらすような配信経路を選択できるようになった．

Forbes 1995年8月28日号では，このトピックが議論されている．

「最近まで，電脳空間を覗くためには，3大オンライン・サービス会社であるAOL，CompuServe，Prodigy のうちのいずれかを利用するしか方法がなかった。今や，この寡占状況は急速に弱まっている。3社寡占を脅かすのは Microsoft だけではなく，データベースを共有する WWW コンピューター・ネットワークであるインターネット全体なのである。それは，脈動しながら，無規律かつ急速に発達している。」[3]

　3大オンライン・サービス会社が出版社として振る舞う一方で，Microsoft はどちらかというと書店のように活動することにしている。MSN では，すべてのコンテンツ提供者が出版者でもある。MSN の会員は，1ヵ月3時間までの使用時間で 4.95 ドル（3時間を超えると1時間当たり 2.50 ドルの追加料金）を支払う。他方，コンテンツ提供者はそれぞれ1時間当たりとか1ページ当たり，あるいは1画像当たりで好きなように提供料を設定する。Microsoft は，その提供料から30％を手数料として受けとり，残りをそのままコンテンツ提供者に渡す。コンテンツ提供者により多くの収益を配分することに加えて，MSN はコンテンツ提供者の作品に多くの規制を加えない。3大オンライン・サービス会社が画面やアイコンの規格を設定したのとは対照的に，MSN は，コンテンツ提供者が思うままにどんな活字も様式も使えるようにしたのであった。このように，Microsoft は，媒介者ではあるものの，コンテンツの制作やその提供料の決定には，かなり限定的で受動的な役割しか果たしていないのである。
　Microsoft 以上に，インターネットの WWW には巨大な可能性が潜んでおり，そこでは媒介者の役割はさらに縮小する。インターネットでは，コンピューターを持つ誰もが出版者なのである。利用者は，PST，Netcom，MCI といった会社と契約して，インターネットに接続するために必要なサービスを受ける。そして，いったんネットに接続できれば，Netscape や Spyglass のような閲覧ソフトを用いて世界中のデータベースを覗き回ることができるのである。もっとも，インターネットで自作のコンテンツを公開する者が，そのページを読んだ人々から料金を徴収するのはまだ難しいことであるが，銀行や Microsoft，その他の仲介者が電子マネーを提供するシステムを稼働させれば，今の状況はすぐに一変するものと予想される。
　コンテンツ提供者の多くは，配信経路を選択できるという利点を持ち始めてい

---

[3] "Who Needs the Middleman?," Nikhil Hutheesing, *Forbes*, August 28, 1995.

る。たとえば，Wired マガジンは，誌面を読んだ会員が AOL に支払う利用料の20%しか分配を受けられないことに満足できずに，インターネットに HotWired を創刊した。Wired の技術主任 Andrew Anker は，じきに AOL での事業以上にインターネットの HotWired が儲かるようになると信じている。また，インターネットでは，作品をずっと好きなように管理できるとも述べている。General Electric 傘下の NBC は，番組の提供を AOL から MSN へと切り替えることにした。上級副社長の Martin Yudkovitz は「AOL では，我々のコンテンツを見てくれる多数の利用者がいたにもかかわらず，さほど収益を稼ぐことができなかったのだ」と説明している[4]。

3大オンライン・サービス会社が独占的に提供してきたサービスやコンテンツがインターネットの WWW 上に移ったことにより，会社独自のサービス提供は少なくなった。しかしながら，オンライン・サービスは，体系的な電子掲示板やリアルタイムの電子会議を介したインタラクティブな情報伝達に関しては依然として優位に立っている。他方，インターネットの WWW は，おもに読ませるための情報を公表する媒体である。残る問題は，将来オンライン・サービス企業の役割は何になるのか，という点である。はたして，オンライン・サービス企業は，独自の画面とブラウザーを用意しただけの，もう一種類のインターネット接続会社になるのであろうか。あるいは，利用者に対して，何か独特なサービスを提供し続けることができるのだろうか。

アナリストの中には，米国のオンライン・サービス市場は 2000 年まで毎年 30-35%成長する一方で，インターネット市場はさらに早く成長すると予測する者もいる。彼らは，AOL は 20%の市場シェアを維持すると予想している[5]。他方，マサチューセッツにある Forrester Research of Cambridge によれば，上記の3大企業は，1997 年までしか会員を増やすことができないという。Forrester は，3大企業にとって，1997 年以降はずっと下り坂になると予測しているのである[6]。

AOL の最近の業績

1995 年 6 月 30 日に終了する第 4 四半期について，AOL は利益を 1 株当たり 0.16 ドルと発表した。これは，買収経費 0.01 ドルと営業権の償却費用 0.02 ドル

---

4) Ibid.
5) "America Online, Inc. ——Company Report," A. Pooley, The Chicago Corporation, April 18, 1995.
6) Op. cit., *Forbes*, August 28, 1995.

を差し引く前の金額である．1994年の第4四半期の利益0.02ドルに比べると著しい改善であり，アナリストの予測利益0.14ドルを上回る金額でもあった．サービスの収益は139百万ドルに達し，アナリストの予測132百万ドルを上回った．総収益は，前年の第4四半期の40.4百万ドルから152百万ドルにまで上昇した．1995年6月30日に終了する1年間でみると，AOLの業績は33.6百万ドルの損失と394百万ドルの総収益であり，それに対し，前年度は2.5百万ドルの利益と116百万ドルの総収益であった．1995年度に初めて記録された費用としては，買い受けた R＆D（acquired R＆D）が50.3百万ドル，営業権償却が1.7百万ドル，そして買収経費2.2百万ドルがある（資料3 AOLの1995年要約年次報告書を参照せよ）．

会員の新規加入の勢いは依然として強い．1年間で233％も増加し，第4四半期では新規加入者が691,000人にも達した．アナリストがAOLのフランチャイズを評価し，急速に拡大する会員数の「健全さ」を分析するために用いてきた指標も，その四半期で改善されている．すなわち，会員の予想在籍期間は39ヵ月から41ヵ月へ伸び，有料利用時間は2.73時間から2.93時間へと延び，在籍期間中に予測される利用料総額は会員1人当たり667ドルから714ドルへと上昇した（表2 AOL会員に関する指標の推移を参照せよ）．しかしながら，会員の間で高速度の接続への乗換えが続くのに加え，Microsoftが1時間当たりの利用単価を低く設定しているのに対応して，長時間利用者のための価格を設定することになれば，AOLの将来の粗利益率はもっと小さくなるとアナリストは見込んでいる．

AOL は1995年11月8日に，9月30日に終了する1996年度第1四半期の業績を発表した．収益は1年前と比べて56百万ドルから197.9百万ドルへと上昇したが，1.5百万ドルの利益は10.3百万ドルの損失となったと報告されている．そこでは，1995年9月21日に取得したUbiqueで発生した研究開発費16.9百万ドルが，最近取得した他の資産への支払と同様に費用として計上された．また，営業権の償却が1.7百万ドルあった．これらの費用は，会員獲得にかかるコストの償却期間を延長するという会計政策によって部分的に相殺されている．AOLは1995年7月1日より，会員獲得コストの償却期間を12-18ヵ月から24ヵ月へと変更した．この会計上の見積りの変更による影響額は，1995年9月30日に終了する四半期の最終損失を1.95百万ドル減少させるものであった．なお，1996年度第1四半期に新たに711,000人が加入し，総会員数は400万人に達したとAOLは発表している[7]．

---

7) "America Online Posts $10.3 Million Loss But Says Revenue Rose 250% in Quarter," *The Washington Post*, Nov. 8, 1995.

AOLの株価は，1992年3月の新規公開以来，動き続けてきた．新規公開価格2ドル90セントから，暦年での1992年末には7ドル31セント，1993年末には14ドル63セント，1994年末には28ドルへと上昇した．1995年11月8日現在の株価は81ドル63セントで，企業の市場価値は40億ドル前後となる（資料1 AOLの株価推移ならびにベータ値，市場の諸指標を参照せよ）．

AOLを取り巻く論議

AOLの株価は，昨今もっとも論議を呼ぶ問題のひとつであった．株価上昇の可能性を売り込むアナリストもいれば，株価下落から利益を得るために空売りを推奨する者もいる．強気筋は，AOLを情報革命の一部とみなしている．以前の例でいえば移動電話やケーブルテレビのようなものである．彼らは，AOLの視覚的なソフトウェアや高速度のWWWブラウザー，そして創業者であるCase氏のマーケティングの才能（会員が1年と少しの間に4倍となり，400万人を突破した）を重要な競争優位であると考えている．他方，弱気筋はオンライン・サービス業界の新規参入企業との競争やAOL会員がインターネットへ移行することを考慮して，AOLが会員数で高成長を続けられるのか，あるいは既存の会員を維持することができるのかについて疑問を投げかけている．

AOL株には，株価は永遠には上昇しないことに賭けた，700万もの空売りがあった．空売りを行う人々は，5.7％の持分を有するApple Computerが利益を確定するためのヘッジを最近行ったことに注目して，これをAOL株が割高である証拠と考えたのである．AOLの内部者が持株の一部を売却したことも，空売りの火に油を注ぐことになった．1995年3月9日から15日の間に，17人のAOL内部者が約200,000株を売却した．その中には，社長のSteve Case（25,000株を2.1百万ドルで売却）や会長のJames Kimsey（40,000株を3.3百万ドルで売却）という創業者たちが含まれていたのである[8]．

株価に関する論議に加えて，アナリストの中には，AOLの会計政策を「強気すぎる（aggressive）」と決めつける者もいる．AOLでは，ソフトウェアの開発コストを5年間で償却しているが，変化が速く，不確実性が高いオンライン・サービス業界において，この償却期間は長い．また，AOLが会員獲得にかかるコストを資産計上しているのに対し，ライバルのCompuServeではそのような処理は行

---

8) 1995年8月15日時点で，取締役と執行役員は全体として，3,729,547株を所有し続けている．Steven Caseは1,036,790株，James Kimseyは679,616株を所有している．

われていない．そればかりか，1995年7月1日より，AOLは会員獲得コストの償却期間を15ヵ月から24ヵ月に延長している．まだ新しい，この業界で競争が激しくなれば，会員在籍期間や収益の伸びがどうなるかわからない．そのため，アナリストはAOLの会計政策の妥当性を問題視している．AOLが直面する大きなリスクは，現在，長距離電話会社で乗り換えが頻繁に行われているのと同じ程度に，顧客が利用するオンライン・サービスを変更する可能性があるという点である．

AOLでは，無料試用にかかるコスト（初めの月は10時間無料で試用できることから発生する）を即時費用計上しているが，会員を獲得するためのマーケティング活動にかかるコストは資産計上している．その活動には，ダイレクトメールや広告，スターターキットならびに他社の製品にAOLのソフトを無償で添付すること（バンドリング）が含まれている．年次報告書に記されているように，1995年7月1日より前は，勧誘方法に応じて，会員獲得コストを2つのやり方で資産計上していた．まずAOL単体のマーケティングによる会員獲得のコストは12ヵ月で償却されていた．他方，パソコン・メーカーや雑誌出版社との共同マーケティングによる会員獲得のコストは18ヵ月で償却されていた．その理由は，従来からバンドリングによるキャンペーン活動は，効果が現れるまでにより長い時間がかかったからである．しかし，1995年7月1日より，いずれの会員獲得方法についても，ともにコストの償却期間が24ヵ月に延長されることになった．

最高財務責任者であるLennert Leaderは，AOLの会計方針を正当化して，収益の実現に対応させて費用を認識する，当たり前の会計手続きに従っているだけと述べている．彼は，マーケティング費用とソフトウェアの開発費用によって，長期間の利用が見込まれる会員が獲得できるのだと主張している．そのため，現金をすでに支出していても，それを複数年度で費用化していくのが適当だというのである[9]．

しかしながら，アナリストの中には，AOLの会計方針について疑問を提示する者もいる．*Newsweek* 1995年10月24日号には，以下の記事が掲載されている．

「AOLの隠された資産のひとつは巧みな会計政策である．そこでは，マーケティングと研究開発にかかるコストが，費用ではなく資産として処理されているのである……

AOLではR＆D費用が5年間で償却されているが，これはオンライン・サー

---

9) Op. cit., *Newsweek*, October 24, 1995.

ビス業界においてはとても長い年数である。さらに7月より，マーケティング費用の償却期間が15ヵ月から2年へと延長され始めたのである。

なぜ，償却期間を15ヵ月から24ヵ月へと変更するのだろうか。Leader によれば，それは，AOL 会員の平均在籍期間が，1992年の25ヵ月から現在は41ヵ月へと延びたからであるという。しかし，果たして41ヵ月も在籍している AOL 会員は何人いるのだろうか？ Leader も認めるように，ほとんどいないのである。AOL では会員のほとんど全員が過去36ヵ月の間に加入していることを考えれば当然である。Leader は，41ヵ月という平均在籍期間は予測によるものと言っている。もちろん，この予測が正しいかどうかがわかるまでには数年を要する……」[10]

アナリストは，AOL のキャッシュフロー状況と最近の新株発行のタイミングが意味するものにも関心をもっている。*Newsweek* の記事は以下のように続く。

「AOL にとって会計はとても重要である。数字が良く見えれば見えるほど，ウォール街は好意を寄せてくれるので，AOL は請求書の支払に必要な現金を調達するための新株を容易に発行できるのである。……10月10日に，AOL は新株発行によって約100百万ドルを調達した。この計画が発表された9月に約72ドルだった AOL の株価は58ドル37セントに下落していたが，予定通り新株は発行された。普通の企業なら，新株発行を延期し，株価の回復を待ったであろう。しかし，AOL はそうしなかったのである。したがって，AOL を冷ややかに見る人たちは，AOL は切実に現金を必要としているのだとますます思うようになった……」

アナリストの中には，AOL が株価の低いときに新株を発行した理由は，早急に現金を調達する必要があったからだと信じる者もいる。それに対して，Microsoft のようないくらでも金があるライバル企業がオンライン・サービス事業にまさに進出しようとしていることや，あるいは，AOL のような仲介者を経ずに，インターネットで直接情報を提供しようという急速な動きに対処するため，軍資金を積み上げているのだと考える者もいる。また，最近 CompuServe がより強気な会計方針を採用したことについて，CompuServe も戦争の準備を進めている証拠であると解釈するアナリストもいる。CompuServe は，1996年度第1四半期から，会員獲得に関係する直接的なマーケティングのコスト（direct response advertising

---

10) Op. cit., *Newsweek*, October 24, 1995.
11) Op. cit., *Newsweek*, October 24, 1995.

costs）を資産計上することにしている[11]．

　AOLの株価は，1995年11月8日までに81ドル63セントまで反騰した．しかし，AOLの将来に関しては多くの問題点がある．たとえば，AOLのオンライン・サービスに対する需要は，MSNの参入やインターネットの成長によってどのような影響を受けるのであろうか？　その会計方針はいつまでも受け入れられるのであろうか？　また，もしAOLの会員増加率や会員の継続在籍率が低下したらどうなるのであろうか？　はたしてAOLは，これらの競争上の圧力や会計上のリスクに立ち向かえるような財務的な弾力性を持っているのだろうか？

資料1　AOLの株価推移

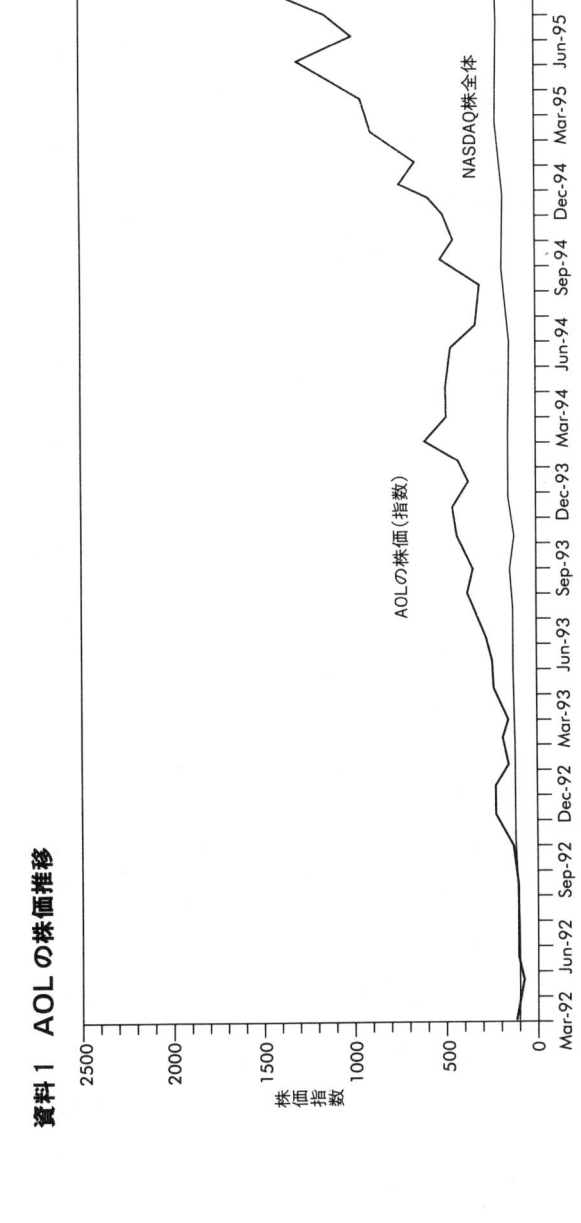

株価指数 (縦軸: 0〜2500)

AOLの株価（指数）
NASDAQ株全体

(横軸: Mar-92 〜 Sep-95)

追加的な市場データ

AOL株のベータ値		1.4
Moody'sでAAAと評価された企業の負債の利子率	(1995年11月)(%)	7.02
米国財務省証券（Treasury bills）の利子率	(1995年11月)(%)	5.35
30年物米国債の利子率	(1995年11月)(%)	6.26

出所：Detastream International, Standard and Poor's Compustat, and *the Wall Street Journal*.

資料2　AOL 会員に関する指標　1995 年 6 月 30 日まで

	93年12月	94年3月	94年6月	94年9月	94年12月	95年3月	95年6月
有料利用時間(時間)	1.85	2	2.1	2.27	2.46	2.73	2.93
会員の予想平均在籍月数	30	32	32+	34	36	39	41
在籍期間中の予想平均利用料	$443	$496	$496	$551	$612	$667	$714
インターネット利用時間(%)		1%	3%	4%	5%	6%	9%

出所：Alex Brown & Sons, Inc., August 24, 1995.

資料3　AOL の 1995 年要約年次報告書

監査報告書

America Online, Inc.
取締役会および株主各位

　我々は，America Online Inc. の 1994 年および 1995 年の各 6 月 30 日現在の連結貸借対照表および 1995 年 6 月 30 日に終了した 3 年間の各年の連結損益計算書，連結株主持分変動表および連結キャッシュフロー計算書について監査を実施した．これらの財務諸表は America Online Inc. の経営者の責任により作成されている．我々の責任は，我々の行った監査に基づいて，これらの財務諸表について監査意見を表明することである．
　我々は，一般に認められた監査基準に準拠して監査を実施した．この監査基準は，財務諸表に重大な虚偽記載がないかどうかにつき，合理的な確証を得るための監査を計画・実施することを要求している．監査には，財務諸表の金額および開示事項について，証拠資料を試査に基づいて検証することが含まれている．また監査には，財務諸表全体の表示について評価するとともに，経営者により適用された会計原則および重要な会計上の見積りの妥当性を評価することも含まれている．我々の監査は，監査意見を表明するに足る，合理的な基礎を提供していると確信している．
　我々は，上記の財務諸表が，すべての重要な点において，1994 年および 1995 年の各 6 月 30 日現在の America Online Inc. の連結財政状態と，1995 年 6 月 30 日に終了した 3 年間の各年の連結経営成績および連結キャッシュフローを一般に公正妥当と認められる会計原則に準拠して適正に表示しているものと認める．
　なお，連結財務諸表への注記 9 で述べられているように，1994 年度に当社は法

人税の会計方法を変更した．また，連結財務諸表への注記2で述べられているように，1995年度に，当社は特定の負債証券および持分証券への短期の投資に関する会計方法を変更した．

Ernst & Young LLP
ヴィエナ，ヴァージニア州
1995年8月25日

主要な連結財務指標とその他のデータ

(1株当たりの数値を除き，単位は千)

	6月30日に終了する事業年度				
	1995	1994	1993	1992	1991
損益計算書データ					
オンライン・サービスの収益	$358,498	$100,993	$38,462	$26,226	$19,515
その他の収益	35,792	14,729	13,522	12,527	10,646
収益合計	394,290	115,722	51,984	38,753	30,161
営業からの利益(または損失)	(19,294)	4,608	1,925	3,685	1,341
経常利益(または損失)	(33,647)	2,550	399	2,344	1,100
当期純利益(または損失)[1]	(33,647)	2,550	1,532	3,768	1,761
1株当たり利益(または損失):					
経常利益(または損失)	$(0.99)	$0.07	$0.01	$0.10	$0.06
当期純利益(または損失)	$(0.99)	$0.07	$0.05	$0.17	$0.09
発行済株式数の加重平均	33,986	34,208	29,286	22,828	19,304

	6月30日現在				
	1995	1994	1993	1992	1991
貸借対照表データ					
運転資本(または不足額)	$(456)	$47,890	$10,498	$12,363	$(966)
資産合計	406,464	154,584	39,279	31,144	11,534
有利子負債合計	21,810	9,302	2,959	2,672	1,865
株主持分合計(または債務超過額)	217,944	98,297	23,785	21,611	(8,623)
その他のデータ(事業年度末):					
会員数	3,005	903	303	182	131

1) 1995年6月30日に終了した事業年度における当期純損失には，研究開発の買い入れ費用50.3百万ドルと買収経費2.2百万ドルが含まれる．連結財務諸表への注記3を見よ．

財政状態と経営成績に関する経営者の検討と分析

概 観

　当社は，過去3事業年度にわたり，大きな収益成長を経験してきた．収益が成長した原因は会員数の増加にある．それはオンライン・サービス市場が成長したこと，1993年度のなかばに Windows 版を導入したことが当社のサービスを提供できる市場を劇的に拡大したこと，そして当社のサービスとコンテンツが拡大したことによるものである．加えて，過去3年の間に，会員1人当たりの月間利用料が着実に増えたことが収益の増加に貢献した．それは主として，会員1人当たりの月間有料利用時間が増加したためである．

　オンライン・サービスの収益は，主として月ごとの基本料と基本利用時間を超えたときの追加利用料からもたらされる．1994年12月31日までは，5時間利用できる月基本料は9ドル95セントであり，それを超えた利用料は1時間当たり3ドル50セントであった．1995年1月1日からは，月5時間を超えた利用料は1時間当たりの3ドル50セントから2ドル95セントへと引き下げられた．月基本料は9ドル95セントのまま変わっていない．

　その他の収益は，ニューメディアやインタラクティブな情報伝達によるマーケティング・サービスの提供，情報ネットワーク・サービスの提供，マルチメディアならびに CD-ROM 製品の製作によるものである．加えて当社では，電子商取引や電子広告，そして技術供与やライセンスの使用料からも収益を得ている．

　1995年度に，当社は RCC, Navisoft, BookLink, ANS, WAIS, Medior, Global Network Navigator Inc. の各社を買収した．さらに，当社は1995年8月に Ubique を買収する契約を結んでいる．これらの買収に関する詳しい情報については，連結財務諸表への注記3と注記13を参照せよ．

　オンライン・サービス市場では激しい競争が起きている．Compuserve, Priodigy, MSN を含む既存の競合企業はサービスの質を高めていくものと当社は確信している．加えて，新規企業がオンライン・サービス市場に参入する計画を発表しており，結果として当社はさらに激しい競争にさらされることになる．このような競争状態では，新しい価格設定とともにマーケティングやコンテンツの確保，それに製品開発へのさらなる支出が必要になるかもしれない．あるいは，コンテンツ提供者や提携している配信企業との新規契約あるいは契約更新が制約される可能性もある．さらには，会員数を増やすことが難しくなり，結果として当社の会員数の減少傾向が強まることもあり得る．こうした事象のどれもが，収益に対する経費の割合を増加させ，当社の財政状態と経営成績に対してかなりの悪影響を及ぼす可能性がある．

　1995年9月に，当社は繰延べの対象となる会員獲得コストの構成要素を見直し，一部については即時費用化することにした．この変更は1995年7月1日より行われる．それ以前に資産計上されたコストはすべて今まで通り償却される．この変更が1995年6月30日に終了する事業年度に適用されていれば，その影響（1994年6月30日時点で資本化された金額の償却を含む）はマーケティング・コストを約8百万ドル押し上げることになったと思われる．会員獲得活動を大幅に拡大する予定があるため，即時費用計上する会員獲得への支出を含め，この会計方針の変更は1996年度のマーケティング・コストの額によ

り大きな影響を与えるものとみられる。

さらに，1995年7月1日より，当社は会員獲得コストの償却期間を12ヵ月と18ヵ月から24ヵ月へと変更する。この償却期間の変更は，会員平均在籍期間に関する過去のデータに基づき，会員獲得費用とオンライン・サービスからの収益との間で，より適正な対応を図るために行われる。この会計上の見積りの変更が1995年6月30日に終了した事業年度に適用されていた場合，会員獲得コストの償却額を約27百万ドル減らす影響があったと思われる。この見積りの変更は営業利益にプラスの影響を与えるものの，1996年度はマーケティング活動およびその他の事業活動への投資が増大するとともに，1995年7月1日から会員獲得コストの一部を即時費用化するように会計方針が変更されることによって，その効果は部分的に相殺されてしまうものと予想される。

経営成績
1995年度と1994年度の比較

オンライン・サービスの収益 1995年度は，オンライン・サービスの収益が100,993,000ドルから358,498,000ドルへと増加した。これは1994年度に比べると，255%の増加である。IBM互換機を用いる会員からの収益が289%増加したことと，Macintoshを利用する会員からの収益が196%増加したことが増収の要因である。前者は，IBM互換機を用いる会員の数が273%増加した結果であり，また後者は，Macintoshを利用する会員の数が143%増加した結果である。1995年度におけるオンライン・サービスの収益成長率が会員数の増加率よりも大きかったのは，会員1人当たりの月利用料が増えたためである。それは，1994年度の15ドルから1995年度には17ドル10セントに増加した。

オンライン・サービス以外の収益 その他の収益には，ニューメディアやインタラクティブな情報伝達によるマーケティング・サービス，情報ネットワーク・サービス，マルチメディアならびにCD-ROM製品の製作，そして技術供与やライセンスの使用料が主として含まれる。これらの収益は，1994年度の14,729,000ドルから1995年度には35,792,000ドルへと成長した。これには，1995年度中に買収した子会社が稼得した，情報ネットワークからの収益およびマルチメディアやCD-ROM製品の製作からの収益が大きく寄与している。

収益原価（Cost of Revenue） 収益原価にはネットワーク関連のコストが含まれている。それは主に，データと音声の通信コスト，データ・センターの運営や会員サポートに関するコスト，情報やサービスの提供者に支払われるロイヤリティ，その他マーケティングや製品製作のコストから構成されている。1995年度には，収益原価が69,043,000ドルから229,724,000ドルへと増加した。これは前年度よりも233%の増加になるが，収益全体に対する比率は59.7%から58.3%へと減少した。

収益原価が増加したのは主として，データの通信コストや会員サポートのコストが増加したためと，情報やサービスの提供者に支払うロイヤリティが増加したことによる。まずデータ通信コストが増加したのは，会員の増加と会員による利用時間が増大した結果である。会員サポートのコストには，サポートに従事するスタッフの人件費や電話料金が含まれているが，これは会員の数や新規加入の件数が増えるほど高くなるものである。情報と

サービスの提供者に支払われるロイヤリティが増加したのは、会員数と利用時間が増えたことと、また AOL のサービスの魅力を広げるために提供するコンテンツを追加した結果である。

収益全体に対する収益原価の割合が減少したのは、主にマーケティング・コストと人件費の比率が低下したことによる。その一方で、収益に対するデータ通信コストの比率は上昇している。その理由は、より高い通信速度による利用が増加したことと、1995 年 1 月 1 日からの時間当たりの料金を値下げしたためである。

マーケティング費用 マーケティング費用に含まれるのは、会員を獲得し維持するためのコストとその他の一般的なマーケティング費用である。このうち会員獲得のためのコストは繰り延べられ、12 ヵ月あるいは 18 ヵ月間にわたり、コスト発生後の月から定額法で償却される。会員獲得コストの繰り延べ処理に関する詳しい情報は、連結財務諸表の注記 2 を参照せよ。1995 年度は、マーケティング費用が 23,548,000 ドルから 77,064,000 ドルに上昇し、1994 年度に比べると 227％増加した。他方、収益全体に対する比率は 20.3％から 19.5％へ低下した。マーケティング費用が増加した主な原因は、会員の数を増やすため、マーケティング企画の件数と規模を拡大したためである。また、収益に対するマーケティング費用の比率が減少したのは、主として人件費の比率が低下したためである。

製品開発費 製品開発費に含まれるのは、研究開発その他の製品開発費、それにソフトウェア原価の償却額である。1995 年度には、製品開発費は 4,961,000 ドルから 12,842,000 ドルに増え、1994 年度より 159％増加した。他方、収益全体に対する比率は、4.3％から 3.3％へ低下した。製品開発費が増えた原因は、主として技術者の増加に伴って人件費が増加したためである。収益に対する比率が低下したのは、主に製品開発費の伸びを相殺しても余るほど収益が成長した結果である。なお、資産計上または償却前の製品開発費は、1995 年度に 126％増加した。

一般管理費 1995 年度の一般管理費は、13,562,000 ドルから 41,966,000 ドルに増え、1994 年度に比べて 209％増加した。他方、収益全体に対する比率は 11.7％から 10.6％へと減少した。一般管理費が増加したのは主として、従業員の増加に伴い、事務費と人件費が上昇したためである。収益に対する一般管理費の比率が低下したのは、もともと一般管理費の多くが準変動費の性格を持つうえに、一般管理費の伸びを相殺して余りあるほど収益がめざましく成長したためである。

買入れ研究開発費 買い入れた研究開発費の合計 50,335,000 ドルは創業間もないインターネット技術企業の 2 社、BookLink と NaviSoft の買収に伴って取得した、未完成の研究開発に関わるものである。この研究開発は、当社がインターネット関連製品を開発する際の基礎となった。

営業権の償却 ANS の買収から発生した営業権約 44 百万ドルを 10 年間で定額償却している。

その他の利益 その他の利益は、主として投資および賃貸による収益から利子費用を差し引いたものである。1995 年度には、その他の利益が 1,774,000 ドルから 3,023,000 ドルへ増加した。これは主として、投資可能な現金が増えたことに伴う利子収益の増加によるものだが、その一部は、賃貸収益の減少と利子費用の増加で相殺されている。

買収経費 RCC, WAIS, Medior 各社を買収したことに伴い、非経常的な性格を持つ

買収経費として，合計 2,207,000 ドルを 1995 年度に計上した．

法人税等 法人税等は，1994 年度の 3,832,000 ドルから 1995 年度に 15,169,000 ドルになった．法人税に関する詳しい情報については，連結財務諸表への注記 9 を参照せよ．

当期純損失 1995 年度の純損失合計は 33,647,000 ドルである．この純損失には，買い入れ研究開発費 50,335,000 ドルと買収経費 2,207,000 ドルが含まれている．

支払能力と資金調達

営業資金は営業活動から生み出されるキャッシュフロー，普通株式の発行，それに特定の製品開発活動に関わる第三者からの資金供与から調達されている．営業活動からの正味キャッシュフローは，1993 年度が 2,205,000 ドル，1994 年度が 1,884,000 ドル，1995 年度が 15,891,000 ドルとなっている．営業活動には，繰延の対象となる会員獲得コストに関する支出が含まれている．その金額は，1993 年度が 10,685,000 ドル，1994 年度が 37,424,000 ドル，1995 年度が 111,761,000 ドルとなっている．他方，投資活動への正味支出は，1993 年度が 8,915,000 ドル，1994 年度が 41,870,000 ドル，1995 年度は 85,725,000 ドルとなっている．1995 年度における投資活動には，企業買収のための支出 20,523,000 ドルが含まれているが，その大部分は ANS の買収に関するものである．

当社は，1993 年 12 月に普通株式 4,000,000 株の公募増資を完了しており，これにより正味で約 62.7 百万ドルの現金を調達した．

1995 年 4 月には，Bertelsmann との合弁事業に出資し，欧州でオンライン・サービスを展開することになった．この契約に関連して，当社は Bertelsmann に普通株式の約 5% を割り当て，54 百万ドルを受けとった．

当社では設備の大部分を解約不能なオペレーティング・リースで調達している．また，ネットワーク・ポートフォリオ戦略の一環として，情報通信ネットワークである AOL ネットを構築している．このネットワークの構築には電信設備への多額の投資を必要とするが，主としてリースにより，これを調達することにしている．さらに当社は，一部のデータ通信および音声通信に関して，最少支払額を保証する契約を結んでいる．なお，当社におけるリース債務と最少支払保証については，連結財務諸表の注記 6 に説明されている．

日々の営業に必要な資金を調達するためと，マーケティングおよびコンテンツに関する企画，ならびに製品・サービスの開発をまかなうために，当社は運転資本を利用している．また，計算センターや会員サポートのためのインフラとともに，会員数を拡大するために必要なマーケティングやコンテンツの企画に対しても，当社は積極的に投資を続ける予定である．それに加えて，企業買収や，技術・製品あるいは既存事業を補強する新事業を開発するために，資金の一部を投入することを見込んでいる．なお，後述の Ubique 買収以外に，企業買収に関する契約ないし申し合わせはない．また，当社では，手許資金と今後の営業活動からもたらされる資金によって，来年度の経営に必要な資金を十分確保できると見込んでいる．

通常の事業活動に伴って，さまざまな訴訟が当社に対して提起されている．しかし，これらの訴訟が当社の財政状態に多大な影響を与えることはないと経営陣は考えている．

インフレーションは当社の経営成績に大きな影響を与えていないと思われる．

1995 年 8 月 23 日，イスラエルの企業 Ubique を買収するために，当社は株式買取契約

を結んだ。当社は，約15百万ドル（現金1.5百万ドルと普通株式13.5百万ドル）を支払うことに合意しており，この取引はパーチェス法で会計処理される予定である。現在，この買収に関する評価分析を進めている途中であるが，その結果によっては，買収金額の大部分が未完成の研究開発費に割り当てられ，1996年度第1四半期の費用として計上される可能性がある。

連結損益計算書

(1株当たりの金額を除き，千ドルまたは千株)

	6月30日に終了した事業年度		
	1995	1994	1993
収益：			
オンライン・サービスの収益	$358,498	$100,993	$38,462
その他の収益	35,792	14,729	13,522
収益合計	394,290	115,722	51,984
原価および費用：			
収益原価	229,724	69,043	28,820
マーケティング費用	77,064	23,548	9,745
製品開発費	12,842	4,961	2,913
一般管理費	41,966	13,562	8,581
買入れ研究開発費	50,335	—	—
営業権償却	1,653	—	—
原価および費用合計	413,584	111,114	50,059
営業からの利益(または損失)	(19,294)	4,608	1,925
その他の利益(正味)	3,023	1,774	371
買収経費	(2,207)	—	—
税引前経常利益(または損失)	(18,478)	6,382	2,296
法人税等	(15,169)	(3,832)	(1,897)
税引後経常利益(または損失)	(33,647)	2,550	399
特別損益項目～正味営業損失繰越による節税額	—	—	1,133
当期純利益(または純損失)	$(33,647)	$2,550	$1,532
1株当たり利益(または損失)：			
経常利益(または損失)	$(0.99)	$0.07	$0.01
当期純利益(または純損失)	$(0.99)	$0.07	$0.05
発行済株式数の加重平均	33,986	34,208	29,286

注記を参照のこと。

連結キャッシュフロー計算書 (千ドル)

	6月30日に終了した事業年度		
	1995	1994	1993
営業活動からのキャッシュフロー：			
当期純利益(または純損失)	$(33,647)	$2,550	$1,532
当期純利益を正味のキャッシュフローに修正するための調整項目：			
(減価)償却費	11,136	2,965	1,957
会員獲得コストの償却額	60,924	17,922	7,038
有形固定資産の売却損失(または利得)	37	5	(39)
買入れ研究開発費	50,335	—	—
資産および負債における変動：			
売掛金	(14,373)	(4,266)	(936)
その他の未収金	(9,057)	(681)	(966)
前払費用およびその他の流動資産	(19,641)	(2,867)	(1,494)
繰延られた会員獲得コスト	(111,761)	(37,424)	(10,685)
その他の資産	(8,432)	(2,519)	(89)
買掛金	60,824	10,204	2,119
未払人件費	1,846	367	336
その他の未払費用および負債	5,703	9,526	1,492
繰延収益	7,190	2,322	1,381
繰延法人税等	14,763	3,832	759
繰延賃貸料	44	(52)	(200)
調整項目合計	49,538	(666)	673
営業活動から得られた正味キャッシュ	15,891	1,884	2,205
投資活動からのキャッシュフロー：			
短期の投資	5,380	(18,947)	(5,105)
有形固定資産の購入	(57,751)	(17,886)	(2,041)
製品開発コスト	(13,011)	(5,132)	(1,831)
有形固定資産の売却	180	95	62
企業買収コスト	(20,523)	—	—
投資活動に投入された正味キャッシュ	(85,725)	(41,870)	(8,915)
財務活動からのキャッシュフロー：			
普通株式発行からの正味払込額	61,253	67,372	609
借入枠および長期債務に関する元利支払額	(3,298)	(7,716)	(6,924)
借入枠および長期債務による借入額	13,741	14,200	7,181
ストックオプションの行使による節税額	—	—	6
キャピタルリース債務に係る元本返済額	(375)	(142)	(112)
財務活動から得られた正味キャッシュ	71,321	73,714	760
現金および現金同等物の純増(または純減)	1,487	33,728	(5,950)
期首の現金および現金同等物	43,891	10,163	16,113
期末の現金および現金同等物	$45,378	$43,891	$10,163
キャッシュフローに関する補足情報			
期中の支払額：			
利子	1,067	575	193
法人税等	—	—	15

注記を参照のこと．

連結貸借対照表 （1株当たりの金額を除き，千ドル）

	6月30日現在 1995	1994
資産の部		
流動資産		
現金および現金同等物	$45,378	$43,891
短期の投資	18,672	24,052
売掛金	32,176	8,547
その他の未収金	11,103	2,036
前払費用およびその他の流動資産	25,527	5,753
流動資産合計	132,856	84,279
有形固定資産(未償却残高)	70,466	20,306
その他の資産：		
製品開発費(未償却残高)	18,914	7,912
繰延会員獲得コスト(未償却残高)	77,229	26,392
ライセンス使用権(未償却残高)	5,537	53
その他の資産	11,479	2,800
繰延法人税等	35,627	12,842
営業権(未償却残高)	54,356	—
	$406,464	$154,584
負債および株主持分の部		
流動負債：		
買掛金	$84,639	$15,642
未払人件費	2,829	896
その他の未払費用および負債	23,509	13,076
繰延収益	20,021	4,488
借入枠行使額	484	1,690
長期負債とキャピタル・リース債務のうち1年以内に期日が到来する部分	1,830	597
流動負債合計	133,312	36,389
長期負債：		
手形借入金	17,369	5,836
キャピタル・リース債務	2,127	1,179
繰延法人税等	35,627	12,842
繰延賃貸料	85	41
負債合計	188,520	56,287
株主持分：		
優先株式　額面.01ドル；授権株式数：5,000,000株，発行済株式数0株	—	—
普通株式　額面.01ドル，授権株式数：100,000,000株，発行済株式数 1995年6月30日：37,554,849株，1994年6月30日：30,771,212株	375	308
株式払込剰余金	251,539	98,836
累積欠損	(33,970)	(847)
株主持分合計	217,944	98,297
	$406,464	$154,584

注記を参照のこと．

連結財務諸表への注記

1. 組織

　America Online, Inc.（以下当社）は，1985年5月にデラウェア州に設立された．当社は，ヴァージニア州ヴィエナに本社をおく，オンライン・サービス企業のリーダーである．当社が会員に提供する幅広いサービスは，電子メール，電子会議，エンターテイメント，ソフトウェア，コンピューター・ライフの支援，インタラクティブな雑誌や新聞，オンライン学習，そして簡単かつ手頃な値段でインターネットへ接続するサービスなどである．それに加えて，情報ネットワーク・サービス，ニューメディアによるインタラクティブなマーケティング・サービス，マルチメディア製品やCD-ROM製品の製作を手掛けている．

2. 重要な会計方針の要点

　連結の方針　連結財務諸表には当社とその子会社の決算書が含まれている．連結企業間の重要な内部取引はすべて消去されている．持株比率が20%以上の関連会社や合弁事業への投資は持分法で記録されている．その他の企業に対する持株比率20%未満の証券投資は原価法で記録されている．

　企業結合　パーチェス法で処理された企業結合では，取得日以降の被買収企業の経営成績が記録の対象となる．被買収企業の純資産は，取得日における公正価値で当社の帳簿に記録されている．

　その他の企業結合は持分プーリング法で処理され，被買収企業の資産，負債，資本が，帳簿価額で該当する当社の勘定に記録されている．とくに重要な影響がない場合以外は，買収前後の連続性を保つため，過年度の財務諸表を修正して示している．

　収益と費用の認識　オンライン・サービスの収益は，サービスが提供された期間に認識されている．その他の収益は，主としてマーケティング，情報ネットワークやマルチメディア製品の製作といったサービス，もしくはロイヤリティ収入から構成されているが，これもサービスが提供された期間に認識される．繰延収益は，主として第三者からの開発資金の受入れのうち収益としてまだ認識されていない分と，会員から支払われる月利用料のうち前受分である．

　有形固定資産　有形固定資産は，5年から40年までの推定耐用年数もしくはリース期間にわたり，定額法で償却される．

　キャピタル・リースされた有形固定資産は，リース契約開始時の最少支払額の現在価値かリース資産導入時の公正価値のうち，いずれか低い方で記録されている．

　繰り延べられた会員獲得コスト　会員獲得に係るコストは繰り延べられ，コスト発生時から12ヵ月か18ヵ月の期間にわたり，定額償却され営業費用に計上される．繰り延べられるコストに含まれるのは，会員の勧誘に直接関係のあるものである．それは主として，スターター・キットの印刷，製作，発送にかかる諸費用，それから会員候補者を得るために，目標を絞った直接的なマーケティングの諸企画（たとえば，ダイレクト・メールやメール・リスト）や第三者からの情報に掛けた経費である．これらは，通常の営業費用とは区別して記録されている．間接的な費用は，ここでの会員獲得コストには含まれない．現

在のところ，この会員獲得コストは会員候補者に関して発生したものに限定されている．それ以外の勧誘活動や一般的なマーケティングによって発生するコストは即時に費用計上される．

当社のサービスは，月ごとの精算で，会員に対し提供されている．新規の会員を獲得するためのコストは，新規会員からもたらされる収益により，発生後の短い期間のうちに回収することができる．

1992年7月1日に，当社は会員獲得コストの償却期間を12ヵ月から18ヵ月に変更した．その対象は，スターター・キットが第三者の製品とのバンドリングで配布されるようなマーケティング活動に関わるコストである．この会計上の見積りの変更は，収益と費用をより正確に対応させるために行われたものである．当社の経験および上記マーケティング活動で利用される配布チャネルからの情報によれば，スターター・キット配布に関してコストが発生する時期と，スターター・キットにより会員が新規加入する時期との間には，直接的なマーケティングによるよりも大きなタイムラグが存在する．また，スターター・キットによって加入した会員が在籍する（つまり，その会員から収益がもたらされる）期間は，当社単体で実施する従来からの直接的なマーケティングの手法によった場合よりも長いという実績もある．この会計上の見積りの変更によって，1993年6月30日に終了した事業年度における特別損益項目加減前利益と当期純利益は，264,000ドル（1株当たり利益では.01ドル）だけ増加することとなった．

1995年度の第1四半期に，当社はStatement of Position (SOP) 93-7「広告費に関する財務報告」の適用を受けることになった．この規定は，広告費に関する財務報告についてガイドラインを提供している．SOP 93-7の適用により，当社の財政状態あるいは経営成績に影響はない．

製品開発費 当社のサービスを提供するために使用されるソフトウェアに関するコストは資産に計上されている．資産計上されるのは，自社制作されたソフトウェアに関する直接労務費と製造間接費，および第三者から購入したソフトウェアの原価である．ソフトウェアの技術的な実現可能性が確立されるまでに生じた開発コストは，すべて研究開発費に分類され，即時費用計上されている．技術的実現可能性が確立されてから実用化までに発生した開発コストが資産に計上される．第三者から資金提供を受けて開発されたソフトウェアについては，当社が権利を保持している範囲で，当社の通常の会計方針に従って資産計上されている．資産計上されたコストは，ソフトウェアの種類ごとに，ソフトウェアの利用が開始される月から起算して5年以内で定額法により償却されるか，あるいは当期の収益が当該ソフトウェアから得られると予想される収益の合計に占める比率で償却される（いずれか金額の大きい方）．

製品開発費の明細は以下の通りである。

(単位：千ドル)

	6月30日に終了した事業年度	
	1995	1994
期首計上額	$7,912	$3,915
当期資産計上額	13,011	5,132
当期償却額	(2,009)	(1,135)
期末計上額	$18,914	$7,912

　コンピューター・ソフトウェアの制作に関する製品開発費の償却累計額は，1995年度末が7,894,000ドル，1994年度末が5,885,000ドルである。

　製品開発費に含まれる研究開発費は，1995年度が3,856,000ドル，1994年度が2,126,000ドル，1993年度が1,130,000ドルである。それ以外の製品開発費は，1995年度が6,977,000ドル，1994年度が1,050,000ドル，1993年度が579,000ドルである。

　ライセンス使用権（license right）　ライセンス使用権を獲得するのにかかったコストは，契約期間にわたって定額法で償却される。その期間は1年から3年である。

　営業権　営業権は，パーチェス法の企業買収に関して発生した，取得純資産の公正価値に対する買収コストの超過差額ならびにその他の無形資産から構成されている。営業権と無形資産は5年から10年までの期間で償却される。

　オペレーティング・リース　オペレーティング・リースに関わる賃借料は，リース期間中に毎期一定額で認識されている。費用計上されるリース料と実際の支払金額との差額は，繰延賃借料（diferrent rent）に借記もしくは貸記されている。

　現金および現金同等物，短期の投資　当社では，3ヵ月以内に決済される流動性の高い投資すべてを現金同等物としている。1995年度からFASB基準書第115号「特定の負債証券および持分証券への投資に関する会計処理」が適用されることになったが，それは当社の財政状態ならびに経営成績に重要な影響を与えていない。当社では，負債証券および持分証券のすべてを売却可能有価証券に分類している。売却可能証券は公正価値で評価されたうえで，未実現の保有損益が株主持分に独立項目として表示される。売却可能証券について，実現損益ならびに一時的ではないと判断される価値の下落は，その他の利益（other income）に含まれている。1995年6月30日時点では，売却可能有価証券の構成は，米国財務省証券や公債が合計7,579,000ドル，米国企業の社債が合計11,093,000ドルであった。1995年6月20日現在，これらの有価証券の推定公正価値は取得原価とほぼ等しい。

　普通株式の1株当たり利益（損失）　1株当たりの当期純利益（損失）は，特別損益項目加減前の利益（損失）と当期純利益（損失）とを，社外流通している普通株式数の加重平均で割ることにより計算されている。なお，稀薄化を加味して算出する場合には，期中に社外流通している普通株式相当証券も分母に加えられる。

　再分類　今年度の表示方法に合わせて，過年度の連結財務諸表項目の一部が再分類されている。

3. 企業結合

持分プーリング法による結合

1994年8月19日、当社はRedgate Communication Corporation（以下、RCC）を買収して子会社とした。普通株式1,789,800株と引き換えに、当社はRCCの発行しているすべての普通株式、優先株式ならびに新株引受権を取得した。加えて、RCCが発行している未行使のストック・オプションを引き継ぐために、当社は普通株式401,148株を準備した。この買収は持分プーリング法で会計処理され、買収前の連結財務諸表は、RCCの財政状態と経営成績ならびにキャッシュフローを含むように修正表示されている。なおRCCでは、1994年8月より、事業年度の終了日が12月31日から6月30日に変更され、当社の事業年度に合わせることになった。

両社単体での収益と当期純利益（損失）は下記の通りである。

(単位：千ドル)

	1994年9月30日に終了した四半期(未監査)	6月30日に終了した事業年度 1994	1993
収益合計：			
AOL	$50,783	$104,410	$40,019
RCC	3,813	11,312	11,965
差引内部売上	(173)	—	—
	$54,423	$115,722	$51,984
当期純利益(損失)：			
AOL	$3,018	$6,210	$4,210
RCC	(42)	(3,660)	(2,678)
買収経費	(1,710)	—	—
	$1,266	$2,550	$1,532

この買収により、買収経費1,710,000ドルが1995年度に認識されることになった。

1995年度には、当社はMediorとWide Area Informationも買収して子会社とした。この取引で、当社は普通株式1,082,019株を発行した。この企業買収は持分プーリング法で会計処理されているが、当社の経営成績に重要な影響を与えないため、この買収に伴う過年度財務諸表の修正表示は行っていない。

パーチェス法による企業結合

1995年度、当社は、Navisoft, BookLink Technologies (BookLink), Advanced Network & Services (ANS), Global Network Navigatorの各社を買収し、パーチェス法で会計処理している。当社は、買収のために合計97,669,000ドルを支払ったが、そのうち75,697,000ドルが株式で、残りの21,972,000ドルが現金であった。この買収金額のうち、約50,335,000ドルは未完成の研究開発費に割り当てられ、55,314,000ドルが営業権とその他の無形資産に割り当てられた。

以下は、BookLinkとANSの買収に関連する未監査の見積りの財務情報である。これは期首に買収が行われたと仮定した場合における買収後の経営成績を示すものでは必ずし

もない．また，将来のありうべき経営成績を示すものでもない．なお，NaviSoft と Global Network Navigator に関する見積りの財務情報は，その金額が連結ベースの経営成績からみて重要ではない．Navisoft と BookLink に対する買収金額のうち，未完成の研究開発費に割り当てられた部分は非経常的な項目であるので，以下の見積りデータからは除かれている．

(1株当たりの金額を除き，千ドル)

	6月30日に終了した事業年度	
	1995	1994
収益	$410,147	$135,785
営業利益(損失)	23,117	(5,465)
見積り利益(損失)	11,205	(4,694)
1株当たりの見積り利益(損失)	$0.25	$(0.16)

4．有形固定資産

有形固定資産の明細は次の通りである．

(単位：千ドル)

	6月30日現在	
	1995	1994
コンピュータ機器	$49,167	$12,418
備品	4,992	1,398
建物	13,800	5,648
土地	6,075	2,052
建物の改良費	6,284	1,343
キャピタル・リース	8,486	2,686
リース資産の改良費	3,059	306
	91,863	25,851
差引：(減価)償却累計額	(21,397)	(5,545)
有形固定資産未償却残高	$70,466	$20,306

5．ライセンス使用権

ライセンス使用権の明細は以下の通りである．

(単位：千ドル)

	6月30日現在	
	1995	1994
ライセンス使用権	$7,484	$954
差引：償却累計額	(1,947)	(901)
	$5,537	$53

6. 契約債務と偶発債務

当社では，備品を長期のオペレーティング・リースならびにキャピタル・リースによって調達している。キャピタル・リースおよび解約不能で契約期間1年以上のオペレーティング・リースにおける，将来の最少支払金額は以下の通りである。

(単位：千ドル)

6月30日に終了する事業年度	キャピタル・リース	オペレーティング・リース
1996	$1,654	$20,997
1997	1,236	21,264
1998	641	19,450
1999	310	8,711
2000	103	3,511
以降	—	2,636
最少支払リース料の合計	3,944	$76,569
差引：利子相当金額	(402)	
最少支払リース料の正味現在価値	$3,542	
(うち今年度支払額$1,415)		

当社のオペレーティング・リースの賃借料は，1995年度が約10,001,000ドル，1994年度が約2,889,000ドル，1993年度が約2,155,000ドルであった。

通信ネットワークに関する契約 当社は，データと音声の通信網を提供している業者1社に対して，月利用料の最少支払額を保証している。その金額は，1996年度が113,400,000ドル，1997年度が59,000,000ドル，1998年度が9,000,000ドル，1999年度が6,750,000ドルである。これに関して，支払額の実績は，1995年度が138,793,000ドル，1994年度が40,315,000ドル，1993年度が11,226,000ドルであった。

偶発債務 通常の事業活動に伴って，さまざまな訴訟が当社に対して提起されている。しかし，これらの訴訟が当社の財政状態に多大な影響を与えることはないと経営陣は考えている。

7. 手形借入金

1995年6月30日現在，手形借入金の合計金額は約18百万ドルである。これは，主として2件のオフィスビルを購入するための借入れである。それぞれの不動産は手形の担保として差し入れられている。1995年6月30日現在の手形の金利は，30日物LIBOR＋1.05％の変動金利と年8.48％の固定金利である。手形の決済予定額は，1996年度が415,000ドル，1997年度が429,000ドル，1998年度が445,000ドル，1999年度が462,000ドル，2000年度が480,000ドル，それ以降が合計で15,553,000ドルである。

8. その他の利益

その他の利益の要約は以下の通りである。

(単位：千ドル)

	6月30日を終了日とする事業年度		
	1995	1994	1993
利子収益	$3,920	$1,646	$572
利子費用	(1,054)	(575)	(172)
その他	157	703	(29)
	$3,023	$1,774	$371

9. 法人税等

法人税等の計算は以下の通りである．

(単位：千ドル)

	6月30日を終了日とする事業年度		
	1995	1994	1993
特別損益項目加減前利益に対する税費用	$15,169	$3,832	$1,897
正味営業損失の繰越による節税額	—	—	(1,133)
	$15,169	$3,832	$764
当期支払額	$ —	$ —	$ 5
繰延額	15,169	3,832	759
	$15,169	$3,832	$764

法人税等の金額は，特別損益項目並びに税引前利益に連邦政府の法定税率をかけた金額とは異なる．この差異の原因と税費用の計算に及ぼす影響は以下のとおりである．

(単位：千ドル)

	6月30日を終了日とする事業年度		
	1995	1994	1993
連邦法定税率34％を適用した税費用	$(6,283)	$2,170	$ 781
州法定税率を適用した税費用	1,597	403	200
（連邦税の税効果を差引後）			
RCCに関連する損失	—	1,259	916
損金控除されない買収経費	750	—	—
損金控除されない買入研究開発費	17,114	—	—
節税効果のない損失	1,632	—	—
その他	359	—	—
	$15,169	$3,832	$1,897

　繰延税額が生じるのは，おもに会員獲得コストの繰延べと製品開発費に関して，財務報告と課税目的とで収益と費用の扱いが異なるからである．

　1995年6月30日，当社は，課税額計算上の目的で欠損金約109百万ドルの繰越しを行ったが，これは，毎年一定限度額内で，将来の課税所得を相殺するのに利用できる．もし利用されなければ，この繰越欠損金は2001年から2010年にかけて無効になる．ストック・オプションに関わる部分の繰越欠損金が実現すれば，それによる節税額は株主持分の

直接貸記される。

　当社の法人税等は，連邦税の法定税率と，各州の平均法定税率（ただし，連邦税に関わる税効果の影響を差引後）をもとにして計算されている。

　1993年7月1日より，当社は，法人税の会計処理を繰延法からFASB基準書第109号「法人税に関する会計」が規定する資産負債法へと変更した。この基準で認められている規定に従い，過年度の財務諸表をこの変更に関して修正表示していない。

　1993年7月1日時点で，基準書第109号の適用により，前期損益修正から当期の純利益が増加することはなかった。基準書第109号を採用した結果として，繰延税資産は約5,965,000ドル増加した。同様に，繰延税負債は3,177,000ドルの増加，株主持分は759,000ドルの増加，評価性引当金は203,3000ドルの増加であった。

　繰延税額には，財務報告目的の資産負債の帳簿価額と課税所得の算定に用いられる，それらの金額との一時的な差異に基づく正味の税効果が反映されている。当社の繰延税資産と繰延税負債の重要な構成要素は以下のとおりである。

（単位：千ドル）

	6月1日に終了した事業年度	
	1995年度	1994年度
繰延税負債：		
資本化されたソフトウェア原価	$ 7,008	$ 2,962
繰延べられた会員獲得コスト	28,619	9,880
正味繰延税負債	$35,627	$12,842
繰延税資産：		
繰越欠損金	$39,000	$17,510
繰延税資産合計	39,000	17,510
繰延税資産に対する評価性引当金	(3,373)	(4,668)
正味繰延税資産	$35,627	$12,842

13.　後発事象

　1995年8月23日，イスラエルの企業Ubiqueを買収するために，当社は株式買取契約を結んだ。当社は，約15百万ドル（現金1.5百万ドルと普通株式13.5百万ドル）を支払うことに合意しており，この取引はパーチェス法で会計処理される予定である。現在，この買収に関する評価分析を進めている途中であるが，その結果によっては，買収金額の大部分が未完成の研究開発費に割り当てられ，1996年度第1四半期の費用として計上される可能性がある。

四半期財務情報（未監査）

	各日付けで終了した四半期				
	9/30	12/31	3/31	6/30	合計
1995年度[a]					
オンライン・サービスの収益	$50,056	$69,712	$99,814	$138,916	$358,498
それ以外の収益	6,880	6,683	9,290	12,939	35,792
収益合計	56,936	76,395	109,104	151,855	394,290
営業利益(損失)	4,623	(35,258)	233	11,108	(19,294)
当期純利益(損失)	1,481	(38,730)	(2,587)	6,189	(33,647)
1株当たりの当期純利益(損失)[b]	$ 0.04	$ (0.20)	$ (0.07)	$ 0.13	$ (0.99)
1994年度					
オンライン・サービスの収益	$14,299	$20,292	$28,853	$ 37,549	$100,993
それ以外の収益	4,780	4,239	2,836	2,874	14,729
収益合計	19,079	24,531	31,689	40,423	115,722
営業利益	531	520	1,931	1,626	4,608
当期純利益	303	70	1,272	905	2,550
1株当たり利益[b]	$ 0.01	$ —	$ 0.03	$ 0.02	$ 0.07

a. 1995年度以前に報告された数値については，今年度に持分プーリング法による企業結合が行われたことに合わせて修正表示している。
b. 四半期での1株当たりの利益(損失)を合計しても，1年間での1株当たりの利益に等しくならない。なぜなら，普通株式相当証券の計算が，1995年度の損失や普通株式の市場価格の変動により影響を受けているからである。

The Home Depot, Inc.*

　コンセプトのある企業とない企業の違いは，利益の20倍で売買される株式と10倍で売買される株式の違いに現れる．The Home Depotは明らかにコンセプト株であり，今月末までの事業年度で利益の約27-28倍の株価をつけていることがそれを証明している．一見して，The Home Depotはコンセプト屋にとって扱いにくい相手のようにみえる．この会社は金物店のチェーンである．しかし，前回訪問した1983年春にわれわれが述べたように，これらの金物店は，60,000～80,000平方フィートの面積をもった巨大な倉庫型店舗である．そこには膨大な種類の鋸を並べることができて，そのうえまだコンセプトをまとめる余地が十分に残されている．

　実際，倉庫からの大量販売という考えは，最近，小売業界で最も話題になっている．The Home Depotは大量に仕入れるため，供給業者は関係の継続を切望し，多くの特別サービスを提供する．実際，この会社は販売促進や価格決定ではわがままを通している．前回数えたときの店舗数は22であったが，それらはすべていつも日当たりのよい場所に位置していた．

　成長は非常に早かった．売上高は，1980年度には22百万ドルにすぎなかったが，その3年後には250百万ドルを超えるまでに伸びた．1株当たり利益は，1980年度の2セントから，1985年1月をもって終了する事業年度には60セントにまで上昇すると予想されている．

　さらに，ウォール街の熱狂的な支持者には，強気にそれ以上を予想している者が多い．彼らは翌年度にも30％以上成長すると確信しているのだ．たしかにその可能性はある．しかし，われわれは，この会社の販売スキルや構想力を評価する点では彼らと同じだが，現時点ではThe Home Depotの高い株価収益率をはじめてみたときと同じくらい戸惑っている．そのときよりも現在のほうが戸惑いは増しているかもしれない[1]．

＊　このケースはKrishna Palepuによりクラスでの議論の素材として作成されたものであり，実際の経営状況の良否を指摘するものではない．Copyright © 1988 by the President and Fellows of Harvard College. Harvard Business School case 9-188-148. 1.
1) 許諾により *Barron's*, January 21, 1985より転載．

このレポートは，1985年1月21日，金融週刊誌 *Barron's* の定期コラム "Up & Down Wall Street" に掲載された．

会社の背景

　Bernard Marcus と Arther Blank は 1978 年に The Home Depot を設立し，倉庫型小売業のコンセプトをホーム・センター産業にとり入れた．この会社は「日曜大工」（DIY）用品の倉庫型小売店舗を経営しており，多種類の建設資材および住宅改良用品を販売していた．販売は，現金払い持ち帰りを原則としており，住宅改良市場に特化していた．顧客ターゲットは個人の住宅保有者と小規模の請負業者であった．

　The Home Depot の戦略には重要な要因が何点かあった．この会社は，倉庫型小売業というコンセプトの中心的な特徴である，低くて競争力のある価格で販売していた．The Home Depot の店舗もまた，たいていは郊外にあって，倉庫の形態をとり，在庫として山積みされた商品が業務用の棚に陳列されていた．倉庫型の店舗によって間接費が低くなり，節約分を顧客に還元することが可能になったのである．原価はまた，薄利多売による高い在庫回転率によって，さらに低減されていた．低価格で販売していても，The Home Depot は販売される商品構成の厚みや商品の品質が犠牲にされないよう注意している．

　つねに必要な商品が揃っているようにするため，各店舗は約 25,000 品目，小売価格で約 4,500 千ドルの在庫を保有していた．これらの商品をすべて店舗の売場におくことにより，顧客の便宜を高めるとともに品切れを最小限に抑えていた．また，顧客に販売した製品が最高品質であることも保証していた．The Home Depot は，全国的に広告されているブランドとともに，あまり知られていないブランドについても，商品マネージャーが慎重に選んだものを提供していた．販売される商品はいずれも製造業者もしくは The Home Depot により保証されていた．

　The Home Depot は売場での行き届いた助力を通じて上記の商品戦略を実行している．大多数の顧客は住宅改良計画の経験がない個人住宅所有者なので，The Home Depot は社員の技術知識およびサービス指導がマーケティングの成功にとって非常に重要であると考えていた．このニーズにこたえるために，会社はいくつかの方策をとっている．まず，社員の約 90% はフルタイムである．また，強力な販売陣を集めて定着させるために，会社は賃金・給与を競合他社よりも高い水準に維持している．さらに，売場の全販売員は，この会社の扱う住宅改良用品お

よびその基本的な使用方法に関する詳細な知識を得るために，特別訓練研修に参加している．この訓練により，販売員は買物客の質問に答え，また，顧客が自分の計画に適した道具や材料を選ぶのを手伝うことができるようになった．販売員が提供した専門的な助言は，顧客が各自の計画を進めている間中，たえず関係が続くようなきずなをつくり出すこともしばしばあった．

最後に，顧客を獲得するために，The Home Depot は新聞，テレビ，ラジオ，通信販売カタログを利用して積極的に宣伝活動を行っている．宣伝では，買いやすい価格，商品構成の幅広さと厚み，販売員によるサポートが強調されている．会社はまた，日曜大工技術および商品の使用方法について店内でデモンストレーションを主催している．顧客の便宜を図るため，The Home Depot の店舗は年中無休であり，平日は夜間も開店している．

Fortune 誌は The Home Depot の戦略について次のようにコメントしている．

倉庫型小売店は，概して，買い物客に最小限のサービスで大幅な値引きを行っており，商売の基本に戻ったような雰囲気がある．The Home Depot の店舗は，品物がたくさんあっておそらく値段も安いという魅力にあふれている．しかもそれだけでなく，非常に役に立つ顧客サービスも提供している．倉庫型小売業は単純にみえるが，そうではない．値引きが売上総利益を減少させる以上，仕入れ，販売，在庫のコストを注意深く管理しなければならないのである．おまけにサービスとなれば，お金がかかるうえに，組織化するのが難しく，事業が困難になることさえある．この業界の日曜大工セグメントには，古いスタイルの金物店，建設資材問屋，あらゆる商品を扱うホームセンターが含まれるが，The Home Depot は低価格と良質のサービスの一体化を首尾良く成し遂げた唯一の企業である[2]．

The Home Depot の戦略は，事業のみごとな成長を引き出すことに成功した．The Home Depot の最初の 3 店舗は，1979 年アトランタに開店し，短期間で成功した．このように最初は地味であったが急速に成長し，1981 年には株式を公開した．株式は当初，店頭で取引されたが，1984 年 4 月にはニューヨーク証券取引所に上場した．サンベルトのいたるところに数店舗ずつ開店していったので，The Home Depot により経営される店舗数は 1979 年の 3 店舗から 1985 年度末には 50 店舗に増加した．その結果，売上高は 1979 年の 7 百万ドルから 1985 年には

---

[2] 許諾により Fortune, February 1988, p. 73 より転載．

700百万ドルに増加した．事業の成長は資料1に，1985年の株価のパフォーマンスは資料2に要約されている．

業界および競争

住宅改良産業は規模が大きく，1980年代を通じて成長していた．業界全体の売上高は，1985年には約800億ドルであった．この業界では高成長率が持続すると予測されており，とくに日曜大工セグメントは過去15年にわたって複利で年率14％も成長していた．共働き家庭が増加するにつれて，家庭当たり平均可処分所得も増加し，住宅改良計画の頻度や規模を大きくすることが可能になった．さらに，請負業者を雇わず，自分たちでこうした計画を行う住宅保有者が多かった．業界団体である日曜大工協会によって行われた調査によると，アメリカの余暇活動のなかで，日曜大工仕事はテレビを見ることに次いで2番目に人気の高いものになっていた．

The Home Depotが開拓した倉庫型小売業の成功により，この業界には数多くの企業が参入した．当時，業界で営業しているチェーン店には，Builders Square（K Martの1事業部），Mr. HOW（Service Merchandiseの1事業部），Home Club（Zayre Corp.の1事業部），Payless Cashways（W. R. Graceの1事業部），Hechinger Co.があった．これらのチェーン店の大部分は比較的に新しく，まだ収益性はそれほど高くなかった．

The Home Depotの競争相手のうち，最も成功していたのはHechingerであった．この会社は長い間金物店を経営していたが，最近，この業界の日曜大工セグメントに参入した．HechingerはThe Home Depotとはまったく異なる戦略を採用しており，中流以上の顧客に気に入られるようなしゃれた店舗を経営することにより，高い売上利益率を狙っていた．Hechingerは1985年度末に55店舗を経営しており，主に南東部の諸州に店舗を展開していた．Hechingerは年間に10から14店舗を開店することにより，売上高を20％から25％拡大する計画であると発表した．Hechingerの最近の財務成果は資料3に要約してある．

The Home Depotの将来

The Home Depotは開業以来，毎年，急速に成長してきたが，1985年度は会社の7年の歴史の中でおそらく最も重要であった．1985年には，8つの新市場に新

規店舗を20店開店するという，これまでで最も野心的な拡張計画を実行した．20店舗のうち9店は，倒産の危機に瀕していた競合チェーン店のBowaterから取得した．The Home Depotがこの大拡張計画を実行したことに伴って，売上高は1984年度の432百万ドルから，1985年度には700百万ドルへと62%増加した．しかしながら，利益は前年度に達成した最高記録から減少した．The Home Depotの利益は，1985年度には8.2百万ドル，1株当たり利益0.33ドルであり，1984年度には14.1百万ドル，1株当たり利益0.56ドルであった．

　The Home Depotの会長兼最高経営責任者であるBernard Marcusは，企業業績について次のようにコメントしている．

　1985年度は，The Home Depotが急速に拡大するとともに成長を持続した年度でした．日曜大工市場におけるシェアを拡大するときが来たと考え，この機会をとらえて長期的な将来に向けて大幅な投資を行いました．同時に，それが短期的な利益の成長に影響を与えることも認識しておりました．

　The Home Depotの1985年度のアニュアル・レポート（資料4）は，この年度の経営成績に関する詳細な情報を提供している．
　1985年度末に，The Home Depotは重大問題に直面した．日曜大工業界の競争が激しくなったのである．市場支配をめぐる競争が売上利益を圧迫すると予想されており，また，業界アナリストは業界で最強のかつ最も能力のある企業だけが生き残ると予想している．さらに，The Home Depotは，1986年度に新たに9店舗を開店することを含め，さらに拡張していく計画を発表した．用地取得および建設には新店舗1店当たり6.6百万ドルの費用がかかると見積もられており，在庫投資（出店する業者の調達分を除く）にはさらに1店舗当たり1.8百万ドル必要である．この計画を実行するには大幅な追加資金の調達が必要となる．
　The Home Depotは，1984年および1985年の成長を外部資金——負債と株式の両方——に依存していた．しかし，1985年の株価急落により，エクィティ・ファイナンスにはあまり魅力がなくなった．信用枠を使って借り入れることもできるが，その場合は，インタレスト・カバレッジの条項（負債契約の制限に関する議論については資料4の注記3を参照）を確実に満たせなければならなかった．明らかに，The Home Depotにとっては，自らの営業活動からより多くの現金を生み出すのが，持続可能ベースでの成長に投資する最良の方法であろう．

資料1
The Home Depot, Inc.──1981-1985年度の業績概要

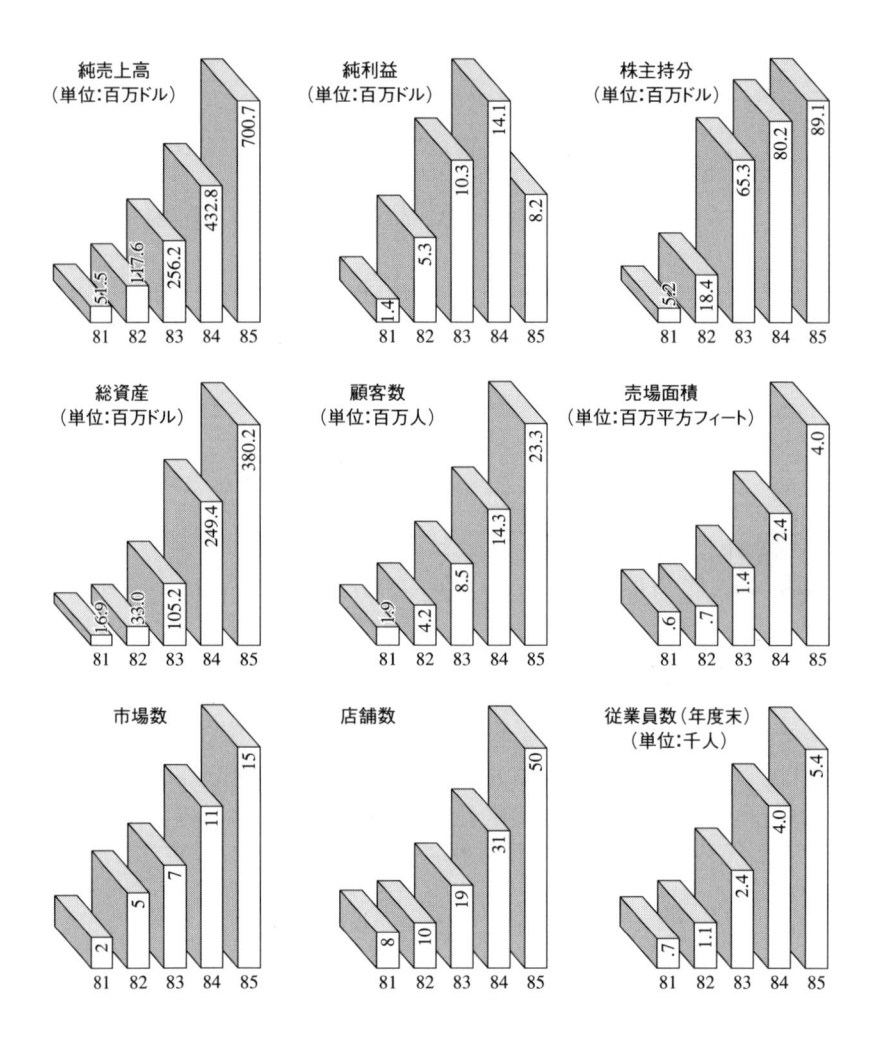

純売上高（単位：百万ドル）
年度	81	82	83	84	85
金額	51.5	117.6	256.2	432.8	700.7

純利益（単位：百万ドル）
年度	81	82	83	84	85
金額	1.4	5.3	10.3	14.1	8.2

株主持分（単位：百万ドル）
年度	81	82	83	84	85
金額	5.2	18.4	65.3	80.2	89.1

総資産（単位：百万ドル）
年度	81	82	83	84	85
金額	16.9	33.0	105.2	249.4	380.2

顧客数（単位：百万人）
年度	81	82	83	84	85
人数	1.9	4.2	8.5	14.3	23.3

売場面積（単位：百万平方フィート）
年度	81	82	83	84	85
面積	.6	.7	1.4	2.4	4.0

市場数
年度	81	82	83	84	85
数	2	5	7	11	15

店舗数
年度	81	82	83	84	85
数	8	10	19	31	50

従業員数（年度末）（単位：千人）
年度	81	82	83	84	85
人数	.7	1.1	2.4	4.0	5.4

資料 2
The Home Depot の普通株の株価および Standard & Poor's 500 種総合指数, 1985 年 1 月-1986 年 2 月

年月日	Home Depot の株価	S&P 500 種 総合指数
1/2/85	$17.125	165.4
2/1/85	16.375	178.6
3/1/85	19.000	183.2
4/1/85	17.000	181.3
5/1/85	18.000	178.4
6/3/85	16.125	189.3
7/1/85	13.000	192.4
8/1/85	12.625	192.1
9/2/85	11.875	197.9
10/1/85	11.375	185.1
11/1/85	10.750	191.5
12/2/85	11.000	200.5
1/2/86	12.625	209.6
2/3/86	13.125	214.0
累積リターン：	−23.4%	29.4%

The Home Depot の β =1.3 (Value Line 社の推定)

資料 3
The Home Depot, Inc.——Hechinger Company の財務成績の概要

I. HECHINGER の財務比率

	事業年度の終了日		
	1986 年 2月1日	1985 年 2月2日	1984 年 1月28日
税引前利益/売上高(%)	7.80	9.40	9.80
×売上高/平均総資産	1.48	1.72	2.02
×平均総資産/平均株主資本	2.21	2.12	1.79
×(1−平均税率)	0.62	0.55	0.54
＝株主資本利益率(%)	15.80	18.90	19.10
×(1−配当性向)	0.93	0.95	0.95
＝サステイナブル成長率(%)	14.70	18.00	18.10
売上総利益/売上高(%)	29.30	30.10	32.10
販売費および一般管理費/売上高(%)	21.60	21.10	22.90
利子費用/売上高(%)	2.10	1.30	0.70
利子利益/売上高(%)	2.20	1.70	1.30
棚卸資産回転率	4.50	4.50	4.40
平均回収期間(日)	32.00	33.00	35.00
買掛金平均回転期日(日)	58.00	61.00	63.00

a. 会計年度を 365 日と仮定している。
b. 買掛金には未払給料および未払費用を含めている。仕入れは売上原価と当該年度における在庫の増加との合計として計算されている。なお、会計年度を 365 日と仮定している。

II. HECHINGER のキャッシュフロー

(単位：千ドル)

	事業年度の終了日		
	1986年 2月1日	1985年 2月2日	1984年 1月28日
営業活動からの現金収入			
純利益	$ 23,111	$ 20,923	$ 16,243
現金ないし市場性のある有価証券の利用を必要としない項目：			
減価償却費およびアモチゼーション	6,594	4,622	3,429
繰延税額	1,375	2,040	1,515
繰延賃借料	2,321	2,064	1,463
	33,401	29,649	22,650
営業活動への現金支出			
売掛金	4,657	7,905	7,954
棚卸資産	17,998	8,045	20,596
その他の流動資産	4,891	3,760	1,304
買掛金および未払費用	(6,620)	(12,099)	(9,767)
法人所得税(当期)	285	3,031	(575)
	21,211	10,642	19,512
営業活動からの正味現金収入	12,190	19,007	3,138
投資活動への現金支出			
資産処分控除後の不動産，備品および設備への支出，およびその他資産への支出	(36,037)	(25,531)	(16,346)
株主への配当支払に使われた現金	(1,550)	(1,091)	(868)
財務活動からの現金収入			
8 1/2%無担保転換劣後社債の公募による収入 (費用を差し引いた正味)	—	85,010	—
普通株式の公募による収入 (費用を差し引いた正味)	28,969	—	13,439
オペレーティング・リースとされるセール・アンド・リースバック取引による収入	—	8,338	6,874
長期負債の増加(減少)	—	(4,750)	6,366
流動負債の減少	—	—	(318)
税額控除を受けたストック・オプションの実行	180	674	611
キャピタル・リース債務の減少	(311)	(280)	(254)
	28,838	88,992	26,718
現金および市場性のある有価証券の増加	$ 3,441	$ 81,377	$ 12,642

資料 4
The Home Depot, Inc.──1985 年度アニュアル・レポートの要約

株主の皆様へ

　1985 年度は，The Home Depot が急速に拡大するとともに成長を持続した年度でした。日曜大工市場におけるシェアを拡大するときが来たと考え，この機会をとらえて長期的な将来に向けて大幅な投資を行いました。同時に，それが短期的な利益の成長に影響を与えることも認識しておりました。

　The Home Depot は，事業を行っているあらゆる市場において最も有力な業者になるつもりです。当社の成功のカギは，新市場への参入にあたって，複合的な店舗の開店，優秀な顧客サービスの提供，目につきやすい広告の作成，そして市場全体の育成に十分に関与してきたことです。当社は，初心者を日曜大工愛好者に変身させるとともに，施工業者が少ないお金でより多くのことを実行できるようにしています。

　1984 年度の終了直前から 1985 年度末の約 13 ヵ月間で，The Home Depot は，ダラス，ヒューストン，ジャクソンビル，サン・ディエゴ，ロサンゼルス，シュリーヴポート，バトンルージュ，モービルの八つの新市場に参入しました。これにより，The Home Depot の店舗数は 22 店から 50 店へと劇的に増加しましたが，その中には当初の計画にはなかった Bowater の買収により取得した 9 店舗が含まれています。これらのうち 20 店舗は前年度中に開店されました。この期間中に，当社はサンベルト全域で営業している，唯一の全国的な倉庫型小売チェーンになりました。

　拡張計画には，資本支出および在庫への巨額の投資とともに人員への投資も必要でした。その結果，当期純利益は前年度に達成した最高記録から減少しました。The Home Depot の 1985 年度の利益は 8,219 千ドル，1 株当たり 0.33 ドルであり，1984 年度には 14,122 千ドル，1 株当たり 0.56 ドルでした。しかし，上記の大拡張計画は The Home Depot のマーケット・シェアやプレゼンスを高め，売上高は 1984 年度の 432,779 千ドルから 1985 年度 700,729 千ドルへ 62%増加しました。

　大幅な投資にもかかわらず，財政状態は今もなお非常に健全です。12 月には，これまでの 100 百万ドルの銀行与信枠を，有効期限 8 年の逓減型リボルビング・クレジット契約 200 百万ドルに切り替えました。さらに，10 店舗のために総額約 50 百万ドルのセール・アンド・リースバックの交渉をしています。こうした追加資金源は，内部から生み出されるキャッシュフローとともに，今後数年間の成長をまかない続ける十分な財務基盤となっています。

　われわれは，当業界および小売業一般にとってたいへん困難な一年であったにもかかわらず，当社が売上高およびマーケット・シェアの大幅な増加を達成したことを誇りに思っています。ほんの数年前に当社が開拓した日曜大工「倉庫型」小売業界は，最近になって多数の競争業者の参入を促しましたが，なかには当社の劇的な成功を楽に儲ける道と誤解していて，すでに途中であきらめた企業もあります。現在，この業界は最強のかつ最も能力のある企業だけが生き残れるという状況に直面しています。この状態が続けば，市場支配をめぐる競争において，さらにコスト面での競争激化が予想されます。しかし，われわ

れは，当社の強み——財政的な基盤および顧客層の開拓能力——を生かして，The Home Depot がさらに強い企業になると確信しています．

われわれは，The Home Depot に業界のリーダーとなる能力があるかどうかを疑ったことはありません．当社は市場を支配しており，優れた小売りのコンセプトと，それに必要な習熟した経営の基盤があります．さらに，われわれには，当社の地位を維持する決意があります．

当社の市場のいくつかを個別にみると，明らかにヒューストンの環境が最も厳しく，そこでは石油関連の経済がひどい不況に陥っているところに加え，業界競争が激しくなっています．そのため，新規に開店した店舗は標準以下の水準で営業しています．1984 年度末に取得したダラスとフォートワースでは，いまだに期待した利益が生み出されていません．こうした厳しい市況では，販売促進と営業管理の両面でフレクシブルな対応が要求されます．これらの市場にはいずれも将来の可能性が認められますので，当社の経営陣はこの問題への取り組みを進めており，最終的によい結果が得られるものと確信しています．

今期参入したその他の市場では，状況ははるかに良好でした．そこでは，当社の店舗は過去のパターンにずっと近い成長を経験しています．

カリフォルニア州およびアリゾナ州での営業を支援するために，西海岸事業部が創設されて，市場の需要に対するタイムリーな対応を促進することになりました．適所に管理者を配置することで，この事業部は，現在，西部諸州における全店舗の販売促進および営業管理に責任を負っています．

昨年度の活動のハイライトには，それ以外に，経営陣の拡大という面での前進や，効率を高めるために営業に組み入れたコンピューターシステムがあげられます．

当年度中に，当社の経営情報システムにおける価格調査のフェーズが完成されました．これにより，レジを通じて個々の商品の売り上げを追跡することが容易になり，在庫の再発注や売上利益の管理が，現在入手できる情報を利用して簡単にやれるようになりました．

来年度には，在庫管理と価格調査システムの関係をテストし，店舗レベルでの商品価格決定をやめるつもりです．価格調査システムは，現在，数店舗でテストされており，うまくいけば年末には全店舗に拡張されるでしょう．これは店舗レベルでの労働生産性にかなり効果があると思われます．

The Home Depot はつねに事業をより良く行う方法を模索しており，革新をおこし，変化する状況に対応していくフレクシビリティと能力に誇りをもっています．たとえば，最新型のコンピューター・システムを開発するかどうか，店舗レイアウトを再評価するかどうか，急速に変化する市場や新しい販売方式に適応していくかどうかといった問題に，つねにフレクシブルに対応しており，それが The Home Depot の特徴となっています．

1986 年度にも The Home Depot は拡張を続けますが，これまでよりペースは減速することになるでしょう．新しく開店するのは 9 店舗の予定です．新しい市場であるカリフォルニア州サンノゼの 2 店舗を除いて，残りは既存の市場に開店されることになっています．

既存市場に開店すれば，広告宣伝費および営業費が分担されるので，新市場に開店するより早く利益が得られます．この点を考えて，1986 年 1 月にはデトロイト市場から撤退し，サンフランシスコ店の開店を延期しました．これらの店舗では当初に多額の損失が見込まれていましたが，新たな市場を支配するためにはそれが必要でした．われわれの観点

からすると、これらの新市場は人員を希薄にするとともに、当社の利益にマイナスの影響をもたらすと思われます。

秩序のある成長を維持し、新市場に参入した場合には市場を支配することが、つねにThe Home Depotの方針でした。実際、成長のための成長はこれまでもこれからも当社の目的となることはありません。当社は慎重に投資するつもりですし、そうした支出が長期の収益性という当社の規準に合致する場合のみ、事業や市場を積極的に拡大するつもりです。

当社の将来、すなわち1986年度およびそれ以降の年度については、われわれは非常に楽観しています。この楽観主義の核心となっているのは、参入したあらゆる地域の市場をThe Home Depotが成長させられることを一貫して証明してきた事実です。要するにこれは、金物店および既存の住宅改良店から仕事をとり上げるのでなく、むしろ、自分で住宅改良をしたことがない人々のなかから、新たに日曜大工愛好者を創り出すことを意味しているのです。

当社の方針は、顧客が日曜大工愛好者になる方法を教育することにあります。当社の顧客は、食器棚の設置であれ、屋根の取り付けであれ、あるいは住宅の建て替えであれ、自分たちがやろうとしている計画を通じて、専門知識の豊富なThe Home Depotの販売スタッフに指導してもらうことを期待するようになっています。当社の販売スタッフは、それぞれの計画を完成させる方法、必要な道具と材料、そして顧客が必要とするあらゆるものを販売する方法を知っているのです。

従来からThe Home Depotは、たとえば、電気配線、大工仕事、配管工事などの技術について顧客向けの日曜大工教室を開いています。この日曜大工教室を首尾よく終えると、顧客は自分自身に自信がつき、The Home Depotを信頼してくれます。こうして自信がつくと、さらに上級の複雑な住宅改良を試みることが可能になるのです。

当社の店舗についていうと、The Home Depotの倉庫型小売業というコンセプトによって、すばらしく広い商品選択とできるかぎり低い価格での販売が可能になっています。各店舗の売場面積はおよそ65,000平方フィートから100,000平方フィートで、さらにアウトドア用品売場が4,000平方フィートから10,000平方フィートあります。このような巨大店舗には、ゼロから家を建てたり、造園したりするのに必要なあらゆる材料と道具をストックすることが可能です。各店舗はそれぞれが倉庫の機能をもち、25,000品目以上もの収納力があるため、最低限の価格を維持しながら、最も豊富な品揃えの建設資材とブランド商品を提供することができるのです。

大多数のアメリカ人にとって、住宅は最も価値のある資産です。それは、一貫して値上がりする商品です。それとともに、たえず手入れをし、補修する必要のある資産でもあります。日曜大工愛好者になることにより、住宅保有者は住宅の価値を大幅に高めることができるのです。The Home Depotは、このメッセージをうまく伝えることで、当社を信頼し満足してくれる顧客を生み出してきました。また、市場におけるリーダーシップを維持することにより、将来、利益をあげながら成長していくための堅固な基礎を確立してきたのです。

The Home Depotの経営陣およびスタッフは、全米第一の日曜大工用品の小売業者であるとともにあり続けるという信念をもって献身的な努力をしています。

Barnard Marcus
会長兼最高経営責任者

Arther M. Blank
社長兼最高経営責任者

The Home Depot, Inc. 527

連結損益計算書

	事業年度の終了日		
	1986年2月2日 (52週間)	1985年2月3日 (53週間)	1984年1月29日 (52週間)
純売上高(注記2)	$700,729,000	$432,779,000	$256,184,000
売上原価	519,272,000	318,460,000	186,170,000
売上総利益	181,457,000	114,319,000	70,014,000
営業費用:			
販売費および店舗管理費	134,354,000	74,447,000	43,514,000
店舗開業前費用	7,521,000	1,917,000	2,456,000
一般管理費	20,555,000	12,817,000	7,376,000
営業費用合計	162,430,000	89,181,000	53,346,000
営業利益	19,027,000	25,138,000	16,668,000
その他の収益(費用):			
有形固定資産の処分による正味の利得(注記7)	1,317,000	—	—
受取利息	1,481,000	5,236,000	2,422,000
支払利息(注記3)	(10,206,000)	(4,122,000)	(104,000)
	(7,408,000)	1,114,000	2,318,000
税引前利益	11,619,000	26,252,000	18,986,000
法人税等(注記4)	3,400,000	12,130,000	8,725,000
純利益	$ 8,219,000	$ 14,122,000	$ 10,261,000
普通株式および普通株式相当証券の 1株当たり利益(注記5)	$ .33	$ .56	$ .41
普通株式および普通株式相当証券の 加重平均株式数	25,247,000	25,302,000	24,834,000

連結貸借対照表

	1986年2月2日	1985年2月3日
資産の部		
流動資産:		
現金(1985年度は定期預金43,374千ドルを含む)	$ 9,671,000	$ 52,062,000
売掛金(正味)(注7)	21,505,000	9,365,000
法人税還付見込額	3,659,000	—
棚卸資産	152,700,000	84,046,000
前払費用	2,526,000	1,939,000
流動資産合計	190,061,000	147,412,000
有形固定資産－取得原価(注記3):		
土地	44,396,000	30,044,000
建物	38,005,000	3,728,000
備品および設備	34,786,000	18,162,000

リース店舗改良費	23,748,000	11,743,000
建設仮勘定	27,694,000	14,039,000
	168,629,000	77,716,000
減価償却等累計額	7,813,000	4,139,000
有形固定資産(正味)	160,816,000	73,577,000
取得した企業の純資産の公正価値を超過する金額	24,561,000	25,198,000
(1985年に730千ドル，1984年に93千ドルの償却をしており，それら累計額を除いた金額)(注記2)		
その他	4,755,000	3,177,000
	$380,193,000	$249,364,000
負債および資本の部		
流動負債:		
買掛金	$ 53,881,000	$ 32,356,000
未払給料および関連費用	5,397,000	3,819,000
その他の未払費用	13,950,000	10,214,000
未払法人税(注記4)	—	626,000
支払期限の到達する長期負債(注記3)	10,382,000	287,000
流動負債合計	83,610,000	47,302,000
長期負債－当期返済分を除く(注記3):		
無担保転換劣後社債	100,250,000	100,250,000
その他の長期負債	99,693,000	17,692,000
	$199,943,000	$117,942,000
その他の負債	861,000	1,320,000
繰延税金(注記4)	6,687,000	2,586,000
株主持分(注記5):		
普通株式，額面1株当たり0.05ドル，授権株式数50,000,000株；発行済社外流通株数——1986年2月2日現在25,150,063株，1985年2月3日現在25,055,188株	1,258,000	1,253,000
株式払込剰余金	48,900,000	48,246,000
未処分利益	38,934,000	30,715,000
株主持分合計	89,092,000	80,214,000
契約債務および偶発債務(注記5, 6, 8)	$380,193,000	$249,364,000

連結財政状態変動表

事業年度の終了日	1986年2月2日	1985年2月3日	1984年1月29日
運転資本の源泉：			
純利益	$8,219,000	$14,122,000	$ 10,261,000
運転資本の増減を伴わない項目：			
有形固定資産の減価償却費等	4,376,000	2,275,000	903,000
繰延税金	3,612,000	1,508,000	713,000
取得した企業の純資産の公正価値を超過する金額の当期償却額	637,000	93,000	—
有形固定資産の処分による正味の利得	(1,317,000)	—	—
その他	180,000	77,000	59,000
営業活動からの運転資本	15,707,000	18,075,000	11,936,000
有形固定資産の処分による収入	9,469,000	861,000	3,000
長期借入金による収入	92,400,000	120,350,000	4,200,000
普通株式の発行による正味の収入	659,000	814,000	36,663,000
	$118,235,000	$140,100,000	$ 52,802,000
運転資本の使途：			
有形固定資産の取得	$ 99,767,000	$ 50,769,000	$ 16,081,000
長期負債の当期償還および返済	10,399,000	6,792,000	52,000
Bowater Home Center, Inc.の取得(注記2)，(運転資本9,227千ドル控除後)：			
有形固定資産	—	4,815,000	—
取得した企業の純資産の公正価値を超過する金額	—	25,291,000	—
その他資産(その他負債控除後)	—	(913,000)	—
その他(正味)	1,728,000	2,554,000	252,000
運転資本の増加	6,341,000	50,792,000	36,417,000
	$118,235,000	$140,100,000	$ 52,802,000
運転資本の内訳の変動：			
流動資産の増加(減少)：			
現金	(42,391,000)	$29,894,000	$ 13,917,000
売掛金(正味)	15,799,000	7,170,000	1,567,000
棚卸資産	68,654,000	25,334,000	41,137,000
前払費用	587,000	1,206,000	227,000
	42,649,000	63,604,000	56,848,000
流動負債の増加(減少)			
買掛金	21,525,000	10,505,000	17,150,000
未払給料および関連費用	1,578,000	(93,000)	2,524,000
その他未払費用	3,736,000	2,824,000	341,000
未払法人税	(626,000)	(657,000)	406,000
支払期限の到来する長期負債	10,095,000	233,000	10,000
	36,308,000	12,812,000	20,431,000
運転資本の増加	$ 6,341,000	$ 50,792,000	$ 36,417,000

主な財務データ

	事業年度の終了日				
	1986年 2月2日	1985年 2月3日	1984年 1月29日	1983年 1月30日	1982年 1月31日
主な連結損益計算書データ：					
純売上高	$700,729,000	$432,779,000	$256,184,000	$117,645,000	$51,542,000
売上総利益	181,457,000	114,319,000	70,014,000	33,358,000	14,735,000
税引前および異常項目を除いた利益	11,619,000	26,252,000	18,986,000	9,870,000	1,963,000
異常項目を除いた利益	8,219,000	14,122,000	10,261,000	5,315,000	1,211,000
異常項目－過年度の欠損金の繰越しによる法人税の減額	—	—	—	—	234,000
純利益	$ 8,219,000	$ 14,122,000	$ 10,261,000	$ 5,315,000	$ 1,445,000
普通株式および普通株式相当証券の1株当たりデータ：					
異常項目を除いた利益	$ .33	$ .56	$ .41	$ .24	$ .06
異常項目	—	—	—	—	.01
純利益	$ .33	$ .56	$ .41	$ .24	$ .07
普通株式および普通株式相当証券の加重平均株式数	25,247,000	25,302,000	24,834,000	22,233,000	21,050,000
主な貸借対照表データ：					
運転資本	$106,451,000	$100,110,000	$ 49,318,000	$ 12,901,000	$ 5,502,000
総資産	380,193,000	249,364,000	105,230,000	33,014,000	16,906,000
長期負債	199,943,000	117,942,000	4,384,000	236,000	3,738,000
株主持分	89,092,000	80,214,000	65,278,000	18,354,000	5,024,000

a. 53週間の年度である。それ以外はすべて52週間の年度である。

財政状態と経営成績に関する経営者の検討と分析

以下のデータは連結損益計算書における売上高と主要項目の関係を百分比率で示すとともに販売データの抜粋も示しており、さらに各項目のドル金額の増減変化を百分比率で示している。

	事業年度[a]			ドル金額の増加(減少)(%)	
	1985	1984	1983	1985 v. 1984	1984 v.1983
主な連結損益計算書データ：					
純売上高	100.0%	100.0%	100.0%	61.9%	68.9%

売上総利益	25.9	26.4	27.3	58.7	63.3
費用：					
販売費および店舗管理費	19.2	17.2	17.0	80.5	71.1
店舗開業前費用	1.1	.4	.9	292.3	(21.9)
一般管理費	2.9	3.0	2.9	60.4	73.8
有形固定資産の処分による正味の利得	(.2)	—	—	—	—
受取利息	(.2)	(1.2)	(.9)	(71.7)	116.2
支払利息	1.4	.9	—	147.6	3,863.5
	24.2	20.3	19.9	92.9	72.6
税引前利益	1.7	6.1	7.4	(55.7)	38.3
法人税等	.5	2.8	3.4	(72.0)	39.0
純利益	1.2%	3.3%	4.0%	(41.8%)	37.6%
主な連結売上データ：					
取引顧客数	23,324,000	14,256,000	8,479,000	63.6%	68.1%
1人当たり平均販売額	$30.04	$30.36	$30.21	(1.1)	.5
1店舗当たりの加重平均売上高	$342,500	$365,500	$360,300	(6.3)	1.4

a. 1985年度，1984年度および1983年度は，それぞれ1986年2月2日，1985年2月3日，および1984年1月29日に終了した年度をさしている。1984年度は53週間あったが，1985年度と1983年度は52週間であった。

経営成績

過去3年度の経営成績に影響を与えた重要な要因を理解するには，以下の説明をこの年次報告書の連結財務諸表と併せて読んでいただきたい．

1986年2月2日に終了した事業年度と1985年2月3日に終了した事業年度の比較

1985年度の純売上高は，前年度の432,779千ドルから700,729千ドルへと62%増加した．この成長は次の要因による．第一に，当社は1985年度に20店舗を新規に開店し，1店舗を閉鎖した．第二に，1984年度に新規開店した3店舗および1984年度に旧Bowater Home Centerから買収した9店舗が，2年目を迎えて売上高が増加した．第三に，1984年度は53週間，1985年度は52週間であったにもかかわらず，店舗売上高が前年度比で2.3%増加しているが，これは取引顧客数が64%増加したことにもよる．最後に，店舗当たり加重平均週間売上高は1985年度に6%減少しているが，これは総店舗数に対する新規店舗数の比率が大幅に上昇したからである．新規店舗はマーケット・シェアを確保するまで，成熟した店舗より売上高が小さいからである．

売上総利益は1985年度には前年度の114,319千ドルから181,457千ドルへと59%増加した．これは売上高が増加したためであり，売上総利益率が26.4%から25.9%に下落したことにより一部相殺されている．売上総利益率が減少したのは，主として，新市場においてマーケット・シェアを獲得するために売上利益を低くしたからである．

費用は1985年度に93%増加したが，売上高に対する比率でみると，20.3%から24.2%

に上昇した。販売費、店舗営業費、店舗開業前費用、正味利子費用は、20店舗の新規開店、旧 Bowater Home Center の店舗に関連した費用、マーケット・シェアの獲得に関連した費用により増加した。売上高が少ないにもかかわらず、固定費および最低限の管理費がかかる新規店舗の割合が大きいため、販売費および店舗管理費の売上高に対する比率が上昇する傾向がある。有形固定資産の正味の処分益については財務諸表の注記 7 で詳細に述べられている。

　税引前利益は 26,252 千ドルから 11,619 千ドルへと 56%減少しているが、これは当社の拡張計画に関連した営業経費が増加したからである。実効所得税率は 46.2%から 29.3%に減少しているが、これは税金総額に占める投資その他の税額控除の割合が増加したからである。売上高に対する比率でみると、利益は 1984 年度の 3.3%から 1985 年度には 1.2%に減少しているが、これは上記で議論したように営業経費が増加したからである。

1985 年 2 月 3 日に終了した事業年度と 1984 年 1 月 29 日に終了した事業年度の比較

　1984 年度の純売上高は、前年度の 256,184 千ドルから 432,779 千ドルへと 69%増加した。この成長は次の要因による。第一に、当社は 1984 年度に 3 店舗を新規に開店した。第二に、1984 年 12 月 3 日に買収した旧 Bowater Home Center の 9 店舗の売上高が 9,755 千ドルあった。第三に、1983 年度に開店した 9 店舗が 2 年目を迎えて売上高が増加した。第四に、1983 年度は 52 週間であったのに対して、1984 年度は 53 週間であったため、店舗売上高が前年度比で 14%増加し、また、取引顧客数が 63%増加した。最後に、旧 Bowater Home Center の店舗売上高を除くと、店舗当り加重平均週間売上高は 1984 年度には 383.5 千ドルへと 6%増加した。

　1984 年度の売上総利益は前年度の 70,014 千ドルから 114,319 千ドルへと 63%増加した。これは売上高が増加したためであり、売上総利益率が 27.3%から 26.4%に下落したことにより一部相殺されている。売上総利益率が減少したのは、主に、第 2 四半期において、広告商品を購入する顧客の割合が高かったからである。

　費用は 1984 年度に 73%増加した。売上高に対する比率でみると、費用は 19.9%から 20.3%に上昇しているが、これは販売費、店舗営業費、一般管理費が増加したからである。この増加は将来の拡張準備のために予定されていたものであった。拡張資金を得るため、1984 年度に多額の社債を発行した結果、支払利息が大幅に増加した。これら費用の増加は、開業前費用の減少および借入収入の短期投資から得られた利子収益の増加により、一部相殺されている。

　税引前利益は、上述した諸要因の結果、18,986 千ドルから 26,252 千ドルへと 38%増加した。しかしながら、この税引前利益は、Bowater の店舗で買収日（1984 年 12 月）から年度末までに生じた約 1.9 百万ドルの損失だけ圧縮されている。実効所得税率は 46.0%から 46.2%へとわずかに上昇しているが、これは主として、税金総額に占める投資そのほかの税額控除の割合が減少したためである。売上高に対する比率でみると、利益は 1983 年度の 4.0%から 1984 年度には 3.3%に減少した。これは以上で議論したように、売上総利益率が下落し、営業経費が増加した結果である。

インフレーションおよび価格変動の影響

事業に対するインフレーションの影響を正確に測定することはできないが，インフレーションが売上高および経営成績に重大な影響を及ぼすとは考えていない．FASB基準書第33号の報告要求は，財務諸表の注記10(訳者注：原著では省略)にまとめられている．実験的な手法，主観的な見積りや仮定，それにこの会計基準書の要求する表示方法の不完全さを考えると，要求されている報告の価値には疑問がある．

流動性および資金源

既存店舗の営業から生み出されるキャッシュフローは，現金払い持ち帰りを原則として販売しているため，当社にとって流動性の重要な源泉になっている．さらに，当社の在庫のかなりの部分は，出店業者が支払うという条件で調達されている．借り入れや新株ないし社債の発行で営業からのキャッシュフローの不足を補ったこともある．1985年度には，リボルビング・クレジット契約により88百万ドル，企業誘致債から4.4百万ドル，それに営業から約15,707千ドルの運転資本が得られている．さらに，1985年度には，銀行団と200百万ドルのリボルビング・クレジット契約を新規に協定した．

当社は1986年度に9店舗を新規開店する計画を発表したが，そのうちカリフォルニア州北部の新規参入市場に2店舗，残りは既存市場に開店される．この店舗数増加計画の費用は，とりわけ，用地を賃借ないし購入して店舗を自社仕様で建設する代わりに，中古の店舗スペースをどれだけリースできるかに依存するであろう．当社の見積りでは，用地を取得して自社仕様により店舗を建設すると1店舗当たり約6.6百万ドル必要だが，スペースを借りて開店する費用は，追加的なリースの費用をあわせても約1.7百万ドルである．この見積りには，用地取得，店舗建設，備品および設備，店内のコンピューター，POS端末の費用が含まれている．さらに，新店舗はそれぞれ，出店業者の調達する分を差し引いて約1.8百万ドルの在庫資金が必要である．当社は，既存の現金資産，期限8年のリボルビング・クレジット契約200百万ドルを含む現行の銀行との信用枠，営業から生み出される資金，その他の資金調達方法——各種の不動産融資や無担保の借り入れを含むが，それに限定されない——によって，これらの支出をまかなうことができると確信している．

連結財務諸表の注記

1. 重要な会計方針の要約

事業年度

当社の事業年度は1月末日に最も近い日曜日をもって終了し，通常は52週間からなる．しかし，5年か6年ごとに，53週間からなる年度がある．1986年2月2日に終了した年度（1985年度）は52週間，1985年2月3日に終了した年度（1984年度）は53週間，1984年1月29日に終了した年度（1983年度）は52週間であった．

連結の方針

連結財務諸表には当社とその子会社の財務諸表が含まれている。連結企業間の重要な内部取引は連結にあたってすべて消去されている。今年度の表示方法に合致させるため、1984年度の貸借対照表は、一部、再分類されている。

棚卸商品

棚卸資産は先入先出法による原価と時価のいずれか低い額で評価され、時価は小売棚卸法により決定されている。

減価償却等

建物、家具、備品、設備は対象となる資産の見積耐用年数にわたり定額法により減価償却される。リース店舗の改良費は、リース期間と改良された店舗の耐用年数のうち短い方の期間にわたって、定額法により償却される。

投資税額控除

投資税額控除は控除が実現した年度に連邦法人税の減少として記録されている。

店舗開業前費用

新規店舗の開業に関連した資本的でない支出は発生年度の費用とされている。

普通株式および普通株式相当証券の1株当たり利益

普通株式および普通株式相当証券の1株当たり利益は、発行済みの普通株式と普通株式相当証券の加重平均株式数に基づいている。1株当たり利益を計算する際に使用される普通株式相当証券は、当社の従業員株式購入選択権制度（ESOP）および従業員持株制度（ESPP）のもとで付与された株式を表している。

8 $\frac{1}{2}$％の転換劣後社債が転換された場合に発行されうる株式も普通株式相当証券である。9％の転換劣後社債が転換された場合に発行されうる株式は、完全希薄化調整後1株当たり利益の計算にだけ含められている。しかしながら、8 $\frac{1}{2}$％と9％の転換劣後社債が転換された場合に発行されうる株式は、開示年度にはいずれも希薄化する可能性がなく、したがっていずれも1株当たり利益の計算にあたって考慮されなかった。

2. 買 収

1984年12月3日、当社はBowater Home Center, Inc.（以下、Bowater）の発行済株式を、取得に関連して発生した費用を含め、38,420千ドルで取得した。Bowaterは主にテキサス州ダラスの都市圏で、ホームセンターの小売店を9店舗経営していた。取得は買収法で処理されており、取得日以降の被取得企業の経営成績が含められている。支払代価のうち取得された企業の純資産の公正価値を超過する金額は約25,291千ドルであり、これは取得日から40年間にわたって定額法により償却されている。

次の表は、当社とBowaterの合算された経営成績を要約したものである。これは見積りにより作成され、また、監査をうけていない。買収は1983年度のはじめに行われたが、

ここでは，1985 年 2 月 3 日および 1984 年 1 月 29 日に終了した年度について示しておく．この見積情報は，買収が下の表で示された日に実行された場合に，実際に得られる経営成績を示そうとしているわけではない．

	事業年度の終了日	
	1985 年 2 月 3 日	1984 年 1 月 29 日*
	(未監査)	
純売上高	$482,752,000	$274,660,000
純利益	9,009,000	6,913,000
普通株式および普通株式相当証券の 1 株当たり利益	.36	.28

* 当社および Bowater の 1983 年 8 月の事業開始日以降の見積り修正分を合算したものである．

3. 長期負債および与信枠

長期負債の内訳は次の通りである．

	1986 年 2 月 2 日	1985 年 2 月 3 日
2009 年 7 月 1 日満期の 8 1/2%無担保転換劣後社債：1 株当たり 26.50 ドルの転換価格で当社の普通株式に転換できる．この社債は，1986 年 7 月 1 日より 1995 年 7 月 1 日まで，プレミアムをつけて償還することが可能であり，満期までに発行数のうち 70%が償還されるであろう．利息は年 2 回支払われる．	$86,250,000	$86,250,000
1999 年 12 月 15 日満期の 9%無担保転換劣後社債：1 株当たり 16.90 ドルの転換価格で当社の普通株式に転換できる．この社債は，1986 年 12 月 15 日より 1994 年 12 月 15 日までプレミアムをつけて償還することが可能である．1994 年度より 1998 年度まで，年当たり 2 百万ドルの減債基金を積み立てる必要がある．利息は年 2 回支払われる．	14,000,000	14,000,000
無担保転換劣後社債合計	100,250,000	100,250,000
リボルビング・クレジット契約未使用分の利息は 180 日間にわたって固定されており，当社のオプションでは，CD レートに 3/4%を加算したレートか，LIBOR レートに 1/2%を加算したレートか，あるいはプライム・レートとなっている．	88,000,000	—
*変動利率の企業誘致債(注記 7 を参照)	10,100,000	10,100,000
*変動利率の企業誘致債：与信枠を担保とするもので，1991 年 12 月 1 日より 2010 年 12 月 1 日まで，減債基金を分割により積み立てる必要がある．	4,400,000	—
9 5/8%企業誘致債：与信枠を担保とするもので，1993 年 12 月 1 日に支払期限が到来する．利息は年 2 回払いとなっている．	4,200,000	4,200,000

*変動利率の企業誘致債：土地を担保とするもので，年度ごとの分割償還額は 233 千ドルとなっている．利息は年2回払いとなっている．	3,267,000	3,500,000
その他	108,000	179,000
長期負債合計	210,325,000	118,229,000
支払期限の到来する金額の控除	10,382,000	287,000
支払期限の到来する金額控除後の長期負債	$199,943,000	$117,942,000

* 変動利率の企業誘致債の利子率は，各種の短期金融市場の利子率を合成した利率に結びついている．

支払期限が到来する長期負債は，1986年度には約10,382千ドル，その後4年間は各年度に234千ドルとなっている．

1986年2月2日終了した年度に，一定の制限を付された上限2億ドルの無担保のリボルビング・クレジット枠を新規に締結したが，そのうち88百万ドルが年度末時点で使用されている．この協定のもとでの契約額は，1990年7月31日に15百万ドル，この日より1993年1月31日まで6ヵ月ごとに20百万ドル，1993年7月31日に35百万ドル減少し，残りの50百万ドルは契約の最終期限である1994年3月1日に消滅する．契約限度額内での最大借入額は「協約」で決められており，棚卸資産，土地および建物，備品および設備に対する所定の比率を超えてはならない．一定の状況下では，契約が延長されるか増額される可能性がある．リボルビング・クレジット枠のうち未使用部分については，年率1/4%から3/8%の契約手数料を支払う必要がある．所定の利子率は，インタレスト・カバレッジ・レシオおよび負債対持分比率の所定比率に基づき最大3/8%から1%上昇する可能性がある．

リボルビング・クレジット契約によって当社は，とりわけ，1985年度を通じて有形正味資産（転換劣後社債を含む）を最低限150百万ドル維持すること（この額は年々増加して1989年1月3日には213,165千ドルになる），また，負債対有形正味資産比率を2対1以下，流動比率を1.5対1以上，税引前利払前利益の正味支払利息に対する比率を2対1以上に維持することを求められている．当社は1986年2月2日現在，すべての制限条項に従っている．企業誘致債および転換劣後社債を担保とする信用状協約に関連する制限条項は，リボルビング・クレジット協定のそれよりは制限的でない．

添付された連結損益計算書の利子費用は，支払利息のうち資産計上された金額——1985年度に3,429千ドル，1984年度に1,462千ドル——を除いた正味である．

4. 法人税等

法人税等の引当額の内訳はつぎのとおりである．

	事業年度の終了日		
	1986年2月1日	1985年2月3日	1984年1月29日
当期税額：			
連邦税	$(578,000)	$9,083,000	$6,916,000
州税	366,000	1,539,000	1,096,000

		(212,000)	10,622,000	8,012,000
繰延税額：				
	連邦税	3,306,000	1,464,000	713,000
	州税	306,000	44,000	—
		3,612,000	1,508,000	713,000
	合計	$3,400,000	$12,130,000	$8,725,000

1985年度, 1984年度, 1983年度の実効税率はそれぞれ, 29.3%, 46.2%, 46.0%であった。当該事業年度に関する, 連邦政府の法定税率による法人税費用と実際の法人税費用との調整表はつぎのとおりである。

	事業年度の終了日		
	1986年2月2日	1985年2月3日	1984年1月29日
連邦法定税率による法人所得税	$5,345,000	$12,076,000	$8,734,000
(付加税免除を除く正味)			
州所得税 (連邦所得税効果を除く正味)	363,000	855,000	592,000
投資税額控除および目標雇用促進税額控除	(2,308,000)	(800,000)	(747,000)
その他(正味)	—	(1,000)	146,000
	$3,400,000	$12,130,000	$8,725,000

繰延税額が生じるのは, 財務報告目的と課税目的とで, 利益計上のタイミングが異なるからである。両者の違いをもたらす項目とそれぞれの税効果はつぎのとおりである。

	事業年度の終了日		
	1986年2月2日	1985年2月3日	1984年1月29日
加速減価償却費	$2,526,000	$1,159,000	$713,000
支払利息の資産計上	855,000	349,000	—
その他(正味)	231,000	—	—
	$3,612,000	$1,508,000	$713,000

5. リース

当社は, 店舗用地, 事務所, 倉庫, 流通センター, 設備, 車両の一部をオペレーティング・リースによって調達している。すべてのリースは今後25年以内に期限を迎えるが, 事業の成り行きが正常なら更新あるいは取替が予想される。賃借料の総額は, 少額のサブリース収益を除いた正味で, 1986年2月2日, 1985年2月3日, 1984年1月29日に終了した各年度にそれぞれ, 約12,737千ドル, 6,718千ドル, 4,233千ドルであった。建物のリースでは, 当該リース資産にかかわる固定資産税, 保険, 修繕, および営業経費は当社に支払義務がある。店舗リースの一部は, 売上高が所定の最低額を超過した場合, その超過額の一定割合を支払う条件付賃借料によっている。条件付賃借料は, 1986年2月2日, 1985年2月3日, 1984年1月29日に終了した各年度にそれぞれ, 約650千ドル,

545千ドル，111千ドルであった．

1986年2月2日現在，オペレーティング・リースによる将来の最低リース支払額は概算でつぎのとおりである．

事業年度	
1986	$16,093,000
1987	16,668,000
1988	16,345,000
1989	16,086,000
1990	16,129,000
1991年度以降	171,455,000
	$252,776,000

6. 略

7. 有形固定資産の処分

1985年度の第4四半期に，有形固定資産の一部を処分し，正味の利得は1,317千ドルであった．不動産はデトロイト，ヒューストン，ツーソンの不動産，設備は最新式のPOSシステムの下取品となったレジスターである．デトロイトの不動産の販売に付された条件によると，購入者は，1986年2月2日以降，当社の社債10,100千ドルを肩代わりするか，あるいは，当社がこの社債の発行済総額を先払いするのに要する資金を当社に支払うことになっている．

8. 契約債務および偶発債務

1986年2月2日現在，確定購入契約に関連して発行した未使用の信用状，約5,300千ドルが当社の偶発債務となっている．

当社は通常の事業活動に起因する訴訟を抱えている．経営陣の意見によると，この訴訟が当社の財政状態に多大な影響を与えることはない．

9. 四半期財務データ（未監査）

次の表は，1986年2月2日および1985年2月3日に終了した各年度における，四半期ごとの経営成績を要約したものであり，監査は受けていない．

	純売上高	売上総利益	純利益	普通株式および普通株式相当証券の1株当たり利益
1986年2月2日に終了した事業年度：				
第1四半期	$145,048,000	$ 36,380,000	$ 1,945,000	$ .08
第2四半期	174,239,000	45,572,000	2,499,000	.10
第3四半期	177,718,000	46,764,000	1,188,000	.05
第4四半期	203,724,000	52,741,000	2,587,000	.10
	$700,729,000	$181,457,000	$ 8,219,000	$ .33
1985年2月3日に終了した事業年度：				

第1四半期	$ 95,872,000	$ 25,026,000	$ 3,437,000	$ .14
第2四半期	119,068,000	29,185,000	3,808,000	.15
第3四半期	100,459,000	27,658,000	3,280,000	.13
第4四半期	117,380,000	32,450,000	3,597,000	.14
	$432,779,000	$114,319,000	$14,122,000	$ .56

監査報告書

The Home Depot, Inc. の取締役会および株主各位

　われわれは，The Home Depot, Inc. とその子会社の1986年2月2日および1985年2月3日現在の連結貸借対照表，ならびに1986年2月2日に終了した3年間の各事業年度の連結損益計算書，連結株主持分変動表および連結財政状態変動表（訳者注：キャッシュフロー計算書の開示は，1988年7月15日以後終了する事業年度の財務諸表から適用）を監査した。監査は一般に認められた監査基準に準拠して実施されており，したがって，われわれが現状において必要と考える，会計記録の試査およびその他の監査手続を含んでいる。

　われわれは，上述の連結財務諸表が，The Home Depot, Inc.とその子会社の1986年2月2日および1985年2月3日現在の財政状態，ならびに1986年2月2日に終了した3年間の各事業年度の経営成績および財政状態の変化を，一般に公正妥当と認められる会計原則に準拠して，それを継続的に適用することにより，適正に表示していると認める。

PEAT, MARWICK, MICHELL & CO.
ジョージア州アトランタ
1986年3月24日

Maxwell Shoe Company, Inc.

　株式市場において活発に投資を行っている Ian Mckinsey は，次のような Maxwell Shoe Company についての証券会社のレポートに興味をそそられた．

　Maxwell Shoe は第4四半期の営業ベース EPS が我々の予想した32セントをわずかに上回る33セントであったと発表した．1998年の営業ベース EPS は1ドル37セントであった．増資による一時的な税務メリットを含むと，第4四半期の正味 EPS は36セントであり，年間の正味 EPS は1ドル44セントであった．

　この会社の受注残は過去の四半期より低いものの10.4パーセントあり，厳しい小売業界の状況を考えると大変堅実な状態にある……厳しい小売業界の環境におけるブランドの業績・経営者の行動・低いコストでの調達能力があるので，我々は Maxwell Shoe についての明るい見通しを維持する．

　主に税率と加重平均株式数に関する仮定の上昇のため，我々の1999年 EPS の見通しを1ドル55セントから1ドル50セントに変更する．加えて，収益の見通しを182百万ドルから188百万ドルへ上方修正する．この会社は我々の1999年見通しのたった8倍で取り引きされており，これは業界内でも割安な方である．加えて，この会社は借入金がなく，バランスシートには一株あたり約2ドルの現金がある．我々は，再び「強い買い」を推薦する．

1998年12月18日
Tucker Anthony & R. L. Day 社
S. A. Richter その他

　このアナリストのレポートを読んで，数ヶ月前に Maxwell についての同じように強気な評価を Barron's で読んだことを McKinsey 氏は思い出した（資料1を参照せよ）．現在の強気の市場では割安な株を見つけるのがどんどん難しくなってきたので，McKinsey 氏は Maxwell Shoe についてさらに調査することにした．

会社の背景[1]

　Maxwell Shoe は 1949 年に倒産品の靴を扱うビジネスとして創立され，1976 年に Maxwell Shoe Company, Inc. として会社組織になった。この会社は 1980 年代後半にフルラインの女性用靴のデザイン・開発・販売に中心を置きはじめた。1994 年には NASD に上場し，公開会社となった。

　この会社は 1998 年に中程度の価格帯（20 ドルから 90 ドル）で女性向けの普段用とドレス用の靴を Mootsies Tootsies, Sam & Libby, Jones New York のブランド名で発売した。また，限られた小売業者のために自身のブランド名や J. G. Hook, Dockers という名前でプライベート・ブランドの靴のデザイン・開発も行った。この会社のほとんどすべての製品は中国のようなコストの低い国の独立した工場において海外で生産された。

　Maxwell はその靴を主にデパート・専門店・カタログ業者・TV ショッピングチャンネルへ販売した。1997 年 4 月には，General Electric Capital Corporation の 100 パーセント子会社である Butler Group LLC とのジョイント・ヴェンチャーにこの会社は参加した。そこでは SLJ Retail という会社を通して Sam & Libby と Jones New York の女性靴小売店を約 130 店経営した。Maxwell は SLJ Retail の 49 パーセントを所有し，残りは GE Capital が所有した。

　Maxwell がはじめてブランド靴戦略に集中した 1987 年以来，Maxwell は毎年売上高と利益の増加を記録してきた。この会社はこの財務上の成功は以下の強みによるものとしている：消費者によるブランド認識の確立，海外の製造業者や買入業者との生産に関する強い連携，程良い価格の靴，そして，データ交換（EDI）システムによって強化された顧客との総合的な連携である。

　会社はこれらの競争上の強みを生かすとともに，現在のブランドを強化し，プライベート・ラベルの事業を強化し，乱立状態にある靴業界の統合に伴い，新しいブランドを獲得することで将来も成長することを期待している。

財務上の業績

　1998 年 10 月 21 日に終了した年度について，収益は 165.6 百万ドル，利益は 13.3 百万ドルであったと Maxwell は報告した（会社のバランスシート，損益計算書，キャッシュフロー計算書については資料 2 を参照せよ）。過去 3 年間，会社の収益と利益は平均してそれぞれ 16 パーセントと 24 パーセント成長した。同じ

時期の5年間の靴産業全体の売上高と利益の成長率はそれぞれ17パーセントと9パーセントであった．

1998年半ばまで，Maxwellの財務上の業績は会社の株価に反映されていた（資料3をみよ）．会社の株価は1995年の約5ドルから1998年7月に19ドルの高値をつけるまで上昇した．しかし，その後会社の株価は下がりはじめ，1998年12月には11ドルになった．この株価の下落は，アナリストによれば，アジアからの安い輸入品の増加と比較的変化のない消費パターンのため緩やかな成長しか見込まれないという靴業界全体に対する懸念によるものである．しかし，中程度の価格帯に集中し，低コストの海外生産に大きく依存していることから，アナリストはMaxwellが業界全体よりも良い業績を収めると期待している．たとえば，Tucker Anthonyの分析によれば，

> 投資家の懸念は，靴業界における競争，厳しい小売業界の環境，そして業界全体への懸念によるものである．我々は靴業界は全体として低い収益性を維持すると信じているが，Maxwellの現在の株価は投資家の懸念を減少させるものであると信じる．もしこの会社が，我々が予測したように好業績を続けるならば，リスクとリターンの割合は現在のレベルにおいて大変魅力的なものであると信じている[2]．

Ian Mckinseyは，Maxwellが割安株であるというアナリストの見方をどのように評価したらよいのだろうかと考えている．

練習問題

1. Maxwellについての仮定（将来の成長率，ROE，株主資本コスト）の中で，1998年12月時点の株価と整合性がある組み合わせはどれか？　あなたが最も納得のいく/いかない仮定はどれか？
2. あなたは「1998年12月時点でMaxwellの株価は低過ぎであった」というBarron'sの見解に同意しますか？
3. あなたのMaxwell株の内在価値の推定値はどのくらいですか？

注

本ケースはKrishna Palepu教授により作成された．これは教室での議論の基礎

として利用されるものであって，経営状況の良否を示すという意図はない．Copyright© 1999 by the President and Fellows of Harvard College, Harvard Business School Case 9-100-038.

1) この部分は Maxwell の 1998 年 10-K 報告書から採られた．
2) "Maxwell Shoe Company," by S. A. Richter et al. of Tucker Anthony & R. L. Day, December 18, 1998.

資料 1
Maxwell Shoe Company についての Barron's の記事

「最良の一歩」
Rhonda Brammer
Barron's 1998 年 9 月 28 日

誰かが言っていたように、トラブルは飯の種である。これはボストンで Delphi Management を経営している我らが Scott Black のモットーかもしれない。古いタイプ（そう、簿価や P/E を気にしている）の逆張り屋であり、一流のヴァリュー株マネージャーである Scott は口がよく回り、（アンチョコなしで）彼のポートフォリオを構成する 100 種以上の株式の主要な統計量を暗唱することが出来、そして驚いたことに、彼は数字を理解しているのである。

最近、多くの小型株マネージャーは暗い顔をしている、このことは S ＆ P 500 が 8 パーセント上昇する一方で Rusell 2000 指数が 15 パーセント下落していることからすれば不思議なことではない。しかし、幸いなことに、Scott と会ってみると、彼は前向きにノッていた。

「確かに小型株は痛い目に遭っている」と Scott は言う。悪いことに、彼の目にも Delphi は一年で 4 パーセント下落している（彼は損することが大嫌いだ）。しかし、絶対に明るい点がある：「我々は会社——良い会社だよ——を利益の 10 倍から 12 倍で買っているのだ。」

こういうわけで、我々は Maxwell Shoe について話すことになった。

Maxwell Blum が半世紀前に倒産品の靴のビジネスとして創業した Maxwell Shoe は今日 160 百万ドルを超える売上高を誇っている。この会社は女性用——と少しだけ子供用——の普段用とドレス用の靴をいくつかのブランドネームでデザイン・販売しており、それぞれのブランドは市場の特定の層を注意深くターゲットにしている。

たとえば、収益のおよそ半分を稼ぎ出す Mootsies Tootsies ラインの靴は、18 歳から 34 歳までの女性にアピールするようにデザインされている。それらの価格は一足 25 ドルから 40 ドルで、Kohl's や Mercantile Stores で売っている。もう少し値が張る Sam & Libby ライン（約 10 パーセントの売上高をしめる）は 21 歳から 35 歳までの女性をターゲットにしており、一足 35 ドルから 50 ドルくらいであり、Rich's や Robinson-May あたりで売っている。比較的高級な Jones New

Yorkブランド（約25パーセントの売上高をしめる）は30歳以上の女性のためにデザインされている。一足が65ドルから90ドルもして，Macy'sやLord & Taylorに並んでいる。

Maxwellの靴の大部分は中国で作られているが，Jones New Yorkラインの一部はスペインやイタリアで製造されている。このような海外における経験を活かして，Maxwellは他社のプライベートブランドの靴を生産している。これが売上高の残りのほとんどである。

もちろん，靴というのは成長率が低く競争の激しいビジネスであり，低迷した経済のもとでは成長しそうにない。しかも，アジア経済の弱体化によってNikeやReebokのような世界的プレイヤーは打撃をすでに受けている。

しかし，つい最近23ドル強で取り引きされていたMaxwell Shoeの株式が12ドルまで下落する理由は全くないとBlackはいう。

「人々は何でもグループにまとめたがる。」彼はこうも言う「しかしMaxwellはNikeのような日本と極東に成長機会を求める企業ではない。」

たしかに，Maxwellの業績はピカ一である。

10月に終わった'97会計年度では，売上高が28パーセント成長して134百万ドルとなり，利益は50パーセント増の9百万ドル，または一株あたり1ドル9セントになった。7月に終了した最初の9ヵ月では売上高は27パーセント増加する一方，利益は44パーセント増加して9.8百万ドルまたは一株あたり1ドル8セントになっていた。'98会計年度全体では一株あたり利益は1ドル35セントから1ドル40セントになるとBlackは予想している。

簿価は8ドル超であり，この会社はBlack好みの借金がない会社である。「もし経済が悪化しても，少なくとも彼らの方が多少長持ちするよ。」とのことだ。

もう一つ，少なくとも昔のMaxwellを覚えている人にとって大事なことは，Blum家によって支配されていたBクラス投票権株式が，今春の増資によって消滅したことだ。

Blackによると1999会計年度の（33パーセントの税率を仮定した）Maxwellの予想一株あたり利益は1ドル65セントである。これはP/Eを7.3にする。

「これは市場の倍率の3分の1だ」彼は強調する「そしてこの会社は確実に20パーセント成長するんだよ。」

もちろん，靴メーカーに高い倍率がつくことはまれである。しかし，P/Eを控えめに12と見積もっても，Blackの利益予想は株価が20ドルであるべきことを意味する。

資料2
Maxwellの概略財務諸表

MAXWELL SHOE COMPANY, INC. —貸借対照表（百万ドル）

	1998年10月31日	1997年10月31日	1996年10月31日
資産			
現金および現金同等物	18.7	3.1	10.4
営業債権（純額）	35.7	28.6	16.9
在庫品	22.9	20.1	12.2
前払費用	1.6	0.3	0.1
繰延税金資産	1.1	1.5	0.8
流動資産合計	80.0	53.6	40.4
有形固定資産	8.7	3.0	2.5
減価償却累計額	−2.5	−1.7	−1.5
有形固定資産（純額）	6.2	1.3	1.0
商標権およびその他資産（純額）	4.8	5.1	5.5
資産合計	91.0	60.1	46.9
負債			
営業債務	3.8	2.2	0.9
キャピタル・リースのうち流動負債分	0.1	0.1	0.1
未払費用およびその他流動負債	6.2	6.9	3.8
流動負債合計	10.2	9.2	4.8
キャピタル・リース債務	0.2	0.3	0.5
繰延税金負債	1.3	0.0	0.0
負債合計	11.7	9.5	5.3
株主資本			
普通株式	0.1	0.1	0.1
資本剰余金	43.0	27.3	27.3
留保利益	36.5	23.2	14.2
繰延報酬	−0.3	0.0	0.0
株主資本合計	79.3	50.6	41.6
負債および株主資本合計	91.0	60.1	46.9
発行済社外流通株数	8.8	2.5	2.5

注：四捨五入の為各細目の和が合計と一致しない場合がある．

MAXWELL SHOE COMPANY, INC. 一年次損益計算書（百万ドル）

	1998年10月31日	1997年10月31日	1996年10月31日
売上高	165.9	134.2	104.3
売上原価	121.0	98.2	79.9
売上総利益	44.9	36.0	24.4
販売費	10.2	7.9	5.6
一般管理費	14.9	13.1	9.8
営業費用合計	25.1	21.0	15.4
利息費用	−0.0	−0.1	−0.0
その他利益（純額）	0.2	−0.3	0.6
税引前利益	20.0	14.6	9.6
法人税等	6.6	5.5	3.6
純利益	13.4	9.1	6.0
基本一株当たり利益	1.61	1.19	0.78
基本一株当たり利益算出に用いた株数（百万株）	8.2	7.6	7.6
希薄化調整後一株当たり利益	1.44	1.06	0.72
希薄化一株当たり利益算出に用いた株数（百万株）	9.2	8.5	8.3

注：四捨五入の為各細目の和が合計と一致しない場合がある。

Maxwell Shoe Company, Inc. *549*

MAXWELL SHOE COMPANY, INC. —キャッシュフロー計算書（百万ドル）

	1998年10月31日	1997年10月31日	1996年10月31日
純利益	13.3	9.0	5.9
減価償却費	1.2	0.7	0.2
繰延税額	1.9	−0.7	0.2
その他現金に影響しない項目	0.1	0.1	0.1
流動営業資産負債の増減	−9.7	−15.6	3.0
営業キャッシュフロー	6.8	−6.5	9.4
資本支出	−5.7	−0.7	−5.6
投資キャッシュフロー	−5.7	−0.7	−5.6
自己株買入または新株発行	14.5	0.0	0.0
キャピタル・リース債務の支払	−0.1	−0.1	−0.2
財務キャッシュフロー	14.4	−0.1	−0.2
現金正味増減額	15.5	−7.3	3.6
現金による利息支払額	0.0	0.1	0.0
現金による税金支払額	4.8	6.8	2.4

資料 3

Maxwell Shoe Company, Inc.—月次の株価履歴

月	月末の株価（終値）
1998 年 12 月	10.938
〃 11 〃	11.875
〃 10 〃	11.750
〃 9 〃	11.875
〃 8 〃	13.125
〃 7 〃	19.375
〃 6 〃	19.875
〃 5 〃	19.625
〃 4 〃	17.750
〃 3 〃	15.813
〃 2 〃	15.750
〃 1 〃	14.125
1997 年 12 月	10.750
〃 11 〃	13.625
〃 10 〃	13.125
〃 9 〃	15.000
〃 8 〃	11.000
〃 7 〃	10.500
〃 6 〃	12.250
〃 5 〃	9.250
〃 4 〃	8.250
〃 3 〃	7.875
〃 2 〃	7.625
〃 1 〃	7.375
1996 年 12 月	6.625
〃 11 〃	7.250
〃 10 〃	6.625
〃 9 〃	6.313
〃 8 〃	6.125
〃 7 〃	6.000
〃 6 〃	7.750
〃 5 〃	6.500
〃 4 〃	5.000
〃 3 〃	5.000
〃 2 〃	5.000
〃 1 〃	5.250

Maxwell の株式ベータは 0.81 と推定されていた。
1998 年 12 月時点での 30 年物国債の利回りは約 5％であった。
出典：One Source Information Services, Inc.

Schneider and Square D

　1991年1月下旬，フランス企業 Groupe Schneider の CEO 兼会長である Didier Pineau-Valencienne は，彼の会社と Square D との間に密接な協働関係をうまく築けないことに失望していた．Square D は米国の電気設備業界において Schneider に相当する位置にある企業である．電気設備市場のグローバル化が進んでいることを確信していた Pineau-Valencienne は，将来の競争優位を維持するために，Schneider は米国市場で中心的なプレーヤーになる必要があると信じていた．Square D との提携がうまくいかないことで，この会社を買収するという選択肢について，彼は考慮していた．

電気設備産業

　電気設備産業は，既存設備の保守とともに，新規設備の建設からも収益を得ている．いずれに対する需要も，経済全体の状況と密接に関連している．1990年の不景気は，米国における電気製造部門に厳しい打撃を与えた．しかし，1991年初期には，経済と建設市場が上向きに転じると予想されているため，この業界も先行き明るいとの見通しをアナリストは持っていた．

　1990年にこの業界を支配していたのは，関連する2つのトレンド，すなわちグローバル化と産業の集中化であった．そのうち前者は，東欧や環太平洋諸国における市場の成長に便乗するため，米国企業の海外進出を招いた．この国際的なビジネス・チャンスは，業界における製品規格がグローバル化されたことにより，高められていた．米国でもっとも広く受け入れられているのは，アメリカ電気製造業者協会（NEMA）によって作られた規格である．欧州の製品は，ジェノバにある国際電気標準会議（IEC）によって作られた，何種類かの規格に合致している．しかし，業界における多くの企業は，1992年に予定されていた欧州統合への動きにより，最終的には IEC 規格が世界を支配するであろうと見込んでいた．

　業界における2つめの大きなトレンドである，製造ならびに研究施設の集中化は，産業のグローバル化とともに，開発ならびに生産コストの増加から発生した．新製品のラインを開発するためのコストは，46百万ドルから74百万ドル（250百

万フランから400百万フラン)かかる．市場および製品規格のグローバル化は，内外の市場に共通する製品を作り出すため自社の専門知識と技術を利用して，企業が規模の経済を享受することを可能にしたのである．

SQUARE D

Square Dは米国における，電気設備，サービスおよびシステムの大手供給者である (Square Dの市場シェアについては資料1をみよ)．この会社は1903年に設立され，以降，着実に成長してきた．現在，18の製造施設を海外11ヵ国に所有，操業している．事業は，配電，工業用制御という，2つのセグメントに集約されている．配電セグメントでは，電気を送電線から住居用，商業用，工業用その他の建物にあるコンセントに伝達する製品ならびにシステムを製造している．工業用制御セグメントでは，電力装置ないしシステムに用いられている動力を制御するための製品ならびにサービスを供給している．

Square Dの強みの1つは，その製品を販売してくれる独立系の配給業者ないし卸売業者のネットワークにある．Square Dに選ばれた独立系の配給業者は，あらゆるタイプの顧客 (請負業者，公益事業者，工業ユーザー，それに自ら開発した装置を製造する業者) に製品ならびにサービスを供給している．この広範なネットワークは何年もかけて築き上げてきた関係の賜物であり，競争相手ほとんどの羨望の的となっている．

Square Dの主な競争相手には，ABB, Westinghouse, Siemens, Allen Bradley, General Electric, それに Schneider (子会社の Télémécanique ならびに Merlin Gerin を通じて) がある．これら企業は，いくつものセグメントにまたがって競争をしている．1990年の終わり，*US Industrial Outlook* 誌は，Square Dを工業用制御事業でAllen Bradleyに次ぐ米国第2位に順位付けした．配電事業では，WestinghouseとGeneral Electricに次ぐ，3番手にランクされた．

Square Dは感嘆に値する財務成績を残してきた．過去59年間連続で黒字を計上し続けてきたのである．しかし，この会社の業績指標は悪化し始めており，それが最高経営者の交替を取締役会に促すことになった．Jerre Stead は社長兼COOとして1987年にSquare Dに入社した．1988年にはCEOに選任され，1989年には取締役会会長に指名された．Steadは会社の業績を回復し，この業界における新たな難題に対応するために，再生計画を導入した．この計画により，以下のようなリストラが実施された．

- 米国ならびにカナダにある一部の施設を閉鎖し，残りを統合した．
- 会社の事業が，工業用制御，配電および国際市場という3つのセクターに再編された．
- 施設の配置転換や，中核事業との関連が少ない事業からの撤退によりもたらされた資源は，中核事業を強化するために使われた．

こうした努力によって，Square D は 1990 年の不景気を多くの競争相手よりもうまく切り抜けたのであった．Square D の 1990 年における売上高は 17 億ドル（財務諸表については資料2をみよ）であり，その内訳は配電事業セグメントが 71%（営業利益では 85%），工業用制御事業セグメントが 29%（営業利益では 15%）であった．1991 年当初の時点で，1991 年末ないし 1992 年について，この業界，とりわけ Square D に対して，アナリストは楽観的な見通しを表明していた．*Value Line* 誌には「進む好景気，住宅投資の回復，そして積極的な営業レバレッジは，1992 年の1株当たり利益を 5.50 ドルかそれ以上（1990 年は 4.73 ドル）に押し上げることができるかもしれない」と述べられている．

GROUPE SCHNEIDER

Schneider は 1886 年に合名会社として設立され，1966 年に株式会社（société anonyme）に改組された．この企業は，フランスにおける工業グループの大手であり，*Fortune* の全世界 500 社のなかで 184 位にランクされている．

1981 年，Pineau-Valencienne がグループの CEO 兼会長に着任すると，Schneider は大胆なリストラ計画に乗り出した．この計画の第1段階は，すべての赤字事業（造船，鉄道および電信機器）を，それまでグループの売上高の大半を占めてきたにもかかわらず，処分することであった．この事業売却により，グループは経営構造をすっきりとさせ，資金力を強化することができた．リストラの第2段階では，Schneider は2つの中核事業に焦点を絞り込んだ．

- 配電ならびに工業施設のオートメーションに利用される電気設備の製造事業（1990 年の売上高の 56%，営業利益の 85%）
- 電気施設請負事業（1990 年の売上高の 44%，営業利益の 15%）

こうしたリストラの結果，Schneider は多角化事業持株会社から電気に関する設

備，エンジニアリングおよび請負業に特化した工業グループへと転換したのであった．この企業は，4つの主要な工業子会社を核として編成されている．

- *Merlin Gerin*—プロセス制御システムとともに高電圧，中電圧，低電圧設備を製造している．
- *Télémécanique*—オートメーションのシステムならびに設備を製造している．
- *Jeumkont Schneider*—電気ならびに電子エンジニアリング設備を製造している．
- *Spie Batignolles*—電気請負業ならびに土木工事のサービスを提供している．

1990年における売上高は510億フランであり（財務諸表は資料3に掲げてある），世界中に85,000人の従業員を抱えているSchneiderは，電気設備業界におけるほとんどのセグメントで世界第2位，もしくは第3位の位置を占めている．

1980年代の終わりに，Pineau-Valencienneは，この業界がグローバル産業に向かっていることを確信するようになった．アナリストとの話し合いで，彼はIEC規格が米国において影響力を増加させ，世界規模の規格になる可能性を強調した．さらに，増加する研究開発コストや製造コストが国際的な集中化を促進すると彼は信じていた．そのため，Schneiderは地域分散を図るリストラの第3段階をスタートさせた．その動きは1989年における大規模な買収2件によって口火を切った．すなわち，

- Spie Batignollesが英国を代表するエンジニアリング企業DAVYの15％を取得した．
- Schneiderがカナダを代表する電気設備製造企業Federal Pioneerの支配的持分を取得した．

SchneiderとSquare Dの関係

SchneiderがSquare Dに興味を持つようになったのは1988年である．1988年9月，Pineau-Valencienneは最高経営者同士の会談を用意した．そこで，Schneiderはありうべき合弁事業について意見を披露した．この提案の後，実務レベルの会合が1988年秋から1989年春にかけて組まれ，そのような合弁事業にもっともふさわしい製品ラインが決定されることになった．1988年10月下旬，交換

した情報を漏らさないため，両社は機密保持に関する契約を交わした．これにより，話し合いを通じて得た機密情報を利用したり，公開することは制約されることになった．しかし，そこには株式の取得や合併買収の持ちかけを制限する「不可侵（standstil）」条項は一切含まれていなかった．

　交渉のごく初期の段階で，両社の関係がどのようなものになるかについて，2人のCEOの理解に食い違いがあることが明らかになった．Pineau-Valencienneは関係を堅固にするため，SchneiderがSquare Dの持分を取得することを望んでいた．しかし，それは歓迎できないこと，そしてSquare Dの独立性が尊重されなくてはならないことをSteadは明言した．1989年9月25日の書状で，Pineau-Valencienneは，合弁事業についての話し合いを将来的に，SchneiderによるSquare D持分20％の取得への合意につなげたいという彼の考えをはっきり示した．その結果，合弁事業をめぐる両社の話し合いは中止されることになった．この行き詰まりに業を煮やしたPineau-Valencienneは，1990年9月，SchneiderのSquare Dに対する関心が，合弁事業から「友好的な現金買収取引」へと移ったことをSteadに申し渡した．この後，Square Dの取締役会はSchneiderの申し入れに対して敵意の度を高めていく．

　SchneiderがSquare Dに申し入れを行っていた同時期，Square Dは敵対的買収に対する法的な防衛策を講じていた．1989年，同社はデラウエア州に移転した．その州法では，敵対的な買収者が乗っ取りを有効にするためには，最低でも85％の株式を買い付けることが求められていた．さらに，敵対的な買収を仕掛けられたときに対抗できるよう，同社は「普通株式買い入れ制度（Common Stock Purchase Plan）」を含む，ポイズン・ピル（乗っ取り防止策）となる条項を定款に書き込んだ（詳しくは資料4をみよ）．

　1990年11月には，Square Dの株に普通ではない動きが続いた．乗っ取りの噂によって，売買高が増え，株価は10月22日の36.50ドルから11月7日の49.75ドルにまで高騰した（資料5をみよ）．1990年11月6日，この異常な動きをめぐって，SteadはPineau-Valencienneと電話で話をした．そこでPineau-Valencienneは，もしSquare Dに対して取引を持ちかける機会が他の誰かに与えられるなら，自分たちもそのような機会をもつことに関心を抱いていると述べたのであった．

　1991年2月1日，*Value Line Investments Survey*誌は以下のようにコメントしている．

　「過去3ヵ月間そうであったように，Square D株は乗っ取りを材料に投機的に

取り引きされている．Square D には（電気設備市場の一部における地位を含めて）いくつかの魅力があり，買収の標的とされるのはもっともであろう．とりわけ，米国市場における存在感を確立ないし拡大しようとしている外国企業にとってはそうである．ある買収者は，この会社のために1株70ドルか，それ以上を払おうとするかもしれない．しかし，この3ヶ月間で異常なまでに株取引が拡大し，理論上は，発行済み株式のすべてが売買されたのに，買収の試みが進行中であるという証拠はみられない．実際には何も起こらないとすれば，たぶん40ドルから50ドルの間に株価は次第に低下していくものと思われる．現時点では，投機的な投資家以外はこの株を所有すべきではない．」

Square D が買収される可能性

Pineau-Valencienne が考えていた選択肢の1つは，Square D の株式を買い付けることであった．Square D と2年間折衝して，両社を完全に結合することから得られるシナジーや企業価値の源泉について，彼はいろいろと考えを巡らせた．それには，以下が含まれていた．

・研究開発活動を両社の間で合理化し，既存技術からの便益を分かち合う．
・より大きな流通チャンネルへのアクセスが両社にとって可能になる．
・製造施設を合理化する．
・Télémécanique や Merlin Gerlin が開発した製品を販売することで，Square D の製品ラインが拡張する．

Schneider の財務アドバイザーである Lazard Fréres は Square D について，Schneider にとっての価値とともに，単体としての価値も分析するように依頼された．Square D 単体の価値を算定するため，独立のエンティティーとしての，この会社の将来業績について，Lazard Fréres は基本的な仮定を1組設けた．そこでは，(a)売上高は1991年に3.5％増加し，その後は毎年7％ずつ増加する，(b) EBIT は売上高に対して15％から16％になる，(c)正味の運転資本は売上高に対して11％から13％を維持する，(d)資本支出は売上高に対して5％と見積もる，(e)減価償却費は1991年から1997年までは売上高に対して4％のままで，それ以降は4.3％となる，と考えられていた．Schneider と Square D のシナジー効果を考えて，もし Schneider と合併していれば，Square D は年間約60百万ドルの費用（税引後）を

節約できるだろうとLazard Frèresは推定した．さらに，Square Dにある余分な資産を処分することで，150百万ドルの現金を手にすることができるであろう．その他，Square Dの企業価値を評価するのに役立つデータは資料6に示されている．

他にSquare Dを買収する可能性をめぐって，Pineau-Valencienneが関心を抱いていた問題の1つは，買収がSchneiderの利益にどのような影響を及ぼすかであった．フランスの会計によれば，対価を現金で支払うか，株式を発行するかにかかわらず，Schneiderはのれんを償却しなければならなくなる．買収に伴う資産や負債の再評価は最小限で済むだろうとLazard Frèresは見込んでいたが，それは，最長40年の償却期間を選択しても，のれんの償却費用が多額にのぼることを意味していた．結果的に利益が減少することに対して，アナリストの多くが否定的に反応するであろうとPineau-Valencienneは予想していた．

Didier Pineau-Valencienneは迅速に決断する必要を感じていた．合併の話をSquare Dに持ちかけている企業は他に多くあるとの噂もあった．Schneiderが米国市場に参入するチャンスがほとんど持てないでいるまま，競争相手がSquare Dを支配してしまうことをPineau-Valencienneは非常に心配していたのである．

練習問題

1. Square DとSchneiderの戦略的組み合わせについて評価し，議論せよ．合併の経済的メリットおよびデメリットは何か？
2. Square Dの企業価値を評価するためにLazard Frèresがおいた基本的な仮定についてどう思うか？
3. Square Dの価値を独立の企業として推定せよ．さらに，Schneiderにとって，この企業の価値はいくらか？
4. Square Dの企業価値全額分を支払わなければならなくなったとして，買収はSchneiderの将来利益にどのような影響を及ぼすであろうか？ その影響について，Schneiderは気にかける必要があるだろうか？
5. かりに1991年1月末時点のPineau-Valencienne氏の立場にいたら，あなたはどうしたであろうか？ Square Dに買収を仕掛けたであろうか？ もしそうなら，それにいくら掛けただろうか？ また，友好的な買収を申し出たであろうか，それとも敵対的に進めたであろうか？

資料1
SchneiderとSquare Dの米欧における市場シェア

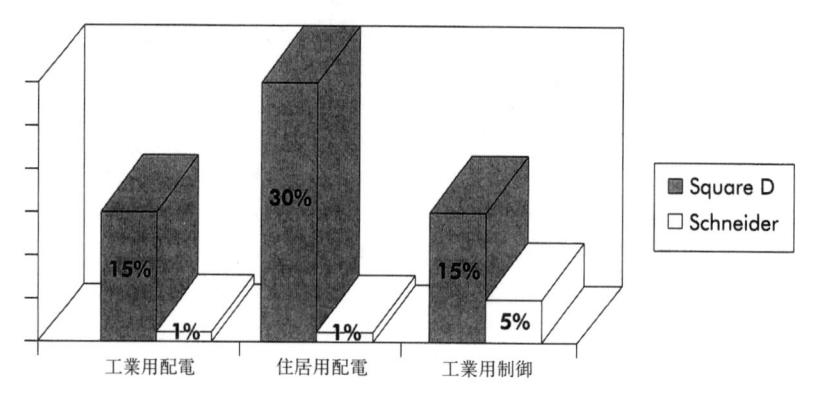

米国市場シェア

事業セグメント	Square D	Schneider
工業用配電	15%	1%
住居用配電	30%	1%
工業用制御	15%	5%

欧州市場シェア

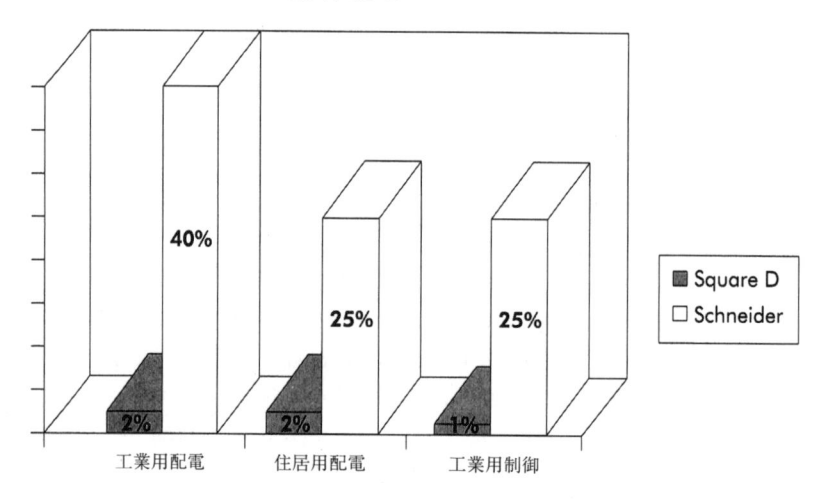

事業セグメント	Square D	Schneider
工業用配電	2%	40%
住居用配電	2%	25%
工業用制御	1%	25%

資料 2
Square D 1990 年度年次報告書からの抜粋

連結財務諸表

連結損益計算書

(1株当たり金額以外の数量単位は千)	12月31日に終了する事業年度		
	1990	1989	1988
純売上高	$1,653,319	$1,598,688	$1,497,722
原価及び費用			
売上原価	1,088,977	1,027,348	979,591
販売費及び一般管理費	385,903	369,726	338,962
リストラ費用	—	26,320	—
営業利益	178,439	175,294	179,219
営業外収益	34,740	17,106	17,255
支払利息	(28,760)	(31,438)	(22,082)
継続事業からの税引前利益	184,419	160,962	174,392
法人税等	67,773	59,856	63,310
継続事業からの利益	116,646	101,106	111,082
非継続事業：			
税金費用控除額（または節約額）：1990-$(1,188)；1989-$(1,086)；1988-$3,831 加減後の利得（または損失）	(312)	798	7,852
資産処分益（引当金と相殺済み，税金費用$1,865 控除後）	4,391	—	—
非継続事業からの利得	4,079	798	7,852
当期純利益	120,725	101,904	118,934
優先株配当（税引後）	6,176	3,300	—
普通株主に帰属する当期純利益	$ 114,549	98,604	$ 118,934
普通株1株当たり利益			
部分希薄化：			
継続事業	$ 4.76	$ 3.95	$ 4.15
非継続事業	.18	.03	.29
当期純利益	$ 4.94	$ 3.98	$ 4.44
完全希薄化：			
継続事業	$ 4.57	$ 3.88	$ 4.13
非継続事業	.16	.03	.29
当期純利益	$ 4.73	$ 3.91	$ 4.42
発行済み普通株式の加重平均：			
部分希薄化	23,181	24,763	26,776
完全希薄化	25,088	25,809	27,016

連結貸借対照表

(1株当たり以外の金額は千ドル)	12月31日	
	1990	1989
資産		
流動資産：		
現金及び短期投資	$ 244,933	$ 66,348
売掛金（貸倒引当金控除後 1990-$23,759；1989-$18,556）	305,241	314,123
棚卸資産	159,109	151,316
前払費用	12,664	15,206
前払法人税等	4,714	—
繰延税金資産	34,988	26,459
非継続事業に関わる純資産	—	117,116
流動資産合計	761,649	690,568
レバレッジド・リースへの投資	137,182	133,344
有形固定資産：		
土地	24,477	22,216
建物及び改良費	222,105	219,992
設備	552,785	501,531
有形固定資産（取得原価）	799,367	736,739
差引：減価償却累計額	349,265	318,261
有形固定資産（純額）	450,102	418,478
非継続事業に関わる純資産	36,681	52,949
買収した企業の純資産を超える取得価格		
（償却累計額控除後 1990-$13,769；1989-$12,978）	51,391	50,528
その他の資産	22,744	26,718
資産合計	$1,459,749	$1,372,585
負債及び普通株主持分		
流動負債：		
短期借入金	$ 123,871	$ 263,730
一年以内に返済される長期借入金	15,067	10,174
買掛金及び未払費用	220,575	200,686
未払法人税等	—	10,327
未払配当金	12,633	11,893
流動負債合計	372,146	496,810
長期借入金	244,820	123,420
繰延税金負債	82,381	74,464
レバレッジド・リースに関わる繰延税金	127,699	112,473
その他の負債	14,000	—
少数株主持分	10,941	9,295
無額面優先株式　授権株式数：6,000,000株；発行済株式数：1,709,402株；社外流通株式数：1,701,822株；ESOP転換可能優先株累積型シリーズA	$ 124,568	$ 125,000
ESOP信託からの受取手形	(25,000)	(125,000)

ESOP 未稼得報酬	(95,400)	—
普通株主持分：		
額面$1.66 ⅔普通株式　授権株式数100,000,000株	49,601	49,409
株式払込剰余金	130,401	120,211
留保利益	773,126	713,225
外貨換算調整勘定	3,262	(8,788)
自己株式－取得原価	(352,796)	(317,934)
普通株主持分合計	603,594	556,123
負債及び普通株主持分合計	$1,459,749	$1,372,585

連結キャッシュフロー計算書

(千ドル)	12月31日に終了する事業年度		
	1990	1989	1988
1月1日における現金及び短期投資	$　66,348	$　65,855	$　94,488
現金及び短期投資の調達源泉（または使途）			
営業活動：			
継続事業からの利益	116,646	101,106	111,082
継続事業からの利益に含まれる非現金項目の加算（または減算）：			
減価償却費	59,300	49,443	45,174
繰延税金	1,707	(25,147)	(8,506)
レバレッジド・リースに関わる繰延税金	15,226	23,445	25,683
有形固定資産売却損（または売却益）	(1,011)	1,936	657
為替差損（または差益）	(2,222)	964	(52)
少数株主損益	1,646	985	1,047
利益に対する他の貸方項目（純額）	—	(15)	(63)
流動項目（企業買収による増減を考慮後）：			
売掛金	13,501	(58,515)	(20,789)
棚卸資産	(1,285)	26,568	(52,795)
前払費用	2,769	12,027	1,635
買掛金及び未払費用	(7,312)	16,736	20,316
法人税等	(15,253)	(3,319)	8,243
継続事業から得られた正味のキャッシュ	183,712	146,214	131,632
非継続事業から得られた（または，に費やされた）正味のキャッシュ	(484)	2,971	721
営業活動から生じた正味のキャッシュ	183,228	149,185	132,353
投資活動：			
レバレッジド・リースへの投資増加	(3,838)	(2,876)	(4,829)
企業買収（取得した現金$103控除後）	—	(9,271)	—
固定資産追加	(83,117)	(80,024)	(70,419)
事業売却からの収入	175,476	—	—
有形固定資産売却からの収入	21,774	6,186	14,222
その他の投資減少額（または増加額）	1,281	(12,794)	24,692

投資活動から生じた（または，に費やされた）			
正味のキャッシュ	111,576	(98,779)	(36,334)
財務活動			
短期借入金純増加額（または減少額）	(143,983)	142,262	44,430
長期借入金増加額	27,883	614	11,066
長期借入金返済額	(14,412)	(21,580)	(17,910)
ESOP信託からの受取手形の収入	125,000	—	—
ESOP信託に対する貸付	(25,000)	—	—
普通株式への配当金	(50,128)	(50,590)	(54,601)
優先株式への配当金	(9,956)	(5,000)	—
普通株式の発行	6,602	8,929	6,349
自己株式の購入	(34,916)	(126,778)	(111,394)
優先株式の償還	(432)	—	—
自己株式の発行	54	114	256
財務活動に費やされた正味キャッシュ	(119,288)	(52,029)	(121,804)
キャッシュに生じた為替換算差損益	3,069	2,116	(2,848)
現金及び短期投資の純増額（または純減額）	178,585	493	(28,633)
12月31日における現金及び短期投資	$ 244,933	$ 66,348	$ 65,855

連結財務諸表の注記を参照。

連結財務諸表注記

(1株当たり以外の金額は千ドル)

1. 重要な会計方針の要約

連結方針　この財務諸表には，当社および当社が過半数を所有する子会社すべての勘定が含まれている。連結されていない関連会社に対する投資には持分法が適用されている。連結会社間の勘定および取引のうち重要なものは，すべて消去されている。この財務諸表は，11月30日に事業年度が終了する海外子会社ほとんどすべてを除いて，12月31日に終了する事業年度について作成されている。

現金および短期投資　現金には銀行にある現金および定期預金が含まれる。短期投資には原則として3ヵ月以内に満期が到来する，流動性の高い様々な短期金融商品が含まれる。短期投資は取得原価で記録されているが，市場価格とほぼ同じである。

棚卸資産　棚卸資産には低価法が適用されている。国内の棚卸資産ほぼ全部と海外の棚卸資産の一部は，後入先出法（LIFO）により棚卸資産の原価が決定されている。海外の棚卸資産ほぼ全部には先入先出法（FIFO）が適用されている。

有形固定資産　有形固定資産は資産の推定耐用年数にわたって定額法による減価償却が適用されている。課税計算上は，加速償却が使われている。

買収した事業　買収した事業の純資産を買収価格が超過する額は，40年を超えない期間で定額法により償却されている。

法人税等　法人税等はAPB意見書11号にもとづいて計上している。財務会計基準審議会が公表している基準書96号によって，法人税等の会計は変更されることになるが，当社は1992年1月1日までにこの基準を採用する予定である。

オフ・バランスシートの金融商品　為替レートや利子率の変動によるリスクを管理するため，当社は様々な金融商品を取り扱っている。こうした金融商品には，金利スワップ契約や為替予約が含まれている。これらの金融商品に関しては，財務諸表に重要な影響を与えるようなオフ・バランスシートのリスクはない。

普通株式1株当たり利益　普通株式1株当たりの部分希薄化利益は，優先株に割り当てられる税引後の配当金を控除した当期純利益を，その年に流通している普通株式数の加重平均で割って求められる。ストック・オプションや転換社債の形で存在する普通株式同等物については，1株当たりの金額に重要な希薄化効果をもたらさないため，計算から除かれている。完全希薄化1株当たり利益は，転換可能優先株式および普通株式同等物がすべて普通株式に転換されるものとして

計算されている．

組み替え　1989年および1988年の財務諸表における項目の一部は，直近年度の財務諸表の表示方法に合わせて組み替えられている．

2. 非継続事業

1990年6月30日に，当社はGeneral Semiconductor Industries（GSI）の事業を非継続とすることを公表した．また，1989年9月30日には，当社はYates Industries（Yates）の銅ホイル事業を非継続とすることを公表している．それに伴い，これらの非継続事業に関する純資産と経営成績を分離して報告するため，当社の連結財務諸表は組み替えられている．非継続決定日以前の期間に関わる財務成績も，現継続事業の業績を示すように書き替えられている．

1990年1月，当社は欧州におけるYatesの事業およびYatesが50％を出資している日本における合弁事業の持分を売却することを決定した．1990年4月，当社はニュージャージー州ボーデンタウンにおけるYates事業の売却を完了した．Yates事業全体の売却から得られた総収入は$175,476である．Yates事業の売却から得られた収入および関連経費は経営陣が当初見積もっていたのとほぼ同額であった．経営陣はまたGSI事業の売却を積極的に推し進めている．

Yatesの売却利益から，将来のGSI売却に関わる損失の引き当てならびに過去の非継続事業に関連する経費を差し引いた結果，1990年の第2四半期の非継続事業からの利益は税引後で$4,391の黒字となった．Yates売却の利得からは，長期の環境費用に対する引き当て$14,000が除かれている．Yatesの海外事業所を売却して得られた利得には，為替換算調整勘定から振り替えられた利得$6,895が含まれている．

非継続事業の純資産は，1990年12月31日時点で$36,681，1989年12月31日時点で$170,065である．この金額には，流動資産，有形固定資産，その他の非流動資産，流動ならびに非流動負債が含まれている．

非継続決定日前における非継続事業の売上高は，1990年が$16,158，1989年が$124,121，1988年が$159,000である．税引後の利子費用のうち$249，$2,730，$2,246が，純資産額に応じて，それぞれ1990年，1989年，1988年における非継続決定日前の非継続事業に割り当てられた．非継続決定日以降1990年12月31日までのGSIの事業成績に重要性はない．

3. リストラ費用

1989年，当社はリストラ費用を税引き後で$17,511，1株当たりの金額で$.71計上した．これは，国内外における事業や製品ラインのいくつかを合理化し，収益性を高める計画の一環として実施された．この費用に含まれているのは，主に配電セグメントにおける製品，施設および組織上の合理化に関連するコスト，工業用制御セグメントにおける製品の合理化に関連するコスト，カナダにおける工場の統合ならびに組織のリストラに関連するコスト，欧州における再編に関連するコスト，そしてマーケティングのリストラに関連するコストから構成されている．

4. 企業買収

1989年，当社はオハイオ州ダブリンのCrisp Automation, Inc.を買収した．Crisp Automationは，プロセス管理とファクトリー・オートメーション・システムを設計しており，Square Dではオートメーション・プロダクツ事業の一部として活動している．1989年はさらに，アラバマ州モンテベロのElectrical Specialty Products (ESP) を買収した．ESPは電気コネクターを製造しており，Square Dではコネクター事業の一部として活動している．これらの買収はパーチェス法で記録されているが，買収日以前の期間における売上高や純利益に重要性はない．

5. 棚卸資産

後入先出法（LIFO）で評価されている棚卸資産の合計額は，1990年12月31日時点で$83,941，1989年12月31日時点で$65,017である．もし，先入先出法（FIFO）が用いられていれば，棚卸資産は連結貸借対照表に記載されているよりも，1990年12月31日時点で$138,120高く，1989年12月31日時点で$140,076高く評価されていたであろう．

棚卸資産は費目別に管理されている．そのため，完成品，仕掛品および原材料のような項目でくくるのは実用的ではない．

6. リース債務

当社は，倉庫や事務所，あるいはコンピュータや運搬具など，多岐にわたる特定備品を，オペレーティング・リースに分類されるリース契約によって賃借している．1990年12月31日現在，当初の契約期間が1年以上ある，解約不能なオペ

レーティング・リースによる今後の最低支払リース料は以下の通りである．

1991 年	$ 10,160
1992 年	7,266
1993 年	5,520
1994 年	4,473
1995 年	975
以降	1,224
合計	$ 29,618

7. 借入金

長期借入金は以下から構成されている．

	1990	1989
ESOP 債，7.7%，満期は 2004 年まで複数の日	$ 120,400	$ —
上位債，10.0%，満期 1995 年	75,000	75,000
インダストリアル・レベニュー債（産業誘致地方公債），5.6%〜8.8%，満期は 2004 年までの複数の日	25,715	26,610
一番抵当付き債，利率 9.0%〜9.2%，満期は 2009 年までの複数の日	10,825	11,119
転換可能劣後債，9.0%，満期 1992 年（割引率 13.0%の社債発行差金の未償却残高 1990 年-$220，1989 年-$376 控除後）	2,787	4,096
銀行借入金；平均利率 1990 年-13.8%，1989 年-10.3%，満期は 1996 年までの複数の日	1,114	2,423
その他の借入金：平均利率 1990 年-14.4%，1989 年-12.7%，満期は 2000 年までの複数の日	24,046	14,346
小計	259,887	133,594
差引：1 年以内に返済される額	15,067	10,174
合計	$ 244,820	$ 123,420

1991 年から 1995 年までに償還を迎える長期債務の合計額は，それぞれの年ごとに，$15,067, $14,642, $14,968, $13,877, $82,187 である．

　従業員持株制度（ESOP）債には，当社が直接借り入れた額 $25,000 が含まれている．そこからの収入は，貸付金の形で，当社の ESOP に先払いされている．1990 年 12 月 31 日現在，ESOP が直接借り入れている額は合計で $95,400 になるが，これに対して当社が保証を行っているため，当社の長期債務として計上されている．詳しい説明は注 Q（省略）を参照のこと．

　インダストリアル・レベニュー債のうち $9,115 と一番抵当付き債は，そこから

調達された資金によって取得した有形固定資産が担保にされている．

転換可能劣後債は，額面 1000 ドルにつき 28.57 株の割合で転換することができる．この転換に備えて，当社は 85,934 株の普通株を準備している．

当社は，主要取引銀行 12 行が参加する極度貸付契約を締結した．この契約により，1994 年まで $180,000 の極度貸付が受けられる．この貸付は，国内およびユーロ市場の両方で受けられる．

短期借入金に含まれる 12 月 31 日時点の銀行借入残高は，1990 年で $33,611，1989 年で $19,438 であり，コマーシャル・ペーパーの残高は 1990 年で $70,260，1989 年で $214,292 である．さらに，短期借入金のなかには短期債券発行保証枠が 1990 年 12 月 31 日時点で $20,000，1989 年 12 月 31 日時点で $30,000 含まれている．

なお，1990 年 12 月 31 日現在，当社は合計 $69,501 の短期信用限度枠を未使用のまま残している．

8．法人税等

継続事業からの税引前利益は以下の通りである．

	1990	1989	1988
米国内	$ 163,674	$ 142,855	$ 155,453
米国外	20,745	18,107	18,939
合計	$ 184,419	$ 160,962	$ 174,392

継続事業に関わる法人税等は以下の通りである．

	1990	1989	1988
当期：			
米国内（連邦）	$ 33,452	$ 46,784	$ 35,261
米国外	7,999	4,752	3,989
米国内（州）	9,037	9,902	6,625
	50,488	61,438	45,875
繰延：			
米国内（連邦）	17,189	(1,375)	17,475
米国外	(869)	1,479	228
米国内（州）	965	(1,686)	(268)
	17,285	(1,582)	17,435
合計	$ 67,773	$ 59,856	$ 63,310

繰延税金費用の内訳は以下の通りである．

	1990	1989	1988
リース子会社の所得	$ 17,077	$ 22,502	$ 25,256
401k 拠出金	4,383	—	—
州税	965	(1,686)	(268)
有税の減価償却費	2,535	1,301	751
割賦販売に関わる課税所得の繰延べ	—	(13,006)	(5,615)
代替的最小課税	—	8,484	1,634
団体健康保険信託への拠出	—	(6,863)	(11,634)
リストラ費用	—	(4,510)	—
その他	(7,675)	(7,804)	7,311
繰延税金費用（または繰延税金節約）	$ 17,285	$ (1,582)	$ 17,435

継続事業に関する法定税率から実効税率への調整は以下の通りである．

	1990	1989	1988
米国法定連邦税率	34.0%	34.0%	34.0%
州所得税（連邦税の税効果控除後）	3.6	3.4	2.4
減税率	—	—	(2.5)
海外からの配当に対する米国課税率	0.4	0.3	4.2
海外の税率との差異	0.1	(0.9)	(2.6)
リース子会社	(0.1)	(0.2)	(0.8)
リストラ費用	—	0.6	—
その他	(1.3)	—	1.6
実効税率	36.7%	37.2%	36.3%

海外で再投資された，あるいは再投資される予定の，もしくは課税されない配当として米国に還流すると予想される，未分配の利益約 $120,009 については，外国源泉課税および内国法人課税に対する税費用を引き当てていない．現時点で本国への送金を予定している利益については，すべて税費用を引き当てている．

9. 損益計算書に関する補足情報

	1990	1989	1988
営業外の収益：			
利子収益	$ 25,501	$ 14,497	$ 9,666
裁判の和解金	5,695	—	—
レバレッジド・リースからの収益	5,273	6,694	8,219
固定資産売却益（または売却損）	1,005	(1,933)	(673)
その他の営業外収益（または費用）	(2,734)	(2,152)	43
合計	$ 34,740	$ 17,106	$ 17,255
研究開発費	$ 55,384	$ 44,720	$ 46,533
保守修繕費	47,328	49,572	47,131
広告費	26,584	25,933	19,586
賃借料	22,857	23,238	19,958
外貨建取引差益（または差損）	(1,423)	292	2,343

10. 年金制度

　当社の国内部門には，65歳になれば実質的にすべての従業員に与えられる通常の退職給付のための年金制度（主として確定給付年金制度）がいくつかある．常勤の従業員に与えられる確定給付は最終の平均報酬による算式に基づいている．パートタイマーに対する制度は，1年あたりの役務量による算式に基づいている．当社は ERISA 法ならびに IRS 法にしたがい，現役従業員の平均残存労働年数にわたって償却される過去勤務費用を含めて，制度への資金拠出を毎年行っている．

　1989年，当社は海外の重要な年金制度について SFAS 第87号を採用した．SFAS 第87号が適用されていない海外の年金制度については，確定給付債務が基金の資産を上回る額に重要性はない．営業している地域の国際税務当局による法規制にしたがって，当社は制度への資金拠出を毎年行っている．

　当社の国内外における年金制度に関わる毎年の純年金費用の内訳を示すと，以下の通りである．

	1990	1989	1988
勤務費用（期中に発生した給付）	$ 12,409	$ 11,039	$ 9,515
繰り延べられた，ないし償却された費用（純額）	(42,253)	24,976	(11,621)
予測給付債務に対する利子費用	28,547	25,796	25,414
制度資産からの実際収益	10,809	(55,795)	(14,388)
毎年の年金費用純額	$ 9,512	$ 6,016	$ 8,920

当社の重要な海外年金制度から生じた年金費用純額は，1990年が$843，1989年が$1,000であった。

下の表は，当社の国内外における年金制度の資金状況ならびに12月31日付けのバランスシートに計上されている金額を示したものである．

	資金過剰制度		資金不足制度	
	1990	1989	1990	1989
給付債務の保険数理上の現在価値：				
受給権獲得従業員	$ (193,615)	$ (194,793)	$ (96,325)	$ (90,466)
受給権未獲得従業員	(12,169)	(6,073)	(15,407)	(3,251)
累積給付債務合計	(205,784)	(200,866)	(111,732)	(93,717)
予測される昇給に関わる追加債務額	(35,705)	(45,637)	(3,949)	(3,095)
予測給付債務	(241,489)	(246,503)	(115,681)	(96,812)
制度資産（主として普通株式ならびに固定金利商品）の公正価値	245,953	267,184	75,493	68,884
予測給付債務に対する制度資産の超過額（または不足額）	4,464	20,681	(40,188)	(27,928)
未認識の純損失（または利得）	(7,583)	(15,018)	9,451	8,442
未認識の過去勤務費用	(6,374)	(6,934)	17,281	4,673
SFAS第87号採用当初に存在した債務のうち未認識の額	6,604	1,682	1,378	4,569
前払（または未払）年金費用	$ (2,889)	$ 411	$ (12,078)	$ (10,244)

国内における年金制度について，予測給付債務の保険数理上の現在価値を求めるために設けられた経済的仮定は以下の通りである．

	1990	1989
割引率の加重平均	9.0%	8.3%
将来の給与水準の上昇率	5.3	5.3
制度資産からの収益率	10.0	10.0

海外の年金制度について仮定されている率には，それぞれの制度における経済状況が勘案されているが，国内向けの制度と比べ，おおむね1.0%から2.0%のずれがある．

　すべての制度についての年金費用総額は，1990年が$10,914，1989年が$8,073，1988年が$12,962である．保険数理上の仮定は，主として投資からの収益率と昇給率に，直近の経済状況を反映させるため，1990年，1989年，1988年に改訂されている．この変更ならびに他の変更により，年金費用は1989年に$5,838，1988

年に $1,218 減少したが，1990 年には約 $920 増加した．

11. 退職後給付

　当社は国内の退職従業員のほとんど全員に対して，医療保障制度と生命保険給付を提供している．当社の従業員ほとんど全員は退職するときに，これらの給付を受け取る権利を得る．退職者の医療保障のコストは請求に対して支払をなしたときに費用計上している．生命保険給付のコストは保険料が支払われたときに費用計上している．これらのコストの合計は，1990 年が $6,165，1989 年が $5,075，1988 年が $3,982 であった．

　財務会計基準審議会は基準書第 106 号「年金以外の退職後給付に係わる事業主の会計」を公表している．この基準書は，退職後給付に関わる未払費用を従業員が役務を提供した期間に計上することを要求している．この新基準によってどれだけの影響が生じるか完全には決められないが，それらの給付について認識される費用の額は，この変更により大幅に増加することになる．当社はこの基準書を 1993 年に採用する予定である．

12. セグメント別および地域別情報

　当社は，配電に関する製品・システム・サービス，ならびに工業用制御に関する製品・システム・サービスの製造及び販売を手がけ，ほぼ世界中の主要な販売エリアで営業している．重要な製造工場は米国中と，欧州，南米，カナダ，オーストラリア，そしてタイに所在する．

　配電セグメントは主として，配電に利用される製品・システム・サービスの製造と販売から成る．配電機器は主として，送電線の末端から，住居用，商業用，工業用あるいは，その他の建物にある消費場所へと電気を配分するために利用される．配電製品には，工業用モールド型遮断機，小型遮断機，負荷センター，箱形開閉器，計測器，配電盤，分電盤，動力制御センター，低中電圧用開閉装置，バスダクトならびにレースダクト，乾式変圧器それにキャストレジン変圧器などがある．

　工業用制御セグメントは主として，電力利用装置ないしプロセスに使われる電力を制御するための製品・システム・サービスの製造と販売から成る．制御機器には，動力始動器，接触器，押しボタン，加減動力周波数制御器およびセンサーなどがある．このセグメントには，ほかにもプログラマブル・コントローラー，電池制御器，電算制御データ処理システム，無停電電源装置，電力保護機器，赤

外線放射温度計・高温計，それにドーム型スナップ開閉器ならびに電鍵盤といった製品がある．

配電セグメントと工業用制御セグメントにおける製品ほぼすべてが，当社が保有している販売組織を通じて販売され，戦略的に配置された倉庫のネットワークを通じて配送される．全売上高の多くを占めるのは，当社に代わって，電気請負業者，電気事業体，大規模工業用施設その他企業に製品を販売する，認定配給業者に対する直接の売り上げである．

地域別セグメントおよび事業別セグメントの間での売買は，市場価額とほぼ変わらない価格によりなされている．共通の支配下にある顧客グループに対する純売上高は，2つの事業セグメントを合わせて，1990年が$161,015，1989年が$161,156，1988年が$176,700である．

1990年12月31日に終了する事業年度を含め，過去3年間の事業セグメント別財務情報を要約すると以下の通りである．

事業別セグメント	1990	1989	1988
売上高			
配電：			
グループ外部に対する売り上げ	$1,170,420	$1,117,619	$1,057,359
グループ内部の売り上げ	18,203	13,083	10,484
	1,188,623	1,130,702	1,067,843
工業用制御：			
グループ外部に対する売り上げ	482,899	481,069	440,413
グループ内部の売り上げ	63,919	51,923	49,244
	546,818	532,992	489,657
消去	(82,122)	(65,006)	(59,728)
連結	$1,653,319	$1,598,688	$1,497,772
営業利益			
配電	$ 152,280	$ 143,541	$ 138,229
工業用制御	26,302	31,614	40,046
消去	(143)	139	944
連結	$ 178,439	$ 175,294	$ 179,219
識別可能資産			
配電	$ 920,781	$ 755,253	$ 701,973
工業用制御	503,079	447,913	418,247
消去	(792)	(646)	(835)
継続事業における識別可能資産	$1,423,068	$1,202,520	$1,119,385
非継続事業における純資産	36,681	170,065	181,338
連結	$1,459,749	$1,372,585	$1,300,723

減価償却費			
配電	$ 36,688	$ 29,815	$ 26,345
工業用制御	22,612	19,628	18,829
資本支出			
配電	$ 54,763	$ 50,323	$ 43,980
工業用制御	39,125	30,125	27,975

1989年9月30日より，当社は報告セグメントを「電気設備」および「電子製品」から「配電製品・システム・サービス」および「工業用制御製品・システム・サービス」へと変更した．

1990年12月31日に終了する事業年度を含め，過去3年間の地域別財務情報を要約すると以下の通りである．

地域別セグメント	1990	1989	1988
売上高			
米国：			
グループ外部に対する売り上げ	$1,332,390	$1,321,769	$1,256,009
グループ内部の売り上げ	73,646	62,253	47,479
	1,406,036	1,384,022	1,303,488
欧州：			
グループ外部に対する売り上げ	138,836	115,678	105,471
グループ内部の売り上げ	22,617	23,691	25,207
	161,453	139,369	130,678
南米：			
グループ外部に対する売り上げ	78,867	68,178	53,242
グループ内部の売り上げ	1,300	1,217	1,761
	80,167	69,395	55,003
その他海外：			
グループ外部に対する売り上げ	103,226	93,063	83,050
グループ内部の売り上げ	447	256	620
	103,673	93,319	83,670
消去	(98,010)	(87,417)	(75,067)
連結	$1,653,319	$1,598,688	$1,497,772
営業利益			
米国	$ 164,155	$ 163,202	$ 156,791
欧州	3,555	212	4,098
南米	10,445	12,547	11,212
その他海外	650	(463)	3,942
消去	(366)	(204)	3,176
連結	$ 178,439	$ 175,294	$ 179,219
識別可能資産			
米国	$1,131,085	$ 952,865	$ 883,334

欧州	158,637	120,483	109,297
南米	65,847	62,171	62,924
その他海外	70,203	69,357	64,886
消去	(2,704)	(2,356)	(1,056)
継続事業における識別可能資産	1,423,068	1,202,520	1,119,385
非継続事業における純資産	36,681	170,065	181,338
連結	$1,459,749	$1,372,585	$1,300,723

主要な財務データ

	1990	1989	1988	1987	1986	1985
経営成績の要約						
純売上高	$1,653,319	$1,598,688	$1,497,772	$1,330,784	$1,274,932	$1,223,193
売上原価	1,088,977	1,027,348	979,591	838,749	820,457	787,310
販売費及び一般管理費	385,903	369,726	338,962	287,386	267,066	237,790
リストラ費用	—	26,320	—	11,192	—	—
営業外収益	34,740	17,106	17,255	17,590	26,670	14,486
支払利息	28,760	31,438	22,082	19,699	24,977	21,191
継続事業からの税引前利益	184,419	160,962	174,392	191,348	189,102	191,388
法人税等	67,773	59,856	63,310	75,736	85,191	89,465
継続事業からの利益	116,646	101,106	111,082	115,612	103,911	101,923
非継続事業からの税引後当期純利益(または純損失)	4,079	798	7,852	(5,611)	(4,983)	(14,735)
当期純利益	120,725	101,904	118,934	110,001	98,928	87,188
財政状態						
運転資本	$389,503	$193,758	$178,399	$192,693	$204,083	$202,076
有形固定資産(取得原価)	799,367	736,739	673,946	630,754	606,757	570,538
総資産	1,459,749	1,372,585	1,300,723	1,252,819	1,178,826	1,118,473
長期借入金	244,820	123,420	135,467	141,085	166,389	201,028
普通株主持分	603,594	556,123	636,029	679,711	670,789	606,139
資本支出	93,888	80,448	71,955	35,356	71,617	61,880
減価償却費	59,300	49,443	45,174	42,277	38,548	32,430
株式データ						
普通株式1株当たり利益部分希薄化：						
継続事業	$4.76	$3.95	$4.15	$4.01	$3.59	$3.53
非継続事業	.18	.03	.29	(.19)	(.17)	(.51)
当期純利益	4.94	3.98	4.44	3.82	3.42	3.02
完全希薄化：						
継続事業	4.57	3.88	4.13	3.98	3.56	3.50
非継続事業	.16	.03	.29	(.19)	(.17)	(.50)

当期純利益	4.73	3.91	4.42	3.79	3.39	3.00
普通株式1株当たり現金配当額	2.20	2.00	1.94	1.86	1.84	1.84
12月31日における社外流通普通株式数	22,886	23,489	25,691	27,660	28,966	28,864
1株当たり普通株主持分	$26.37	$23.68	$24.76	$24.57	$23.16	$21.00
主要な財務比率						
粗利益率	34.1%	35.7%	34.6%	37.0%	35.6%	35.6%
流動比率	2.0：1	1.4：1	1.5：1	1.7：1	1.9：1	1.8：1
負債比率	66.2%	55.7%	38.2%	29.0%	39.2%	40.5%
長期借入金の自己資本に対する比率	23.3%	13.6%	15.6%	16.7%	22.0%	19.8%

1990年より前の財務データはすべて非継続事業について再表示されている。
1988年より前の財務データはすべて過半数所有子会社の連結について再表示されている。

資料 3
Schneider の財務諸表と会計方針

損益計算書

(12月31日に終了する事業年度，百万フラン)	1990	1989	1988
純売上高	49,884	45,127	40,493
売上原価，人件費及び管理費	(44,978)	(41,008)	(36,766)
減価償却費	(1,565)	(1,166)	(1,272)
営業費用	(46,543)	(42,174)	(38,038)
営業利益	3,341	2,953	2,455
支払利息（純額）	(832)	(757)	(182)
非経常損益，営業権償却，法人税等，少数株主損益を加減する前の利益	2,509	2,196	2,273
非経常損益：			
資産処分益（純額）	419	550	484
その他の非経常損益（純額）	(367)	(343)	(642)
法人税等，従業員利益分配，営業権償却，少数株主損益を加減する前の利益	2,561	2,403	2,115
従業員利益分配	(158)	(130)	(126)
法人税等	(802)	(912)	(701)
営業権償却前の全部連結会社による当期純利益	1,601	1,361	1,288
営業権償却	(236)	(235)	(345)
全部連結会社による当期純利益	1,365	1,126	943
持分法適用会社に対する投資損益	4	17	(53)
少数株主損益	(445)	(266)	(330)
当期純利益（Schneider SA 帰属分）	924	877	560
1株当たり当期純利益（Schneider SA 帰属分，フラン）	62.96	63.06	48.85
希薄化後1株当たり当期純利益（Schneider SA 帰属分，フラン）	61.65	60.53	N/A

貸借対照表

(12月31日に終了する事業年度，百万フラン)	1990	1989	1988
資産			
流動資産			
現金及び現金等価物	1,841.3	3,400.3	1,579.6
市場性ある有価証券	3,020.9	1,924.3	1,243.7
売掛金	14,597.4	14,987.3	13,998.5
その他の受取債権ならびに前払費用	4,738.1	3,876.5	4,054.9
繰延税金資産	407.5	290.2	236.9
棚卸資産及び仕掛工事	7,712.6	7,159.0	29,715.3
流動資産合計	32,317.8	31,637.6	50,828.9
非流動資産			
有形固定資産	14,293.9	13,107.5	12,019.7
減価償却累計額	(6,691.5)	(6,365.6)	(6,409.5)
有形固定資産（純額）	7,602.4	6,741.9	5,610.2
持分法適用投資勘定	175.9	135.7	244.9
その他の投資株式	1,727.9	571.3	684.6
その他の投資勘定	573.0	618.3	909.8
投資勘定合計	2,476.8	1,325.3	1,839.3
無形資産（純額）	147.5	153.5	115.0
営業権（純額）	7,032.8	6,087.8	5,596.8
非流動資産合計	17,259.5	14,308.5	13,161.3
資産合計	49,577.3	45,946.1	63,990.2
負債及び株主持分			
流動負債			
買掛金	9,867.9	9,614.6	8,440.8
未払税金及び未払給付金	4,822.5	4,795.8	3,748.4
その他の支払債務ならびに未払費用	5,230.4	4,332.2	3,405.5
短期借入金	3,120.5	3,165.8	3,081.3
顧客前受金	2,509.5	3,848.3	27,606.1
流動負債合計	25,547.2	25,756.7	46,282.1
長期借入金	9,958.4	7,345.9	7,712.1
内：転換社債	3,950.2	1,108.8	500.5
偶発損失引当金	3,942.6	3,890.0	3,758.8
長期投下資本	24,030.1	20,189.4	17,708.1
資本金	1,414.4	1,397.2	1,146.3
留保利益	6,091.1	5,344.6	3,046.6
株主持分	7,505.5	6,741.8	4,192.9
少数株主持分	2,623.6	2,211.7	2,044.3
株主持分及び少数株主持分合計	10,129.1	8,953.5	6,237.2
負債及び株主持分合計	49,577.3	45,946.1	63,990.2

キャッシュフロー計算書

(12月31日に終了する事業年度，百万フラン)	1990	1989
I．営業活動		
全部連結会社による当期純利益	1,368.5	1,143.7
減価償却費及び引当金繰入額（戻入額控除後）	2,164.0	2,283.0
資産処分益	(418.7)	(550.1)
その他	(0.8)	(28.7)
営業資産及び負債の変動を加減する前の営業活動から得られた正味のキャッシュ	3,113.0	2,847.9
売掛金の減少（または増加）	(944.4)	1,170.4
棚卸資産及び仕掛品	675.4	(1,708.6)
買掛金の増加（または減少）	578.7	(16.3)
その他の流動資産及び負債	(1,681.4)	736.0
営業資産及び負債の変動	(1,371.7)	181.5
営業活動から得られた正味のキャッシュ	1,741.3	3,029.4
II．投資活動		
固定資産の処分	712.9	1,394.8
有形固定資産及び無形資産の購入	(2,589.5)	(2,154.3)
金融商品投資	(2,788.2)	(1,068.8)
その他の長期投資	125.5	13.4
投資活動に使われた正味のキャッシュ	(4,539.3)	(1,814.9)
III．財務活動		
長期借入金の返済	(1,626.4)	(3,045.2)
新規の借入	1,508.7	2,435.1
転換社債の発行	2,655.6	634.7
普通株式の発行	71.9	1,887.0
配当支払額：		
Schneider SA 株主向け	(174.6)	(126.1)
少数株主向け	(116.5)	(69.7)
財務活動から得られた正味のキャッシュ	2,318.7	1,705.8
IV．為替レート等の変動による影響純額	13.8	178.5
現金及び現金等価物の正味増加額（または減少額）（I＋II＋III＋IV）	(465.5)	3,098.8
現金及び現金等価物期首残高	3,424.9	326.1
期末残高	2,959.4	3,424.9

以下の注記は，財務諸表の一部を構成している．

財務諸表に対する注記の抜粋

1. 会計方針

　Schneider SA の連結財務諸表はフランスにおける一般に公正妥当と認められる会計原則および国際会計基準委員会（IASC）が推奨する国際会計基準にしたがって作成されている．これらの会計原則と米国 GAAP との違いについては，後述の注記 1. m) で説明されている．

　連結子会社の財務諸表は，操業している国において一般に公正妥当と認められる会計原則に従って作成されていたが，当グループが採用している会計原則に合わせて書き換えられている．

a) 連結方針

　Schneider SA により直接あるいは間接に支配されている会社のうち，重要なものはすべて全部連結されている．

　Schneider SA が重要な影響力を行使している会社には持分法が適用されている．

　上記方針の例外として，当グループが持分の過半数を保有しているものの，Banque Morhange の営業活動は当グループ全体との関連が乏しいため，この会社も持分法によって連結されている．

　フランスにおける一般に公正妥当と認められる会計原則にしたがい，当グループが経営権を有している合弁事業は，他の社員の持分に帰属する利益または損失を差し引いた上で，Schneider SA と全部連結されている．当グループが経営権をもたないケースでは，比例連結が適用されている契約 2 件を除き，Schneider SA の持分に帰属する利益または損失だけが計上されている．

　営業権は 40 年を最長期間として，見積もり耐用年数にわたり，利益をもって償却されている．

b) 海外子会社財務諸表の換算

　海外子会社の財務諸表は以下の方法により，フランスのフランに換算されている．

— 資産及び負債は期末の為替レートにより換算されている．
— 損益計算書及びキャッシュフロー計算書の項目は，期中平均の為替レートにより換算されている．

換算から生じた差額は株主持分に計上されている．

c) 外貨建取引の換算

後述する取引を例外として，外貨建債務と債権は期末の為替レートでフランスのフランに換算される．フランスの法律が認めるところにしたがい，換算差額は損益計算書における利子費用及び収益の項目に計上している．

当グループは商取引から生じるコミットメントをヘッジするために為替買い予約ならびに売り予約を利用している．それに関連する為替差損益は，税効果を含めて，ヘッジの対象となる取引について損益が認識される時点まで繰り延べられている．

ヘッジではない為替予約から生じた利得及び損失は利益に加減されている．その損益は，契約で定められた予約レートと，同一の内容を持つ契約を期末に結ぶとして通常想定される為替レートとの差額に対応している．

固定金利から変動金利への通貨スワップから生じる将来の利息により，投機的な通貨ポジションが存在していると考えられるケースでは，利息を固定利率により割り引いたうえで，期末時点の現金取引に用いられていた為替レートで表示している．換算差額は利益に加減されている．

d) 為替レート及び金利に関わる金融商品

当グループは為替レート及び金利に関わる金融商品を利用している．これら金融商品を記録するために用いられている方法は上述の通りである．

e) 長期請負契約

長期の請負契約から生じる収益は，契約の財務状況に基づき，工事進行基準によって認識されている．最終的に損失となる可能性がある契約については，それが判明した時点で，損失の全額を計上している．仕掛工事の原価には，その契約に直接関わるコスト及び間接費の配賦額が含まれている．

損失が見込まれる契約について，未着手の工事原価を見積もる際，損失補塡請求による収入は考慮されていない．ただし，顧客がそのような請求を受け入れ，かつ支払能力の問題がとくにない場合は例外とする．したがって，仕掛工事は，

原価または実現可能価額のいずれか低い方の価額で表示されている．

工事進行基準の論理にしたがい，仕掛工事は，期日までに完了した工程の報告に基づいて顧客から受け取る前受金と対応させられている．ただし，前受金には，仕掛工事に関連する以下の項目が含まれている．

—建設資金をまかなうための前受金
—まだ初期の段階にあって，利益または損失を見積もるのが不可能な契約に係る仕掛工事の前受金
—12ヵ月以内の工程を持つ契約に係る前受金

f) 研究開発への支出

内部資金でまかなわれる研究開発支出は当期の費用に計上している．

g) 繰延税金資産

連結財務諸表において収益・費用を計上するタイミングと，課税計算上のタイミングとの差から生じる繰延税金資産は，負債法によって計上している．

h) 退職給与引当金

退職給与に係る当グループの負債は，予測される将来の給与水準を考慮に入れて計算されている．その方法は，財務会計基準審議会（FASB）の財務会計基準書第87号にしたがっている．

退職給与に係る当グループの負債は，一部が引当金により，一部が保険制度によってまかなわれている．引当金方式を採用しているグループ企業では，受給権をもつ全従業員について，グループ全体で同一の割引率及び指数を用いて引当金が計算されている．保険制度方式では，制度資産の現在価値が計算され，それを超える債務が負債に計上されている．

i) 市場性ある有価証券

ほとんどすべての市場性ある有価証券は，一般的な短期金融商品（コマーシャル・ペーパー，投資信託及びその種の有価証券）であり，原価で表示されている．債券その他の負債性金融商品については，原価に未収利息が含まれている．

j) 棚卸資産及び仕掛工事

棚卸資産及び仕掛工事は加重平均原価で計上している．原価と実現可能価額と

に差があるときは評価損を引き当てている．

仕掛品，半製品，完成品の原価には，直接材料費及び労務費，貸借対照表日までに発生した下請け経費，及び間接費の配賦額が含まれている．

k) 有形固定資産

有形固定資産は原価で計上されている．法的再評価が実施された時点で保有していた資産は，その再評価額で計上されている．評価益は株主持分の部に留保利益または再評価剰余金として計上されており，減価償却もしくは処分に応じて，それに見合う額が利益に戻し入れられる．したがって，再評価は利益計算には影響しない．

インフレが高い国で操業している子会社については，連結に際して，法的再評価による影響を除去しており，それによって生じる換算差額は留保利益に計上している．

有形固定資産は，見積耐用年数にわたり，定額法で減価償却している．

キャピタル・リースによって調達した有形固定資産は，当該資産の原価で資産計上し，上記の基準で減価償却している．貸借対照表の負債には，リース債務が同額で計上される．

l) 非連結の投資株式及びその他の投資

非連結の投資株式及びその他の投資は，1977年に法的再評価が実施された時点で保有していたものを除き，原価で計上されている．毎年，簿価が公正価値と比較され，差額を評価損に引き当てている．公正価値の決定は，当グループの持分となる被投資会社純資産，期待される将来の収益性ならびに事業の展望，そして上場銘柄の場合には市場株価を参照して行われる．

m) Schneider SA の会計方針と米国 GAAP との差異

Schneider SA の会計方針と米国 GAAP との主な差異は以下の通りである．

資産切り上げ　　注 1. k. に上述したように，当社は米国 GAAP では認められていない切り上げを特定の資産に実施している．この資産切り上げは利益計算には反映されないが，株主持分には影響する．

連結の範囲　　注 a に記したように，事業に当グループ全体との関連性が乏しいので，Banque Morhange には持分法が適用されている．

偶発損失引当金　米国 GAAP では，この引当金のうち，営業循環に係る分は未払負債と考えられることになろう．

顧客前受金　この連結財務諸表では，顧客前受金が流動負債の独立項目として計上されている．米国 GAAP によれば，仕掛工事の価額は，損益が認識されていない未成工事の原価と等しくなる．

繰延税金資産　1987 年，FASB は繰延税金資産の取り扱いに関する新しい基準を公表した．この基準の適用は 1990 年の段階では強制ではない．当社はこの基準の採用を開始する日をまだ決定していない．新基準が複雑であるため，前掲の 1990 年度財務諸表に適用していたら生じたであろう影響については計算していない．

非経常損益　非経常損益項目には，当社が非経常損益だと考えていても，米国 GAAP では営業損失として扱われていたであろう項目が含まれる．さらに，米国 GAAP によれば，営業権の償却は継続事業からの利益の計算に含まれることになるであろう．

米国 GAAP に合わせて再表示すれば，継続事業からの利益に以下のような影響が生じたであろう．

(百万フラン)	1990	1989
継続事業からの税引前利益	2,509	2,196
異常項目を除く非経常利益	(237)	85
営業権償却	(236)	(235)
米国 GAAP による継続事業からの税引前利益	2,036	2,046

資料 4
Square D の普通株式購入制度

当社の定款は 1988 年 8 月をもって以下のように修正された．

当社は新しく「株式購入権制度」(Share Purchase Rights Plan) を採用し，Square D の発行済みの普通株式 1 株に付き，普通株式の新株引受権 1 つを配当した．この引受権は，第三者が当社の普通株式の 20％以上を取得した場合，もしくは公開買い付けを宣言 (announces a tender offer) した場合に限って行使可能である．個人もしくはグループが当社の発行済み普通株式の 20％以上を取得したときは，その取得者が当社の普通株式の 50％以上を取得する以前であればいつでも，当社は（20％以上の株式を取得した株主に帰属する分は除いて）引受権の全部または一部を，1 つの引受権につき普通株式 1 株と交換することができる．個人もしくはグループが普通株式の 20％以上を取得した場合，もしくは特定の事象が生じた場合は，20％以上の株式を取得した株主以外に帰属する引受権は，購入した当社の株式の市場価値が行使価格の 2 倍となる株数だけ行使可能となる．当社が合併その他の企業結合取引によって買収された場合，もしくは引受権が行使可能となった後の任意の時点で資産または収益力の 50％以上が売却された場合には，この引受権の保有者は，購入した株式の市場価値が行使価格の 2 倍となる株数だけ買収企業の普通株式を購入する権利を得る．

資料 5
1990年第4四半期における Square D の主要株価データ[a]

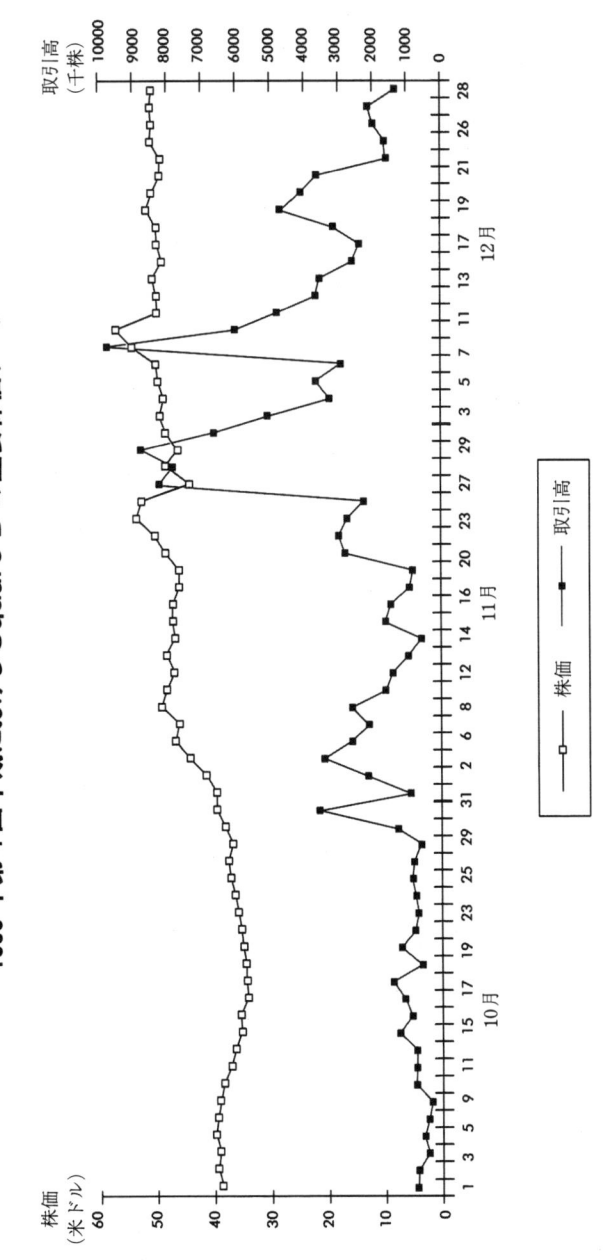

株価 (米ドル)

取引高 (千株)

株価 ─□─　取引高 ─■─

10月　11月　12月

a. 1990年末, 約23百万株が社外に流通している.

資料 6
Square D を評価するためのデータ

Square D 株式のベータ	0.95
ムーディーズが格付けした社債の 1991 年 2 月における平均収益率：	
Aaa	8.83%
Aa	9.16%
A	9.38%
Ba	10.07%
1991 年 2 月におけるプライム・レート	8.8%
1991 年 2 月における財務省債利率（3 ヶ月）	6.0%
1991 年 2 月における 30 年政府債利率	8.25%
1991 年 2 月における Square D コマーシャル・ペーパーの格付け（P3 から P1 まで，最高が P1）	P1
1991 年 2 月における Square D 社債の格付け	Aa3
1990 年における米国連邦法定税率	34.0%
1990 年における州税率（連邦税の税効果控除後）	3.6%

The Gap, Inc.*

　小売業の株式が専門のバイサイド・アナリスト Brenda Curtis は，この業界が1991年度中に混乱と縮小に悩んでいるのを観察してきた．しかし，小売業界が弱体化し，Macy's が破産を申し出た一方で，ある小売業社——The Gap——は，1992年1月の決算で40%という，ほとんど聞いたこともない ROE を達成していたのである．サンフランシスコを本社とするカジュアル衣料の販売会社である The Gap は，*Business Week* の1992年3月9日号のカバー・ストーリーで，「米国で一番ホットな小売企業」として賞賛されている．Curtis は，The Gap をもっとよく観察し，この熱狂ぶりは何なのかを確認することを決意した．

　The Gap の高い株価収益率35と株価・簿価比率12（55ドル周辺の株価に基づいて計算）をみると，投資家は The Gap から将来もっと良いものを期待しているようだ．Duff and Phelps のアナリスト Carol I. Palmer は，The Gap の株式を「買い」と評価している．彼女は，1993年度の予想利益に比べて株価収益率は異常に高いとは言えず，5年間の利益の伸びは保守的にみても，市場全体で期待される成長率13%を上回る17%と予想されるとコメントしている．The Gap の企業価値評価について Palmer は以下のように述べている．

　「The Gap のキャッシュフローを，加重平均された割引率を用いて，さしあたり5年間だけ割り引いたうえで，残余価値（1996年からのキャッシュフローの現在価値）を加えて，負債の額を差し引くと，1株当たりの公正市場価値は30ドルと算出される．しかしながら，The Gap は長期的に成長する会社であると我々は強く思うので，さらに次の5年間も割引の対象とし，加重平均の割引率を用いて株価の「公正価格」を計算することが適切である．このように10年で割引を行うと，1株当たりの公正市場価値は55ドルであるという結果が出る．あわせて注意してほしいのは，ファンダメンタルズに関する我々の予測は，一般に考えられている

---

　* このケースブックは，Victor L. Bernard 教授が，Ellie Kartchmar の協力を得て一般に公開されている情報をもとに，クラスにおける議論の材料とするために作成したものである．この資料は，The Gap の経営状況の良否を指摘しようとするものではない．

よりも，また The Gap 自身による見解よりも控えめであるという点である。」[1]

長期的な成長に関する Palmer の楽観論は，小売業界における The Gap の地位に対する彼女の見解に裏付けられている。経営戦略をうまく実行し，自らの「スタイル（look）」を確立できた小売企業は最近ではほとんどみられない。しかし，

「The Gap は，若い消費者にとって適切な価格でカジュアル衣料を販売する流行仕掛け人（trend-setter）としての地位を確立している。卓越した経営管理，販売システムそして商品計画（merchandising）によって，The Gap はリーダーの地位を維持している……The Gap は，高付加価値，ファッション・マーチャンダイジング（fashion merchandising），さらに高品質の素材を正しく組み合わせる方法を習得してきたと思われる。これが，広告，店舗設計，出店場所に関わる，焦点を絞り込んだイメージ管理（highly focused image-management）と結びついて，幅広い年齢層にとって，The Gap を理想的なカジュアル衣料の代名詞としたのである。」[2]

皮肉っぽく言えば，The Gap のめざましい成功こそが，同時に心配事の最大の原因であるかもしれない。「ビジネス・ウィーク」には次のような記事が載っている。

「……ライバル企業の多くは，The Gap と競争するための経営再編を行っている。デパート会社の重役たちは，商品の色彩，繊維の質，ディスプレーを The Gap と同じようにしなくてはならないと従業員に説いている……Giorgio Armani は，新しいブランド A/X Armani Exchanges を始めることで，The Gap の最大消費者層を奪いとろうとしている。この新ブランドでは，Armani ブランドの最高級品よりかなり低い価格が設定されており，余計なものをとり去られた，ヨーロピアン・テイストのファッションが提供されている。……The Limited は，The Gap と同じような『ゆったりとフィットする』ジーンズを商品化し，The Gap とよく似たデザインのタグをつけて販売している……Dayton Hudson は Everyday Hero というチェーンを実験的に展開しているが，そこでは明らかに The Gap を真似た

---

1) Duff and Phelps Company Analysis（April 1992）による。Duff and Phelps では，株価予測モデルで用いられた資本コストの推定値を公表していない。しかしながら，アナリストは The Gap のベータ値を約 1.30 と推定している。中期国債の利回りは約 6.3％ である。
2) *Ibid.*

手法が用いられている。」³⁾

　小売業界における競争圧力に関して懸念はあるが，アナリストのCurtisは，Palmerの楽観論に大いに興味をそそられ，The Gapについての調査を開始した。以下の記述は，彼女が入手した情報を要約したものである。

The Gap の経営状況

　The Gap, Inc. は，紳士・婦人・子供向けのカジュアルで活動的な衣料を専門とする小売企業（specialty retailer）である。The Gapは，1969年にLevi'sのジーンズやレコードおよびカセットテープを扱う小売店として設立されたが，1984年にマーチャンダイザー（merchandiser）を務めていたMickey Drexlerの指揮下で，事業の再構築が行われた。Drexlerのもと，The Gapは，おもに20歳から45歳までの顧客を対象に，スタイリッシュな衣料を手頃な価格で売り出そうと努めた。1986年には，GapKidsブランドが導入され，2歳から12歳までの少年少女向けの需要に応えた。GapKidsを扱う店舗のうちいくつかには，乳幼児向けの衣服を販売するbabyGapのコーナーが設置されている。またThe Gapは，ラフなカジュアル衣料に重点を置いた専門小売店 Banana Republic も所有している。

　Gap, GapKidsそして Banana Republicの店舗は，おもに米国中のショッピング・モールに設置されている。1992年4月時点では，これらの店舗が1,226店あり，そのうち1,176店が米国内で，残りはカナダと英国にある。

　DrexlerのThe Gapに対する経営モットーは，「よいデザイン，高品質，正当な価格設定」である。アナリストのPalmerは，The Gapの経営方式を次のように特徴づけている。

　「……基本的には大衆向けのアパレルでありながら，差別化を図ったファッション商品を，信頼できる品質で，きわめて競争的な価格かつ便利な場所で販売している。デザインや色の数（s. k. u. count）は限られているが，在庫は豊富に用意されている。The Gap自身の言葉を借りれば，要するに『焦点を絞り込む』ということである。」⁴⁾

　The Gapの経営方式は，自社で抱えているニューヨークのデザイナーLisa

---

3) *Business Week*, March 9, 1992, pp. 63-64.
4) Duff and Phelps Company Analysis（April 1992）.

SchultzとJohn Fumiattiが、スタイリッシュではあるがベーシックでかつ The Gapの「スタイル」に忠実な服を望む消費者の欲求を先どりすることから始まる。The Gapは、数量的な消費者分析よりも、自社のデザイナーの直観と敏速な市場調査を頼りにしている。デザインは販売よりも約1年前に考案され、そのデザインの数は、Gapストアが2ヵ月ごとに新作コレクションを確実に受けとることができるほど十分にある。この時点での古い在庫は、価格を切り下げることによってまたたく間に処分される。

すべての商品の生産は、The Gapのプライベート・ラベルのもと、450を越える縫製会社によってなされる。縫製の品質を管理するために、The Gapは注文ごとに仕様書を作成し、工場には200人の検査スタッフを常駐させている。1991年には、商品の38%が国内で生産され、残りは香港とその他の国で生産されていた。1つの縫製会社が5%以上の生産を担当することはない。

The Gapは、補充在庫が小売店舗にほとんど置かれていない。その代わりに、大量の在庫がカリフォルニア、ケンタッキー、メリーランド（1992年から）、カナダ、英国にある流通センターに置かれている。POSシステムによって、どの小売店舗で在庫が必要なのかを把握できるので、流通センターは商品を即座に補充することができる。

Gapストアはたいていショッピング・モール内で賃借され、またフランチャイズではなく直営である。ほとんどの店舗が業界の水準では小規模で、4,000平方フィート（372平米）しかない所も多い。しかし新規店舗の多くはより大規模であり、7,000平方フィート（650平米）程度である。Gapストアは、他の衣料専門の小売店に比べてすっきりしているが、照明は明るく、清潔で買物客が親しめるような雰囲気になっている。加えて、通路は広く、商品に接触しやすい。店舗のレイアウトと運営は、本社によって厳しく管理されている。たとえば「Gapストアには、独創性を発揮する余地がMcDonaldなみか、おそらくはそれよりも少ない」[5]と言われるくらいである。毎週、店舗のウィンドウとディスプレーは、本社で設計したデザインに従って変えられ、常連客に対しても、新鮮なイメージを維持するのである。

The Gapの「スタイル」は、生活情報誌やファッション雑誌における広告を通じて強化される。そのほかに、バス停、駅のポスター、公衆電話ボックスのように、屋外にも広告がある。広告キャンペーンは、The Gapの社内スタッフによって企画されている。広告には、Spike Lee, Joan Didion, James Deanといった有名

---

5) Business Week, March 9, 1992, p. 61 による。

	売上高(単位:10億ドル)			1平方フィート当たりの売上高(単位:ドル)			既存店舗における売上成長		
	Gap	Limited	Petrie	Gap	Limited	Petrie	Gap	Limited	Petie
1991	2.519	6.281	1.355	481	302	N/D	13%	3%	3.5%
1990	1.933	5.376	1.282	438	309	N/D	14%	3%	1.7%
1989	1.587	4.750	1.258	389	323	N/D	15%	9%	2.0%
1986	0.848	3.223	1.198	250	277	N/D	12%	18%	N/D

注:N/D=公表されていない.

人を登場させている．このキャンペーンで使われたモノクロ写真のいくつかは，広告の賞を受けている．1991年にモノクロでテレビコマーシャルを始めており，1992年にはこのキャンペーンを拡大しようとしている．広告費の売上高に対する比率は，1989年度は1.5%，1990年度は1.2%，1991年度は1.4%であった．Limitedのようなライバル企業における広告費の比率は知ることができない．

The Gapの成長は驚異的である．1986年度には約850百万ドルだった売上高が，1991年度には2,500百万ドルまで上昇した．この間，当期純利益は68百万ドルから230百万ドルへと上昇した．1991年，衣料業界において，The GapのブランドはLevi Straussに続く2番めのプライベート・ラベルとなった．

売上高の伸びの主たる原因は，新規店舗の開店である．1989年度には960だった店舗数が1990年度には1,092，1991年度には1,216まで増加した．しかしながら，売上の伸びは既存のフロア・スペースの効率化にも多く起因する．1平方フィート当たりの売上高は，1986年度に250ドルであったのが，1991年度には481ドルへと上昇した．新規店舗の開店と増築の影響を除いて計算した既存店舗における売上成長（comparable store growth）は，ライバル企業よりも高い．上の表は，The Gapとライバル企業2社，The LimitedならびにPetrie Storesとの成長性の比較である．The Limited（The Limited Stores, Express, Lane Bryant, Victoria's Secret, Structureなどを所有）は，1991年度，専門小売企業ではThe Gapに次いで2番めに成長の速い企業であった．Petrie Store（Petrie's, Marianne's, Stuartsなどを所有）は，専門小売業に分類される会社の中では，比較的成長の遅い企業の部類にあった．

小売業界の状況と競争

1990年代初期のThe Gapの業績は，小売業部門の中できわめて異常であった．

小売業は，消費意欲の減退と経済成長の鈍化によって深刻な打撃を受けていた。実質ベースでみると，売上高は，1989年から1990年にかけて落ち込んだ後，再度1990年から1991年にも減少した。とくにひどかったのはデパート業界であり，「おそらくデパート史上最大の試練となる期間」[6] を経験した。総合小売業の業績はそれよりもよかったが，絶好調というほどでもなかった。総合小売業各社（K-Mart, Penney's, Sears, Wal-Mart）を平均したROEは，1987年から1991年にかけて，12%から15%を記録した。これは，米国企業が平常の年に記録する平均値と大きく違わない。他方，専門小売企業の収益性はきわめて変動的であったが，概して健全であった。専門小売企業各社（Gap, Limited, Melville, Nordstrom, Petrie）のROEを平均すると，1987年から1991年にかけて20%から23%までの範囲にあった。

　収益性を高めるべく道を切り開いてきたこれらの企業は，いわゆる "power retailer" あるいは "new wave retailer" である[7]。この部類には，専門小売企業のいくつか（たとえばThe Gap, Limited, Toys-R-Us）や安売り店のWal-Martを含む他の総合小売企業が入る。これらの企業を成功に導いた革新的な方法はさまざまであり，それには，高いマージンを得られるニッチ戦略と日用品の低価格戦略（「お買い得価格」）の両方が含まれている。しかしながら，成功の秘訣は，たいてい，商品回転率と1平方フィート当たりの販売金額を高めることであった。

　The Gapの1991年の10-Kでは，専門品の小売業界は「きわめて競争が激しい」と特徴づけられており，The Gapの営業の成功が模倣される可能性は高いことが認識されている。実際，Fortune誌の記事には，「もし模倣が思いついたことを最も正直に表現するのであれば，それこそThe Gapは熱烈な支持者に囲まれているということになる」[8] と記されている。

　業界内での競争について，The Gapの会長兼CEOであるDonald Fisherは，「何も心配しておりません。我々は，ブランド・ネームと製品，そして店舗数と出店場所に関してきわめて有利な立場にあります」[9] と話している。それでは，Drexler社長の方も心配していないのだろうか？「確かに心配しています。しかし見てもわかるとおり，この業界ではそう多くの秘密をもつことはできません。模倣されることによって，少し経営が難しくなるだけです。」[10] と述べている。

---

6) Standard and poor's Industry Surveys, June 4, p. R 77.
7) *Ibid.*, p. R 81. この "New Wave retailer" という用語は，Price Waterhouseの一部門であるManagement Horizonの主任エコノミストCarl Steldtmann博士による。
8) *Fortune*, December 2, 1991, p. 106.
9) *Business Week*, March 9, 1992, p. 60.
10) *Fortune, op. cit.*

見通し

　1991年度の「株主へのメッセージ」の中で，社長のDrexlerとCEOのFisherは，The Gapの将来の見通しについて以下のように述べている．

　「1992年以降の我々の挑戦は，売上高の継続的な成長を通じて市場シェアを拡大することから始まります．この目標に向けて，1992年に約135店舗を新しく開店します．また既存の約100店舗を拡張することによって出店場所を広げる計画も続行する予定です．
　店舗の新築や増築とともに……我々の4ブランド——Gap, GapKids, babyGap, Banana Republic——を消費者に認知させるべく首尾一貫した努力を行って，事業の成長を継続させる計画でおります．」

　The Gapは，売上高と1株当たり利益を少なくとも20%成長させ，ROEを30%，税引前の売上高利益率を現在の10.5%から11%に引き上げるという明確な目標をもっている．これらの成長を支えるために，1992年以降，1年当たり2億ドル以上の資本支出が行われる予定である[11]．さしあたりは，その多くが米国における投資に向けられるであろう．しかしながら，海外売上の重要性も増してくるかもしれない．1993年の終わりまでには，カナダを主として，米国外に約100店舗を所有する見込みであるが，英国にも徐々に力を入れる予定である．より長期的には，欧州やアジアへと事業を拡張する可能性もある．
　アナリストのMichael Schiffmanは，The Gapを推奨買銘柄（strong buy）に格付けている．これは短期的な利益の業績に対する楽観論に基づいている．ただ，長期については手放しで楽観視しているわけではない．その理由は次のように述べられている．

　「The Gapは，1990年代の消費者気質の変化から大きな恩恵を被った企業である．景気の悪化は，この2年の間に消費者の考えを変えてきた．高価で著名な『ブランド』の代わりに，値頃感が注目されている……現在の状況では，消費者は，ロゴマークに対して，余分なコストに見合った価値を見出していないのである．
　これらの変化は長期的に続くのであろうか？　今後を見守っていかなくてはならない．人々の考えが永久的に変わってしまったのか，我々にはわからない．つま

---

11)　Duff and Phelps Company Analysis (April 1992).

り，景気が回復してもなお，値頃の価格で高品質の商品を買おうとして，消費者がこのような小売店に群がり続けるとは限らない．誰にでも買える値段のついた高品質衣料の市場が消滅すると言うつもりはない．しかし，このような市場が，今後3年から5年にもわたって，飛躍的に拡大し続けるとも思えない．」[12]

これに対して，アナリストのCarol Palmerはより楽観的である．

「……大きな問題は，The Gapが最近の成功記録を継続できるかどうかである．より正確にいえば，その成功の方程式は，現在の景気後退（流行を牽引するホワイトカラー層が消費を引き締めていることによる）に対してのみ有効なのだろうか？　それとも1990年代全体に対しても有効なのだろうか？

The Gapに対する株式市場の最大の危惧は，景気が回復すれば，カジュアル衣料を購入する買物客が，Gapから他店に乗り替えてしまうということのように思える．しかし我々の考えでは，購買力の向上を自覚するに従って，消費者は今まで以上にGapでの買物を増やすだけであろう．経済が良好になればなるほど，The　Gapに対する消費者の絶大な支持がその効果を発揮することになると思われる．」[13]

---

12) Value Line Report (February 28, 1992).
13) Duff and Phelps Company Analysis (April 1992).

資料 1
The Gap の 1991 年度アニュアル・レポートからの抜粋

財政状態と経営成績に関する経営者の検討と分析

営業成果
売上高

	2月1日を終了日とする事業年度		
	1991 年度 (52 週)	1990 年度 (52 週)	1989 年度 (53 週)
売上高(千ドル)	$2,518,893	$1,933,780	$1,586,596
売上高全体の増加率	30%	22%	27%
既存店舗の売上成長率 (52 週間で計算)	13%	14%	15%
新規店舗の数	139	152	98
増築した店舗の数	79	56	7
閉鎖店舗の数	15	20	38

　（店舗閉鎖による減収を除いた）新規の出店と既存店舗における増築による増収が，既存店舗における売上成長（comparable store sales growth）と相まって，この3年間売上高全体の増加に貢献している．

　店舗面積の1平方フィート当たりの平均売上高を求めると，1989年度には389ドルであったのが，1990年度には438ドル，1991年度には481ドルまで上昇した．過去2年にわたって，当社は新規店舗の平均規模を大きくするとともに，既存店舗の一部を増築した．その結果，店舗の総面積は，1991年度には18%，1990年度には17%の純増になった．

売上原価ならびに店舗賃借料

　売上高に対する売上原価ならびに店舗賃借料の比率をみると，1989年度に65.9%，1990年度に64.2%だったのが1991年度には62.3%に減少した．1991年度における1.9%の減少は，おもに売上高に対する売上原価の比率が減少した結果である．1990年度の1.7%の減少は，高くなった粗利益率が，店舗賃借料の売上高に対する比率の上昇によって一部相殺された結果である．

営業経費

　営業経費の売上高に対する比率をみると，1989年度に22.9%，1990年度に23.4%であったのが，1991年度には22.9%に減少した．1990年度から1991年度に0.5%減少したのは，おもに売上高に対する人件費の割合が低下したためであり，それは売上の増加を通じて規模の経済が発揮されたことによるものである．他方，1989年度から1990年度に0.5%増加したのは，主として，店舗の拡張や移転に伴う固定資産の切り下げに関連して発生した費用によるものである．

正味の利子費用

　正味の利子費用は，1989年度に2,276,000ドル，1990年度に1,435,000ドルであったが，1991年度には3,523,000ドルへと増加した．1990年度から1991年度にかけて2,088,000ドル増加した原因は，平均の正味借入残高と正味の平均利子率が増加したことによる．他方，1989年度から1990年度にかけて1,325,000ドルだけ減少したのは，それらが低下したためである．

Hemisphereの清算

　1989年度の第4四半期に，当社はHemisphereを清算した．その結果，税引前利益が10,785,000ドル減少した（税引後の1株当たりでは0.05ドル）．この損失には，関連する固定資産と在庫品の切り下げ額および第4四半期における営業損失と店舗賃借料に対する引当が含まれている．

法人税等

　実効税率は，1991年度には38.0%，1990年度には39.0%，1989年度には40.0%であった．1991年度に実効税率が1.0%だけ下落した原因は，おもに州税と正味の海外課税額の税引前利益に対する比率が低下したためである．また，1990年度における実効税率の1.0%の下落も，おもに州税の税引前利益に対する比率の低下によるものである．

支払能力と資金の調達

　以下は，当社の流動性指標を示している．

　1991年には，建設引当金（construction allowances）や処分額を差し引いた資本支出は227百万ドル（新規の出店数139，拡張店舗数79と一部店舗の改装に充てられた）であり，それにより店舗面積は876,100平方フィートの純増となった．

	2月1日を終了日とする事業年度		
	1991	1990	1989
営業活動から得られる現金（千ドル）	$333,696	$256,892	$118,093
運転資本（千ドル）	$235,537	$101,518	$129,139
流動比率	1.71：1	1.39：1	1.69：1
負債比率	.12：1	.04：1	.06：1

　この支出には，メリーランド州の流通センターとオフサイトのデータ・センターの建設も含まれている．なお，1990年度の資本支出は200百万ドル，1989年度は94百万ドルであった．それぞれの年度の店舗面積の純増は，1990年度が705,700平方フィート，1989年度が177,300平方フィートである．

　1992年度について，当社では建設引当金を差し引いた資本支出を合計で約230百万ドルと見積もっている．これは，約135店舗の新設，約100店舗の拡張と一部既存店舗の改装に充てられる見込みである．計画されている資本支出には，経営管理のための設備や備品に関するコストも含まれている．当社は，このような資本支出のための資金を，営業からの予想キャッシュフローや通常の信用取引，さらに銀行その他からの借入を組み合わせることによって調達するつもりである．なお新規店舗については，原則としてリースを利用する予定である．

　1991年2月に，当社は，表面利率8.87％のシニアノート（償還日1995年2月）を75百万ドル発行した．その利子は四半期ごとに支払われる．ただし，1993年2月22日以降であれば，当社はいつでもこのシニアノートの全額あるいは一部を償還することができる．

　当社は，1995年3月まで，250百万ドルの枠で，極度貸付（revolving credit）の供与を受ける契約を結んでいる．この期限を迎えた時点で，借入残高は4年の

1株当たりのデータ

	市場価格[a]				現金配当[a]	
事業年度	1991		1990		1991	1990
	高値	安値	高値	安値		
第1四半期	$31 1/2	$20	$17 3/8	$12 5/32	$.062	$.048
第2四半期	36 1/8	20 3/16	17 3/8	13 21/32	.080	.048
第3四半期	47 1/2	34 3/4	14 1/32	10 3/22	.080	.062
第4四半期	59	44 3/4	21 1/14	13 1/4	.080	.062
年　　間					$.302	$.22

a) 1991年6月17日と1990年9月17日に普通株式の名簿に登録されている株主に対して，1株を2株に分ける株式分割が行われているので，それを反映して修正表示されている．

ターム・ローンに転換することができる。加えて，この契約には，3年間の極度貸付の期間中，一度に300百万ドルを限度とする信用状の発行が含まれている。

　普通株式12,000,000株を買い戻す1988年の計画に従い，1991年度に当社は普通株式40,460株を1,004,000ドルで買い戻した。現在までに，10,484,528株が92,454,000ドルで買い戻されている。なお，1株当たりデータは，1991年6月17日と1990年9月17日の株主名簿に記録されている株主に対して実施された，1株を2株にする株式分割を反映して修正表示されている。

　当社の株式は，おもにニューヨーク証券取引所とパシフィック証券取引所で取引されている。普通株式の名簿に記録された株主の数は，1992年4月3日時点で4,311名である。

連結損益計算書　　(1株当たり金額を除いて千ドル)

	1991年度 52週		1990年度 52週		1989年度 53週	
売上高	$2,518,893	100.0%	$1,933,780	100.0%	$1,586,596	100.0%
費用						
売上原価と店舗賃借料	1,568,921	62.3%	1,241,243	64.2%	1,046,236	65.9%
営業経費	575,686	22.9%	454,180	23.4%	364,101	22.9%
利子費用(正味)	3,523	.1%	1,435	.1%	2,760	.2%
Hemisphere清算による損失	—	—	—	—	10,785	.7%
税引前当期純利益	370,763	14.7%	236,922	12.3%	162,714	10.3%
法人税等	140,890	5.6%	92,400	4.8%	65,086	4.1%
当期純利益	$229,873	9.1%	$144,522	7.5%	$97,628	6.2%
発行済株式数の加重平均	142,139,577		141,500,888		141,080,200	
1株当たり利益	$1.62		$1.02		$ .69	

＊連結財務諸表の注記をみよ．

The Gap, Inc.

連結貸借対照表 (単位：千ドル)

	1992年2月1日	1991年2月2日
資産の部		
流動資産		
現金および現金同等物	$192,585	$66,716
売掛金	7,962	9,609
商品	313,899	247,462
前払費用その他	51,402	41,268
流動資産合計	565,848	365,055
有形固定資産		
賃借物件の改良支出（improvement）	394,835	289,266
調度品・備品	255,665	178,109
建設仮勘定	86,967	60,992
	737,467	528,367
減価償却累計額	(189,727)	(144,819)
	547,740	385,548
賃借権その他	33,826	28,297
資産合計	$1,147,414	$776,900
負債および株主資本の部		
流動負債		
買掛金	$158,317	$115,282
未払費用	135,333	102,341
未払法人税等	32,104	32,725
1年以内に決済期日が到来する長期債務	2,500	12,500
その他の流動負債	2,057	689
流動負債合計	330,311	263,537
長期負債		
長期債務	77,500	5,000
その他の負債	16,773	18,945
繰延リース債務	45,042	23,685
	139,315	47,630
株主資本		
普通株式(額面5セント)		
授権株式数 240,000,000株；		
発行済み 153,007,862　151,708,098		
社外流通 142,523,334　141,264,030	7,650	7,585
払込剰余金	124,683	91,185
留保利益	654,858	466,111
外貨換算調整勘定	575	5,667
ストック・オプションに係る繰延報酬	(17,524)	(13,365)
自己株式(取得原価)	(92,454)	(91,450)
	677,788	465,733
負債および株主資本の合計	$1,147,414	$776,900

＊連結財務諸表の注記をみよ。

連結キャッシュフロー計算書 (単位：千ドル)

	1991年度 52週	1990年度 52週	1989年度 53週
営業活動からのキャッシュフロー			
当期純利益	$229,873	$144,522	$97,628
当期純利益を営業活動からのキャッシュフローへ修正するための調整項目			
減価償却費	82,133	61,473	43,769
Hemisphere清算による損失	—	—	6,522
繰延法人税など	(7,045)	(5,637)	(4,134)
営業資産ならび負債の変動			
売掛金	1,643	3,807	108
商品	(66,559)	(3,980)	(50,214)
前払費用その他	(5,557)	(2,969)	(15,953)
買掛金	43,220	20,481	12,897
未払費用	33,417	26,910	19,393
未払法人税等	(574)	18,022	(27)
その他の流動負債	1,368	(26)	13
その他の長期負債	420	(2,802)	3,910
繰延リース債務	21,357	4,705	4,181
営業活動から得られた正味現金	333,696	256,892	118,093
投資活動からのキャッシュフロー			
有形固定資産の購入(正味)	(236,521)	(193,734)	(88,398)
賃借権(正味)	(7,802)	(5,883)	(5,868)
その他の資産	(1,382)	1,423	10,628
投資活動に投入された正味現金	(245,705)	(198,194)	(83,638)
財務活動からのキャッシュフロー			
長期債務の発行	75,000	—	—
長期債務の支払	(12,500)	(2,500)	(2,000)
普通株式の発行	20,036	10,189	4,262
普通株式の買戻し	—	—	(213)
自己株式の買入れ	(1,004)	(10,076)	(21,446)
現金配当	(41,126)	(29,625)	(22,857)
財務活動から得られた(に投入した)正味現金	40,406	(32,012)	(42,254)
為替レート変動による現金への影響額	(2,528)	1,245	219
現金および現金同等物の純増(純減)	125,869	27,931	(7,580)
現金および現金同等物期首残高	66,716	38,785	46,365
現金および現金同等物期末残高	$192,585	$66,716	$38,785

＊連結財務諸表の注記をみよ。

連結財務諸表の注記

1991年度は1992年2月1日までの52週間である．1990年度は1991年2月1日までの52週間である．1989年度は1990年2月1日までの53週間である．

注記A：重要な会計方針について

当社は，カジュアルならびに現代の衣料を扱う国際的な専門小売企業である．連結財務諸表には，当社と子会社の決算書が含まれている．連結企業間の内部取引は相殺消去されている．

現金および現金同等物は，現金のほかに3ヵ月以内に決済を迎える流動性の高い短期の投資を意味する．

商品在庫は先入先出法で計算された原価と市場価格のうち，低い方の金額で記録されている．

有形固定資産は原価で計上されている．減価償却費は，対象となる資産の推定耐用年数かリース期間のうち，短いほうの年数で定額法により計算されている．

賃借権（lease right）は原価で計上され，12年かリース期間のうち，短いほうの年数で償却される．

新規出店に関する費用は発生時に即時計上される．

繰延税額（deferred taxes）は，特定の損益項目が，税務上と財務諸表上とで異なる年度に認識されることから生じるものである．税額控除（tax credits）は，それが実現した年度の当期税額を減少させる．1993年度より，財務会計準書第109号「法人税などの会計」を適用することが要求されているが，その適用が当期に早まったとしても，財務諸表に対して重要な影響はないものと認められる．

外貨換算調整勘定は，海外子会社の資産と負債を貸借対照表日の為替レートにより米ドル表示へ換算することから発生する項目である．換算によって必要になる調整額は株主資本に含められている．海外の事業成績は，期中平均の為替レートにより換算されている．

ストック・オプション（restricted stock award）は報酬費用の繰延べ分であり，株主資本に対する控除項目として計上されている．

1株当たり利益は，期中における社外流通普通株式数の加重平均に基づいて計算されている．

1991年度の財務諸表に合わせて，1989年度と1990年度の財務諸表では，一部項目の表示替えが行われている．

注記B：長期債務とその他の信用契約
長期債務

(単位：千ドル)

	1992年2月1日	1991年2月2日
8.87％シニア・ノート，1995年2月満期	$75,000	$ —
無担保ターム・ローン契約，1993年7月まで毎年均等額返済	5,000	7,500
9.46％無担保ターム・ローン，1991年8月満期	—	10,000
	80,000	17,500
差引：1年以内に返済期限が到来する額	(2,500)	(12,500)
	$77,500	$5,000

シニア・ノートの利息は四半期ごとに支払われる．当社は，シニア・ノートの一部あるいは全額を1993年2月22日以降いつでも償還できる選択権を有する．

ターム・ローン契約の利息は，プライム・レート＋0.25％か，LIBOR＋0.75％のいずれかを当社が選択できる．

その他の信用契約

当社は，銀行のシンジケート・グループと信用契約を結んでいる．そこでは，250百万ドルの枠で1995年3月2日までの極度貸付が供与されている．その期限日には，未決済の借入残高すべてを4年のターム・ローンに転換することができる．極度貸付の契約には，オークションと固定スプレッド借りのオプションが付いている．また，この契約はコマーシャル・ペーパー発行のバック・アップとなる．さらに，この契約には，3年間の極度貸付の期間中，一度につき300百万ドルを上限とする信用状の発行が含まれている．

1992年2月1日時点で，信用状の発行残高は148,634,000ドルである．

ローンならびに信用契約に基づく借入には，有形純資産や財務比率を一定の水準に維持しなくてはならないという条件が付されている．そのうち，拘束力が最も強い条項によれば，現金配当の支払に充てうる留保利益の額は1992年1月時点で376,918,000ドルである．

支払利息の総計は，1991年度は7,593,000ドル，1990年度は4,477,000ドル，1989年度は4,501,000ドルであった．

注記C：法人税等

法人税等の明細は次のとおりである．

(単位：千ドル)

	1991年度 52週	1990年度 52週	1989年度 53週
当期支払額			
連邦法人税	$125,181	$79,951	$55,236
差引：税額控除	(6,879)	(1,392)	(1,282)
	118,302	78,559	53,954
州法人税	24,354	18,011	15,604
海外の法人税	6,733	2,142	1,731
	149,389	98,712	71,289
繰延税額			
連邦税	(9,920)	(5,879)	(4,471)
州税	1,421	(433)	(1,732)
	(8,499)	(6,312)	(6,203)
当期税額合計	$140,890	$92,400	$65,086

　税引前当期利益のうち海外からの部分は，1991年度が31,174,000ドル，1990年度が23,377,000ドル，1989年度が11,974,000ドルである。連邦および関係する州の繰延法人税――ただし，海外での税額控除を差し引いた分――のなかには，海外子会社の留保利益（1992年2月1日時点で約38,791,000ドル）に関わる部分は考慮されていない。なぜなら，当社は海外子会社の留保利益を海外に再投資し続けるつもりだからである。

　実効税率と連邦法人税率の差は以下のとおりである。

	1991年度 52週	1990年度 52週	1989年度 53週
連邦の法人税率	34.0%	34.0%	34.0%
州の法人税率(差引：連邦税の税効果)	4.8	5.1	5.6
その他	(.8)	(.1)	.4
実効税率	38.0%	39.0%	40.0%

　加速償却によって，繰延税金資産は1990年度に4,719,000ドル，1989年度には2,797,000ドル減少した。1989年度には，繰延報酬費用によって繰延税金資産が4,547,000ドルだけ増加した。

　法人税などの実際支払額は，1991年度が135,370,000ドル，1990年度が74,790,000ドル，1989年度が73,682,000ドルであった。

注記 D：リース

　当社は店舗用不動産，流通および事務施設のほとんどすべてをリースしている．
　店舗用不動産，流通および事務施設にかかわるリースには，2025年までのさまざまな期日が定められている．1992年2月1日時点で契約のあるリースに対する最少年間支払額は下記のとおりである．

（単位：千ドル）

事業年度	
1992	$143,780
1993	139,434
1994	134,414
1995	129,422
1996	125,761
それ以後	624,070
最少リース料支払額の合計	$1,296,881

　最少支払額が一定率で段階的に上昇していくことが定められているリースについても，当社では毎期一定額で賃借費用を認識している．この費用とリース支払金額との差額は繰延リース債務（deferred lease credit）として処理している．この金額は，1992年2月1日時点では27,400,000ドル，1991年2月2日時点では19,700,000ドルであった．
　特定店舗のリース契約を結ぶ際に受けとる現金あるいはリース料の減免額は，リース期間にわたり，毎期一定額で賃借費用から控除される．その未償却残高は，繰延リース債務に含められている．
　1992年2月1日時点で営業中の店舗に関するリースの一部には，20年を上限として，契約更新ができる選択権が含まれている．また，ほとんどのリース契約には，管理費用や固定資産税を支払うこと，さらに売上の一定率をリース料に上乗せするという規定がある．なお，ほかの場所でリースすることを直接に制限しているような契約はない（ただし，一定区域内でのリースを禁じる条項はある）．
　すべてのオペレーティング・リースに関する正味のリース料は以下のとおりであった．

	1991年度 52週	1990年度 52週	1989年度 53週
最少リース料	$137,721	$106,754	$88,386
条件付リース料	30,473	24,666	20,463
	$168,194	$131,420	$108,849

注記 I:四半期財務情報（未監査）

1991年度における各四半期

(1株当たり金額を除き千ドル)

	1991.5.4.まで	1991.8.3.まで	1991.11.2.まで	1992.2.1.まで	1991年度全体
売上高	$490,300	$523,056	$702,052	$803,485	$2,518,893
売上総利益	183,254	179,413	277,731	309,574	949,972
純利益	40,913	34,222	70,796	83,942	229,873
1株当たり利益	.29	.24	.50	.59	1.62

1990年度における各四半期

(1株当たり金額を除き千ドル)

	1990.5.5.まで	1991.8.4.まで	1991.11.3.まで	1992.2.2.まで	1990年度全体
売上高	$402,368	$404,996	$501,690	$624,726	$1,933,780
売上総利益	132,575	131,127	196,283	232,552	692,537
純利益	21,154	19,162	47,726	56,480	144,522
1株当たり利益	.15	.14	.33	.40	1.02

資料2
The Gap, The Limited その他専門小売業の5年間にわたる比較財務諸表
The Gap, Inc.

損益計算書　　　　　　　　　　　　（単位：百万ドル）

	1992年1月	1991年1月	1990年1月	1989年1月	1988年1月
売上高	$2,519	$1,934	$1,587	$1,252	$1,062
売上原価	1,499	1,190	1,008	814	654
売上総利益	1,020	744	578	438	408
販売費および一般管理費	576	454	364	271	254
減価償却前営業利益	444	290	214	167	154
(減価)償却費	70	51	38	31	25
営業利益	374	238	176	136	129
利子費用	4	1	3	3	4
リストラ費用	0	0	−11	−7	0
税引前利益	371	237	163	126	125
法人税等	141	92	65	52	55
当期純利益	$230	$145	$98	$74	$70
1株当たり利益	$1.62	$1.02	$0.69	$0.51	$0.49
1株当たり配当額	$0.30	$0.22	$0.17	$0.13	$0.13

注：上記の（減価）償却費が，The Gap のキャッシュフロー計算書で開示されている金額よりも小さいのは，繰延報酬費用の償却額が除かれているからである。

貸借対照表

(単位：百万ドル)

	1992年1月	1991年1月	1990年1月	1989年1月	1988年1月
資産					
現金および現金同等物	$193	$67	$38	$46	$32
売掛金	8	10	6	6	9
商品	314	248	244	193	195
その他の流動資産	51	41	29	13	23
流動資産合計	566	365	317	258	259
有形固定資産取得原価	738	528	352	286	234
差引：減価償却累計額	190	145	114	95	77
有形固定資産残高	548	384	238	191	157
その他の資産	34	29	25	32	19
資産合計	$1,147	$777	$580	$481	$434
負債					
1年以内に決済期限が到来する					
長期債務	3	13	3	2	2
支払手形	0	0	0	0	5
買掛金	158	115	94	81	68
未払法人税等	32	33	15	15	6
未払費用	135	102	75	53	47
その他の流動負債	2	1	1	1	1
流動負債合計	330	264	187	152	129
長期債務	78	5	18	20	12
その他の負債	62	43	37	33	21
負債合計	470	311	242	205	161
株主資本					
普通株式	8	4	2	2	2
資本剰余金	125	95	73	57	51
留保利益	638	458	345	277	221
差引：自己株式	93	92	81	60	0
株主資本合計	678	466	338	276	273
負債および株主資本合計	§1,147	$777	$580	$481	$434

The Limited, Inc.

比率損益計算書

	1992年1月	1991年1月	1990年1月	1989年1月	1988年1月
売上高	1.000	1.000	1.000	1.000	1.000
売上原価	0.658	0.640	0.640	0.654	0.671
売上総利益	0.342	0.360	0.360	0.346	0.329
販売費および一般管理費	0.193	0.196	0.194	0.200	0.186
減価償却前営業利益	0.149	0.164	0.165	0.146	0.143
(減価)償却費	0.035	0.034	0.034	0.033	0.030
営業利益	0.113	0.130	0.132	0.112	0.113
利子費用	0.010	0.011	0.012	0.015	0.011
その他営業外損益	0.002	0.002	0.001	−0.002	0.003
税引前利益	0.105	0.122	0.121	0.095	0.105
法人税等	0.041	0.047	0.048	0.036	0.040
少数株主損益	0.000	0.000	0.000	0.000	0.000
特別項目前利益	0.064	0.074	0.073	0.059	0.065
特別項目および事業清算	0.000	0.000	0.000	0.000	0.000
当期純利益	0.064	0.074	0.073	0.059	0.065
EBI/売上高	0.070	0.080	0.080	0.068	
資産回転率	1.997	2.032	2.081	2.226	
レバレッジ=資産/負債(期中平均)	1.830	1.889	2.087	2.228	
当期純利益/EBI	0.913	0.921	0.909	0.866	
ROE(上記数値より計算)	0.235	0.285	0.317	0.293	
ROA=EBI/資産	0.140	0.163	0.167	0.152	
サステイナブル成長率	0.175	0.222	0.264	0.241	

EBIとは,支払利息(ただし,40%の節税効果を仮定する)を控除する前の利益である.
サステイナブル成長率は,ROEに利益留保率をかけたものに等しい.

主な財務諸表データ (単位:百万ドル)

	1992年1月	1991年1月	1990年1月	1989年1月	1988年1月
売掛金	736	670	596	532	95
在庫品	730	585	482	407	354
有形固定資産	1,657	1,395	1,173	1,067	889
資産合計	3,419	2,872	2,419	2,146	1,588
株主資本合計	1,877	1,560	1,241	946	729
売上高	6,281	5,376	4,750	4,155	3,616
売上原価	4,133	3,440	3,041	2,717	2,426
販売費および一般管理費	1,212	1,056	923	832	672
減価償却前営業利益	935	880	785	606	518
当期純利益	403	398	347	245	235

610　The Gap, Inc.

専門小売業界のデータ
(Gap, Limited, Melville, Petrie, Nordstrom の 5 社合計)

比率損益計算書

	1992年1月	1991年1月	1990年1月	1989年1月	1988年1月
売上高	1.000	1.000	1.000	1.000	1.000
売上原価	0.638	0.635	0.630	0.632	0.637
売上総利益	0.362	0.365	0.370	0.368	0.363
販売費および一般管理費	0.252	0.253	0.251	0.253	0.250
減価償却前営業利益	0.110	0.112	0.119	0.115	0.113
(減価)償却費	0.026	0.025	0.024	0.024	0.023
営業利益	0.084	0.087	0.094	0.091	0.090
利子費用	0.007	0.008	0.008	0.008	0.009
その他営業外損益	0.005	0.005	0.004	0.004	0.009
税引前利益	0.082	0.085	0.091	0.087	0.091
法人税等	0.032	0.030	0.033	0.031	0.035
少数株主損益	0.002	0.002	0.002	0.003	0.003
特別項目前利益	0.049	0.052	0.056	0.053	0.053
特別項目および事業清算	0.000	0.000	0.000	0.004	0.000
当期純利益	0.049	0.052	0.056	0.057	0.053
EBI/売上高	0.053	0.057	0.060	0.061	
資産回転率	2.141	2.153	2.175	2.190	
レバレッジ＝資産/負債(期中平均)	1.874	1.889	1.869	1.860	
当期純利益/EBI	0.919	0.919	0.923	0.921	
ROE(上記数値より計算)	0.196	0.211	0.226	0.230	
ROA＝EBI/資産	0.114	0.122	0.131	0.134	
サステイナブル成長率	0.058	0.062	0.058	0.054	

EBI とは，支払利息（ただし，40％の節税効果を仮定する）を控除する前の利益である．
サステイナブル成長率は，ROE に利益留保率をかけたものに等しい．

主な財務諸表データ　　　　　　　　（単位：百万ドル）

	1992年1月	1991年1月	1990年1月	1989年1月	1988年1月
売掛金	1,604	1,430	1,290	1,156	631
在庫品	3,578	3,067	2,558	2,316	1,986
有形固定資産残高	4,456	3,874	3,200	2,878	2,476
資産合計	11,588	10,104	8,635	7,749	6,622
株主資本合計	6,230	5,344	4,576	4,192	3,534
売上高	23,220	20,172	17,819	15,734	13,771
売上原価	14,804	12,817	11,226	9,946	8,769
販売費および一般管理費	5,855	5,096	4,480	3,984	3,442
減価償却前営業利益	2,561	2,259	2,113	1,805	1,560
当期純利益	1,132	1,047	990	889	730

訳者あとがき

　企業分析の新しい教科書 K. G. Palepu, V. L. Bernard and P. M. Healy, *Business Analysis and Valuation* は，5年前の1996年に初版が刊行されると同時に全米の市場を席巻し，またたくうちにビジネス・スクールの標準的なテキストになった．学界での会計研究をリードしてきた著者たちの理論面の確かさと，実務に対する関心の広さや洞察の深さとが，本書をこの分野のトップにランクされる教科書のひとつにしたと言ってよい．日本語版も，幸いにして多くの読者を得ることができた．

　その後，原著は昨年（2000年）に改訂されて，現在は第2版となっている．企業評価の枠組みに変わりはないが，章だてに新たな工夫が凝らされ，最近の研究動向を取り入れて一部が書き換えられている．また，分析の基礎となる会計知識については，新しく5つの章が加えられている．そのため，日本語版もそれに合わせて改訂することになった．なにぶんにも1,000頁を超える大著であるため，ケース・スタディーの資料はごく少数を選んで収録したが，それを除くテキストの部分は全訳である．

　初版の訳書にも記したが，本書の目的は，会計情報を企業の分析と評価に適用するための枠組みを提供することである．伝統的な財務諸表分析は，収益性やリスクの指標を投資や営業の規模などでデフレートした財務比率によって，企業の特性を時系列ないしはクロス・セクションで分析するノウハウを開発してきた．しかし，それは，現状の問題点を見つける手助けにはなっても，将来の予測や，それに基づく企業価値の評価には結びつかなかった．本書の著者たちは，伝統的な比率分析の知識を踏まえながら，それを将来の予測や分析に役立てる概念と手法を伝えようとしているのである．

　この第2版の訳者としては，初版と同じ筒井知彦（法政大学），川本淳（東京都立大学），亀坂安紀子（龍谷大学）の各氏のほか，新しく八重倉孝氏（筑波大学）に加わっていただいた．分担は別記のとおりである．なお，監

訳者と分担者の間のやりとりについては，勝尾裕子氏（学習院大学）にモニターの役目をお願いして，いろいろと有益な意見を出していただいた．本訳書の初版を授業や演習に使い，その経験をわれわれに伝えてくださった各位のご好意とともに，特記して厚くお礼を申し上げる次第である．

　監訳者を含めた5人が，それぞれこのプロジェクトに集中できた時期の違いも加わって，最終原稿の完成までには予想外の時間がかかってしまった．刊行を待ち望んでくださった読者各位と，初版に引き続きこの邦訳書の刊行を引き受けていただいた東京大学出版会に，ご迷惑をおわびするほかはない．最後に，長期にわたった翻訳のプロセスを綿密に管理し，品質の高い編集作業を進めてくださった黒田拓也氏に感謝の意をお伝えしたい．

　2001年10月

斎藤静樹

訳出分担一覧

本書は以下のように分担して訳出された．

斎藤静樹――監訳者
筒井知彦――1～3章，6，7，9章，The Home Depot, Inc.,
川本 淳――4，5，8章，America Online, Inc.,
　　　　　　Schneider and Square D, The Gap Inc.
八重倉孝――10～12章，Maxwell Shoe Company, Inc.
亀坂安紀子――13～17章

図表一覧

1章
図1-1　資本市場 …………………………………………………………………… 5
図1-2　事業活動と財務諸表の関係 ………………………………………………… 7
図1-3　財務諸表を利用した企業分析 …………………………………………… 12

2章
図2-1　産業構造と収益性 ………………………………………………………… 20
図2-2　競争優位を獲得するための戦略 ………………………………………… 29

4章
図4-1　資産を認識するための要件と適用上の問題点 ………………………… 75
図4-2　金融商品の評価 …………………………………………………………… 90

5章
図5-1　負債を認識するための要件と適用上の問題点 ………………………… 102

6章
図6-1　収益認識基準を実行するうえでの問題 ………………………………… 132

7章
図7-1　費用を認識するための基準および適用上の問題点 …………………… 154

8章
図8-1　経営単位の業績を統合するための要件と適用上の問題点 …………… 185

9章
図9-1　企業の収益性と成長性の決定要因 ……………………………………… 212
図9-2　サステイナブル成長率と財務比率分析の関係 ………………………… 236
表9-1　NordstromとTJXの株主資本利益率 ………………………………… 214
表9-2　ROEの伝統的な分解 …………………………………………………… 216
表9-3　比率分析で使われる会計項目の定義 …………………………………… 217
表9-4　ROEを分解する際の営業要素と財務要素の区別 …………………… 218
表9-5　百分率損益計算書と収益性の諸比率 …………………………………… 220
表9-6　資産管理の諸比率 ………………………………………………………… 227
表9-7　流動性の諸比率 …………………………………………………………… 230
表9-8　負債の諸比率とインタレスト・カバレッジ・レシオ ………………… 233
表9-9　サステイナブル成長率 …………………………………………………… 236
表9-10　鍵となる財務諸比率の過去の数値 …………………………………… 237

表 9-11 キャッシュフロー分析 ……………………………………………… 242

10 章
図 10-1 時の経過に伴う米国企業の売上高成長率の動き（1979～98 年）……… 256
図 10-2 時の経過に伴う米国企業の ROE の動き（1979～98 年）…………… 259
表 10-1 アナリストによる Nordstrom の 1999 年予測損益計算書……………… 262
表 10-2 アナリストによる Nordstrom の 1999 年予測バランスシート ……… 266
表 10-3 アナリストによる Nordstrom の 1999 年予測キャッシュフロー …… 268
表 10-4 1988 年から 98 年までの Nordstrom の 1 株当たり四半期利益 ……… 272
図 A-1 米国非金融企業の営業 ROA の動き（1979～98 年）………………… 275
図 A-2 米国非金融企業の NOPAT 利益率の動き（1979～98 年）…………… 275
図 A-3 米国非金融企業の営業資産回転率の動き（1979～98 年）…………… 275
図 A-4 米国非金融企業のスプレッドの動き（1979～98 年）………………… 276
図 A-5 米国非金融企業の正味財務レバレッジの動き（1979～98 年）……… 276

11 章
図 11-1 ROE と株価・簿価倍率の関係 ……………………………………… 299

12 章
表 12-1 企業評価のための予測に用いられる財務指標の定義 ………………… 314
表 12-2 Sigma Inc. の評価に必要な予測（1999～2003 年）…………………… 315
表 12-3 Sigma Inc. の業績予測 ………………………………………………… 316
表 12-4 Sigma Inc. の業績予測の現在価値 …………………………………… 318
表 12-5 成長率に関する異なる仮定と，超過利益がゼロである場合の，
　　　　最終年度以降の Sigma の財務予測 ……………………………… 321
表 12-6 最終年度以降は超過利益が発生しない場合の
　　　　Sigma のターミナル・バリュー ………………………………… 322
表 12-7 既存の売上高のみが超過利益を稼得する場合の
　　　　Sigma のターミナル・バリュー ………………………………… 323
表 12-8 超過利益率が一定のまま 2003 年より先の売上高が
　　　　3.5％成長する場合の Sigma のフリー・キャッシュフローの予測 ………… 325
表 12-9 超過利益を売上高が定率で成長する場合の
　　　　Sigma のターミナル・バリュー ………………………………… 326
表 12-10 株式リターンと企業規模 …………………………………………… 332

13 章
図 13-1 四半期利益公表前後の株価変動 ……………………………………… 364
表 13-1 IBM の価値決定要因に関する代替的な仮定：
　　　　株価 126 ドルと整合する組合せ …………………………………… 359

14 章
表 14-1 1998 年 12 月時点の負債の格付：企業例と財務比率の中央値 ……… 389
表 14-2 負債格付の定量モデルで使用している要因 ………………………… 391
表 14-3 Kaplan-Urwitz の負債格付モデル …………………………………… 392

15章

図 15-1　企業買収で 1989 年から 1998 年に支払われた平均プレミアム ……………*407*
株価/利益倍率によるターゲット企業の評価の要約 ……………………………………*409*
割引超過利益法や割引キャッシュフロー法によるターゲット企業の評価の要約 ………*412*

16章

表 16-1　1998 年 12 月 31 日に終了する事業年度の Merck と
　　　　American Water Works の有利子負債の純額 ……………………………*433*
表 16-2　1998 年における米国産業企業の，有利子負債純額対株主資本市場価値比率，
　　　　および有利子負債純額対株主資本簿価比率のメジアン ……………………*441*
表 16-3　1998 年 12 月 31 日に終了する事業年度の Merck と
　　　　American Water Works の配当政策 …………………………………………*446*
表 16-4　1998 年の米国産業企業の配当性向と配当利回りのメジアン ……………*450*

索 引

ア 行

アフターサービス契約 134
アメリカ公認会計士協会(AICPA) 51
Altman のゼット・スコア・モデル 394
　→危機予測モデル
EBITDA 利益率 222
インタレスト・カバレッジ・レシオ(キャッシュフロー・ベース，利益ベース) 232,233
売上原価 166
売上原価の見積り 165
　　後入先出法(LIFO) 166
　　先入先出法(FIFO) 167
　　平均原価法 167
売上純営業利益率 222
売上純利益率 215
売上純利益率の分解 219
　→営業管理の評価
売上総利益 221
　　――率 221
売上高成長率 256
　　――の動き 256
売上高利益率(ROS) 215,219
売掛金回転率 225
売掛債権 139
売り手 26
　　――の交渉力 26
売り手と買い手の交渉力 28
　　パソコン産業における―― 28
運転資本管理 224
営業運転資本回転率 225
営業運転資本対売上高比率 225
営業管理の評価 219
　→売上純利益率の分解
営業キャッシュフロー比率 229
営業資産 96
　　――の価値変動 88

――の減損 170
M＆A 93 →買収
エンティティー 183
　　――の境界 187
　　――分析 183
　　会計―― 183
　　報告―― 184

カ 行

買掛金回転期日 225
買掛金回転率 225
会計
　　一般に認められた会計原則 50
　　会計上のフレクシビリティー 56
　　会計上の歪み 63,336
　　会計の質に影響する要因 52
　　重要な会計方針 55
　　情報公開手段としての―― 461
会計基準 104,157,462
　　――と監査 8
会計情報
　　――の信頼性に対する投資家の関心 462
　　――の信頼性を高める要素 462
　　FPIC Insurance Group の会計情報開示 465
会計戦略の評価 57
会計データ(情報)の価値 65
会計分析 13
　　――の落とし穴 64
　　――の価値 65
　　――の限界 51
　　――の実施 55
会計方法の選択 287
会計ルール 52,464
買い手 25
　　――の交渉力 25
外部監査 51

価格感応度　25
貸付形態や証券発行形態の決定　379
貸付の性格や目的の考察　378
加重平均資本コスト（WACC）　317,329
価値創出　35
株価収益率　290
株価倍率　282
　──に基づく評価手法　288
　──による企業評価　282
株価・簿価倍率　291
株価・利益倍率　291
　──による評価の限界　409
株主資本コスト　330
　──の推定　330
株主資本利益率（ROE）　213,216,298
　→総合的な収益性の測定
　──の構成要素（の動き）　258,260,274
株主持分
　──の定義　120
為替換算調整勘定　91
為替レート　91
監査　462
監査基準（GAAS）　51
監査人やアナリストの専門知識　464
感応度分析　263,412
危機予測モデル　393
　→Altmanのゼット・スコア・モデル
企業結合　187,188
企業戦略分析　35
　──の適用　38
企業の資金調達の決定要因　433
企業買収　399　→買収
　──の動機　400,402
企業評価　281,336
　　株価倍率による──　282
企業の連結情報　196
季節性と中間予測　269
規模効果　333
規模の経済　23
キャッシュフロー計算書（間接法，直接法）　238,239
キャッシュフロー情報の分析　240
キャッシュフロー分析　238
　──モデル　243

Nordstromの──　245
競争
　既存企業間の──　21
　実際および潜在的な──　21
　パソコン産業における──　27
競争均衡の仮定　322
競争戦略分析　29
　──の適用　32
競争優位　29
　──の獲得と維持　32
　──の源泉　30
拠出資本　121
金融子会社　199
金融商品の価値変動　89,171
繰越欠損金　85
繰延税金資産　84
クリーン・サープラス　122
経営者
　──に対する財務報告の委任　49
　──に対するストックオプション　167
　──による会計上の選択　53
　──の企業価値創出のインセンティブ　435
　──の信頼性　464
　──の買収防止姿勢　422
　──の評判　463
　──の報告戦略　10
　関連当事者に対する経営者の支配　195
経営戦略分析　12
契約条項も含む詳細な貸付条件の要約　385
原価主義　73
減価償却　155
　加速償却　157
　生産高比例法　157
　定額償却　157
研究開発（R＆D）　94,157
　──リミテッド・パートナーシップ　190
現金比率　229
広告宣伝支出　160
公式の評価と非公式の評価　355
効率市場仮説　350
顧客の与信価値　143

索引 *621*

顧客への返金 146
国際会計基準委員会(ISAC) 50
コスト・リーダーシップ 29,30
固定資産 155
固定資産管理 225

サ 行

在外子会社の価値変化 91
債券市場 375
　——の資金提供者 375
債権分析
　——の仮定 377
　——の必要性 373
最終年度の選択 327
債務 103
　——のリストラクチャリング 117
財務会計基準審議会(FASB) 50
財務管理の評価 228 →財務レバレッジ
財務危機 436
　——の総合的な影響 438
　——の法的コスト 437
　債権者と株主の利害対立のコスト 437
　投資機会を失うコスト 437
財務諸表
　事業活動と財務諸表の関係 6
　財務諸表データと証券価格 362
　財務諸表分析から企業分析へ 11
　財務諸表分析と公募債 383
財務分析 13,211
財務報告制度のフレームワーク 47
財務レバレッジ 228,393 →財務管理の評価
サステイナブル成長率の評価 235
差別化 29,31
　——と切替費用 22
　コストによる——31
産業の成長率 21
産業分析 19
　——の応用:パソコン産業 26
　——の限界 29
残余権益 139
事業単位 196
資金調達
　——手段の選択 469

新規プロジェクトの—— 442
資金調達形態
　——がターゲット企業の株主に与える影響 415
　——が買収企業の株主に与える影響 416
　——と税務上の効果 415
　——と買収後の会計処理 418
　企業の資本構成と—— 416
　情報の問題と—— 417
　取引コストと—— 416
資金調達方法 442
資金フロー・カバレッジ・レシオ 383
資金フロー計算書 238
資源 155,163,165,170
　——の所有者 75
　未利用の—— 170
資産 48,73
　——の価値変動 88
　——の経済価値 80
　——を計上するうえでの課題 74
　繰延税金—— 84
資産会計 93
資産回転率の分解 224 →投資管理の評価
自社株の買い戻し 469
市場が予測している内容 357
市場効率性
　——と経営者の財務報告戦略 352
　——と財務諸表分析の役割 351
　——に関する実証結果 352
　株式分析と—— 350
市場への浸透度合い 262
自発的開示 467,468
支払能力の評価と予測結果の活用 384
支払利息のタックス・シールド 433
四半期の利益(EPS) 270
資本 48
資本資産評価モデル(CAPM) 331
資本市場 4
資本予算 281
借入金対株主資本比率 231
借入金対資本比率 231
収益 48,131
収益稼得 132

収益性の分解 215, 216
　　代替的なアプローチ 216
　　伝統的アプローチ 215
収益認識基準 131-133
集中度と競争業者のバランス 21
証券化 140
証券取引委員会(SEC) 50
証券分析 356
　　──の最終的な生産物 361
　　総合的な証券分析のプロセス 356
　　ファンド・マネジメントの方法と── 354
　　分析対象の選択 356
情報開示
　　──の質の評価 58
　　セグメント── 197
　　他の形態による投資家への── 466
情報公開
　　財務報告書による── 461
　　情報公開手段としての会計 461
　　情報公開手段としての財務報告が抱える限界 463
　　投資家への── 458
正味営業利益率(NOPAT) 217, 222
正味固定資産回転率 226
正味借入金株主資本比率 231
正味借入金対正味資本比率 231
将来性分析 13, 253, 281, 313
新規参入の脅威 22
新規プロジェクトの資金調達 442
人的資本 77
ストックオプション
　　経営者に対する── 167
生産物市場のレント 402
成長 298
税費用 223
製品保証 114
セグメント 184
　　──間の取引 200
　　──情報開示 197
　　事業── 197
積極的運用と消極的運用 354
潜在的な借手の財務状況の分析 381
潜在的な危険信号 60

先発企業の優位性 23
戦略的計画 281
総合的な収益性の確定 213
　　→株主資本利益率
総資産利益率(ROA) 215
　　営業── 217
相対的な交渉力 25
　　インプット市場・アウトプット市場における── 24
訴訟 107
損害保険契約 135
損失 122
損失準備金 88

タ・ナ 行

対応原則 153, 154
代替製品の脅威 24
ターゲット企業 412
　　──の株主に提示されるプレミアムの分析 405
棚卸資産回転期日 225
棚卸資産回転率 225
ターミナル・バリュー 303, 319
　　株価倍率に基づく── 326
　　競争均衡の仮定が売上高の増分のみに適用される場合の── 322
　　競争均衡の仮定の下での── 319
　　業績と成長が持続的に超過的である場合の── 324
担保
　　ローンに利用できる担保の額 380
　　担保物の種類 380
超過生産能力と退出障壁 22
超過利益 296
　　──の割引 282
長期請負契約 136
長期的に最適な負債と資本の組合せ 433
　　──の決定 440
定量的分析 354 →証券分析
デフォルトリスク 141, 145
転換社債 121
当座比率 229
投資家 348
　　──の目標 348

索引　623

――への情報伝達と財務政策の利用　463
投資管理の評価　224　→資産回転率の分解
取引コスト　36
トレーニング　77
　　――・コスト　78
のれん　80, 94
　　――の償却　157

ハ 行

(企業)買収　399
　　――の成果　421
　　――価格　405
　　――資金　214
　　AT＆Tの買収の動機　404
　　経営者の買収防止姿勢　422
　　買収後得られる超過利益ないしキャッシュフローの評価　411
　　買収に関する2つの報告方法(パーチェス法, 持分プーリング法)　418
買収者
　　――からみたターゲット企業の価値の分析　407
　　他の買収者の存在　421
配当　283, 300
　　――と財務スラック　448
　　――の税金コスト　447
　　――の割引　281
　　最適な配当支出の決定　450
　　フリー・キャッシュフローの非効率性を減少させる――　447
配当性向　235
配当政策
　　――の決定要因　445
　　――のまとめ　451
　　借入制約と――　449
配当割引法　283
配当割引モデル　284
破産を予測するのに最も有力な要素　393
　　財務レバレッジ　393
　　収益性　393
　　ボラティリティー　393
パーチェス法　183, 418
発生主義会計　8, 102, 132, 154

――の基本的要素　47
――の必要性　8
バランスシート　83
販売費および一般管理費(SG＆A)　221
比較可能な企業の選択　289
PP＆E回転率　226
費用　48, 153
　　――の認識基準　155
　　――の報告　155
比率分析　211
品質管理プログラム　132
ファンダメンタル分析　354　→証券分析
ファンド・マネジメント　354
Fosterモデル　270
不確実性　133, 136
複合証券　121
負債　48, 101
　　――と長期の支払能力　230
　　――の価格決定　387
　　――の額の変動　116
　　――の定義　102
　　環境に関する――　109, 164
　　年金その他の退職給付に関わる――　111, 163
負債会計　119
負債格付　389
　　――が持つ意味　383
　　――の決定要因　390
負債コスト　330
　　――の推定　330
負債政策
　　――のまとめ　445
負債対株主資本比率　231
負債と株主資本のコスト
　　――に対するウェイト付け　329
負債比率　233
不動産取引　144
Black-Scholesモデル　169
フランチャイズ契約　190, 193
ブランド　82
フリー・キャッシュフロー
　　――の非効率性を減少させる配当　447
平均回帰的　258
ヘッジ戦略　470

ベンチマーク　255
返品リスク　146
法的責任　51
保険損失準備金　113
保守主義　73,74,153,154

マ 行

マイナスの簿価　338
マイレージ・サービス　105,138
前払い　133
未実現利得　122
見積り価値の計算　333
　　超過リターン方式　334
　　超過利益方式　334
　　フリー・キャッシュフロー方式　335
ミューチャル・ファンド　348
無形資産　95
持分　101
　　――の価値　283
持分項目　121
持分プーリング法　183,418
Modigliani-Miller 定理　340

ヤ 行

余剰キャッシュフロー　339
余剰現金　339
与信リスク　144
予想
　　――の仕組み　314
　　業績の――　313
予測
　　――と他の分析との関係　253
　　――の開始　255
　　――の全体構成　254
　　アナリストによる予測の提示　361
　　売上高――　262
　　キャッシュフローの――　267
　　財務危機や企業再建の――　393
　　四半期ごとの――　269
　　詳細な予測の要素　261
　　バランスシート項目の――　264
　　費用と利益の――　263
予測誤差　52

ラ 行

ランダムウォーク　257
　　ドリフト付き――　257
利益　49,257
　　――の動き　257
利益倍率　408
　　――の使用による企業の価値の推定　408
リース　75,76,142
　　オペレーティング・――　77,120
　　キャピタル・――　77
リスク
　　デフォルト――　141,145
　　返品――　146
　　与信――　144
リストラ引当金　103
流通チャネルへのアクセス　23
流動比率　229
流動負債と短期の流動性　228
留保利益　121
レバレッジ
　　――による株価倍率の修正　291
　　――の効果　433
　　――のコスト　→財務危機
レバレッジド・バイアウト(LBO)　376
連結の方法　185　→持分プーリング法，パーチェス法

ワ 行

割引キャッシュフロー(DCF)分析　282
割引キャッシュフローモデル　300,410
割引超過利益　287
割引超過利益評価法　284
割引超過利益モデル　307,410
割引配当モデル　307
割引率の計算　328

監訳者
斎藤　静樹（東京大学名誉教授）

訳　者
筒井　知彦（法政大学経営学部）
川本　淳（学習院大学経済学部）
八重倉　孝（法政大学経営学部）
亀坂安紀子（青山学院大学経営学部）

K・G・パレプ，P・M・ヒーリー，V・L・バーナード著
企業分析入門〔第2版〕

1999年 3 月25日　初　版第 1 刷
2001年12月18日　第 2 版第 1 刷
2014年 3 月20日　第 2 版第10刷

［検印廃止］

監訳者　　斎藤静樹

発行所　　財団法人　東京大学出版会
代 表 者　　渡辺　浩
113-8654 東京都文京区本郷 7-3-1 東大構内
電話 03-3811-8814　Fax 03-3812-6958
振替 00160-6-59964

印刷所　　三美印刷株式会社
製本所　　牧製本印刷株式会社

Ⓒ2001 Shizuki Saito, et al.
ISBN 978-4-13-042112-6　Printed in Japan

JCOPY 〈(社)出版者著作権管理機構 委託出版物〉
本書の無断複写は著作権法上での例外を除き禁じられています。
複写される場合は，そのつど事前に，(社)出版者著作権管理機構
（電話 03-3513-6969，FAX 03-3513-6979，e-mail : info@jcopy.or.
jp）の許諾を得てください。

斎藤静樹著	企業会計とディスクロージャー［第4版］	A5	3600円
諸井勝之助著	経営財務講義［第2版］（オンデマンド版）	A5	3800円
大河内暁男著	経営史講義［第2版］	A5	2800円
細野薫著	金融危機のミクロ経済分析	A5	4800円
花崎正晴著	企業金融とコーポレート・ガバナンス	A5	4800円

ここに表示された価格は本体価格です．御購入の
際には消費税が加算されますので御了承ください．